改变，从阅读开始

"中间地带"的革命

国际大背景下看中共成功之道

杨奎松 著

山西出版集团
山西人民出版社

图书在版编目（CIP）数据

"中间地带"的革命：国际大背景下看中共成功之道/杨奎松著. —太原：山西人民出版社，2020.5
　ISBN 978-7-203-06796-2

　Ⅰ.①中… Ⅱ.①杨… Ⅲ.①中国共产党－党史－研究
Ⅳ.①D23

　中国版本图书馆CIP数据核字（2010）第063516号

"中间地带"的革命——国际大背景下看中共成功之道

著　　者：	杨奎松
特约编辑：	邓　晨
责任编辑：	秦继华　魏美荣
装帧设计：	后声设计

出　版　者：	山西出版集团·山西人民出版社
地　　　址：	太原市建设南路21号
邮　　　编：	030012
发行营销：	0351—4922220　4955996　4956039
	0351—4922127　（传真）　4956038（邮购）
E—mail：	sxskcb@163.com　发行部
	sxskcb@126.com　总编室
网　　　址：	www.sxskcb.com

经　销　者：	山西出版集团·山西人民出版社
承　印　者：	北京市通州兴龙印刷厂

开　　本：	700 mm×1000 mm　1/16
印　　张：	36
字　　数：	553千字
印　　数：	10001—13000册
版　　次：	2020年5月　第2版
印　　次：	2020年5月　第1次印刷

书　　号：	ISBN 978-7-203-06796-2
定　　价：	88.00元

如有印装质量问题请与本社联系调换

再 版 序

说起来，这是一本旧书，尽管读过旧书的读者可能会觉得它已面目一新。

本书断断续续写作于1988—1989年，出版于1991年。起因是1987年秋我从中共中央党校调到中国人民大学中共党史系，人在中外关系教研室，要给研究生上课，又因为实在感觉到传统的中共党史离开了国际背景讲成功，太不真实，想要给研究生们讲授一点新的东西，于是就想到了这样一个题目。但讲稿只写了个大概，1988年春季的课也没有讲完，人就因为去成都开会，到松潘等红军长征路上考察，染上了急性肝炎，一病好几个月。等到体力渐渐恢复过来，就赶上了那场风波。结果，这门课在人大再也没有上过。因为随后的一两年里在人大已经没有可能自由开课了，我也知趣地马上闪人，去了中国社会科学院近代史研究所了。

重新开始把讲稿的草稿变成书稿，是1989年底。我利用不用上课的条件，买了一台PC机，一边啃DOS，学五笔，一边开始写这本书。记得当时还没有硬盘的概念，电脑的内存只有256K，所有的内容都要存在一张5英寸的软盘里。但这本书大体成形时，我的录入速度和修理电脑的能力，至少在当时的老师们中间，也算得上是一流的了。因为那个时候，绝大多数大学老师都还没有用过电脑，更不要说每半年为电脑升一次级了。就连出版社都还不接受电子书稿，非要你打印出来不可。

能够在1991年，也就是邓小平发表"南方谈话"一年前把这本书印出来，也还是沾了中央党校的光。因为我在党校工作了五年时间，又和出版社的朋友比较熟，再加上党校当年的地位不一般，党校许多教员，包括学校的领导层，思想反而比人大这种学校要开放与活跃得多。

因此，我的书稿一经提交，还是很快就通过了相应的审查，并在很短的时间内就正式出书了。

从1991年到今天，已经过去了近20年的时间。严格地说，当年出书太急，问题较多，最后一章当时实际上都还没有写完，但我一直还是把这本书看成是我最主要的代表作之一。因为它是到目前为止唯一比较系统地反映了我对革命年代中共成长的发展经过及其主要原因看法的一本书，虽然过去了这么多年，可以补充更多的细节，但是我对这本书里的基本看法和基本观点并没有改变。

本书所讲的内容，对于那些不熟悉中国现代史和不熟悉中共革命史，却又很想了解新中国是怎么来的的读者和学生们，相信是会有帮助的。尤其是时至今日，还没有其他学者从我这本书的视角，深入地考察过这段历史。因此，虽然对于我自己来说，修订这本书可能远不如换个题目写一本新书影响更大，但我还是想把它再做一遍。

之所以一直心有不甘，还因为这本书当年其实并没有卖出多少。当年编辑告诉我，这本书印了两千册，发行了半年，压在库里的还有近千册。因为没有销出去，我要，他们也乐得全都给了我。然而书拉回去之后，因为家里一时堆不下那么多书，当天下午都搬到三楼的楼道里堆起来，准备第二天把屋子收拾一下，再把书搬进屋里去。谁承想，当我第二天想要整理屋子的时候，却意外地发现头天下午在楼道里堆得像小山一样的书，一本不剩地全部消失得无影无踪了。我也是从那时起才知道，原来还有人在深夜里专门做这种"收废品"的工作。

说起来，对于有人把它们重新送回造纸厂去，赚回一点谋生的钱，我也并不特别在意。一来这些书本来就没有发出去，即使我搬到家里堆起来，它们最终也还是难免会流落到类似的地步，因为我个人毕竟送不出去多少。二来书出几年之后，研究的条件、形势，包括学术的标准，都有了很大的改变。严格从学术的角度来要求，这本书也存在着太多的问题。因此，很早之前，我就有心想找机会修订这本书。非常感谢尚红科先生，帮我了却了这样一个心愿。

旧书最大的问题是注释不够和不规范，其次是文字上问题较多，包括一些地方行文和内容需要加工充实，最后一章当年交得过急，少写了一小节。我原以为这些工作并不困难，应该有两三周时间就够了。没想到，我几乎放下了手里其他的所有事情，紧赶慢赶，还是忙活了差不多两三个月。

修订中最大的问题就是注释引文的查找。当年研究的条件较差，特别是许多档案资料没有开放和出版，虽然我在中央党校工作，有近水楼台之便，看到了许多文献史料，但大多不能注，就算有的能注标题，也因为没有公开出版，注不出出版单位。如今这种情况已经发生了很大变化。但是，过了这么多年，要想找到当年引用的资料引文，不论是要找到它们究竟在家里的什么地方，还是要找到它们今天发表在哪本书或已公开于哪篇文章、哪件影印、油印资料当中，有时真像大海捞针一样，常常会让你为了一两则资料费上大半天的时间。就是这样，有时也还是找不到，只能另想办法处理了。

修订中另一个麻烦的问题是史实的核对和补充。由于原书写于十几二十年前，当时我虽然能够看到比一般人要多得多的资料，但对有些历史事实还是弄不大清楚。这些年来资料开放的程度远较当时高得多，而且海外获得资料的余地也大得多，因此现在要弄清楚过去弄不大清楚的许多历史细节，与过去相对就容易得多了。因此，即使是旧书修订，也需要把这些新的资料和新的进展尽可能反映进去。值得欣慰的是，原书在基本史实的研究叙述上至今还是站得住脚的，因此，史实的补充倒进行得还比较顺利。

修订中另一项自找麻烦的工作，是我为原书过长的段落增加了一些小标题和为每章增加了一个小结。这主要是因为，原书对中共的理论、思想和政策策略内容的说明多了一些，一般读者读起来可能会比较沉闷，通过小标题可以让读者读起来容易一些，也可以按照小标题的提示有选择地阅读。而用小结来对每章作一史实上的概括和论点上的简要分析，也有助于读者归纳每章的内容所在。

这本书的最大阅读价值，在于它比较完整和系统地讲述了中共夺取政权的决策过程和影响其决策的种种复杂的内外因素的作用。它清楚地说明，中共革命的成功和新中国的由来，和朝鲜、越南，以及许许多多落后国家和民族在第二次世界大战之后独立解放的经过，其实没有太大的差别。即在相当大的程度上，都是得益于整个世界大环境和国际政治理念的改变，得益于毗邻的共产党政权的大力援助。内因必须结合适当的外因才能起作用，而离开了适合的外部条件，再好、再有利的内因，也产生不了理想的结果。

具体到中国，中共的诞生，就离不开苏俄的影响与作用。中共成立后一次又一次的失败、分裂和自我戕害，包括不断地犯错和纠错……如果没有一次又一次外力的作用与机遇，恐怕也很难设想中共能一次又一次地涉险过关，甚至濒死而复生。共产党能够屡仆屡起，逐渐壮大；而原本足够强大的国民党却会由盛而衰，进而一步步被削弱，乃至最终被中共所推翻。离开了外部国际大环境以及苏联的作用，单纯从国民党自身以及毛泽东的精明决断去找原因，许多情况显然解释不通。

比如，如果和中国毗邻的不是苏联，而是美国，如果1937年日本没有选择全面入侵中国，如果共产国际没有选择毛泽东做领袖，如果抗战中莫斯科听任中共与国民党翻脸，同时与两个敌人作战，如果战后苏联没有出兵东北，或苏美之间没有走向敌对的冷战，仍旧紧密合作，苏联像在欧洲对法共、意共和希腊共产党一样，拒不支持中共夺取政权的斗争，甚至不让中共进入东北……毛泽东再机敏睿智，他也绝不可能实现1949年的成功。

同样，即使有苏联毗邻，如果没有毛泽东，中共领袖换成陈独秀、王明，哪怕是张闻天、刘少奇，它也还是很难走到它的1949年。1948年2月和1949年7月，斯大林两度明确承认苏共曾经错估了中共的实力，误以为中共革命不会成功，因此干扰了中共革命，就再清楚不过地说明，如果不是毛泽东在许多情况下坚持己见，一次又一次地坚决按照自己的意志行事，中共即使能够成功度过八年抗战，成长为一支可以和国民党政府抗衡的力量，它也很可能和战后法共、意共一样，早就被苏、美两大国引导到与国民党妥协的道路上去，成为执政的国民党的附庸了。

那么，问题也就产生了，中共革命的成功，究竟哪一方面的因素更大些呢？是毗邻苏联的作用，还是毛泽东个人的作用？是日本的入侵，还是国民党自身不争气？要就这个问题找到一个简单的答案，几乎是不可能的。

　　历史的演进实在太过复杂了，少了任何一种因素恐怕都构不成为我们今天所看到的历史。有时，我们必须承认，马克思在《法兰西内战》一文中关于历史偶然性的说法是完全正确的，即在任何一个革命时代，偶然性永远都会起着戏剧性的作用，并因此成为总的历史发展过程中的关键因素。"如果'偶然性'不起任何作用的话，那么世界历史就会带有非常神秘的性质"而无法理解了[1]。

　　这本书讲述的一切可以让读者了解，历史上的那些成功者实在是太过幸运了。在那样长的历史进程当中，一步踏错，或某一个事件没有发生，或发生得太早或太晚，历史可能都是另外一种结局了。如果作为后来者不能清醒地认识到这一点，不了解毛泽东能屈能伸的做法，反而简单地认为，对外"独立自主"、对内"阶级斗争"是一切成功的基石与法宝，那么这种看法显然不够全面。而且，历史也已经证明了这一点。

杨奎松

2010年1月19日于上海虹桥怡景园

---

[1] 参见《马恩列斯论巴黎公社》，第217页。

序

共产党所领导的中国革命是一次成功的革命，这是历史已经证明了的。但是，通向成功的道路又是如何向前伸延的呢？如果我们没有忘记，中国最初并不是共产主义思想的故乡；如果我们还记得20世纪20年代初组织起来的中共党组织开始只有几十个人；如果我们注意到共产党在二十八年的漫长革命生涯中几乎始终处于强大敌人的压迫之下……我们就应当想到，这样一种革命并不是中国自身发展的必然产物，它的成功也不可能一帆风顺，它必定经历了许许多多的曲折与牺牲。也正是在这许许多多的曲折与牺牲中，中国共产党人，特别是毛泽东，才逐渐摸索出了一条通向成功的道路。

中国革命的成功，正如它所经历过的种种失败一样，有着各种各样的具体原因。多少年来，人们多方探讨过它的内部原因，分析说明过国内社会、阶级、党派集团以及各种经济、政治、文化条件对于中国革命的影响和作用。但是，作为一个专门的课题，我们对于外部世界作为一个整体对于中国革命的影响和作用，似乎还缺少系统和深入的讨论。事实上，我们都知道，无论是共产主义思想在中国的传播，还是共产主义事业在中国的生长和发展，都是一定的国际环境的产物。离开了特定的国际环境和条件，基于共产主义意识形态的任何一种革命的成功和失败都是不可想象的。

比如，我们可以试问：为什么五四爱国运动之后，极少数知识分子和青年学生会把共产主义，即革命的社会主义这种外来文化，看成是救国的不二法门？为什么中国共产主义者最初要按照俄国共产党的模式建立中国共产党并确立自己的奋斗目标？为什么中国革命者会主动要求接受来自外国共产党人的帮助、指导，乃至于经费援助？为什么第一次国共合作的政策是出自一个外国人的主张，而整个合作的进程很大程度上也是由外国的顾问或外国的代表人物来规划和设计？为什么中国革命会一度提出一个连中国革命者自己都不能弄得很清楚的"苏维埃"革命的口号？为什么无数中共革命者为之奋斗几达十年之久的"苏维埃"的革命形式竟会被永远地放弃？为什么扭转中共和红军命运的西安事变，其发生和解决都与苏联密切相关？为什么毛泽东要争取独立自主，又坚持以莫斯科为世界革命的"总司令"？为什么中共在太平洋战争爆发前一度会把美国参战视为中国革命的最大威胁，太平洋战争爆发后又把美国看成是自己实现阶级革命目标的一种助力？为什么毛泽东战后一直反感斯大林"不许革命"，最终却还是走上了向苏联"一边倒"的道路？

与此相关连，我们似乎更应当试问：把中国的革命和解放建立在与外部影响因素互动的基础上，这种情况在不同的时候，在不同的条件下，对中国革命产生了怎样的影响？中共的政策策略、路线方针，乃至于组织建设、人事安排，受其制约的程度究竟有多大？40年代中共与共产国际及其国际无产阶级领导中心苏联关系之若即若离，是否意味着中共的意识形态及其思想观念发生了重大改变？中共抗战后期对美国人做出的种种表示，是否影响到了他们的革命目标和政策？中共战时和战后的道路选择，无论左右，其最终的取向是否始终不曾离开过俄国式革命的理想？总而言之，中国革命的战略和策略，不论是成功的还是失败的，它们究竟在多大程度上是受国际环境支配的？而国际环境的变化，又在多大程度上影响了中国革命的进程？

我们都知道毛泽东讲过的这样一个观点，即内因是根据，外因是条件，外因是通过内因起作用的。但是，历史的辩证法还告诉我们：任何事物至少都存在两个方面，它们往往也互为因果，即不管什么样的内因，总要通过外因才能发生作用。比如没有适当的温度，鸡蛋也不能孵出小鸡来。而鸡蛋距离热源的远近，热源本身的变化，以及整个气候条件对于热源温度的作用，等等，都可能对鸡蛋的孵化过程产生直接的影响。具体到20世纪共产革命的问题，一个十分简单的事实是，距离苏联较近的国家，形成社会主义国家的较多，而距离苏联较远的国家，形成社会主义国家的较少；同样，在革命和战争时期，社会主义国家出现较多，而在和平发展时期，社会主义国家出现较少。这种情况清楚地告诉我们，外部原因不仅在发生作用，而且有时可能还有决定性的意义。

中国之所以会不断发生革命，这无疑是由中国社会的内部原因决定的。但中国革命究竟将要达到何种目的，这又是与整个外部世界的形势和条件密不可分的。中国的共产革命之所以会从20年代开始，而不是从1905年开始或1911年开始，显然是与俄国1917年十月革命的成功和1919年第三国际成立，布尔什维克开始对外输出革命的情况密不可分。毛泽东所谓"十月革命一声炮响，给我们送来了马克思列宁主义"，就高度形象地概括了这种关系的本质。它告诉我们：中共所领导的这场革命，就其基本内容和方向而言，都是得益于俄国革命性质的影响和规定的。恰恰是由于中共与苏联和共产国际之间存在着这种特殊关系，由于来自苏联和共产国际的理论、政策和策略的指导，由于后者对于前者的援助乃至干预，中国革命才走上了今天我们所看到的这条通向社会主义的艰难曲折的漫长道路。

当然，我们不是外因决定论者。何况，中国革命的成功归根到底还是由中国人实现的，因此它不同于东欧社会主义国家的建立，不完全取决于包括苏联在内的外国干预。正如毛泽东所说，中国的事情必须由中国人自己来办，而不能由共产国际那些管中国问题的外国人来办。事实证明，完全依照苏联人的方式来处理中国问题和解决中国革命所面临的种种复杂关系，多半都是不能成功的。在中国革命最初的十几年里，共产党人所经历的种种挫折无疑都与太过依赖于莫斯科的做事方式有密切关联。但结果，不论苏联在中国革命身上投入了多少钱财和心血，中共都无法完全按照苏联人的意志去发展自己，因此也无法真正实现莫斯科所制定的革命目标。

中国共产革命，从完全背靠莫斯科，坚持世界革命，公开主张保卫苏联，争取百分之百的"布尔什维克化"，到逐渐相信必须把"马克思主义中国化"，相信中国居于美苏之间，完全可以特立独行，曲折地走出了比较适合自己的发展道路。然而，尽管如此，抗战中它还是不能不受制于盟国政治和军事发展变化的左右，抗战后它一样无法摆脱美苏冷战格局形成所带来的影响，外因仍旧在起作用，而且其作用丝毫不比内因的作用来得小。因此，无论是从意识形态，还是从历史联系来看，在整个国际大气候、大环境中，中国革命和中国共产党人与外部世界的联系越紧密，它考虑和制定中国革命策略的因素就越复杂，其成功与失败的机会也会同时存在。通向成功的道路注定了充满荆棘。

从中国革命与外部世界的联系来考察中国革命的发展过程及其策略变化，是本书写作的目的。如果我的这种研究能够使读者加深对中国革命曲折性和复杂性的了解，并注意到中国革命产生和发展背后的国际政治背景，以及它们之间存在的种种因果关系，那么，我的目的就达到了。至于本书中因为我自身的水平和对问题的理解程度而存在的各种不足之处，还希望能够得到有关专家的谅解和指正。

杨奎松

1991 年

目　　录

第一章　"以俄为师"

一、山雨欲来风满楼 3

第一次世界大战，日本霸占胶州半岛，中国面临生存危机 / 3　巴黎和会，充满期待的中国人再次发现自己被出卖了 / 5　五四运动："只要有干涉政治的决心，不怕政府不顺从民意" / 8　李大钊：社会的变革，应"由人民自己一小部分一小部分创造" / 11　毛泽东：俄国革命，是山穷水尽诸路皆走不通了的一个变计 / 14

二、西方不亮东方亮 17

列宁：要么是资本主义国家立刻爆发革命，要么是我们灭亡 / 17　共产国际二大：为殖民地革命开辟一条达到解放的新道路 / 22　输出革命，俄共代表的作用和中共早期组织产生的背景 / 27　依靠外援的结果：维经斯基回国，中共上海小组几陷瘫痪 / 30　陈独秀：中国革命"必与俄国打成一片，一切均借俄助" / 33

三、最佳的利益选择与结合 37

中共第一次代表大会召开，宣布以推翻资本家阶级为目标 / 37　远东大会推动反帝，毛泽东认定："欲拯救中国唯有靠俄国的干涉" / 39　共产国际：应利用国民党来"为强大的群众性的共产党准备基础" / 42　党内合作：共产党加入国民党，监督、改造，并争取取而代之 / 46　孙越宣言："共产组织，甚至苏维埃制度，事实均不能引用于中国" / 48　结语 / 52

第二章 向左还是向右

一、排斥外力的外力作用 57

孙中山:"外交纯恃内政,内政要是好,外交简直不成问题" / 57 孙中山全面效法俄共,欲造"党民"、"党军"和"党国" / 59 鲍罗廷就近指导,国民党全盘俄化,三民主义转趋激进 / 61 孙中山欲扣"关余"解困不成,国民党得到苏援成功崛起 / 65 广州商团私购枪支入境,孙中山先软后硬,武力粉碎商人反抗 / 68 孙中山表示,取消不平等条约,还只是动员的口号 / 71

二、谁主沉浮? 74

孙中山自信方向不错:不能因疑陈独秀,而连及俄国 / 74 共产党力求独立自主,国共摩擦加剧,孙中山左右为难 / 80 中共中央上书共产国际,控告鲍罗廷偏袒国民党 / 83 鲍罗廷:你们必须作出选择,要许崇智,还是陈廉伯? / 87 斯大林:应当争取把国民党改造成工农政党 / 90 国民党二大召开,中共如鱼得水,反客为主,取得党权 / 93

三、意料之外,情理之中 96

中共难解的困惑:这么少的工人,如何发动阶级革命? / 96 五卅反帝运动,共产党人痛感:"资产阶级不革命" / 98 邓中夏:省港罢工不取得国民党的帮助,几天就会倒台 / 103 共产党人终于认识到:能代表人民的政府在革命中是何等重要 / 106 中共中央正式决定,最近将来的首要工作,就是推动北伐战争 / 108 三二〇事变发生,布勃诺夫主导妥协,中共中央自我检讨 / 111 陈独秀:对蒋介石的策略,既不能推翻,也不能拥护 / 115 列强对北伐态度不一,美国人最早注意到另一种可能 / 117 取舍难决:离不开的苏联援助,离不开的蒋总司令 / 119 汉浔事件,英国颜面扫地,列强开始把目光投向蒋介石 / 123 蒋介石:苏俄一旦不平

等待我，我们一样的要反对他们 / 126

四、妥协与冒险的代价 …………………………………… 129

向左，向左，再向左，把国民革命引向工农民主专政 / 129　苏联，蒋介石国民党独裁专制体制的催生者 / 134　斯大林挤柠檬汁策略失败，蒋介石发动事变，中共丢掉上海 / 138　扩大还是深入？罗易力主深入革命，鲍罗廷但求维持联合 / 144　形势异常紧急，中共主张退让，莫斯科指示异想天开 / 149　罗易VS鲍罗廷：防御还是进攻？中共中央准备破裂 / 153　问计无方，共产国际下令退出武汉政府，国共关系彻底破裂 / 158　结语 / 161

第三章　从"彻底"到"不彻底"

一、为"苏维埃"而战 …………………………………… 165

斯大林：不要多长时间，中国革命就可以重新回到大街上来了 / 165　暴动、暴动、暴动，中国革命已经到全国总暴动的局面了 / 168　俄国人指挥中国革命的结果："苏维埃"成为中共特有名词与象征 / 172　革命——"杀尽一切土豪劣绅大中地主工贼农贼国民党右派贪官污吏" / 175　城市苏维埃乍现广州，数千赤卫军牺牲，苏方人员曝尸街头 / 179　临时中央主张：要赶紧的大批吸收敢暴动的分子入党 / 185　共产国际否认中国有直接革命形势，中共中央坚持革命潮仍在高涨中 / 189　中共六大上，布哈林循循善诱："生活不是一个赤裸裸的圆球" / 192

二、"世界革命万岁" …………………………………… 196

留守中央再试统一战线，共产国际严厉批评，斥为"新的右倾" / 196　国际来信：任何以为中国可能走上资本主义道路的看法都是危险的 / 199　托派隐现党内，中共中央警告，凡小组织活动必予制裁 / 203　李立三：朱毛红军应占领一座城市以反对国民党进攻中

东铁路 / 206　中共中央：坚决与远东局一贯的右倾路线"斗争到底" / 210　李立三："如果明天有几万人上街，就可说是革命高潮到了" / 214　城市中心论：乡村是统治阶级的四肢，城市才是它的头脑 / 218　中共中央：为对革命负责，对国际负责，不能接受远东局的提议 / 222　中共中央："苏联必须积极准备战争"，蒙古应出兵中国北方 / 227　中共成立暴动总行委并电告共产国际："你们不理解具体形势" / 231　斯大林："在当前形势下，在中国举行总暴动，简直是胡闹" / 236　临时小组："党中央领导已经垮台"，必须把机会主义分子清除出去 / 239　米夫：王明等留苏学生才是"最出色和最有才华的领导人" / 242

三、失败的战争 ················ 247

党内反对派："中央的领导在政治上组织上早已完全破产" / 247　共产国际：必须把60%的党务人才统统派到苏区和红军中去 / 251　军事顾问：现阶段革命的中心任务，是创立整片的苏维埃区域 / 254　临时中央：任何保守和等待，都是对苏维埃运动的犯罪 / 256　苏维埃政府：与帝国主义国家绝不能有任何调和的余地 / 260　《大公报》：今日"左倾右倾，皆成废话，资本劳工，同受牺牲" / 264　临时中央：要救中国、要抗日，必须要先推翻国民党 / 268　蒋介石：必须统一长江流域作为民族复兴的根据地 / 274　罗明：就是列宁来对群众演说三天三夜，也不能转变群众情绪 / 278　莫斯科以中共中央名义宣布愿意联合抗日的"三条件" / 281　远东局：我们与反蒋派将领周旋，根本目的是争取他们的士兵 / 286　莫斯科：有无可能通过十九路军向中央苏区运送武器弹药？ / 292　共产国际："我们同意你们将主力调往湖南的计划" / 295

四、"塞翁失马，安知非福？" ················ 301

莫斯科重提列宁的策略：要利用敌人之间的一切裂痕和利害冲突 / 301　王明：今日中国，谁能解决抗日救国问题，谁就能得到民众 / 305　共产国际：只有中国苏维埃才能是反日反蒋斗争的统一中心 / 309　毛泽东：白区损失了百分之百，苏区损失了百分之

九十 / 311　《八一宣言》，从"工农苏维埃"到"人民苏维埃"的转变 / 317　毛泽东：打到苏联边界去，保存这数百干部和若干千战士 / 320　斯大林："主力红军可向西北及北方发展，并不反对接近苏联" / 323　共产国际：把蒋介石与日寇等量齐观，在政治上是错误的 / 326　张、毛、博、周：除非得到苏联援助，否则内战不可避免 / 330　张学良：请速告"国际对西安一二一二革命"之看法 / 335　共产国际：党、红军和群众对于这种彻底转变是否有了思想准备？ / 340　结语 / 342

第四章　韬光养晦与东山再起

一、"兄弟阋于墙" 347

张闻天：今天联合资产阶级，是为了明天反对资产阶级 / 347　彭德怀："我们不能完全独立自主"；毛泽东："防人之心不可无" / 352　从阶级革命的长远眼光看问题，是毛泽东超出常人之处 / 356　苏联援助的作用越大，中共政策受苏联政策的影响也越大 / 360　王明带来了共产国际的指示，毛泽东坚持洛川会议方针没有错 / 363　季米特洛夫：中共应该在毛泽东的领导下解决党内团结问题 / 366　共产国际支持毛泽东为领袖，毛泽东提出马克思主义要中国化 / 369

二、"来而不往非礼也" 373

斯大林否认苏联输出革命，但相信阶级革命在各国一定会发生 / 373　蒋介石拒绝中共合作提议，毛泽东倡言"人要犯我，我必犯人" / 376　国共摩擦加剧，毛泽东怀疑"最近的磨擦，都与英美的政策有关" / 379　苏联改变对英、法政策，中共中央认定资产阶级必然叛变 / 382　怀疑国民党会突然投降和反共，中共中央紧急疏散和转移 / 386　苏联与德国妥协，毛泽东相信"大变化大革命的时代已经到来了" / 389　"新民主主义论"：中共吹响了与国民党争夺领导权的号角 / 391　对资产阶级的区别政策，使中共得以把蒋介石集团排除在统战之外 / 394　毛泽东准备发展200万军队，国民党突然发出最后通牒 / 398　毛泽东：最黑暗莫过于美国把国民党从财政上军事上武装起来 / 400　皖南事变："蒋介石领导的国民党由革命走到反革命的转折点" / 403

三、在策略变动的背后 408

中共中央：苏日条约没有限制苏联援助中国进行对日抗战 / 408　国民党呼吁援助中条山，毛泽东主张不为其激将法所动 / 412　苏德战争爆发，苏联要求八路军全力作战牵制日军 / 417　毛泽东告诉苏联顾问：我军条件弱，大动伤元气，于我于苏均不利 / 419　博古揭发，是共产国际远东局明令不能让毛泽东进入书记处 / 422　太平洋战争爆发，蒋介石地位稳固，中共担心爆发反共高潮 / 427　苏、美、英合作，国共关系解冻，毛泽东承诺今后不再扩军 / 429　蒋介石发表《中国之命运》，共产国际解散，国共关系再度恶化 / 432　毛泽东：王明说整风是整留苏学生，是整莫斯科的，这是一个真理 / 435

四、"我们一定要把中国拿下来！" 439

"中国共产主义的圣徒和先知们住在黄土坡上挖出的窑洞里……" / 439　国民党军事溃败，毛泽东相信中共可能成为美国援助的对象 / 442　美军观察组进驻延安，毛泽东宣称中共欢迎民主的美国的影响 / 445　中共中央发出威胁：要么成立联合政府，要么中共另组解放委员会 / 448　国民党拒绝联合政府主张，中共宣布力量对比已走向共强国弱 / 451　中共放弃对美幻想，认定战后美国必反苏，蒋介石必反共 / 456　苏联出兵东北，中苏条约签订，毛泽东仍对苏援寄予期望 / 459　斯大林逼毛泽东赴重庆谈判，中共坚持不交出一枪一弹 / 462　结语 / 466

目 录

第五章　走向新中国

一、先到为君，后到为臣 ………………………………… 469

美苏关系紧绷，斯大林被迫实行两面策略，八路军潜入东北 / 469　苏军态度摇来摆去，中共中央急调十万大军赶赴东北 / 473　苏军打开大门，开始转交日军武器装备，国共争夺战打响 / 477　蒋介石坚持向美国一边倒，斯大林无奈重新帮助中共 / 481

二、和与战的抉择 ………………………………………… 484

苏联拒绝参与调处国共关系，中共接受停战令留下后患 / 484　政协和平决议达成，中共中央认为是全国民主运动的大胜利 / 489　毛泽东反对学法国，主张"美蒋要以统一来消灭我们，我们要逃脱" / 493　国民党拒不承认中共在东北地位，中共被迫选择战争 / 497　苏军抱怨：你们为什么对美国如此客气？决战四平，虽败犹胜 / 501　苏联倾力援助，中共在东北转危为安，马歇尔调停失败 / 505

三、"中间地带"的革命？ ………………………………… 510

毛泽东相信，美、苏妥协并不要求各国人民随之实行国内的妥协 / 510　毛泽东提出"纸老虎"和"中间地带"的观点，宣传必胜主张 / 513　美苏走向冷战，中共对蒋介石从"洗脸"转向"割头" / 517　毛泽东认为没有必要采取迂回手段，主张"将革命进行到底" / 520

四、"一边倒"的必然 ……………………………………… 523

毛泽东称斯大林为"大老板"，说中国革命的每一步都离不开苏联 / 523　为防止美帝与资产阶级里应外合，毛泽东力主暂时不与美、英建交 / 526　批判民族主义，接受斯大林指导，中共与苏联

越走越近 / 530　为了一个不存在的机会，中共代表与美国大使进行了两个月的接触 / 533　尘埃落定：毛泽东发表《论人民民主专政》，革命终结正果 / 536　结语 / 539

附　录 ·· 542

第一章

"以俄为师"

寄希望于威尔逊大总统的中国人,被中国在巴黎和会上所遭受的屈辱强烈地刺激了。对西方资本主义列强主持正义的幻灭,导致大批中国知识分子把目光投向了社会主义。俄国十月革命的成功,诞生了世界上第一个号称劳动平民当政的政权。中国的知识分子并非喜欢暴力,但是,毗邻的俄国革命一举摆脱列强压迫的榜样作用,还是让不少人热血沸腾。在俄国人的直接推动下,中国共产革命的小船摇摇摆摆地起航了。

第一章 "以俄为师"

一、山雨欲来风满楼

第一次世界大战，日本霸占胶州半岛，中国面临生存危机

1914—1918年，帝国主义列强之间爆发了一场空前规模和空前残酷的世界大战。这场战争极大地改变了世界政治的格局，老牌殖民帝国英国和法国强有力的竞争对手德国被打败了，但战争也使这两个拥有世界上最多殖民地的胜利的资本主义大国，成为新兴的资本主义大国美国的主要债务国。[1]

在欧洲进行的这场战争，使欧洲国家备受损害，整个欧洲经济在以后长达八年的时间里几乎处于停滞状态，而远在太平洋的两大资本主义强国美国和日本，却受到这场大规模战争的刺激，加速了经济发展的步伐。[2]

美国和日本的崛起，不仅对它们相互之间的利益，而且对英、法两大殖民帝国，特别是对英国在远东及太平洋地区的利益，都明显地形成了威胁，从而使帝国主义国家之间的矛盾形式和利益关系迅速发生了新的变化。对于这一情况，战后各国政府都有清醒的认识，他们不能不千方百计力图防止自己的利益受到损害。问题是，在欧洲进行的这场战争留下了太多的后遗症，这不可避免地牵制了英、法等国政府的极大精力，而且把他们最大的债权国美国也拖累了进去。一连几年，欧洲各国的政治家们在家门口总是争吵不休，对远东事端却力求调和。不仅如此，战争的结果无论

---

[1] 据统计，到1922年11月，欧洲各国所欠美国的债务，包括未付利息在内，总数达116亿美元，其中英国为47亿，法国为38亿。
[2] 在战后的1920年，所有资本主义国家的制造业的生产能力都低于战前1913年的水平，只有美国和日本是呈发展的趋势。不仅如此，如果以1913年为100的话，美国1920年制造业生产的年度指数达122.2，日本更高达176。

从哪一方面都促使各大国的政治家们从各自利益的角度,来寻求建立一种相互牵制和妥协的基础。这导致了1919—1922年一系列国际会议的召开,以及国际联盟和国际法庭这一类前所未有的国际协调和国际制裁性质的国际组织的产生。在这种情况下,日本帝国主义对远东,特别是对中国的野心,具有极为严重的意义。

中国是远东最大的,也是最后一个尚未被瓜分和被一个列强独霸的落后国家。帝国主义之所以未能吞并中国,显然是同它的过于庞大有关。1840—1900年间,列强各国中兵力最多的不过100万(俄国),最少的仅几万人(美国),世界头号殖民帝国英国的兵力也不过50余万人,后起的日本也只有20余万人。要把这样少的兵力单独投入到有数百万平方公里和有4亿人口的偌大的中国来,同时还要保护他们自己的国家和诸多殖民地,无论如何是办不到的。自1840年英国第一次对中国动武之后,几乎每一次动武,殖民地较多的欧美列强都会联合行动,其原因也就在于此。这也是1899—1900年,列强各国一致接受了美国提出的"门户开放"、"利益均沾"的原则的重要历史背景。尽管各国政府各自难免还会抱有自私的目的,争吵和冲突依旧不断发生,但是,中国作为独立国家的资格至少在形式上保全了下来。直到第一次世界大战爆发,情况才再度发生了某种变化。后起的日本,鉴于世界版图已被瓜分完毕,又不甘心自己的殖民地过少[1],故公开试图乘机改变这种状况。中国胶东半岛问题的争执,即由此而生。

1914年8月第一次世界大战在欧洲打响时,一边是由英、法、俄、美等组成的协约国,一边是由德、意、奥、土等国组成的同盟国。协约各国为防止远东祸起,力劝日本加入协约国,日本遂乘机要挟,迫使英、法、俄等同意日本可在与协约国权利无关之中国各地"自由行动,不加干涉",并接收德国在中国山东的一切权益。[2] 随后,日本即对德发出最后通牒,诡称胶州租借地应交付日本"以备将来交还中国"。紧接着,日本对德宣战,并借口军事需要强行霸占了德国修建的胶济铁路。11月7日,日军攻取青岛,对德作战结束,但它突然向北京袁世凯政府强硬地提出了所谓

---

[1] 日本这时只有朝鲜和台湾两块殖民地。
[2] 参见王芸生编著:《六十年来中国与日本》,第6卷,三联书店1980年版,第41页;《顾维钧回忆录》,第1卷,中华书局1983年版,第160、197页。

"二十一条"的要求，进而还发出了最后通牒，最终于1915年5月25日迫使中国政府与之签订了《关于山东之条约》、《关于南满洲及东部内蒙古之条约》，并互换照会13件，史称"民四条约"。根据这些条约，日本不仅继承了德国在山东的一切权益，同时得以在南满、东蒙以及福建等地，取得了一系列特权。[1]

日本在中国的横行霸道，不能不引起欧美各列强的不满。但是英国也好、法国也好，要让他们把有限的兵力投入到中国来同日本一争高下，不仅战争中不可想象，即使在战后也绝无可能。

在这时的大国中间，唯一有条件对日本的扩张进行干预的，只有美国。美国毕竟不能无视与其有着直接地理联系的远东地区发生这种问题，更无法回避日本的挑战。日本的行动无疑严重破坏了美国所强调的"门户开放"的原则。但是，要让陆军兵力总数还不及日本2/5，海军军舰总吨位只多出日本1/5的美国用武力阻止日本的行动，也是办不到的。何况，在这个时期，美国既受到欧洲债务的牵制，国内又盛行孤立主义，即使是日本侵犯了美国的部分经济利益和势力范围，深受国会和政党分权化牵制的美国政府，也绝难反应强烈。

1917年4月6日，美国参加欧洲战争，正式对德宣战之后，其对日本的妥协更是不可避免了。11月2日，双方终于签订了《兰辛—石井协定》，美国以承认日本在山东、南满和蒙古等地区的"特殊利益"为条件，换取了日本对在中国维持"门户开放"主义和机会均等原则的承诺。[2]

巴黎和会，充满期待的中国人再次发现自己被出卖了

美国是一个从殖民主义压迫下解放出来的国家，它的外交政策及其观念，到底有其自身的特点。其国内反对帝国主义和殖民主义的倾向不仅较其他殖民大国为强，而且对其政府的外交政策，不能不有所影响。这使得美国的外交政策表现出极其复杂的多面性。美国在光绪年间主动退还中国

---

[1] 见中国社会科学院近代史研究所：《日本侵华七十年史》，中国社会科学出版社1992年版，第156—162页。
[2] 全文见王芸生编著：《六十年来中国与日本》，第7卷，第104—105页。

的庚子赔款近2900万美元,用于中国教育事业[1],在很大程度上得到了中国舆论界的赞扬。

同样,美国也是最早提出和始终主张维护中国独立和领土完整的大国,尽管其归根结底仍旧会为其自身的政治经济权益着想,并且多次参与侵犯中国主权和独立的行动,但在"弱国无外交"的强权政治时代,美国的对外政策还是常常会有助于落后国家的民族主义觉醒。

1918年1月8日,即大战结束,协约各国拟召开和平会议解决战争遗留问题之际,美国总统威尔逊宣布了"十四点和平纲领",明确主张公开外交,反对秘密外交,主张取消关税壁垒,削减和全面限制军备,绝对公平地调整一切殖民地,并建立国际联合组织,以保证国家不论大小均享有政治独立和领土完整。威尔逊明确反对以往那种由少数列强用秘密外交的方式来决定弱小国家和民族的命运的做法,力主民族自决。他宣称:"和平会议之际,必自始至终,公开于世界,秘密授受之政策,使不再见于今日。""故凡悖逆正义之行为,吾人必尽其所能以反对之",必"使国无强弱,共享均等之自由,与生命之安全"[2]。毫无疑问,美国总统的这一主张,再度为美国在各弱小国家和民族中,特别是在中国,赢得了声誉。

正是因为有威尔逊总统的上述主张,中国在战后获得了参加巴黎和会的权利,第一次得以与各国列强共同参加重大国际会议,讨论和决定国际事务。这种变化进一步使中国各界人士感到振奋,他们不仅为此再次向美国欢呼,而且开始相信,和会将会名副其实地实现威尔逊的"十四点和平纲领",切实尊重中国政府和中国人民的正当权益,特别是恢复大战中被日本强占的中国对山东的主权。[3] 人们甚至指望,通过和会,中国能够一体解决取消领事裁判权,归还租借地和租界,撤退外国驻军,取消外国在华设立的邮电机构,以及恢复中国关税自主等各项问题。[4] 于是,"公理战胜强权"的信念因此广为传播,不仅当时的北京政府立即组团前往巴黎正式出席会议,中国各界著名人士,甚至与北京政府对立的南方军政府

---

[1] 见王树槐:《庚子赔款》,(台北)中研院近代史研究所1974年版,第287页。
[2] 转见《现代国际关系史参考资料(1917—1932)》,高等教育出版社1958年版,第186—189页。
[3] 李大钊:《庶民的胜利》,《新青年》第5卷第5号,1918年11月15日,等。
[4] 参见《顾维钧回忆录》,第1卷,第170—171页;《东方杂志》第16卷第2号,1919年2月。

方面，也纷纷组团前往巴黎，准备迎接这大快人心的时刻。

中国人太单纯了。他们不了解美国国内同样存在着相当强大的帝国主义和殖民主义的政治势力，因而没有注意到美国国会对威尔逊总统在殖民地以及宗主权等问题上的开明立场所表示出的某种不信任态度。他们也忘记了历史，甚至忘记了威尔逊发表"十四点和平纲领"时，那个墨迹未干的侵犯中国主权的《兰辛—石井协定》。美国既然能够默认日本"二十一条"要求的得逞，既然能够为了某种利益而与横暴的日本苟合妥协，它为什么不能再三、再四地重复这一过程呢？何况美国总统并没有支配世界的权力，而和会的其他参加者仍旧抱定了殖民主义和强权政治的立场呢！

似乎弱小民族都有这种过于单纯的特点。并未得到参加和会邀请的朝鲜人同样对威尔逊和即将成立的国联抱有热切的期望，因此他们竟秘密派遣代表前来巴黎向和会控诉日本的强暴统治和奴役。然而，这位有幸出现在巴黎的朝鲜人却被拒之于门外。同样的命运很快也落在了中国人头上。幻想取得国际平等地位的中国人，一开始就发现自己被邀出席和会，却被列为第三类国家。日本作为五大国之一，有代表5席，中国却只分得2席。参加会议的27个国家，70位代表几乎没有多少开会的机会，一切相关决定都是美、英、法、意四国首脑所组成的"四人会"在极秘密的情况下讨论作出，各国外长只能在旁边屋子里听候咨询。[1]

事实上，即使是作为大会主席的威尔逊总统，无论是在美国国内，还是在巴黎和会上，都陷于孤立无援的可怜境地。他率先提倡的国际联盟得不到自己国会的认可，在和会上他又不能不自食其言地牺牲弱小国家的利益，以换取列强之间的团结。结果，许多对巴黎和会充满期待的中国人再次强烈地感到自己被出卖了。不仅恢复国家主权和领土完整，废除不平等条约的要求无人理睬，甚至连争取山东主权的恢复也成了泡影。日本强硬地坚持占有德国在山东的各项权益，威尔逊想出的唯一解救办法就是暂时实行五国共管以后交还中国，然而即便这种妥协的办法也难以行得通。

1919年4月30日，列强终于还是依照日本的愿望达成了巴黎和约关于山东问题的条款，规定包括胶济铁路在内的德国在山东的一切权利，统

---

[1] 参见《日本侵华七十年史》，第184—185页。

统交予日本。[1]

1914年日本攻占青岛时，中国是中立国，此后中国政府加入到协约国一边，成为参战国。无论作为中立国还是作为参战国，中国都不是战败国，战败的明明是德国，何以中国要向日本割让土地呢？威尔逊高唱"自由平等"、"民族自决"，人们指望和平会议和国际联盟从此会主持公道，其结果竟如此悲惨，如此荒唐，这不能不令人愤慨。

而更让人愤慨不已的是，人们一夜之间发觉腐败的北京政府为了维持自己的统治，在几年时间里竟与日本主动签订了众多丧权辱国的协定。[2]人们对此不能不无比愤怒。

五四运动："只要有干涉政治的决心，不怕政府不顺从民意"

1919年，是远东地区政治动荡、危机四伏的一年，同时也是各弱小民族开始觉醒和开始掀起斗争浪潮的一年。1919年3月，在日本奴役下的几十万朝鲜人在全朝鲜发动了广泛的起义斗争。[3]这场斗争强烈地触动了亿万中国人。列强的欺凌和朝鲜人民的起义，终于从两方面极大地刺激了中国人。不再仅仅是学生们感到愤慨了。中国人对国家主权和独立不受侵犯的愿望，从来没有如此强烈；对外人的欺凌和领土的丧失，从来没有如此痛心；对日本帝国主义的飞扬跋扈和狂妄野心，也从来没有如此敏感和仇恨。显然，第一次世界大战后期兴起的"公理战胜强权"与"民族自决"的宣传，在广大知识界、进步舆论界特别是青年学生当中，引起了改变国家屈辱地位的强烈愿望，使他们对各国政府能够受威尔逊影响在和会上主持正义寄予了过多的希望。而结束大战以后日本在中国大肆扩张的情形，更成为广大爱国的中国知识分子最强烈的要求。面对和会中美、英、法各大国在中国问题上重演对日妥协丑剧，眼看日本霸占中国山东主权即将成为惨痛事实之际，人们的失望和愤慨是可想而知的。

---

[1] 全文见王芸生编著：《六十年来中国与日本》，第7卷，第318—319页。
[2] 如《中日陆军共同防敌军事协定》、《中日海军共同防敌军事协定》等。梁启超等亦称于和会期间始知1918年中日换文密约等事，颇感不满。见《申报》1919年3月24日。
[3] 因怀疑被日本废黜的朝鲜国王李熙1月22日突然死亡是被日本人加害，朝鲜民众群情激愤，并于3月1日在汉城爆发了数十万人抗议游行。在宗教界人士起草的《独立宣言书》的号召下，这场运动迅速波及了整个朝鲜半岛，但最终被日本军队武力镇压。

第一章 "以俄为师"

1919年4月下旬，外交失败的消息从巴黎和会陆续传来。至5月初，中国代表交涉失败已成定局。终于，全国各界爱国人士之激愤达到极点，以青年学生为先锋，爆发了轰轰烈烈的五四爱国运动，其斗争锋芒直指日本帝国主义和在对日交涉中曾直接充当"卖国贼"角色的曹汝霖、陆宗舆、章宗祥等人。

轰轰烈烈的五四运动，波及全国各大中城市，学生、商人纷纷罢课、罢市，抵制日货，甚至一些大城市的工人和市民也在各种宣传甚至是传言的刺激下，自发地投入到反日运动之中。这一空前浩大的爱国群众运动，严重冲击了北京政府的统治地位，迫使它罢免了曹、陆、章，并最终放弃了在和约上签字的企图。[1] 然而，罢免也好，拒签也好，以至游行集会、罢课罢市罢工，都不能使山东及青岛主权回归中国，也不能促使各国政府采取真正同情中国的行动，甚至并不能防止类似的事件今后继续发生。现实的沉重压力迫使人们开始探寻解决问题的根本方法。

此时的中国政治，派系林立，四分五裂。不仅军阀之间你争我夺，战争不断，而且南北对立，各执一端，互不相让，你死我活。甚至各派内部和南北政府自身，也是钩心斗角，争权夺利，时时有倒戈和内讧发生。对此，广大进步知识分子无不痛心疾首，倍生厌恶，以致长期以来视政治为畏途，唯恐避之不及。

外交失败，山东主权无端被日本侵害，使国人之民族危机感和屈辱感陡然增至极点。人们迅速意识到："真正的解放，不是央求人家网开一面，把我们解放出来"，"不是仰赖那权威的恩典，给我们把头上的铁锁打开，是要靠自己的努力，把他打破，从黑暗的牢狱中，打出一道光明来。"[2] 国与国的关系，既然依旧是强力和利益的关系，央求和哀号自然无用，救国的办法，只能是改造和强大自己的国家。为此，人们明显地开始试图干预国家的政治。

第一次世界大战给中国进步舆论界所带来的最深刻的影响之一，就是民主主义的深入人心。人们无一例外地把协约国的胜利，看成是世界人类新精神的胜利，看成是民主主义（当时又称为"德莫克拉西"、"民本主义"、"民治主义"、"平权主义"、"庶民主义"、"平民主义"……）对专制

---

[1] 见《顾维钧回忆录》，第1卷，第209页。
[2] 见《每周评论》第30号，1919年7月13日。

独裁制度和对帝国主义、军国主义的胜利,并确信这是人类历史发展的大趋势,"数千年横陈于专制坑内惰眠"的中国,也概莫能外。人们憎恨恃武力以专制的军阀政权,同样也是因为相信它有违民主主义的历史进步潮流。甚至有人直截了当地认为南北政府中"无一可恃之人,无一非巧取豪夺,日与吾人为仇为敌,其思想、其行事,无一能与平民政治相容"[1]。称由他们来主持国家,"国事如何能不腐败?外交如何能不失败?国家如何能不灭亡呢?"[2]

显然,中国人第一次如此广泛地谈论民主,第一次把政治的黑暗、外交的失败与人民甚至是"平民"、"庶民"的政治无权联系起来。他们尖锐地指出:中国政治上黑暗的根本原因,就在于少数人专政,而人民却无权。一旦人民像欧美国家人民那样,有了"创制权"、"复决权"、"罢官权","还怕有拥兵的军人吗?还怕有卖国的阴谋的盗贼吗?还怕有政治不澄清那一天吗?"[3]五四运动,"平民"奋起救国,迫使北京政府罢免曹、陆、章,拒签巴黎和约,甚至不能不释放有严重"越轨"行动的爱国学生,自然使人们更深感民众运动和民众力量的重要。许多人甚至公开主张推翻不顺民意的政府,宣称:"只要有干涉政治的决心,不怕政府不顺从民意。"[4]显而易见,第一次世界大战以及五四运动,不仅使中国广大进步知识分子和爱国民众深深陷入到民族危机感之中,而且使他们日益清醒地意识到自己的力量和责任,迫使他们开始尝试着发挥自己的政治作用,以便能够改变中国的现状,解民族于倒悬,并使国民成为国家的真正主人。

应当指出,五四运动期间中国进步舆论界的政治观,尽管深受欧美日本民主主义或民本主义的思想影响,但它同欧美一般意义上的民主政治观念仍是有相当距离的。其所谓民主主义、民治主义、平民主义、庶民政治等等,世俗的形式的理解,要比伦理的内容的理解多得多。人们注重的往往还不是这种政治制度的特定内涵及其本质,而是它的表面意义和实用价

---

[1] 学训投稿:《对于国人之大警告》,《时事新报》1919年5月11日,并见廖仲恺:《三大民权》,《星期评论》第6号,1919年7月13日。
[2] 东苏:《青年政府》,《时事新报》1919年5月17日。
[3] 廖仲恺:《三大民权》,《星期评论》第6号,1919年7月13日。
[4] 《干涉政治》,《南开日刊》第36号。

值。进而言之，人们往往是从传统的集体主义和平均主义的文化积淀出发，把民主政治同西方的社会主义乃至无政府主义的平等观念混合在一起。大多数人实际上仍旧鄙薄现实的政治生活，其所谓民主政治云云，多半只是陈独秀所谓"由多数的平民——学界、商会、农民团体、劳工团体"的一致行动，是李大钊所谓"没有康格雷（国会），没有巴力门（议会），没有大总统，没有总理，没有内阁，没有立法部，没有统治者"，只有脑力劳动者和体力劳动者的联合会议。只要多少熟悉一些社会主义思想史，就可以看出，这时中国许多进步知识分子头脑中的民主政治观念，还只是一个大杂烩。更确切地说，他们的民主观念，其实已经被一种空想社会主义的和无政府主义的观念所侵蚀了。

李大钊：社会的变革，应"由人民自己一小部分一小部分创造"

第一次世界大战造成了两股强劲的政治潮流，一股是民主主义的潮流，一股则是社会主义的潮流。前者以德、奥、俄三大专制帝国的垮台和远东中、日等专制国家国内民主主义情绪的高涨为标志，后者则伴随着布尔什维克领导的俄国十月革命的爆发、苏俄劳农政府的出现和欧美日本等资本主义国家内工人运动乃至社会革命运动的勃发，形成了大战后一时间澎湃于整个欧亚大陆的社会主义思潮。由于19世纪末20世纪初以来产生于国内新学校和由欧美日本学校培养出来的一大批新型知识分子，这时先后登上中国政治、文化、社会舆论的各个舞台，从而形成了一个由众多的知识分子和大批在校学生构成的，对欧美、日本的新学说、新思想极为敏感的社会群体，因而使得中国思想舆论不可避免地成为世界民主主义和社会主义思潮的冲击对象。人们很快就意识到，这两大思潮正是中国对抗专制统治和列强欺凌的强大武器。不仅如此，面对战后各国社会革命和工人运动的强大浪潮，人们迅速把民主主义纳入社会主义的概念之中，确信二者或者相辅相成，或者亦步亦趋，而社会主义将是人类社会发展的终极目的。

社会主义，作为资本主义的一种对立物，从来就是同"集体"和"平等"的概念联系在一起的。虽然在19世纪40年代以后，随着马克思主义逐渐形成，出现了强调阶级斗争并以共产主义为目标的科学社会主义思想体系，但广义上的社会主义仍旧是一切反对资本主义不平等的人们的包罗万象的思想武器。中国多数知识分子显然也早就从西方这种社会主义思想中汲取到养分。自从 1900 年梁启超主办的《清议报》首次引入"社会主义"[1]这一名词以来，许多趋新的中国人就开始介绍和宣传社会主义了。

当然，就中国多数知识分子而言，其在五四运动之前所谈论的社会主义，多半还不是那种以阶级斗争为内容、以社会革命为手段的革命的社会主义。恰恰相反，长期苦于专制和武力之害，渴望和平与平等的大批中国知识分子，对于暴力、专政，等等，往往有着一种本能的反感。这就决定了多数中国知识分子对社会主义有着一种特定的倾向性。也正因为如此，当世界上第一个社会主义政权在毗邻的俄国诞生之后，中国舆论界竟在相当长的一段时间里感到难于接受和理解。

中国多数知识分子对于俄国社会主义最难于接受的，无疑也是其最重要的东西，即暴力革命和无产阶级专政。受欧美资产阶级宣传舆论的影响，人们这时普遍相信，这种社会主义不仅过于残酷，而且过于专制。而这恰恰是一向主张平等调和并反感专制压迫的广大中国知识分子所深恶痛绝的。

但是，在探索根本改造中国社会道路的五四运动时期，面对来自俄国和欧洲社会如火如荼的工人运动和社会革命浪潮，要想拒绝社会主义主张是不可能的。与此相反，俄国革命和德、匈、意、美等国社会革命的兴起和工人运动的浪潮，更深深地刺激了中国的广大知识分子和青年学生，使他们从内心里认同社会主义已经成为一种不可抗拒的世界潮流。于是，在五四爱国运动之后，大批知识分子和青年学生，迅速掀起了一个规模空前的社会主义思想传播的热潮，力图从各种不同的社会主义主张中，找到一条适合中国的，足以救国救民的理想出路。而随着社会主义思想传播的日益广泛和深入，人们的救国主张也日趋分化。

以陈独秀为代表的一批激进知识分子，是最先把矛头指向试图利用军阀、政客，甚或未来资本家来实现其改造中国梦想的孙中山、梁启超们的。但是，他们在思想观念上彻底同以孙中山以及梁启超为代表的大批在社会主义问题上主张渐进改良的知识分子分道扬镳，则经历了一个缓慢的

---

[1] 见《清议报》，第 52 期，1900 年 7 月 26 日。

过程。直至1920年上半年，陈独秀、李大钊等一样明显地"不情愿阶级争斗发生"，"渴望纯粹资本作用——离开劳力的资本作用——渐渐消灭，不至于造成阶级争斗"[1]；强调自己作为无产阶级的脑力劳动者，有必要提携无产无识的体力劳动者，"令资本家要把劳动者当做同类的'人'看待"[2]。陈独秀甚至苦口婆心地劝说资本家应实行什么"Co－operative Society底一部分制度"，承认工人有得红利的权利，并以此"作为股本，填给股票"，使"工人都可以渐渐变到资本家地位"[3]。

陈独秀们这时虽然已经倾向于社会主义，并希望能够在社会所有、平均分配的基础上发展实业，但他们显然"觉得'社会生活向上'是我们的目的，政治、道德、经济的进步，不过是达到这目的的各种工具"[4]。因此，他们这时无疑还不承认世界上可以无限崇拜的"万世师表的圣人、推诸万世而皆准的制度和包医百病的学说这三件东西"[5]。陈独秀、李大钊等这时改造社会的方案，也不外由下至上、由小至大，即所谓"从自己个人起，要造成完全公正廉洁的人格，再由自己个人延长渐渐造成公正廉洁的社会"[6]。他们相信，社会的变革，只应"由人民自己一小部分一小部分创造""地方自治和同业联合"的组织，逐步造成民治主义的政治和经济基础，以此来使国民直接成为国家主人[7]，从而达到"打破阶级制度"，"实行共同劳工"和"公有主义"的目的[8]。正因为如此，他们在这一时期几乎都对各种实验道德新生活的工读互助团或新村主义之类的尝试，表现出了极为浓厚的兴趣和热情。他们显然幻想着这种种平和改良的实验，会有助于他们理想的实现。

但是，有这种想法的知识分子和青年学生毕竟太少了，能在他们推动下勇于去实践新生活的人更少，而社会制度及其社会环境本身也注定了他

---

[1] 陈独秀：《实行民治的基础》，《新青年》第7卷第1号，1919年12月1日。
[2] 陈独秀：《新文化运动是什么？》，《新青年》第7卷第5号，1920年4月1日。
[3] 陈独秀：《实行民治的基础》，《新青年》第7卷第1号，1919年12月1日。
[4] 同上。
[5] 陈独秀：《马尔塞斯人口论与中国人口问题》，《新青年》第7卷第4号，1920年3月1日。
[6] 陈独秀：《段派、曹陆、安福俱乐部》，《新青年》第7卷第1号，1919年12月1日；李大钊：《"少年中国"的"少年运动"》，《少年中国》第1卷第3号，1919年9月15日。
[7] 陈独秀：《实行民治的基础》，《新青年》第7卷第1号，1919年12月1日。
[8] 《陈独秀在鄂之演说》，《晨报》1920年2月11日。

们关注的这些实验是不能持久的。即便个别实验在一定条件下和一段时间里能取得某种成功,要影响亿万中国人又有多少可行性呢?前后不过一年左右的时间,那些立志要摸索出一套渐进改良方法,进而影响并改造全社会,推行社会主义新生活的思想家或实践者,便纷纷败下阵来。在痛感社会黑暗、环境恶劣之余,一些人终止了自己的探索,重回原来的生活轨道;一些人怀疑中国恐怕最终还得顺着资本主义的道路循序渐进,演成一个大乱,现在只不过可以做些社会主义的预备工夫;一些人还不死心,决心研究别的改良平和的办法。

毛泽东:俄国革命,是山穷水尽诸路皆走不通了的一个变计

但是,有一些人对种种改良平和的主张感到绝望,他们渐渐开始转向革命的社会主义。典型地代表着这种倾向的毛泽东这时就得出结论说:"绝对的自由主义、无政府主义,以及德莫克拉西主义,依我现在之看法,都只认为理论上说得好听,事实上是做不到的。"历史上凡是专制主义者,或帝国主义者,或军国主义者,非等到人家来推倒,绝没有自己肯收场的。因此,"我看俄国式的革命,是无可如何的山穷水尽诸路皆走不通了的一个变计,并不是有更好的方法弃而不采,单要采这个恐怖的方法。"[1] 不难看出,即使在一些最激进的知识分子眼里,俄国革命也仍旧不免有些恐怖和残酷,但人们已多少觉察到,这或是"无可如何的山穷水尽诸路皆走不通了的一个变计"。且此非其目的,乃其手段,加上"他们初次仓忙去办","四周空气都是腐败的,既要治内,又要对外",也怪不得他们。

吸引中国一部分激进的知识分子和青年学生逐渐倾向于俄国式的革命社会主义的原因有四:一是俄国革命毕竟是依据社会主义的理想目标进行的,而社会主义已经被人们看成是人类社会历史进化的一种必然趋势;二是俄国革命毕竟是依据马克思列宁的革命社会主义理论取得了胜利的,这使得在各种各样的社会主义主张中,革命的社会主义成为唯一提供了成功榜样的社会主义;三是随着1920年列宁领导的苏维埃劳农政府挫败了帝

---

[1]《毛泽东给肖旭东蔡林彬并在法诸会友信》,1921年12月,见中国革命博物馆等编:《新民学会通信集》,人民出版社1980年版,第148—149页。

国主义各国的联合干涉,各国政府被迫在事实上承认了苏维埃政权的存在,新闻封锁逐渐取消,其各种崭新的以劳动平民当家做主为目的的制度、法令、政策,等等,引起了同情劳动群众的中国激进知识分子的浓厚兴趣;四是1920年苏俄政府公开通告中国政府,宣布放弃俄国在华特权的行动,在相当程度上证明了社会主义确是人们理想中的"公理"和"正义"的化身,它充分满足了人们对民族解放前途的向往。

难怪这时的青年学生在接到苏俄政府的通告后,激动地大声疾呼:"俄国人民呵!我们当速联合全世界的被掠夺者,为全世界为全人类而战,为正义人道而战,为自由平等互助而战,日本英法美和其他诸国的资本家政阀军阀,都是我们的大敌,我们当芟除之。"[1]显然,在这种情况下,各地俄罗斯研究会、社会主义研究会、马克思学说研究会纷纷涌现出来,就不足为怪了;而革命的社会主义思想会在中国传播开来,也是一种必然的趋势了。

可以肯定,在1920年,尽管仍有一些倾向于无政府主义的知识分子坚决反对布尔什维克的革命的社会主义的理论和方法[2],人们多数一般的也不同意中国照搬俄国的做法,但整个舆论界在对苏俄的问题上,已迅速"由盲目的反对态度,而渐趋惊奇的疑信态度"了。这自然更加有利于革命的社会主义思想影响的扩大,和早期共产主义者集团在中国的形成。实际上,这时已很快有人公开欢呼起俄国革命来了。他们明确要求那些"怀疑革命的,何不看看俄国"?[3]公然主张在中国也应该实行那"有人类以来第一次轰轰烈烈的大革命",去"革政府的命","革阶级的命",革种种落后风俗、制度和不道德的心理和行为的命[4]。

革命的社会主义思想的广泛传播,对于有着相当数量的急切地希望拯救民族于水深火热之中的激进知识分子的中国,将会产生什么样的历史影响,是可想而知的。在毗邻的俄国发生推倒封建阶级及资本阶级压迫统治的十月革命,和出现一个打败帝国主义联合干涉的劳农政府之后,中国出

---

[1] 参见《浙江学生联合会答俄国劳农政府书》,《钱江评论》第9期,1920年5月2日;浦泉:《我国确立对俄方针之必要》,《晨报》1920年3月26日;季陶:《俄国劳农政府通告的真意义》,《星期评论》第45号,1920年4月11日;等。
[2] A.D.:《我们反对"布尔扎维克"》,《奋斗》第2期,1920年2月24日。
[3] 两极:《红年大熟》,《闽星》第2卷第6号,1920年2月19日。
[4] 真风:《流血》,《闽星》第3卷第1号,1920年3月1日。

现革命的社会主义、共产主义分子及其团体，充其量只是个时间问题。

1920年初，一个号称"中国社会党"的团体宣告成立，并立即向欧美及苏俄各国社会主义政党发出呼吁，请求他们给予同情和援助，乘"社会主义在中国播种之时机已熟"，助其"在一短时期内"使社会主义"遍于中国"[1]。3月12日，一个更为激进的模仿俄国布尔什维克的"共产党"，则在四川重庆诞生。他们声称主张共产主义，主张与苏俄联合，推翻中国军阀和资本家的政治统治，使生产资料归工人和农民所有，直接在中国实行共产主义。[2]

很难判断这两个标榜社会主义和共产主义的组织具有怎样的价值，至少，它们并不是后来典型意义上的那种共产党，其组织的存在和实际的革命程度也颇让人怀疑。尤为重要的是，在一个有着200万产业工人和近4亿农民的国度里，推进社会主义和共产主义事业，仅仅靠这样一些默默无闻、人数可怜的小组织，要在一个短时期见诸成效，是无论如何也不可能的。尽人皆知，欧洲社会主义者为了引导组织工人群众，至少已经艰苦工作了将近100年，就是俄国社会主义者，为此也已经进行了20年的奋斗才取得了重大成绩。在落后的中国，究竟怎样才能迅速地集合起大批同情十月革命、倾向共产主义的革命分子，把他们组织成像俄国布尔什维克那样的战斗集体，迅速开始在中国的政治舞台上发挥作用，以满足他们急切的救国救民愿望呢？如果我们注意到在辛亥革命期间中国最早出现的中国社会党、中华工党骤生骤灭的历史，注意到诸如国民党、研究系之类的政党组织在中国政坛大起大落十多年而一无成效的事实，就不难得出结论：中国的革命、中国社会主义事业的发生、发展和壮大，需要某些特殊的条件、特殊的环境和特殊的帮助。而在五四运动之后，这样的历史机遇终于出现了。

中国历史发展的趋向由此渐渐明朗了。尽管那个不久之后开创了中国共产主义事业的陈独秀，这时还缺乏革命社会主义的信仰和以激烈手段改造中国的思想准备。[3] 但是，重要的在于，立志于改造中国的一批激进

---

[1] 见（上海）《民国日报》1920年2月5日。
[2] 见《关于四川省重庆市共产主义组织的报告》，1921年。
[3] 陈独秀在1920年初尚公开表示不同意"卤莽灭裂随意妄动"，主张社会改造应首先树立"平等"和"劳动"的信仰，经过"工读互助以身作则为改造的预备"。

的知识分子和青年学生，大多已经认定了社会主义，而毗邻的苏俄则已经开始尝试着向东方国家输出革命了。随着后者的不断巩固和强大，这种影响将不可避免地由间接而直接，由精神而物质，这对于力图在中国实现人类美好憧憬的陈独秀们，无疑是有重大意义的。

二、西方不亮东方亮

列宁：要么是资本主义国家立刻爆发革命，要么是我们灭亡

运用暴力手段加速资本主义的灭亡，这是马克思曾经强调过的革命主张。作为革命家的马克思，十分重视阶级斗争的作用，他早就把19世纪资本主义社会内在矛盾看成是资本主义开始走向灭亡的征兆，并相信越是发达的资本主义国家，其社会内部的阶级分化就越加两极化，即一方是掌握着几乎全部社会生产资料的资产阶级，一方是被卷入到大机器工业中无数一无所有的产业无产阶级。随着资本主义全球化，使得越来越多的社会阶级发生分化，无产阶级和资产阶级之间的矛盾冲突也必然会愈演愈烈，最终将导致彻底埋葬资本主义的世界范围的阶级战争。无产阶级在各国夺取政权虽有先后，但"共产主义革命将不是一个国家的革命，而是将在一切文明国家里，至少在英国、美国、法国、德国同时发生的革命"。这场革命一旦爆发，已经全球化的资本主义将像多米诺骨牌那样轰然倒塌。[1]

马克思、恩格斯在19世纪中后期的这一论断，激励着以后大批马克思主义者对迅速摧毁资本主义充满了高昂的战斗热忱。列宁主义的诞生说明了这种情况。他正是在马克思预言的基础上明确断言：20世纪初资本主义已经进入了它的最高阶段，开始走向衰败，进而根据俄国社会矛盾日益激化和欧美各资本主义强国统治力量相对稳固的特点，提出了社会主义革

---

[1]《马克思恩格斯选集》，第1卷，人民出版社1966年版，第210—211页；第2卷，第443页。

命将在帝国主义薄弱环节首先胜利的有别于马克思的看法。[1] 与此同时，鉴于俄国的专制特点，他进一步突出强调了马克思暴力革命和无产阶级专政的观点，并相应的提出了建立由职业革命家组织的政党，实行集中制原则和秘密工作等一系列组织和加速革命进程的方法。毋庸置疑，俄国十月革命的胜利正是得益于列宁及其他所领导的布尔什维克的上述认识和努力，这不能不更加促使列宁及其布尔什维克等坚定其以暴力方式改造整个世界的决心和信心。

需要指出的是，作为一个马克思主义者，列宁并没有设想过以政治强制力的形式来伴随新社会成长，也不相信社会主义可以在一国建成。列宁对马克思在《哥达纲领批判》中的论断坚信不疑，即暴力和专政，只是新社会的助产婆和旧社会过渡到新社会的一种方式；无产阶级革命的胜利注定了只能与资本主义在世界范围内的灭亡相辅相成，并且必然会创造出一个没有剥削、压迫、战争和政治暴力的人类理想社会。[2] 故在列宁看来，一国社会主义革命首先胜利，就意味着世界范围社会主义革命的胜利即将到来。帝国主义统治的链条从俄国这一薄弱环节破裂之后，处于垂死和腐朽阶段的资本主义将会迅速开始崩溃，欧洲各国的无产阶级革命将会接连爆发，整个资本主义世界将很快变为灰烬。

紧接着俄国1917年十月革命在欧洲爆发的德国革命和匈牙利革命，以及在欧洲多数国家出现的工人罢工浪潮，在很大程度上让列宁得出了"国际革命越来越逼近，甚至可以视为日内就要发生的事件"[3] 的论断。但是，大规模的连锁式的欧洲革命并没有像预期的那样迅速出现。这种情况显然让列宁和俄国布尔什维克感到失望。他们相信，问题的关键在于长期以来欧洲社会党国际局（又称第二国际）所奉行的修正主义和机会主义的政策主张，消磨了欧洲各国无产阶级的革命斗志。如今"欧洲最大的不幸和危险就是没有革命的政党"[4]，不能利用这种革命的形势。因此，列宁提出，俄国革命当前"最大的历史课题就是：必须解决国际任务，必须

---

[1] 见《列宁选集》，第2卷，人民出版社1972年版，第709页。
[2] 同上，第3卷，第244—249页。
[3] 见《列宁全集》，第35卷，人民出版社1955—1963年版，第361—362页。
[4] 同上，第28卷，第96页。

第一章 "以俄为师"

唤起国际革命,必须从我们仅仅一国的革命转变成世界革命"[1]。"要么是资本主义比较发达的其他国家立刻爆发革命,要么是我们灭亡"[2]。因为,"我们单靠自己的力量是不能在一个国家内全部完成社会主义革命的"。"从全世界历史范围来看,如果我们革命始终孤立无援,如果其他国家不发生革命运动,那么毫无疑问,我国革命的最后胜利是没有希望的……能把我们从所有这些困难中拯救出来的,是全欧洲的革命"[3]。

1919年初,即第一次世界大战结束不久,列宁就联合欧洲各国左派革命党人,开始发起成立名为"共产国际"的世界共产党组织。共产国际成立于1919年3月,在它的第一次代表大会上通过的《共产国际行动纲领》和《共产国际宣言》等文件中,鲜明地反映了俄国革命和列宁主义的色彩。与会者一致认为:"国际世界革命在全世界已经开始并加强起来了","现在只是必须找出一种能使无产阶级实现自己的统治的实际形式"[4]。这种形式就是不顾一切实行暴力革命和无产阶级专政,以创建"世界苏维埃"。为此,必须全力组建和扩大各国共产党,并使他们按照集中制的原则,附属于共产国际的统一领导下,以便能够作为一个统一的战斗组织,根据俄国的经验来发动和领导世界革命。

俄国布尔什维克通过共产国际,倾其所能,全力帮助欧洲各国革命派建立共产党并推动革命,一度起到了重要的作用。德、匈革命和欧洲各国工人运动一时间风起云涌,反过来也深深鼓舞了世界各国的共产主义者。但实际上,在欧洲绝大多数国家,产业工人人数所占人口比例并不大。即使在那些工业发达的国家,由于长期以来形成的广泛的民主传统和人道主义的社会空气,也不存在暴力革命的广泛群众基础。激进的革命派和共产党人只是在一小部分工人和青年学生中间,才有一些影响。而热衷于和平改良和社会民主主义的社会民主党,却在工人群众和中间阶级中形成了自己的势力。在这种情况下,尽管"一战"结束后各国工人运动日益高涨,许多西方工人也同情苏俄劳农政府,但那些旨在模仿十月革命创建苏维埃政权的努力,无一例外地遭到了失败。苏俄红军在抗击得到协约国支持的

---

[1] 见《列宁全集》,第34卷,第6页。
[2] 同上,第24卷,第40页。
[3] 同上,第34卷,第8—9、357页。
[4] 见《列宁选集》,第3卷,第715页。

波兰军队的进攻时,一度进展顺利,重新占领了过去割让出去的乌克兰和白俄罗斯,甚至攻到华沙城下,列宁对用这种军事进攻的形式解放领土和推动欧洲革命爆发曾充满幻想。然而,红军最终还是力有未逮,攻势被民族主义情绪高涨的波兰军队所挫,以至列宁不得不下令妥协,承认了波兰的独立和西乌克兰、西白俄罗斯为波兰所有。这种种情况清楚地意味着,欧洲国家的政治现实正在向俄国的革命方式提出挑战。

对于这些情况,列宁最初并不特别悲观,他一再强调:"欧洲的运动的比较迟缓不会使我们感到惊奇,因为那里必须克服沙文主义和帝国主义的较大的压力。"[1] "国际资本无疑地还比我们强"[2]。

然而,承认国际资本的力量比国际无产阶级的力量强大,承认"革命的发展在较先进的国家里要缓慢得多、困难得多、复杂得多"[3],以至承认世界革命不是料想的"欧洲马上爆发起义"[4],而要"继续很多年"[5],这都意味着俄国革命不仅在理论上,而且在实践上,已经陷入一种颇为尴尬和困难的境地。因为,自认为敲响了国际资本主义丧钟的俄国布尔什维克,这个时候从没有考虑要与他们的死敌——国际资本主义体系和平共处,他们也无法想象自己能够在汪洋大海一样的资本主义世界里讨生活。

但是,即使他们在全力推动欧洲无产阶级革命的时候,他们也不能不运用外交的手法,在俄国最薄弱的远东地区尽可能地与列强的威胁虚与周旋。因此,高唱阶级斗争的苏俄政府,在远东很早就开始玩弄两面策略了。它一方面秘密地通过党的组织支持和鼓励东方一些国家内部的革命运动,一方面又不得不基于苏俄对远东地区控制权薄弱的现实,极力争取远东地区周边国家政府的外交承认,谋求维持一种稳固的双边关系;它一方面迫于生存的压力在领土和主权方面向某些列强作出妥协和让步,一方面却又出于自身安全的考量,以支持弱国民族自决和民族独立之名,不惜以武力侵害周边落后国家的领土主权;它一方面出于理想主义和政治宣传的考量,宣布放弃沙皇俄国所掠取的在他国的特权,一方面却又基于自身安

---

[1] 见《列宁全集》,第30卷,第116页。
[2] 同上,第123页。
[3] 同上,第178页。
[4] 同上,第148页。
[5] 同上,第138页。

第一章 "以俄为师"

全的考量，对沙俄在他国夺占的某些权益恋恋不舍。苏俄对远东，特别是对中国的政策，就清楚地反映出了这种情况。

十月革命之后，苏俄面临的最严重的问题就是协约国的武装干涉。协约国借口要援救在西伯利亚受到武装的德奥战俘威胁的"捷克军团"，组成干涉军，大批侵入了苏俄的远东和西伯利亚地区。一时间，在西伯利亚竟接连出现了几个反布尔什维克的"政府"。但是，由于各国干涉目的不一，矛盾重重，反布尔什维克的白卫军过于脱离下层劳动群众，以至民心倒向布尔什维克一边，终于使这种干涉徒劳无功。1919 年底，红军迅速挺进到东西伯利亚，迫使英国首先宣布撤出自己的军队，其他各国也被迫先后宣布撤军。唯独日本借口俄国远东局势威胁朝鲜和满洲的普遍和平，而拒不撤军。[1]

日本独霸远东和中国的野心，早就由于俄国的混乱而受到鼓舞。当英美各国商定各国所派干涉军最多不得超出 7000 人之际，日本派往中国东北和西伯利亚的军队竟达 72400 人之多。[2] 它不仅丝毫不理会美国的抗议，甚至在各国宣布撤军之后，仍旧试图得到俄国远东的领土和资源。不仅如此，它还通过对中国北京政府的控制，促使中国军队参加到对苏武装干涉的行列中，鼓励中国政府对苏俄采取敌视态度，千方百计地使苏俄在远东陷于孤立无援的境地，试图借机把日本的势力范围扩张到苏俄远东地区。由于俄国远东地区人烟稀少，苏俄政府鞭长莫及，它因此不得不一面假借名义在远东成立了一个奉行议会民主制的所谓共和国，用以减少日本和列强敌视攻击的口实，一面不遗余力地对美国，特别是对中国开展外交活动，以便牵制日本。

苏俄早自 1918 年 1 月起，即试图与中国建立外交关系。与此同时，苏俄多次表示过愿放弃在华之领事裁判权、租界以及其他特权，并允许中国在付清建造中东铁路资本的情况下，收回中东铁路。[3] 至 1919 年 7 月，苏俄红军越过乌拉尔山，进入西伯利亚地区，劳农政府又公开发出对华宣

---

[1] U. S. Department, Papers Relating to the Foreign Relations of the United States (FRUS), U. S. Government Printing House, 1919, Vol. 3, p. 505.
[2] FRUS, 1918, Vol. 2, pp. 433—434.
[3] 参见（台北）中研院近史所编印：《中俄关系史料，甲编（1917—1919）》（俄政变与一般交涉），1960 年版，第 267—271 页；《消息报》，1918 年 7 月 5 日。

言，呼吁"中国人民通过自己的政府"立即与苏俄建立正式关系，并派遣代表与苏军会晤，同时再度公开声明愿意放弃在华一切特权和交还中东铁路。[1]

1919年苏俄对华宣言反映了列宁以及俄共多数领导人在民族及国家关系上的理想主义情绪，但是，这一立场从一开始就受到了俄共党内潜在的民族主义情绪的牵制。一个最明显的表现就是，苏方宣言关于无偿归还中东铁路和其他租让财产的表示，在苏俄报刊正式发表时被删去了；宣言承认满洲及蒙古等地区是沙皇"从中国攫取的"，却主张"这些地区的人民愿意隶属于哪一国家，愿意自己的国家建立哪种形式的政体，全由他们自己决定"，实际上已经为苏俄意图控制蒙古和支持蒙古独立，埋下了伏笔。[2]

共产国际二大：为殖民地革命开辟一条达到解放的新道路

值得注意的是，这个时候还在从世界革命前途和阶级利益角度考虑问题，一心想着如何尽快摧毁世界资本主义体系，创造一个共产主义世界的列宁和俄共多数领导人，未必是所谓民族主义者。在他们的观念里，保卫苏俄就是捍卫社会主义事业，就是维护世界无产阶级的根本利益。列宁对于这一点讲得很清楚，即："世界政治已经把无产阶级专政提到了日程上，所以世界政治中的一切事变都必然围绕着一个中心点，即全世界资产阶级反对俄罗斯苏维埃共和国的斗争。""无论是文明国家的共产党，还是落后国家的共产党，都只有从这种观点出发，才能正确地提出和解决各种政治问题。"[3]

列宁及俄国共产党人显然是有资格讲这种话的。在第一次世界大战期间，列宁及布尔什维克就坚决反对民族主义和民族沙文主义，反对任何形式的"保卫祖国"的宣传。他们主张使本国在战争中失败，最终也确实达

---

[1] 转见王聿均：《中苏外交的序幕》，(台北)中研院近史所1963年版，第52—55页。
[2] 苏维埃政府1919年8月发表对蒙古人民和政府的声明，宣称"蒙古此后已是一自由的国家"。
[3] 列宁：《关于民族和殖民地问题的提纲》，1920年6月5日，见中国社会科学院近代史所翻译室编：《共产国际有关中国革命的文献资料》(1)，中国社会科学出版社1981年版，第50页。

第一章 "以俄为师"

到了让俄国在战争中失败的目的。布尔什维克乘机夺取政权后,列宁不顾党内的反对意见,坚持与德国签订了《布列斯特和约》,通过放弃立陶宛、波兰、库尔兰、里夫兰和爱沙尼亚以及白俄罗斯的一部分领土,承认乌克兰、芬兰独立,把外高加索一部分划归土耳其等等[1]具有屈辱性的妥协,达到了彻底停战和集中国力援助欧洲各国革命的目的。而为了推动各国革命,苏俄新政权甚至不顾历经战乱的俄国民众仍在严重饥馑之中的困难局面,倾尽国力,甚至不惜秘密变卖沙皇及俄国贵族的各种金银财宝,以筹集援助他国革命党人的巨额经费。

马克思、恩格斯在《共产党宣言》中曾深入讨论了"工人没有祖国"[2]的问题。在马克思、列宁看来,世界各国的无产阶级有着共同的阶级利益,这种利益是超越了民族或国家的,他们的解放也必须要靠消灭国家才能实现。因此,他们只讲国际主义,不会也不应讲所谓民族主义。这不仅因为资本主义已经全球化,资产阶级在世界各国对无产阶级的压迫与剥削都是一样的;还因为只要站到民族的立场上,就会损害各国无产阶级利益的一致性,从而会使一国的无产阶级成为代表国家的占统治地位的资产阶级的附属物,直至为了某个民族国家的统治阶级的利益需要,而与不同民族国家的无产阶级相互仇恨或仇杀。

由此不难看出,列宁主义对民族和国家问题的看法绝非民族主义的。列宁也讲民族自决,但他并不真的认为民族自决能实现民族平等。他指出:"不战胜资本主义,就不能消灭民族压迫和不平等现象。"因为"要求平等的真正意义只能是要求消灭阶级"。要消灭阶级,就只能奉行国际主义。承认民族平等,同时又保留民族利己主义的不可侵犯性,绝不是国际主义,而只能是小资产阶级的民族主义。而任何一种民族主义,本质上都是资产阶级或小资产阶级的。要想在资本主义制度下实现民族平等与和平共处,根本上就只是一种"市侩民族幻想"。换言之,一切被压迫民族的解放,除了与革命的无产阶级联合起来,除了苏维埃政权战胜世界帝国主

---

[1] 被割让的地区总面积达 125 万平方英里土地,有 6200 万人口,有占俄国当时探明铁矿和煤矿 3/4 的储量,并有当时俄国一半的工厂和 1/3 产粮区。
[2] 见《马克思恩格斯选集》,第 4 卷,第 257 页。

义之外,将别无出路。[1]

关于国际主义,列宁有很清楚的说明,就是:"第一,一个国家的无产阶级斗争的利益应当服从全世界无产阶级斗争的利益;第二,正在战胜资产阶级的民族,有能力和决心去为推翻国际资本而承担最大的民族牺牲。"[2]

可以认为,列宁和俄共当年确是有此决心和努力这样去做的。这是他们的意识形态决定了的,因为不如此,他们一国的胜利在资本主义列强的围攻和敌视下,当时也看不到任何生存下来的希望和可能。而另一方面,因为他们把俄国革命的胜利看成是全世界无产阶级斗争的利益所在和进一步胜利的出发点、大本营,因此,他们也就自然而然地会认为,其他国家的无产阶级为保卫苏俄而战,同样是应尽的国际主义义务。所以,随着1919年德、匈等国革命相继失败,苏俄愈加孤立之后,共产国际迅速开始提出"保卫苏俄"的口号,要求各国共产党必须以此为斗争的最重要的目标之一。

德、匈等欧洲国家的革命浪潮在1919年就逐渐趋于平息了。列宁很快就承认:关于世界革命将"简单、迅速、直接地实现"的预言已经失败了,"在全世界社会主义革命延迟爆发的情况下",如何使"无产阶级政权和苏维埃共和国也能够存在下去"[3],成为摆在共产国际面前最现实,也是最严峻的问题。就在欧洲革命停滞的几乎同时,列宁敏锐地发现亚洲的革命浪潮却在蓬勃兴起。1919年朝鲜的三一运动和中国的五四运动等等,都反映出东方殖民地和落后国家中民族主义运动正在殖民地宗主国和帝国主义列强的后院造成剧烈动荡的局面。这种情况燃起了列宁新的希望。

在1916年上半年,列宁曾深入地研究过帝国主义形成及其命运问题。他当时就特别注意到马克思过去不大注意的帝国主义与殖民地之间的关系问题,并相信处于历史最高阶段的欧洲资本主义,很大程度上就是靠剥夺压榨殖民地和半殖民地为生的。他甚至认为,资本主义各国工人运动的发

---

[1] 共产国际二大:《关于民族与殖民地问题的决议》,1920年8月,见中国社会科学院近代史所编译:《共产国际有关中国革命资料选辑》(1),中国社会科学出版社1981年版,第40—42页。
[2] 同上,第40—44页。
[3] 见《列宁全集》,第31卷,第372页。

展程度之所以比不上俄国，欧洲的社会主义政党及其第二国际之所以会被机会主义或修正主义者主导，根源也正是因为欧洲的资产阶级用剥削掠夺殖民地的额外利润培养了大量工人贵族。[1]

显然，欧洲各国没有能够紧接着俄国十月革命后迅速爆发革命，正好印证了列宁的上述推断。而东方殖民地和落后国家的民族解放运动，则进一步促使列宁注意到殖民地对帝国主义各国维持其统治的重大意义。这种情况让列宁想到，既然欧洲各主要资本主义国家因为相当部分工人贵族化而失去了阶级的意识和革命的动力，那么，有没有可能通过推动殖民地和落后国家的民族解放运动来根本动摇帝国主义赖以存在的物质基础，进而根本动摇欧洲资本主义制度，加速欧洲发达国家无产阶级的觉悟和无产阶级革命的爆发呢？

1920年7月，即共产国际一大召开一年多后，在列宁的主导下，共产国际召开了第二次代表大会。和第一次代表大会的代表基本上都是欧洲国家共产党组织的代表不同，共产国际二大特别注意了邀请东方国家革命组织的代表人物。列宁拟就了会议的中心文件，即民族与殖民地问题决议草案，提交大会讨论。列宁在发言中开宗明义地解释说："我们的提纲中最重要最基本的思想是什么呢？就是被压迫民族和压迫民族之间的区别。""帝国主义的特点就是现在全世界已经划分成两部分，一部分是人数众多的被压迫民族，另一部分是人数甚少的、拥有巨量财富和强大军事实力的压迫民族。"当前形势下，整个世界的命运，取决于少数帝国主义国家和以苏维埃俄国为首的各苏维埃国家的斗争。由于苏维埃革命必须要推翻整个资本主义统治才能达成最后的胜利，而任何国家的民族解放运动除了战胜世界帝国主义之外无法获得成功，因此，两者理当结成联盟。[2]

要联合殖民地和落后国家的民族解放运动，就出现了"共产国际和共产党应该支持落后国家的资产阶级民主运动"的问题。列宁显然主张把过去用在欧洲支持无产阶级革命的人力、物力和财力，在相当程度上转移到

---

[1] 英国工人阶级贵族化的问题，最早是恩格斯注意到并提出来的。列宁：《帝国主义是资本主义的最高阶段》，1916年，见《列宁选集》，第2卷，第736—737、801—802、824—826页。

[2] 《列宁在讨论民族与殖民问题时的发言》，1920年7月26日，见《共产国际有关中国革命资料选辑》(1)，第19—21页。

支持落后国家的资产阶级民主运动上来。列宁的提议明显地引起了与会者的一些质疑和争论。最主要的问题在于两点：第一，被压迫国家的资产阶级往往既支持民族解放斗争，又反对一切革命运动和革命阶级，并且同帝国主义国家的资产阶级政府妥协。第二，在这些前资本主义国家里，资产阶级民主运动的成功，难免会造成资本主义的前途而与无产阶级苏维埃革命的目标背道而驰。对此，列宁的意见是，共产国际和各国共产党理当首先帮助落后国家里的工人，只有"当一切落后国家中未来的无产阶级政党（不仅名义上是共产党）的分子组织起来并受到教育，认识到同本国资产阶级民主运动作斗争这些特别任务的时候"，且"只有在殖民地国家的资产阶级解放运动真正具有革命性的时候，在这种运动的代表人物不阻碍我们用革命精神去教育、组织农民和广大被剥削群众的时候，我们共产党人才应当支持并且一定支持这种运动"[1]。

列宁到底始终生活在欧洲的环境中，他对东方落后国家的看法多半只是来自于书本和种种道听途说。而书本上的知识，包括马克思主义的理论常识告诉他，这些处于前资本主义生产方式条件下的民族和国家是不可能有真正意义上的大工业生产的，因而那里自然也就不可能存在像欧洲发达资本主义国家那样明显的阶级分化，不可能存在大量的产业无产阶级，当然也就不可能产生真正意义上的共产党的组织。由此也就出现了列宁再三表示"坚决反对把落后国家内的非真正共产主义的革命解放思潮涂上共产主义色彩"，强调那里的无产阶级政党只能是"未来的"等等说法。

对此，来自东方国家的共产党人，如印度人罗易和长期活动于荷属印度的荷兰人马林，则明确地提出了不同的看法。马林以亲身经历告诉与会者说，由于欧洲人大量涌入爪哇岛，发展大工业，那里仅大糖厂就有200家，厂里有大量的无产者，整个爪哇目前至少就有"上百万无产者"，那里"已经完全具备了进行革命宣传的基础"。而那里的民族运动从"一开始就带有革命性质"，而具有工农联盟性质的伊斯兰教同盟领导的民族解放运动，不仅拥有150万会员，而且既反对政府，又反对当地贵族，还把同罪恶的资本主义作斗争列入纲领。他们的主要成员目前虽然还不是自觉的社会主义者，但他们足以成为对抗资本主义的真实力量。事实上，在整

---

[1] 见《共产国际有关中国革命资料选辑》(1)，第 20—21、44—45、52—53 页。

个远东地区，这样的力量到处都是。如果能够让他们到"东方的新麦加"——莫斯科和彼得格勒来接受理论教育，我们就不难"使远东成为共产国际的一个积极成员"[1]。

罗易甚至在列宁的民族与殖民地问题决议草案的基础上，提出了一个补充提纲，并且得到了与会者，包括列宁的认可与支持。按照罗易的补充提纲，东方殖民地和落后国家中印度、中国、埃及与荷属印度等，实际上早已不是列宁所说的那种前资本主义的生产方式了。罗易声称，那些国家的资本主义发展非常迅速，产业无产阶级的人数急剧增加，并已出现了具有革命性的群众罢工浪潮，"给共产国际开辟了新的活动天地"。因此，他的提法是：在大部分殖民地中已经存在着作为无产阶级先锋队组织的革命政党，共产国际"应当通过这些政党或团体与殖民地里的革命运动发生接触"。固然，"殖民地革命的第一步应当是推翻外国资本主义。但最主要的和必要的任务则是建立农民和工人的共产主义组织，以便能够领导他们走向革命和创立苏维埃共和国"。为此目的，殖民地革命从开始之日起，就必须要由共产主义先锋队领导，绝不能把运动的领导权放在资产阶级民主派手中。只有这样，才能确保革命会走上"正确道路"[2]。

正是基于上述认识和方针，苏俄不可避免地开始了针对远东中国、日本、朝鲜的革命输出的工作安排。对中国的工作，最初则是通过俄共中央远东局来进行的。

输出革命，俄共代表的作用和中共早期组织产生的背景

和罗易描述的情况有很大差异的是，在当时的中国其实还没有出现像他所说的那种"无产阶级的先锋队"组织。但是，即使在俄国，共产党也向来是由知识分子创造出来的。因此，对于这个时候知识分子占多数的众多俄国共产党人来说，中国究竟有多少大工业或产业无产阶级，实际上并

---

[1]《马林在讨论民族与殖民地问题时的发言》，1920年7月28日，见《共产国际有关中国革命资料选辑》(1)，第38—40页。
[2]《罗易在讨论民族与殖民地问题时的发言》，1920年7月26日；《关于民族与殖民地问题的补充提纲》，1920年8月7日。见《共产国际有关中国革命资料选辑》(1)，第27—29、31—32页。

不那么重要。

1919年夏,俄共(布)中央政治局任命威连斯基为外交人民委员部远东事务全权代表,加蓬为副全权代表,并明确指示他们的任务:(1)尽一切可能加剧日本、美国和中国的利益冲突;(2)努力唤醒中国、蒙古、朝鲜各民族广大群众,推动其反对外国资本压迫的解放运动;(3)支持这些国家的革命运动,加强宣传鼓动工作,并同日本、中国和朝鲜的革命组织建立牢固的联系;(4)援助中国和朝鲜的游击队组织。威连斯基随即从莫斯科来到俄国远东的伊尔库茨克俄共(布)中央西伯利亚局,之后又于1920年2月前往符拉迪沃斯托克(即海参崴)俄共(布)中央远东局,并在远东局下面设立了一个外国处,任命阿布拉姆松为负责人,并在4月经由外国处选派熟悉地下工作并通晓英语的外国处工作人员维经斯基[1],以设立华俄通讯社的名义,带领一行人进入中国,针对中国、日本、朝鲜有计划地进行组织宣传工作。[2]

维经斯基一行在北京和上海分别会见了李大钊和陈独秀等激进知识分子,并通过他们与中国赞成革命性变革的众多知识分子建立了联系。维经斯基很快使这些知识分子和青年学生了解了俄国革命的情况,并使他们迅速了解了列宁关于运用暴力革命和无产阶级专政的手段来改造社会的思想逻辑与实际效力。长期以来苦于找不到一种救国救民的根本办法,对社会主义只有向往却无系统知识的陈独秀,在很短的时间里,就被列宁的理论折服了。经由维经斯基等人预先制定议程和决议后,陈独秀积极出面邀请各地热心社会主义和无政府主义的激进分子,准备召开中国社会主义者会议。[3]

与此同时,维经斯基根据威连斯基的指示,在上海组建了"共产国际远东书记处",下设中国部、日本部和朝鲜部,书记处全体委员会分设一个局,由威连斯基亲任主席。根据威连斯基的要求,共产国际远东书记处在中国的主要工作是:(1)组织共产党,力争在大学生以及沿海工人的组织中发展共产主义支部;(2)在中国军队中进行共产主义宣传;(3)对中

---

[1] 又译为魏金斯基,中文名吴廷康。
[2] 见中共中央党史研究室第一研究部编译:《共产国际、联共(布)与中国革命档案资料丛书》(1),北京图书馆出版社1997年版,第38—39、50—51页。
[3] 见《共产国际、联共(布)与中国革命档案资料丛书》(1),第28页。

国工会施加影响;(4)在中国组织出版事业。7月5日,他还亲自从符拉迪沃斯托克赶来中国北京,参加了包括维经斯基、鲍立维、斯托扬诺维奇等十余名在华俄共党员的工作会议。会议着重讨论了"即将召开的中国共产党组织的代表会议和中国共产党的成立"问题。与会者一致认为:"在最近期间召开代表大会,彻底完成建立中国共产党的工作",是完全可能的。[1]

1920年7月19日,中国社会主义者会议在上海召开。在这个有朝鲜和日本代表参加的会议上,与会者根据维经斯基等人的提议,专门讨论了要不要组织共产党的问题。由于围绕着使用"社会党"还是"共产党"的名义没有得出一致的结论[2],会议最后一致同意组织一个更能够体现包容并蓄特点的"社会主义者同盟"。维经斯基被推举为五人领导核心的成员之一,同盟的领导机构定名为"革命局"。在"革命局"之下,根据维经斯基的建议,设立了三个部,即出版部、情报宣传部和组织部,负责整个同盟的日常运作。[3]

在上海社会主义者同盟会议的推动,甚至是在华的俄共党员的亲自参与[4]下,中国激进的社会主义者与无政府主义者于1920年8月之后陆续在上海、北京、广州、武汉以及长沙、日本等地建立起一些联合的小组织。[5]维经斯基并且向同盟提供了重要的经费帮助,从而先后出版了包括《共产党宣言》中译本在内的各种宣传小册子,创办了《劳动界》、《劳动声》、《劳动者》等重要宣传刊物,成立了外国语学社,开始组织激进青年前往苏俄进行学习。包括于8月17日在北京召开的几个城市的大学生代表会议,成立了社会主义青年团组织。[6]

对于维经斯基和陈独秀等人来说,革命局的成立实际上也就意味着组

---

[1] 见《共产国际、联共(布)与中国革命档案资料丛书》(1),第41—42页。
[2] 陈独秀9月发表《对于时局的我见》一文,公开以"社会党"自诩,理当是为适合多数人意愿的一种需要。见《共产主义小组》(上),中共党史资料出版社1987年版,第102页。
[3] 见《共产国际、联共(布)与中国革命档案资料丛书》(1),第31—32页。
[4] 已知斯托扬诺维奇和佩斯林前往广州参与了广州小组的组织工作,马迈耶夫参与了武汉小组的组织工作,鲍立维参与了北京小组的组织工作。
[5] 这些小组即后来所说的"早期共产主义小组",只是它们最初是包含无政府主义者在内的。
[6] 见《共产国际、联共(布)与中国革命档案资料丛书》(1),第51—52页。

建了中国共产党。如果为了维护社会主义同盟这一统一战线的组织，无法揭出自己的旗帜，中国共产党就无法建成。为了揭出自己的旗帜，他们在1920年11月发布了《中国共产党宣言》，并发行了《共产党》月刊，正式表明了自己的政治主张。[1]

陈独秀等人旗帜鲜明地主张暴力革命和无产阶级专政，宣布自己意在建立与俄共一样的共产党组织，不可避免地引起了社会主义者同盟内部其他不赞同这一主张的人的分化与离异。社会主义者同盟迅速瓦解，并不复存在。原来赞同共产主义的大批无政府主义者，也逐渐对陈独秀等力主的无产阶级专政的观点感到不满，双方的关系在各地小组织中迅速对立起来。

为了"建立革命无产阶级的统一政党——共产党"，俄共（布）中央西伯利亚局东方民族处提出了一项旨在"与一切冒险组织划清界限"的指导意见提纲。根据这一提纲的思想，赞同陈独秀观点的各地小组织的代表于1921年3月共同举行了一次代表会议，表明了与无政府主义分子划清界限的态度，"肃清〔了〕无政府党"[2]。

7月23—31日，各地小组中真正信仰列宁式共产主义的分子派代表在上海（最后一天移至浙江嘉兴南湖）再度举行全国代表大会，通过列宁主义的党纲，从而正式宣告了中国共产党的成立。

由上不难了解，五四之后中国共产党在中国的建立，无疑是特定的国际政治环境造成的，是俄国十月革命和列宁主义对中国社会中一部分激进分子产生直接影响的结果。

依靠外援的结果：维经斯基回国，中共上海小组几陷瘫痪

关于来自俄国影响的重要性，通过下面的情况可以看得更清楚。

先从组织存续的情况看。1920—1922年间，中国至少出现过七个自称是共产主义的组织或政党。如1920年3月12日在重庆成立的共产党，五

---

[1] 见中央档案馆：《中共中央文件选集》，第1卷，中共中央党校出版社1989年版，第547—551页。

[2] 瞿秋白：《中国共产党历史概论》，见中央档案馆编：《中共党史报告选编》，中共中央党校出版社1982年版，第161页。

第一章 "以俄为师"

四期间曾任全国学联领导人的姚作宾在1921年前后成立的"中国共产党"[1]，黄凌霜、陈德荣等在北京组织的"无政府共产主义党"，1922年2月16日由北京马克思学说研究会及《今日》杂志撰稿人组织的一个号称有11007名成员的"中国共产主义协会"，在这一年由吴玉章等人在四川成都建立的"中国青年共产党"[2]，以及1920年在俄国境内由俄共帮助组建的"中华共产党"，和1920年8月以后由俄共帮助在中国上海等地建立的中国共产党。

所有这些所谓的共产主义组织，除了无政府共产主义党以外，都是在俄国革命影响下，想要学习俄国共产党的榜样而成立的。与此同时，它们的生存与发展，又都必须要得到俄国共产党和共产国际的承认和支持才有可能。最具效力的，就是经费的帮助。在中共创立之初，中共成员半数为学生，半数为教授、编辑和小学教师，前者全无生活来源，后者尚在兼任社会工作，赚取薪金，但多数资历较浅，收入有限。按照列宁建党理论，共产党理当是职业革命家组织，再加上组织初创，各种宣传组织工作正多，多数成员渐无固定薪金收入。因此，维经斯基从一开始就不得不向陈独秀等提供经费，帮助中共开展各项活动。不难想象，要是没有俄国共产党的支持和援助，仅靠中共早期参加者自己拿钱来大量发行刊物，印制革命书籍和宣传品，组织各种活动，如集会、结社，组织外国语学社及工人夜校等，几乎是不可能实现的任务。因此，维经斯基和陈独秀离开上海后，1921年初中共早期组织一时间因经费无着几告瘫痪。当时留在上海负责的李汉俊告诉包惠僧说："人都走了，经费也没了，没办法干了。"包惠僧想买张车票去广州找陈独秀，一时都找不到钱，后来还是靠朋友赞助，才走成的。[3]

据中共二大、三大前后中共中央书记陈独秀的相关报告，也可以了解到中共初创时对共产国际经费上的依赖程度有多大。陈独秀在报告里讲，自1921年10月至1922年6月和1923年上半年，从共产国际得到关于党

---

[1] 姚作宾在1921年向共产国际提供的报告中，称他的组织为"中国共产党"。王觉源在《中国党派史》（台北正中书局1983年版）一书中称姚之组织为"大同党"，发起人还有黄介民。

[2] 目前可知其正式名称叫"中国YC团"，具体代表何意尚不详。

[3] 包惠僧：《我所知道的陈独秀》，见人民出版社编：《"一大"前后》（二），人民出版社1980年版，第383页。

的活动经费一项，就分别是16655元和15000元。而中共自己除1921年前后自筹到1000余元外，再无其他款项入账。[1]

只要了解到这一点就不难明白，何以在上述多个所谓共产主义组织中间，最终只有俄国共产党直接帮助成立起来的以陈独秀为首的中国共产党能够生存下来，其他各种小组织或者被并入前者，或者渐自消亡，再无踪迹。[2]

再从中共最初的理论内容和其特性看。在1920年下半年，以陈独秀、李大钊为代表的激进知识分子已明确倾向于以公有制为标志的社会主义，开始具有某些共产主义的思想基础。他们先后表示应树立一种"大家共同信守的'主义'"，以便"有所指望"，"知所趋赴"[3]，但他们对社会主义、马克思主义的了解还十分肤浅，大多只知其一，不知其二。对改造中国的"准备"和"方法"，也尚在讨论和探索之中。但人们多半认为：社会主义"因各地、各时之情形不同，务求其适合者行之，遂发生共性与特性结合的一种新制度"，故中国将来实行社会主义，"必与英、德、俄……有异"[4]。也就是说，他们中大多数这时还并不主张"以一个主义支配世界"[5]，对未来社会的具体形式和实现方法，众说不一，更未曾设想过要以俄国的布尔什维主义来指导中国进行革命。

维经斯基到上海并帮助组建了最初的中国共产党之后，陈独秀最先于1920年9月发表了推崇布尔什维主义的《谈政治》一文，公开表明了自己试图追随俄国布尔什维克，在中国推行以"阶级战争"和"劳动专政"为核心的俄国式社会革命的决心。[6]

紧接着，在维经斯基协助下，陈独秀起草了《中国共产党宣言》，更

---

[1] 《中共中央执行委员会书记陈独秀给共产国际的报告》，1922年6月30日；《陈独秀在中国共产党第三次全国代表大会上的报告》，1923年6月。见《中共中央文件选集》，第1卷，第47、68页。

[2] 1922年以后，"中华共产党"成员或转入俄共，或转入中共；"中国青年共产党"成员大部加入中共；"中国共产主义协会"部分成员转入中国社会主义青年团，余均不知下落。

[3] 《毛泽东给罗璈阶》，1920年11月25日，见中国革命博物馆、湖南博物馆编：《新民学会资料》，人民出版社1980年版，第97页。

[4] 李大钊：《社会主义与社会运动》，1920年，见《李大钊文集》下卷，人民出版社1984年版，第376页。

[5] 施存统：《我们底大敌究竟是谁？》，《民国日报》（副刊）1920年9月28日。

[6] 陈独秀：《谈政治》，1920年9月1日，见三联书店编：《陈独秀文章选编》（中），三联书店1984年版，第7—10页。

进一步体现了这种来自俄国的布尔什维主义的深刻影响。这个宣言首次试图在中国共产党的参加者和信仰者中树立统一的共产主义概念，并明确主张：必须把全世界"视为一个资本家的机关"，把所有国家都看成"是资本主义式的"，因此，宣言要求中国共产主义者确信："俄罗斯历史发展的特征，也是全世界历史发展的特征"，俄国革命所经历的阶级争斗和无产阶级专政，也是"世界上任何国家都得要经过的"[1]。

来自苏俄的影响是如此明显，以至中国共产党刚刚成立之初，就不能不立即向俄国共产党和共产国际的死敌——"马格斯修正派"和"社会党"宣战，尽管"中国此时还够不上说真有这派人"[2]。中国共产主义者在宣传手法上也全盘接受了俄国共产党人传授的革命方法，即相信要首先向"工人、农人、兵士、水手和学生宣传"，进而"组织一些大的产业组合，并联合成一个产业组合的总联合会"，由共产党指导，"用大罢工的法，不断的扰乱资本家的国家，使劳动群众的敌人日趋软弱"。时机一到，即由共产党号召，"宣布总同盟罢工"，如此即可"给资本制度一个致命的打击"，把政权"转移于革命的无产阶级之手"，实行无产阶级专政[3]。只是，参加起草宣言的上海共产主义者，显然相信中国的工人运动还远达不到那样的程度。在陈独秀看来，"中国工人但能结起团体来要求得到外国工人已经得到的各样好处，那便算是大大快意的事了。再说得可怜一点，眼前只求得着'星期日休息'、'每天只做八点钟工'、'每月工钱加上三元五元'这三样好处，也可使工人们牛马似苦恼减轻一点"[4]，"所以我们现在不必谈什么改革政治和经济，也并不必谈什么社会主义"[5]。

陈独秀：中国革命"必与俄国打成一片，一切均借俄助"

社会主义和共产主义的事业，在理论上是依靠产业工人，即工业无产阶级的组织和斗争来实现的；而共产党，在理论上也应该是根植于工业无产阶级群众之中，并且应该是由其先进分子所组成。但是，中国早期的共

---

[1] 见《中共中央文件选集》，第1卷，第548—550页。
[2] 陈独秀：《谈政治》，1920年9月1日，见《陈独秀文章选编》（中），第7页。
[3] 《中国共产党宣言》1920年11月，见《中共中央文件选集》第1卷，第549页。
[4] 陈独秀：《中国劳动者可怜的要求》，《劳动界》第11期，1920年10月23日。
[5] 陈独秀：《此时中国劳动运动底意思》，《劳动界》第4期，1920年9月5日。

产主义者们这时多半并不是这样认识问题。他们中很多人显然还不了解马克思主义的阶级和阶级斗争学说,他们更多的只是以为,社会革命不过是因为生活所迫以致造成阶级对抗而引发的,这种情况在任何地方都是存在的。而中国的生活问题因为与俄国革命前夕也不相上下,所以革命是必然的现象。至于阶级,如《中国共产党宣言》所说,他们大多相信所谓无产阶级,就是指缺吃少穿的穷人,因此中国的劳苦群众就等于欧洲的无产阶级,就理当是摧毁资本制度的力量。他们并把中国资本主义不发达,工人和资本家的斗争不激烈的情况,归结为国际资本的压迫,相信"中国的资本阶级,是国际的",中国的阶级对立,主要"是国际资本阶级和中国劳动阶级的对立"[1]。故中国的劳动群众,包括"凡被雇的月薪劳动者",如工人、店员、车夫,乃至佃户,在他们看来,统统已"变为世界的无产阶级"[2]。这样,中国早期的共产主义者们很自然地把自己攻击的矛头除指向中国所固有的"武人"、"官僚"、"财主"或"资本家"以外,更明确地指向国际资本主义。他们确信,只有推倒国际资本制度,才有可能真正使中国获得独立,人民获得解放。

毫无疑问,这些知识分子和青年学生是渴望尽早实现社会革命的,但他们并不相信中国"无自觉、无训练、无组织"的"无产阶级"能够很快担负起这种使命。因此,他们一方面根据书面的认识,相信"共产党底基础建筑在无产阶级上面"[3],因而大力对工人群众进行宣传;但另一方面不能不认为领导革命和组织群众的,只能是少数知识分子,并确信俄国革命的要素和原动力就是知识阶级,因而主张中国也只能以少数人的牺牲和革命来谋取多数人的幸福。[4] 他们一方面受俄国革命宣传的影响,相信社会革命绝不是搞"抛炸弹放手枪"的军事冒险行动[5],而应当是一种群众性的"直接行动";另一方面又不得不承认在中国靠"总同盟罢工","决不能成就社会革命"[6]。于是,他们的结论是:"中国底改造与存在,大部分都要靠国际社会主义的运动帮助",也就是说,"必与俄国打成一

---

[1] 江春:《社会革命底商榷》,《共产党》月刊第2号,1920年12月7日。
[2] 陈独秀:《〈夥友〉发刊词》,《夥友》创刊号,1920年10月10日;李大钊:《由经济上解释中国近代思想变动的原因》,《新青年》第7卷第2号,1920年1月1日。
[3] 陈独秀:《政治改造与政党改造》,《新青年》第9卷第3号,1921年7月1日。
[4] 李大钊:《俄罗斯革命的过去及现在》,《新青年》第9卷第3号,1921年7月1日。
[5] 吉生:《告劳兵农》,《共产党》月刊第4号,1921年4月7日。
[6] 江春:《社会革命底商榷》,《共产党》月刊,第2号,1920年12月7日。

片，一切均借俄助"[1]。

"一切均借俄助"，这句话突出地反映了中国早期共产主义者的心理和中国革命的初期特点。历史本身并没有为中国提供足够的实行社会主义运动的阶级条件和理论条件，但是，时代和环境客观上促使中国激进知识分子和青年学生选择社会主义作为未来国家的出路。在这种情况下，俄国共产党在远东各国推动共产主义运动的努力，以及中国少数激进知识分子急于尽快根本改造社会的愿望，就不可避免地结合起来了。来自俄国的理论、经验和援助，显然大大满足了中国早期共产主义者在精神和物质方面的需要，使他们能够运用主观的力量来扩大自身的影响和组织。

然而，"一切均借俄助"也是一种缺陷。它迫使中国早期共产主义者一开始就卷入到俄国共产党以及共产国际同所谓"马格斯修正派"的斗争之中，以至不得不严格按照俄国人的方式来理解马克思主义，一度失去了广泛研究、比较、批判、鉴别，最终形成自己完整的社会主义观的可能性。与此同时，自身条件以及理论、经验和物质基础的缺乏，也自然而然地加强了人们"孔步亦步，孔趋亦趋"地"以俄为师"的心理，并不可避免地削弱了他们的自主性和自信心。而由此带来的结果必然是：中国共产党成立伊始，就成为共产国际的下级支部之一。中国共产主义运动和中国革命最初将不能不在一定程度上失去其独立性，其方向、道路、革命方法以及革命动力，势必要由俄国共产党和共产国际来帮助选择和提供。

然而，要指望俄国共产党和共产国际来帮助只有少数几个激进知识分子组成的共产党在中国实现社会主义革命，这只能是一种幻想。尽管俄共远东组织成功地在中国促成了中国共产党的创立，但俄国共产党和共产国际领导人这时其实并不了解中国的情况[2]，他们也并没有给来华的维经斯基或其他俄国共产党人帮助中国建立共产主义组织的任务。列宁在起草《民族和殖民地问题提纲初稿》时，甚至并不认为这些落后的东方国家存

---

[1] 陈独秀：《社会主义批评》，《广东群报》，1921年1月19日；《蔡和森给毛泽东信》，1920年8月13日，见《新民学会资料》，第132页。
[2] 在1920年7月共产国际第二次代表大会召开的过程中，人们对中国的看法是混乱的。在列宁起草的《民族和殖民地问题提纲初稿》以及列宁的发言中，他显然把中国看做"封建关系"或"宗法农民关系"占优势的比较落后的国家，或"半殖民地国家"，而大会最终却否定了列宁的这一看法。大会通过的罗易的《补充提纲》里宣称：中国是"资本主义制度占统治地位的国家"。参见《共产国际、联共（布）与中国革命档案资料丛书》(2)，第117、123、144页。

在任何共产党。尽管他后来承认在个别落后国家中可能已经有共产党,但他更多的只是把它看做一种"名义上"的共产党。[1]

可以肯定,不论列宁怎样强调共产党的主观作用,他始终未曾改变党必须以无产阶级即产业工人为基础,并由其先进分子所组成的观念。当然,列宁并不反对落后国家中"未来的无产阶级政党(不仅名义上是共产党)的分子组织起来",并坚决主张支持这种运动。但列宁认为,落后国家中第一位的任务,不是共产主义,而是争取民族解放和民主自由。共产国际的任务,就是帮助并促进这一资产阶级民族解放运动革命化,引导它们"同苏维埃俄国建立最密切的联盟",实行彻底反帝的政策,并设法实现"劳动者苏维埃",使它们能够同西方无产阶级一起,推翻帝国主义在世界的统治,最终在西方无产阶级领导和帮助下,直接过渡到社会主义。[2]

列宁确信:"目前的世界政治形势把无产阶级专政提上了日程,世界政治中的一切事变都必然围绕着一个中心点,这个中心点就是世界资产阶级反对俄罗斯苏维埃共和国的斗争。"而无论为了巩固自身,还是为了推进世界革命,苏俄都"必然要一方面团结各国先进工人的苏维埃运动,另一方面团结殖民地和被压迫民族的一切民族解放运动"[3]。

不难看出,列宁在缺少有关东方落后国家的具体知识的情况下,不能不主要从抽象理论的角度去认识和解决问题。尽管由于落后国家代表罗易等人的激进态度使这种情况发生了一些重要的改变,甚至使共产国际对落后国家的策略变得有些模糊和混乱,但列宁和共产国际领导人显然仍旧坚持认为,东方国家的任何一种革命运动和解放运动,都应该也必须在国际无产阶级政党即共产国际的领导下,并作为世界革命的一部分而服从于国际无产阶级的根本利益。这意味着,无论是出于何种目的,俄国共产党和共产国际都必然要在东方落后国家寻找真正有力量的、能够切实推动反帝革命运动的政治势力,以便能够尽快在东方掀起广泛的反抗帝国主义列强和外国资本主义压迫的群众运动,动摇欧洲资产阶级的统治,以此来促进过于迟缓的欧洲无产阶级革命的爆发,或至少根本遏止帝国主义对苏俄的

---

[1] 见《列宁全集》,第31卷,第129页;贝拉·库恩编:《共产国际文件汇编》,第1册,三联书店1965年版,第186页。
[2] 见《列宁全集》,第31卷,第126—130页。
[3] 见《共产国际、联共(布)与中国革命档案资料丛书》(2),第114—115页。

进攻和干涉。在这种情况下，在俄国共产党人具体帮助下刚刚开始萌芽的中国共产主义运动，自然也要跟着改变自己的策略。

三、最佳的利益选择与结合

中共第一次代表大会召开，宣布以推翻资本家阶级为目标

用实力的观点来看待 20 年代初的中国共产主义运动，是注定要失望的。在 1920—1921 年，中国共产党总共只有 56 名党员，几乎全部是知识分子和青年学生，且处于秘密状态，在社会上乃至在工人中间没有任何势力和影响。当 1920 年 12 月陈独秀与维经斯基离开上海前往广州之后，这个组织更是一度陷于停顿之中[1]，直到共产国际派遣的正式代表马林于 1921 年 6 月 3 日来到上海后，中共才又开始恢复了活力。

如前所述，马林在荷属印度有过实际工作经验，并且作为共产国际第二次代表大会民族和殖民地问题委员会秘书，他充分了解共产国际对东方落后国家的策略，甚至还撰文和在讨论中陈述过在殖民地半殖民地落后国家中建立联合战线的可能性与重要性问题。共产国际选中他来中国工作，表明了它对马林经验的重视。但很奇怪的是，马林来华后没有马上向陈独秀等人转达共产国际二大所通过的民族和殖民地问题决议精神，结果在他来华后一个月才举行的中国共产党第一次全国代表大会，通过的所有决议及其他文件，丝毫没有反映共产国际二大新的政策精神。中共一大的党纲竟然完全没有顾及中国的现实，仅仅是口号似的写上了几条干巴巴的革命原则，空谈什么"推翻资本家阶级的政权"，"消灭资本家所有制"，"承认无产阶级专政，直到阶级斗争结束"[2]之类的斗争目标，与中国的实际

---

[1]《马林给共产国际执委会的报告》，1922 年 7 月 11 日，见中国社会科学院马列所等编译：《马林在中国的有关资料》，人民出版社 1980 年版，第 12 页。
[2]《中国共产党纲领》，1921 年 7 月，见《中共中央文件选集》，第 1 卷，第 3 页。

情况毫不相关。与会者甚至在决议中宣称：在今后的政治斗争中，将"永远站在完全独立的立场上，只维护无产阶级的利益，不同其他党派建立任何相互关系"[1]。这些无疑都与共产国际二大的精神格格不入。

十分明显，设法把中国共产党建立在一种高度统一、纯而又纯的基础上的努力，一开始就是俄共远东组织发起的，中共一大也是在俄共远东组织和1921年初成立的共产国际执委会远东书记处预先确定的总方针下召开的。但这并不意味着他们对列宁和共产国际对东方落后国家的策略有不同看法。实际上，负责处理苏俄远东事务的俄共中央远东局的领导人，对于在中国寻求同盟者的工作的重视程度，并不亚于其帮助中国人组织共产党。从远东共和国派来与北京政府谈判的优林使团开始，几乎所有苏俄来华人员都负有对中国各派政治势力及其政治倾向和政治作用进行实地调查的任务。值得注意的是，他们最初对中国各派政治势力的认识和分析各不相同，其政策也不时地受到苏俄外交工作和中国政局变动的影响。这时，他们在中国问题上唯一一致的观点就是：苏俄的远东政策必须有利于反对和孤立日本帝国主义，恢复其远东地区的和平和主权。在这方面，那个纯粹由极少数激进知识分子组成的"中国共产党"明显地不被重视。

在1920年7月直皖大战爆发以前，苏俄内部对华策略没有太多选择。由于当时的北京政府由亲日的皖系把持，苏俄在倾向上自然是同情当时中国南方以孙中山和陈炯明为代表的革命势力。至直皖大战结束，亲英、美的直系控制了北京政府之后，鉴于直系军阀吴佩孚赞同与苏俄改善关系，苏俄即迅速开始对吴佩孚表示好感，试图推动吴采取亲俄反日的政策。[2]同时，苏俄对孙中山在陈炯明帮助下回到广州，准备北伐，颇感不悦，而对陈炯明与孙中山的分歧十分重视。可是，1921年6月，苏俄公开照会北京政府出兵蒙古，并无视中国方面抗议于7月攻占库伦后，苏俄与北京政府关系一度转恶，苏报又开始抨击吴佩孚的摇摆政策而对孙中山表示好感。[3]而这种情况随着直系与亲日的奉系矛盾加剧又再度改变，因为孙中山试图联奉倒直，敌视亲日的奉系的苏俄，又转而再度开始同情吴佩

---

[1]《中国共产党的第一个决议》，1921年7月，见《中共中央文件选集》，第1卷，第8页。
[2] 参见《民国日报》，1920年8月11日；(苏)《消息报》，1920年10月9日。
[3] 见（苏）《消息报》，1921年11月16日。

孚了。

不难看出，苏俄对华政策的不断改变，根本上是受其对日政策的需要牵制的。苏俄急于想要解除日本对苏俄远东地区的压迫与威胁，以至于急功近利和不择手段，千方百计试图利用中国反日的实力派领袖，并与之结盟，至于这些中国军阀或政治家的政治色彩反在其次。苏俄亲吴疏孙，很大程度上仅仅取决于他们的对日态度和实力大小。由于孙中山总是奉行违拗其心愿的政策，且实力不足，故苏俄虽仍旧与孙保持联络，并肯定其政治倾向，但出于自身的利益考量，不能不对吴佩孚寄予希望。

当然，信奉阶级斗争学说的俄国共产党人，也不会过分迷信其外交策略的功用。特别是面对多变的中国政局和吴佩孚对苏并无太多好感的情况，熟悉民众鼓动工作，并且有着成功经验的俄国共产党人自然会双管齐下。这也就是他们一面派出外交使团游说北京政府，一面却又派出维经斯基等人到中国知识分子和青年学生当中广泛宣传俄国革命，并宣示苏俄友好政策的原因所在。很显然，他们力图通过在中国激进党派和劳动群众中开展工作，推动中国民众的反日运动，并鼓动中国知识界对政府施压，改变敌视苏俄的政策。因此，依据共产国际二大的相关决议，经过一段时间的准备之后，他们便和共产国际一起开始着手召集远东各国共产党及民族革命团体的代表大会（对外又称为"远东各国劳动者代表大会"），试图以此来推动远东各国的反帝特别是反日运动的兴起。

远东大会推动反帝，毛泽东认定："欲拯救中国唯有靠俄国的干涉"

正在共产国际积极筹备远东各国共产党及民族革命团体代表大会之际，1921年夏传来美国准备就太平洋及远东问题在华盛顿召集国际会议的消息。美、日、英、法重新坐在一起讨论远东问题，这使俄国共产党和共产国际深感其在远东离间和利用帝国主义各国之间矛盾的策略遭受挫折，因而极度担心帝国主义各国会重新勾结起来反对和干涉苏俄。

为了同华盛顿会议相对抗，原定于苏俄西伯利亚伊尔库茨克召开的大会，1922年1月被移到苏俄的首都莫斯科召开了。在开会之前，几乎各个与会代表团都在主办方的授意下，发表了反对华盛顿会议的公开声明。而共产国际主席季诺维也夫在开会伊始，就把会议引向了反对帝国主义、拥护苏俄和掀起苏维埃革命的方向。他宣称：战后这个时期的主要特点是亚洲和远东问题正在"成为世界政治的中心点"，帝国主义正在加强它们在远东的竞争，"当今最强大的政府，四个最暴虐、最反动的帝国主义政府，即英国、法国、日本和美国在华盛顿缔结了一个条约"，"人类历史上最黑暗的日子"来到了。按照季诺维也夫的说法，远东各国人民的政治选择将会成为世界政治"天平上举足轻重的法（砝）码"，而"真正解决远东问题的唯一一件事就是：打败日本资产阶级"[1]。

显而易见，鼓动远东各国人民掀起反帝特别是反日的群众斗争浪潮，是这次大会的主要目的。尽管某些俄国共产党和共产国际的领导人或多或少仍旧抱着世界革命的幻想，一心指望这次会议能够使远东的民族解放运动达到加速世界革命的程度。但会议毕竟使中国共产党人明确了他们所面临的首要任务。这就是："把中国从外国压迫下解放出来，实现土地国有，推翻督军统治"，为此应该首先支持和联合资产阶级民主派进行斗争[2]。

远东各国劳动者代表大会没有达到预期的效果，共产国际向各国散发的反对华盛顿会议的各种宣传品也没能激起中国人的兴趣。马林在他给共产国际执委会的工作报告中谈到这方面的情况时，不无遗憾地表示：华盛顿会议"无论在什么地方都没有激起像当年凡尔赛会议所激起的那种政治愤慨……没有直接反对华盛顿会议的普遍性的运动"[3]。

美国推动召开华盛顿会议的中心目的，是弥补巴黎和会的不足，并解决各国列强，特别是美、英、日三国在太平洋和远东地区的相互关系及其地位问题。它固然同巴黎和会一样，包含着重新划分势力范围的内容，但更重要的是要使三大强国在这一地区承担明确的和平义务，消除相互关系中的不稳定因素，在太平洋地区确立国际新秩序，以及抑制日本在中国的单方面扩张行动。在这方面，三大强国之间的矛盾主要集中在英日同盟、海军军备竞争以及太平洋和中国的势力范围上。会议成功地以关于太平洋

---

[1] 见《远东各国劳动者代表大会速记录》中，季诺维也夫在第1、2、4次会议上的发言，复印件由已故石克强（舍维廖夫）教授提供。
[2] 见《远东各国劳动者代表大会速记录》中，萨发罗夫在第8、10次会议上的发言。
[3] 《马林给共产国际执委会的报告》，1922年7月11日，见中国社会科学院马列所、近代史所编译：《马林与第一次国共合作》，光明日报出版社1991年版，第64页。

区域岛屿属地和领地的《四国条约》取代了英日同盟，以限制海军军备的《海军条约》规定了各国海军战列舰的吨位比例和航空母舰总吨位的限额；并以《九国公约》的形式，肯定了在"门户开放"、"机会均等"的原则下，"尊重中国之主权与独立，及领土与行政之完整"，保证在现有条件下不再扩张势力范围或谋取特权[1]。

一般说来，华盛顿会议的结果并无助于真正缓和帝国主义国家之间的明争暗斗，但在华盛顿会议上，美国毕竟为换回在巴黎和会上失去的信誉和抑制日本在华扩张的野心获得了成功。会议迫使日本不仅在《九国公约》上签字承认反对独占中国和进一步扩张势力范围，而且迫使日本同意交还其强行霸占的山东胶州德国租借地及其财产，撤退沿胶济铁路及其支线的全部驻军。在这次会议上，中国方面乘机提出的废除不平等条约及收回主权的诸多要求，大多不了了之。但会议决议恢复中国在山东的主权，声明肯定中国主权和领土完整，反对任何独霸中国及扩张势力范围的企图，毕竟对面临日本威胁和对巴黎和会怀有痛苦记忆的中国各界爱国人士，是一种精神上的慰藉。不论共产国际多么激烈地批评帝国主义列强虚伪、阴险，主张中国人民应争取彻底实现民族独立和民族平等，绝大多数中国人显然对此不抱幻想。中国既然仍旧处于分裂和落后的现状中，那么，大多数中国人就很难不对某些列强的理智和友好寄予期望。

很少人不知道中国陷于任人宰割的境地，根本上是自身落后、分裂的结果。要想改变这种状况，就必须要争取实现统一与和平，进而才有可能发展实业，使国家臻于强盛。但多年来，知识界皓首穷经，献言献策，中国军阀割据，南北对立，以致兵连祸结的局面依然如故。陈独秀等之所以会明知俄国革命的办法可能带来梁启超等人再三警告的"攘夺变乱之患"与血流成河的危险，仍执意前行，根本上就在于他们相信，资本主义条件下这种惨祸一直在阶级压迫中发生着，而且按照资本主义竞争的规律，列强为争夺殖民地而发动的世界大战根本就无法避免，与革命不革命无关。蔡和森所谓：一旦资本家的大战再起，"伏尸流血又不知几千百万，而战死与破产及生活昂贵的大祸，都是无产阶级受了"，何况"第二次资本家的大战战场必在中国"，将来流血恐怖恐比革命更甚；毛泽东所谓："用和

---

[1] 见复旦大学历史系中国近代史教研组编：《中国近代对外关系史资料选辑》第一分册（下），上海人民出版社1977年版，第57—58页。

平方法去达共产目的,要何日才能成功?假如要一百年,这一百年中宛转呻吟的无产阶级,我们对之如何处置……任其为三分之一资本家所鱼肉,其何能忍?"讲的都是这样的道理。[1]

但想要运用俄国革命的方法,根本解决,一劳永逸,彻底是彻底,中国哪来俄国那么多的可以一举夺取政权的有觉悟的革命工人与士兵呢?因此,模仿俄国布尔什维克的共产党是成立了,革命的实行办法却只是停留在纸面上。从1920年到1921年,中共经过一年时间,只征集到了56名成员;从1921年到1922年,从56人只扩大到了197人,这种组织发展速度相对于他们急切想要成就的革命目标,其力量相差不知多少。这也是为什么毛泽东在党内公开宣称:"欲拯救中国唯有靠俄国的干涉"。这时中共成员的想法大概都差不多,那就是:"一切均借俄助"。要在中国开展推翻现存政权的革命运动,"唯有靠俄国的积极支持(外交和军事上的支持)"[2]。

指望俄国干预来推进中国革命,这多半是把革命目标设定在中共一大纲领基础上的一种合乎逻辑的结果。因为那样一种目标的设定,几乎把除了产业工人以外的社会力量都排除在了革命的力量之外。但是,这样一种目标的设定,很快就被莫斯科否定了。1922年5月下旬,中共出席远东劳动者代表大会的代表回到国内,带来了共产国际二大关于殖民地和民族问题的相关决议,以及远东劳动者代表大会通过的关于共产党与民主革命分子合作问题的决议,这些决议从根本上改变了中共一大所规定的革命目标与革命方法。

共产国际:应利用国民党来"为强大的群众性的共产党准备基础"

1922年6月,中共中央发表了《中共中央第一次对时局的主张》和其他中共领导人的署名文章,肯定了中国目前最大的敌人不是资本家,而是国际帝国主义和国内封建军阀。[3]

7月,中共召开第二次代表大会,提出了中国革命两步走的方案。会

---

[1] 见《新民学会资料》,第149—150、161—162页。
[2] 见《马林与第一次国共合作》,第213—214、231页。
[3] 陈独秀:《对于现在中国政治问题的我见》,《东方杂志》第19卷第15号,1922年6月。

议按照共产国际二大《关于民族与殖民地问题的补充提纲》的提法，认为中国已经迈入资本主义社会了，但世界的帝国主义为了各自在中国的特殊利益，竞相扶助封建军阀，阻碍中国的资本主义发展，中国的资产阶级不能不与封建军阀作斗争。"在中国的政治经济现状之下，在中国的无产阶级现状之下，我们认定民主的革命固然是资产阶级的利益，而于无产阶级也是有利益的。因此我们共产党应该出来联合全国革新党派，组织民主的联合战线，以扫清封建军阀推翻帝国主义的压迫，建设真正民主政治的独立国家为职志。"当然，决议根据共产国际二大关于民族与殖民地问题决议的精神，也特别强调：民主革命只是中国革命的第一步，无产阶级并不因此获得解放，且资产阶级一旦革命成功，必定会迅速与无产阶级处于对抗地位。故无产阶级在民主革命时就应当集合在共产党的旗帜下独立做自己阶级的运动，并准备对付资产阶级。一方面通过援助民主主义革命运动养成真正实力，一方面"与贫苦农民联合的无产阶级专政"而斗争。"如果无产阶级的组织力和战斗力强固"，中国的社会主义革命很可能像俄国一样，会"跟着民主主义革命胜利以后即刻成功"[1]。

把无产阶级专政说成是"与贫苦农民联合"的一种结果，反映出中共领导人在理解共产国际二大所通过的《关于民族与殖民地问题的补充提纲》中的"工农苏维埃"的概念时，与无产阶级专政的概念发生了混淆。但是，类似的情况，即因为理论和知识上的欠缺，对俄国革命的主义、经验及其历史一知半解，只是照猫画虎，"孔步亦步，孔趋亦趋"，囫囵吞枣的情况，这种时候其实可以说是比比皆是。

像中共二大正式宣布加入共产国际，承诺"以全力拥护苏维埃共和国"，全部都是照搬共产国际二大、三大所提出的理由。即是说，因为"苏维埃俄罗斯是世界上第一个工人和农人的国家，是无产阶级的祖国，是劳苦群众的祖国，也是全世界工人和农人与世界帝国主义的国家对抗的壁垒"，中国共产党必须"要召集中国工人们加入世界工人的联合战线，保护无产阶级的祖国——苏维埃俄罗斯——抵御资本主义的进攻，并要邀集中国的被压迫群众也来保护苏维埃俄罗斯，因为苏维埃俄罗斯也是解放

---

[1] 指像俄国1917年革命那样，可能会先来一个推翻沙皇统治的"二月革命"，几个月后即成就了布尔什维克的"十月革命"。见《中共中央文件选集》，第1卷，第61—63、64—66、114—115页。

被压迫民族的先锋"[1]。

而在这方面表现得最为典型的，还有中共二大及其之后对蒙古等边疆民族问题的看法与变化的情况。在中共二大的各种决议中，他们已经明显地接受了列宁关于民族自决的观念，试图以此来解决诸如蒙古等边疆民族的归属问题。他们解释自己赞同边疆民族应当实行民族自决的理由是："现在中国本部做不到和疆部统一，因为这些地方的经济情形，和本部不同，他们互相也有差异"。因为中国本部的经济生活，已由小农业手工业渐进于资本主义生产制的幼稚时代，而蒙古、西藏、新疆等处则还处在游牧的原始状态之中，以这些不同的经济生活的异种民族而强其统一于中国本部还不能统一的武人政治之下，结果只有扩大军阀的地盘，阻碍蒙古等民族自决自治的进步，并且于本部人民没有丝毫利益。因此，为免除军阀势力的膨胀，尊重边疆人民的自主，我们应"促成蒙古、西藏、回疆三自治邦，再联合成为中华联邦共和国，才是真正民主主义的统一"。[2]

但是，用这种态度来谈论事实上一年前就在苏军的扶持下再度宣告独立的外蒙古[3]，明显地不符合苏俄方面的愿望。因此，不过四个月后，中共中央局书记陈独秀就在赴莫斯科参加共产国际四大之际，再度发表言论，一改此前的说法，主张外蒙古独立了。他写道："在国内组织之原则上，凡经济状况不同民族历史不同言语不同的人民，至多也只能采用自由联邦制，很难适用单一国之政制。在中国政象之事实上，我们更应该尊重民族自决的精神，不应该强制经济状况不同民族历史不同言语不同之人民和我们同受帝国主义侵略及军阀统治的痛苦。因此我们不但应该消极的承

---

[1]《关于世界大势与中国共产党的议决案》，1922年7月；《中国共产党加入第三国际决议案》，1922年7月；《第三国际的加入条件》，1920年8月。见《中共中央文件选集》，第1卷，第59—60、67—68页。

[2]《中国共产党第二次全国大会宣言》，1922年7月，见《中共中央文件选集》，第1卷，第62、111页。

[3] 1911年辛亥革命后中国各省均一度宣告独立，蒙古地区240旗中位于外蒙古地区的108旗也乘机宣告独立，实际上成为沙俄的保护国。后经北京政府与沙俄政府反复交涉，沙俄作出让步，承认中国对外蒙古的主权，中国政府承认外蒙古实行自治。俄国十月革命爆发后，北京政府一度以武力逼迫外蒙古取消了自治。但北京政府的军队很快又被退入外蒙古的沙俄恩琴反布尔什维克武装赶出外蒙古首府库伦。随后，受到苏俄援助的乔巴山等成立了蒙古人民党，并组成军队将北京政府的军队赶出了外蒙古。人民党随后又邀请苏俄红军进入外蒙古驱逐了恩琴武装，夺取了库伦。1921年7月，蒙古人民党宣告成立蒙古人民革命政府，再次宣布独立，并建立了蒙古国。

认蒙古独立,并且应该积极的帮助他们推倒王公及上级喇嘛之特权,创造他们经济的及文化的基础,达到蒙古人民真正独立自治之客观的可能。"[1]

很难认为陈独秀等中共领导人没有民族主义心理。中共二大召开于蒙古国宣告成立整整一年后,北京政府和国内舆论之反响一度甚嚣尘上,中国共产党人当然心知肚明。他们并没有马上对苏俄的做法随声附和,仍旧抱期望于在高度自治基础上使外蒙古回归中华联邦,可见内心中仍存相当幻想。但是,第一,正式加入共产国际,成为其下属支部之一,承诺遵守共产国际"铁的纪律"和"中央集权"的组织原则之后,中共中央必须与苏俄严格保持一致,在民族政策上亦无选择余地。第二,身为共产党人,追求自身的民族解放,按照列宁关于民族自决的思想,理论上也应当赞同中国境内少数民族谋求自身的解放,这也是一种必然的逻辑。

共产国际远东各国劳动者代表大会的决议,在一定程度上扭转了以知识分子为主体的共产党人中所存在的脱离实际的倾向。据陈独秀报告称,中国共产党人"开始更多地注意到中国社会当前形势,并参加了当前的运动"[2]。但是,只能秘密活动,人数不足200人的组织状况,不可避免地严重局限着陈独秀等人的想象力。一方面,中共二大根据共产国际的提议,明确提出应当联合国民党等民主派共同推动中国的民族民主革命;另一方面,陈独秀亦深知孙中山的国民党根本不可能与中共小组织成立"联合战线",故要指望国民党能按照共产党人的愿望,"觉悟改造"并"和我们携手","希望很少"[3]。

实际上,许多俄共领导人原本就没有对像中国这种新近建立起来的落后国家的共产党寄予多少期望。1921年至1922年,俄共及共产国际代表关于中国政治现状的报告都反映出了这种情况。几乎所有的报告人都认为,在中国当前政治斗争中有可能发挥重要作用的,只能是国民党,而不会是共产党。不仅国民党10多万党员与共产党不足200名党员的强烈对

---

[1]《中国共产党对于目前实际问题之计划》,1922年11月,见《中共中央文件选集》,第1卷,第122页。
[2]《陈独秀同志代表中共中央向第三次党代表会议的报告》,1922年8月18日。
[3]《陈独秀给维经斯基的信》,1922年6月30日,见人民出版社编:《"二大"和"三大"》,中国社会科学出版社1985年版,第55页。

比给他们留下了深刻印象,而且国民党与"只占中国人口总数中的一个很小的部分"的产业工人之间所建立的紧密联系,也出乎他们的意料,并使他们十分兴奋。他们因而相信:在中国,"国民党几乎是唯一强大的政党","还没有其他更革命、更有组织的力量"像国民党那样,"无论是在劳动群众当中,还是在小资产阶级当中","都深受爱戴"[1]。毫无疑问,在他们看来,在这个"几乎谈不上工人运动,也谈不到什么工业"[2],无产阶级运动明显处于萌芽状态的国家,共产国际只能依照列宁的提纲,去支持国民党所领导的革命运动,同时注意保护那个处于萌芽状态的中国共产党。

党内合作:共产党加入国民党,监督、改造,并争取取而代之

不过,即使由共产国际出面来与国民党结盟,也并不是一件容易的事。在这方面,他们一开始就遇到了麻烦。因为以中国当然领袖自居的孙中山,只愿意和苏俄政府谈合作。而且,他对苏俄抱以好感,同时也求助于任何一个愿意给他提供帮助的列强。因此,孙中山对苏俄的态度常常被其政治衰荣的环境所左右。下台时往往急于与苏俄建立联系,上台后则惧于列强干涉,总是有意与苏俄保持适当距离。[3] 加上孙中山政治地位不稳固,国民党又组织涣散,难以在政治上形成大气候,俄共和共产国际仅靠外力不仅不能左右其政治倾向,而且难以使其组织成为一种统一而强固的政治力量。

中国共产党人的作用因此被发现了。1922年1月在远东各国劳动者代表大会期间,列宁率先考虑到用共产党与国民党合作的办法,来促进其革

---

[1] 参见索科洛夫·斯特拉霍夫:《关于广州政府的报告》,1921年4月21日;《马林给共产国际执委会的报告》,1922年7月11日,见《马林与第一次国共合作》,第70—75页。

[2] 参见(俄)《真理报》1922年7月30日,安徽大学苏联问题研究所等编译:《1919—1927苏联〈真理报〉有关中国革命的文献资料选编》,中国社会科学出版社1985年版,第22—23页。

[3] 孙中山1920年寓居上海时,对来访的波波夫及维经斯基均表示急于想与苏俄建立密切的联系。但在1921年底1922年初准备北伐的过程中见到马林时,却拒绝了马林提出的联俄办法,称由于英国等关系,只能与苏俄"作道义上之联络"。参见《真理报》1925年3月14日;《革命文献》第九辑,(台北)中国国民党中央委员会党史史料编纂委员会1955年编印,第1410—1411页。

第一章 "以俄为师"

命化。之后,共产国际代表马林把这一设想具体了。鉴于孙中山不可能把这个小组织放在眼里,他提出,可以用共产党员加入国民党的办法,通过这种办法让共产党人在国民党内发挥作用,来实现推动国民党革命化的目的。马林提出的这种所谓"党内合作"的办法因为贬低了中共的地位,一经提出就遭到了陈独秀等人的激烈反对。1922年4月6日,陈独秀给维经斯基去函,明确地提出了六条"反对的理由",包括宗旨不同,政策主义不相容,国民党形象太差,其内部矛盾甚多且"对新加入之分子,绝对不能容纳其意见及假以权柄",等等。[1] 但是,对于俄共和共产国际领导人来说,这是一个绝妙的攻心之策。因为,如果真能实现"党内合作",就显然要比共产党站在党外对国民党指手画脚,更有利于影响国民党的政治方向。

毋庸置疑,共产国际的最终目标还是要在中国建成一个强大的共产党的。关于这一点,只要注意一下1922年8月和1923年1月共产国际执委会就国共合作问题发出的具体指示,就可以看得很清楚。在这两个指示中,共产国际执委会都特别强调了通过党内合作,利用国民党的组织,来"为强大的群众性的共产党准备基础"的意图。[2] 但这显然还只是下一步的革命目标,当务之急是要利用这种合作形式,使共产党人能够有效地影响国民党的各种政策,包括独立进行反对帝国主义的组织和宣传。[3]

共产国际这时最关心的,是用什么办法尽快左右国民党的对外政策。因此,它虽然也提醒中共要"避免同民族革命运动发生冲突",并希望中共能够在国民党的旗帜下得到顺利发展,但它十分强硬地要求中共必须用一切办法"反对国民党同资本主义列强及其代理人——敌视无产阶级俄国的中国督军们的任何勾搭行为",使国民党能够切实联合苏俄,反对一切帝国主义。[4] 这里所谓"敌视无产阶级俄国的中国督军们",其实指的就是张作霖,因为孙中山从1921年底开始,就与得到日本支持的张作霖公开合作反对吴佩孚。而苏俄最痛恨的就是日本,最担心的也就是中国亲日

---

[1] 见《中共中央文件选集》,第1卷,第31—32页。
[2]《共产国际执行委员会关于中国共产党与国民党的关系问题的决议》,1923年1月12日,见《共产国际有关中国革命的文献资料》(1),第77页。
[3]《共产国际执行委员会给其派驻中国南方代表的指示》,1922年8月,见《马林与第一次国共合作》,第80—81页。
[4] 见《共产国际有关中国革命的文献资料》(1),第77页。

势力上台并勾结日本反对苏俄。尽管列宁的外交策略承认适当妥协的必要性，但出于自身利益的考虑和对中国资产阶级民主派的不信任，他们绝对不能听任孙中山为了自身的利益对日妥协。这种情况在很大程度上造成了共产国际在国共关系问题上策略的极大矛盾性，即既要求中共贯彻与国民党"党内合作"的方针，避免与国民党发生冲突，又坚持中共必须不惜一切代价，坚持组织和宣传反帝主张，坚决引导国民党站到拥护苏俄的阵线上来，反对国民党与敌视苏俄的军阀进行勾结。

要让弱小的中共去推动和引导历来主张对列强适当进行妥协的国民党走上彻底反帝的革命道路，也只能采取这种孙悟空钻进铁扇公主肚子的办法了。在俄共和共产国际只能指望由国民党来掀起中国反帝的民族解放革命运动的情况下，作为共产国际支部之一的弱小的中国共产党，是难以通过站在国民党之外摇旗呐喊来影响其政策的。客观上，除了进入其内部之外，共产党没有任何办法来有效地和迅速地贯彻共产国际的意图。然而，把党内合作的形式当成是促使对方向有利于己方转化的一种方式，这无疑使合作的概念本身发生了异化。事实上，共产国际从一开始就没有把国民党看成是一个严格意义上的政党，而是或多或少地把它看成是一个由不同阶级组成的相对松散的政治联盟。因此，它不仅要求中共加入其中，而且要求中共在国民党内"组成从属自己的团体"，进而"组成核心"，为国民党必然的分裂作好准备。它甚至明确地提出了领导权问题，强调中国民族革命的"领导权应当归于工人阶级的政党"[1]。

不难了解，共产国际从一开始就在督促中共在与国民党的"党内合作"关系中，保持一种进攻的态势，要求前者必须担当起监督和指导后者，最终取代后者的角色。当然，在1923年上半年以前，由于种种原因，这多半还只是一种愿望和设想。真正构成了这种可能性的条件的，还是苏俄和共产国际与孙中山国民党关系的发展。

孙越宣言："共产组织，甚至苏维埃制度，事实均不能引用于中国"

孙中山下决心与苏俄结盟，再度发生在新的政治挫折之后。这次新的

---

[1]《共产国际执委会给中国共产党第三次代表大会的指示》，1923年5月，见《共产国际、联共（布）与中国革命档案资料丛书》(2)，第456—457页。

第一章 "以俄为师"

挫折发生在1922年7月间，当孙中山正集结军队准备北伐之际，陈炯明部在广州发动叛乱，致使孙一年多的北伐准备再度付诸东流，并且被迫又一次离开广东回到上海。同以往一样，孙中山在失败的时候再次想到了同苏俄建立直接联系的必要性。

这时，因日本已表示出将从苏俄远东地区的滨海省全部撤兵的意向，故苏俄对迅速解决它和中国及日本的关系十分重视。苏俄选派曾负责《布列斯特和约》谈判的颇负盛名的外交家越飞来华，说明了这种情况。但苏俄对日本仍疑心重重，对日本在中国的影响，特别是在中国东北地区的影响极为担心，因而对孙中山与张作霖结盟极不满意。越飞于8月12日到北京后，即致函孙中山，质疑孙联合张作霖的做法，并主张孙无论如何应同北京政府的外交部保持接触，以促进中苏外交关系的建立。不用说，孙中山对此是有自己的想法的。他明确认为："现在的政府是某些列强的代理人"，而张作霖靠近日本则是由于英、美对吴的支持和苏俄对张的敌视，很难说他在一定的条件下不会反对日本。孙中山直率地表示：为了完成统一中国的头等大事，他过去和今后一样，"准备同任何一位接受我条件的领袖进行合作"。而中苏两个国家的完全谅解，只有在他建立起一个"将中国的重要利益置于各个列强之上的中国政府"之后，才能达成。与此同时，孙中山向越飞传达了这样的信息：他决不赞成苏俄牺牲中国的利益与日本取得谅解或达成协议，但他不赞同直系北京政府的态度，他愿意看到苏俄暂时保有它目前在中东铁路的权益和在蒙古的军队。[1]

孙中山对这时中苏外交谈判中的两大症结——中东铁路和蒙古问题的表示，包括孙中山对帝国主义的不满情绪和决心统一中国的强烈意志，赢得了越飞的好感。而孙中山进一步的要求更让越飞受到了震动。孙坚决反对苏俄承认直系北京政府，他宣称：苏俄这个创立了伟大制度的国家同得到帝国主义的"国际承认"的反动的北京政府谈判，只能表示自己"是同资本主义列强站在一起，通过国际承认等等，为它树立威信"。这只会助长那种反对在中国"采用可以称之为苏俄革命或激变这种方法"的"资本家的论点"。他劝告越飞采取"一项创造性的政策，即以我本人作为我国受压迫同胞的代表，同你们的政府实行合作"。由苏俄政府向他提供武器、

---

[1]《孙中山致越飞函》，1922年8月27日，见郝盛潮主编：《孙中山集外集补编》，上海人民出版社1994年版，第299—302页。

军火、技术和专家等等帮助，而他将指挥四川的军队经甘肃接通蒙古，以得到这些援助。[1]

孙中山的这一提议，其实很能反映出这一阶段他日渐感到"处境艰危"，"经济久困"，以至"音问梗塞，无从一为纾解"的困境[2]，但孙的态度明显地触动了越飞和马林。他们迅速起草了《我们在殖民地国家特别是在中国工作的有关问题（提纲）》，决定由马林带回，向共产国际陈述他们对当前中国问题的看法。提纲明确认为："在殖民地和半殖民地国家中，要开展纯粹是共产国际的工作，是根本不可能的。在这些国家里，阶级分化尚未充分进行，不适合开展纯粹的共产党的活动。"因此，党的活动必须无条件地与民族解放运动相结合，共产国际的工作也必须与苏俄外交政策相协调。提纲指出：在中国，北京政府只是帝国主义的傀儡，苏俄和共产国际只能通过帮助国民党统一中国来实现自己的目的。[3] 与此同时，越飞接连两次向苏俄政府寄回书面报告，认为与北京政府谈判实欠妥当，今日中国唯有孙中山与国民党对革命具有无比重要的意义。孙中山不仅是中国革命的象征，而且可以对张作霖施加影响。因此，他要求苏俄政府批准他南下与孙中山进行谈判。

越飞和马林的报告的基点，是建立在共产国际二大通过的列宁起草的《关于民族和殖民地问题的提纲》的基础之上的。它明显地区别于这一年来共产国际指示的显著特点，就是公开主张不应对中国共产党和中国无产阶级化的前景抱有幻想，而应切实地把中国革命的目标和任务，限定在资产阶级民族民主革命的范围内，使它能够作为反帝及反日运动的重要部分，为苏联外交和安全提供保障。

1923年1月中旬，越飞得到苏联政府[4]指示，前往上海，于1月22日开始与孙中山开始谈判。1月26日，双方达成一致意见，形成了著名的

---

[1]《孙中山致越飞函》，1922年12月20日，见《孙中山集外集补编》，第304—306页。
[2] 见《孙中山全集》，第6卷，中华书局1986年版，第655—663页。
[3]《我们在殖民地国家特别是在中国工作的有关问题（提纲）》，1922年12月，见《马林与第一次国共合作》，第99—100页。
[4] 1922年12月30日，"俄罗斯苏维埃联邦社会主义共和国"（苏俄）宣布与东乌克兰、东白俄罗斯、外高加索联邦另外三个苏维埃社会主义共和国一起，正式成立"苏维埃社会主义共和国联盟"，以下简称"苏联"。苏联共产党（布尔什维克），即联共（布），为方便起见，以下也简称"苏共"。

第一章 "以俄为师"

《孙文越飞联合宣言》。孙中山公开承认中东铁路暂时只能由中苏两国共管,进驻外蒙古的苏联红军不必立时撤退,从而使越飞在同北京政府谈判中所难以解决的两大难题,得到了孙中山国民党的谅解。而越飞则根据孙中山的要求,公开承认:"共产组织,甚至苏维埃制度,事实均不能引用于中国。""中国最要最急之问题,乃在民国的统一之成功,与完全国家的独立之获得。"越飞并明确表示:孙中山"可以俄国援助为依赖也"[1]。

孙越宣言的发表,充分表明了苏联和共产国际联合孙中山和国民党的决心。尽管越飞关于共产组织和苏维埃制度不适合中国的声明明显偏离了共产国际乃至列宁的历来主张,但比较在中国找到一个真正的同盟者来说,这对莫斯科而言,明显不是那么重要的问题。总之,苏联报纸在转载这一宣言时,仅仅把这句话抹掉了事,并没有作出任何反应。而三个月之后,经过对孙中山求援呼吁的反复讨论,苏联政府正式通知孙中山,他将在一年之内分四次得到200万卢布的援助,同时还将向国民党派出政治和军事顾问,并提供军事物资,以此来帮助国民党逐步加强其统一中国的实力。[2] 事情很明显,苏联自信它已经找到了真正能够在中国造成反帝的民族民主革命运动,从而适合苏联远东利益需要和世界革命潮流的同盟者了。

孙越宣言的发表,同样符合孙中山的愿望。自陈炯明叛变后,孙更加深感扩展党的组织和获得稳定外援之重要。故他一面接受了马林的建议,同意吸收中共党员入党,修订党章党纲,以扩大党的组织;一面则积极通过自己的重要助手廖仲恺与越飞及其代表进行联络,寻求援助。但孙中山毕竟是一位典型的革命功利主义者,他深知为达到自己的革命目标应采取怎样的策略手腕。就像其1915年为阻止日本与袁世凯签订"二十一条",1918年为得到日本财阀的军事援助,而不惜允诺出让满蒙权益一样,他下决心用承认中东铁路共管和苏联在外蒙古驻军的办法,来促成与苏俄结盟,接受其军事援助,也是一种策略手段。唯一与以前有所区别的只是,苏联是列强各国政府极为敌视的革命国家,因此,向来小心翼翼地注意保持与列强友好关系的孙中山,这次等于采取了一个他曾认为是过于冒险的

---

[1] 见《孙文越飞联合宣言》,1923年1月26日,见《孙中山全集》,第7卷,第52页。
[2] 见《马林与第一次国共合作》,第170—171页。

自我孤立的策略。但对于一贯相信"中国统一必借外力"[1]的孙中山来说，这也是逼上梁山之举。因为在经历了外交和军事上、政治上一系列挫折之后，孙中山对列强的"不予支持"、"反对"和"压制"已深有体会。他明确讲："我们已丧失了从美、英、法等列强国家获得援助的希望……唯一对我们南方政府表示援助的，是俄国的苏维埃政府。"[2]

孙中山对俄国革命是抱有好感的，对其政治模式也不乏赞美之词，这些无疑也是孙决心公开与苏联结盟的一些重要原因。但孙到底不是共产主义者，他对苏联的苏维埃制度和激进的经济政策不感兴趣，也是十分明显的。因此，孙中山与苏联的关系，本质上仍旧是一种利害关系，其最初相互利用的成分明显要大于其观念上的一致性。故孙中山从1922年8月返回上海至12月之间，虽积极与苏俄人员接触，却一直态度犹疑。他再三讲过：双方关系"根本之办法，必在吾人稍有凭藉，乃能有所措施"。否则，只能"如吾国之青年共产党，与彼主义完全相同矣，亦奚能为？"[3]尤其是1923年1月16日广州收复之后，他的心态已渐次恢复常态，在中东铁路与蒙古问题上的让步有限[4]，而其要求苏联方面承认中国不应推行共产组织与苏维埃制度，则颇为坚定。甚至，他又开始频频同英国以及港英当局接触，谋求支持[5]。由此可见，在与苏联结盟问题上，孙中山根本上还是基于一种谋略的考虑。

结 语

中国之所以会产生共产党，不能不归因于第一次世界大战和俄国的十

---

[1] 见《孙中山全集》，第7卷，第131页。
[2] 见《孙中山集外集补编》，第304—306页。
[3] 见《孙中山全集》，第6卷，第616页。
[4] 关于中东铁路，孙中山要求越飞重申了"俄国政府准备且愿意根据俄国抛弃帝政时代中俄条约（连同中东铁路等合同在内）之基础，另行开始中俄交涉，故仅同意"现在只能维持现况"；关于外蒙古，孙中山亦迫使越飞承认："俄国现政府决无亦从无意思与目的，在外蒙古实施帝国主义之政策，或使其与中国分立"，故亦仅同意"俄国军队不必立时由外蒙撤退"。
[5] 孙中山寻求英国及港英当局帮助的努力从1923年1月一直持续到5月，直至广州财政陷于极度困境，港英方面仍旧置之不理，才被迫放弃了这种努力。参见陈福霖：《国共合作以外：孙中山与香港》，《现代亚洲研究》第13卷第1期。

月革命。正是因为有了第一次世界大战,中国人才第一次理直气壮地认定自己应该可以和列强各国平起平坐,并会对公理和正义不能惠临中国,而表现出强烈的民族情绪。正是因为俄国十月革命的成功,诞生了一个前所未有的平民政权,中国众多激进的小知识分子才意外地发现,原来国家和民族的命运并非只有那些官僚政客才能左右,社会的改造其实更需要从下层做起,即使是青年学生,也能够组织起来,动员民众起来革命。第一次世界大战,典型地表现出了资本主义的没落,而俄国十月革命的胜利,却代表着社会主义的升起。很少有人会愿意中国重蹈没落的资本主义道路,但很多人愿意把中国未来的希望放在正冉冉上升的社会主义探索上。孙中山其实也就是中国革命者有着类似理想的一位代表。

不论孙中山与苏联结盟得失利弊如何,就中国现代历史本身而言,它们之间的结合,无疑都导致了国民党和共产党的迅速发展壮大,导致了轰轰烈烈的国民大革命,进而为顺序演出20年代至40年代一幕又一幕重大历史剧,提供并规定了主要角色,甚至决定了其中心内容和基本线索。这意味着,完整意义上的中国革命,其实是从这时才真正开始的。而就国际政治的演进而言,俄国人影响和介入中国革命的过程,恰恰是列宁主义逐渐从西方移向东方,在最适宜其生长的条件下生根、开花、结果的过程。尽管在不同的民族土壤的条件下,它不可避免地要发生变异,但无论如何,俄国人强烈的介入意识和得天独厚的介入条件及其实力,在新的时代条件下,势必要在中国和远东留下恐怕永远都难以磨灭的深刻烙印。

第二章

向左还是向右

像蹒跚学步的童稚，中共呱呱坠地之后，在中国最初的站立和迈步，几乎完全是在俄国人的搀扶下实现的。因为计划、方案和具体的行动步骤，都是俄国人帮助设计和负责指导的，就连活动经费都是俄国人提供的，因此，幼年的中共之缺少独立性是显而易见的。作为中共最年长资深和桀骜不驯者，陈独秀未必没有真知灼见或标新立异之处。但无论对错，他都不能不服从莫斯科的指令，包括承担本应由莫斯科来承担的革命失败的责任。

第二章 向左还是向右

一、排斥外力的外力作用

孙中山:"外交纯恃内政,内政要是好,外交简直不成问题"

华盛顿会议以后的远东政治局势,明显开始趋于缓和。英日同盟和美日《兰辛—石井协定》废除了,美日之间围绕太平洋地区岛屿的争端解决了,各国海军军备受到了相当的限制,在中国问题上"门户开放"主义得到了重申,进一步攫取特权、扩张势力范围和损害中国领土主权完整的行为,在一定程度上受到了抑制。作为远东主要祸源的日本,在华盛顿会议之后迅速减少海军预算1亿日元以上,并准备裁减4—6个陆军师团。同时,它也于1922年10月全部撤退了其在西伯利亚的干涉军,于当年12月将胶州(青岛)交还给了中国。而欧洲各主要国家,包括日本,也先后开始承认苏联,与之谈判建交和发展贸易。这种趋势表明,战后以及华盛顿会议之后,远东国家关系正在发生着某些重要的变化,中国面临着一个重要的发展机会。

华盛顿会议未能通过中国代表提出的废除各种不平等条约的事实说明,帝国主义各大国不会轻易放弃它们在中国的既得利益。但会议通过的《九国公约》则从一个侧面反映出,这种情况并不是没有改变的机会与可能。对于公约中所写明的尊重中国主权与领土及行政权完整,和不再谋求特权与新的势力范围等内容,如果我们仅仅把它看成是一种维护"门户开放"主义的冠冕堂皇的漂亮措辞,而意识不到它对此后中国革命可能产生的实际影响,无疑是不全面的。事实上,列强各国强调这一立场并主张在中国维持一个有力和巩固之政府的愿望,与战前日本等国力图利用中国政治分裂和混乱来左右中国政府,以便扩张其权利的做法,是有明显区别的。它不仅说明,主张使中国保持统一和稳定的倾向开始在列强中占了上风,而且预示着,当一个统一、有力和巩固之政府出现后,中国与列强之间的不平等关系将会逐步发生某些实质性的改变。在这方面，暹罗（泰国）为许多进步的中国人树立了表率。

暹罗在19世纪末作为半殖民国家开始通过内政改革谋求独立，这种努力于大战之后因德、奥、匈战败和美国主动放弃领事裁判权及关税限制而得到了部分的成功。在此之后，它通过坚持不懈的努力和谈判，亦终于使英、法、荷、意、日等列强效法美国，承认了它的独立自主。经此种方式而成功，使不少中国人颇生感触。孙中山即以暹罗为例，多次鼓励党人称："外交纯恃内政，内政要是好，外交简直不成问题。"[1]

在第一次世界大战之后，为更多的激进的中国革命者树立了榜样的，还有半殖民地的阿富汗、伊朗和土耳其。从1919年到1923年，它们先后通过武装斗争取得了国家的独立。

华盛顿会议在中国问题上表现出来的倾向，和"一战"后东方落后国家出现的一系列走向独立自主，摆脱列强控制和奴役的情况，突出地反映了一种新的历史趋向。它说明，战后帝国主义与殖民地半殖民地国家和民族的关系，正在发生某些重要的变化。不是列强各国政府不愿意继续保持对落后国家的控制和榨取，而是争夺和控制殖民地半殖民地的战争所带来的政治上和经济上的损害，越来越超出了它们所获得的利益。至少，只有少数殖民地的美国同殖民大国英、法在经济消长方面的巨大差异已表现出，殖民地多少并不能成为影响经济发展和利润的主要因素。相反，过多地占有殖民地反而会背上许多沉重的包袱。

事实上，资本主义对经济利益的追求固然会造成垄断的趋势，会促使资本主义国家去建立自己的殖民体系，但这毕竟只能是一个短时期的现象。当世界开始被瓜分之际，帝国主义国家之间的矛盾和竞争，就会产生抑制这种发展势头的种种机制。这是因为，资本主义经济毕竟是以自由竞争和等价交换为原则的，没有自由竞争，就没有资本主义；而没有等价交换，也就不存在自由竞争的可能。以政治强力来建立和维系的殖民体系，造成区域性的经济封锁和垄断，不仅破坏了世界性的市场开放和统一，而且使各国经济竞争的条件、环境严重地不平等，这自然违反了自由竞争和等价交换的原则，威胁到了资本主义体系生存发展的基础。

---

[1] 见《孙中山全集》，第8卷，第116页。

值得注意的是，当大多数帝国主义国家还热衷于建立自己的殖民体系之际，美国就率先提出了"门户开放"和"机会均等"的要求。尽管这一要求最初还仅适用于中国，但它已经鲜明地反映出，在帝国主义瓜分世界的过程中，始终存在着抑制其恶性膨胀的某些因素。而"门户开放"和"机会均等"的要求，恰恰是维护世界资本主义经济体系自由竞争和等价交换原则的一种需要。大战后半殖民地国家陆续出现获得独立自主者，一方面同这些国家中强大的民族主义运动有关，另一方面也正是列强各国被迫开始适应资本主义世界市场发展需要而改变策略的反映。它既不是某一落后国家民族力量同压迫它的一个或几个帝国主义国家的力量相比已占优势的结果，也不是帝国主义政府开始变得格外仁慈的表现，它纯粹是资本主义发展本身所造成的一种不依帝国主义者意志为转移的新的历史趋势。

孙中山全面效法俄共，欲造"党民"、"党军"和"党国"

在 20 世纪 20 年代，要清楚地看清这种趋势及其背景，还存在许多困难。但暹罗和土耳其等国的独立，毕竟向包括中国在内的东方各落后国家革命者发出了重要的讯号，使许多人确信，自己的国家也有摆脱帝国主义控制和压迫，真正走上独立自主的道路的机遇和可能。在这种情况下，苏联和共产国际对落后国家民族解放运动在政治上的推动，外交上的联合和物质上的援助，无疑是加速其壮大和发展的一种极为重要的外界动力。尽管它们对邻近国家的政治介入，注定会使这些国家的革命鼓动和革命运动或多或少地染上俄国的色彩。

1923 年 9 月底 10 月初，苏联政治顾问鲍罗廷一行到达广州，他们几乎是轻而易举地便使孙中山下决心要向俄国革命学习了。

鲍罗廷 10 月 6 日到达广州，三天后孙中山即公开承认国民党"缺乏组织"，精神涣散，无真正之党军，称"此后欲以党治国，应效法俄人"。再过五天，孙又一反其过去只注重军事和谋略的态度，开始强调"人心就是立国的大根本"，用主义感化人心比军事奋斗更加重要。随后，他任命鲍罗廷为"国民党组织训练员"，明确认为国民党"组织未备，训练未周",应"以苏俄为模范",请鲍罗廷亲任指导,帮助改组国民党。[1]

孙中山这时的"以苏俄为模范",当然与中国共产党人的理念不同。他相信:"自欧战而后,世界大势已为之一变","发生一种新世界势力也",亚洲民族已"感此世界潮流",抵抗欧洲强权。"今之突厥(即土耳其——引者注),其先导也;波斯(即伊朗——引者注)、柯富汗(即阿富汗——引者注),其继步也"。"强盛如英,加以战胜之余威,尚不得不退而许爱尔兰之自由,允埃及之独立,容印度之解放",此大势所趋也。一旦得"济弱扶倾、仗义执言"之强国帮助,亚洲各族及中国人民亦必可乘此潮流和时机而遂其所愿。正是基于这样一种形势判断,孙中山在与鲍罗廷多次长谈后认定,同样靠革命取得成功的苏联,不仅是"欧洲受屈人民之救主而强权者之大敌",并且是使亚洲伊朗、阿富汗获得独立之重要助力。因此,孙中山不仅愿借助苏援以成就事业,而且对苏之信任大增,颇愿借鉴其革命经验以步后尘。[2]

苏联的经验对于落后的东方国家革命者所具有的吸引力,远比对欧洲民主制度较发达的国家的革命者要强烈得多,这在很大程度上是经济发展程度及其相应的社会制度造成的。在军队日益与政治相分离,国家机关的社会管理职能渐渐突出,政治决策过程相对公开和人民自由化程度较高的西方国家,要运用俄国式的革命方法和统治方式,明显地要困难得多。但在东方,在各种专制制度之下,集中制的政党、秘密的群众工作、军事的或暴力的革命、军党合一、以党治国或专政,这些具有鲜明专制色彩的经验却如鱼得水,具有极大的市场。一向相信人分"先知先觉"、"后知后觉"与"不知不觉",主张知行不必统一,认为革命终为少数人之事,不必与民意求同[3]的孙中山,在了解到俄国革命的方式后,自然很快就对鲍罗廷传授的俄国经验产生了兴趣。

孙中山理解的俄国革命的经验,概括起来可以表述为六个字,即:党民、党军、党国。

所谓党民,照孙中山的说法,就是要改过去"以兵力战斗而成功"的办法,为"以党员奋斗而成功";改过去少数人革命的做法,为"以主义

---

[1] 见《孙中山全集》,第8卷,第267—268、283—284、390、429、501页。
[2] 同上,第8卷,第402—403页。
[3] 同上,第6卷,第203页;第8卷,第114页。

征服"。为此，应努力"使广东三千万同胞，以至于全中国四万万同胞，有过半数变成革命党"，如此即可像俄国革命，"拿主义来感化全国"，"没有打什么仗，便把政府根本改造"[1]。

所谓党军，照孙中山的说法，就是国民党要想革命成功，"首要任务是按照苏联式样建立一支军队"，使"军队全属党人"，且人人明白革命主义。他说，苏联士兵之所以"不徒打走沙皇，并且打败英国、美国、法国、日本诸联军"，全系于此。故他相信，"设无此庞大之党军，苏俄之势力必无今日之盛"；中国设无此党军，亦绝难革命成功。[2]

所谓党国，在孙中山看来，就是国民党自今日起即应像苏联一样，完全"以党建国"，"以党治国"，"用独裁政治，诸事均一切不顾，只求革命成功"，使政府为国民党政府，国家为国民党国家，因为苏联"其能成功，即因其将党放在国上"。中国革命要最后成功，也非照此办理不可。[3]

鲍罗廷所讲述的俄国革命的情况，对孙最有吸引力的大概就是党在各方面的作用了。尤其是它同民众、军队和国家的关系，更是给了孙中山以十分重要的启发，它正是孙中山求之不得的。因此，在鲍罗廷等来到广州后，孙中山对苏联的印象在日益亲近。他甚至经常不断地把俄国革命和中国革命相提并论，视苏联为中国革命的唯一支持者，甚至开始断言，苏联社会正是自己"要造成的新世界"[4]，公开宣称必须向苏联学习。然而，孙中山也并不因此而更加激进，以至变成了共产党。他只是为中国没有能早早运用俄国的方法而遗憾。在他看来，中国革命本早于俄国，只因方法不当、宣传不够，使俄国革命先行成功。实际上，两国革命理想主义并无差别，不同者只是方法而已。中国革命只要得其方法并有其援助，也必定可以成功。

鲍罗廷就近指导，国民党全盘俄化，三民主义转趋激进

国民党此时"注名党籍之党员，为数二十余万"，"然按之实际，则除

---

[1] 见《孙中山全集》，第8卷，第431—432、436、477页。
[2] 同上，第8卷，第268、477—478页，第9、182页。
[3] 同上，第9卷，第103—104页。
[4] 同上，第9卷，第506页。

在册籍上载有姓名外，实不知党员在于何所"[1]。且其有组织之部分，多为海外华侨，国内除广东、上海及四川有少数在上层活动的骨干外，几乎没有任何有形之组织。不仅如此，国民党从未开过代表会议，也从未形成过什么决议，就连党纲也不过就是简单几条。在这种情况下，不要说实现"党民"、"党军"、"党国"有多么困难，就是迅速扩大其组织，使其"有组织、有系统、有纪律"，也绝非易事。既然下决心以俄为师，孙中山不能不全权委托鲍罗廷，照猫画虎地搬来俄国党的组织方式和议事程序，并授权鲍罗廷为国民党重新起草宣言、党章等指导性文件。

不难想象在这种形势下，鲍罗廷将会发生怎样重要的作用。国民党的党章，除了总理一职保留了传统形式外，各方面规定都受到苏共党章的影响。从党员资格、各级党部之设置、上下级间金字塔式的组织形式、民主集中制的组织原则及纪律处分的方式、党团组织的规定，以及中央执行委员会、监察委员会等中央机构的设置和议事程序，统统是苏共党章的翻版。甚至为改组国民党而召开的全国代表大会，也几乎全面照搬了苏联的模式。[2] 国民党第一次开会设立了主席团，形成了各方面的工作报告和议案，选举了自己日常的执行及监察机构。[3]

对于苏联方面来说，帮助国民党进行组织建设，强化其实体，根本目的在于促进其革命化。因此，鲍罗廷从一开始就注意把工作的重点放在影响和左右孙中山国民党的政治倾向上。在这方面，根据1923年11月28日共产国际发出的《关于中国民族解放运动和国民党问题的决议》，鲍罗廷以及中共代表的重要使命，就是使国民党能够按照共产国际的方式重新解释孙中山的三民主义，以作为改组后的国民党的政治宗旨。显然，苏联驻华大使加拉罕对这一工作非常满意。他在给苏联外交人民委员契切林的信中不无得意地宣称：国民党一大的所有文件，从党的宣言、纲领到章程等，几乎都是按照我们的意见形成的。党的宣言是以共产国际的决议为依据的；党的章程是模仿我们的党章制定的；还没有其他任何国家的党会像

---

[1] 孙中山：《通告党员释本党改组容共意义书》，见《国父全集》第二册，（台北）近代中国出版社1989年版，第7页。

[2] 《中国国民党总章》，1924年1月28日，转见荣孟源主编：《中国国民党历次代表大会暨中央全会资料》（上），光明日报出版社1985年版，第154—167页。

[3] 参见《第一次全国代表大会议事简明表》，1924年1月，见《中国国民党历次代表大会暨中央全会资料》（上），第42—51页。

国民党这样,"如此驯服地接受我们的指导和共产国际的决议"[1]。

孙中山之民族主义,原仅限于推翻清朝满族贵族的封建统治和实现民族平等。至1923年初虽受世界风潮影响,增加民族自决和民族独立之意,但向无反帝倾向和内容。其民权主义,原仅限于反对阶级政治,谋求直接民权的实现形式,虽有军政、训政、宪政三步之说和按参加革命先后划分国民权利之议,但并无根据政治分野剥夺部分国民政治权利的主张。其民生主义,原仅限于通过定地价照价抽税来平均地权,和将交通、水利、矿山、森林等归国家所有,以防止大地主和大资本家垄断,虽渐有改善工农生活之议,但并无以工农为依靠,把外国企业和民族工业国有化,及消灭封建土地占有制度的计划。[2] 由鲍罗廷草拟,经国共相关人员讨论,并由孙中山最后审定的国民党一大宣言及政纲,对三民主义的解释明显与此不同了。它几乎全面套用了共产国际1923年11月28日决议的主要内容,因而在某些方面大大发挥了孙中山的思想。

宣言所谈之民族主义,中心内容变成了"反帝国主义",强调"民族主义对于任何阶级,其意义皆不外免除帝国主义之侵略";"民族解放之斗争,对于多数之民众,其目标皆不外于反帝国主义而已"。非反对帝国主义,不能推倒"依附帝国主义而生存之军阀及国内外之资本家"。

宣言所谈民权主义,虽重申了孙中山的直接民权说,但明确表示了否定"天赋人权"的人人平等自由说,强调"凡真正反对帝国主义之个人及团体,均得享有一切自由及权利;而凡卖国罔民以效忠于帝国主义及军阀者,无论其为团体及个人,皆不得享有此等自由及权利"。

宣言所谈民生主义,虽仍重申了平均地权的办法,但同时亦提出了将一切有独占性质或规模过大之中外企业收归国有,节制资本,为贫苦农民分配土地,制定劳工及劳工团体保护法,反抗帝国主义与军阀,反抗不利于农夫、工人之特殊阶级,以谋农夫、工人之解放等较为激进的主张。[3]

很难认为国民党主要领导人都能真正了解和接受这种来自苏联的对三民主义的新解释。在这里,旧的三民主义只保留了它的基本特征和某些具

---

[1]《加拉罕给契切林的信》,1924年2月9日,见《共产国际、联共(布)与中国革命档案资料丛书》(1),第410—414页。
[2] 分别见《孙中山全集》,第6卷,第185—196页;第7卷,第1—4,60—61页。
[3] 见《孙中山全集》,第9卷,第118—122页。

体形式，基本精神和中心内容已发生了很大改变。苏联人无疑正在把反帝、反军阀，乃至反对压迫工农之特殊阶级的激进革命思想，注入国民党的血液中。当然，鲍罗廷原本想要让国民党接受的比这些还要多。在鲍罗廷于国民党一大之后向苏共及共产国际提交的关于国民党一大宣言讨论情况的报告可以看出，鲍罗廷曾力图使国民党在反帝问题及依靠工农问题上更加激进。

比如，他主张国民党应当宣布它将废除一切不平等条约，收回一切租界，拒绝偿还北京政府之外债，同时将一切外国企业收归国有。

又比如，他提议国民党不仅应当宣布反对一切资本家，而且应当肯定工人和农民是革命的阶级，"他们应当在革命中起主导作用"，表示它将支持工人和农民的组织，并希望工人和农民组织支持国民党。

在宣言的"政纲"部分，国民党人确实写上了对维护民族权利将毫不妥协的字样；在宣言的"主义"部分，国民党也写上了将为工农而奋斗并将以工农为依靠的意思。但是，孙中山最终并没有同意写上以工农为革命主导的字样，甚至没有接受共产国际决议所要求的实行全面国有化和消灭封建地主土地所有制的内容。[1] 孙中山更不同意写上与苏联结成统一战线的字样，事实上几乎所有国民党领导人都反对作类似的表示。以至于当鲍罗廷颇费周折地说服了宣言审查委员会的委员们同意写上：国民党"认为必须同其他被压迫国家的国民革命运动，同那种与我们有共同目标、为解放殖民地和半殖民国家而斗争的世界革命运动，组成共同的阵线以反对帝国主义及其在中国的影响"的主张之后，也被孙中山毫不客气地取消了。鲍罗廷向莫斯科报告说："孙认为这一条是不能接受的，他说，在目前形势下提出这一条，等于直接向英国和法国宣战。""照他的意见，这一条的含义是：国民党应当帮助朝鲜、印度和安南等等。"而"英国，即使是英国的所谓真正的民主派，即工人阶级，任何时候也不会容忍国民党的行动纲领中有这种会直接打击印度的条文。法国，包括法国所有的激进分

---

[1] 据鲍罗廷说，孙中山在农民问题上，只答应推行二五减租和设立农会，不赞成没收地主土地。参见《鲍罗廷的札记和通报》，1924年，《共产国际、联共（布）与中国革命档案资料丛书》(1)，第450—453页。

子,也会因为这种针对安南的条文而起来反对国民党"[1]。

孙中山的担心并非没有道理。作为一个被压迫国家的革命者,孙已饱尝了列强政府的冷遇和歧视,更深悉外交之艰难,他一向不主张自己在自己谋求独立解放的道路上设置障碍。即使他明知他得不到列强的同情,但至少他还渴望通过外交的运用,使各国列强不把他看成是一个咄咄逼人的危险敌人。事实上,强烈主张孙中山进行反帝革命的俄国人,也并非总是表现出一副与帝国主义国家势不两立的姿态。1918年,布尔什维克为了自身政权的巩固,不仅以割让土地来寻求与德国的妥协和平,而且也曾不顾一切地寻求过美、英、法等列强的支援。[2]

孙中山欲扣"关余"解困不成,国民党得到苏援成功崛起

对于任何一个国家的革命来说,外交及适当的妥协,都是他们为谋取胜利必定会采用的手段。这毫不足怪。但是,接受了苏联的援助,并且相信了莫斯科反帝国主义宣传的孙中山,要在苏联顾问的监督下继续玩弄这种手腕,不那么容易了。他虽然仍旧坚持"革命主义为一事,革命进行方法又为一事",革命主义当"始终尽力以求贯彻",革命方法则当"因应环境以求适宜"[3],但客观上,他已经在自己的旗帜上写上了反对帝国主义的激烈口号;主观上,他也确实感受到帝国主义的压迫与排挤,再加上苏联顾问成群结队地出入于广州国民党的党部和机关,他想要否认自己与苏联结盟都不可能了。不论孙中山内心如何想,他注定了要成为某些帝国主义分子怀疑和仇视的对象。而这种情况,也注定了会把孙中山一步步推向更加反帝和亲苏的立场。

1923年孙中山第三次重建广东政权,财政极端困难。孙为解决财政危

---

[1] 参见亚·伊·切列潘诺夫著,中国社会科学院近代史研究所翻译室译:《中国国民革命军的北伐——一个驻华军事顾问的札记》,中国社会科学出版社1981年版,第62—64页。
[2] 苏俄政府在与德国签订的割让土地的《布列斯特和约》正式生效前,也曾试图取得美国等国的援助,与德对抗,但未成功。见 William S. Graves, *America's Siberian Adventure*, 1918—1920, New York: 1931, pp. 22—23。
[3] 见《孙中山全集》,第11卷,第35页。

机,不得不以"粤财粤用"的名义,打起了"关余"[1]的主意。由于海关关税收入及关税分配权实际上掌握在北京各国公使团手中,他不得不与之交涉截留关税余款问题。双方因此发生严重分歧,英、法、美、日等国竟多次联合出动军舰压境广州进行武力恫吓,孙中山为此极为愤慨。他首次公开发表了反帝宣言,号召国民"以剧烈态度""为中国正义而奋斗",制止帝国主义之武装挑衅。他因此甚至在紧接着召开的国民党第一次代表大会上宣布:"以后应当把妥协调和的手段一概打消。"[2]与列强政府撕破脸的结果,促使孙中山一改不愿公开承认与苏联联合的态度,明确宣告:"俄国与中国,今为对等之国家。彼对于不平等条约,(与我)有共同之目的,诚为中国之友邦,其援助中国也,乃当然之事。中国之与提携也,亦不能不谓当然。"[3]他并且指出:本党与苏俄精神合于一处,不只谋中国民族之独立,"乃在同为被压迫民族奋斗",联合各弱小民族,共同去打破帝国主义[4]。

孙中山在反帝及联苏问题上态度之转变,既有欧洲大国已陆续承认苏联的背景,更有其日益对帝国主义失去幻想的原因,但更重要的恐怕还是现实使然。1924年以后,广州政府联合苏联的事实已无可隐瞒,与其否认,不如拉大旗做虎皮,借以威吓列强为好。孙中山1924年2月与日本人的一段谈话,就反映了他的这种心态。他声称:"俄国以赤化英国为目的,其计划在先对于印度及其殖民地为赤化运动。其援助广东也,在强行赤化运动于广东之敌之香港,然后再赤化印度及缅甸方面也。"故"以广东为根据地之俄国赤化运动,非以中国国内为目的,系以香港及印度为目标。我辈之不阻止俄国之赤化运动者,在已知此种实情故也"。当然,孙中山并没有忘记说明,中国与俄国国情不同,不仅将来政治制度不会相同,而且其三民主义也非"列宁之糟粕",中国人也不是"俄国的走狗",中国将不会有被赤化的可能。[5]

一方面宣称苏联援助国民党,目的在赤化英国及其殖民地,一方面

---

[1] "关余",指全国海关税税收余款。海关税收这时由任海关总税务司的英国人安格联负责掌管,每年主要收入用于支付外债本息及庚子赔款,剩余的款项则拨付中国政府使用。
[2] 见《孙中山全集》,第9卷,第23、126、502页。
[3] 同上,第531页。
[4] 同上,第23、126、502页。
[5] 同上,第531页。

却又劝告外人相信中国并无被赤化之可能，孙中山力图转移矛盾的复杂心态可见一斑。但是，采用这样一种解释方法，丝毫不能缓和他和帝国主义之间的矛盾。事情非常清楚，即使苏联的矛头针对英国，它也只能通过援助国民党来实现这种目的。或者它援助国民党取得中国革命的胜利，然后借以向外扩展影响和势力，或者它和国民党什么也干不成，二者必居其一。事实上，1924年之后，国民党开始每月从苏联得到相当数额的经费援助[1]，苏联军事顾问亦大批抵达广州，黄埔陆军军官学校在苏联方面提供的270万元的资助下创办起来，国民党甚至得到苏联提供的1000万元的准备金借款创建了自己的中央银行。[2] 特别是由海参崴至广州的海上定期运输线由苏联建立起来之后，不仅运来了飞机、大炮、机枪、步枪及各种弹药和石油等大批军事装备与物资，帮助国民党建立起强有力的军事力量，而且由于苏联轮船公开在广州大批进出口各种货物，广州日益摆脱了对香港的依赖，使港英方面每天几乎损失25万英镑的收入，其进出口贸易亦减少了约60%。[3] 加上孙中山和广东政府对英国及其他帝国主义国家采取了强硬态度，双方的矛盾自然迅速加剧起来。

1924年7月，因法国安南总督在广州沙面租界里被炸，以英国为首的

---

[1] 关于苏联1924年援助国民党经费的具体数目，目前未见精确统计。据目前所见1923年3月8日和1924年3月24日联共（布）中央政治局会议记录，这两次会议先后决定提供给孙中山200万墨西哥元（接近3万中国元）和50万卢布（与墨西哥元基本相等），另加1万支步枪和一定数量的火炮。又据冯自由1924年8月8日答《顺天时报》记者问，称苏联月助国民党二万五千，军官学校二万五千，已交二十五万云云。又据赫鲁尼琪所著《鲍罗廷与中国革命，1923—1925》一书介绍，鲍罗廷这时每月津贴国民党中央党部为3万墨西哥银元，黄埔军校为10万粤币。另据中共1924年有关报告，国民党地方党部月费各数千元，包括设在广州、上海及香港的国民党报纸杂志和上海大学等，鲍罗廷每月亦分别要提供数百元至数千元不等。故据陈独秀在一次会议上说，仅1924年苏联即向国民党提供了200万元的经费援助。另外，广州政府中央财政计划、国民运动预算，特别是设立中央银行的准备金，都得到了苏联的大力支持，甚至连国民党中央各部职员的工资，亦是由鲍罗廷支付的。参见《共产国际、联共（布）与中国革命档案资料丛书》（1），第226、488页。
[2] 参见 C. Martin Wilbur, Sun Yat-sen: *Frustated Patriot*, New York: Columbia University Press, 1976, pp.148—209；《孙中山全集》，第10卷，第539页，等。
[3] 维什尼亚科娃·阿吉莫娃著，王福曾译：《中国大革命的见闻（1925—1927）》，中国社会科学出版社1985年版，第168—169页。

沙面租界工部局决定颁布新警律,严格在沙面生活和工作的华人的出入手续。[1] 由于制造爆炸案的本为安南革命者,而新警律又只对华人而定,致使在沙面工作的中国人深感受到歧视,遂于7月15日宣告罢工。此一罢工得到了孙中山和国民党的支持。当英国驻广州领事请其出面劝说停止罢工之际,孙中山则明确表示:"贵领此次毅然颁布此苛律,其中侮辱国体、人民之处实多。沙面为中国领土之一,外人以居留资格,实无取缔华人权。"故除非英国觉悟,而罢工决不能取消。[2] 由于政府和各界的支持,800余名在沙面工作的中国人坚持罢工几近一月,终于获得成功,迫使工部局取消了歧视华人的有关条文。[3] 这一事件显然使港英当局及在广州的英国殖民主义者深感愤懑。

紧接着发生的商团事件,使港英当局找到了一个借机报复的机会。

广州商团私购枪支入境,孙中山先软后硬,武力粉碎商人反抗

广州商团是广州和佛山地区商人借口保护商界利益和安全,而组成的一个武装团体,成员约一千余人,其总头子是英国香港汇丰银行广州分行的买办陈廉伯,背后有港英当局和陈炯明等部分地方军阀撑腰。自广东革命政府成立以来,因维持政府及各种军费开支,特别是孙中山为北伐筹集军费,被迫向商界大量摊派各类捐税,极大地加重了商界的负担,引起了商人的不满。加上广东政府与港英当局矛盾日深,对工人运动比较宽容,商人们恰恰与香港英人有着密切的贸易联系,对工人运动颇为反感,以致在一些英国殖民主义者和陈廉伯等人的调唆下,渐生武力反抗的企图。陈廉伯遂以集资扩充商团武力为由,筹措了大批款项,从丹麦偷运出境枪支将近万杆。因事泄被路透社披露,引起国民党警惕。陈廉伯亦被迫向政府补办申请,要求批准购枪入境,但同时声称将在三个月左右启运。实际上,广东政府原有规定,凡购枪入境者均须事先报明购用理由,批准后方

---

[1] 1924年6月,越南青年爱国组织心心社成员范鸿泰在黄埔军校一期生武鸿英等人的帮助下,去沙面刺杀法国驻印度支那(即安南)法国总督麦尔林,未能成功,范为此牺牲。由于心心社的活动基地设在广州,成员多以华人身份活动,范即以华人身份潜入沙面,故沙面工部局颁布了此一针对华人之警律。
[2] 见《孙中山全集》,第10卷,第423页。
[3] 见(广州)《民国日报》,1924年7月16日—8月15日。

能订购，输运到口又须申请护照，陈显已违反规定。故军政部虽于8月4日核发护照，四天后运送枪支的丹麦货船即秘密抵港，沙面亲广东政府之内线密告后，孙中山当即下令扣留。由此引发了所谓商团事件。[1]

商团一千余人，购枪近万，而商团公所自购者仅五千，不仅其余四千余支枪可能为军阀所用，而且在反直系各派相互联络呼应，孙中山已决心北伐，军队开始向韶关集中的情况下，对政府不满的商团一下子扩充为数千人的武装团体，同样对广州政府的安全构成了严重威胁，并极大地妨碍了北伐计划。故当商团为要挟发还枪支而宣布罢市之后，孙中山遂强硬表示：若经再三劝告仍不复业，必派军队拆毁其西关老巢；若有抵抗则不惜炮轰西关，使之变为粉末。[2] 不料，商人此举因有港英当局为之撑腰，竟对孙中山的警告置之不理。不仅如此，就在孙发出警告的第三天，英国领事还向广州政府送来紧急公文，"抗议对一个无防御城市开火的野蛮行动"，并威胁说：香港海军司令已下令，如果中国当局向城内开火，则所有可动用的英国海军部队将立即采取行动来对付他们。

英国人的干涉和威胁使孙中山大为恼火，其态度愈加坚决。他甚至开始表示说："帝国主义不仅是中国达到民族独立的主要障碍，同时又是反革命势力最强大的部分。"[3] 而"现在已经是在中国与世界帝国主义公开斗争的时候了"[4]。

这时，陈炯明的军队仍旧威胁着广州，广州商人又结伙反抗。广州政府虽辖有桂、湘、滇、粤、豫多支地方系部队和少量警察武装，却各打各的算盘。身为广东省省长的廖仲恺8月20日刚刚下令以"私运军械"、"煽动罢市"、"图谋内乱"之名通缉陈廉伯等，滇军军长范石生等就公开出面调停，帮着商团索还被扣枪支。在这种情况下，要想不顾一切与英国炮舰相抗衡，无疑是凶多吉少。对此，孙中山十分清楚，故其态度强硬归强硬，随后还是不得不迁就了滇军将领的要求，同意在商团保证枪支仅用于自卫和为北伐筹款一定数额的条件下，可以归还大部分枪械。他并且为尽可能消除商人对市政及苛捐杂税的严重不满，公开发表宣言，同意改组

---

[1] 见（广州）《民国日报》，1924年8月15日，等。
[2] 见《孙中山全集》，第11卷，第578页。
[3] 同上，第1—3、40、46页。
[4] 同上，第1—3、40、46页。

市政厅，称拟"以广东付之广东人民，实行自治"，"市长付之民选，以为全省自治之先导"；决定"现在一切苛杂捐税悉数蠲除，由民选官吏另订税则"，以期广东人能"热诚扶助革命政府"，便利北伐计划迅速实行。[1]

9月18日，国民党正式发出北伐宣言，孙中山亦离开广州北上韶关。留在广州代理大元帅职务的胡汉民与商团达成一项解决办法：发还枪支四千，各商店立即开设并缴足20万元和捐出一个月房租给政府做北伐之军费。然而，商团方面迟迟没有全面实现承诺，而且有消息称，商人还秘密赞助陈炯明150万元，"约定罢市、反攻同时并举"[2]。

鲍罗廷早就警告过孙中山，一旦反动商团得到这批武器，广州就将陷入反革命的恐怖之中。孙中山原本也只是想以妥协为权宜之计，以求得多年计划的北伐之实现，摆脱广州乱局。如此一来，孙中山终于被逼上梁山，破釜沉舟，横下一条心要将商团武装完全取缔。即使港英当局联合陈炯明部进行干涉，导致多年营造的革命基地广州易手，亦在所不惜。[3]

1924年10月9日，即在双方商定政府发还部分枪支的头一天，广州商团因估计政府不会轻易屈服，故再度发出威胁，声称若次日不能索还枪械，将再行罢市。眼见双方均难妥协，形势紧张，在鲍罗廷的鼓动下，孙中山下令成立了"革命委员会"，自任会长，任鲍罗廷为顾问，汪精卫负责政治部，以谭平山为助手；蒋介石负责军事部，由廖仲恺协助。委员会决定"用种种方法打消商团罢市，并立即设法收回关余"[4]。结果，10月10日，商团果然与庆祝"双十节"的民众发生了冲突，新成立的革命委员会与广州商团之间的对抗顿时达到了不可调和的程度。依附于广州政府的各地方派系将领在陈炯明可能重返广州再掌政权的利害权衡下，也很快转而支持革命委员会的强硬态度。

10月14日，蒋介石成功地率领着黄埔军校学员、云南讲武堂学员、广州政府军校学员近2000人，和装甲车队、工兵及其他在广州市内的军队近7000人，于次日凌晨起对商团集结的西关地区发动了进攻，仅半天

---

[1] 见《孙中山全集》，第11卷，第36、169页。
[2] 同上，第36、169页。
[3] 同上，第32、56—57页。
[4] 同上，第172页。

时间就捣毁了商团的所有据点。[1] 整个行动过程中和结束后，英国炮舰并没有像它所扬言的那样进行武装干涉，国民党方面自然也没有采取夺取"关余"的行动。

孙中山表示，取消不平等条约，还只是动员的口号

就在广州国民党成功平息商团事变，孙中山重新开始推动北伐之际，冯玉祥等于10月23日，乘直奉大战之机，在北京发动政变，一举推翻了直系政权。至此，孙中山联合张作霖、段祺瑞、冯玉祥、卢永祥各派，倒直计划大获成功。鉴于冯随即电邀孙中山北上共商国是，孙立即暂停北伐，决定北上响应。

必须指出，孙中山并非相信这种政变可使其革命主张得以实现，他深知北京政权"还是在一般官僚军人之手"，革命必不可"以时变而稍缓进行"，革命之胜利终"须靠兵力而定"[2]。但是，基于对俄国革命经验的理解，特别是镇压商团叛乱的实践，孙中山深感"努力宣传，扩张党势"，以补国民党力量不足之必要。而所谓宣传，很大程度上就是要以反帝的民族主义来壮大国民党的力量。

孙中山这时非常重视国人民族主义的情绪，他开始像共产国际和中国共产党人一样，把中国的落后、黑暗和反革命势力猖獗等种种罪恶，统统归因于帝国主义。他断言：中国"反革命之恶势所以存在，实由帝国主义卵翼之使然"；"由来中国迭起纷乱，统一不能实现之根本原因不在内政问题，而在外交问题"，说中国要想推倒军阀，实现统一与独立，必须推倒军阀所赖以生存之帝国主义。[3] 为此，他高度重视反帝宣传，说要"直到农村最后一个农民和最后一名人力车工人都能懂得：洋人是敌人，我们应当摆脱他们"。以此来"把我们的力量联合起来，结成统一战线"，"把所有帝国主义者从我国赶出去"，废除帝国主义加诸中国人头上的种种不

---

[1] 据谭平山在1924年12月中共中央联席会议上报告称，当天政府方面死伤约200人，因抢劫而被惩处（含枪决）者200人，商团方面被打死100余人，逃散1000余人。另有2000多家店铺被捣毁，700多家被焚烧。
[2] 见《孙中山全集》，第11卷，第263、265页。
[3] 同上，第76、321、361页。

平等条约。[1] 他甚至扬言，对帝国主义，"只用仁义去感化他们"，"那就像与虎谋皮，一定是做不到的。我们要完全收回我们的权利，便要诉诸武力"。如果亚洲各国，特别是日本和中国能够联合起来，用武力"去和欧洲人讲武——一定有胜无败的"！[2]

自商团事件以来，孙中山开始到处宣传反帝。从广州到上海，到日本，到天津，他在北上的过程中，几乎一路把号召人民反帝和废除不平等条约作为自己对外宣传的唯一话题。毫无疑问，激烈反帝的孙中山注定会更加坚定以俄国革命为榜样的态度。他这时就明确表示说："我党今后之革命，非以俄为师，断无成就。"[3] 但是，孙中山是不是真的变成了一个鲍罗廷他们所期望的反帝革命的斗士了呢？未必。一方面，他深知："欲排除外力，仅中国一国国民之力现尚有所不能。"[4] 因而，他依旧相信必须联合亚洲各国，特别是日本，共同努力。这种心情在他在日本的讲演中表现得非常明显。他基于"大亚细亚主义"的信念，再三强调只要日本站到深受帝国主义之害的中国一边，做"东方王道的干城"，这场斗争就一定能够胜利。另一方面，作为政治家，孙中山其实很清楚反帝宣传和现实外交之间的区别所在。因此，他在私下里明确告诉他的日本友人说：取消租界和不平等条约主要还只是一种宣传口号，不如此就不能把国民党有效地联合起来。但他还没有准备把这种宣传变成行动，他知道那样做还不现实。[5]

无论孙中山激进的反帝表现具有怎样的复杂的背景，可以肯定的一点是，国民党绝大多数领导人既不会那样仇恨帝国主义，也不相信必须要把反帝工作放到国民党的头等工作上来。孙中山说的是一回事，国民党多数领导人内心想的是另一回事。即使是对孙中山这时所主张的"以俄为师"，孙中山向所倚重的胡汉民、汪精卫等人，就与孙貌合神离。孙甚至说：

---

[1] 见《孙逸仙致荷属东印度、菲律宾和太平洋地区的国民党党部信》，1924年，见《孙中山全集》，第11卷，第76、321、361页。

[2] 见《孙中山全集》，第11卷，第337、361、408页。

[3] 同上，第337、361、408页。

[4] 同上，第76、321、361页。

[5] R. Macleay to Austen Chamberlain, December 29, 1924, the British Foreign Office Confidential (BFOC), no. 12881, 1925, pp. 73—75, F. 592/194/10.

"汉民已失此信仰","精卫本亦非俄派之革命"[1],对二人一度颇有成见。身为黄埔军校校长的蒋介石这时虽对孙中山的这一主张表面赞同,与苏联顾问也走得最近,内心却也不无疑惧。他在1924年3月24日给廖仲恺的信中就曾讲过这样的话,即:对联俄问题,"应有事实与主义之别,吾人不能因其主义之可信,而乃置事实于不顾。以弟观察,俄党殊无诚意可言"。"俄党对中国之唯一方针,乃在造成中国共产党为其正统,决不信吾党可与之始终合作,以互策成功者也。至其对中国之政策,在满蒙回藏诸部皆为其苏维埃之一,而对中国本部未始无染指之意。""彼之所谓国际主义与世界革命者,皆不外凯撒之帝国主义,不过改易名称,使人迷惑于其间而已。所谓俄与英法美日者,以弟视之,其利于本国而损害他国之心,则五十步与百步之分耳。"可惜"国人程度卑贱,自居如此,而欲他人替天行道,奉如神明,天下宁有是理?"[2]

不难看出,相当一部分国民党领导人在联俄反帝问题上,已日渐与孙中山产生隔膜。他们多半并非缺少民族自尊感,但他们或者出于策略考虑反对过多地与列强为敌,或者对目前这种依靠外力排除外力的做法感到怀疑。蒋介石的情绪尤其能反映出国民党内存在着一种对苏联影响渗透国民党机体的强烈反感,以及对苏联政治意图的深刻怀疑。对于众多长期受到英、美或日本影响的国民党精英来说,他们对俄国人的不信任可以说根深蒂固。在这方面,不仅政治的,而且各种社会的、历史的因素都在潜移默化地发生着作用。就这一点而言,苏联人从一开始就注定会成为失败者。对于这个在意识形态上与西方资本主义的联系远较与东方苏联社会主义的联系多得多的国民党来说,苏联人的作用终究是有限的。这不仅在于,国民党并不就是孙中山;而且在于,受外力影响的孙中山乃至国民党在某一方面的暂时激进,也并不足以根本改变国民党自身的性质。相反,苏联渗透和推动的力量越大,国民党内的反作用力及其抗体就会越强,其结果当可想而知。

---

[1] 见《孙中山全集》,第11卷,第145页。
[2] 见《革命文献》第九辑,第1276—1277页。

二、谁主沉浮？

孙中山自信方向不错：不能因疑陈独秀，而连及俄国

推动中国走上反帝革命的道路，这既符合共产国际世界革命的宗旨和对落后国家的策略，也符合苏联自身的外交利益。但是，要真正促使中国走上这条道路，并坚持下去，仅仅靠影响国民党和孙中山是不行的。为此，共产国际和苏联领导人从一开始就希望中共能够在这方面发挥作用。特别是在国民党上层几乎只有孙中山等极少数人能够接受反帝革命影响的情况下，让共产党人成为国民党内孙中山等人的支持者，尤其具有特别重要的意义。中共在这方面也确实不负厚望。

共产党人首先成功地成为国民党内一支重要的组织力量，并进入到其领导机关的最高层。国民党一大时，中共党员及共青团员的人数虽仅占国民党在册党员人数的大约3%，出席一大的人数却已占到大会代表总人数的10%左右了。在大会产生的中央执行委员会委员中，中共党员所占人数达到了全体委员的大约25%，即将近1/4。而在大会后产生的国民党权力机关中央党部的7个部中，中共党员又占据了2个部长和3个秘书（相当于副部长）的席位，并且在中央执委会常委中占据了1/3的发言权。加上鲍罗廷的顾问身份，共产党方面在国民党决策层中，自然就成为举足轻重的力量。

特别重要的是，由于共产党人控制了国民党中央组织部，全国许多重要地区国民党地方党部的组建工作先后落入共产党人手中，从而使直隶、湖南、湖北、浙江、江西、山西等地的地方党部，均为共产党人或亲共左翼人士所掌握。[1] 就连北京、广州、上海等地，亦有部分国民党支部为

---

[1] 根据1924年3月6日国民党中执委第三次会议通过的组织部所提各省临时委员会筹备员名单可知，中共负责并控制着的有直隶、山西、热河、湖北、湖南、江苏、浙江、福建、江西等地。

第二章 向左还是向右

共产党人所左右。

如何利用国民党内的共产党势力对国民党上层决策发生作用，这是一个极为复杂的问题。可以肯定，共产国际领导人对此是寄予了厚望的。他们甚至"相信"，就连国民党也会"为了加强全国的解放运动，将放手发动工人阶级的力量，全力支持它的经济组织及其阶级的政治组织——中国共产党"[1]。似乎孙中山国民党也会理解，中国革命的胜利最终还是要靠共产党。

共产国际对国民党的这种认识，很大程度是建立在它对国民党社会成分的机械的阶级分析之上的。由于相信国民党包容了资产阶级、小资产阶级、工人、士兵、学生等各个阶级和阶层，共产国际显然不相信它会是一个完整意义上的阶级政党。共产国际更多的只是把国民党看成是一个带有某种阶级倾向性的松散的政治联盟，相信它并不具有高度集中的和排他的特性，因而认为这也正好便于弱小的共产党在其内部发挥作用。共产国际的这种认识，显然也影响了这时的中共中央。在中共中央这时通过的决议案中，这种表面化的看法也成为他们认识两党关系的依据。他们确信："国民党依他的社会成分（阶级分子）及历史上的关系看来，客观上不能有严格的集中主义及明显的组织形式。"[2] 因此，他们明确提出：我们应在国民党内组成中共党团，以便"努力站在国民党中心地位"，即"尽力争取国民党内的领导权"[3]。

说国民党没有"严格的集中主义及明显的组织形式"，如同说国民党没有鲜明的政治倾向一样，是一种不那么确切的说法。从表面上看，国民党的确十分松散，缺乏严密的组织和严格的纪律。但并不是所有政党都必须像共产党那样高度集中和组织严密才算政党，世界上许多政党只是一种政治信仰甚或政治倾向的结合体，它们并不刻意要求所有党员都遵守同一戒律并保持同样的献身精神。对大多数政党来说，有一个具有高度政治能力和献身精神的组织中心，就足够了。国民党在很大程度上正是这样的政党。它的组织和行动中心，是由孙中山和一批效忠于孙中山的追随者组成的，党的一切重要主张和决策，几乎全都是由孙中山一个人说了算。但

---

[1] 见《共产国际有关中国革命的文献资料》（1），第83、80页。
[2] 见《中共中央文件选集》，第1卷，第187、147页。
[3] 同上。

是，如果以为孙中山个人因此可以随意改变党的政治方向，也是不正确的。同其他许多政党一样，党的组织核心的基本倾向构成了这个党的政治倾向，它既不受基本群众的复杂成分所左右，甚至也不受领袖个人一时的激进态度所摆布。人们拥护和追随孙中山，仅仅是因为他们相信，只有孙中山才能正确地反映和实现他们的愿望。毫无疑问，要在这样一个政党中形成新的中心和争取领导权，是一件极其困难的事情。在这方面，中国共产党人看来比共产国际领导人有更多的思想准备。这是因为，要把国民党拉到共产国际所指定的轨道上来，共产党人还深感自己缺乏足够的力量。为此，他们不能不极其小心谨慎地行事，一方面主张争取领导权，一方面又告诫党员"做法要自然，不要暴露自己的用意"，"事实上不可能时，断不宜强行之"[1]；一方面主张在国民党内组织中共党团，统一行动，一方面又担心中共代表集中活动，容易"引人注目"，"可能产生消极的后果"，故不得不秘密集会。然而，这丝毫无助于解决问题。况且，在当时共产党内部尚有意见分歧并鱼龙混杂的情况下，秘密也是保守不住的。

1923年底，国民党改组事宜刚刚开始进行，共产党内即有人将鲍罗廷等秘密与广州共产党人讨论议定国民党党章政纲的情况透露给了国民党人，顿时激起国民党内一些人的强烈不满。直接受命参与负责改组事宜的国民党临时中央委员、大本营参议邓文仪等11人，闻讯后立即上书孙中山。并称：共产党陈独秀等不仅"欲借国民党之躯壳，注入共产党之灵魂"，而且借鲍罗廷"替我党立言"，大唱"打倒帝国主义"、"打倒军阀"的高调，企图"使中实力派因此而与我党决裂"，置我党"于孤立无援之地"，并"永无获得国际上同情之一日"[2]。此举仅因孙中山不愿"因疑陈独秀而连及俄国"[3]，使国民党联俄和改组计划受到影响，才未能发生作用。

自1924年初起，至同年8月孙中山不得不同意召开中央全会专门讨论与共产党关系为止，国民党一大正式开始实行容共政策之后不过半年左右时间，国民党内发生的指控共产党人的案件就有20件之多，连署党员

---

[1] 见《中共中央文件选集》，第1卷，第147页。
[2] 邓泽如：《中国国民党二十年史迹》，上海正中书局1948年版，第301页。
[3] 见《孙中山全集》，第8卷，第458—459页。

几达2000人之众。[1] 其中不仅有大批国民党老党员,而且也有许多国民党一般党员;不仅有各地干部,而且有包括孙中山之子孙科及中央监察委员会的主要成员在内的国民党众多要员。在孙中山的作用下,所有这些案件几乎都不了了之。

孙中山不重视国民党各地以及各级党员对共产党的检举和指控,一方面是这些指控大都缺少足够根据,另一方面则在于,孙中山认为,国民党大多数党员已丧失斗志,难以指望。他曾愤然痛斥一批告共产党状的国民党员,说:"十三年来,民国绝无起色,党务并不进步,皆由尔等不肯奋斗之过。彼共产党成立未久,已有青年同志二百万人,可见彼等奋斗之成绩。尔等自不奋斗而妒他人之奋斗,殊属可耻。"[2] 不难看出,孙中山看重共产党人,并把组织发展等重任交诸共产党人,本身就是试图利用共产党人的奋斗精神,来推动国民党的组织发展。

孙中山显然意识到,在共产党难以公开活动的情况下,容纳共产党于国民党有诸多好处。首先,容共可以促使苏联更加重视并全力援助国民党。孙中山告诫那些反对容共政策的国民党人,说:共产党人"初欲包揽俄国交际,并欲阻止俄国不与吾党往来,而彼得以独得俄助,而自树一帜,与吾党争衡也"。由于"资本国家断无表同情于吾党。所望为同情者,只有俄国",故必须与之联合。实际上,"俄国欲与中国合作者,只有与吾党合作,何有于陈独秀?"但"若我因疑陈独秀,而连及俄国",岂不"正中陈独秀之计,而助之得助矣"[3]。可见,把共产党容纳在国民党之中,在孙中山看来,正可避免共产党包揽与苏联的关系,并促使苏联对国民党愈加重视。

其次,容共可以促使共产党人大量为国民党工作,利用其宣传和组织的特长。孙中山曾答复那些担心共产党打着国民党牌子"招摇撞骗"的国民党人说:"某党不敢公然独行乃假冒本党之名者,足见本党牌子之老而能受人信仰","我意惟恐其不假冒,君不见今日市上老牌子之巨肆乎?假冒愈多,则彼牌子愈响,如此不花钱之宣传,吾等又何乐而不为哉!"[4]

---

[1] 谢信尧:《国父联俄容共政策研究》,(台北)帕米尔书店1981年版,第306—311页。
[2] 见《孙中山全集》,第11卷,第357页。
[3] 同上,第8卷,第458—459页。
[4] 同上,第11卷,第350页。

在孙中山看来,容共政策恰可迫使共产党借国民党名义活动,为国民党宣传,助国民党发展,而避免其独树一帜或另谋他门。

再次,容共可以促进国民党人的奋斗精神。鲍罗廷曾公开宣称:"国民党已死,国民党已不成党","加入新分子,如共产党者,组织党团,可引起旧党员之竞争心,则党可复活。"[1]鲍罗廷的这种说法,在某种程度上亦可看成是孙中山的认识。对于一个已缺少生气的党,加入一些急进分子未必是一件坏事。孙中山曾公开承认:"国民党内分急进派与稳健派,亦不得已之举。""时虽有意见之冲突、反目、抗争之状态",只要有"我及汪精卫、胡汉民等可称为综合派"者居中调和掌握,"定可支配大局无疑矣"[2]。显然,容共政策对于国民党来说,不失为一种输血政策。

凡此种种,在孙中山看来,恰如鲍罗廷所说:"今日两者本互相利用","惟两相利用之结果,国民党更多得利益。"[3]

可是,作为久经沧桑的一位大政治家,孙中山无疑有着兼容和排他的两面性。孙中山希望用其三民主义来包容共产主义,渐次使中国的"共产派"统统化为三民主义者;同时,他亦绝不允许任何人试图毁坏其为实现三民主义而创立的国民党。为此,他一方面提议相当一批共产党人担任国民党中央执行委员,另一方面却安排相当一批对共产党人持疑惧甚至反对态度的国民党人担任中央监察委员;一方面批评公开反对容共政策的国民党人,另一方面又责难共产党人试图吸引国民党人加入共产党,并且破坏国民党在共产国际面前的威信。因此,在这种情况下,不仅国民党内不满共产党的情绪难以平息,愈演愈烈,甚至在国民党内已有相当势力和地位的共产党人,也颇多怨言,并苦恼万分。

共产党因其组织和人数有限,加入国民党以后首先遇到的问题就是共产党自身的组织发展受到严重影响。由于共产党一开始即按鲍罗廷所要求,把"扩大国民党之组织","将所有的人送进国民党"视为其"首要任务"[4],因此,它的主要成员很快就陷入到国民党的大量事务工作之中,

---

[1] 见中国社会科学院近代史研究所现代史研究室编:《鲍罗廷在中国的有关资料》,中国社会科学出版社1983年版,第12页。
[2] 见《孙中山全集》,第9卷,第536页。
[3] 见《鲍罗廷在中国的有关资料》,第12—13页。
[4] 参见《中共中央文件选集》,第1卷,第146页。

难以自顾了。仅以广州为例，1923年底，全广州共有国民党区委9个，支部64个，党员7780人，共产党的干部党员仅30余人，却全力主持着其9个区委中的5个和64个支部中的13个，完全没有时间和精力再去从事工人群众的宣传组织工作和共产党的自身发展。至于其他尚未建立和正在筹建国民党组织的地方，一方面共产党人数量亦少，另一方面工作任务更为庞杂，其影响所及自然不能不使共产党逐渐"失去同工人群众的某种直接联系"，而变得近乎纯为国民党的发展服务了。

不仅如此，从共产党员加入国民党开始，共产党就立即陷入到一系列严重的矛盾冲突之中。

其一，国民党内大批党员及至领导人，都极端怀疑共产党人加入国民党的真正用意，许多人甚至从一开始就接连不断地向共产党人发难，必欲把共产党人赶出去。而共产党人为求此种合作形式之保持，却不得不尽力隐蔽党团活动，甚至放弃为取得核心地位和领导权而进行的斗争，公开表示愿意遵守国民党的章程及纪律。[1]

其二，国民党与共产党在许多问题上存在重要意见分歧，根据共产国际的要求，共产党有责任且必须以矫正国民党的政治观念，推进其革命化为己任。但根据国民党章程和一大《纪律决议案》所规定的"民主集权制度之组织及纪律"[2]，作为国民党员的共产党人却不得批评国民党中央的任何决定。由于共产党人难以放弃其批评的权利，因此它不能不经常违反国民党的章程和纪律，造成国民党人不满和指控的种种口实。

其三，作为国民党人，共产党各地组织及人员必须极力扩大国民党，但作为共产党人，他们首先应该合力使共产党成为群众性的政党；按照国民党的愿望，国民党应该包容一切阶级、阶层和群众，吸收所有的人，但按照共产党的愿望，国民党只应当吸收社会上革命的分子和民众，把右翼分子排除出去，并把工人运动和工人群众交给共产党。事实上，共产党左右为难，动辄得咎。按照自己的意愿行事，国民党必然反感；遵守国民党的规定，则共产党势必要放弃列宁所强调的独立性。

---

[1]《北京代表李大钊意见书》，1924年1月，见《李大钊文集》下卷，第706页。
[2] 见《中国国民党历次代表大会暨中央全会资料》（上），第31—32、38页。

共产党力求独立自主,国共摩擦加剧,孙中山左右为难

对于国共党内合作形式所产生的种种矛盾,共产党人在国民党改组之前就已经觉察到了。几乎很少有人把共产国际有关指示和中共中央决议中关于争取领导权以及变共产党为群众性政党的要求,看成是必须立即实行的任务,但人们也决不愿意把自己变成一个名副其实的国民党员。然而,苏联和共产国际的部分领导人不是这样认识问题。他们确信:一切必须服从于反帝斗争的需要[1],因此首先必须改造和发展国民党,只有如此才能巩固和扩大共产党。鲍罗廷甚至宣布说:他在报纸上谈国民党,归根结底就是"扩大共产党的影响力"和"巩固共产党"[2]。因此,他们极力强调严守纪律,不使用任何左的共产主义言辞的重要意义,明确主张共产党人应约束自己,不要"引起麻烦"[3]。这不可避免地导致中共中央在国民党一大后立即通过了一个妥协和调和的决定,劝告党员不要引起国民党人的任何反感,不要"徒然使革命势力内部发生不必要的分歧",包括国民党内"左右之分歧",而且应当使一切工作都"用国民党名义,归为国民党的工作",只有"国民党不愿用其名义活动的,仍作为本党独立的活动"。甚至发展组织,亦应"十分慎重",以免"国民党误会我们有意去拉他们的党员"[4]。为此,谭平山、林伯渠等甚至辞去了中执委常委和农民部部长等职,让与国民党人,以示诚意。但是,用这种态度来处理国共关系,很快就证明是行不通的。

两个月之后,中共中央在共产国际代表维经斯基的指导下,召开了中央执委会第一次扩大会议。这次会议对中共过于服从国民党的需要,卷起自己的旗帜进行了批评,维经斯基明显不赞同在国共合作中牺牲中共自身的利益与发展。因此,会议作出了与前不同的决定,明确肯定:

---

[1] 索伯列夫等著,吴道弘等译:《共产国际史纲》,人民出版社1985年版,第192页。
[2] 见京师警察厅编译会编:《苏联阴谋文证汇编》(二),1928年版。
[3] 《加拉罕给契切林的信》,1924年2月9日,见《共产国际、联共(布)与中国革命档案文献资料丛书》(1),第412页。
[4] 见《中共中央文件选集》,第1卷,第182—184页。

第二章　向左还是向右

1. 国民党就其性质而言，是资产阶级或小资产阶级的政党[1]，其必然"趋于妥协"，而不能奋斗到底，故左派对右派的斗争是不可避免的。

2. 为"巩固国民党左翼和减杀右翼势力"，必须避免盲目扩大国民党的组织，并设法改变国民党一大后过于集中和强调一致的缺点，应宣传"国民党依他的社会成分（阶级分子）及历史上的关系看来，客观上不能有严格的集中主义及明显的组织形式"，从而便于共产党在各种场合开展对右派政策的公开斗争和进行反帝革命的广泛宣传。

3. 必须把产业无产阶级统统掌握在自己手中，同时为贫苦佃农谋利益。不仅如此，只有"在大产业的工人里扩大我们的党"，并把阶级斗争引入国民党，才能"防止资产阶级的妥协性，民族解放才能彻底"[2]。

不难看出，这是一次旨在加强火药味的会议。然而，强调独立性，强调派别斗争和反对一切妥协倾向，在国民党内部不满共产党的情绪已经十分严重的情况下，国共之间的矛盾必将进一步激化。

1924年春天，国共两党围绕是否赞同苏联政府与反动的北京政府签约建交，以及是否赞同外蒙古进行民族自决的问题，产生了尖锐的矛盾。他们之间的争论迅速白热化起来。[3] 国民党内检控共产党违纪，以至于反对共产党"跨党"的投诉，日趋增多。1924年6月18日，国民党中央监委更牵头正式提出弹劾共党案。7月，孙中山不得不签发"党务宣言"，并决定正式开会讨论这一弹劾案。国共之间的矛盾至此完全公开化了。

两个性质不同、思维方式及考虑问题的出发点也有极大差异的政党之间，产生意见分歧，乃至批评、指责，是在所难免的。但是，在一个政党之中，保持组织不同、思维方式不同的两种党员，并允许各自独立和批评自由，则是十分困难的。1924年以后国共两党之间的关系，实际上就陷入后一种十分困难的境地。由于共产党人已全部成为国民党员，国民党又不

---

[1] 关于这次扩大会议对国民党性质的看法，似肯定其为"资产阶级性的民族主义和民主主义的政党"，见《党内组织及宣传教育问题议决案》；但蔡和森在《中国共产党史的发展〈提纲〉》第二部分关于此次会议的介绍中说，会议"谓国民党是小资产阶级的政党"。

[2] 参见《中共中央文件选集》，第1卷，第186—196、202页；《中共党史报告选编》，第52—54页。

[3] 参见1924年3—4月间《民国日报》副刊《觉悟》所刊施存统：《论反对中国现在政府收回外蒙主权之主张》，李春蕃：《崇拜帝国主义与压迫蒙古》，沈玄庐：《蒙古独立问题》等文章。并见《顾维钧回忆录》，第1卷，第339—340页；李云汉：《从容共到清党》，（台北）中国学术著作奖助委员会1973年版，第300—301页。

存在由下至上的民主的议事和决策程序；即便存在，以共产党人在国民党内所占人数的比例，也不可能左右国民党的各项政策和决定。因此，共产党人要想左右或影响其政策，就只能采取上层渗透、组织分化和舆论批评等办法，以便争取多数并保持自身的独立性。通过左右中央权力核心，并使国民党受到下层群众及舆论的压力，保持左倾。但是，此举又必然要引起种种纠纷。

1924年5月，为迫使国民党承认批评自由，使其不致过多以纪律问题约束共产党人，中共中央决定使派别斗争公开化，为此特向鲍罗廷征求意见。[1] 6月，鲍罗廷明确表示同意，并很快在与国民党中央监委谢持、张继的谈话中使用了这种策略。当谢、张等就中共党团问题质问鲍罗廷时，他公开宣称："党中分派，是不能免"，国民党内反对苏联与北京政府建交的，可视为右派，"共产党则为左派"。由于许多右派分子夹杂于中央执委会中，执委会"实际上不能作党之中心"，"共产党乃不得不组织党团"。此举虽属不得已，但他"希望右派左派相争，发生一中央派，作党之中心"[2]。

鲍罗廷所谓"希望右派左派相争，发生一中央派，作党之中心"，其实只是一种托词。他未必希望孙中山不做左派而为中派。事实上，在此之前，共产国际和中共中央始终未意识到国民党内尚有中间派存在。直到众多事实表明国民党领导人与共产党在许多问题上有重大分歧之后，中共中央才开始相信：国民党的一些领导人"只是中派，而不是左派"。他们断言：在国民党内，"如果说还有一些左派的话，他们都是我们的同志"，而国民党右派"控制了国民党的全部机构"[3]。为此，中共中央第一次开始怀疑共产国际对国民党的政策。陈独秀写信给维经斯基，特别对国民党中央要开会讨论所谓共产党问题，表示不满。他指出：国民党的国内政策有"许多反劳工的东西"，其"对外政策中则有许多反俄的东西"，如果听任这种情况继续发展并且无限制地给予支持，"这将对远东革命产生巨大的影响"。他强烈要求共产国际能够根据真实情况"制定新的政策"，再"不

---

[1]《瞿秋白致鲍罗廷的信》，1924年6月。
[2] 见《鲍罗廷在中国的有关资料》，第12—13页。
[3]《陈独秀致维经斯基的信》，1924年8月13日。

应当毫无条件地或无限制地支持国民党"了[1]。

1924年7月21日,中共中央发布了开展《对国民党右派的斗争》的通告,明确认为:"自吾党扩大执行会后,国民党大部分党员对我们或明或暗的攻击、排挤日甚一日,意在排除我们急进分子,以和缓列强及军阀对于国民党的压迫。"对此,中共中央决定采取针锋相对的策略:(1)公开谴责右派,并在国民党内形成派别斗争;(2)今后凡非表示左倾的分子,不应介绍加入国民党,同时努力争取"指挥工人农民学生市民各团体的实权",以巩固和加强共产党人之力量,削弱右派势力;(3)准备迅速组织"国民对外协会",使其成为社会运动一种独立团体,以便必要时取代旧国民党而做"未来的新国民党之结合"[2]。

中共中央上书共产国际,控告鲍罗廷偏袒国民党

8月21日,国民党中央执行委员会召开一届二中全会,专门讨论了国民党中监委提出的弹劾共党案,并形成了相应决议。该决议虽再度肯定了孙中山的容共政策,但亦明确表示对中共秘密党团作用严重不安,要求共产党应将自身之活动,尤其与国民革命和国民党有关者,全部公开通报于国民党。为此,会议决定设立国际联络委员会,以便直接负责了解和协商共产党的有关活动。[3]

对于这种结果,直接参加了这次会议的鲍罗廷显然抱着一种乐观的看法,他确信这将最终流于形式。但是,对于正在强调独立性和斗争性的中共中央来说,允许国民党人干预自己内部事务,哪怕仅仅是形式上的,也是不可容忍的。何况,中共中央事先并不了解鲍罗廷将代表他们接受怎样一种决定。

8月27日,中共中央在获悉上述消息后,立即作出如下决定:(1)禁止在国民党会议上进行任何有关共产党的辩论,并对此辩论不予承认;(2)中共中央拒绝承认国民党下属的为解决两党间问题而设立的国际联络委员会;(3)责成我们的同志在国民党中央执委会上对反革命分

---

[1]《陈独秀致维经斯基的信》,1924年8月13日。
[2] 见《中共中央文件选集》,第1卷,第225页。
[3]《中国国民党历次代表大会暨中央全会资料》(上),第72—75页。

子采取进攻态势。[1] 紧接着，陈独秀向维经斯基通报了这一情况，称：这次会议"给了我们很大的打击"，孙中山等人虽不能开除我们的同志，但也不敢冒犯右派，他们实际在利用右派"来压制我们，使共产党处于国民党的领导之下，或者至少是公开倒向它。对于这一点，我们无论如何要反对。但是，鲍罗廷同志不但不反对，反而向他们建议在国民党政治委员会下面成立一个所谓的'国际联络委员会'，并且拥有全权来解决两党的问题"[2]。

9月中旬，中共中央发出通告，开始强硬地主张不妥协，要求共产党员我行我素，贯彻党的激进方针，坚定地站在工农阶级的立场上，不受国民党的任何约束，必要时甚至可以退出那些妨碍其坚持独立性的国民党中央部门。与此同时，它通过的另外一些决议则公开批评鲍罗廷回避矛盾的做法，认为用支持中派欺骗右派的手法来谋求团结，是绝对不可能的。进而，他们开始全面公开与国民党的政治分歧，直截了当地主张国民党必须立即完全放弃广州政府并停止军事行动，"下全党动员令'到民间去'"[3]。他们甚至要求共产国际以此为标准来重新考虑对国民党的援助问题。[4]

中共中央的这一方针无疑同鲍罗廷的策略主张发生了某些显而易见的矛盾，一些共产党领导人尖锐地主张以中共中央名义向共产国际控告鲍罗廷错误的"政治路线"，而大多数人至少认为有必要让鲍罗廷以至共产国际清楚地了解中共中央的强硬立场。为此，中共中央不仅派遣高尚德作为中央代表前往广州坐镇，而且干脆电"召鲍罗廷同志前来上海进行政治磋商"。不料，这时鲍罗廷在江浙战争和广州印厂工人罢工问题上又再度采取妥协态度，致使双方矛盾进一步尖锐起来。

江浙战争是北洋直系军阀与江浙军阀之间争夺江浙控制权的一场内战，但由于江浙军阀卢永祥已秘密与奉系军阀张作霖及国民党孙中山取得联络，孙中山对联合卢、张讨伐直系控制下的北京政府极为热心，因而对

---

[1]《中共中央致鲍罗廷、瞿秋白电》，1924年8月27日。
[2]《陈独秀致维经斯基的信》，1924年9月9日。
[3] 见《陈独秀文章选编》（中），第589—591页。
[4]《瞿秋白致鲍罗廷的信》，1924年9月，并见《中共中央关于国民革命策略的决议》，1924年9月；《中共中央关于国民党中央全会的决议》，1924年9月。

于这一战争急欲响应。面对这种情况，中共中央接连发出指示公开反对，并深恐国民党再度与军阀势力相混合。[1] 而鲍罗廷在国民党政治委员会讨论决定北伐问题时，仅仅要求国民党在政治上应表明自己与其他军阀之间的区别了事。[2]

在广州印厂工人为要求改善生活条件及争取自身权益而举行的罢工问题上，鲍罗廷虽肯定了工人的要求是完全正当的，但对于工人在孙中山正计划开始北伐，以响应江浙战争之际采取行动，却颇不赞赏。当国民党工人部部长廖仲恺为此强硬地要求工人复工之后，鲍罗廷不顾共产党人的反感，以孙中山已许诺实行改革并应服从大局为由，硬是劝告广东地区共产党领导人说服工人停止了自己的罢工斗争。

9月中下旬，中共中央对江浙战争及对国民党压迫工农的态度等问题的强硬文件，先后到达广州共产党人手里，同时中共中央代表高尚德也来到广州，中国共产党人同鲍罗廷之间的分歧立即公开化了。在10月初召开的广东地区委员会的专门会议上，双方进行了激烈的争论。在江浙战争问题上，以及印厂工人罢工问题上，双方始终各持己见。整个争论的核心，实际上还是如何处理与国民党的关系，即如何保持中国共产党的独立性，并真正推进国民革命的问题。

这时的广州正处在商团事件爆发的前夜，不仅商界，甚至广大市民对广东政府为维持庞大的军政开支而征收的各种捐税，均苦不堪言。加上港英当局的挑拨和地方军阀从中作梗，国民党的威信急剧下跌，政权统治极不稳定。孙中山进行的市长民选等项改革，也遭到党内权势全面抵制，一无所成。鉴于这种情况，在孙中山决心北伐后，国民党领导人几乎丧失了在广东坚持下去的信心，他们一心只想尽快北上，再也不想为广东民众徒费心力了。在这种情况下，当国民党人获悉印刷工人为要求提高工资打算再度罢工时，他们竟对中共广东工运负责人冯菊坡声称：如果再发生罢工，他们将被迫动用警察强迫工人上工。而对中共广东地区委员会为表明

---

[1] 见《中共中央文件选集》，第1卷，第225—231页。
[2] 鲍罗廷当时提出了国民党人介入江浙战争的三种办法：(1) 公开宣布反对江浙战争的参战双方，强调战争必然导致革命党的胜利；(2) 公开自己的政纲，批评卢永祥和张作霖，军事上独立作战，不与结盟；(3) 共同反对直系，但保持自己的政治目标和政治纲领。会议大致接受了后一种办法。

自己立场起草的宣言，国民党中央不仅禁止广东各报刊载，而且干脆以此宣言有碍国民党工作为由，要求共产党将其收回。类似的情况不一而足，如共产党人前脚帮助农民成立了农民协会，国民党区党部后脚就强行予以解散；共产党刚刚召集了民众大会，就有国民党军队前来抓人。由于共产党人始终以国民党干部的身份出面做群众工作，国民党人的破坏很快就使民众产生了恐惧和困惑，进而使共产党人的工作几乎难以开展，陷入了困境。

面对这种情况，广东的共产党人忍不住了，他们开始尖锐地主张："我们应该退出国民党中央委员会，我们应该拒绝在工人部和农民部中工作"，至少应该退出严重妨碍共产党人独立工作的工人部和农民部，以便独立地出面争取和保护工农的利益。但鲍罗廷声言："只要退出一个部，那也就意味着暗中退出国民党"，"意味着同国民党决裂"[1]。而目前的问题并没有这么尖锐。他注意到的更多的是共产党人所取得的成绩，比如他相信共产党人至少已经占据了包括黄埔军校在内的"八个阵地"，有了巩固的势力。[2]

谭平山当即表示了不同看法。他指出，鲍罗廷的说法并不可靠，他甚至不知道黄埔军校支部局以及军事教官中有多少中共党员。鲍罗廷所说的那些所谓的"阵地"，可以说没有一个共产党人真正取得了支配的地位。更主要的是，由于实际权力都掌握在孙中山和中派领袖的手里，所有共产党人有影响的地方随时都可能发生变化。他认为，目前即使还没有到退出国民党的时候，我们也只有两条路好走，"要么消灭反革命的右派，根据党的纪律把他们开除出国民党；要么建立一个新的国民革命党"。谭平山断言："如果我们不选定这两条出路中的一条，那么，反动势力即国民党右派不仅不会消灭，反而会日益发展。这就会拖着国民革命向后退。即使它得到成功的话，那也会出现土耳其那样的局面，那里的民族革命是顺利地实现了，可是共产党也垮台了。"[3]

---

[1]《中共广东地区委员会会议记录》，1924年10月。
[2] 同上。
[3] 同上。

鲍罗廷：你们必须作出选择，要许崇智，还是陈廉伯？

10月初的会议未能有效地解决鲍罗廷与共产党人之间的意见分歧。尽管鲍罗廷被迫趋向强硬，共产党人也放弃了退出国民党中央的激烈主张，但双方在对国民党的认识上，以及在形势估计和相应对策等问题的看法上，仍旧相去甚远。在中共广东地区委员会会议结束后不久，陈独秀即正式致函共产国际远东书记处，再度重申了对鲍罗廷的强烈不满，要求"共产国际对他提出警告"[1]。

不过，10月初的会议还是多少贯彻了中共中央的意图。会议成功地通过了两个决定：（1）鲍罗廷无权领导广东地区党组织的工作，有关地区性的问题，鲍罗廷只能参加由谭平山、冯菊坡、周恩来等组成的一个委员会并以党员身份进行工作，涉及全国及全党性的问题，鲍罗廷则必须与中共中央代表协商并报中共中央同意；（2）鲍罗廷和谭平山目前应设法说服孙中山，成立一个特殊的革命委员会，以便应付目前的紧张局势，把政权从右派势力所掌握的广州政府和市党部那里夺过来，同时实行反对军阀、居民自治、工农自卫、政治自由和取消苛捐杂税等项措施，设法把一切服从共产党的力量联合起来。[2]

关于劝说孙中山成立革命委员会的决定，几乎是在商团事件爆发的前一天，即10月9日的一次专门会议上才最终确定下来的。而第二天商团与民众间的冲突，立刻就把广东共产党人内部持续的争论打断了。由于商团已公开反对广州政府，一直在广州附近虎视眈眈的陈炯明部很可能乘乱而兴，广东的共产党立即被迫重新进行政治选择：究竟是支持他们一向认为控制在右派手里并依附于军阀势力的广州政府，还是支持有港英当局背景的商团政府？面对这样一种情况，人们别无选择。鲍罗廷的看法是有充分的说服力的："许崇智比陈廉伯更有好处。""在许崇智支持的现政府下面，我们仍可以继续进行我们既定的必要的大量合法的工作。陈廉伯上了台，工会就将被消灭，我们的组织就将被消灭，我们自己也得转入地下。"因此，宁肯暂时放弃反对军阀的宣传和其他改革的口号，也必须设法保证

---

[1]《陈独秀致共产国际远东书记处的信》，1924年10月10日。
[2]《中共广东地区委员会会议记录》，1924年10月。

不使军阀们转到商团一边。

广州商团事件，给了一直不看好广州政府的中共中央一个表明共产党人看法的重要时机。鉴于商人因不堪重荷竟至勾结港英当局谋反，而广州政府为维护政权不能不向军阀求助的事实，中共中央更加印证了国民党军事革命的危害性。蔡和森撰文尖锐地指出：坚持军事行动和广州政权，只能进一步造成"战争、苛税、杂捐、开赌、拉夫……恶政"。"此时毅然决然宣布停止北伐，收缩一切军事行动与抛弃广州政权，即使民众感情一时迷于反革命而不易转移，然将来必有翻然觉悟倾向革命之一日。"他宣称："一个革命党只有积极促成全国革命形势的成熟才能夺得全国的政权，只有夺得全国的政权才能实施其政纲以系民众的信任。""所以革命党不拿政权则已，要拿便要拿一个全的，部分的政权不仅于革命党无益，而且有害，前前后后的广州革命政府便是铁证。"[1]

中共中央的这种态度，一方面是出于对国民党现状的严重不满，苦于无力扭转其政治倾向；另一方面则是受到俄国十月革命方式的影响，拘泥于俄国布尔什维克通过群众工作然后一哄而起夺取政权的经验，他们并不了解中国革命自身的特点所在。

鲍罗廷没有类似的幻想。在经历了商团事件之后，他甚至对是否还要实行此前决定的种种改革措施，也开始表示怀疑。他注意到，左派在同中派斗争时，缺乏足够的群众基础和讨价还价的筹码。在这种情况下，唯一的策略就是应当利用中派领导人之间的矛盾，同时加紧把包括广大工人、农民、学生、商人在内的基层民众组织在自己的周围。为此，他再度想到了土地革命的问题。他提出，要巩固广东革命根据地，促成国民党领袖左倾，关键还在于消灭现存的土地关系，把农民从地主的压迫下解放出来，使他们投身于革命。他甚至建议共产党人立即改变以往的宣传鼓动的方法，迅速和武装力量一起到农村去，以武力解除地主武装，然后用收缴的武器把农民武装起来，把大地主的土地分给无地少地的农民。他相信，以孙中山为首的一批国民党人将会在"原则上同意进行土地革命"[2]。

共产党人能够找到可供自己支配的武装吗？孙中山真的会"原则上同意"共产党人的土地革命主张吗？好在历史没有给鲍罗廷提供这种尝试的

---

[1] 蔡和森：《商团击败后广州政府的地位》，《向导》第88期，1924年10月24日。
[2] 《中共广东地区委员会会议记录》，1924年10月。

第二章 向左还是向右

机会,紧接着于10月23日发生的"北京政变",再度打乱了共产党人的预想和部署。

北京政变的成功,使孙中山联合张作霖、卢永祥讨伐吴佩孚的北伐计划不战而胜。孙中山当即决定停止北伐计划,准备应段祺瑞、张作霖、冯玉祥之邀前往北京共商国是。对此,中共中央与共产国际代表鲍罗廷再次发生分歧。蔡和森等公开认为:"继曹吴而起的北方政情,仍然为北洋军阀三派余孽争夺宰割的局面。"因此,"北京发生的一切实质并无特别意义,那不过是美国决定抛弃吴佩孚,代之以冯玉祥",孙中山不应到北京去和军阀们搞在一起。但鲍罗廷的看法却完全不同,他在给共产国际的报告中说:"我们认为,十月廿三日政变及后来的发展为国民党踏上国民革命斗争的广阔舞台并成为举足轻重的政党,创造了极好的机会。""以孙中山为首的国民党代表团应该北上,以便到处去公开捍卫自己的立场和口号。"同时,鲍罗廷主张对冯玉祥的国民军,"给予它切实的援助",以便在北方"建立一个国民党的根据地"。他确信:"一旦时机成熟,他们定能回过头来收拾张作霖。"[1]

鲍罗廷的意见毫无疑问更能让孙中山等人接受,他甚至说服了国民党中央执行委员会中的一些持异议者。"鉴于以孙中山为首的国民党代表团业已出发,中共中央继续坚持原议已毫无意义,所以他们也随之改变了态度",他们迅速接受了孙中山提出的召开"国民会议"的主张,反对由少数军阀政客操纵所谓"善后会议"和"国民代表会议"来决定一切。[2] 中共中央并通知各地党组织,立即建立筹备国民会议的委员会,设法造成广泛的群众运动,促进其召开并成为号令全国的"临时国民政府"[3]。

中共中央在孙中山北上问题上的态度转变,并不等于他们相信鲍罗廷的意见是正确的。相反,这进一步加深了他们对鲍罗廷独断专行的不满。

---

[1]《鲍罗廷给共产国际执委会的报告》,1924年12月,见《共产国际、联共(布)与中国革命档案资料丛书》(1),第565—567页。

[2] 见《共产国际、联共(布)与中国革命档案资料丛书》(1),第567页;并见《陈独秀致共产国际远东书记处的信》,1924年11月15日;但一:《为国民会议奋斗》,《中国青年》第55期,1924年11月;《中央通告第二十一号》,1924年11月6日附言,见《中共中央文件选集》,第1卷,第300页。

[3]《中共中央对于时局的主张》,1924年11月,见《中共中央文件选集》,第1卷,第305页。

在紧接着于上海召开的中共中央、团中央与共产国际代表的联席会议上，蔡和森、陈独秀等公开指责鲍罗廷"从来不同我们讨论问题"，"在许多场合下，在许多重要问题上，从来不和党打招呼"，他甚至不向共产党人控制的国民党地方党部提供必需的工作发展经费，就连一些答应提供的用于党的工会活动的经费，"也是通过孙博士给的"[1]。

他们认为，鲍罗廷过分注重孙中山、国民党及其军事工作，一方面是由于他把过多的注意力放在了他对"苏维埃俄国"的责任上，另一方面也反映出共产国际对中共的不重视。陈独秀尖锐地指出：数月来中共只得到鲍罗廷通过孙中山付给的1000元来进行全部工作，"而香港一家微不足道的报纸每月得到两千元来写文章反对我们"，这一事实足以说明一切。[2]

斯大林：应当争取把国民党改造成工农政党

要解决中国共产党人在国共关系问题上同鲍罗廷之间所产生的严重矛盾，无论如何是难以办到的。这种矛盾具体产生的原因是多种多样的，但症结显然在苏联、共产国际和中共与国民党错综复杂的结盟形式上，和它们之间既一致又不一致的利害关系上。特别是，要想让同时作为共产国际下属支部成员、国民党党员、苏联"国家经费"开销人，以及中国共产主义事业承担者的弱小的中国共产党人，同时兼顾各方面的利益和愿望，根本就是不可能的。这一点，就连共产国际代表维经斯基也看得很清楚。他在试图解释这一系列矛盾时明确承认："国民革命运动、一切军事工作、外交工作等等，都不是由共产国际而是由苏维埃俄国进行的，"因此，"对中国共产党和国民党的态度，当然有时取决于苏维埃俄国和共产国际驻中国的代表"鲍罗廷，有时又不取决于他。作为共产国际的工作人员，他显然对这种情况也十分无奈。他固然不主张"为此而谴责鲍罗廷"，但他又认为"如果鲍罗廷做得不对，共产党应该同他进行斗争"。因为鲍罗廷也无权"不听党的意见"。他明确反对像鲍罗廷那样过分依赖国民党，强调

---

[1]《中共中央、共青团中央和共产国际代表联席会议记录》，1924年12月4—9日。
[2] 1924年全年，共产国际根据中共预算和追加预算总共提供了35000元以上的活动经费，但在夏天之后曾中断过几个月的时间，致使中共在这几个月里不得不靠此前结余和鲍罗廷通过孙中山提供的1000元进行活动。陈独秀所称即指这一情况。

中共"必须更多地以共产党员的身份,以共产党的身份进行活动","必须自己实行自己的路线",必须更加猛烈地向右派进攻,以便"把我们同国民党区别开来"。他并且告诫共产党人,那种"认为我们的最低纲领与国民党的纲领没有特殊的差别"的想法,"是不对的"[1]。

继半年前中共中央执委会扩大会议之后,维经斯基再度成为中共中央加强自身独立性和斗争性的直接推动者。在紧接着于1925年1月14—21日召开的中共第四次代表大会上,中共通过了一系列旨在重申和强化1924年5月执委会扩大会议方针的决议。这些决议突出反映了中国共产党人的内心愿望。它包括:

1. 坚持彻底的反帝、反军阀、反对侵犯工农群众基本利益的立场;
2. 对国民党实行扩大左派,争取中派,反对右派的策略;
3. 建立独立的工农组织,特别是把产业工人掌握在自己手里,为此,中共党员及其领导下的产业工人,今后一般不再加入国民党。[2]

会议甚至还尖锐地提出了实现无产阶级在国民革命中的领导地位的主张。[3]

中共四大在中共历史上的作用和影响是显而易见的。从中共一大至二大,党员人数从56人增加到197人;从中共二大到三大,党员人数从197人增加到423人;从中共三大至四大,历时一年零七个月,党员由423人增加到900人。而从1925年1月的中共四大到这一年10月召开中央执委会扩大会议,前后不过九个月时间,党员人数却增加约两倍,达到了2428人。[4]这一点足以说明,四大对中共发展起到了极大的推动作用。

实际上,1924年12月的联席会议及随后的中共四大,成功地改变了中共党内自国共党内合作以来一直存在的激烈的愤懑情绪,以及要求国民党放弃广东根据地、放弃军事斗争,甚至要求从国民党中央乃至整个国民党中退出来的强烈愿望。中共中央开始从被动消极的防御态势,转入到积极进取的进攻态势。维经斯基使中国共产党人相信,他们完全应该并且可以通过国民党来对中国现阶段革命发号施令,并通过国民党内部左右派的

---

[1]《中共中央、共青团中央和共产国际代表联席会议记录》,1924年12月。
[2]见《中共中央文件选集》,第1卷,第271—297页。
[3]同上。
[4]《陈独秀在中共中央扩大会议上的工作报告》,1925年10月。

斗争和势力消长来实现自己的阶段性奋斗目标。[1]

既不能指望国民党变成共产党，又不能指望共产党取代国民党，共产国际和苏联这时自然会对运用谋略和手腕感兴趣。只要能够使中共继续留在国民党内，通过制造和利用其内部的派别斗争来扩大共产党的势力和影响，一切似乎都是可能的。鲍罗廷在这方面最有心得。他这时对鼓励中共在国民党内推动派别斗争形成了一些大胆的想法。他在给莫斯科的报告中称：国民党自身的分裂已经不可避免，"党只会从这种分裂中得到好处"。问题在于，如何使右派分裂出去，同时"使中派核心团结起来"，并且"保持党作为国民革命运动的有组织的、团结的领导"[2]。

鲍罗廷的预言很快得到了某种印证。8月8日，国民党右派在北京成立了"国民党同志俱乐部"，旨在掀起把共产党员清除出国民党的运动。3月10日，在鲍罗廷的作用下，国民党召开了中央执委会扩大会议，轻而易举地将一批右派开除出党。进而，由于3月12日孙中山突然逝世，长期集权于孙中山一人的国民党出现了一种群龙无首的局面，鲍罗廷更得以利用其政治顾问的地位和苏联援助的巨大效力，来施加影响。

4月4日，中共中央发出通告，要求全党注意借孙中山逝世之机为国民党"征求党员"，不惜改变四大关于在产业工人中一般不发展国民党员的决定，因为它发现，若能乘此机会"扩大国民党左派的宣传和组织"，就可以便利我们"在该党第二次全国代表大会中和右派中派竞争"[3]。同样，鲍罗廷也毫不懈怠。他看准了在国民党内毫无势力，只能依靠苏联力量的汪精卫，扶助汪取得了最高政治领袖的地位，进而又借助廖仲恺被刺一案在广州国民党领导层进行了一次巧妙的"政变"，"流放"了政治态度中间偏右的国民党政治领袖人物胡汉民和军事领袖人物许崇智，扶助地位不高但与苏联顾问过从甚密的蒋介石成为国民党最高军事领导人，从而一举改造了国民党的上层结构。

短短几个月时间，形势发生了奇迹般的变化。几乎所有的人都相信：

---

[1] 参见维经斯基：《执行委员会扩大全会上的殖民地问题》，《共产国际》第4期，1925年4月。
[2] 《鲍罗廷给共产国际执委会的报告》，1925年2月14日，见《共产国际、联共（布）与中国革命档案资料丛书》(1)，第575—576页。
[3] 见《中共中央文件选集》，第1卷，第328、332页。

"广州这次政变后上台执政的完全是国民党左翼"[1]，他们"都实实在在那里代表中国民族的利益和英帝国主义奋斗，代表中国人民的利益和反动的军阀奋斗"[2]。鉴于这种情况，这时负责指导中国事务的联共（布）中央总书记斯大林干脆主张：中共不应再以建立反对帝国主义的民族统一战线为目的了，而"应当从民族统一战线的政策进到工人与小资产阶级革命联盟的政策"，争取把国民党改造成"工农政党的形式"了。[3] 言外之意，资产阶级已经退出革命的阵营，而转为反动了。

毫无疑问，孙中山逝世后的形势变化，使共产党人在政治形势的判断上发生了极大的混乱。他们突然间发现过去那个以孙中山为首的左右着国民党方向的中间势力消失了。从中央到地方，一切权力都在向左倾斜。人们在对容共政策的看法上，日益鲜明地分成两派。中间派迅速分化了，而那些走向右派的国民党人同右派一样，几乎都是以放弃权力为代价的。这种趋势太诱人了，就连一向保守的鲍罗廷也沉不住气了，他已经开始设想在即将召开的国民党代表大会上，把国民党完全控制在左派和共产党人手中，使之日渐成为"工农政党"的问题了。

国民党二大召开，中共如鱼得水，反客为主，取得党权

这回轮到维经斯基保持冷静了。刚刚把共产党人的独立精神和斗争热情鼓动起来的维经斯基，很快发觉人们走得太快了。把权力集中在左翼手里未必是件好事，"这就党、就整个国民党说来多少缩小了政府的基地"，它无异于壮大敌对势力[4]。国民党中派的重要理论家戴季陶这时公开站出来宣传"共信不立，互信不生"，提出国民党必须"造纪律"、"集权制"、"排拒性"等等主张[5]，清楚地说明了这种危险的存在。

1925年10月，中共中央召开扩大执行委员会会议。维经斯基在会上告诫共产党人：无论群众目前多么左倾，事情"还没有严重到在下一次代

---

[1] 《维经斯基关于中共中央全会给共产国际的报告》，1925年10月7日。
[2] 独秀：《今年双十节中之广州政府》，《向导》第133期，1925年10月12日。
[3] 见张仲实等译：《列宁斯大林论中国》，解放社1950年版，第120页。
[4] 《维经斯基关于中共中央全会给共产国际的报告》，1925年10月7日。
[5] 戴季陶：《国民革命与中国国民党》，1925年8月。

表大会上不可避免地要发生分裂的程度"。"现在不应该混淆两种现象：一是极右的国民党分子已经把自己置身于党外，同他们已无法搞统一战线了；另一种现象是一部分国民党元老担心群众走得太远了"。对于前者，应该"使他们在群众心目中威信扫地"，以便开除他们，但对于后者，即"以戴季陶为代表的重要的中派"，"则需要协商，以保持国民党的统一"。因为，他们毕竟同老右派有所区别。[1]

维经斯基等人对"新右派"的分析几乎立刻就得到了证实。11月，国民党大批元老，即"老右派"们，在北京西山孙中山灵柩停放处召开了中执监委一届四中全会，通过了开除共产籍党员和解除鲍罗廷顾问职务的决议。还在预备会期间，戴季陶等竟因主张"对共产党之同志，宜邀守常等为切实之协商而勿使为片面分裂之行动"[2]，遭到极右分子的绑架和殴打，结果戴季陶、吴稚晖等虽参与筹备却未参加会议。对此，维经斯基等立即抓住时机，分别在北京和上海对这些所谓"新右派"进行了苦口婆心的争取说服工作，甚至私下承诺可以"把担任国民党中央委员的共产党员人数限制到最低限度"，如1/3以下，等等。维经斯基进而还主张，对参加西山会议的右派也"不要实行打掉牙齿的政策，而要实行更加谨慎的策略"，如"要揭露、批评，但不要把他们当反革命看待"[3]。

1926年1月在广州召开的国民党第二次全国代表大会，国共双方显然是按照上述妥协分配中央权力的。尽管在这次代表大会上，所谓左派和共产党人占了出席代表的一半以上，会议从议程到决议内容都在共产党人的影响之下，但在中央执行委员会、监察委员会及其常务委员会等中央权力机构中，中共党员所占比例都严格遵守了1/3以下的承诺。[4] 对于西山会议的右派参加者，除其头子邹鲁、谢持予以开除党籍的处分外，其余多仅予以警告，戴季陶还被特意推选为中央执行委员。[5] 不过，即便如此，

---

[1]《陈独秀同志在中共中央扩大执行委员会会议上关于统一战线问题的报告》，1925年10月。
[2]《戴季陶致蒋中正函》，1925年12月12日，见《戴季陶先生文存》，(台北)中国国民党中央党史委员会1986年编印，第979—986页。
[3]《维经斯基同志关于与北京国民党（执行部）委员会谈的报告》，1925年12月4日。
[4]《中国国民党历次代表大会暨中央全会资料》(上)，第151—154页；中国第二历史档案馆编：《中国国民党第一、二次全国代表大会会议史料》(上)，江苏古籍出版社1985年版，第283—294页。
[5]《中国国民党历次代表大会暨中央全会资料》(上)，第210—211页。

同一大相比，共产党人在国民党中央所获得的权力，仍旧大大超出了可能的限度。特别是在中央党部的八部一处中，中共人员竟占据了77％左右的领导职位，从而控制了国民党的几乎全部实际工作。[1] 更为重要的是，这时共产党人在广东已掌握了约10万工人和60万农民，工人纠察队和农民自卫军已分别达到2000余人和3万余人；在国民革命军中，中共党员已达上百人，其第一、二、三、四、六军的政治部主任，蒋介石第一军三个师中两个师的党代表，九个团中七个团的党代表，都是共产党人。[2] 而苏联顾问团也蛮有把握地宣称：苏联顾问事实上是这里所有军事部门的头领，国民党的所有计划、章程、工作都是在我们的政治指导下，按照俄国共产党的标准制定的。[3]

事情的发展太令人兴奋了。共产国际执委会破天荒地第一次专门讨论了中国问题，高度评价了中国共产党的工作和国民党"近期的革命发展趋势"。它甚至断言："共产党参加国民党及其领导核心，是在历史发展的特定时期摆在中国民族解放运动面前的独特的社会政治任务的完全合乎规律的结果，是无产阶级和农民联盟的特殊形式。"为此，它要求共产党人："不惜一切地保持中国共产党与国民党的战斗联盟"，并"一如既往地参加国民党及其领导机构"，帮助国民党开展政治工作和组织工作。[4] 毫无疑问，在共产国际看来，进一步把国民党变为"人民革命政党"，即"工农政党"，多半只是个时间问题了。

---

[1] 国民党一大时，中央执行委员会及监察委员会委员和候补委员共52名，中共党员占10名，不足1/5；二大时，中央执行委员会及监察委员会委员和候补委员共80名，中共党员占19名，约占1/4。一大后在中央党部中，中共党员仅5人，不足1/4；二大后中共党员占到17人，约占77％。
[2] 转见杨天石：《"中山舰事件"之谜》，载《历史研究》1988年第2期。（杨文中关于当时在国民革命军中"有一千余名共产党员"之说似可存疑，因当时最有实力也是中共影响最多的第一军只有50余名中共党员，整个中共也不过只有不足3000名党员，其中超过1/3为军人显然不可能。根据第一军中中共党员人数推算，"一千余名"或为一百余名之误。）
[3] 转见杨天石：《"中山舰事件"之谜》，载《历史研究》1988年第2期。
[4] 《共产国际执委会第六次扩大全会关于中国问题的提纲》，1926年3月2日。

三、意料之外，情理之中

中共难解的困惑：这么少的工人，如何发动阶级革命？

念念不忘世界革命，念念不忘革命的彻底性，这是早期中共革命的一个重要特点。在1925年初中共四大通过的有关决议中，这一思想得到了充分的阐述。决议明确认为，东方殖民地半殖民地国家的民族革命与欧美资本主义国家的社会革命一样，都是世界革命的一部分，都是为了"推翻资本帝国主义"，两者缺一不可。因此，决议提出了坚持民族革命的"世界性与阶级性"的问题，主张中国革命应当以"推翻全世界资本帝国主义之压迫"，包括"反对本国的资本主义，并且要由民族革命引导到无产阶级的世界革命"为目的。

为此，决议强调，在反对帝国主义的民族革命过程中，共产党不仅必须"以自己阶级独立的地位与目的参加"，反对反革命和不革命的资产阶级的一切妥协行为，而且必须设法使无产阶级"取得领导的地位"，并"依靠无产阶级及农民等一切劳动群众之努力"，准备"进行自己阶级的革命"。尽管决议的作者不能不注意到中国的无产阶级在客观上的力量"还幼稚"的事实，然而，由于他们相信"越是上层阶级越富于妥协性"，因此，就不能不对无产阶级"革命的要求及决战的心理，在最近中国民族运动中，已站在最前进的地位"的现象，寄予极大的期望[1]，仿佛这种主观的战斗精神将有助于弥补其力量上的"还幼稚"的不足，有助于坚持反帝斗争的彻底性而毫不妥协，甚至有助于把民族革命引向世界革命和阶级革命一样。

阶级的力量通常由物质的和精神的两方面所构成，物质的力量一般反

---

[1] 见《中共中央文件选集》，第1卷，第271—275页。

映在组织上,精神的力量则通过心理或所谓觉悟来表现,二者又往往是相辅相成的。中国工人群众由于身受外国资本家中世纪式的超经济强制性掠夺和剥削,因而通常对压迫者容易仇恨,并将此种不满演化为反抗和斗争。但在人口众多,破产农民大批拥入城市,劳动力远远供大于求,以至工人中行帮观念盛行,文化水平日渐低下的中国,要把工人组织成为一个具有独立要求的阶级,并不是一件容易的事情。而在缺乏有效组织的情况下,要把工人中弥漫着的反抗心理变成真正具有威胁的斗争,更是极为困难。这是因为,工人所面临的,是外国资本家、中国军阀政府、封建行帮、黄色工会,以及饥饿的失业大军与破产农民等各个方面的沉重压力。不仅无组织的工人无力与其抗争,就是把占全国人口2%左右,占大工业区域人口总数10%左右的工人全部组织起来,也难以独立地与其抗争。

在1924年底至1925年初,共产党人在中国最大的工业区上海,仅仅掌握了八个工会和2227名会员;在革命根据地广东,也仅仅掌握了九个工会和29500名会员,并间接影响了国民党所控制的五个工会和14000多工人,尚不足国民党控制数的一半。加上湖南26400名会员、湖北约30000名会员、山东4300名会员、大连2300名会员和天津的20名会员,共产党总共只组织了大约10万名工人。加上其中理发工、人力车夫等非产业性工人占相当比例,实际上全国200多万产业工人中,共产党所控制的仅占1/30左右。而在工人最集中的上海,共产党所组织起来的工人则仅占全上海产业工人总数的大约1%。不难看出,除非出现奇迹,否则,不论工人中"革命的要求及决战的心理"多么强烈,要想依靠这极少数工人来取得革命的"领导的地位",并坚持"阶级独立的地位与目的",实现其革命的"世界性与阶级性",几乎是难以想象的。

然而,奇迹出现了。

1925年2月,由于一些日本纱厂推行野蛮的"养成工"制度,以大批男女童工顶替和淘汰成年男工,并且接连发生殴打和逮捕不满工人的事件,以至发生了以"反对东洋人打人"为主要斗争口号的日本纱厂罢工风潮。共产党人乘机加以组织和引导,从而使上海纱厂工会的势力迅速膨胀,工人群众的斗争热情日渐高昂。共产党人领导下的工会会员很快由

2000多人猛增到近万人。[1]

斗争断断续续延续到5月15日,因一纱厂日方职员无理关闭工厂,并枪杀工人顾正红,致使罢工风潮立即蔓延到全上海约20家日本纱厂。同时,中共领导的上海学生联合会的抗议活动也大规模爆发。

更令人吃惊的是,5月30日,租界的英国捕头公然命令老闸捕房巡捕向手无寸铁的抗议群众开枪,并调集海军陆战队登陆,宣布租界戒严,从而造成了震惊中外的"五卅惨案"。这一事件,几乎在瞬间点燃了全上海以至全中国各界人民的仇恨怒火,一场轰轰烈烈的反帝革命浪潮由此兴起了。

五卅反帝运动,共产党人痛感:"资产阶级不革命"

用群众的革命的方法来打击帝国主义在中国的势力,这无疑是共产党人的目的所在。尽管对帝国主义的反抗这时还只能表现为罢工、罢课以至罢市的文明斗争形式,但这已经足以激发起民众的民族主义情绪,并把激进的下层群众团结在自己的周围了。中共中央成功地抓住了这个机会,在自己的领导下成立了上海总工会,并利用它所控制的上海总工会和上海学联,通过在它影响之下的具有运动总的领导机构性质的"工商学联合会"所提出的五卅惨案解决方案"十七条",使这场运动一开始就超出了地方的局部性质,具有鲜明的反帝革命色彩。

上海工商学联合会的"十七条"分为"先决条件"和"正式条件"两项。"先决条件"为"取消戒严令"、"撤退海军陆战队,并解除商团及巡捕之武装"、"被捕华人,一律送回"等;"正式条件"则为"惩凶"、"赔偿"、"道歉"、"优待工人",并承认"工人有组织工会及罢工之自由","华人在租界有言论、集会、出版之绝对自由",撤销新增之"印刷附律、码头捐、交易所领照案",华人充任捕头及巡捕之半数,以及收回会审公廨,取消领事裁判权,永远撤退驻沪之英日海陆军,租界工部局董事会和

---

[1] 参见《陈独秀致共产国际执委会的信》,1925年3月20日,见《共产国际、联共(布)与中国革命档案资料丛书》(1),第591—592页;张国焘:《我的回忆》第2册,现代史料编刊社1980年版,第17页;《党史研究资料》第1辑,四川人民出版社1980年版,第305—306页。

纳税人代表会"由华人共同组织",并享有与外国人平等之投票权等。[1]

"十七条"并没有,也不可能完全反映共产党人的愿望。[2]

但是,提出解除巡捕之武装、取消领事裁判权、永远撤退驻沪之英日海陆军及允许工人结社和罢工等等条件,已经足够了,因为共产党人重要的目的在于宣传和教育群众,而不在于指望北京政府或靠简单的罢工、罢市来解决问题。陈独秀说得好:这次事件,不能"仅以惩凶赔偿了事",不能"缩小战线对英、日或专对英国","只有废除一切不平等条约,推翻帝国主义在中国的一切特权才能解决",绝"无调和之余地"。因此,他们推动运动广泛开展的目的,根本上是要使民众团结起来,"走上革命的道路",并"以实力赞助国民党和国民军",推翻北方军阀统治,建立统一的革命政府[3]。

五卅运动在全国范围的兴起,不可避免地要冲击各地的租界和外国工厂。结果,6月11日和23日,又接连在汉口和广州发生了两起惨案。11日,在汉口发生英国水兵刺伤中国工人的事件,因五卅惨案而激愤起来的汉口民众群起攻之,英租界当局先后出动义勇队和英国海军陆战队阻断交通,最终引发双方冲突,英人开枪,使群众大批受伤并有人死亡。紧接着,抗议英国暴徒的香港及广州沙面租界罢工工人与广州民众在沙面对岸之沙基长堤举行抗议游行时,英国水兵和巡捕又隔岸开枪,致使数十人死亡,上百人受伤。

不到一个月时间,在中国南方地区接连发生三起英人野蛮射杀徒手示威群众的暴行,更进一步强烈刺激了中国各地民众的反帝民族情绪。而这一系列惨案也清楚地证实了共产党人的告诫,即长期以来依仗武力并凭借不平等条约骑在中国人民头上作威作福的外国殖民主义者,对于中国人民

---

[1]《上海工商学联合会宣言》,1925年6月7日,见上海市档案馆编:《五卅运动史料》,第2卷,上海人民出版社1986年版,第280—282页。
[2] 陈独秀6月6日在《向导》第117期撰文称,"目前在此次运动中最低限度的要求"应该是:"(一)惩办凶手赔偿损失;(二)撤换驻上海英、美、日本领事;(三)取消各国领事裁判权;(四)收回全国租界;(五)撤退驻在中国境内的外国陆海军,禁止外国陆海军在中国境内自由登岸。"瞿秋白在6月22日的《向导》第119期,更进一步主张:应当"一、废除一切不平等条约;二、收回一切租界及租借地;三、收回海关及盐政管理权;四、收回领事裁判权;五、永久撤退驻华的一切外人的武装势力"等。
[3] 独秀:《此次争斗的性质和我们应取的方法》,《向导》第118期,1925年6月20日;见《中共中央文件选集》,第2卷,第351—352、361页。

日益高涨的民族主义情绪和民族革命运动,已经仇恨到了何等程度,而要指望他们立即自动放弃武力,适应时代的潮流,又是何等困难。

野蛮的屠杀理所当然会激起极端强烈的反抗心理。但是,在当时的条件下,能不能立即革命呢?可以肯定,即使是共产党人这时大多也不抱如此幻想。[1] 不过,他们至少还是指望这次事件能够掀起全国性反帝斗争的浪潮,并形成一系列反帝革命的组织,诸如"全国工商学兵代表大会"等等,从而为进一步的民族革命运动作好准备。

然而,这样的条件仍旧没有具备。在当时中国的现实条件下,工人不可能无限期罢工,商人更不可能长时间罢市,"十七条"中涉及不平等条约之诸条既然不能指望通过群众罢工、罢市乃至抵货等方式得以解决,那么不论出于何种考虑,斗争的条件都必须加以改变。为此,上海的部分国民党人和梁启超、江亢虎等共同开始主张"缩短战线"、"单独对英",而上海代表了大资本家利益的总商会,则力图折冲樽俎,以"简单易办"为原则,反对形成僵局。妥协和调和的倾向出现了,这自然会引起共产党人的强烈不满。

瞿秋白随即撰文对此痛加斥责,称:"妥协派的主张:一、是撇开大多数民众的要求牺牲平民的自由;二、是缩短战线,不敢反对帝国主义的统治制度;三、是缩小范围,只求就地解决",以便"使五卅大屠杀案早日了结","使反帝国主义运动不能继长增高起来","实际上简直是卖国背叛民族利益"。[2] 可是,徒唤奈何,在工人的斗争还离不开资产阶级经济上的援助和支持的情况下,妥协是不可避免的。

1926年6月12日,上海总商会修改了上海工商学联合会提出的"十七条",取消了其中较强硬的条款,如废除领事裁判权和解散商团武装等,缩减为"十三条",即仅要求取消戒严,放人,惩凶,道歉,赔偿,优待工人,制止越界筑路,华人在租界有言论、集会、出版自由,撤换工部局总书记鲁和,并交还会审公廨等,提交北京政府与外国公使团正式交

---

[1] 这并不等于说当时共产党人都能保持冷静,上海总工会领导人李立三就明确主张领导工人发动武装起义,反对妥协退让。但被中共中央所否决。关于这一情况,邓中夏和陈独秀均有说明。见邓中夏:《中国职工运动简史》,人民出版社1979年版,第181页,并见《向导》第126期。
[2] 秋白:《帝国主义之五卅屠杀与中国的国民革命》,《向导》第119期,1925年6月22日。

涉。[1] 此一修改与"十七条"本质上并无太大差别，因而"获得了广泛的拥护"，总工会事实上亦不能不听之任之。[2] 共产党人虽公开批评总商会的"十三条"是阶级妥协性的反映，但此后仍在各方面进行了协调和联合行动，甚至在7月10日还成立了包括总商会在内的、由工商学八团体组成的检查出货委员会。在7月23日淞沪戒严司令部查封了工商学联合会、海员工会、洋务工会后，也交由总商会奔走调解，得以启封。而关于工人救济费及复工等事，总工会仍旧时常与总商会交涉，由总商会负责的工人救济费也从未中断过。

由于租界当局仍无法接受总商会的"十三条"，双方交涉再告失败。罢市的大小商人因自身利益关系，被迫在许诺继续"援助工人坚持罢工"和"抵制英日货物"的条件下，于6月23日重新开业。面对这种情况，总工会亦不得不逐渐改变"坚持继续排货及罢工运动，非达到废除一切不平等条约不已"的强硬态度，转而缩小斗争范围为单独对英，而且限定斗争目标到最小程度。[3]

经过一步步的退让妥协，上海这场以反帝反不平等条约和要求惩凶赔偿、中外平等管理租界的政治性罢工斗争，竟在几乎是纯经济的条件下结束了。各厂罢工工人先后于8、9月间复工，英、日各厂商政治上的唯一让步就是："外国职员平时在厂内不带武器"和"各厂如无正当理由，不得开除工人"[4]。人人都清楚，上海的罢工斗争远没有达到人们最初希望的斗争目标。

不过，以上海工人罢工为起点的这场反帝斗争所产生的影响仍是十分突出的。它几乎波及了全中国所有大中城市，使五卅运动一开始就演变成一场全民族性质的反帝革命运动，民众第一次如此强烈地感受到帝国主义奴役的危害和耻辱，第一次如此广泛地响应共产党人提出的"打倒帝国主义"和"废除一切不平等条约"的革命性口号。短短几个月里，共产党人以其惯有的激烈的不妥协的坚定的斗争精神，吸引了成千上万渴望革命的

---

[1] 见《五卅运动史料》，第2卷，第252—253页。
[2] 《陈独秀关于中共中央七月扩大执委会情况的报告》，1926年7月21日。
[3] 《中共中央、青年团中央为坚持罢工告工人兵士学生》，1925年8月10日；独秀：《我们如何继续反帝国主义的争斗？》，《向导》第126期，1925年8月23日。
[4] 见邓中夏：《中国职工运动简史》，第182—185页。

工人和学生。仅在上海，共产党的组织在五卅运动开始后的三个月里就扩大了两倍多，其中86%是工人。五卅运动之初，上海只有中共党员290余人，至9月，发展至1080人，增加约800人。此后至1926年4月，又增加一倍，达2500人。可见，五卅后中共影响迅速扩大。而共产党领导的上海总工会，则成为上海几乎一切工会组织理所当然的领导机构，这无疑是共产党人的一个重大胜利。

但不容否认的是，无论是上海的中共中央，还是中共领导下的上海总工会，在上海的这场运动中事实上都没有能够成为名副其实的领导者。在上海，运动一开始就不能不始终处于上海大资产阶级团体——上海总商会的影响下。总工会8月10日为结束罢工所提之最低条件"九条"，即"无条件交回会审公廨"，"租界内出版、言论、集会、结社之自由"，"租界华人须与外人有同等参政权利"，"承认工人有自由组织工会之权"，"发给罢工期内工资百分之五十"，"增加工资百分之十五"，"改善女工、童工工作条件"，"赔偿死伤学生、工人"等[1]，作为调停人的总商会也未能坚持。最后所实现者，仅"工人一体复工，不得因此次罢工开除工人"和"工资一律发给大洋"两条。

在共产党人看来，上海工人的罢工，客观上似乎成为上海资产阶级争取自身利益和地位的一种辅助的威胁手段。从1925年10月1日外国公使团就五卅惨案解决办法所提出的方案和以后的结果看，上海资产阶级最为反感的印刷附律、加征码头捐、交易所领照案等，均得到了解决，越界筑路与华人加入公共租界董事会的问题，则承认协商，与普通人民关系密切的只有交还会审公廨一项取得了成功。[2] 而激进的工人、学生和一般市民所强烈要求的惩凶，赔偿，道歉，华人在租界有言论、集会、出版之自由，工人有组织工会之权利，以及废除领事裁判权等等，事实上都未得到解决。就连公使团答应交还的会审公廨，也仍旧保留了必须由外国领事派员"观审"的不平等条款。[3] 这说明，五卅惨案的解决，仅仅是中国上海资产阶级和北京政府与列强各国妥协的结果，而共产党人和它所领导下

---

[1] 见《五卅运动史料》，第2卷，第638—639页。
[2] 见程道德等编：《中华民国外交史资料选编（1919—1931）》，北京大学出版社1985年版，第236—237页。
[3] 同上，第263—264页。

的工会，还没有力量来阻止这种妥协，并引导运动真正向着自己所期望的目标发展。这种情况不能不引起许多共产党人对资产阶级的愤懑。陈独秀公开发表文章指出："'殖民地半殖民地的资产阶级不革命'这一公例"，已经"证实了"[1]。

资产阶级既然不能领导革命，共产党人究竟在什么条件下才能真正成为这种反帝的民族革命运动的领导核心呢？紧接着五卅运动之后发生的省港大罢工，为他们提供了难得的经验。

邓中夏：省港罢工不取得国民党的帮助，几天就会倒台

省港大罢工起于上海五卅惨案和汉口"六一一"惨案之后的6月19日，经6月23日沙基惨案后迅速扩大，香港及沙面租界参加罢工的工人先后达25万人之多，罢工时间长达一年零四个月。通过罢工委员会纠察队对香港的封锁和排斥英货，使香港进出口及地价、房租等年损失50%左右，港英当局一天即损失700万元。加上数千家商店倒闭，肉蛋菜蔬等副食品供应奇缺，其经济上、生活上所受打击空前沉重。港英当局及外国公使团最后不得不同意罢工委员会提出的在关税上附加二五税来结束罢工的办法，从而使四年前华盛顿会议所签订的《九国间关于中国关税税则之条约及附件》中有关附加税的规定，最先开始在广州政府的管辖区内实施，其税金被用于资助那些正在为使中国进一步摆脱列强控制的罢工工人。[2]

省港大罢工同上海五卅运动一样，并没有取得预期的效果。省港罢工工人最初提出的口号是"拥护上海工商学联合会之十七条"，要求香港政府实行"政治自由"、"法律平等"、"普通选举"、"劳动立法"、"减少房租"以及"居住自由"。此后，10月初，省港罢工委员会又提出了《香港罢工工人恢复工作草案》十五条，把条件具体到香港地区，除重申"政治自由"等项以外，又具体就罢工工人的经济赔偿及工作保证等提出了要求。[3]但至最终解决，上述要求几乎全都没有实现，港英方面仅同意以

---

[1] 独秀：《中国民族运动中之资产阶级》，《向导》第136期，1925年11月21日。
[2] 邓中夏在《中国职工运动简史》中，把二五附加税的实施看成是省港罢工的一个胜利，并称之为"中国革命史中的新纪录"。见该书，第216页。
[3] 邓中夏：《一年来省港罢工的经过》，见《省港罢工概观》，广州，1926年8月出版。

二五附加税税金资助罢工工人复业以前的生活了事。而所谓二五附加税的征收问题，实际早已于1922年2月16日有华盛顿有关条约认可，并于1925年8月5日开始生效。只因此九国协定之二五附加税，不过是恢复中国关税自主前的一种过渡办法，北京政府已于同年10月24日提出新的临时附加税办法和取消关税限制的要求，为此正在召开关税特别会议进行讨论解决，故尚未实际征收。[1] 可见，二五附加税的征收，也并不是多大的胜利。

其实，省港大罢工与上海五卅运动一样，就其最初目的和最终结果的关系而言，都是不成功的。这一点苏联人早就预见到了。他们告诫说："罢工开始时提出的，在十七点要求中得到体现的民族运动的目的，通过任何一种罢工，即使是最有力最持久的罢工，也是无法达到的。"它"只有通过全中国范围的武装斗争，通过胜利的战争才能做到"[2]。因此，他们早就主张在"不放弃争取全民族解放的口号，以之作为进一步开展全民族斗争的战斗号召"的条件下，有步骤地从过高的要求上退下来，缩短战线并限定要求的范围，以至把惨案本身的解决交给南北政府去办理，进而迫使帝国主义作出某些让步。在他们看来，"在中国目前条件下，当工业无产阶级愈益成为国内政治生活的因素的时候，帝国主义者的些微让步，也必然会使解放运动提高到更高的水平"[3]。所以，尽管共产党人的要求最初十分激烈，但无论上海还是广州，当罢工已经造成了必要的声势以后，他们都不能不从原来的要求上大踏步地退了下来。问题仅仅在于，在上海，虽然罢工仅仅持续了两个多月，共产党人却已经深感力不从心，而不得不借助于上海总商会了；而在广州，罢工坚持了一年零四个月，并且，人们丝毫不为最后的结果感到沮丧。

不错，广州的运动和上海的运动之间有许多不同，如所处地区不同，

---

[1] 关税特别会议于1925年10月26日在北京召开，北京政府提出：(1) 1929年1月1日即应实行关税自主，由中国自定关税税率；(2) 此前海关税应在值百抽五以外，普通品加征5%的临时附加税，烟酒加征30%的临时附加税，其余奢侈品加征20%的临时附加税。此一方案较华盛顿会议所定一般物品加征2%，奢侈品加征5%临时附加税，有较大不同。

[2] 赫列尔：《上海的罢工》，《真理报》1925年8月29日，见《1919—1927苏联〈真理报〉有关中国革命的文献资料选编》，第117—122页。

[3] 维经斯基：《上海事件震撼着全中国》，《真理报》1925年6月14日，见中国社会科学院近代史研究所现代史研究室编：《维经斯基在中国的有关资料》，中国社会科学出版社1982年版，第123—126页。

斗争方式不完全一致,甚至罢工、排货对各阶层居民所产生的影响也不一样,等等。但最大的不同,显然在于参加省港大罢工的工人背后,有一个同情并支持他们的革命政府,而上海却没有。比较汉口、上海、广州三地的运动情况可以看出,邓中夏的下述看法是有道理的,即"当时不取得国民党帮助,的确罢工不到一个星期便要倒台"。汉口、上海、广州同样发生了英人枪杀中国民众的血案,但因湖北省地方军阀竭力压制,汉口群众未能形成更大风潮;而上海因政府一度失去控制,抗议浪潮汹涌一时,随着奉军入沪,成立戒严司令部,并于9月中旬封闭上海总工会,整个运动即被扼杀了。与此相反,省港大罢工自始至终都得到了广东政府的赞同和帮助,它不仅在实际上承认了共产党人对罢工工人的影响和领导,而且对省港罢工委员会和纠察队作为一种特殊的权力机构和执法机关,予以了最大限度的容忍,对罢工工人封锁香港和抵制英货,从各方面给予了积极的配合和有力的支持。特别是它对五卅惨案和沙基惨案的态度,从一开始就公开表现出强烈的民族主义倾向,明确认为:"救治之道,不当仅注意道歉、惩办、抚恤等枝节问题,尤当从废除不平等条约、收回租界着手,以谋根本解决"[1],"非废除不平等条约,则类此之惨杀事件,终无由绝迹于中国以内也"[2]。尽管它每月援助省港罢工委员会不过一万元,其部分领导人对对抗英国也持疑惧态度,但其多数领导人反英意志颇为坚定,有人甚至强硬主张"对英宣战,交还广州(租界)"。就连蒋介石也跃跃欲试,提议"除以和平方法与英国人奋斗外(如抵制英货等事),并应一方面实行武力之预备,于半年内准备了结,一方面与英国人为极长时之奋斗(或须至三年五年之久)"[3]。不难看出,省港大罢工不仅得到了广东政府的大力支持,而且还激励了国民党人的民族主义情绪。

---

[1]《广州陆海军大元帅大本营关于上海五卅惨案宣言》,1925年6月7日,见《中华民国外交史资料选编》,北京大学出版社1985年版,第311页。
[2]《中国国民党胡汉民等为废除不平等条约事给北京段芝泉先生等的通电》,1925年7月,见《中华民国外交史资料选编》,第324页。
[3] 参见《中国共产党简明历史》,1926年秋;《蒋介石为军事问题致加仑函》,1925年6月26日,见《苏联阴谋文证汇编》(二)。

共产党人终于认识到：能代表人民的政府在革命中是何等重要

毫无疑问，省港大罢工是取得了重要成果的，但它的胜利并不表现在其直接的结果上。这是因为，不仅罢工，就是倾广东军民之力来反抗英国人，也不可能使之屈服，更不可能很快改变列强各国政府，特别是在中国诸多既得利益者的殖民主义态度。省港大罢工的成功，根本上表现在它动员群众充分，策略运用得当，统一战线巩固，斗争持久而且影响效果显著。特别是在统一战线问题上，省港大罢工成功地避免了在上海五卅运动中出现的内部纷争，共产党和省港罢工委员会能够对国民党和工商资产阶级的利益予以高度重视和保护，不过分坚持难以达到的过高目标和口号，从而使后者能够始终同自己站在一起。其实，省港罢工同上海五卅运动一样，开始都是强调"反对一切帝国主义"，主张与列强经济绝交并全面抵制外货的，结果，省港罢工的领导者很快就认识到，"这种封锁不只封锁了香港，而且封锁了我们自己"[1]。封锁不仅使广州的日用工业品、粮食、燃料等方面的供应日益紧张，而且造成广东和内地的农副产品与土特产品也因无法外销以至积压、霉烂。如此不仅广东的工商业大受损失，农民利益亦严重受损，就连广州市民的生活也深受影响。在这种情况下，广州的共产党人很快变换了策略，接受了国民党人和工商资产阶级提出的"缩短战线"、"单独对英"的主张，确定了"凡不是英国货，不是英国船及不经过香港及澳门的，均可自由起卸"[2]的原则，同时积极加强工商联合，组织工商验货处及农工商学联合会等，使工商资产阶级享有相当的政治权力和政治地位，从而密切了统一战线的内部关系，维护和照顾了各方面的经济利益，保证了罢工运动的持续进行。

事实上，上海的绝大多数工商资产阶级同广州的工商资产阶级一样，都是富有爱国心和民族感情的，他们要求独立发展民族经济的强烈愿望，同共产党人的反帝革命主张是有共同点的。上海的工商资产阶级之所以难于长时间坚持罢市，支持罢工和联合抵货，除了得不到政府的有力支持

---

〔1〕 见邓中夏：《中国职工运动简史》，第202页。
〔2〕 见中国第二历史档案馆编：《五卅运动和省港罢工》，江苏古籍出版社1985年版，第297页。

外，一个很重要的原因还在于他们缺乏广州那样的有利条件。广州抵货运动得益于能够另开口岸通商，广东政府与商人因此两相获利，政府月收入增加4—5倍，进口商品量也增加1—2倍。而上海华商却不可能如广州一样另开港口码头，其抵货运动虽使英日厂商暂时受损，但因粮、煤、电均受控于洋人，加之铁路阻塞，罢工工人需费颇多，不要说长期罢市没有可能，就是坚持长期罢工和抵货，也必将对上海民族经济的生存造成严重的威胁。仅工部局故意停供华厂电力一项，就导致13家华商纱厂被迫停工，6万多工人失业，两个月即损失326万元以上。[1] 在没有政府的支持下，长期坚持罢工、罢市及和平抵货，最终不仅可能得不偿失，而且也不可能达到目的。

一样的罢工，一样的目的，甚至一样有共产党在鼓动、宣传并领导，其实际效果和最终的心理感受却如此不同。这充分说明，面对强大的外部敌人，确立阶段性目标，保持策略灵活并注意必要妥协，不失为一种有效的斗争手段。同时，它也说明，即使在群众性的反帝斗争中，政权的作用也具有关键性的意义。正如时任省港罢工委员会部门负责人的共产党员蓝裕业所说："真正能代表人民的政府在国民革命中是如何的需要，不但省港罢工因国民政府之保护，不致如上海之被军阀一样摧残，就是在每一次交涉中，因为有了国民政府能为人民利益抗争，帝国主义乃如芒刺背，感觉不安，屡次勾结叛军来攻击国民政府，务欲缴去然后快。"[2]

实际上，不论人们最初是否愿意把反帝斗争看成外交问题，最终都不能不承认必须要由政府出面与肇事国及公使团谈判解决问题，甚至不能不承认涉及全国性的废除不平等条约问题，当时只能由得到国际承认的北京政府来进行。[3] 事情很明显，所谓不平等条约以及上海、汉口与广州的流血惨案，既是一个民族压迫问题，也是一个外交问题。被压迫和受欺凌的民众有权以各种方式表达对压迫者的愤慨和反对，但涉及国与国间关系，问题最终仍须由权威政府通过外交方式予以解决。然而，这时唯一得到国际社会承认而具有解决问题权威的北京政府，却是一个在列强羽翼下

---

[1] 见《申报》1925年9月22日。
[2] 蓝裕业：《省港罢工交涉之经过及其现状》，《广州评论》第2—3合期，1925年10月。
[3] 《中国国民党胡汉民等为废除不平等条约事给北京段芝泉先生等的通电》，1925年7月，见《中华民国外交史资料选编》，第323—324页。

生存而在国内已丧失权威的政府,不仅它自身没有解决这些问题的强烈愿望,即便有,各国政府也不可能相信它具有这种能力。显然,在大多数列强看来,把自己国家侨民的生命财产安全以及各种经济利益,交给一个连国家都不能统一,地方军队都不能约束,社会治安都难以维持的徒有虚名的政府来保护,放弃自己已经取得的哪怕是不平等的单方面的权利,无论如何是不可能的。

在这里必须指出的是,根据华盛顿会议的协议以及20世纪国际政治发展的趋势,多数列强国家的政府这时已经明显地不能不日益重视中国人对民族独立和国家主权的强烈要求了。1925年10月关税特别会议的召开,和各国代表对1929年以后恢复中国关税自主的许诺,以及1926年1月法权会议的召开以及随后上海会审公廨的交还,都突出地反映了这种情况。[1] 一些上层资产阶级和部分知识分子开始对这种进程抱以希望,是很自然的。但有谁能保证在中国继续分裂和混乱的情况下,各国政府会冒险放弃它们的特权呢?

问题在这里明显地呈现出一种吊诡的情况,即列强各国政府坚持非要看到一个统一、有力和能够实现法治的中国中央政府,非如此不愿交还他们所握有的在中国的特权;但中国的分裂与混乱,以及中央政府的无力和虚弱,很大程度上又恰恰是因为少数列强坚持维护它们在中国的势力范围造成的。只要列强各国继续保有它们各自在中国的势力范围,由此产生的外国人需要特殊保护的理由也就难以消失。不难断言,这里的出路只有一个,至少在广东国民党人和大多数有强烈爱国心的中国人看来是如此。那就是,应该毫不迟疑地在中国建立一个真正统一的、有争取民族独立和恢复国家主权强烈愿望与实际能力的革命政府。这一点,应该说是五卅运动和省港罢工造成的最重要的宣传效果了。

中共中央正式决定,最近将来的首要工作,就是推动北伐战争

为了成就孙中山统一中国的梦想,1925年7月1日,国民党雄心勃勃地在广州成立了"中华民国国民政府",并将其所辖各军统一改称为"国

---

[1] 参见《中华民国外交史资料选编》,第247—265页;并见马士・宓亨利著,姚曾廙译:《远东国际关系史》下册,商务印书馆1975年版,第677—680页。

第二章 向左还是向右

民革命军"。与此同时,国民党军事委员会决定迅速出兵征讨异己之军阀,统一广东广西根据地,进而实行北伐。蒋介石声称:"帝国主义者与军阀原属一体,吾人必先绝其根株","若竟听其祸国而无革命军与彼宣战,国家前途宁复有望?"[1]而在几个月之前还在批评国民党人"想占一隅之地,养数万军队",来反帝反军阀是"此路不通",主张"停止军事行动及放弃广州政府"[2]的陈独秀,这时也顿开茅塞,大声宣告:应"立起国内战争","武装学生、工人、商人、农民","甚至于联合同情于民族运动的军人",以打倒统治北京政府的奉天军阀,"建立平民的革命统一政权"。因为,"反帝国主义的争斗,没有平民的革命政权,不但不能得着胜利","并且连争斗的力量都不容易集中"[3]。

1925年秋,统一广东广西根据地的作战大功告成,广东国民党人可以北伐了。而在此前后,以奉系军阀为支柱的段祺瑞政府开始全面镇压各地的反帝革命运动。先是上海总工会被查封,接着山东张宗昌制造青岛惨案,封闭胶济路总工会,枪杀工会职员及同情工人的《公民报》记者;同时,天津李景林协助日本厂主捕杀日本裕大纱厂罢工工人,并派兵至唐山赵各庄与英国矿主合谋弹压罢工,迫使工人复工;张作霖在东北强令不准抵制日货,段祺瑞在北京下令:"倘有故酿风潮蔑视政令……必依法从事,决不姑贷"[4]。借此天怒人怨之际,浙江军阀孙传芳与受奉系军阀排斥的冯玉祥的国民军南北呼应,于10月16日挑起了浙奉战争,出其不意,一举夺取了上海等大城市;11月又与国民军联合,轻而易举地攻占了徐州。

这个时候,苏联正在大力援助冯玉祥的国民军。在苏联驻华大使加拉罕的秘密作用下,冯玉祥还秘密地与对峙中的奉军前线将领郭松龄达成了反奉密约。[5] 11月23日,郭松龄就在滦州前线公开倒戈,宣布回师东北,讨伐张作霖。冯玉祥25日通电响应,并指挥国民军乘势攻下热河,

---

[1] 参见《苏联驻华大使馆武随员罗嘎乔夫及广东军事顾问鲍罗廷等参与广东军事之会议录》,1925年7月18日,7月26日,见《苏联阴谋文证汇编》(二)。
[2] 独秀:《国民党的一个根本问题》,《向导》第85期,1924年10月11日;独秀:《国民党的政治态度》,《向导》第91期,1925年11月12日。
[3] 独秀:《此次争斗的性质和我们应取的方法》,《向导》第118期,1925年6月20日,独秀:《我们如何应付此次运动的新局面》,《向导》第120期,1925年7月2日,独秀:《我们如何继续反帝国主义的争斗?》,《向导》第126期,1925年8月23日。
[4] 李世军:《三·一八惨案纪实》,《文史资料选辑》第66辑,第27页。
[5] 转见蒋廷黻:《鲍罗廷时代之苏俄远东政策》,《独立评论》第6号,1932年6月26日。

并猛攻已成孤军的奉系李景林，于12月24日力克天津。

一时间，反奉倒段呼声一浪高过一浪，张作霖和段祺瑞的统治摇摇欲坠。如此形势自然对广东政府极为有利。共产党人也不失时机，多次组织反奉反段示威，并建立了以赵世炎、陈乔年等为核心的国共合作的"行动委员会"，宣称"革命的民众，由实际革命奋斗中由统治阶级手里夺取"政权的时机已经到来了。[1]

11月27日，共产党人会同国民党北京执行部决定于次日发动大规模驱段运动，并联络国民军鹿钟麟部，得到赞同。不料，冯玉祥担心倒段后不能独力支撑新政府并取信于国际，决心暂维段政府，鹿钟麟亦转而被迫对28日的群众驱段运动进行拦阻[2]，致使此一运动未能达到倒段和驱段的预想。紧接着，深恐郭松龄取胜对日本不利的日本军方，在获得了张作霖关于"日本国民在辽东半岛有居住权、租借工商业的权利"的承诺，公然出兵助张作战，以至形势迅速逆转。

12月下旬，郭松龄兵败身亡。1926年1月，向来互为仇敌的奉直两派军阀公开联合南北夹击国民军，原国民军占据的开封、郑州、洛阳及马厂等地先后被吴佩孚的直系军队所攻占。冯玉祥为转移奉直攻击的目标，被迫通电宣布辞职，将部队交给张之江、鹿钟麟等指挥，自己出走包头，准备赴苏考察。

不久，奉系张作霖率部再进山海关，进攻热河、滦州；李景林、张宗昌组成的直鲁联军反攻天津；直系吴佩孚部兵进河北石家庄；山西晋军阎锡山也出兵娘子关，北攻保定，国民军形势危殆。在此过程中，奉系渤海舰队出现在大沽口，国民军被迫安置水雷，限制船只航行，试图拦阻奉军舰只的行动，遭到以日本为首的外国公使团的严重抗议。明里暗里支持着奉系的日本政府，这时联合北京公使团以《辛丑条约》规定北京至大沽口岸须保持"自由交通"为由，公开逼迫冯玉祥全面开放大沽口航道。日本军舰甚至强行驶入大沽口水域，进行武装威吓，并炮击国民军守卫的大沽口炮台，酿成"大沽口事件"。事后，日本纠集《辛丑条约》签字国公使于3月16日发出最后通牒，强硬要求国民军拆除大沽口军事工事，开通

---

[1] 士炎：《政治近状与国民革命运动》，《政治生活》第59期，1925年11月25日。
[2] 见《中国国民党第一、二次全国代表大会会议史料》（上），第201—202页。

北京至出海口所有航道。[1] 17日，各国军舰云集大沽口，进行武力威胁。

面对这种情况，在北京的国民党人和共产党人接连组织了反日侵略大会，强烈要求北京政府严词驳复公使团的通牒，并下令驱逐各国公使离京。

3月18日，在国共两党推动下，北京各学校及各社会团体集会天安门，抗议列强威胁，声援政府外交，督促国民军为驱逐帝国主义而战。游行队伍请愿至铁狮子胡同国务院门前时，段祺瑞的卫队竟向游行队伍开枪射击，并冲击游行队伍，致使47人死亡，200余人受伤，大批游行民众惨遭殴打。事后，段祺瑞政府还颠倒黑白，谎称此惨案系"李大钊等假借共产学说，啸聚群众，屡肇事端"，致"率领暴徒数百名，手持枪棍，闯袭国务院，泼火油、抛炸弹，手枪木棍袭击军警，各军警因正当防御，致互有死伤"[2]。

北方革命形势的出现和国民军的作用，使共产党人进一步认识到军队和政权的作用，并急切地期望革命的成功。因此，中共中央于1925年底第一次建立了军事委员会，开始在各地组织小规模的群众武装，并于1926年2月第一次决定暂时把军事目的放在一切工作的首位，主张"党在最近将来政治上的第一职任，是从各方面准备广东政府的北伐"[3]，试图全力推动广东国民党人利用北方形势迅速出兵，推倒或动摇北方军阀的统治。然而，到1926年4月中旬，国民军已经难以抵御联军50多万大军的进攻，被迫撤出了北京，退至怀柔、延庆、蔚县、多伦、怀来、涿鹿等地，主力退守南口，并陷于苦战之中。坚守三个月后，终于不得不分兵向西突围，大部溃散，仅少部到达绥远得以保留。

三二〇事变发生，布勃诺夫主导妥协，中共中央自我检讨

随着北方形势的改变，莫斯科对中国革命局势的估计发生了根本性的改变，影响到中共中央的这种热情也开始降温。中共从反对军事斗争，到

---

[1] 见《中华民国外交史资料选编》，第266—270页。
[2] 转见杨善南：《北京惨案真相》，《青运史资料与研究》1985年第4—5期，第62页。
[3] 中央特别会议：《国民党工作问题》，1926年2月，见《中共中央文件选集》，第2卷，第60页；并见《中国国民革命军的北伐》，第379—380页。

主张军事斗争；从怀疑保持局部性的广州政权的必要性，到转而坚信必须巩固广州革命政权，甚至相信必须要通过军事革命把革命政权扩展到全国去的观念转变，已经完成。尽管共产国际代表并不同意由共产党人去设法控制军队，甚至怀疑在广州政府军队中发展"青年军人联合会"这一类带有明显激进色彩的军人组织的必要性，担心会引起不必要的猜疑，使本来就不团结的军人进一步分裂，但是，中共中央注重军队工作的方针业已确定。1925年底，他们已开始尝试在北方的国民军和南方的国民革命军中建立共产党的秘密基层组织，并"打入一切政治部及其他部门"，以便"更好地掌握政治工作"，"使军队不致为国民党右派夺走"[1]。

要让刚刚开始熟悉工人工作并正在设法深入到农民中去的年轻的共产党人，去摆弄连孙中山都感到头痛的中国军人，无论如何都是困难的。那些对于不识字和无组织的工人、农民看起来颇具鼓动性的宣传，对于国民军和国民革命军的军官以及将军们往往显得过于刺耳。尽管普通士兵们对于那些充任政治工作的激进知识分子未必没有好感，但素来把军队看做私有财产的将军们对此提心吊胆。不论这些将军革命与否，他们多半都无法容忍在自己的军队中出现诸如左右派之类的派别斗争或阶级斗争。因此，冯玉祥甚至连三民主义的宣传也要加以严格的监督与限制。[2] 经历了讨伐陈炯明的东征作战之后，蒋介石无疑对他军队中的"跨党分子"，即共产党人的能力和牺牲精神印象深刻，因而多次给予高度评价。正因为如此，他自然也最怕这些优秀的年轻人不能成为自己的忠实部下。三二〇事变的爆发充分说明了这一点。当时正在广州的苏共中央书记、苏联红军总政治部主任布勃诺夫就注意到，问题的关键就在于苏联顾问和中国共产党人都太过忽视了这些将军极强的封建心理。

三二〇事变的直接原因，是苏联新来的军事总顾问季山嘉态度傲慢地反对蒋介石的北伐计划，并且蓄意挖走蒋所指挥的第一军中的第二师，引起了蒋介石强烈的逆反心理，最终因疑心大发，怀疑季山嘉和汪精卫合谋要将他绑架上船送去苏联。他在1926年3月20日发动了一场军事政变，一度将苏联顾问全部软禁起来，并把第一军中的中共党员全部清除了出去。事变的直接后果，是当时在广州的布勃诺夫主导让步，免除了季山嘉

---

〔1〕《维经斯基关于霍米列夫同志军事工作报告的发言》，1925年底。
〔2〕 见《中国国民党第一、二次全国代表大会会议史料》（上），第200—201页。

等人的顾问职务，导致国民党政治领袖汪精卫愤而出走法国，蒋介石一举掌握了党政军大权。蒋于5月中旬召开国民党二届二中全会，决议禁止苏联顾问出任国民政府的任何实职，并通过了一个《整理党务案》，明文规定中共应将国民党内之共产党员名册及对国民党内共产党员的一切训令，交给国民党中央；共产党员且不得担任国民党中央机关各部长，出任中央执委的人数不得超过三分之一；凡跨党者均不得怀疑或批评三民主义，等等。[1]

三二〇事变从一个侧面清楚地说明，苏联顾问以及中共对国民党军事工作的干预是完全失败的。一向被视为革命依靠力量的、以黄埔军校学生为基础，并以苏式装备武装起来的国民革命军第一军，轻而易举地就被蒋介石用来进行政变的事实表明，军队掌握在具有浓厚封建色彩的将军们手中，对共产党人具有极大的危险性。

可以肯定，事变发生之初，有些共产党人极为愤怒，曾经主张过实施反击，想要强行建立起一套能够抑制住这些将军的机制。但是，没有人敢于去冒这种巨大的政治风险。当时条件下，受中共领导的工人纠察队总共只有200支枪[2]，而且政变开始就被蒋介石的军队缴了械。要反抗国民革命军中强大的第一军，必须要串联另外几支由地方派系军阀武装改编而成的军队，没有谁能担保这些平常还远不如蒋介石左倾的将军，会比蒋介石更驯服。何况，"蒋介石的兵力最多"，"第二军第三军再加第四军，其兵力才抵得上第一军"。第二军军长谭延闿和第三军军长朱培德虽稍左倾并对蒋不满，但他们的部队并无与第一军抗衡的战斗力。第四军军长李济深、第五军军长李福林、第七军军长李宗仁、第八军军长唐生智等，又都是政治上右倾的"保定派"[3]，他们一旦上台，难免会"比蒋介石还要坏"[4]。

在莫斯科看来，由于国民军的失败，奉系将完全控制北京，"国民党人、共产党、苏联以及一切革命分子受到很大压制"，"所有反动的势力四面八方向我们进攻的危机，已迫在我们的眼前"。在这个时候，广州发生

---

[1] 见《中国国民党第一、二次全国代表大会会议史料》（下），第712—716页。
[2] 邓中夏：《一年来省港罢工的经过》，1926年8月。
[3] 保定派，指毕业于保定陆军军官学校者。
[4]《中共中央委员会关于广东军事形势及策略的指示信》，1926年6月9日。

内讧，势必"对帝国主义最为有利"[1]。而对这一事变，无论共产国际代表还是中共中央都相信，蒋并没有帝国主义的背景，却可能为帝国主义所利用。因此，尽管中共中央 3 月底才收到广东党组织关于三二〇事变的报告，妥协退让的方案早已由布勃诺夫做出，但这未必违反中共中央的初衷。因为很显然，陈独秀最初得知事变的消息时，第一个反应就是以为发生了误会，故他的主张也要"拯救"危局，保持合作。[2] 因为远在上海的中共领导人很长时间以来都认为，蒋介石是国民党内最坚定的左派领袖人物，他们完全想象不出，如果不是误会，怎么会出这种事情。

4 月伊始，中共中央开始检讨五卅以来工作上的失策，认识到自己此前太过幼稚。如往往"不注意当地的群众日常生活的要求，而只有全国政治运动的总口号和全国的普泛的政治煽动"，"开口便是打倒帝国主义打倒军阀等老套头"，"不顾群众的心理，把口号提得过高，完全不懂斗争的战术"，还"自己以为很革命"，"在各方面几乎要把 C. P. 的招牌挂在脸上"；对统一战线组织也往往喜欢"占据机关及多占职员"，包办一切，"强要各派都向我们投降"；不懂得在统一战线中我们应当争取"事实上的政治领导"，并且不仅要使别人让步，"我们也不得不让步"，等等。鉴于内部外部危机重重，北京政府甚至敢于受"英日主谋驱逐（苏联驻华大使）加拉罕离华"，中共中央不得不重新强调争取群众和巩固统一战线的工作。[3] 不仅如此，根据苏联方面对中国政治军事形势的分析说明，结合广州所发生的一系列变化，他们这时也一反此前力主北伐的调子，开始主张："现在的实际问题，不是怎样北伐，乃是怎样防御"的问题，确信"革命的北伐时期尚未成熟"[4] 了。

---

[1] 参见《张万和关于广州政变真实情况的报告》，1926 年 3 月 29 日；《我们今后怎样工作》，1926 年 4 月 15 日；《中共中央致共产国际执委会东方部电》，1926 年 4 月 28 日，见《中共中央文件选集》，第 2 卷，第 109—110 页。
[2] 独秀：《中国革命势力统一政策与广州事变》；执中：《广州事变之研究》。《向导》第 148 期，1926 年 4 月 3 日。
[3] 参见《我们今后怎样工作》，1926 年 4 月 15 日；《中共中央通告第九十七号》，1926 年 4 月 26 日；《中共中央通告第一百零一号》，1926 年 5 月 7 日；等。见《中共中央文件选集》，第 2 卷，第 104—106、108—110、118—131 页。
[4] 参见《中共中央通告第一百零一号》，1926 年 5 月 7 日；独秀：《论国民政府之北伐》，《向导》第 161 期，1926 年 7 月 7 日。

第二章　向左还是向右

陈独秀：对蒋介石的策略，既不能推翻，也不能拥护

如果说三二〇事变之后最初共产党人还曾以为蒋介石是"民族革命运动中的一个柱石"，决心"全力拯救他，将他从陷入的深渊中拔出来"[1]，那么，这种印象在国民党二届二中全会以后显然很快消失了。在《整理党务案》通过以后，共产党人在广东支持蒋介石保持其地位的原因，更多的已经是出于利益的考虑，而不包含对蒋介石的信任在内了。蒋不再被看做左派，而是被直截了当地看做中派乃至"新右派"了。这意味着，三二〇事变，特别是《整理党务案》通过后，共产党人确信，国民党乃至广东革命的领导权"在某种程度上已经落到民族资产阶级手中去了"[2]。

国民党二届二中全会后，蒋介石接连攫取了国民党中央执委会军事委员会主席、组织部部长、国民革命军总司令、国民政府委员、中央党部军人部部长、中央执委会常务委员会主席等一系列重要职务，并撤销了过去被鲍罗廷用来发挥直接作用的政治委员会，逼走了国民党继孙中山以后公认的最高政治领袖汪精卫，集党政军大权于一身，日渐具有军事独裁的色彩。这种情况不能不让中共中央深感不安。问题在于，蒋介石既限制共产党，又公开反对国民党右派，因此对蒋充其量只能当做中派或"新右派"看待；由于中派一般的只能被看做同"买办阶级"有区别的"资产阶级"的代表，按照民主革命的性质，只能又斗争又联合。对于一个理论上的阶级或者可以又斗争又联合，对于现实中的军事独裁统治如何又斗争又联合呢？

在国民党日渐成为军人手中的玩物的情况下，陈独秀等人不能不设法利用军队间矛盾或另组武装以与之抗衡，而共产国际代表仍旧寄希望于运用谋略取胜。[3] 于是，结果只能是这样："'推翻蒋介石'是左倾口号，'拥护蒋介石独裁'则是右倾机会主义。"为了不左不右，共产党人只好一

---

[1] 独秀：《中国革命势力统一政策与广州事变》，《向导》第148期，1926年4月3日；《张万和关于广州政变真实情况的报告》，1926年3月29日。
[2] 《陈独秀关于中共中央七月扩大执委会情况的报告》，1926年7月21日。
[3] 陈独秀：《告全党同志书》，1929年10月，见《中共党史参考资料》第5册，国防大学出版社1987年版，第393—402页。

方面将"争取中国国民运动领导权的斗争问题提上日程",力图排除蒋介石"民族资产阶级对国民党的领导";一方面则为避免再度与之直接冲突,决心团结群众,扶植左派,让左派国民党人而不是自己出面与之斗争。[1]

不过,在1926年5月《整理党务案》通过以后,再来考虑利用军队间矛盾或扶植左派出面的策略,都已为时过晚。按照中共中央描述的情况:"五月十五日的中央会议,直接限制C.P.之活动,同时取消了左派领袖汪精卫在党中的领袖地位,而易以中派之张静江为中央主席。七月四日的中央会议,蒋又直接取消了张静江而自作主席。于是党权政权军权皆集中于总司令一身,蒋所在地,就是国民党中央所在地,国民政府所在地;蒋就是国民党,蒋就是国民政府,威福之甚,过于中山为大元帅时。"[2]不仅如此,尚未完全巩固阵脚的蒋介石6月已决定发动北伐战争了,利用战争状态来巩固和强化军事统治更是再方便不过的了。它既能够使军人们摆脱那些碍手碍脚的国民党左派人物,特别是鲍罗廷和共产党人的影响和包围,完全听命于作为北伐军总司令的蒋介石,又能借军事状态对种种威胁其权力的现象便宜行事,这种情况太让共产党人担心了。

中共中央领导人这时已经开始意识到,既然党和政府统统成为一班军事领袖"达到个人某种目的之工具",那么,即便北伐胜利,也将"是革命的破产"。问题是,谁都清楚,权力已经落到军人手中,又进入战争状态,再想"以党来支配一切","是非常艰难的"。"问题不在党员群众,而全在军事领袖自身",他们"必须与民众合作,必须受民众的和党的制裁,才能够免除形成军事独裁走到反民众利益那边去的危险",问题恰恰就在于,他们能不能"真正站在革命的见地去牺牲一切"呢?能不能"放弃军事独裁的野心",接受民众和党的"制裁"呢?中共中央不能不由衷地表示怀疑。[3]

在三二〇事变,特别是在国民党通过《整理党务案》之后,即使是鲍

---

[1] 参见《陈独秀关于中共中央七月扩大执委会情况的报告》,1926年7月21日;中共中央第三次扩大执委会议决案:《中国共产党与国民党关系问题议决案》,1926年7月,见《中共中央文件选集》,第2卷,第174—178页。

[2] 见《中央局报告(九月份)》,1926年9月20日,见《中共中央文件选集》,第2卷,第341—342页。

[3] 参见述之:《我们的北伐观》,《向导》第170期,1926年9月8日;独秀:《革命与武力》,《向导》第179期,1926年11月25日。

罗廷，这时也失去了左右国民党决策的资本了。苏联的军事顾问们只能被迫全力为蒋介石的战争目的制订全套作战计划，却不能去过问其政治意义如何。这时，摆在莫斯科面前最主要的任务很清楚，就是依附于日本的奉系北京政府。为了推倒奉系政权，抑制日本在华势力的扩张，它不得不在中国北方援助冯玉祥的国民军，在南方援助国民党。只是，他们相信"其战斗力甲于全中国军队"的国民军[1]，却并没有显示出其强大。国民军1926年春的失利，使莫斯科迅速放弃了原来对国民党北伐的支持。而阻止广东政府北伐竟又弄出一个三二〇事变，这更是让莫斯科大感意外。它之所以必须坚持用和平的办法解决事件，并坚持用退让的态度来确保苏联、共产国际和中共与广东国民党政权的合作关系，也实在是无可奈何之策。而鲍罗廷等在国民党通过《整理党务案》的情况下，之所以还敢于继续运用谋略来对付蒋介石正在形成的军事独裁统治，根本上只是因为他们坚信，蒋介石的背后还没有帝国主义的身影，他还必须要依靠苏联。因此，事情未必没有转机。他们显然忘记了，正是他们一直在告诫人们：帝国主义是无孔不入的。

列强对北伐态度不一，美国人最早注意到另一种可能

帝国主义已经在行动了。7月9日，北伐正式开始，国民革命军西路军很快夺取了长沙，并迅速向武汉挺进。9月初，西路军各部队已包围了武昌城。眼看半壁江山即将落入有布尔什维克背景的国民党人手中，英国政府有些沉不住气了。英国炮舰开始在武汉长江一带向国民革命军鸣炮示威，与此同时，它们先后在9月4日和5日分别在广州和武汉长江上游的四川万县制造了两起武力干涉事件，向国民政府施加压力。在广州，英国西江舰队有预谋地占领了省港码头，扣留了省港罢工委员会的船只，试图胁迫广州政府禁止排货运动。在万县，英舰借口川军扣留英国轮船，悍然向万县县城滥加炮击，造成上千名中国平民伤亡与数百家商店和民房被毁，以此来警告那些"不负责任"的"武装挑衅"者。[2]而英国一些人

---

[1] 共产党方面曾经认为，国民军的兵力（13万—15万）较广东政府当时的兵力（9万—10万）还要多出近1/3。见《中共中央文件选集》，第2卷，第119—122页。
[2] BFOC, 405/252A, p. 240.

士更大力鼓吹联合美、日等国,实行"支北压南"政策[1],孙传芳、吴佩孚及北京政府也看准时机,频频遣人出入英国驻华领使馆,极力恳求英国政府予以合作直至进行军事介入。[2]而美国与日本则采取了另外一种手法。

9月9日和13日,美国和日本针对中国局势及英国政府的态度,分别措辞温和地发表了"不介入"中国事务的声明。美国并拒绝了英国关于共同派舰拘押和摧毁广州工人纠察船,以威胁广州政府的提议。[3] 10月,它更进一步通知英国政府:它主张"随时准备与任何表现出有能力代表中国履行其所负义务的政府建立关系并进行谈判"[4]。

美国人这样做,一个很重要的原因,就是许多美国人早就注意到了敢于"发动反俄国人的政变"的蒋介石,已经取得了"越来越多的权力"[5]。他们相信蒋能够"逐渐驱逐俄国人和中国共产主义势力"[6],并预见到以蒋介石为"独裁者"的广州政权有可能控制中国大部分地区。因此,他们极力主张对蒋介石应"稍加鼓励",甚至"伴以多少慷慨一点的财政和军火援助"[7],反对像英国那样不分青红皂白地用武力,把打算走日本、泰国式改良道路的国民党"温和派",推向"激进的广州赤党领导人"一边[8]。美国出席中国关税特别会议的代表史朝恩这时就明确告诫国务卿凯洛格:"武力干涉将破坏中美贸易,而且得不到美国人民的支持。"参议院外交委员会主席波拉也公开宣称:像上海五卅那样"开枪把人打倒,看着一个民族像挨了鞭子的奴隶那样屈服,这样的时代已经一去不复返了"[9]。尽管这种看法并不代表美国所有官员的意见,美国军人同英国军人一样傲慢地在武汉、宜昌、九江等长江口岸炫耀武力,但是,美国政府毕竟注意到了事情的另外一种可能。

这种可能性很快就露头了。在北伐开始之际一再申言"北伐的最大目

---

[1] U. S. Department of State Archives (Microfilm),893.00/7532.
[2] BFOC,405/252A,p. 218,458.
[3] FRUS,1926,Vol. 1,p. 723,726.
[4] FRUS,1926,Vol. 1,p. 855.
[5] U. S. Department of State Archives (Microfilm),893.00/7412.
[6] U. S. Department of State Archives (Microfilm),893.00/7473.
[7] U. S. Department of State Archives (Microfilm),893.00/7539.
[8] FRUS,1926,Vol. 1,p. 999—1000.
[9] New York Times,November 17,1926.

标是打倒帝国主义"[1]的蒋介石，8月20日在长沙却发表了一个模棱两可的《对外宣言》。他声称："革命之成功，即友邦之利益"，"其扶持正义赞助我国民军者，中正爱之敬之"，恳求"友邦谅解"[2]。如果说这篇宣言不过是一种策略上的手段，那么，紧接着国民政府湖南交涉员向英国驻长沙领事透露的蒋介石的私下谈话，就具有另外一种性质了。该交涉员声称：蒋曾私下亲口对他说，他不是布尔什维克，"他目前正在利用俄国人为其服务，这符合他目前需要，并且某些布尔什维克主义宣扬的纲领，诸如反帝、改善民生，也同样是国民党的纲领。但他不赞成共产主义，因为共产主义与中国百姓内心最深处的天性是不相容的"[3]。甚至北京还传出风言，说是蒋介石已经向外国记者表示，将决心清除苏联顾问。

所谓无风不起浪。但是，说蒋介石这个时候就已经在与列强暗自勾结，恐怕也未必准确。国民党为北伐出师宣言已清楚指出，中国今日之苦难与分裂，"皆帝国主义之侵略及卖国军阀之窃权之所致"。"中国目前唯一之需要在建设统一政府"，"而过去数年间之经验，已证明帝国主义者及卖国军阀之势力不被推翻……统一政府之建设永无希望"[4]。作为革命党人，又向无政治外交经验，蒋介石不可能不担心北伐会遭到列强各国出面破坏，甚至是武装干涉。因此，他这时有种种外交示意，其本意在于想要麻痹列强当可无疑。何况北伐伊始，蒋介石还不能不指望那些"载着武器弹药"的"俄国船"[5]和忙里忙外的苏联军事顾问，帮助他把军队向北推进。要知道，无论苏联对这时发动北伐有什么样的看法，整个国民党的北伐战争，都是建立在苏联政府大力援助的基础上的。

取舍难决：离不开的苏联援助，离不开的蒋总司令

国民党原本并无自己的军队，黄埔军官学校就是在苏联270万卢布的帮助下建立起来的。而黄埔军校的主要教官，也都是苏联派的。最早的军

---

[1] 蒋介石1926年7月9日就职训令、26日谈话，见毛思诚：《民国十五年以前之蒋介石先生》。
[2] 见《国闻周报》第3卷，第35期。
[3] BFOC, 405/252A, p.459.
[4] 见《中国国民党历次代表大会暨中央全会资料》(上)，第251—254页。
[5] U. S. Department of State Archives (Microfilm)，893.00/7465。

事顾问1923年10月就与鲍罗廷一起来到广州,第二批顾问于1924年1月到了广州。军事总顾问巴甫洛夫来到广州后,即组成了苏联军事顾问团。1924年上半年来到广州的军事顾问团成员就已达到25人,包括步兵、航空、炮兵、机枪、工程、侦察、海军方面的专家。[1] 下半年,在巴甫洛夫不幸遇难,加仑(布柳赫尔)将军继任军事总顾问后,苏联军事顾问团成员很快扩展了将近一倍。正是在加仑将军和苏联军事顾问团的策划和组织下,国民党利用黄埔军校组成了它最早的一支军队,即黄埔学生军,并成功地进行了讨伐陈炯明的东征作战,镇压了商团事变以及滇军将领刘震寰、杨希闵部的叛乱,迅速成长为一支模仿苏联红军方式编成的极具战斗力的正规军。以它为核心组成的国民革命军第一军,自然也就成为北伐军的主力。

为了国民党的北伐作战,加仑将军还在1925年就帮助蒋介石拟就了军事作战计划[2],帮助把广东各军阀武装与黄埔学生军统编为国民革命军第一至第八军,并由苏联顾问分任从总司令部到各军的军事顾问。国民党决定北伐后,苏联军事顾问全力配合,随军北上直接参与参谋和指挥,甚至亲率部队冲锋陷阵。加仑身为总顾问,既负责制订作战部署与计划,还多次亲自飞赴敌方防地上空侦察情况。[3] 同样,国民党能在东征、北伐作战中形成明显的军事优势,很大程度上是与苏联的军事援助分不开的。据各种资料粗略统计,已知从1924年10月到1926年7月北伐作战开始前后,苏联援助国民党的武器装备,就有各式步枪近4万支、机枪190挺、大炮24门、掷弹筒50支、飞机15架、子弹3600万发、炮弹4000发、军刀1000把,以及刺刀数千把等。[4]

---

[1] 他们是:П. А. 巴甫洛夫,И. Г. 格尔曼,В. Я. 波利亚克,Н. А. 杰列沙托夫,А. И. 契列潘诺夫,斯莫连采夫,Д. 乌格尔,М. 萨赫诺夫斯卡娅,Т. А. 别斯恰斯诺夫,Е. А. 雅科夫列夫,Г. И. 基列夫,格米拉,И. Я 杰辽克,帕洛,И. 齐利别利特,科楚别耶夫,Ф. Г. 马采利克,В. П. 罗加乔夫,В. А. 斯杰潘诺夫,以及 П. И. 斯米尔诺夫,沙尔菲耶夫,艾蒂金,Н. А. 舍瓦尔金,等。

[2] 见卡尔图诺瓦:《加仑在中国》,中国社会出版社1983年,第222—224页。

[3] А. В. 勃拉戈达托夫著,李辉译:《中国革命纪事(一九二五——一九二七)》,三联书店1983年版,第219—227页。

[4] 参见《马林与第一次国共合作》,第170—171页;《黄埔季刊》第1卷第3期,1939年;见《苏联阴谋文证汇编》(二);见《共产国际、联共(布)与中国革命档案资料丛书》(1),第488、611页,等。

北伐战争的顺利，还因为苏联援助的冯玉祥国民军东山再起，并且同样展现出军事上的强大优势。这除了苏联也和帮助国民党一样向国民军派出了大批军事顾问以外，还由于陆路运输比海路运输更便利，莫斯科给国民军的武器装备数量更大。已知从1925年3月到1926年10月，莫斯科在短短一年半的时间里就向国民军提供了各式步枪59357支、机枪230挺、各种大炮60门、迫击炮18门、飞机3架、手榴弹1万枚、步枪子弹6970万发、军刀4000把、火焰喷射器10支等大量武器装备和弹药。[1]这使得国民军在1925年底到1926年8月与奉直晋联军几十万大军的持续作战中，一直保持着较强的作战力。苏联的持续援助，也使得冯玉祥能够在1926年8月结束在苏联的考察后，得以于9月17日在绥远五原一呼百应，顺利地通过誓师典礼，重新集结起国民军联军，并迅速发展壮大起来。

不难看出，苏联的援助对国民党来说，在这个时候还是不可替代的。因此，蒋介石这时依旧不能不尽力同苏联军事总顾问加仑等搞好关系。他这时对苏联顾问和中共中央的态度还表现得很诚恳，甚至还违心地向加仑承认自己犯了一些错误。[2]但是，为了把失去的对国民党的影响力重新夺回来，鲍罗廷和中国共产党人并不会因为蒋的示弱就停止削弱蒋的独裁权力的行动。

随着北伐的进行，蒋介石军事重心离开广州北去，而因北伐胜利群众中的"左派空气日益高涨"，再度让鲍罗廷等看到了"恢复左派在党及政府之指导权"的重要机会与"历史的必要"。而他们的策略，就是全力推动国民党内掀起迎汪运动。中共中央对此一策略考虑的解释是：为使蒋不能做政治中心，我们要"赞助左派在广东在全国取得政治上的指导"。但在战争正在进行，且蒋介石紧握权柄的情况下，无论是鲍罗廷，还是中共中央，都很清楚此一行动蕴含着极大的危险性。因此，共产党人的态度明显地表现出犹豫不决的特征。对于国民党突然提出召开中委及各地省部联席会议，讨论中央政府北迁和汪精卫复职问题的主张，中共中央明显地左

---

[1] 参见维·马·普里马科夫著，曾宪权等译：《冯玉祥与国民军——一个志愿兵的札记》，中国社会科学出版社1982年版，第10页；见《苏联阴谋文证汇编》（二）；见《共产国际、联共（布）与中国革命档案资料丛书》（1），第696—701、717页，等。
[2] 《中共中央军事特派员一飞报告》，1926年10月23日，见余沈阳编：《王一飞传略·文存》，中共党史资料出版社1988年版，第81—84页。

右为难。他们全力推动自己的和左派的代表出席会议,同时又反复告诫党的干部:"迎汪绝不是就要倒蒋",而是"促成汪蒋合作"。故"如果蒋能执行左派政纲成为左派,我们亦可不坚持要汪回来",亦可保证"决不推翻整理党务案"。当注意到蒋介石派人至上海请维经斯基与中共中央"勿赞成汪回",以"维持他总司令的地位",明显有示弱表示后,陈独秀等又不愿放弃逼蒋就范的机会。于是一面承诺不倒蒋,不推翻《整理党务案》,一面下决心要逼蒋"1. 将党权、政权速交与汪;2. 清洗军中反动分子"。主张迎汪的宣传自然"听其充分的做",迫蒋"执行左派政纲成为左派领袖"的设想,"不可提起",说是"事实所难能"。一时间,似乎不是中共无力倒蒋,倒是蒋面临"众叛亲离的形势",非中共"无法维持其不倒"。但几天后,发现"前敌战况不佳",陈独秀等又赶忙告诉广东方面,"不顾蒋之意硬迎汪回殊太危险",主张"汪暂不回,以广东省政府权交给左派"作为妥协。因为如果前敌无胜利消息,确信蒋又不同意汪复职,则这个时候"不能决定迎汪,此问题只好推到第三次全国大会"[1]。

一方面试图削弱蒋介石的权力,恢复失去的阵地,一方面又没有足以遏制蒋不因此而发生反动的能力;一方面提出了逼蒋的口号,再三想要达到目的,一方面又疑虑重重,缩手缩脚不敢实施,内心总是希望蒋自己能够"执行左派政纲成为左派领袖",或"觉悟他把军权、政权、党权集于总司令一人身上之危险",自觉放弃党权、政权。在 1926 年 9—10 月间,中共中央的策略方针左右摇摆幅度之大,是再明显不过的了。[2]

共产党人尽管心里没底,以至反反复复,朝令夕改,终究还是推动了迎汪运动。10 月 17 日,国民党中央各省联席会议一致议决通过了《请汪精卫销假案》[3],广东迅速开始出现"迎汪倒蒋运动"。蒋介石与中共之间的冲突就此立即表面化了。蒋介石得到消息后"大发脾气"[4],并且亲自写信给汪精卫,劝汪勿归。与此同时,他开始三令五申地要求中央党部、国民政府或中央执委会"速迁武昌",以便就近操控,"使其失所凭

---

[1] 见《中共中央文件选集》,第 2 卷,第 311—312、314—318、371 页。
[2] 同上,第 319—321、325—326、371 页。
[3] 见《中国国民党历次代表大会暨中央全会资料》(上),第 277 页。
[4] 见《王一飞传略·文存》,第 86 页。

借"[1]。当迁都开始，蒋发觉此举可能会便利鲍罗廷和共产党利用唐生智等"保定派"将领控制两湖地区的既成事实，压迫自己就范，因此又立改初衷，强令政府及党部迁至他所控制之南昌，不顾一切地挑起纷争，准备"生出一种冲突破裂出来"[2]。

汉浔事件，英国颜面扫地，列强开始把目光投向蒋介石

1926年底至1927年初，北伐军已经先后占领了湖南、湖北、江西、福建等省绝大部分地区。鲍罗廷明确主张继续沿京汉路北上，迅速与进入陕西省的冯玉祥国民军会合，直捣北京，然后再回过头来向东进占中国最大的工业和经济中心，也是帝国主义列强在中国的大本营上海。显然，鲍罗廷担心过早地威胁帝国主义侵华的这个主要基地，会迫使帝国主义很快出面干预，从而给自己造成被动。但鲍罗廷没有料到的是，英美各国会迅速改变自己的策略。刚刚在1926年9月还在对广州政府施以武力威胁手段的英国政府，10月中旬即一改此前强硬态度，宣布要与广州方面"捐弃前嫌"，并声明决不干预中国内政。[3] 12月9日，英国新任公使兰普森亲赴汉口，与国民政府外交部长陈友仁接触。18日，英国政府更抛出《英国对华新政策备忘录》，表示同意立即征收二五附加税，待中国新税法颁布，即允许中国关税自由；同时说明，在中国有权力谈判之中央政府出现后，即愿意与之开谈修约问题。[4] 对此，日本及美国等也一唱一和，信誓旦旦地表示将"尊重保全中国的主权和领土，对于中国内争严守绝对不干涉主义"[5]，也表示愿意尽早放弃"关税控制和治外法权"[6]，等等。

与美、日相比，英国人在对华外交上明显感觉迟钝，而且行事刻板，即使在美日报刊公开宣传国共之间的矛盾和蒋介石的反苏反共态度[7]，

---

[1] 见《国闻周报》第4卷，第18期，1927年5月15日。
[2] 同上，第16期，1927年5月1日。
[3] BFOC, 405/252A, p. 277.
[4] BFOC, 405/252A, p. 691.
[5] 见日本外务省编纂：《日本外交年表并主要文书》下卷，日本联合国协会1957年版，第91页。
[6] 见《中美关系资料汇编》第1辑，世界知识出版社1957年编印，第86页。
[7] 转见（上海）《民国日报》，1926年11月24日。

日本方面派员频频开始与南昌方面接触之后，他们仍旧对蒋不抱奢望[1]。但是，美、日，包括僵化的英国政府公开转取怀柔政策，对国民党人所产生的政治和心理的影响是共同的。它带给那些本来就担心会与列强发生严重冲突的国民党人的信息再清晰不过了，即列强各国并不坚持与国民党人为敌，只要双方能够达成必要的妥协。这一信息对于正受到苏联顾问和共产党人所掀起的"迎汪倒蒋运动"威胁的蒋介石来说，是再重要没有的了。上海及江浙地区原本就是蒋介石成长发迹之地，更是中国金融经济和国际贸易中心，"二五新税、鸦片特税、地方杂税及关税，每月可收入一千万元以上"[2]。如果能够取得这一地区，同时得到列强各国政府的谅解与承认，蒋介石就再也不必依附于苏联，更用不着看共产党的脸色行事了。在这种情况下，蒋介石迅速开始准备右转，甚至不惜放弃反帝口号，自然难以避免。

1926年10月，武汉三镇为北伐军占领后，革命气氛急剧高涨，武汉工人、学生反帝热情高涨，不断地与英、日租界警察及义勇队发生纠葛，双方敌对情绪与日俱增。不久，因天津英租界应张作霖之请逮捕并引渡国民党员，上海公共租界应孙传芳之请封闭上海《民国日报》，武汉群众随即把仇恨指向了英国，掀起了轰轰烈烈的反英运动。而这时在鲍罗廷指导下的国民党武汉中央党政联席会议也火上浇油，于12月22日认定："租界已成为反革命大本营"，"此后收回租界应为革命运动之事实问题"[3]。26日，武昌、汉口各界民众十余万人举行反英集会，强烈"要求政府立即收回妨害革命工作的租界"[4]。

由于各界接连响应共产党和国民党左派人士的号召，又组织了大批学生上街演讲，鼓吹反英，民众情绪更加激愤难抑。1927年1月3日，愤怒的民众开始聚集在英租界周围举行示威集会，租界当局急忙调集水兵登陆，试图驱散愤怒的民众，导致多名中国民众被刺伤，从而引起了一场混战。一些英方的警察、水兵和陆战队员也被狂怒的民众用石块和棍棒击

---

[1] BFOC，405/252A，pp. 707—708页。
[2] 《孙鹤皋呈蒋中正函》，1927年2月16日，（台北）"国史馆"藏档，蒋中正档案，特交档案·一般资料，第19册，第160282号。
[3] 《武汉临时中央党政联席会议第4次会议记录》，1926年12月22日，转见刘继增等：《武汉国民政府史》，湖北人民出版社1986年版，第152页。
[4] 见（广州）《民国日报》1927年1月10日。

伤。直到当天傍晚时分，国民党当局派来士兵，并迫使英国人后退一个街区，民众的围攻才得以平息。次日，为避免发生更大规模的冲突，英国领事下令撤退了租界里的水兵和义勇队，汉口民众立即蜂拥而出，冲进租界拆除沙袋及电网等街障，并且占领了租界工部局，封闭了英人商店。几乎与此同时，国民党军占领的江西九江，民众也和英国租界方面发生了激烈冲突。在国民党政府的帮助下，最终把租界巡捕和英国水兵赶到了英国军舰上，一举占领了英租界。国民革命军和当地工人纠察队随即接管了租界的治安警戒，并由国民政府官员组成了"英租界临时管理委员会"，接管了租界的市政管理事务。[1]

汉口、九江英租界被中国民众占领，英国政府最终放弃了武力干涉的企图，通过与国民政府的谈判，于2月19日、20日两日签署了同意中方收回两处租界的协定。

汉浔事件对英国以及列强各国政府的打击极为沉重。一向惯于借口保护其侨民而动用武力的不可一世的英国人，这次居然惧于有北伐军和国民政府为后盾的中国民众，为保护其侨民而忍气吞声不敢重演五卅、沙基及万县惨案，其威风扫地可见一斑。但这并不等于列强可以对此听之任之，容忍这种情况继续发展。汉口及九江英租界内外侨不过数百名，而上海、天津等地，仅"英人男女老幼"就有1600人，投资总额约1亿英镑。[2]汉浔事件风潮若随北伐军挺进而蔓延全国，则英国在华利益将面临毁灭性的灾难，甚至可能在香港、新加坡以及印度发生连锁反应，导致英国在远东殖民体系的全面崩溃，这对英国政府以至美、日、法等国政府，都不能不是一幅可怕的图画。

为此，英、美、日、法纷纷开始向上海调兵遣将，"公开作好使用武力"保护上海侨民的一切准备。[3] 这意味着，各国政府已开始对能否同武汉国民党人建立值得信任的关系感到怀疑了。

---

[1] 参见 A. B. 巴库林著，郑厚安等译：《中国大革命武汉时期见闻录》，中国社会科学出版社1985年版，第39—48页。
[2] BFOC, 405/252A, pp. 161—162；《申报》1927年1月28日。
[3] FRUS, 1927, Vol. 2, p. 47；日本外务省亚洲局：《最近中国诸问题概要》，1927年，卷2。

蒋介石：苏俄一旦不平等待我，我们一样的要反对他们

这个时候，蒋介石刚刚在迁都的问题上输给了鲍罗廷，国民党党政主要领导人都同意迁都武汉，蒋介石委曲求全前往武汉，又被鲍罗廷在宴会席上当众批评。蒋前脚离开武汉，共产党人后脚就开始大张旗鼓地发起"恢复党权运动"。种种情况都进一步促使蒋介石非另辟出路不可了。他立即作出了自己的选择。一方面，蒋亲率主力分兵东进江浙皖地区，暗中与江浙资本家取得妥协；一方面，他开始秘密与列强各国代表私下里进行接触和交涉。所有的一切，都是为了占据中国这一块最富庶和最具影响力的地区，创造足以摆脱苏联的基本物质条件。

1月下旬，蒋介石通过王正廷密告美国驻沪总领事：北伐军可以不在上海驻军，进而并亲自接见日本驻九江领事，表示将尊重现有条约并保护外国人的利益。[1] 随后，当美国政府马上将要求维护上海租界中立的照会故意递交给并无对外交涉权力[2]的蒋介石时，蒋又故作矜持，既不理睬武汉方面的抗议，也不正面答复美国的提议，而是秘密通过中间人去讨价还价，要求列强代替苏联向他提供武器弹药，以换取他"同鲍罗廷决裂，制止其反帝国主义反资本主义的暴力活动"[3]。与此同时，蒋介石在军务繁忙中，还特意安排时间与日本官方代表佐分利贞男、小室敬二郎、铃木贞一、山本太郎及松冈洋右等会面，表示他既不打算马上废除不平等条约，也不打算用武力收回上海租界的态度，并保证："苏俄（制度）不可能在中国再现。"[4]

1927年2月，得知鲍罗廷等不顾自己的强烈反对，坚持要召开国民党二届三中全会剥夺自己掌握的党政大权之后，蒋介石下决心与鲍罗廷彻底撕破脸了。他公开告诫鲍罗廷等人说："倘使有人要妨碍我的革命，反对

---

[1] FRUS, 1927, Vol.2, pp.60—61；日本外务省亚洲局：《最近中国诸问题概要》，1927年，卷2。
[2] 1926年10月，国民党中央各省区联席会议曾通过决议，除国民政府外交部外，任何机构和党员个人均不得办理外交事务。见《中国国民党历次代表大会暨中央全会资料》（上），第295页。
[3] U. S. Department of State Archives (Microfilm), 893.00/8502。
[4] BFOC, F2664/2110。

我的革命,那我就要革他的命!"[1]紧接着,蒋开始公开声称:"若苏俄一旦不以平等待我,像个别帝国主义国家一样压迫我们的时候,我们也是像反对帝国主义一样的反对他们。"同样,列强若能以平等待我,我亦同样可以与之联合[2]。

不过,列强各国政府毕竟还没有人真正与受过苏联人影响的国民党领导人打过交道,因此,要相信蒋介石也不是一件轻而易举的事情。对于各国列强来说,它们需要的"是行动而不是辞令"。正如美国驻华公使馆参赞麦耶在1月20日所表明的:"国民党人,在我们眼中恢复名誉的唯一办法是采取具体行动证明他们愿意并能够在其控制区内保护美国人的生命财产。"[3]在这方面,蒋介石的能力不能不受到怀疑。

3月24日,北伐军之"江右军"攻克南京。由于部队未能及时控制局势,被打败的直鲁联军的散兵游勇以及刚刚"易帜"的原孙传芳军阀部队的官兵发生了哄抢外侨住宅和英美日领事馆的情况,造成外国人6人死亡,6人受伤。英美炮舰为此向南京城猛烈炮击,造成上百名中国人伤亡。值得注意的是,列强各国并没有把这次意外事件看成是蒋介石无力控制局面的表现,相反,恰恰把它当成了对蒋介石能力和意向的一种考验。各国"总司令一致同意,尽可能避免采取进一步的激烈行动,直至蒋介石将军有机会履行他为所有外国人提供充分保护的诺言"[4]。

蒋介石马上抓住了这一表现的机会。他第二天即从安徽芜湖驻地赶到南京,公开支持了下属关于这次事件是"军队内部不良分子和南京共产党支部成员共同策划蓄意制造的"说法。随后,蒋介石赶往北伐军已占领的上海,宣布:"决不用武力改变租界的现状",并"将镇压一切不规则举动"[5]。进而,他开始紧锣密鼓地加紧准备与共产党人及武汉左派国民党人分裂。

蒋介石这时还不完全具备与共产党人、左派国民党人以及苏联顾问公开对抗的条件,在蒋介石的外交代表黄郛与日本驻沪总领事矢田七太郎的

---

[1]《总司令部特别党部成立大会演讲词》,1927年2月21日,见《蒋介石言论集》第四集,第124—125页。
[2] 转见《向导》第192期,1927年3月18日。
[3] U. S. Department of State Archives (Microfilm),893.00/8339.
[4] FRUS, 1927, Vol.2, p.147.
[5] 见(上海)《民国日报》1927年4月1日。

多次秘密会商中，黄郛曾明确表示过蒋介石对"断然采取行动"的"实施能力"和来自"汉口共产党的攻击"的担心[1]。不过，蒋介石不顾鲍罗廷的反对和苏联顾问的阻挠，挥兵东进夺取江浙及上海的行动，已经为其采取断然措施创造了基本的物质前提。况且，他也没有什么选择的余地了。在3月10日召开的由左派国民党人和共产党人控制的国民党二届三中全会，实际上剥夺了蒋介石的国民党中执委常委会主席、中央组织部部长、中央军委主席、军人部部长，以及中央军校校长等职，并严格规定了他在外交和财政方面的权限。[2] 如果不是因为战争关系，多疑的蒋介石显然相信那些人一定会连同他的总司令头衔一并摘去。

这个时候，南京事件的发生导致民众激进情绪与日俱增，一旦各国政府也采取强硬立场，势必会使蒋介石陷于进退两难的困境。

3月30日，矢田将强将采取强硬态度交涉南京事件的信息直接通报给了蒋介石。[3] 4月1日夜，矢田又将币原外相要求蒋介石"深刻反省"，立即"管束共产党的跋扈"，以"赢得内外信赖"，"平定时局"的警告，通过黄郛转达了蒋介石。[4]

蒋介石不得不孤注一掷了。他通过黄郛秘密告诉矢田，他已决心在"四五天之内"采取行动，只是希望各国军舰能在这时向汉口集结以施加"某种军事威胁"[5]。

无独有偶，就在蒋介石希望列强能够对武汉方面有所威胁的时候，日本水兵4月3日在汉口租界内殴打并刺伤中国一人力车夫，引起民众围攻，致多名日本水兵被扭送至省总工会。日本领事随即召集大批日本水兵登岸，与中国抗议民众冲突，竟至开枪，打死打伤中国民众多人，挑起了严重事端。[6] 日、英、美、法、意等国共27艘军舰迅速集结到武汉长江江面，开始对武汉政府进行军事威胁和经济封锁。

---

[1] 日本外务省档案，PVM27。
[2] 见《中国国民党历次代表大会暨中央全会资料》（上），第316—326页。
[3] 日本外务省档案，PVM27。
[4] 同上。
[5] 同上。
[6] 尚无资料证明汉口"四三"惨案是日本官方为支持蒋介石政变而故意制造的。在此之前，日人与中国群众发生纠纷在汉口虽时有所闻，但日方从未在武汉政府辖地因此种纠纷杀人或下令军队开枪，日领事也多次表示不准备因汉口租界问题与中方发生冲突。对照之下，"四三"惨案的发生颇令人怀疑。

用不着再小心翼翼了。维系他同苏联关系的最后那点儿纽带，由于同江浙财阀和列强关系的建立而彻底断裂了。不管共产党人怎样去看待他的阶级背景，作为中国一个典型的军事领袖，他显然更热衷于为巩固和扩大自己的军事统治地位，保护自己的军事集团利益而斗争。因此，不论他曾经有过，或实际上思想上仍然有着怎样革命的愿望或理想，面对可能根本危害到自身利益的时候，他终究还是会同那些可能带给他最大利益的力量走到一起去的。

四、妥协与冒险的代价

向左，向左，再向左，把国民革命引向工农民主专政

国民党人中的右倾倾向越来越明显了，这已经成为一种趋势，而且一发不可收拾。从"西山会议派"揭竿而起，到廖仲恺被暗杀，到"左派"领袖蒋介石发动三二〇事变，炮制《整理党务案》，直至走上军事独裁，急剧右转，再到国民党大批党政军领导人追随蒋介石，公开排斥打击苏联顾问和共产党人，国共关系迅速进入了前所未有的危急关头。按照中共中央的说法，目前的形势"较之三月二十日之事尤为严重数倍"[1]。

十分明显，国民党领袖摆脱苏联顾问和共产党人的影响，乃至反目成仇的可悲结局已经隐隐浮出水面了，但是，并不是所有的人都能够清醒地意识到这一点。相反，国民党北伐在军事上的胜利，使苏共中央和共产国际领导人一直沉浸在一种极度的兴奋之中，仿佛这一胜利足以改变一切，甚至会使已经开始右倾的国民党大踏步地向左跃进。

几个月来，苏共中央机关报《真理报》一直在连篇累牍地为国民党的军队大唱赞歌，不仅相信"它在组织方面和士兵群众的政治觉悟方面与中

---

[1]《中央委员会关于政治问题之报告》1927年1月26日，转见《苏联阴谋文证汇编》（一）。

国军阀的武装截然不同"[1]，而且干脆称赞它是"一支优秀的、在群众中享有很高威望的"、"真正的人民军队"[2]。斯大林则进一步宣称：欧洲式的人民起义和暴动，在中国已经不适用了，中国革命将靠军队取胜。因为，"在中国，和旧政府的军队对抗的，不是没有武装的人民，而是以革命军队为代表的武装的人民。在中国，是武装的革命反对武装的反革命。这是中国革命的特点之一和优点之一"[3]。

能够"透过现象看本质"，这说明斯大林的确有远见卓识。但是，尽管他发表上述至理名言之前曾留意过中共代表谭平山的报告，他显然对报告中关于蒋介石已经实行了军事独裁这一点没有任何深刻的印象。很难猜测斯大林是否真的不了解国民党军队的情况，或者同中共中央的担心相反，他这时也认为北伐为蒋介石在三二〇事变中"所纠集的力量的解体创造了条件"[4]，而不是助长了其加快独裁步伐的野心。无论如何，在这时斯大林的谈话中和共产国际执委会第七次扩大全会的文件中，几乎看不出有对中国革命危险感到担心的任何迹象。不仅如此，由于党内托洛茨基派正与斯大林派明争暗斗，托派尖锐批评斯大林的中国政策右倾，导致斯大林只好对中国正在发生的一切危险闭目塞听，反而公开散布乐观估计，称由于共产党和左派国民党掌握着十分之九的地方组织和绝大部分党员群众，"国民党中间派的社会基础很薄弱，每一分钟都有被左翼推翻的危险"，因此，他们只能同左派及共产党人"一起工作，互相利用"，而不能有所作为。[5]这意味着，随着军事上的顺利进展，理当进一步采取进攻的而不是防守的态度，使中国革命和国民党更加向左转。

正是在这样一种莫名的兴奋之中，在莫斯科召开的共产国际执委会第七次扩大全会向中国共产党提出了更加激进的斗争任务。这就是：

1. "中国革命发生在资本主义没落时期，它是推翻资本主义和建立社会主义共同斗争的一部分。""中国共产党应该竭尽全力争取最终实现过渡

---

[1]《真理报》1927年1月16日，见《1919—1927苏联〈真理报〉有关中国革命的文献资料选编》，第256—259页。
[2]《真理报》1926年12月5日，见《1919—1927苏联〈真理报〉有关中国革命的文献资料选编》，第247—251页。
[3] 见《共产国际有关中国革命的文献资料》(1)，第266—267页。
[4] 见巴库林：《中国大革命武汉时期见闻录》，第2页。
[5] 见《共产国际有关中国革命的文献资料》(1)，第183—185页。

第二章　向左还是向右

到非资本主义发展轨道的这种革命前途",建立"无产阶级、农民和其他被剥削阶级的民主主义专政"和"向非资本主义(社会主义)发展的过渡时期的反帝革命政府"。

2. 因此,阶级力量将重新组合。"现阶段中国革命的动力是无产阶级、农民和小资产阶级的革命联盟",大部分大资产阶级将被"排除在外",工业资产阶级在革命向前发展时,"要么脱离运动,要么企图阴谋破坏",而"不能独立行动"的小资产阶级,则只能接受无产阶级的革命影响。"无产阶级是这一联盟的领导成分"。

3. 在目前阶段,只有吸引农民参加革命斗争,才能巩固无产阶级对民族解放运动的领导权,推动反帝斗争的高涨和革命的深入发展。为此,共产党应该支持农民"消灭农村土豪和官僚专权",夺取农村政权,同时,实施以"减少地租"及"捐税负担",没收军阀、地主、土豪、买办以及寺庙、教堂的土地"收归国有",确保佃农"永佃权",和建立农会及农民武装为主要内容的土地革命纲领。

4. 为保证土地革命的顺利进行,并使中国革命"越出资产阶级民主的界限","共产党人应该参加广州政府,以便支持革命左翼反对右翼软弱和动摇政策的斗争",保证土地革命和土地国有化,以及废除不平等条约、撤除外国租界和"没收具有外国租让性质的大企业、矿山、银行"等革命化措施的实施,从而"进到向革命专政过渡的阶段"[1]。

要把中国革命继续推向左倾,以至民主革命的措施还不够,还要"越出资产阶级民主的界限",让中国革命特别是国民党染上社会革命的色彩,这在当时的中共中央看来,恐怕无异于天方夜谭。

就在共产国际执委会第七次扩大全会召开前不久,中共中央与共产国际代表维经斯基和鲍罗廷等,刚刚在汉口举行了一次"特别会议"。会议明确认为革命面临严重危险,而"各种危险倾向中最主要的严重倾向是一方面民众运动勃起之日渐向左,一方面军事政权对于民众运动之勃起而恐怖而日渐向右"[2]。也就是说,由于掌握着实权的仍旧是蒋介石集团,随着北伐胜利而日渐风起云涌的民众运动显然在进一步加剧蒋介石等国民党实力派与共产党人之间的严重矛盾。这种形势继续发展,必至"破裂联合

---

[1] 见《共产国际有关中国革命的文献资料》(1),第278—284页。
[2] 见《中共中央文件选集》,第2卷,第569—570页。

战线，而危及整个的国民革命运动"[1]。为此，会议决定再度提出"武力与民众结合"的口号，劝告军事领袖支持或同情民众，且"扶助国民党左派领袖获得在政府及党的领导地位，以推动国民党的军事政权向左，至少也要不继续更向右"；同时决定"在工农群众实际争斗中勿存幻想（如手工业工人过高要求，工人纠察队执行一部政权，实行耕地农有等），以防止我们过于向左，如此才能够停止左右倾之距离日远的危险"[2]。

于是，在共产国际和中共中央之间，毋宁说在欧洲莫斯科指挥中心和远东汉口的前线指挥官之间，产生了一些明显的政策分歧。当斯大林在克里姆林宫安德列也夫大厅里大声告诫人们不要试图阻止工人罢工，不要试图妨碍在农村掀起革命，不要害怕资产阶级从统一战线中跑掉[3]的时候，中共中央恰恰在为此而提心吊胆。他们再三告诫人们："中、小商人素来受帝国主义者、军阀及大商人三层剥削"，故各地手工业工人及店员"不便向厂主店东提出他们经济力限制以上的过高要求，更不可轻取罢工手段"，以避免使其濒于破产或投向大商买办一边；工人罢工亦不应"自由封闭生产"或"破坏秩序"，工人纠察队更不应"随便捉人"或"再有胁迫及侮辱商人之事发生"，致"侵及政府之司法权及警察权"；而农民也只应以"减租减息，组织自由，武装自卫，反抗土豪劣绅，反抗苛捐杂税"为"迫切要求"，不宜马上试图解决土地问题。[4]

然而，提倡也罢，劝阻也罢，共产党毕竟只能依靠工农运动的浩荡声势来加强自己的阵地和阻遏国民党的右倾，他们只能而且必须给群众以利益。就连试图制止蒋介石独裁趋势的左派国民党人也开始寻求工农群众的支持了，他们在国民党中央及各省联席会议上破天荒地提出了一个异常激进的"最近政纲"，公开许诺要给工人和农民种种好处[5]。这样一来，随着旧有统治秩序的瓦解，北伐军所过之处，到处都充满了浓烈的革命气氛。处于社会最底层的被压迫和受歧视的人们，迅速组织起来，向历来压迫和歧视他们的上等社会宣战了。在新秩序还没有建立起来，共产党人因

---

[1] 见《中共中央文件选集》，第2卷，第569页。
[2] 同上，第56—57页。
[3] 见《共产国际有关中国革命的文献资料》（1），第270—272页。
[4] 见《中共中央文件选集》，第2卷，第384—391、402、404页。
[5] 见《中国国民党历次代表大会暨中央全会资料》（上），第286—288页。

缺少人手、经验，乃至意见不一而难于进行有效控制和引导的情况下，要想使这种革命激情始终保持理智和秩序，几乎是不可能的。因此，各地的工农运动实际上都日渐陷入严重失控的境地。

占领武汉后，很快就陷入一种无政府状态。工会组织如雨后春笋般生长出来，许多工人、店员开始为所欲为，以至工会强迫资方加薪减时，不仅出现了"工资加到骇人的程度；自动缩短工时每日四小时以下"，而且工会"随便逮捕人；组织法庭监狱；随便断绝交通；没收工厂店铺等"[1]。在不过两三个月的时间里，武汉就发生罢工150余起，各行各业的劳动者都急于摆脱贫困，提高生活待遇，一些罢工人员甚至公然要求外企老板"一律发给中山服一套（外加大衣一件，皮鞋一双，等）"；"每年休假四十天（不包括路程和病假），亲属婚丧喜事给假一个月，工资照发"，并"应得补助二百元"；"最低工资六十七两（元）"外加"膳费十五元，房租二十元"，家眷亦补二十元，同时"每年加薪一次，加薪金额不得少于十两（元）"，且半年"得一个月工资的慰劳金"，一年得整个经营生产"纯利百分之三"；另外"加班两小时，按整日计酬"，退休"领养老金"，由百分之三十到全薪不等，"免费提供医药"，工作一年以上离职，领三个月以上工资的退职金及全部旅费，等等。[2]

湖南、湖北的农村中也出现了同样的情况。许多农会动辄捉人游街，戴高帽、吃大户，随便勒索钱财，甚至捉人杀人，禁养猪鸭，阻运谷米牲畜，抗捐抗税，乃至捣毁税局厘局，擅自截扣军粮，视各级政府如无物，对前线军事供给更是不闻不问。一些农会还擅自截留、没收士兵寄回养家的钱款，对前方军人刺激之大不难想象。

湖南、湖北两省位居内地，周边受到敌对势力包围，再加上战争和动荡本身对生产和贸易造成严重冲击，外国企业停工，银行被迫歇业，各大商业公司纷纷倒闭，中国厂家因为工人频繁罢工和原材料严重短缺而无法维持生产，工农民众再片面追求自身生活的改善，两湖地区自然迅速陷入生产瘫痪、市场萎缩、经济停滞、物价飞涨和军心动摇的严重困境之中。仅武汉一地，工人失业人数很快就突破了10万大关。武汉政府控制之鄂、

---

[1] 刘少奇：《关于大革命历史教训中的一个问题》，《党史研究资料》1980年第5期。
[2] P. 埃斯顿：《中国真相》，伦敦1927年版，第229—231页；并见巴库林：《中国大革命武汉时期见闻录》，第65—66页。

湘、赣三省，财政收入较革命前均减少三分之二以上。仅湖南一省，月收入就由革命前的 360 万锐减为 70 万。[1] 其中，仅盐税 30 余万，厘金 20 余万，杂税数万，原应征收之大宗赋税，如田赋、米捐、特税及烟酒、印花、屠宰税等，均因工人特别是农民抗税抗捐，而无法征收。[2] 政府无力解决自身财政经济困难，前线作战部队的军饷，乃至粮食供给自然都大成问题。仅至 1926 年 12 月，国民革命军第八军一个军，就欠饷 200 万元以上。[3] 在这种情况下，不要说战争难以继续，即使是武汉政府本身的维系也大成问题。于是，共产党和国民党左派再激进，也不能不开始设法控制工农运动，力图使其遵守"纪律"及"秩序"了。

苏联，蒋介石国民党独裁专制体制的催生者

首先开始限制工农运动的，是这时主政广东的国民革命军总司令部后方留守主任并广东省省长李济深。1926 年 12 月，李济深首先在广州采取行动，"禁止工会擅自捕人"，"严禁工人封锁工厂或店铺"，"禁止工人抢劫工厂和店铺的一切财物"，"未经政府许可不得成立任何工会"及罢工纠察队和自卫队[4]，试图把广州纳入"安定"和"秩序"的轨道。

李济深的做法虽然一度为共产党人和武汉政府所不满，但进入 1927 年初，武汉政府和共产党人也困于现实，不得不采取类似做法了。它们相继开始劝告工人、农民"应当恪守秩序"，"遵守工厂之正当规则"，"不许可自由行动"，"不得擅自争打暴动"[5]。

实际上，就连共产国际也有指示称：必须对农民加以约束，并"用一切方法使工人的斗争具有组织性，以免发生过火行为和冒进现象"，特别是必须竭力把城市中的斗争引向反对大资产阶级，首先是反对帝国主义者，使中国的中小资产阶级尽可能地留在反对共同敌人的统一战线范围

---

[1] 见蒋永敬：《鲍罗廷与武汉政权》，（台北）传记文学社 1972 年版，第 228—229 页。
[2] 见《湖南民报》1927 年 5 月 14 日。
[3] 见李维汉：《湖南革命的出路》，《战士》周报第 41 期，1927 年 4 月 17 日。
[4] 见巴库林：《中国大革命武汉时期见闻录》，第 27 页。
[5] 同上，第 72 页；并见刘少奇：《在省市两党部招待全省工人代表会上的讲话》，（汉口）《民国日报》1927 年 1 月 16 日。

第二章 向左还是向右

内"[1]。

但是,能不能认为中共中央和共产国际这时已经预见到迅猛发展的工农运动同国民党军事集团以及其基本利益之间的危险冲突,而决心限制工农运动了呢?当然不能。中共中央这时其实还是担心敌对势力远大于革命势力,害怕"民众运动发展之速度,远不及军事的发展",认为"这种状况若继续下去,很容易使军事势力右倾,甚至于离开民众,形成新的军事独裁政治"[2]。故他们一方面设法防止工农运动中之过激现象,另一方面仍全力推动工农运动之发展,并呼吁国民党左派不要"因民众势力之高涨而怀疑,而动摇,而有一点反对工农民众"[3]。宣称"工农本是最受压迫的民众,现在虽然稍稍动了一动,并未曾翻过身来,更说不上抬起头来",哪来什么"工农运动太过火"!若说什么"工农运动开罪于资本家、地主,我们的财政因此陷于困难","外交陷于困难","这都是反革命的倾向"[4]。

斯大林那里惧于托洛茨基派的攻击,也不能不尽力把中国革命引向深入,因此同样坚决反对"在城市中退却并收缩工人争取改善其地位的斗争",故坚持认为"发布反对罢工自由、反对工人集会自由等法令是绝对不能容许的"[5]。在这种情况下,共产党方面防止工农运动"过火行动和冒进现象"的种种措施,实际上均不发生效力。各地如火如荼的工农运动迅速使日趋恶化的国共关系陷入更严重的危机中去。

从1927年3月武汉方面不顾蒋介石的反对,召开二届三中全会剥夺蒋介石的党权、政权前后开始,蒋介石就在他所控制的地区针对武汉国民党左派和共产党领导的势力,展开了压制和打击的步骤,导致那些地方的工农运动接连受到严重摧残。在两湖地区,虽因武汉政府及军事领袖碍于同苏联及中共的合作关系,不得不实行保护工农的政策,但部队由于欠饷而开小差以至哗变的情况已时有发生,再加上工农运动侵害军官家属的事

---

[1] 见《中共党史参考资料》第4册,第554页;《列宁斯大林论中国》,第297页。
[2] 独秀:《革命与武力》,《向导》第179期,1926年11月25日。
[3] 《中国共产党对于时局宣言》,1927年1月28日,见《中共中央文件选集》,第3卷,第18页。
[4] 独秀:《革命与民众》,《向导》第186期,1927年1月31日。
[5] 见《中共党史参考资料》第4册,第554页。

件频频发生,切身利益受到损害也导致两湖地区部队中的军官日趋转向反共。[1]

时局进入到如此危急的关头,如何准确估价军队及武装在革命中的作用,对于处于危机中的共产党人来说至关重要。斯大林无疑是最早注意到军队和武装在中国革命中的重要地位的。他不仅注意到在中国革命的主要方式是武装夺取政权,而不是暴动,甚至还注意到中国的土地革命也只有"通过军队来帮助农民反对地主"的方式才容易实现。[2] 出于对中国实际情况的隔膜,和对苏俄当年改造旧军队经验的固执,他竟然相信在国民党那些由旧军队改编而成的部队里派上几名共产党的政治宣传人员之后,就可以把它们变成一支革命军队了。显然,斯大林依旧夸大了苏联顾问和共产党人对武汉国民党政权的控制作用,误以为政权掌握在自己的手中,因此,只要共产党人能够在军队中担任某些领导职务,就不难保证军队转向革命,却完全没有考虑到国民党军队的现状会给共产党人带来多大的危险。他甚至相信,现在就可以"通过军队实行正确的农民政策"[3]。

多半也只有在莫斯科的克里姆林宫里,才能产生出可以利用蒋介石或唐生智的军队"来帮助农民反对地主"之类的念头。在中国,无论是中国共产党人,还是共产国际代表或苏联顾问,都断然不会把革命的希望寄托在国民党军队的身上。自从袁世凯利用军队攫取了大总统的宝座,并使其手下的军官同时成为地方军政首脑以来,中国的将军们就已经结成一个特殊的权力阶层。有枪就有权,就有地盘,就有一切。这种政治生存逻辑一旦形成,历来受政治权力支配并为之服务的军人,便开始利用枪杆子主动追求政治权力,使之为个人或派系集团的利益服务。枪杆子第一次如此紧密地与个人的和集团的利益结合起来,非有枪杆子不能占有地盘,攫取权力,不能有个人或集团的特殊利益,结果是不仅有军必阀,而且无军即无政,政治本身也日渐成为军事权力的附属物。国民党及其军队本身也毫不例外。

实际上,恰恰是俄国人自己在中国埋下了独裁专制的种子。自近代以

---

[1] 在当时忠于武汉政府的部队中,有五个军(第2、8、11、35、36军)和几个独立师、旅,大都是湘籍,其军官多为地主出身或与城乡富绅有亲戚关系。
[2] 见《共产国际有关中国革命的文献资料》(1),第267页。
[3] 同上,第271页。

来,中国中央权力已日渐削弱,地方军阀割据现象的出现愈益加剧了传统中央集权体制的瓦解。地方实力派之间的你争我夺虽然造成了空前混乱的战国局面,但中央政府的弱势与大大小小地方实力派相互抑制的权力关系,也不可避免地催生着民主政治格局的萌芽。辛亥革命后,尤其是袁世凯死后,中央政府换来换去,国会及政党政治异常活跃,思想舆论环境格外宽松,新文化运动乃至五四运动风起云涌,都是与这一政治背景密切相关的。

鲍罗廷为国民党人引进的苏联党军一体的中央集权体制,显然是与此背道而驰的。但是,它在某种程度上适应了相当多的国人厌乱求治的心理,尤其是适应了孙中山试图重建中央高度集权,实现一统中国的政治需要。而以党治国、以党领军和以党统政的办法,最能满足孙中山以党魁身份"总理"一切,再通过党治这种专制形式来实现高度集权的强烈愿望。孙中山能够以党魁身份"总理"一切,更多的是凭其个人不可替代的威望,党只是起着传递其意志和形成组织的网络的功用。孙中山一死,再没有人有如此威望之后,新的权威的树立就必须要靠军事强力了。蒋介石以一介军校校长和国民党的后起之辈,能够一朝崛起,直至成为党的最高领袖,鲍罗廷的信任与提拔固然提供了重要的契机,根本上还是因为蒋掌握着国民党赖以生存和发展的最重要的法宝——军队。只是,如此一来,也就难免会形成军党一体、党赖军存、有军才有政的近乎军事独裁的政治格局。

国民党即使落到军人执政,它也不同于普通军阀组织。蒋介石夺权后,必欲同时掌握党权和政权,除了在现代政治中他必须要借助政党政治取得权力的合法性以外,也是因为他必须要利用党的意识形态旗帜,以自居于政治道德和政治正确的制高点,并利用党、政组织网络来达到聚合各种军事政治力量的目的。事实也清楚地表明了这种情况,正是因为蒋介石不是作为一介军事将领,而是作为高擎政治道义大旗的国民党和国民革命军的领袖进行北伐,无数大小军阀权衡利弊后才会纷纷选择加入到国民革命军的行列中来。尽管他们的投靠更多的只是基于一种利害关系而已,未必存在多少政治取向问题,但国民党的革命党形象,以及它"打倒列强除军阀"的政治号召,具有相当的政治道德力量是显而易见的。

一方面,蒋介石的势力如滚雪球般地不断膨胀,越来越严重地威胁到武汉政府和共产党人的生存；另一方面，共产党人受命还要把革命更加推向左倾。这就不可避免地使共产国际代表和中共中央的策略很快陷入混乱之中。

激进的意识形态规定会怎样限制共产党人策略手法的灵活性，这个时候已表现得再明显不过了。从鲍罗廷在迁都问题上巧妙地争取到多数国民党领导人的支持，使国民党中央及其政府摆脱了蒋介石的控制，进而自己重新成为国民党中央的幕后操手这一经过来看，他依旧能够通过施展政治手腕来达到莫斯科的某些政治目标。但是，因为已经把蒋介石视为民族资产阶级的代表，并认定民族资产阶级正在与共产党争夺对国民党的领导权，因此，要想再争取蒋介石就成为不可能的事情了。鲍罗廷这时的策略是利用湖南军阀唐生智来对抗蒋介石，但他并不真的了解唐生智，何况他也并不清楚在战争期间制造军事将领中间的对立，可能带来怎样的一种后果。这也就是为什么当他公开站出来支持军队中的反蒋倾向后，他几乎立即"感到后怕"，"不知道做得对不对"[1]的原因所在。

斯大林挤柠檬汁策略失败，蒋介石发动事变，中共丢掉上海

情况完全不同了。如果说1924—1925年推动国民党左右派斗争，分裂出去一些国民党人还没有什么可怕的话，那是因为那些国民党人不过是一些手无寸铁的国民党元老而已。如今的风险就太大了，因为蒋介石完全不能与那些"西山会议派"的国民党老朽同日而语；他甚至也不是许崇智，因为再没有人能够像当年对付许崇智那样，把蒋介石武装押送出境。战争还在继续，蒋介石是整个北伐军的总司令，不仅投鼠忌器，即使下手，蒋手握军事大权，一旦有闪失，势必造成国民革命军全面分裂，使北伐革命半途而废。况且，和三二〇事变时的情况一样，有谁能担保刚刚投向国民政府不过一年时间的唐生智会比蒋介石更革命呢？两害相权取其轻，但究竟何者为重，何者为轻呢？鲍罗廷和中共中央也一直难有定论。然而，局面已不可改变，尤其在汉口租界事件爆发之后，人们的革命热情已到达极点，不仅鲍罗廷不能不屈服于革命舆论的压力，站出来反蒋；就

---

[1] 见纳佐诺夫、弗基内、阿尔布雷希特：《上海来信》，1927年3月17日；见托洛茨基著，王凡西译：《中国革命问题》，春燕出版社1947年版，第407页。

第二章 向左还是向右

连一直有些提心吊胆的中共中央,也不能不在共产国际执委会第七次扩大全会决议和上海工人武装起义的革命气氛激励下,迅速左转。而鲍罗廷一旦迈出与蒋介石争夺党政权力的一步,国民党自身的冲突和分裂就无法避免了。

中共中央是在1927年2月底3月初得到共产国际执委会第七次扩大全会关于中国问题的决议案的。对蒋介石和工农运动要不要采取更激进政策?这一点一直令中共领导人犹豫不决。所以,当他们面对这个决议案时,变得手足无措了。他们当即通过了一个决议,不得不承认"在今日以前,我们有一个根本错误……即在我们自己头脑中,把国民革命和无产阶级革命之间划了很大的'天然的不可以人力逾越的'一道鸿沟,以为今天只能做国民革命……仿佛多做一点便违反了革命铁律"。为改变这一错误,中共中央表示当会依照国际决议,"超过资产阶级的民主革命",不仅要努力争得无产阶级的实际领导,而且要争取实现"工人农民及其他被压迫阶级的民主独裁制,集中铁路、航业、矿山、大工业于国家机关支配之下,以行向社会主义"[1]。

依据这样一种指导方针,中共中央对形势的看法发生了重大变化。它开始相信:"中国革命是为我们意料不到的局势","中国民族革命已到稳固时期,无产阶级已到夺取领导权的时期","中国工人确有力量,确可革命","可以担负世界革命的责任",中国革命必须"一气呵成",而上海工人暴动成功,就是中国无产阶级革命的开始[2]。当然,陈独秀清楚地知道:"中国革命如不把代表资产阶级的武装打倒,中国就不要想革命;同时只有把此武装打倒,资产阶级就(才)可以服从革命的力量。"目前,工人群众还未必有这个力量。但他仍旧主张:共产党"要马上动作",要准备一个抵抗,在上海工人起义胜利,蒋介石右派军队试图解除工人纠察队武装之际,坚决"与之决斗"。"此决斗或许胜利,即失败则蒋介石的政治生命〔也〕完全断绝"[3]。

---

[1]《中央政治局对于国际第七次扩大会中国问题决议案的解释》,1927年初,见《中共中央文件选集》,第3卷,第19—23页。
[2]《中共上海区委召开活动分子大会记录》,1927年3月19日;《特委会议记录》,1927年3月24—25日。见上海市档案馆编:《上海工人三次武装起义》,上海人民出版社1983年版,第337—345、385—390页。
[3]《特委会议记录》,1927年3月25日,见《上海工人三次武装起义》,第388—389页。

3月下旬，随着工人武装起义成功和北伐军开入，在上海的共产党人开始"准备一个很大的防御的流血的牺牲"，"严阵以待"，决心保持手中的武装，并建立由共产党和左派国民党人控制的临时市政府，争取把上海掌握在自己的手里。[1]

不难断言，这是中共中央第一次真正尝试独立地掌握武装和政权，和与国民党军队抗衡的问题。所有人都已经开始懂得，必须有自己独立的武装，否则在军队右倾的情况下，不可能有共产党人说话的地位。3月初，江西赣州总工会委员长陈赞贤惨遭杀害，南昌、九江由国民党左派和共产党人主持的市党部遭暴徒捣毁的情况，无疑向共产党人敲响了警钟。事实上，就连对中国革命和国民党内部形势十分乐观的苏共中央，这时也在悄悄地告诫中国共产党：必须加紧发展群众运动，"必须把我们的方针指向武装工农，把各省农民委员会改造成为有自卫武装的、名符其实的权力机关"，还必须"驱逐国民党右派分子，使他们在政治上名誉扫地，撤销他们的领导职务"[2]。

占领中国最大和最重要的工业和商业中心上海，在共产国际和苏共中央看来，实在是具有世界意义的大事。特别是中国共产党人居然领导上海工人成功地尝试了欧洲式的武装起义的革命方式，这似乎可以说明上海工人已经在发挥当年彼得堡工人在俄国发挥过的同样的作用了。如果上海能够控制在共产党人的手中，哪怕是与国民党左派合组联合政府的形式，那也将相当于在东方亚洲国家创造了另一次伟大的十月革命。这种美好的前景不能不让各国共产党人感到振奋。他们有理由相信，中国革命的胜利指日可待，而"中国最重要的工业支柱上海的光复，无疑是推动中国革命向左转的因素"[3]。

苏联和各国的共产党人，以及工人代表，这时都纷纷拥到中国的武汉、广州、上海以及其他一些"光复"的城市中来了。他们都想亲眼目睹这场轰轰烈烈的大革命的伟大进展，都想亲身体验一下这里如火如荼的革

---

[1]《中共上海区委会议记录》，1927年3月26日，见《上海工人三次武装起义》，第391—392页。

[2] 转见艾亨瓦尔德：《论共产国际在中国的策略方针》，《真理报》1927年5月11日，见《1919—1927苏联〈真理报〉有关中国革命的文献资料选编》，第430页。

[3]《真理报》1927年3月22日，见《1919—1927苏联〈真理报〉有关中国革命的文献资料选编》，第309—311页。

命气氛,都想为加速这场革命的胜利提供自己的意见,或为共产国际的指导总结一些经验。与此同时,几年来几成定式的指导及信息渠道,即由鲍罗廷到加拉罕到克里姆林宫,由维经斯基到共产国际到克里姆林宫的程序也被打乱了。几乎所有的人都在发表意见,几乎都有不满。赤色职工国际代表团团长洛佐夫斯基简直不能理解:"这算什么革命,每个将领想怎么干就怎么干!"〔1〕而纳佐诺夫等则斥责说:维经斯基和鲍罗廷等共产国际代表纯粹像个小资产阶级革命家,已经丧失了原则立场,而总是处于摇摆与妥协之中。〔2〕

不过,无论如何,共产国际和苏共中央总算从大量观点各异的报告中发现,中国的情况并不像过去了解的那么乐观。不仅蒋介石具有极大危险性,其他各处的将军们也不十分可靠,整个中国革命形势还处在混沌的甚至危险的环境中,不可须臾大意。

鉴于此,从3月下旬起,苏共中央和共产国际执委会开始向中国共产党人的革命热情泼冷水,力图使其头脑冷静。他们接连提出:(1)不要用武力冲入租界,避免在上海发生类似汉口的租界事件,给帝国主义军队联合干涉制造口实,应当把斗争矛头只指向英帝国主义,以便集中火力并使之陷于孤立;(2)注意利用国民党左右派之间的冲突,在力量对比上处于非常不利地位的情况下,共产党不要仓促出面进行公开斗争,更不要放弃军队工作,与之对立,甚至目前在表面上应缓和反蒋主张,工会亦应少谈政治,以隐蔽发展并保护自己;(3)应实际准备武装组织,绝对不要将武器交出去,必要时则隐藏起来。〔3〕

4月6日,斯大林公开发表谈话,改变了此前发出的应当把右派驱逐出国民党的说法,主张仍旧需要利用右派的才干和经验,说要"像挤柠檬汁那样,挤干以后再把它扔掉"〔4〕。而共产国际则告诫中共中央:共产党人必须立即通过发展工农运动、参加政府和谋取军中要职的办法来加速革

---

〔1〕 转见尤里耶夫:《1925—1927年的中国革命》。
〔2〕 见纳佐诺夫、弗基内,阿尔布雷希特:《上海来信》,1927年3月17日;见《中国革命问题》,第407页。
〔3〕 参见《中共上海区委主席团会议记录》,1927年3月28日;《特委会议记录》,1927年3月30日,《上海工人三次武装起义》,第428、438页;《真理报》1927年7月16日,《1919—1927苏联〈真理报〉有关中国革命的文献资料选编》,第515—526页,等。
〔4〕 转见《共产国际第八次全会上的中国问题》,第123—124页。

命阵营中阶级关系的变动,全力控制国民党,"以保障国民党的重心左移"[1]。

中共中央当然是按照共产国际和苏共中央的意图去行动的。4月5日,陈独秀在向刚刚回国的汪精卫介绍了共产国际关于巩固国共统一战线,加速国民党左倾的有关指示之后,同汪精卫联合发表了一个宣言,准备通过委曲求全的方式来显示国共两党的精诚合作之意图,并试图以此来压迫蒋介石及在上海的国民党右翼人士,使其多少收敛一下反共和反工农的行径。

与此同时,中共中央秘密指示上海及广州等面临严重威胁的地区的中共党组织,加紧武装工农,"准备动作",城市中因敌我力量悬殊,以准备秘密组织为宜,而农村中则应当暴动。中共中央已经清楚地意识到,与蒋介石等右派军队的冲突是"不能免的"了,双方"争斗的中心问题",就是工人纠察队的武装问题,也就是工人在政治上的地位问题,这场斗争一旦失败,"我们所提的民主独裁制的政治将完全无望"。因此,他们不同意将武装暂时收藏起来,认为"这是自杀的政策",他们下决心一方面极力避免冲突,另一方面准备作出"大的流血与牺牲",甚至不惜暴动。[2]

蒋介石等人确实在紧锣密鼓地布置"护党救国"的"清党"行动。他秘密召集了两广及长江下游各路将领到沪磋商,以中共阴谋离间军队,篡夺国民党和自成武装,有冲入租界、造成外交冲突、破坏北伐之虞为借口,决定立即采取非常措施。[3]而公共租界总董和法国租界总巡也以借路的方式,为蒋介石的部下提供方便[4],使其容易收拾工人纠察队。

4月8日,蒋介石组织了上海临时政治委员会,进而颁布了《战时戒严条例》,并解散了受到共产党人影响的国民革命军总政治部。

4月11日晚,由上海青红帮头子杜月笙和第26军第二师师长分别骗走了上海总工会委员长汪寿华等人。公共租界敞开通向工人纠察队驻地的主要路口,让青红帮流氓武装向纠察队发动攻击。紧接着,26军按计划火

---

[1] 见《共产国际》第14期,1927年4月5日。
[2] 《上海区委召开活动分子会议记录》,1927年4月6日,见《上海工人三次武装起义》,第444—452页;并见《共产国际执委会第八次全会关于中国问题决议案》,1927年5月,见《共产国际有关中国革命的文献资料》(1),第325—326页。
[3] 黄绍竑:《四·一二政变前的反共秘密会议》,《文史资料选辑》第45辑,第9—15页。
[4] John B. Powell, *My Twenty-Five Years in China*, New York, pp. 158—159.

速赶到出事地点,以"武装工友,大肆械斗","妨碍地方安宁秩序"[1]为名,解除了冲突双方的武装,从而轻而易举地达到了预定的目的。

4月13日,共产党人重新开始集结力量,准备"誓死奋斗",要求发还被扣枪支和惩办破坏工会者。被组织进行请愿示威的工人群众行进到距离第26军第二师师部附近时,竟然遭到了严阵以待的军队的射杀,以致造成大批示威者死伤。

4月15日,蒋介石公开发布了针对共产党和左派国民党人的《清党布告》,明令通缉共产党员和左派国民党领袖190余人。

4月18日,蒋介石在南京正式宣告成立国民政府和国民党中央,扯起了与武汉方面分庭抗礼的大旗。

与一年前在广州的那次近乎盲目的小小的政变相比,蒋介石这回做得再彻底没有了。他再也用不着像上次那样,心里把俄国人恨得要死,嘴上还得毕恭毕敬故作虔诚地宣誓忠于共产国际。[2]

不可否认,上海共产党人的失败与极度缺乏经验有关。他们只注意抵抗军队的强行缴械,却未曾料到蒋介石会采取如此手段。共产党人如此容易地失败,而未采取他们曾决心付诸实施的"大的流血与牺牲"的暴动行动,也与共产国际有关。因为共产国际明确认为,面对蒋介石和帝国主义的强大武装,"实行暴动的策略,十分谬误",它只会使"中国无产阶级的鲜血,在一个毫无胜利之望的战争中,便会平白洒尽"[3]。因此,从上海到广州,以至南京、宁波、杭州、福州、厦门、汕头等地,凡是国民党右派军人举起屠刀的地方,共产党领导的工人运动、工人武装和国民党基层组织,都很快被打入地下了。共产党在与蒋介石的较量中失败,归根结底还是与其没有同样强大有力的军事力量有关。就是在工人最集中、工人武装曾经最强大的上海和广州,共产党人的反抗至多也只能是罢工罢课而已。对于全副武装的军队来说,这种反抗显然是毫无意义的。

---

[1] 见《申报》1927年4月12日。
[2] 蒋介石:《军校纪念日演讲辞》,1926年6月7日,见《蒋中正演讲录》,1926年11月版,第77—90页。
[3] 《共产国际执委会第八次全会关于中国问题决议案》,1927年5月,见《共产国际有关中国革命的文献资料》(1),第332—333页。

扩大还是深入？罗易力主深入革命，鲍罗廷但求维持联合

要抵抗军队的反动，当然应当依靠军队，但共产党人有什么军队可以指望呢？4月16日，上海党的领导人联名致电中共中央，要求武汉政府迅速出兵讨蒋，以免蒋巩固政权与军队，反使左派灰心，革命失败。[1]事实上，东讨之说几乎难以成立。还在四一二事变发生的第二天，鲍罗廷就明确表示："我们用现有兵力不可能东进"，东进不仅将使蒋介石与帝国主义乃至北方军阀公开结盟，而且"我们将会被打败和被消灭"[2]。

这时，严格地说，真正支持武汉政府的，只有叶挺领导的新编第二师一个师，其他部队之所以仍旧聚集在武汉政府的周围，或者是因为需要靠武汉政府发饷，或者因为是在唐生智的率领下并像唐生智那样和蒋介石有矛盾。总之，没有哪一位将军真心支持武汉政府的政策。相反，蒋介石的反共政策倒很快在这些将军和军队中引起了共鸣。毫无疑问，在这个时候，几乎没有哪一个在武汉的共产国际代表和中共中央领导人认真地考虑过讨蒋问题，在四一二事变发生后接连召开的中共中央与共产国际代表团的联席会议上，只有一个问题，那就是：如何使革命从危机中走出来？而危机的关键则在于：当蒋介石的部队叛变之后，如何才能防止剩下的军队也走上同样的道路？所有的与会者都看得很清楚：在目前形势下，武汉政府中将军们同共产党人和工农运动翻脸，几乎只是个时间问题了。

能不能设法拉住将军们，使他们为革命出力呢？这显然是一个难题。已经深谙此中利害的鲍罗廷相信，可能使将军们保持顺服的唯一方案，就是设法继续驱使他们进行战争，而不让他们停下来往回看，使他们远离自己家乡轰轰烈烈的工农运动，并且没有办法腾出手来打击共产党人。同时，只要能与冯玉祥的国民军会合，打到北京、天津以至张家口，就可能接通外蒙和苏联，从而像过去在广州那样，通过供应武器弹药使将军们获得甜头，再反回头来收拾蒋介石。不难看出，鲍罗廷仍旧是在玩弄政治手

---

[1]《特委会议记录》，1927年4月16日，见《上海工人三次武装起义》，第457—460页；《李立三等六人的报告——主张迅速出兵讨蒋》，1927年4月16日，见《四·一二反革命政变资料选编》，人民出版社1987年版，第178页。
[2]《鲍罗廷在中共中央局与共产国际代表团会谈时的发言》，1927年4月13日。

腕,而这一套如同过去一样,很难保证其众多环节中的某一个环节不会由于主观的和客观的原因而发生意想不到的变故。但鲍罗廷看不出还能有别的什么办法,用陈独秀的话来说,就是:"革命不能在武汉等死。"[1] 鲍罗廷坚信:如果我们不采取过于激烈的工农政策,"如果我们不在湖南实行一种由我们控制政权的政策,如果我们不制造像〔查抄〕佛教协会这类事件,我相信我们可以在这里工作很长时间",但这一切都已经发生了,并且还将继续发生。[2]

作为苏联共产党员和共产国际委派的工作人员,鲍罗廷没有勇气批评苏共中央和共产国际制定的政策,他甚至一直竭力按照这一政策把中国革命向左推进。但是,这时透过他发言的字里行间,可以看出他开始对这一政策的正确性或多或少地产生了怀疑。他曾经试图说服国民党在广东推行土地革命政策,但如今他否认这一政策的可能性。他声称:不仅"在广东进行土地革命是非常困难的",而且只要"同现在的国民党在一起",我们就"不可能进行这种土地革命"。他曾经力主发动工农并依靠工农运动,但如今他把广州工人说成是"尘土",把上海工人看做"软棉花",相信工农运动不应该过分地刺激军事领袖。当然,他清楚地知道,他不能因此而主张革命向后倒退。不仅如此,在共产国际执委会第七次扩大全会之后,革命还将进一步左倾和激进。那么,由此而产生的矛盾将不可避免地导致更大的事变爆发。与其看着将军们就地恼羞成怒,反目成仇,大打出手,何不冒险继续北伐,既可以接通冯玉祥、阎锡山以及苏援为诱饵,又可使其忙于北方战争,给两湖工农更多的安全保障呢!况且,这也是武汉政府主要领导人的主张[3]。

对鲍罗廷的建议,中共中央领导人的意见多半只是停留在现实需要的基础上,如怀疑北伐是否会削弱武汉及两湖地区的防卫力量,是否会同前一阶段一样,再次造成对资产阶级军事力量有利的局面,能不能先在占领区干一番革命事业,为人民做些好事再北进,等等。刚刚从莫斯科转经广

---

[1] 转见《革命的基础和社会力量》,1927年4月13—15日,见罗伯特·诺思等著,王琪等译:《罗易赴华使命》,中国人民大学出版社1981年版,第170页。
[2] 《鲍罗廷在中共中央局与共产国际代表团会谈时的发言》,1927年4月14日。
[3] 其实这主要是汪精卫的意见,并且是与南京方面李宗仁等秘密约定的结果。参见《李宗仁回忆录》下册,广西人民出版社1980年版,第469页。

州、长沙等地来到汉口的共产国际代表团团长罗易,却极为敏感地意识到鲍罗廷主张背后的"小资产阶级情绪"。

不可否认,鲍罗廷建议的主旨,是力图避免日益白热化的阶级斗争,尤其是怀疑或者说不相信工农群众目前有战胜地主资产阶级及其武装的可能,而这是与共产国际历来的主张,特别是和第七次扩大全会决议精神相违背的。罗易尖锐地指出:鲍罗廷主张的实质,就是想"一走了之"。它"不是把动员广大群众(他们代表真正的革命民主力量)放在首位",而是"把在军队间施展策略放在首位";不是面向工人阶级,而是"把拉拢利用军官放在最重要的地位"。

在罗易看来,如果从无产阶级革命的立场出发,目前"摆在武汉小资产阶级政府面前所需要做的事情,就是执行一项真正革命的政策,完成土地革命"。因为,"革命前途的唯一保证就是建立一个革命民主的基础,而在中国,革命民主力量的核心就是农民"。只有彻底解决了土地问题,才能把农民充分动员起来,投身革命。"但是,在必须立即北伐的借口下",小资产阶级的武汉政府"正在回避这项工作",而鲍罗廷竟也在某些军事领导人的压力下跟着小资产阶级"转身逃跑,抛弃群众",放弃全力开展土地革命的努力,"这无异于帮助小资产阶级背叛革命"。

罗易认为,根本的办法在于:"(1)通过土地革命和实现无产阶级的最低要求以动员民主力量;(2)在农村由农民夺取政权;(3)革命军队的改编和集中领导。"同时,他主张通过忠于武汉政府的军队的起义和工农的行动来恢复广东等省国民政府的权力。总之,在罗易看来,决不应再指望诸如唐生智或冯玉祥等将军们,"这些人很可能又变成新的蒋介石",北伐势必要同这些随时准备背叛革命的反动分子实行合作,以至"跳出油锅又跌入火坑"。革命必须靠工农自己,而"动员革命民主力量——无产阶级、农民和城市小资产阶级,建立一个民主专政,是中国革命胜利的唯一保证"[1]。

罗易的主张鲜明地反映出共产国际历来理论的本质特点,即:(1)必须把发动和组织工农群众的程度当做衡量革命成败的根本标准;(2)必须把革命深入及彻底与否当做衡量发动和组织工农群众程度的根本标准。尽

---

[1]《革命的基础和社会力量》,1927年4月13—15日,见《罗易赴华使命》,第162—175页。

第二章 向左还是向右

管罗易也注意到军队的重要性,强调"我们需要军事力量保卫和巩固基地",需要靠忠于国民政府的军队来恢复国民政府在邻省的权力,主张武装工农,改编军队等等,但是他显然没有意识到,革命深入和组织工农本身也需要军队的拱卫。他只看到"没有共产党的支持,没有劳动群众热情的、自觉的支持,武汉的左翼政权连一天也不能存在"。故而主张不再做国民党的尾巴,要让武汉政府按照共产党的意图行事。但是他没有看出,无论工农运动,还是武汉政权,这时都还是建立在军事力量的基础上。没有那些"随时准备背叛革命"的将军的支持,不仅武汉政权,连工农运动也一天都难以存在。[1] 因此,要么独树一帜,不顾一切地深入革命、发动工农,准备流血牺牲;要么只好委曲求全,见机行事,为维持统一战线的局面暂时使自己的言行保持在国民党,特别是将军们所允许的范围内。

为了和资产阶级、小资产阶级,以及自私自利的将军们保持某种统一战线,而委曲求全,乃至妥协退让,哪怕是暂时的,也是大多数共产党人所难以接受的。这颇不合共产党人彻底革命的性格。为什么不能独树一帜呢?以托洛茨基、季诺维也夫、拉狄克等为代表的激进的"反对派",率先在苏共中央和共产国际内部提出了这样的主张。他们认为,今天的国民党及其政府"乃是将军们手中的一个工具",它最终势必要像土耳其革命的领袖基玛尔那样,走上反对工农运动和共产党人的道路。因此,他们主张,在"军队底首领们利用每一个机会镇压共产党员"的情况下,决不应再做"国民党底一个附属品",更不要死守着"推进国民革命军到完全胜利,即中国统一",然后再"开始将共产党从国民党分裂出来"的"彻头彻尾的门雪维克观念"[2]。相反,共产党应当挺身而出,彻底进行土地革命,真正发动和武装工农,"制止资产阶级的专政之企图"[3]。为此,有必要使中国革命脱离国民党的阶段,公开提出苏维埃的口号。他们声称:

---

[1]《革命的基础和社会力量》,1927年4月13—15日,见《罗易赴华使命》,第162—175页。

[2] 季诺维也夫:《中国革命提纲》,1927年4月15日,见《中国革命问题》附录,第99—128页。

[3] 托洛茨基:《中国革命中的苏维埃问题》,《中国革命与史大林同志底提纲》,见《中国革命问题》,第40页。

"只有苏维埃能够摧毁旧的资产阶级的统治机关,开始造成新的(政权)。"[1] 他们说:"中国资产阶级民主革命,如不将在苏维埃形式中前进而胜利,则将完全失败。"[2] 被国民党以及地主资产阶级将军们捆住手脚的共产党,是绝不可能把中国革命真正引上土地革命和武装工农的道路的。

反对派的主张,无疑充满了一相情愿的俄国色彩,但其对国共关系的看法,并非毫无根据。上海、广州的反共事件刚刚发生,武汉政府领导人就一面宣布"开除"蒋介石党籍,"并免去本兼各职","依法惩治"[3],一面直截了当地向共产党人发出警告,要求共产党人设法约束工农运动,并务必不要垄断工农运动的指导权,以免妨碍国民政府同各国政府及军官们之间的关系。而鲍罗廷及陈独秀只能被迫表示让步,公开主张"暂时采取战略上退却的办法",约束工人和农民。不仅要把工农运动统统置于武汉政府之行政与司法之权力管辖之下,"外国银行商店中工人不得自由罢工",两湖农民不得擅自"由下造起,去推翻反动的势力",而且要"组织裁判所,审判并处罚违犯革命纪律的工人"[4],同意国民党与共产党共同指导工农。鲍罗廷甚至亲自参与起草武汉政府及国民党中央制定和发布劳资纠纷处理条例,禁止工人及店员提出过度要求及干涉厂店之管理,不许工会及纠察队有任何恐吓罚款及压迫惩办厂主和店主的行为,并极端严厉地主张对那些有意无意触犯政府规定之组织和个人,从重予以处分。[5] 不难看出,为维持国共两党的统战关系,避免武汉国民党人右转,共产党人不能不开始出面阻止工农运动继续发展了。

---

[1] 季诺维也夫:《中国革命提纲》,1927年4月15日,见《中国革命问题》附录,第99—128页。
[2] 托洛茨基:《关于中国革命的第二次演讲》,《觉悟与矫正的时期到了》等,见《中国革命问题》,第77—79页。
[3] 见《中国国民党第一、二次全国代表大会会议史料》(下),第980页。
[4] 鲍罗廷:《在中国国民党中央执委会政治委员会第十四次会议上的发言》,1927年4月20日;《怎样解决土地问题》,1927年4月26日。见《鲍罗廷在中国的有关资料》,第203—207页。
[5] 参见《中国国民党第一、二次全国代表大会会议史料》(下),第1164—1169、1175—1176页。

第二章　向左还是向右

形势异常紧急，中共主张退让，莫斯科指示异想天开

保持国共合作和统一战线，这是长期制约着鲍罗廷和中共中央的一个行动准则。不仅在共产党只有几百人的时候是如此，就是在这时，共产党已经有了5.8万名党员和上百万、上千万有组织的工人、农民支持的时候，他们仍旧不敢怀疑这个准则的必要性。可以肯定，他们丝毫没有因为工农数量的增多而相信自己已经强大到可以独树一帜的程度。这不仅仅是因为他们手中没有军队，而且也因为共产国际的理论和政策都是这样规定的。甚至在四一二事变之后，斯大林还进一步要求中国共产党人必须保持同国民党的合作。他明确认为："没有这种合作则革命的胜利是不可能的。"与前不同的只是，他宣称：中国革命的第一个阶段是包括资产阶级、小资产阶级、工人和农民四个阶级在内的"全民族联合战线底革命"，而随着以蒋介石为代表的资产阶级的叛变，革命已经进入没有资产阶级的第二个阶段。它意味着，"国民党洗去了污点，把国民党的核心向左推移"，"进入其发展的更高阶段即土地运动阶段"。在这种情况下，不仅不能"把中国一切旗帜最受欢迎的国民党旗帜交给国民党右派"，而且有必要把武汉政府进一步改造成工农民主专政的机关，"把国家全部政权集中于革命的国民党"[1]。

按照斯大林的逻辑，资产阶级已经叛变，统一战线只剩下工、农、小资产阶级，革命自然左倾，还有谁能够阻挡工人和农民提出更为激进的革命要求呢？还有谁能够妨碍人们把武汉政权改造成为由无产阶级领导的，并得到农民和城市小资产阶级支持的工农民主专政机关呢？毫无疑问，至少在理论上，缺少独立性的小资产阶级是无能为力的。但是，在实际生活中，小资产阶级并非毫无独立性。恰恰相反，它们已经开始在向共产党提出过去国民党右派和蒋介石提出过的同样的问题了。

难道领导武汉政府和左派国民党的仍旧是资产阶级？在1927年4月底召开的中共第五次全国代表大会的报告中，陈独秀对此含糊其辞。他声称："我们不能确切地肯定说，是否整个资产阶级都脱离了革命。"但他肯

---

[1] 见《斯大林全集》，第9卷，人民出版社1956年版，第201—206、231—234页。

定地说:"到目前为止,只有无产阶级、小资产阶级和农民还没有武装。"[1] 那么,武汉政权的武装是哪个阶级的呢?这似乎有点儿不言而喻。不过,他并没有加以说明。七年来,关于理论及政策上的阶级分化组合之类的问题,大都是莫斯科那些权威人士讨论的事情,中共的任务只是对决定的东西加以理解、消化、阐发和执行。但是,至少这次他清楚地知道,罗易所谓在地主资产阶级已经站到反革命一边去之后,再也"没有理由担心加强农村的阶级斗争会导致统一战线的分裂"[2]的说法,是再荒唐没有的。汪精卫、唐生智之流,并不是毫无主见和独立性可言的三流货色。这种情况很快就反映出来了。

在罗易的努力下,中共五大通过了两个比较符合共产国际执委会第七次扩大全会决议精神的工农运动的议决案。在关于《土地问题议决案》里,中共明确提出了"耕地农有,平均耕地"的口号,主张没收除属于小地主及革命军人以外的一切土地,并建立农民的乡村自治政府,组织农民自卫军。[3] 在关于《职工运动议决案》里,中共不仅肯定了工人群众为争取改善生活和劳动条件的经济斗争,而且明确主张"极力从政治上经济上向资产阶级勇猛的进攻",以争取实现八小时工作制,最低限度工资,及没收一切银行、矿山、铁路、轮船、大企业、大工厂等,收归国有,并参加生产管理等目的。[4] 结果,上述主张统统被国民党中央以这种或那种形式否决了。不仅没有一条能够实行,武汉政府反而还发布了一系列法令对工农运动加以限制。特别是在5月中下旬四川杨森向武汉政府发动进攻,而湖北的夏斗寅部和湖南的许克祥部又接连叛变,严重威胁到武汉并占领了长沙之后,武汉国民党领袖的右倾就更加明显了。

罗易终于明白陈独秀的看法是对的了。5月24日,罗易在中共中央与共产国际代表团的联席会议上坦率地承认,他此前关于"封建资产阶级分子都已脱离革命,国民党已成为以工农小资产阶级为基础的革命民主政党,因此,预料一切事情都会顺利进行"的看法,"是不正确的"。事实

---

[1]《陈独秀在中国共产党第五次全国代表大会上的报告》,《中共党史资料》1982年第3辑。
[2]《罗易在中国共产党第五次全国代表大会上的讲话》,1927年4月30日,见《罗易赴华使命》,第191页。
[3] 见《中共中央文件选集》,第3卷,第70页。
[4] 同上,第74页。

上,"封建地主和资产阶级作为阶级已转向反对革命,但它们的代理人依然留在国民党内,并继续担任领导职务"。然而,罗易并未能摆脱旧的观念的束缚,他又重弹起国民党上层领袖"并不代表、也不能代表其广大党员和拥护它的群众"的老调,相信仍有可能通过帮助国民党左派"在党的地方组织中占优势",进而"同群众建立反对反动领导人的统一战线"的办法,自下而上地"除掉反动的领导人"[1]。

对于中共领导人来说,这个办法实在是太熟悉了。他们有充分的理由相信,这个从前就从未真正成功过的办法,这次也不会成功。况且,局势已经恶化到了极点,要么分裂,要么让步,没有别的选择。夏斗寅和许克祥叛变的事实已经说明,国共冲突的中心就是农民问题。因此,如何对待农运,成为能否保持统一战线的关键。此时,国民党否定了中共五大提出的土地纲领,将军们更举出了农协随便捕人、罚款、游街、毁庙、侮辱军人家属,以及没收土地和士兵汇款等种种"过火"行为,要求根本制止。事实上,湖南农运中也确实存在一些诸如毛泽东所说的,平分富农土地,侵犯军人家属,乃至分配士兵寄回家去的钱,一些农会为哥老会把持,完全不懂政策的情况。[2] 对此,鲍罗廷和陈独秀等主张,对幼稚行动和过火行为要坚决制止,而在土地问题上应适当让步,通过暂时的让步来避免当前的危险,"使我们能够为了未来而生存下去","把我们的力量集中起来,有朝一日把他们打倒"。而罗易却声称:"在目前情况下,共产党人应当鼓励和发展这些'过火'行为,而不是去'纠正'它们。"因为被国民党指责为"过火"和被陈独秀谴责为幼稚行动的,"是工人阶级和农民群众的革命行动"。因此,他坚决主张不管国民党的规定和限制,毅然"组织和领导农民群众自己起来没收土地",以此来对国民党左派进行"考验"[3]。

难道还有必要进行"考验"吗?对于鲍罗廷来说,国民党左派领导人

---

[1]《中国共产党同国民党的关系和中国共产党的独立性》,1927年5月24日,见《罗易赴华使命》,第283—290页。
[2] 参见《毛泽东在土地委员会及军事委员会上的发言》,见《湖南农民运动资料选编》,人民出版社1988年版,第689页;见《中国国民党第一、二次全国代表大会会议史料》(下),第1232—1233页。
[3]《中国共产党同国民党的关系和中国共产党的独立性》,1927年5月24日、6月9日,见《罗易赴华使命》,第289—290页。

为了避免自己被军阀势力所推翻,"实行退却是正确的","应当支持";对于陈独秀来说,同这些左派领导人的关系充其量只是相互利用,在目前自己还没有力量单独进行革命的条件下,这种"考验"只能使自己被军人打败。无论如何,每个共产党人这时都清楚:"我们迟早必须退出国民党",他们其实只是渴望能够胜利地退出,而不是失败地退出。因此,他们仍旧决心采取让步策略。

5月25日,中共中央政治局会议接连通过了两个决议,明令限制工会和农会的司法权,并提出没收土地必须在确保军官中立等条件下进行。否则即应停留在宣传阶段,以首先建立乡村政权为"现时农民革命运动之主要点"[1]。

从土地革命的立场上后退,这在托洛茨基反对派看来完全是不能容忍的。处于苏共党内斗争风口浪尖的斯大林,也不能在这种问题上后退。不论这种后退是不是暂时的,它毕竟违反了共产国际,特别是斯大林所描绘的中国革命发展阶段的理论。而且承认它,势必会为一直在激烈谴责斯大林等人在中国革命问题上妥协退让的反对派提供炮弹。

因此,当共产国际获悉谭平山在担任国民政府农政部长的就职演说里居然没有提到没收土地问题,而且还同意用和平方式"查办"长沙许克祥叛变问题时,他们就迫不及待地致电共产国际驻中共中央代表,要求立即予以纠正。他们在后来被称为"五月指示"的信中指示说:"没收土地的口号对于被猛烈的土地运动所席卷的省份,如湖南、广东等省,是十分及时的。""没有土地革命,就不可能胜利。没有土地革命,国民党中央委员会就会变成不可靠的将军们的可怜的玩物。"信中认为:只有通过土地革命,才能把农民充分发动起来,以至"建立一支反对帝国主义及其走狗的广泛而强大的政治和军事大军",这正是"革命和国民党成功的基础"。因此,他们明确表示赞同罗易"从下面实际夺取土地"和"从下面吸收更多的新的工农领袖到国民党中央委员会里去"的主张,反对用和平的方式来对待诸如许克祥之类的反动军官。而为了避免继续依赖于不可靠的将军们,他们更是明确提议:"动员两万左右的共产党员,加上湖南、湖北约五万的革命工农,编成几个新军,用军官学校的学生来充当指挥人员。"

---

[1] 中共中央政治局:《对于湖南工农运动的态度》,1927年5月25日,见《中共中央文件选集》,第3卷,第136—137页。

并且要组织军事法庭,惩办反动军官。电报特别注明:这样做"目前还不迟"[1]!

罗易 VS 鲍罗廷:防御还是进攻?中共中央准备破裂

这样做已经太迟了。自蒋介石叛变,鲍罗廷就已经意识到,共产党在军事发展上犯了严重的错误。中共五大即明确决定要发展自己的武装,此后并确实大力动员工农加入军队,试图用这种办法改变军队的社会关系,使之革命化。与此同时,共产党人还设法控制了在武汉的联合军校,并积极发展工农自卫武装。但是,要武装,必须有枪弹;要军队,必须有军官。而枪弹、军官统统控制在国民党人手里。湖南工农组织武器最多,亦不过千余支枪。[2] 而中共可信赖的指挥官,这时也只有叶挺等几个人。不仅如此,由于长期以来军队都是雇佣军性质的,采取的是募兵制,一般有生活来源者决不当兵,动员工农参军十分困难。而且即便参军,因缺少军官和避免国民党及将军们无端怀疑,只能往现有军队中送,结果依旧是为他人做嫁衣裳,根本变不成自己的军队。加上组织军队,即须训练,当时训练至少要三个月时间,否则根本没有战斗力。联合军校的学生就因训练不足,在配合叶挺部队抵抗夏斗寅部的战斗中,临阵慌乱,打伤自己指挥官多人,被叶挺下令连毙几人才压住阵脚,但仍不能作战。[3] 此事足以说明适当训练之必要与重要。因此,鲍罗廷及中共中央对共产国际指示立即组建几万军队一点,都颇不能解。军队、武装既不能建,其他改造国民党中央,组织"革命军事法庭","从下面实际夺取土地",等等,自然都是纸上谈兵。

6月4日,罗易在中共中央常务会议上宣读了共产国际的来电,并提议组织特别委员会准备湖南暴动。同时,中共中央遵照国际来电精神,发出了致国民党书和告全国农民书,强烈要求国民政府明令宣布许克祥之流

---

[1]《共产国际执行委员会给中共中央的信》,1927年5月,见《共产国际、联共(布)与中国革命档案资料丛书》(5),第446—447页。
[2] 参见《党史研究资料》第1辑,第368—370页。另据1927年彭公达报告,湖南各团体请愿代表之报告和1929年潘心源报告,可知当时长沙工人有枪不满400支,浏阳约600支,衡阳约100支,株洲160支,水口山200支,郴州100支,岳州100支,余均甚少。
[3] 参见《中国国民党第一、二次全国代表大会会议史料》(下),第1186—1187页。

为"反革命",并火速派兵予以讨伐,呼吁农民夺取大地主、反动豪绅以及庙宇祠堂的土地,但对于小地主、革命军人、士兵的家属和土地财产,绝对不能侵害。[1] 随后,中共中央派毛泽东、周以栗去湖南组织临时省委,共产国际代表团则派两名苏联代表前往湖南实地考察组织暴动的可能性。

中共中央重新呼吁夺取大地主的土地,并不表明它已完全屈于服共产国际的压力,这仅仅是一种形式上的东西。同时下发的《中央通告农字第五号》,更明确重申了此前主张的时限,即"对于大地主田地之没收,应当等到本党对于中小地主的态度完全解释,乡村自治政权已经开始建立,然后才能实行"[2]。

6月上旬,江西朱培德公开分共。同时,因北伐部队与冯玉祥部已会合于原定之作战目标郑州,唐生智等不愿再往北去,故武汉政府决定回师武汉,整理再战。实际上,因冯玉祥与蒋介石勾勾搭搭,唐生智北伐得不偿失,无论鲍罗廷和加仑等怎样鼓动东征讨蒋,国民党人也不接受。相反,原先武汉方面最寄予希望的冯玉祥,这时也有了联蒋的迹象。特别是唐生智数万湘军开回武汉,势必使军事反动更加加剧。不仅如此,此时武汉的物价上涨已经到了天文数字,武汉政府发行的各种币券,其信用更是一落千丈。政府每月收入不过150万元,支出竟达1300万元。全市失业人口及家属已超过总人数的1/3,加上各省来汉的革命者、避难者,以及几次战役的伤兵数以万计,整个武汉政府已经到了"四面楚歌、满城风雨、叠卵可危的时候"[3]。

而在此之前,蒋介石已于4月18日在南京正式建立起对抗的国民政府,开始公开否认武汉政府,进而于28日发出布告,声明将与列强一起对武汉实行经济封锁,并且基本上接受了英、美、日等五国就南京事件提出的全部要求[4],开始与各国积极谋求发展双边关系。

---

[1]《中国共产党致中国国民党书》,1927年6月4日;《中国共产党就长沙政变告全国农民群众》,1927年6月4日。见《罗易赴华使命》,第303—307页。
[2] 见《中共中央文件选集》,第3卷,第158页。
[3] 见《商民运动周刊》第9期,1927年6月。
[4] 即所谓《宁案通牒》,1927年4月11日提出,全文见《中华民国外交史资料选编》,第398—399页。

第二章 向左还是向右

这个时候，与武汉政府交好的苏联政府却接连遭受沉重打击。4月6日，在北京各国外交使团的支持下，北京奉系军阀的军警袭击了苏联大使馆，随后公布了查抄的大批秘密文件，暴露出苏联大力援助国民党和冯玉祥的大量事实。紧接着，天津法租界的苏联商行和上海苏联领事馆等，同时遭到搜查或包围。5月12日，英国警察亦对苏联驻英商务代表团大楼和英苏贸易公司进行了同样的袭击。[1] 十天之后，英国政府以苏联人员从事了间谍活动和反英宣传的名义，同苏联断绝了外交关系。一时间，法国要求苏联召回大使，美国外交人员呼吁对苏联发动十字军远征[2]，就连日本驻上海总领事也跑到武汉去游说国民党领袖，拐弯抹角地提醒他们认清时势，放弃联苏联共政策。面对这种内外交困的局面和国际国内反苏反共浪潮的强大压力，武汉政府终于下决心解除了鲍罗廷等苏联顾问的职务。

解除鲍罗廷等苏联顾问的决定，是武汉国民党人可能会与苏联及共产党关系破裂的一个再明显不过的信号。一切形势都告诉共产党人，他们必须再次选择：要么防御，要么进攻。在罗易看来，防御就是退让，退让就意味着投降国民党并任其摆布。因此，在他看来，"只有一条道路：我们必须进攻"。否则，不仅国民革命将会失败，而且共产党人"可能在全世界被打败，第一个社会主义国家的存在也将受到威胁"。因为，"帝国主义国家正在准备进攻苏联"，"如果帝国主义成功地在中国重新树立其地位，则包围苏联的计划就将完成"。罗易宣称："在这种时刻，同小资产阶级联盟的问题已经失去其政治意义"，"共产党必须站出来领导土地革命"，且不惜与国民党破裂。

据此，他提议，在唐生智军队回师之际举行总罢工，并召集群众大会，要求国民党公开表态，开放工农运动，惩治反革命，免去朱培德的职务，同时派50名党员去江西鼓励和组织农民暴动。然后，瓦解国民革命军，鼓动士兵反抗军官，转而进攻广东，夺取长沙，武装工农并改组国

---

[1] С. Ю. 维戈兹基等编著，大连外语学院俄语系翻译组译：《外交史》，第三卷（下），三联书店1982年版，第664—666页。

[2] 同上，第672—673页。

民党。[1]

罗易第一次真正注意到，共产党在同国民党关系上所犯的根本错误，就是没有建立一支真正的革命军队。他并且第一次提出：共产党决不应再同目前的国民党进行合作，国民党必须改组。

但是，恰恰在这两个最关键的问题上，罗易提不出行之有效的具体办法。他一面宣布"国民革命军已成为反革命的工具"，"必须瓦解他们"；一面又表示要依靠广东籍的第四军和第十一军打回广东去。他声明，如果不建立一支真正的革命军队，"我们党就将灭亡"，但又不说明怎样才能在短期内建立起这样一支军队和广泛地武装工农。他号召揭露和驱逐国民党中央委员会的头头们，只同改组后的国民党合作，却又主张在基层组织工作没有准备完成，拥护共产党的工人和农民没有源源输入国民党地方组织之前，不要提出推翻国民党中央的口号。他说，"大概需要三个月时间"，就可以召开代表大会，"推翻国民党现中央"了。[2] 可是，不论是否按照罗易所说的去做，留给共产党的时间绝没有三个月了。

6月15日，国共双方开始举行联席会议，这无疑是双方领导人为改善两党关系所作的最后一次尝试。但罗易再度提议向国民党发出一件类似最后通牒式的《中国国共两党国民革命纲领草案》，要求国民党必须同意考虑和解决诸如"立即恢复广东"、"消灭湖南的反革命"、"没收土地"、"八小时工作日"等问题，否则就没有必要与国民党合作。[3] 这一提议甚至在某种程度上得到了蔡和森和瞿秋白的同意。

显而易见，共产党人早就对两党关系这种无休止的混乱和冲突的状况感到不能忍耐了，但没有哪个领导人敢于下决心立即与国民党决裂。因为对中共中央来说，这毕竟是莫斯科才能决定的事情。而莫斯科这时却说："只有在农村进行土地革命，在城市满足工人的经济和政治要求，才能吸引群众参加斗争"；只有"建立由革命工农组成的绝对可靠的部队，输送共产党员和坚定的国民党左派加入军队，清洗军队中的反革命分子，并建

---

[1]《反革命活动还是共产党策略——防御还是进攻？》，1927年6月9日，见《罗易赴华使命》，第312—320页。

[2]《罗易在中共中央政治局会议上的发言》，1927年6月9日，见《罗易赴华使命》，第316—318页。

[3]《国民革命纲领》，1927年6月15日，见《罗易赴华使命》，第330—332、332—337页。

立工人自卫军",革命才能进一步发展,但是,"我们还来不及聚集力量","也来不及达到能够打败敌人的地步"。因此,中共现在不仅不能退出国民党,而且必须制止过火行动,"必须在对待小资产阶级,也包括中等资产阶级的态度上相机行事",以"保证小资产阶级的财产完全不受侵犯",经济生活不致完全瘫痪。[1]

因此,就连强烈地主张与国民党摊牌的罗易,也不能不一面再三扬言,国民党不革命,就应当抛弃它,一面却又表示,即使国民党人目前不接受他的条件,也不能轻易退出国民党,因为"这是为了清除反革命领导人"[2]。但这纯属书生气。鲍罗廷明确地警告说:我们如果不能在"政治行动"、"控制群众运动"和"工商业政策"三方面与国民党迅速达成和解,"在未来几天之内马上就不可避免地要同国民党决裂"[3]。

不过,在短时期内,不要说进攻或退让都已经无济于事,甚至共产党人连任何一种进攻或退让的策略都难以推行。人们从来没有做过应付这种非常情况的哪怕任何一种精神上的或者物质上的准备工作。陈独秀几乎是以无可奈何的口吻电告共产国际:他们所提出的主张统统都是正确的,但在短时期内统统都行不通。"在最近的将来,继续留在国民党内在客观上大概是不可能的"了,但马上破裂更加不利,似还以暂时让步,纠正"过火",准备武装,等待时机为宜。[4]

当然,中共中央并非还抱有幻想。7月初,陈独秀、蔡和森、毛泽东等人已经在考虑如何把可能掌握的军事力量保存下来的问题了。[5]

---

[1] 参见布哈林:《共产国际执行委员会全体会议情况介绍》,《真理报》1927年6月18日;《共产国际执委会第八次全会关于中国问题决议案》,1927年5月,见《共产国际有关中国革命的文献资料》(1),第325、332—333页等。
[2] 《罗易在中共中央政治局会议上的发言》,1927年6月15日。《罗易赴华使命》(第332—338页)亦收有罗易当天的谈话稿(即《国民革命纲领》),但内容略有差异,这里谨据会议记录。
[3] 《鲍罗廷在中共中央政治局会议上的发言》,1927年6月15日。
[4] 《陈独秀致共产国际执委会电》,1927年6月15日,见《罗易赴华使命》,第324—325页。
[5] 毛泽东在会上明确提出了让农民武装"上山"的问题,并强调"不保存武力则将来一到事变,我们即无办法"。《中共中央政治局会议记录》,1927年7月4日。

问计无方,共产国际下令退出武汉政府,国共关系彻底破裂

6月17日,国民党人正式通知鲍罗廷等已被解除顾问职务。

6月21日,冯玉祥提议送鲍罗廷等回国,共产党人下野,武汉、南京两政府合并迁宁。[1] 同时,唐生智及所属湘籍国民革命军部队明显趋向反共。

6月22日,中共中央决定在武昌、汉口分别设立秘密办公地点,以防不测,随后并开始秘密布置撤退党员和保存实力的工作。但发展独立武装的工作实在颇伤脑筋,因无独立武装,一旦全面破裂,后果实难设想。为此,陈独秀、蔡和森等再度求助于群众运动,决定致信上海区委,以"抗议帝国主义军队开往华北"为理由,在上海通过冲击租界,设法掀起第二次五卅运动,并诱使帝国主义对蒋介石占领区进行干涉和占领。在他们看来,"如果是帝国主义占领,我们就可以发动一场新的反帝战争。这场战争将直接导致武装工农和没收土地的必要性"[2]。

陈独秀等人显然已经走投无路了,他们相信既然事已至此,与其"光荣的灭亡",倒不如破釜沉舟,在上海制造一场轰轰烈烈的反帝事件。这种驾轻就熟的反帝运动,不仅足以调动亿万民众,而且可以让蒋介石陷入被动,从而改变武汉方面的危机局面。

陈独秀等人的主张遭到了罗易的强烈反对,他坚信这种没有充分准备就"将工人投入反对帝国主义军队的斗争","是一种冒险"。与此同时,他却极力提倡另外一种冒险。他提议,不论还有多少日子留在武汉合法地进行工作,"我们必须要有自由,并且建立一支我们自己的军队和一个左派集团"。他相信,汪精卫在冯玉祥与蒋介石联合举行徐州会议后正处于孤立和恐慌中,应该把他"争取回来"。由于这时得到了莫斯科关于可以向汪精卫的武汉政府提供数百万金卢布的电报,罗易显然相信他可以把汪精卫争取回来。为此,他决定"不要耍外交手腕",直截了当地"将共产党的决定告诉他",使他知道"我们为什么支持他们,他们能指望从我们

---

[1] 徐州特别会议,1927年6月21日上午十二时(第二次),中国革命博物馆藏档,2/327号。

[2] 《中共中央致上海区委的信》,1927年6月23日,见《罗易赴华使命》,第344—347页。

这里得到什么"。争取以他为中心改组国民党中央,并请他指派邓演达担任一个军的军长,这样才能使我们有合法的机会建立一个军,才可能进一步去说服左派全面实行我们的政策,说服他们去占领广东作为推行我们计划的根据地。他声称,目前只有采取这种"决定性的步骤"才可能改变危险局面。[1]

把共产党的决定乃至共产国际要求改组国民党中央、组建以共产党员为骨干的工农军队的指示和盘托出,甚至还直截了当地要汪精卫为共产党建立自己的军队开绿灯,这无异于要汪精卫放弃国民党,或者变国民党为共产党。这更是冒险,而且是不折不扣、毫无希望的冒险。

但这既不是第一次,也不是最后一次冒险。自从汪精卫被蒋介石赶走,苏联人就对汪精卫有一种特殊的好感。为争取汪精卫反蒋并支持共产国际的中国政策,苏共领导人不仅特地安排汪过境苏联回国,而且许诺为汪精卫提供一千万金卢布的援助。共产国际和苏共中央的指示也经常被透露给他。[2] 罗易的行动不过是为了更直接地让汪精卫体会到整个共产国际和中共对他的信任,以及寄予的重大期望。与此同时,莫斯科竟也致电汪精卫,希望他"在目前危急的形势之下",认识到"解救的办法就是同农民合作","实行土地革命",并且更多地同共产党联合起来,"从工人和农民中培养新的领导人",而不是在左右之间摇摆不停,以至采取反对工农的立场。[3]

这简直不可思议!当鲍罗廷和中共中央了解到莫斯科发给汪精卫的电报内容之后,显然感到无法理解。明知武汉政府反对土地革命,却硬要它接受"没收土地"的口号;明知汪精卫等不过是将军们手中的玩物,却硬要共产党人去求助于他审判反动军官;明知事态危急,军事反动一触即发,却不顾一切地要求国民党允许武装工农,甚至要求其自动改换上层领袖使之工农化。

---

[1]《罗易在中共中央政治局会议上的发言》,1927年6月23日。
[2] 从1927年4月6日中共上海区委活动分子会议记录中罗亦农的报告可知,汪精卫一到上海,就得知了共产国际关于必须武装工农以及必须开展土地革命,使中国革命超越民主革命,走上非资本主义道路的有关指示,并表示"绝对赞同第三国际给我们(按:指中共)的训令"。见《上海工人三次武装起义》,第447—448页。
[3]《共产国际执委会主席团给汪精卫的电报》,1927年6月25日,转见《中共中央政治局会议记录》,1927年6月26日。

6月26日，中共中央与共产国际代表团再度召开联席会议，并通过决议，给共产国际去电表示不能接受其指示。陈独秀明确讲：只有允许退出国民党，共产党在政治上才可能做到独立自主。否则，向右或向左"我们都将垮台"，继续目前的状况也是不可能的。只好再去寻找第四条出路。事已至此，还有没有第四条道路呢？[1]

6月28日，获悉何键将挑起事端在武汉演出反共事变，中共中央因尚无国际复电和决裂准备，遂不得不亟亟下令湖北省总工会发出布告，要纠察队交出武器，试图避免何在武汉像蒋介石和许克祥那样，以此为借口而大开杀戒。[2]

7月3日，中共中央又急忙通过了瞿秋白6月30日起草的一个准备正式宣布退让范围和条件的维持国共关系的决议案。[3] 但是，这一切已经不起任何作用了。

其实，还在6月23日，苏共中央就已经一改其五天前的主张，宣布武汉国民党的"小资产阶级的领袖们"可能"发生新的叛离"了[4]。尽管他们始终信息不灵，反应迟钝，不得不在各种各样不同性质的报告中摇来摆去，以至有时朝令夕改，但这时他们不再怀疑自己的判断了。

7月8日，共产国际执委会致电中共中央，明确认为武汉政府已经转入反革命营垒，"共产党员不能再留在政府里"，"必须退出政府以示抗议"。同时，他们要求中共继续坚持留在国民党基层组织中和群众中，为争取"在真正民主选举的基础上召开代表大会"，以改变国民政府的政策和国民党领导机构而斗争。自然，具有丰富斗争经验的共产国际领导人，没有忘记提醒中国共产党人：为了"纠正党的领导的根本错误"，共产党人"最好是秘密地"召集一次"紧急会议"，并准备转入地下。[5]

一切都结束了。在与蒋介石的关系破裂之后，苦心孤诣地经营了近四

---

[1]《中共中央政治局会议记录》，1927年6月26日。
[2]《湖北全省总工会解散纠察队布告》，1927年6月29日，转见《中共中央文件选集》，第3卷，第621页。
[3] 此决议由瞿秋白提议并于6月30日起草，但于7月3日讨论及决定。
[4]《真理报》，1927年6月23日，见《1919—1927苏联〈真理报〉有关中国革命的文献资料选编》，第471—474页。
[5]《共产国际执委给中国共产党中央委员会的电报》，1927年7月8日，参见《共产国际、联共（布）与中国革命档案资料丛书》（4），第397—398页。

年的国共合作的局面，终于落下帷幕了。中共中央还没来得及将他们根据共产国际指示起草的谴责武汉国民党领袖的宣言散发出去，共产党人在南昌组织的武装起义，已经使它与武汉政府的关系彻底破裂了。武汉政府领导人几乎是气急败坏地于8月14日夜决定了分共的步骤和措施，国共关系走到了尽头。

结语

自1923年1月《孙文越飞宣言》发表，4月苏联正式决定援助孙中山国民党，10月鲍罗廷一行到达广州，到1924年1月国民党第一次代表大会召开，形成了一个全新的革命的国民党，掀起轰轰烈烈的国民革命运动。国民党从改组前在国内只在广州、湖南设有分支部，党员不足5万人的一个偏处海外的狭隘组织，一举发展成为在国内拥有上万处分部，近百万党员的一个全国性大党；从过去从未有过军队，必须要借助地方军阀的势力，一举发展到拥有兵力40万，成为国内最大的一支武装力量，因而得以成功北伐，并开始问鼎中央政权。所有这一切，在在都得益于苏联所提供的方方面面的帮助与援助。

同样的情况，中共在1923年一个还只有400人左右的小组织，以个人名义加入国民党，不足四年时间，一举发展到将近5.8万人，同样离不开从马林，到维经斯基，到鲍罗廷等共产国际代表的指导和帮助。其能够日渐活跃于国民党内，进而成为五卅、省港、两湖等工农运动的主导力量，甚至一度几乎左右了国民党的政治发展方向，更是离不开在它背后的苏联的作用。除了鲍罗廷背靠苏联的纵横捭阖创造的种种条件外，仅苏共经过共产国际在1927年一年里给予中共的财政援助，总数就不少于100万卢布。事实上，中共几乎所有组织、宣传和人员生活的费用，一直以来都要靠共产国际按月拨款。没有苏联如此力度的各种援助和帮助，很难想象中共会有如此迅速的发展与壮大。

但是，相比较而言，苏联人带给中国革命和国共两党的失败，似乎更容易让人印象深刻。正是因为有了苏联人的直接介入，国民党在由弱到强的发展过程中，接连遭遇内部的冲突与分裂。把共产党人安排进国民党内的结果，固然使双方的组织都获得了迅猛发展，同时也因为刻意要用共产党来改造国民党，从而不可避免地造成了两党人员之间的日渐戒备与敌视，直至引发了一系列严重事变，造成两党关系的全面破裂。

很难说苏联在中国这一阶段的种种努力，究竟在多大程度上有益于苏联自己。刚刚脱离了长期的战争、动荡与革命的苏联，这时正处在一个艰难的经济恢复的过程中，其反资本主义的政权性质，使它很长时间无法得到资本主义国家的外交承认，以至连正常的贸易都不易展开。为了援助中国等各国革命力量，推动各国革命运动，它甚至不得不把没收得来的沙皇和贵族的各种金银财宝偷偷运到欧洲市场上去换回货币，然后再交由共产国际去安排和分配。显然，仅仅为了自身的安全和权力，他们大可不必这样做。列宁主义的革命意识形态在这里起着十分明显的作用。不仅列宁相信，而且托洛茨基，甚至是斯大林都相信，俄国革命只有与世界革命结合起来，才能取得彻底的胜利。正是这样一些意识形态的观念、自身的革命经验和在此基础上形成的形势判断，促成了他们输出革命的热情与意志。但也正是这些看似成熟于俄国革命的革命观念和革命经验，使他们不可避免地会严重脱离中国社会的实际。他们帮助中国革命的热情能够大大推动中国革命的进程，但他们的种种努力注定了会使他们距离想要达到的目标越来越远。而且，观念、经验一旦意识形态化，人们就很难发现问题，并吸取教训。随着指责斯大林政策错误的托洛茨基一派人被扫地出门，斯大林愈加坚定地认定了自身政策的正确。于是，即使是为了证明自己政策的正确性，中国革命也一定还要继续下去。

第三章

从"彻底"到"不彻底"

1927年秋冬,中共公开打出了"苏维埃"革命的旗号,它也因此走上了全盘苏化的道路。一切都由莫斯科说了算的结果,使中共党内教条主义盛行,最后弄到孤家寡人,满盘皆输。但是,如果没有俄国人力推以暴易暴,也就没有中共的暴动政策;没有暴动政策,也就没有工农武装割据的发生,也就没有毛泽东的崛起和莫斯科对毛泽东的重视与肯定。历史的吊诡就在于,莫斯科既制造了失败,也孕育了成功……

第三章 从"彻底"到"不彻底"

一、为"苏维埃"而战

斯大林：不要多长时间，中国革命就可以重新回到大街上来了

1927年7月，在经过长时间的冲突和摩擦之后，中国革命向左发展的势头终于被国民党人遏止了。共产党人控制并以为依靠的上千万有组织的农民、成百万有组织的工人，以及大量国民党基层党部，转瞬就被反动武装压垮了。不论是南京政府，还是武汉政府，表面上都没有放弃反帝反军阀这种带有明显苏联色彩的革命口号和行动，但国民党人领导下的反帝反军阀运动的主体及其实际内容，已经发生了根本性的变化。它不仅失去了此前的革命内容，离开了世界革命和阶级革命的轨道，转而成为典型的资产阶级争取民族独立和国家统一的运动，而且日渐失去群众运动的特点，逐渐成为国民党政府乃至上层领袖推行其外交及内政方针的宣传口号。随着国共斗争告一段落，国民党及其政府统一问题重新提上日程，各派人物迅速依据军事实力展开了权力上的公开勾结或争夺，反帝反军阀的目标干脆被置诸脑后。共产党人几年来辛苦经营的结果，在国民党内只剩下形式上的激烈和下层党部的某些激进情绪而已。以蒋介石为代表的国民党上层领袖，更是公然开始以取缔反帝运动为交换，来秘密谋求列强对自己的支持了。[1] 这说明，国民党上层领袖已经不惜抛去这层形式上的革命外衣，并不惜和下层群众的革命情绪相对立。

国民党人的这种变化，当然是仍旧主张坚持反帝反军阀的彻底革命立场的少数国民党左派和共产党人都已预料到的。但是，在国共关系破裂后，中国革命的道路究竟应当怎么走呢？对形势的不同估计和对俄国革命

---

[1] 1927年9月底至11月初，蒋介石曾亲赴日本要求其首相给予支持，声称一旦他"完成革命"，"排日运动当可绝迹"。见佐藤安之助在蒋介石与田中义一首相会谈时所作记录，译文见《近代史资料》总第45号，第218—224页。

理论及经验的不同理解，迅速导致了不同的结论。因此，当国民党上层各派开始围绕究竟应当以谁为中心来统一国民党，以及在统一政权之后应该如何进行权力再分配的问题上钩心斗角，以至大打出手的时候，作为坚持彻底革命一方的共产党人、左派国民党人以及共产国际和苏共中央内部，也发生了严重纷争以至对立。整个中国迅速陷于混乱和动荡之中。

最早意识到革命失败，国民党已无可指望，试图寻求新的出路的是国民党左派领导人邓演达。这位黄埔军校前教育长，后任国民革命军总政治部主任、武汉行营主任、联合军校校长、湖北省政务委员会主任等职的国民党人，还在1927年5月左右，就已经在探求新的革命出路了。[1]而当中共中央和罗易等人讨论是否应当向汪精卫推荐他来组织一个军的时候，他已决心离开武汉，秘密前往苏联，力图取得共产国际和苏联的支持，重振国民党，以"形成新的力量，寻找新的革命道路"去了。[2]

邓演达和随后到达莫斯科的宋庆龄及陈友仁虽有再兴国民党的宏大志向，但在莫斯科一事无成。他们恰好赶上了苏共党内以斯大林、布哈林为代表的中央派与以托洛茨基、季诺维也夫为代表的左翼反对派，进行最后较量的时刻。斯大林和布哈林领导下的共产国际由于在中国革命问题上的失败，遭到了反对派的猛烈攻击。就连莫斯科东方共产主义劳动大学和中山大学的中国学生，也大量受到反对派观点的影响，而对反对派表示同情。在这种情况下，力图依靠苏联，白手起家，重新使已为多数共产党人所反感的国民党成为中国革命的中心，自然不会受到苏联人的欢迎。事情很明显，不论在哪一派苏联领导人看来，中国革命都绝不应当停留在国民党阶段了。

不可否认，由于共产党的力量不足，斯大林曾一度还试图继续利用国民党这面旗帜。因为，按照俄国革命的经验和托洛茨基一派人的观点，中国革命早已发展到需要打出工农苏维埃的旗帜的时候了。斯大林对此提不出不同的看法，他只是坚持，中国革命刚刚遭到了暂时的失败，革命高潮

---

[1] 这时的邓演达曾打算第二次改组国民党，并解散共产党，统一革命的领导权。见施存统：《第三党问题》，见蓝玉光编：《第三党讨论集》，1928年版，第28页。
[2] 《第三党的面面观》，见中国国民党河北省党务指导委员会宣传部编：《机会主义的第三党》，1928年版，第75页。

还没有到来,共产党人"不要太跑在前面,不要现在就成立苏维埃"[1]。在他看来,只要革命的形势再度出现,比如"在最近的将来","新的革命高涨成为事实,那末成立工农代表苏维埃的问题,就可以作为当前口号、作为与资产阶级政府的对抗而提到日程上来了"[2]。到那时,国民党的旗号就可以抛弃了。

对国民党的态度问题,毫无疑问是同共产党人对中国革命当前形势、性质、内容及其动力和对象的考虑密切联系在一起的。几乎所有人都承认革命遭到了失败,但是,斯大林和共产国际的主要领导人对形势的估计远比看起来激进的托洛茨基派要乐观得多。他们相信,中国革命如今的失败不过就是"类似于布尔什维克在一九一七年七月所遭受的失败",很快就会迎来一个同样伟大的十月革命。至多也就是要经过比俄国革命的七月到十月更长一点的时间,革命就可以"重新走到大街上"去扫除一切反革命了。[3] 很显然,即使在共产党人内部,相当多的人也不同意斯大林他们的看法。

人们此时的认识,大致走向了两种极端。

在右的一边,最悲观的莫若施存统等,他们似乎把革命的这种失败看成了一种观念的毁灭,以至成千上万地脱离了共产党。而更多的人则把革命的失败类比于俄国的1905年,而非1917年7月。他们相信,革命力量的重新积聚和爆发,需要的不仅仅是"半年"或"一年",而是一个相当长的过程。[4]

在左的一边,最激进的莫过于中共地方党的一些领导人。他们明确认为:"中国客观上早已到了一九一七年,但以前总以为这是在一九〇五年,这是以前极大的错误。"[5] 故他们强烈主张马上抛弃国民党的旗号,立即建立苏维埃政权,"且迅速的取得全国的胜利"[6]。在他们的眼睛里,革

---

[1] 见《列宁斯大林论中国》,第282—283页。
[2] 同上,第282—283页。
[3] 同上,第281页。
[4] 持这种认识的有谭平山以及托洛茨基、季诺维也夫反对派等。
[5] 《湖南致中央函》,1927年8月20日,见《中共中央文件选集》,第3卷,第354—356页。
[6] 湖南省委当时明确认为"中国的革命现在已经到俄国的1917年10月",彭公达:《关于湖南秋收暴动的报告》,1927年10月8日,见《中共党史参考资料》第5册,第173—181页。

命的暂时失利完全不值得重视。

暴动、暴动、暴动，中国革命已经到全国总暴动的局面了

　　国共关系破裂后，莫斯科马上就派来罗明那兹接替了鲍罗廷的工作，于1927年8月7日改组了中共中央领导机构，成立了临时中央政治局。就罗明那兹和临时中共中央政治局而言，它们虽深知斯大林的类比仅系"就其程度讲来"[1]，并非指其性质，知道中国革命"仍然还在民权革命第二阶段"[2]，但同样认为失败并不十分严重。强调不仅革命力量本身"还没有大破坏"，而且由于国内局势更加动荡、恶化，毫无出路，革命必将迅速"重新高涨"起来[3]，会很快进到"工农民众暴动的时期"[4]。

　　实际上，中共中央一分钟也没有等待这个"必将"和"进到"的过程，它从来就没有想到过革命已不在"高涨"之中。故从武汉分共之日开始，它与其说在"准备"迎接"革命斗争之不可免的重新高涨"和"工农民众暴动"的到来，不如说在全力以赴地按照革命高涨的形势，组织发动各省的武装暴动。从八一南昌暴动，到湘鄂粤赣四省秋收暴动计划；从两湖暴动计划，到"九九"鄂南及湘赣边农民暴动，再到"十一·一"海陆丰的农民暴动，这一系列暴动计划和暴动行动清楚地反映了这种心态。

　　不仅如此，尽管各地暴动先后失败，中共中央仍从各地暴动起义的星星之火中感受到强烈的革命冲动，干脆断言："革命的潮流普遍的高涨"了，准备暴动的方针已经不行了，武汉反动以后，中国革命已经进到工农民众暴动的新时期，客观条件上已经可以"汇合而为全国总暴动的局面"，夺取全国政权了。[5]

　　暴动是一种突发式的群众武装夺取政权的革命形式，其主要特点在于

---

[1] 见《列宁斯大林论中国》，第281页。
[2] 《中央复湖南省委函》，1927年8月23日，见《中共中央文件选集》，第3卷，第350—353页。
[3] 《中国共产党的政治任务与策略的议决案》，1927年8月21日，见《中共中央文件选集》，第3卷，第327—342页。
[4] 《中央通告第十三号》，1927年10月24日，见《中共中央文件选集》，第3卷，第394—404页。
[5] 《中央通告第十五号》，1927年11月1日，见《中共中央文件选集》，第3卷，第433—441页。

第三章 从"彻底"到"不彻底"

它的突发性和群众性。因此,它对敌我力量的对比和群众的革命情绪及其物质的准备,都有较高的要求。由于暴动是以夺取政权为目的的,因此它显然较为适合那些工业比较发达,城市能够在支配国家政治经济生活方面和行政统一方面起到决定性作用的欧洲国家的革命党人。俄国的十月革命,就是通过这种暴动获胜的。仿照俄国革命的理论经验建立起来的中国共产党,自然从一开始就把这种群众性突发式的夺取政权的方式,当成自己未来革命成功的唯一可靠的途径。他们为此一直怀疑和反对孙中山的军事革命方式,坚信凡革命就必须要从群众运动开始,到群众暴动结束,不可保持部分的政权、部分的军队,否则就必然妥协堕落而不能彻底革命。这种观念其后虽有改变,但亦只是在国民革命和阶级革命之间画了条线。他们还是相信,真正的革命只有靠群众暴动来取得才能算是成功。

由此可知,一旦由共产党人自己来发动革命,它自然而然地要选择群众暴动的形式。但是,在城市化[1]和工业化水平很低,政治及行政尚不能统一,敌人军事力量十分强大,而群众运动刚刚遭到严重失败,尚无足够的精神准备和物质准备的中国,强行推行暴动政策谈何容易。

其实,即使中共中央自身,对武装暴动也是缺乏准备的。武汉国民党7月15日决定分共后,一度尚未公开。加仑随即提出建议,应该马上争取控制粤系将领张发奎及其部队。据此,中共中央马上开始利用中共在张发奎部队上层军官中的影响,试图促使张脱离武汉政府,返回广东老家,到广东后别树一帜,掀起土地革命运动。后发现张亦有驱共意图,且共产党和共青团已公开发表声明,斥责武汉政府叛变,国共分裂已完全公开,于是不得不下决心摆脱张发奎,独立策动张部可影响之军队举行起义。不难了解,在这种情况下发生的八一南昌起义,在共产党人的观念里,还只是一种单纯的军事阴谋,或军事政变。它有力地表明了共产党人试图独自掌握武装力量,以反抗武汉政府的叛变行径的决心,但它还不是那种典型意义的,即共产党人所希望看到的,真正能够将革命引向胜利前途的群众性的武装暴动。

对于南昌起义,中共中央从一开始就认为存在这样一种严重缺陷,故

---

[1] 还在1913年,俄国城市人口已占全国总人口的18%,10万人口以上的城市已有100多座,50万人口以上的城市亦有20座之多。而中国此时城市人口数尚不足全国总人口数的10%。

马上就"训令湘粤赣鄂四省立即进行""秋收暴动计划","给南昌政变以有力的响应"。它试图通过这种方法来"把南昌政变与秋收暴动汇合起来,一致向前发展"[1]。

八七紧急会议召开后,新的临时政治局更进一步说明,南昌事变的目的,是"在以军事力量帮助四省暴动的实现和成功","如把四省暴动当作响应南昌暴动的军事势力,那便是本末倒置"[2]。

但无论是以秋收暴动响应南昌事变,还是以南昌事变帮助秋收暴动,结果都没有做到。中共中央虽三令五申督促各地,并缩小暴动范围,集全力鼓动两湖,"在时间上已经是失败"[3]。两湖省委不顾一切地于9月9日前后将暴动在湘赣边和鄂南发动起来,还是很快就被敌人压了下去,也未能实现中共中央的暴动计划和胜利预想。不久,中共刚刚掌握到的南昌起义部队,在孤军南下福建、广东过程中,亦为强敌所灭。

共产国际与苏共中央最初对中国革命形势的乐观程度,事实上与中共中央并无太大差别。从这时共产国际的有关文件和苏共中央《真理报》的有关文章可以清楚地看出,他们对于"革命的暂时失败将在较短时间内为革命的新高潮所取代"的前景,充满了信心。[4]他们甚至在进入8月份之后,就已经在主张"把苏维埃的宣传口号变成直接斗争的口号"了。当然,条件是"如果革命趋向高潮"的话。[5]而他们出于常理,并不认为在革命失败后的几天之内就会出现新的高潮。因此,他们最初并没有鼓励中国共产党人立即组织武装反抗,并且对新派去的共产国际代表罗明那兹和加仑与中共中央策划的南昌起义,抱着一种将信将疑的态度,声称:"如毫无胜利的机会,则可不举行南昌暴动。"应将张发奎军队中的党员尽

---

[1]《中共中央致前委信》,1927年8月1日;《中共中央给湖南省委信》,1927年8月5日,见《中共中央文件选集》,第3卷,第238—239页。
[2]《中共中央给湖南省委信》,1927年8月9日,见《中共中央文件选集》,第3卷,第307—310页。
[3]《两湖暴动计划决议案》,1927年8月29日,见《中共中央文件选集》,第3卷,第369—371页。
[4]《国民党左派的危机》(社论),《真理报》1927年7月26日,见《1919—1927苏联〈真理报〉有关中国革命的文献资料选编》,第526—529页。
[5]《联共(布)中央委员会和中央监察委员会全体联席会议关于布哈林同志报告的决议》,《真理报》1927年8月10日。

数退出，派往农民中工作。[1]但是，在"这一拼死的尝试"变成现实之后，注意到中共在广东、江苏、湖南、湖北、河北、河南、陕西等省遍地开花，到处暴动的情况，他们立即开始相信中国正在再现俄国十月革命前的情景，因而毫不犹豫地断言：中国的"这场运动并没有被完全扼杀，革命群众也没有被吓倒，组织武装起义的任务是不言而喻的"[2]，"建立一个更加符合自身要求的新国家的日子已经为期不远了"[3]。

于是，尽管各地发生的几乎所有暴动都是仓促举事，全靠各地党员骨干抛头洒血来点起那些瞬间即逝的火花，人员、组织、资财的损失难以数计；尽管莫斯科仍旧在告诫说，"我们正处于积聚力量的阶段"，阶级力量对比还"十分不利"，出现革命浪潮迅速高涨的前景还只是"极有可能"，但是，几乎没有人不相信，应该把中国革命推到一个新的更激进的台阶上去。因此，在中国实行苏维埃的方针和办法的问题马上就被提上了议事日程，莫斯科也公开声称：在中国，"直接的革命形势依然存在"[4]。

何谓"直接的革命形势依然存在"？翻译成通俗的语言，就是说中共全面夺取政权的形势依然存在。

9月中旬，根据共产国际的指示，罗明那兹起草了《关于左派国民党及苏维埃口号问题决议案》，明确宣告：鉴于国民党的旗帜已经成为"资产阶级地主及反革命的象征"，"彻底的民权革命——扫除封建制度的土地革命，已经不用国民党做自己的旗帜"，共产党现在不仅应该宣传苏维埃的思想，"并且在革命斗争新的高潮中应成立苏维埃"。当然，"为着不要失掉苏维埃政权的真意"，决议强调苏维埃的组织应当在"我们有决定的巩固的胜利的时候"，建立"在那些中心的地方如广州长沙等"城市，而决不应首先在小县城里组织苏维埃。[5]

---

[1] 转见《张国焘致临时中央政治局并扩大会议的信》，1927年11月8日；《中共中央复张国焘的信》，1927年11月30日。见南昌八一纪念馆编：《南昌起义》，中共党史资料出版社1987年版，第67、68—75页。
[2] 马马耶夫：《南下大进军》，《真理报》1927年9月27日，见《1927—1937苏联〈真理报〉有关中国革命的文献资料选编》，第87—89页。
[3] A.伊文：《中国农民起义的浪潮席卷北方各省》，《真理报》1927年10月14日，见《1927—1937苏联〈真理报〉有关中国革命的文献资料选编》，第90—92页。
[4] 《真理报》1927年9月27日、11月29日，见《1927—1937苏联〈真理报〉有关中国革命的文献资料选编》，第87—89、93—104页。
[5] 见《中共中央文件选集》，第3卷，第370—371页。

值得注意的是,在该决议经中共中央政治局修改通过后的9月下旬,正是两湖暴动先后失利和南昌起义军在广东陷于困境,生死不明之际。不仅中共中央,就连罗明那兹等国际代表,亦对胜利前景不再乐观。就在中共中央宣布开始进行苏维埃革命的同时,它却被迫离开"中国土地革命的中心区域",秘密迁到白色恐怖的上海去了。它并且承认,从前于短时期内暴动夺取广大政权的希望,暂时已经不可能了,现在的策略虽仍是继续暴动,但大城市的暴动计划应暂时停止,两湖农民暴动的形势,也只是"某几县的农民可握得某几县的政权"[1],而不存在夺取中心城市的条件。

俄国人指挥中国革命的结果:"苏维埃"成为中共特有名词与象征

"苏维埃",俄语为Совёт(Soviet),其实只是"会议"的意思。它成为特有名词,完全是俄国革命本身的产物。它是在俄国1905年革命高潮中出现的工人代表会议的一种简称,最初只是作为罢工委员会组织起来,很快则变成具有工人起义机关和工人自治政府性质的一种权力机构。到1917年,这种劳动群众自治政府性质的政治机构再度出现,并且渐成为和上层立宪会议相抗衡,乃至与政府相并立的一种事实上的政府。布尔什维克进而利用它在苏维埃中逐渐取得的优势地位,把苏维埃变成了反政府的革命起义机关,并在革命胜利后以苏维埃作为苏联权力机构的形式和名称。

作为一种权力机构,苏维埃的特点在于:(1)它不是按区域,而是以生产单位为基础来选举代表,从而保证了代表同工业生产劳动者间的密切联系;(2)它废除了三权分立,使代表会议本身成为具有立法、行政和司法等各种权力高度集中的高效率的独裁机关;(3)它完全剥夺了资产阶级以及一切剥削阶级在政治上的发言权,从而使共产党人找到了实现阶级专政的组织形式。因此,列宁对它十分推崇,并极力推而广之。

不过,由于苏维埃有着作为起义机关和政权机构的两种形式,因此人们对于苏维埃的认识也颇为矛盾。尽管斯大林断言它既是"起义机关",

---

[1]《中央对长江局的任务决议案》,1927年10月1日,见《中共中央文件选集》,第3卷,第376—377页。

又是"政权机关"[1]，事实上，二者之间仍有区别。其一，作为起义机关，苏维埃是适应俄国工人斗争需要自发产生并发展起来的，而作为一种国家政权机关的组织形式，它则是布尔什维克根据阶级斗争的目的而进行的一种创造。其二，作为自发的起义机关，苏维埃是充分民主的和具有广泛代表性的，事实上它是一种包容布尔什维克、孟什维克、社会革命党等各种革命党派代表在内的工人阶级的统一战线组织；而作为布尔什维克用来掌权的权力机关，它则是以阶级专政乃至一党专政为特点的，十月革命成功不久，布尔什维克就把它变成了一种独裁机构，排斥了非布尔什维克的一切党派团体的代表在其中发挥作用。不难看出，要把二者同时推广到中国来是相当困难的。

实际上，不论斯大林怎样强调苏维埃的二重性，作为具有自发性和工人阶级统一战线性质等重要特点的群众斗争组织的苏维埃，在群众组织程度较低，白色恐怖又相当严重的中国，显然缺乏客观的生长条件。因此，苏维埃从它被引入中国之日起，就变成了苏式革命权力机关的代名词。只不过鉴于中国阶级分化不够充分，以及农民占国民绝大多数的情况，共产国际根据列宁1905年的提法，认为它只能叫"工农苏维埃"而已。

所谓"工农苏维埃"，纯粹是列宁在1905年俄国革命前后的一种别出心裁的创造。因为当时的俄国工业发展还处在初级阶段，工人人数占人口比例较低，按照马克思主义的观点，俄国革命充其量只能是一种以推翻沙皇专制，创造资本主义大工业发展条件为目标的民主革命。"民主革命是资产阶级革命"。但列宁既不认为俄国的资产阶级可以引导这场革命获胜，也不希望看到这种结果。他坚信革命的领导权必须掌握在无产阶级（亦即社会民主工党[2]）手中。而要实现这一目标，他就必须借助于俄国农民的帮助。这也就是为什么列宁会提出创造"无产阶级和农民的革命民主专政"，即"工农专政"或"工农苏维埃"的关键所在。[3]

比照俄国革命当年的情况，斯大林等显然认为，"工农苏维埃"是最适合中国现阶段社会发展程度的一种革命政权形式。因为，中国资本主义

---

[1] 见《列宁斯大林论中国》，第205页。
[2] 即社会民主工党多数派布尔什维克的前身。
[3] 列宁：《社会民主党在民主革命中的两种策略》，1905年，见《列宁选集》，第1卷，第600—602页。

的发展还很薄弱,现代工业的发展只在沿海少数城市中比较明显,绝大多数地区都还属于自然经济状态,社会政治经济的发展严重不平衡。因此要指望共产党领导城市中少量的产业工人来进行一场全国范围内的大革命,几乎是不可能的事情,农民必须要在中国革命中扮演十分重要的角色。既然如此,根据列宁的观点和俄国 1905 年革命的经验,中国革命当然只能是资产阶级民主革命,革命的目标也只能是创立"工农苏维埃"。由此不难看出,尽管共产党人一度寄希望于在中国马上实现俄国十月革命的胜利前景,但斯大林明确规定了中国革命的革命阶段、革命形式和革命内容只能保持在一种不尽相同的水平上。

中国究竟处在怎样的一种革命阶段呢?根据斯大林在国共分裂后针对中国革命问题所发表的一系列文章和演说可知,他认为中国革命应该是按照三个阶段一级一级地向上发展的。这三个阶段就是所谓"广州时期"、"武汉时期"和"苏维埃时期"。第一个阶段"是全民族联合战线的革命",斗争的中心任务是反帝,革命阵营包括工人、农民、城市贫民、小资产阶级和民族资产阶级。它近似于俄国的 1905 年革命。到第二个阶段,革命开始以土地革命为中心,成为典型意义上的资产阶级民主革命,民族资产阶级"转到了反革命营垒",革命阵营内只剩下了工人、农民、城市贫民和小资产阶级知识分子。它近似于俄国 1917 年的二月革命。到第三个阶段,即土地革命深入发展,开始超越资产阶级民主革命,把社会引向非资本主义发展道路的苏维埃革命阶段,"不大可靠和动摇的"小资产阶级知识分子也已出于"对日益增长的土地革命的恐惧和封建主对武汉政府的压迫",而"脱离革命",革命阵营就只剩下了工人、农民和城市贫民了。它近似于俄国 1917 年的十月革命,只是依据中国社会经济的发展程度,它并不就是社会革命,而仍旧只能是民主革命,或曰土地革命。[1]

按照斯大林所勾勒的这幅革命发展趋向图,可以很清楚地看出,他在理论上明显地相信中国革命必定会和俄国革命一样,会按部就班、循序渐进地按照几乎同样的历史发展线索和阶段演进,不断地走向深入和彻底。其基本的逻辑就是,革命最初可以是几个阶级联合组成革命阵营。随着革命深入,

---

[1] 参见斯大林:《时事问题简评》,1927 年 7 月 28 日;《国际形势与苏联国防》,1927 年 8 月 1 日;《中国问题》,1927 年 8 月 5 日。见《斯大林全集》,第 9 卷,第 291—324 页;第 10 卷,第 5—54、56—77 页。

革命阵营就会一步步发生分化,并不断走向分裂,革命的力量就会越来越小但越来越单纯,革命的对象就会越来越多,革命的表现形式自然也就会越来越激烈。唯有如此,革命才能走向彻底和达到最终胜利的目标。

革命——"杀尽一切土豪劣绅大中地主工贼农贼国民党右派贪官污吏"

并不是所有人都能理解斯大林所论述的这一系列关于中国革命形式和革命阶段论的内在理论关系。自国共分裂以来,中共领导层内部在新形势面前始终存在着严重的思想和理论的混乱,对眼前发生的巨大变动难以适应。到了1927年11月中共中央紧急扩大会议前后,这种认识上的混乱更加突出,以至出现了组织上分裂的严重迹象。

首先是关于革命的阶段和策略问题。中国革命现阶段是不是到了俄国革命的1917年?革命是不是应该采取苏维埃的暴动方针?最激进的如共青团中央扩大会议中的一些与会者,干脆认为中国革命实际上已经进入了社会主义革命阶段,已经达到俄国1917年十月革命的程度。其他如湖南省委前敌委员会书记毛泽东等,对中国革命的阶段和性质的认识也大体相同。罗明那兹和中共中央虽坚持中国革命仍处在资产阶级民主阶段的看法,但在把握共产国际执委会第七次扩大全会决议关于中国革命必须"越出资产阶级民主的界限",以便直接导向非资本主义(社会主义)发展前途的论断[1]时,实际上也陷入了思想混乱的状态。因为他们其实并不认为有区分所谓民主革命与社会革命的界限的必要性,不仅提出由民主革命到社会革命必须是"无间断革命"的观点,而且主张"现在"就"必须要超越民权主义的范围而急遽的进展","彻底解决民权主义任务而急转直下的进于社会主义的道路"[2]。

显然,多数基层党部和普通党员却看不出这种前景。他们"大半消极并离开党,不赞成新方针,以为CP没有出路"[3]。而另外一些从苏联回国,受到苏共反对派观点影响的党员,虽然相信中国革命必须将民主革命

---

[1] 见《共产国际有关中国革命的文献资料》(1),第274、284页。
[2] 见《中共中央文件选集》,第3卷,第370页。
[3] 同上。

的任务与社会主义革命的任务毕其功于一役,反对工农专政的口号,主张现在就应当提出无产阶级专政的口号,但他们同时反对把中国革命现阶段看成是俄国的 1917 年,认为中国革命充其量只能以俄国革命的 1905 年为参照。[1]

其次是对待小资产阶级的态度问题。早在罗明那兹来华之际,他就曾明确地转达过斯大林的意见:不要顾惜小资产阶级。但是,这种主张在强调中国远未达到俄国 1917 年的人看来,颇难接受。有些人甚至对暴动起来要杀人放火很反感,他们说:"我们要革命原本是对的,但是我们革命为什么要听俄国人的指挥?为什么要杀人放火做土匪一般的行为呢?"

从理论上,中共中央及多数中高层领导干部对此是能够解释的,他们专门散发了相关教材,告诫下级:"无产阶级是没有国界的,全世界的无产阶级利害完全一致,世界革命成功了,大家都有好处,所以我们也帮助外国的革命,外国工友也帮助中国的革命。这个世界革命的总机关就叫做第三国际,也叫共产国际。这里面做事的各国人统统有,不过俄国无产阶级是革命的老资格,能干的人多些,所以在里面办事的人也多些。现在中国共产党就是第三国际一个支部,所以必须受第三国际指挥,并不是受俄国的指挥。""至于杀人放火,这是阶级斗争到你死我活的时候,必须用的手段,这是不能避免也不应避免的。中国革命到了现在,你不杀他,他就杀你;你不烧他,他就烧你。我们看一看各地豪绅地主资本家军阀的白色恐怖就可相信这句话了,我们还怕杀了敌人以后没有人吃饭吗?我们还怕烧了狗窝以后便造不出洋楼吗?"[2]

道理归道理,即使是在中共中央的一些领导人的头脑中,对该杀什么人,该烧什么房,认识也还是十分模糊。在他们看来,资产阶级出走,这或许不值得特别重视。因为共产党人历来只是习惯于把资产阶级看成是自己潜在的敌人,并视之为软弱无力的依附者。但放走小资产阶级,就大不相同了。因为几乎谁都知道,中国是一个小资产阶级的汪洋大海,一旦让

---

[1] 在广州暴动失败之后,托洛茨基更明确地认为中国工农群众革命已经失败,暴动及苏维埃政策应当停止,共产党应仿照俄国 1905 年革命之后的策略,争取通过合法运动,提出国民会议口号,引导群众重新走入政治生活。
[2] 《中共江苏省委改造组织问题的报告材料》,1928 年 2 月 11 日,美国斯坦福大学胡佛图书馆藏,石叟文库,XIX—9/23。

第三章　从"彻底"到"不彻底"

整个小资产阶级站到革命的反面，革命队伍势将陷于孤立。

当然，和国民党关系破裂后，不会有人敢于重蹈鲍罗廷和陈独秀的覆辙。况且此前经验已经证明，土地革命稍一彻底，就将吓跑小资产阶级。因此，中共中央领导人也不能不同意，只要坚持彻底的土地革命，就很难顾惜小资产阶级。但是，在土地革命过程中伤害一部分拥有少量土地的小地主、小商人是一回事，整个地把一切拥有财产房屋者统统当成打击的对象，剥夺之、杀害之，又是另一回事。因此，对富农当如何，对中农当如何，对城市小商人、店主以及手工业主又当如何呢？实际上自八七会议之后，中共中央早就清楚地意识到，这是当前政策的"中心问题"。在苏维埃革命的方针提出之前，这个问题并不紧迫，因为当时的政策还是继续要利用国民党的旗号，团结争取小资产阶级是理所当然的。[1]而苏维埃革命的方针一经提出，这个问题就变得异常严重了。中共一些领导人尽管多少还有些犹豫，对小资产阶级的群众，仍旧希望"吸引他们参加革命"，对小商人、小店主等，也不主张没收财产，但苏维埃革命发动后的现实是，既然连那些"革命的暂时的同道者"都必须排斥，那么，对小资产阶级从整体上要予以压制和打击，就是理所当然的了。

革命的暴动政策从一开始就照搬了俄国革命红色恐怖的经验[2]，提出了"杀尽一切土豪劣绅大中地主工贼农贼国民党右派贪官污吏"，"大杀大灭豪绅资产阶级的权势与势力"的激烈口号[3]。因为要求"必须极严厉的实行歼灭政策"，故不仅要尽量杀戮，还要摧毁包括官府、银行、工厂、店铺和房屋在内的一切"反革命工具"。如此恐怖手段，自然也就注定了"小资产阶级是要动摇甚至反动的"，当然不能迁就和顾惜。[4]

这一政策推行的结果，是多数地方暴动后都"大烧大杀"。

---

[1] 见《中共中央文件选集》，第3卷，第336—337，404页。

[2] 见安东尼拉·萨洛莫尼著，卡佳等译：《列宁与俄国革命》，三联书店2006年版，第93—94页。

[3] 参见《中央复湖南省委函》，1927年8月23日；《中央常委关于两湖暴动计划决议案》，1927年8月29日；《中央通告第十三号》，1927年10月24日；《中央致两湖省委信》，1927年11月15日。见《中共中央文件选集》，第3卷，第351、366—367、399、523页。《河南目前政治与暴动工作大纲决议案》，1927年9月29日，见中央档案馆、河南省档案馆编：《河南革命历史文件汇集》（甲2），1984年版，第113页。

[4] 《中央通告第十三号》，1927年10月24日，《中共中央文件选集》，第3卷，第403—404页。

湘南暴动"不但烧衙门机关、土豪劣绅的房子，而且连县城的整条街道和商店，甚至衡阳至坪石公路两侧十五华里的所有村庄都烧掉"[1]。

湖南平江暴动后，"杀戮豪劣和反动分子，计在数千，而同志和革命民众殉难的，亦不下数千人"，以至"数十里或百数十里，几无一栋完善的房屋，无一处尽青的山，共计全县被烧的房子，总在十分之四五"[2]。

广西左右江暴动的农民赤卫军"攻下豪绅地主的寨子，凡寨子里面的人，不论男女老幼都杀一个精光"[3]。

广东海陆丰地区暴动，农民"对任何反动分子都毫不客气地就地杀戮"，"剖腹割头"，"财产一概没收，房屋一律焚毁"。两县地主早已逃之夭夭，却还是杀了2400多人，其中许多自然是些"不能顾惜"的小资产阶级，甚或穷人了。[4]

第三是革命的方式问题。在国共分裂之后，共产党人在采取何种革命方式的问题上几乎没有选择的余地。共产国际的指令很清楚，即"可以在国民党旗帜下来组织暴动"。尽管共产国际也强调了发动暴动的必备条件，但除此之外是否还有比暴动更适合中国条件的革命方式呢？当然，共产党人所理解的暴动是有特定的形式的。八一南昌暴动严格说来称不上是真正意义上的暴动，这也就是为什么中共中央几乎马上就制定了一个湘、鄂、粤、赣四省农民秋收暴动计划，把革命胜利的希望寄托在群众暴动的方式上[5]，而把武装部队，如南昌起义部队仅仅看成是一种辅助的力量，生怕过分看重军事的准备而堕入所谓军事投机的泥坑。因此，尽管毛泽东早就提出过建立和保存自己的武装的建议，并提出"政权是由枪杆子中取得的"[6]，却丝毫没有引起共产国际代表和中共中央的足够重视。

苏维埃革命任务的提出，更进一步加剧了这种以民众暴动为唯一革命

---

[1] 见《黄克诚自述》，人民出版社1994年版，第36页。
[2]《滕代远向湖南省委的报告》，1929年1月12日，见湘鄂赣革命根据地文献资料选编组编：《湘鄂赣革命根据地文献资料》第1册，人民出版社1985年版，第43—45页。
[3] 见雷经天：《广西的苏维埃运动——广西党与苏维埃红军运动简史》，中共中央宣传部党史资料室1954年版，第30页。
[4] 见汕尾市革命老根据地建设委员会办公室等编：《海陆丰革命根据地》，中共党史出版社1991年版，第42、58、65、157、208页。
[5] 见中央档案馆编：《八七会议》，中共党史资料出版社1986年版，第102—103页。
[6]《毛泽东在中央政治局常委扩大会上的发言》，1927年7月4日；《毛泽东在中央紧急会议上的发言》，1927年8月7日，见《八七会议》，第58页。

第三章 从"彻底"到"不彻底"

方式的倾向。熟知俄国苏维埃革命历史的共产国际代表和中共领导人，只能变得更加墨守成规了。如果不是共产国际劝告他们注意把握暴动的条件和时机，条件不成熟时应采用游击式的战争和小面积的农村割据，很难设想中共中央会把这种极不规范的语言写在自己的决议上。[1] 只要看一看 11 月扩大会议对在秋收暴动中没有按照中央既定的暴动方针行事的毛泽东给予的严厉处分，就可以清楚地看出中共领导人当时思想僵化的程度。[2]

事实上，虽然接连不断的暴动失败多少使中共中央悟出中国"革命不能有夺取首都，一击而中的发展形势"，因而相信中国有建立工农革命军甚或革命根据地的某种需要[3]，但他们显然对这种找不到先例的"游击式斗争及农民割据"方式的革命办法还是感到怀疑。在 11 月扩大会议不久之后的一次专门会议上，瞿秋白就明确要求赴莫斯科的代表告诉共产国际：中共中央虽然接受了国际的意见，但许多同志认为"这样干不会成功，因而悲观"[4]。

城市苏维埃乍现广州，数千赤卫军牺牲，苏方人员曝尸街头

这时，摆在共产党人面前的形势相当严峻。无论是理论上还是实践上，人们都明显地感到不知所措。武汉的党员，7 月武汉分共前夕有 8000 人，8 月初就骤然减至 3000 人，8 月中旬更减至 2000 人，到 9 月就只剩 1000 人左右了[5]，这种势头似乎无法控制。到 11 月底，中共中央实际可以掌握的党员人数，已经从五大时的 5.8 万人锐减到 1 万余人，减少了 4/5 还多。这种情况不能不使中共中央感到严重焦虑。

---

[1] 在中共中央临时政治局 1927 年 11 月举行的扩大会议上通过的决议案中，第一次写上了允许暴动采取游击式的战争和在农村组织苏维埃组织的意见。而在 9 月中旬，这些还都是不能被允许的。见《中共中央文件选集》，第 3 卷，第 370—371、455—456、459—461 页。
[2] 关于给毛泽东处分的理由是，毛身为八七紧急会议后中央派赴湖南改组省委执行中央秋收暴动政策的特派员，却没有制止湖南省委"把暴动看做是一种单纯的军事行动，只与土匪和杂色军队接头，不引起极大农民群众起来暴动，以致暴动开始除安源的工人很勇敢的参加斗争外，各地农民群众实在没有一点行动"。毛因此被"开除中央临时政治局候补委员"的职务。见《中共中央文件选集》，第 3 卷，第 481、483—484 页。
[3] 瞿秋白：《武装暴动的问题》，《布尔塞维克》第 1 卷第 10 期，1927 年 12 月 10 日。
[4] 《瞿秋白在中央政治局会议上的发言》，1927 年 11 月 27 日。
[5] 《罗亦农关于湖北工作的报告》，1927 年 9 月 10 日。

更让中共中央深感不安的,是关于中国社会的发展前途问题。人们十分担心,革命的失败是否会为中国的资本主义发展开辟道路。尽管斯大林和布哈林都断然否定中国有走上基玛尔道路的可能性,但罗明那兹告诉中共中央,"中国长期资本主义的发展是可能的",要想阻止这种情况发生,关键在于要能够使工农革命潮流迅速高涨起来,并使国民党人始终处于动摇和危机之中。实际上,中共领导人未必都认同罗明那兹的看法。因为,这个时候的国民党仍旧处于内讧之中,中国的情况并没有因为共产党退出了国民党而发生怎样的改变,许多地方的民众仍旧处于严重的贫困、动荡和不安之中,共产党仍旧可以组织起一些暴动。这应该可以证明,国民党很少成功的可能。而这个时候广东国民党之间的内讧,似乎更加证明了这一点。利用李济深和张发奎两派国民党军队在广东公开冲突之际,以彭湃为首的广东共产党人成功地组织了海陆丰农民暴动,创立了中国第一个苏维埃政权。随后,共产党人更乘虚成功发动了广州暴动,这些都不可避免地强化了中共领导人对形势的判断。

此前中共中央领导的各地民众暴动,几乎清一色都是农民暴动。客观上,因组织农民远比在城市组织工人暴动要容易得多。中共中央虽一直不愿承认,心里却都很清楚,真正有条件取得成功的,目前还只能是农民暴动和农民苏维埃。但在理论上和俄国苏维埃革命的历史上,城市工人的暴动才是革命胜利和巩固的"先决条件",没有城市工人暴动作为农民暴动的"中心及指导者","单纯的农民暴动是不能获得最终胜利的"[1]。因此,无论是共产国际还是中共中央,其实都一直寄希望于城市工人的发动。广州暴动的成功,显然在很大程度上满足了人们的这种渴望。

广州因国共合作和省港罢工等原因,共产党人在部分工人群众中确有一定基础。国共关系破裂后,中共中央就一直试图在广州大举暴动,均因国民党驻军兵力强大,又无军队内应及群众配合,都只做成一些小规模的骚动。此次,张发奎勾结汪精卫于11月17日发动广州事变,赶走了主政广州的桂系势力,引发与桂系联手的粤军将领李济深部与张发奎部之间的激烈冲突,战火再度在广东北部燃起。张被迫调兵北上堵截,造成广州空

---

[1] 中共中央临时政治局扩大会议:《中国现状与党的任务决议案》,1927年11月10日,见《中共中央文件选集》,第3卷,第456—457页。

虚。11月26日晚,中共广东省委一致决定了乘机暴动,夺占广州的方针[1],并根据共产国际代表的提议,准备于12月13日发动暴动。

12月10日,共产国际代表获悉汪精卫9日密电,知道汪已风闻中共的暴动计划,密谋要解决中共控制下的第四军教导团,并准备搜查全市共产党人及苏联驻广州领事馆,因此立即电告上海中共中央,并转告广东省委,要求后者立即提前举行暴动。

对于广州暴动,上海共产国际代表的意见是明确的,即暴动应当建立在广州四郊及附近各县农民暴动和国民党兵变的基础上,并且应当尽早公布各种革命口号及法令条例,组织集会、罢工和工农赤卫军,以便发动群众。广东省委突然被迫提前暴动的计划,使原计划的各种准备及配合工作无法完成,这使暴动的领导人在暴动一开始,就意识到这次暴动未必能取得成功。但是,广州毕竟是人们熟悉的革命"圣地",有着相当的群众基础,如今又有一定的军事力量可以借助,城市又如此空虚,共产国际还派有德籍巷战专家纽曼作为军事顾问前来协助指挥……眼见有如此多的有利条件,共产党人怎能不感到振奋?几个月来总在幻想俄国十月革命重现于中国的诸多共产党人,自然会惊愕地"发现",他们盼望已久的那个惊天动地的时刻似乎即将来临。

12月11日,中共控制下的广东工代会领导的数千赤卫军和起义的教导团、警卫团等少量军队一起,在共产国际军事代表纽曼、苏联驻广州领事馆领事和张太雷、叶挺的共同指挥下,举行了大规模的武装暴动。连同自发响应或主动上街的,佩戴红巾的暴动人员几近两万人。他们当天即占领了广州主要城区,次日召开了有数百人参加的群众大会[2],宣告组成了苏维埃政府和红军。

广州暴动仅仅一天,情况就逆转了。纽曼与张太雷、叶挺等第二天就得知国民党军队已大举调兵赶回,这时广州观音山及河南都还在李福林部的占据下,苦战不下。张发奎、黄琪翔大军赶回,暴动武装寡不敌众,故

---

[1] 《中共广东省委给中央信》,1927年11月29日,中共中央党史资料征集委员会等编:《广州起义》,中共党史资料出版社1988年版,第94—95页。
[2] 12月11日暴动当天曾计划开会,因观音山在国民党军占领下,居高威胁着原定开会的第一公园,会议没有开成。第二天换址另开大会,只到群众三四百人。会后张太雷与纽曼乘车前往观音山附近,张不意被乱枪打中身亡,纽曼及司机侥幸逃生。见《广州起义》,第225、237页。

很快即决定退出广州。不意暴动者遍布全城，仅教导团和主要干部等成功退出，赤卫军竟未及通知。13日，张发奎、李福林等部发动攻城，当天下午就占据了广州全城。国民党军及在其影响下的广州机器工会等工人上千人对大街小巷逐一搜查，数以千计的赤卫军惨死于抵抗或报复性的血腥屠杀中，苏联领事馆人员多人竟也被国民党人杀害，曝尸街头。[1]

事实再次证明，共产党还不是国民党的对手。还在敌军重新回到广州街头之际，中共中央却在上海认真地研究如何立即在广东全省、在两湖及江西，以至在全中国开始"大暴动"。与会者甚至相信："广州市政权能否长久维持不大重要，而主要的是要扩大暴动"，立即向周围放射，因为"广州可说是全国大暴动的开始"。为此，中共中央公开发表告全国工农民众书，号召工友、农友、士兵弟兄统统暴动起来，并宣称："这次广州暴动是广东总暴动的开始，是全国各地工农暴动的信号"，只要四处发动，必可得"最后的胜利"[2]。

苏共中央和共产国际这时同样充满了幻想。在此之前，苏联刚刚同英国以及中国北京当局发生过一系列外交冲突，斯大林特意在联共（布）中央委员会和中央监察委员会上，向全世界无产阶级政党发出了"保卫苏联"的号召。[3] 接连召开的莫斯科东方民族兄弟大会、国际苏联兄弟大会，以及柏林世界反帝国主义大同盟董事会扩大会，也都被明确要求提出了"保护苏联"的方针。[4] 在这种情况下，苏联外交人员本应格外小心谨慎。但是，当广州暴动发动后，驻广州的苏联领事馆官员不顾一切地同中国共产党人一道投入到暴动中去。广州苏联领事馆副领事哈西斯等公开充当了起义军队的军事顾问，领事馆的汽车更是插着暴动者的红旗招摇过

---

[1] 广东省委1928年1月初决议认定暴动中"同志死者二百余人，赤卫队、红军兵士死者二千余人"；1928年1月提交给中华全国总工会的报告称："工人死者约四千，伤者约六百，军队死者约六百，伤者约一百，农民不知"，暴动期间"杀反革命约三百人"；广州工人代表大会特别委员杨殷1928年回忆，12月13日后很短时间里，暴动工友被杀3000余人；中共中央机关刊物《布尔塞维克》1928年1月宣称：12月13日至19日的五六天时间里，李福林、张发奎等军阀武装在广州共杀死了5700多人。见《广州起义》，第245、252、272、357、396、412页。

[2] 《中国共产党为广东工农兵暴动建立苏维埃告民众》，1927年12月14日，见《中共中央文件选集》，第3卷，第562—568页；《中共中央致广东省委信》，1927年12月18日，见《广州起义》，第221—222页。

[3] 见《斯大林全集》，第10卷，第47页。

[4] 参见向忠发：《中国工农代表团来苏联经过报告》，1928年9月14日。

市，仿佛胜利已经成为定局。[1] 甚至远在千里之遥的斯大林，也对如何指导这次暴动格外感兴趣。[2] 显而易见，共产国际以及苏共中央对这次暴动都曾寄予了极大期望。

广州暴动失败了，但这并不能使共产党人的头脑完全冷静下来。共产国际代表在获悉广州苏联领事馆副领事等五人同大批共产党人及暴动工人被杀害之后，已深知"现在立即总暴动，将必败于残酷的反动之手"，故明确表示"不能作如此的盲目争斗"，应重新"继续作农民游击战争"和"建设我们秘密的组织"的工作[3]，制止了中共中央进一步扩大暴动和发动全国总暴动的盲动措施[4]。可是，人们基本的思维方式和思想倾向仍未有所改变。

广州暴动失败给中共中央最突出的启示，就是使他们再度明确意识到中国不可能同俄国一样，通过一两个或更多的中心城市的暴动，一下子取得全国的政权。在此之前，中共中央虽然承认"农民激进工人落后"的现实，被迫赞同在农村首先进行小范围的农村割据，但从未放弃过通过城市暴动一举夺取全国政权的幻想。如今，他们认识到：由于"工人与农民革命运动发展程度的不平衡"，"地域上革命运动发展程度的不平衡"，且"在中国条件之下，实际上没有中央政府，经济生活是许多半独立的区域"，各地"豪绅资产阶级军阀的统治"也有强有弱，因此，马上夺取全国政权是困难的，但"开始于一省或几省夺取政权是可能的"[5]。

毫无疑问，中共中央仍旧对革命形势充满了幻想。这时，基于前一阶段的暴动指令，各地仍不断有暴动的消息和要求传来。这里，确有存在较

---

[1] 参见《晨报》，1927年12月13日，见《聂荣臻回忆录》上册，解放军出版社1982年版，第82页；黄平：《往事回忆》，人民出版社1981年版，第48页。
[2] 据说广州暴动前夕，斯大林还曾亲自打电报给纽曼予以指示。转见《党史研究丛刊》，1982年第2辑。
[3] 《中国共产党为广州暴动再告全国民众》，1927年12月17日，此文件系由共产国际代表起草后，于12月16日得到中共中央同意，并作了文字上的加工后发表的。见《中共中央文件选集》，第3卷，第574—582页。
[4] 参见《中央告湖北同志书》，1928年1月1日；《中央告江苏省委同志书》，1928年1月1日；《中央致陕西省委信》，1928年1月2日；《中央致浙江省委信》，1928年1月18日；《中央致罗迈同志信》，1928年1月20日，等，见《中共中央文件选集》，第4卷，第71—75页。
[5] 《秋白给国际的报告》，1928年2月10日，见中央档案馆编：《中共中央政治报告选辑（一九二七——一九三三）》，中共中央党校出版社1983年版，第23—36页。

好的暴动割据条件的地区,如湖南某些农村,农民协会势力之大,使地主乡绅之流乃至当地少量驻军也无可奈何,不敢公开与之对抗。但也有许多地区,只是少量激进分子组织起来,采取红色恐怖的手段,在那里逼迫群众进行罢工和反抗。甚至南洋新加坡少数共产党人拿了几支手枪、几颗手榴弹去袭击了一次新加坡各界欢迎国民党要人的集会,也立即送来报告宣布南洋已开始暴动了。[1] 这种情况不能不使原本就渴望看到革命高潮的中共中央在认识上发生混乱。他们固然也批评那种毫无群众基础和割据希望的"无动不暴"的盲动倾向,但还是相信"中国直接革命的形势更加明显,武装暴动的问题更加成了实际的问题"[2]。广州暴动的发生更加强化了他们的这种幻想。中共中央断言,广州暴动使"城市中的苏维埃政权第一次出现于中国及整个殖民地的亚洲","在殖民地国家内进行苏维埃革命的任务已经第一次见诸实行了"。它意味着:"工农革命的热烈的高潮与高度的成熟已经明显的固定","预示国际无产阶级革命之胜利,领导暴动的中国工人阶级是国际无产阶级先锋队的一部分"了[3]。换言之,广州暴动的失败不是说明中共领导的革命遭受了严重的挫折,而是说明中国已进入更高的革命阶段,苏维埃革命胜利的前景更加迫近了。

值得注意的是,在广州暴动之前虽然有海陆丰苏维埃政权的产生,但是很少引起国人的注意,就连中共中央都不曾宣传过。广州暴动可以说是中共第一次在中国公开打出"苏维埃"的旗号,在中共中央看来,苏维埃革命理当从此开始在中国轰轰烈烈地展开了。然而,到底这个"苏维埃"意味着什么,就连中共领导人自己都还搞不清楚。"苏维埃"的宣传和表示,纯粹还只是一种决心仿照苏联模式进行彻底革命的标语口号。

在1928年1月的一次中央政治局会议上,与会者讨论到苏维埃革命的性质、革命的动力、政权的成分、要不要统一战线,以及是先有苏维埃还是先有暴动,暴动是否必须先经过总同盟罢工等许多问题时,明显说法各异。在党的机关刊物《布尔塞维克》上,也表现出对这一观念理解上的极度混乱。它一面宣布"苏维埃政权是最彻底的民主政权(德莫克拉

---

[1]《中央致南洋临时改组委员会信》,1928年3月3日,及《南洋改委2月9日信》,转见《中央通讯》第23号。
[2]《中央通告第二十八号》,1928年1月12日,见《中共中央文件选集》,第4卷,第56—66页。
[3]《广州暴动之意义与教训——中共中央临时政治局会议通过的决议案》,1928年1月3日,见《广州起义》,第254—286页。

西)",一面又断言"苏维埃政权是无产阶级专政的国家形式"[1]。很快,有人发现这种提法本身存在矛盾,编辑出来纠正时,仍旧坚持争辩说,在苏维埃革命的旗帜下,中国革命"已经不是简单的资产阶级民权主义的国民革命了",而是"中国工农民主独裁制的政权"和工农群众的革命,即超出资产阶级民主主义范围的一种革命。[2]

临时中央主张:要赶紧的大批吸收敢暴动的分子入党

要按照俄国革命特定的模式来具体规划中国革命每一个行动步骤,这当然是不可能的。没有任何人,包括苏共,会公然主张中国革命必须亦步亦趋地模仿俄国革命。但是,当这种特定的革命模式被纳入到一种特定的阶级理论的观念中去之后,它就在事实上变成了一种宗教教义,必定要束缚信奉者的思想和行动了。因为,当实际的革命步骤需要发生某种变化的时候,人们不仅要计算它取得成功的现实可能性,尤其要考虑它是否完全符合那个既定的理论观念和成功经验,而后者甚至比前者更重要。因为行动失败,观念正确,仅仅是计划不周的技术性问题;如果偏离了既定的观念和模式,无论行动成功与否,都可能被指为离经叛道,而成为严重的政治方向性问题。

在中国,更容易发生这种情况。因为,中国本来就不存在多少所谓的产业无产阶级,即使是共产党本身,也一直是主要由知识分子、青年学生和各种有着小资产阶级出身或成分的人们所组成,工人的人数向来有限。[3] 因此中共从一大到五大历届代表大会发布的党纲党章,从不标榜自己的阶级成分,且不限制参加者的阶级成分,始终只是规定"凡承认本

---

[1] (社论)《苏维埃政权万岁!》,《布尔塞维克》第11期,1927年12月26日。
[2] (社论)《中国的苏维埃政权与社会主义》,《布尔塞维克》第14期,1928年1月16日。
[3] 中共一大时有党员50余名,确数说法不一,能落实的工人成分党员尚未发现。中共二大时有党员195(又说123)名,工人党员21名(又说19),占10.7%。中共三大时有党员423(又说420)名,工人党员164(又说105)名,占38.7%(又说25%)。中共四大时有党员994名,工人党员占20%。中共五大时有党员57967名,工人党员占50.8%。中共六大时有党员130194名,工人党员13100名,占10.9%。参见赵朴:《中国共产党组织史资料》(一)(二)(三)(四)(五)(六),《党史研究》1981年第2、3、4期,1982年第1、4期,1983年第2期;赵朴:《第六次全国代表大会》(三),1986年第3期;王健英:《中国共产党组织史资料汇编》,红旗出版社1983年版,第30、60、97页。

党宣言及章程并愿忠实为本党服务者，均得为本党党员"[1]，并强调党是"为无产阶级之利益而奋斗的政党，（是）为无产阶级做革命运动的急先锋"[2]。

按照列宁主义的观点，共产党应当是工人阶级"先进觉悟阶层"和"先锋队"，因而它由什么人领导，执行怎样的政策，以及是否由工人组成，都是确定这个党是不是"真正无产阶级的政党"的重要条件。[3] 一个号称为无产阶级奋斗，且为无产阶级做急先锋的党，却主要由大批小资产阶级知识分子、青年学生等构成，这的确有点名不正，言不顺。显然，陈独秀当政时期，对这一点严格说来并不十分在意。他们当然明白这是一个问题，因而也总是想方设法地督促各级组织大力发展工人党员。即使在中共五大前后工人党员人数一度空前绝后地达到了党员总数的50%的情况下，陈独秀等人也并不真的信任工人出身的党员，故委派担任各级主要领导干部的，仍是那些识文断字，并有一定理论知识的知识分子出身的党员，中央领导机关中的工人党员人数更少。一直到1927年五大召开前，中央局的负责人中一个工人党员也没有过。五大推举的中央委员，连同候补中央委员，总共45人，工人党员只有5人。而中央政治局委员及候补委员10人中，则只有1人，均只占10%左右。[4]

不难看出，这个党始终是由一些知识分子领导着。这种情况一直发展到1927年夏，中共惨遭失败转入地下，陈独秀黯然辞职，共产国际严厉指责中共中央犯了机会主义错误之后，才根本改变。大批知识分子出身的党员干部因难脱干系，大多背上了原罪。在国共关系破裂后召开的八七紧急会议上，中共领导人几乎人人都诚恳检讨自己的阶级成分问题，承认革

---

[1] 这一要求在几次修订的党章中只有个别文字的调整，如三大时将"宣言"二字修改为"党纲"二字，五大时添加了"参加在党的一定组织中工作并缴纳党费"的要求。见《中共中央文件选集》，第1卷，第93、158、383页；第3卷，第142页。

[2] 《关于共产党的组织章程决议案》，1922年7月，见《中共中央文件选集》，第1卷，第90页。

[3] 见《列宁全集》，第24卷，第38页；第39卷，第246页。

[4] 中共一大、二大的中央执行委员中均无工人党员。三大、四大表面上看上去工人成分多，如三大中央执行委员及候补委员14名，工人党员占5名，达35%；四大中央执行委员及候补委员14名，工人党员占4名，为28.5%。但实际上主持日常领导工作的中央局中，均无工人党员。故五大推举的政治局中有一名工人党员，已是突破了。《党史研究》，1981年第2期，1982年第1期，1983年第2期。

第三章 从"彻底"到"不彻底"

命失败的关键,就是因为党自成立以来,一直是些小资产阶级在领导,认定必须要让工人党员来领导这个党才有希望。[1]会议发布的告全党党员书即尖锐批评"党的指导机关里极大多数是智识分子及小资产阶级的代表"。为促进暴动政策的实行,更是直截了当地要求各地党部:不仅要大量吸收工农领袖,而且"要坚决的赶紧的大批吸收'暴徒分子'入党","赶紧的坚决的提拔……表现积极的'暴徒分子'到各工会领导机关做领袖"[2]。暴动政策屡屡受挫,中共中央借十一月临时政治局扩大会议决议案干脆宣布说:一切问题的主要原因之一,"便是党的指导干部是非无产阶级的成份"。为此,它"命令各级党部立刻用最坚决的方法,使指导干部工人化"[3]。许多地方组织因此把很多有经验的知识分子干部撤职,大量提拔"流氓工人"到各级领导机关。广东省委公开指责广州暴动失败是因为"最高指导机关完全是知识分子",缺乏能力、畏缩、动摇和投机。李立三并声称:知识分子的革命作用已完,除非本人已经布尔什维克化,否则"只有让他们滚蛋"。这种做法影响到广东海陆丰根据地,彭湃把数百名知识分子和青年学生全都放到教导师里去当兵,最后牺牲殆尽。[4]

但是,要在原本就没有多少大工业的中国找出大批列宁所强调的那种"无产阶级",即产业工人,谈何容易。纵使一些大中城市有一定数量的产业工人,要主要由知识分子和青年学生组成的中共组织深入到他们之中去影响争取他们,又谈何容易。中共成立较晚,开始做工人运动时,许多城市的工人已经被国民党或无政府主义者组织起来了,造成"大部分产业工人无法去接近"[5],在产业工人中开展工作就更难了。

上海:中共从来认为:"上海为中国第一个大产业区域,为无产阶级的势力最雄厚最集中的地方,应当是本党在无产阶级群众中第一个最重要

---

[1]《中央"八七"紧急会议记录》,《中央档案馆丛刊》,1987年第2期。
[2]《中央致湖南省委信》,1927年8月9日,见《中共中央文件选集》,第3卷,第308页。
[3]《中国共产党中央委员会告全党党员书》,1927年8月7日;《中国现状与党的任务决议案》,1927年11月9—10日。见《中共中央文件选集》,第3卷,第265、466页。
[4] 参见《中共广东省委关于广州暴动问题决议案》,1928年1月1—5日;《中共广东省委常委扩大会议记录》,1928年2月9日。见《广州起义》,第249、309—310、323页。周恩来:《关于党的"六大"的研究》,1944年11月3—4日,见中共中央文献研究室:《周恩来选集》(上),人民出版社1983年版,第180—181页。
[5]《中共苏州市委十月份工作报告》,1927年12月22日;《中共江苏省委致常州县委的信》,1927年12月22日。美国斯坦福大学胡佛图书馆藏,石叟文库,XIX—9/10,12。

的根据地,党在上海的工作第一重要的便是职工运动。"但是,即使经过了五卅运动和三次工人武装起义,中共与上海各行业工会组织的关系始终不好,且纠纷不断,因此国共关系破裂后,中共完全无法在上海建立起具有群众性的秘密工会组织。有赤色工会的,人数也少得可怜。且不是"工会即党,党即工会",就是党与工会人员之间关系紧张。[1]

广州:在国共合作时就有机器工会、总工会和工人代表会三家工会组织,产业工人的机器工会完全控制在国民党人的手中,中共领导的工代会底下多半只是些人力车夫和手工业工人,与列宁所说的"无产阶级"并不沾边。广州暴动期间,机器工会的工人就帮助国民党大肆屠杀中共组织起来的手工业工人。因此,1927年做过上海总工会委员长的李立三就明确认为:中国革命不能照欧洲国家革命的办法,经过激烈的阶级斗争,由罢工而暴动。因为中国根本就没有多少产业工人,不可能出现这种情况,更不可能依靠产业工人来革命。只能"先发动暴动,然后群众才跟着起来",即要靠少数人暴动起来,刺激底层民众跟着起来造反。[2]

十分明显,即使最初开始照搬俄国苏维埃革命的模式,中共也只是学得几分形似而已。广州暴动算是最接近俄国模式的一次起义了,但它的发动仍然是靠军队,上万名参加者都只是些手工工人和贫民。而广州暴动失败后,中共中央发现,要想在其他城市继续广州暴动的这种形式,一时间想要找到这样大的一支力量都做不到了。相对于工人运动普遍停滞的情况,工农运动及城乡发展不平衡的情况表现得非常明显,因为农民运动显然仍十分活跃。至少把城市暴动失败的武装保存到农村和山上去,不无可能。湘南秋收暴动的军队就被毛泽东带去了江西的井冈山,并生存下来。广州暴动失败的武装也迅速退往海陆丰,暂时站稳了脚跟。中共武装在农村的存在,不可避免地推动了农民运动,便利了武装割据,农民党员迅速增加。只是,这样一来,中共的发展方向难免要引起许多人的担心和怀疑。有人公开讲"党好象变成了农民党"了。曾任武汉工人领袖,1927年秋天被中共中央派往苏联的中国工农代表团负责人向忠发,就上书共产国际领导人,声称这是小资产阶级知识分子在

---

[1]《中共中央关于党与工会关系问题给江苏省委的信》,1928年1月18日。美国斯坦福大学胡佛图书馆藏,石叟文库,XIX—9/15。
[2] 见《广州起义》,第320—321页。

党中央占主要地位的必然结果,主张"鞭笞这样的党",以便根本改变忽视城市工人运动的情况。[1]

斯大林以及布哈林等显然也相信中共革命屡屡受挫,和党的成分,尤其是和党的领导层中工人成分不足有关。于是,苏共和共产国际直接插手了中共的中央委员会改组。它通过在莫斯科召开中共六大,先是严格规定了代表中工人代表的比例[2],然后通过事先指定,"选举"出中央委员23名,其中工人成分者12名,占52%以上;候补委员13名,工人成分者5名,占38%强。再通过中央委员会"选举"出政治局委员和候补委员各7名,工人成分者各3名;中央政治局常委5名,工人成分者3名;候补常委3名,工人成分者2名。最后,再推定工人党员向忠发为中央政治局兼中央常务委员会主席。[3] 如此改造之后,中共终于脱胎换骨,真正变成一个主要由工人来领导的党了。[4]

共产国际否认中国有直接革命形势,中共中央坚持革命潮仍在高涨中

1928年1—2月,鉴于党内认识分歧,中共中央接连召开政治谈话会,讨论形势及策略问题。会上明显存在两种截然不同的意见。一种坚持认为"革命潮流是高涨的","一省与几省夺取政权的目标仍然是要有的";另一种意见则不同意简单说革命潮流是高涨的,认为革命正处于历史转变的时期,统治阶级内部的动摇不一定表明马上就要崩溃,广州暴动的失败,证明资产阶级已经得到了暂时的胜利,革命潮流已经低落了,继续要求全国暴动或一省几省马上夺取政权,是不可能的。他们批评中央对自己的力量估计过大,看不到党的力量非常之弱,并且不是很短的时间内可以恢复和建立起来的,只知道一个劲儿向前走,以为不暴动就是不革命,不了解在

---

[1] 《斯大林、布哈林与向忠发谈话记录》,1928年2月21日。
[2] 正式代表84名,工人代表达到44人,占51%多。见赵朴:《第六次全国代表大会》(一),《党史研究》1986年第1期。
[3] 见赵朴:《第六次全国代表大会》(四),《党史研究》1986年第4期。
[4] 周恩来1943年整风期间对六大如此改造有过总结,但数字略有出入。说:六大代表暴徒一大堆,工人金字招牌,在75个代表中占了41个。36个正式和候补中委,工人占了22个,17个根本不够格,后来14人都成了叛徒。

目前情况下应设法恢复组织，准备力量，暂时采取退守的策略。[1]

对形势的估计问题，直接与党的策略方针相联系。在理论上和俄国实践上，苏维埃应该只是革命潮流极端高涨，需要夺取政权时的产物。没有革命高潮和直接革命形势，自然也就没有苏维埃这个组织起义的机关，更谈不到建立苏维埃政权。问题是苏维埃革命的方针是莫斯科提出来的，怀疑暴动政策不能继续，就有怀疑苏维埃革命方针的嫌疑，因此，中共中央主要领导人还是不敢苟同那种认为革命潮流已经低落的意见。甚至说中国革命不用机械地模仿俄国革命，那也只能是斯大林、布哈林以及共产国际驻中国代表才有资格谈论的话题，中共中央领导人也绝无这样的自信。

即使是怀疑革命潮流是否高涨，在中共中央的一些领导人看来，也是怀疑暴动政策，乃至怀疑苏维埃革命的政治方向性问题，是绝对不应该的。因此，中共中央专门发出通告，坚持肯定革命形势是高涨的，说"武装暴动夺取政权的总策略不但仍旧是目前的问题，而且夺取一省或几省政权的问题更加紧迫起来"。当然，他们也意识到，工农运动发展的不平衡，对整个苏维埃运动以及人们的心理构成了严重的威胁，并造成了"工人阶级有不能领导农民争斗，城市有不能成为农民暴动中心的危险"，这可能使整个苏维埃革命背离俄国革命的轨道。为了避免这种情况发生，他们不得不坚持认为"革命和反革命已开始互争政权中心之大城市"，之所以还未能夺取城市，"主要原因还是由于各地党部没有争城市的决心，而主观的放弃了城市工人运动"。换言之，在中共中央看来，和否定革命高涨的观点一样，这都是"机会主义余毒"在作怪。为此，它再度宣布要对党"彻底改造"，办法还是要"提拔工农的指导人材，刷除机会主义的成分"[2]。

让瞿秋白等中共中央领导人意想不到的是，正当他们再度准备把武装暴动的政策引向中心城市的时候，最先指导他们实行暴动政策的那个共产国际代表罗明那兹，已经在莫斯科被迫放弃了自己的激进观点。

在1927年12月联共（布）第十五次代表大会上，罗明那兹还明确认

---

[1] 参见克鲁：《目前几个主要策略问题的讨论》，《布尔塞维克》第19期，1928年2月27日。
[2] 《中央通告第三十六号附文》，1928年3月10日，见《中共中央文件选集》，第4卷，第134—148页。

第三章 从"彻底"到"不彻底"

为,广州暴动之后,中国革命已经进入了"新高潮",共产党人有必要运用持续不断的武装暴动的政策,越过资本主义的发展阶段,直接把中国推进到社会主义。[1]但两个月后,即1928年2月召开的共产国际执委会第九次扩大会议就通过了一个完全不同于罗明那兹看法的《关于中国问题的议决案》,明确批评了罗明那兹的观点。决议声称:中国"现在还没有全国范围的新的群众革命运动之强有力的高潮",工农革命"正在走向这种新的高潮",但革命本身在各省以及在城乡之间"发展是不平衡的",因此,党的中心工作还不是立即暴动,而应当是争取群众,准备城市与乡村相配合、相适应的广泛范围之内的发动。那种"要想跳过资产阶级民权革命阶段同时认革命为'不断革命'之倾向",是"大为有害"的。[2]

4月下旬,中共中央收到了上述议决案,同时于4月26日收到了布哈林以个人名义拍来的电报。电报明确主张,中国共产党人在决心积聚力量进行武装暴动时必须格外谨慎,尤其是夺取重要城市的政权的斗争,必须到自己的力量超过敌人很多时才可以进行。这意味着,中共中央不仅必须改变自己对形势的估计,而且必须全面修正自己的暴动政策了。要向全党下"罪己诏",承认自己指导错误,这难免会让年轻的中共中央领导人有些愤愤不平。他们坚持中共中央从来没有怀疑过中国革命现阶段的民主主义性质,说"无间断革命"只是指出中国的"资产阶级民权革命""有确定的生长而成社会主义革命的趋势与前途"而已。他们声称共产国际对形势的估计缺少了积极的一面,对盲动主义的批评有些"过分",认为"如不很好的解释是可以使机会主义分子投机的"。他们坚持应"肯定的承认革命潮是高涨的",只是没有达到"最高潮"而已。他们并且作出了五条"秘密决议",准备向共产国际质疑。而他们发出的关于共产国际决议问题的通告,不仅没有作任何自我批评,而且认为"自己过去的工作,正是一面与机会主义余毒奋斗,一面即尽自己的力量指正党内各地所表现出来的盲动主义",毫无不妥之处。[3]

---

[1] 见《国际新闻通讯》第8卷,第1期,1928年1月5日。
[2] 《共产国际关于中国问题的议决案》,1928年2月25日,见《中共中央文件选集》,第4卷,第757—763页。
[3] 《中央通告第四十四号》,1928年4月30日,见《中共中央文件选集》,第4卷,第174—177页。

中共六大上,布哈林循循善诱:"生活不是一个赤裸裸的圆球"

为了根本改造和从政治上、思想上全面武装中国共产党的领导机关,共产国际从1928年5月初起,陆续把中共中央主要成员及各地党的代表先后秘密接运过境,送到了莫斯科,准备在那里召开中国共产党的第六次代表大会,全面解决党所面临的一系列重大问题。

6月初,中国共产党的代表基本抵达莫斯科后,就迫不及待地向共产国际领导人发出了一连串质询。从瞿秋白汇集的大量问题可以看出,代表们不仅对许多重大理论问题和政策问题感到困惑不解,而且对共产国际的指导也颇有怨言。

比如,代表们提出:列宁曾说过,唯有社会主义革命才能完成资产阶级民主革命,国际第七次扩大执委会决议也明确讲中国革命必须超出资产阶级民主革命的阶段,必须进一步转变为社会主义革命,为什么现在又否认它具有不间断的性质?究竟在何时,何种条件下,中国革命才应转变为社会主义革命?

代表们提出:中国究竟有些什么样的资产阶级?它们有几个阶层?各自代表什么势力并起何种作用?所谓民族资产阶级的定义是什么?中国的民族资产阶级是否还能同帝国主义和封建制度作斗争?

代表们提出:共产党人究竟应当如何对待小资产阶级?国际第七次扩大执委会决议关于工农小资产阶级联合的主张,现在是否仍然有效?

代表们提出:革命潮流高涨和革命高潮有无区别?能不能说中国现在正经历着暂时的高涨?国际革命运动形势如何?在世界革命低落的情况下,中国革命能否靠自己的力量取得胜利?如果中国革命不在高潮之中,策略上只能准备全国总起义,某个地方有夺取政权的可能性时,党应采取什么策略?

代表们甚至直截了当地提出:为什么大革命时共产国际总是右倾,总是不能预防国民党的反动和纠正党的错误,共产国际派来中国的代表为什么总是摇摆不定?为什么共产国际当时大力帮助国民党军阀武装起来,却不帮助共产党武装工农,以至国民党最后得以用苏联无产阶级的子弹枪杀中国工农，而共产党人却不能利用这些武器来推翻国民党军阀？如此等等。[1]

6月上中旬，瞿秋白等先后同布哈林和斯大林就有关问题进行了接触。斯大林明确告诉瞿秋白，中国革命目前还不是高潮，只有当革命发展到已有胜利可能时，才可以说达到了高潮。

6月14—15日，在布哈林的提议下，中共部分领导人与布哈林等共产国际领导人举行了政治谈话会，具体讨论关于当前形势的估计以及过去的经验教训问题。会上，代表们仍旧意见分歧。瞿秋白依旧不承认自己对形势判断有误。他明确表示，他不理解斯大林对高潮问题的解释。鉴于列宁在俄国1905年革命失败之后也一度主张不参加议会，以为革命会迅速高涨的情况，他确信中共中央此前在原则上并无错误。在紧接着召开的第六次代表大会上，他还进一步坚持说："革命的客观形势仍是向前去，是向上涨的，走向高潮，简单说高涨这两个字或许引起误会，但真正的意思是不错的。"因此必须肯定地说，"革命客观上是走向高潮，是向上涨而非低落，亦非停滞"，虽可不说高潮，"但是许多高潮将到的象征已经可见"。当然，考虑到中国经济政治发展不平衡，且革命发展不平衡的特点，准备总暴动的方针不宜说"即是直接暴动"，但"同样也不是说既不是直接暴动，就一动也不动"，否则必使党员的意志变得消沉。[2]

在这种时候，而且是在莫斯科，对共产国际固执己见，无论如何不是明智之举。尽管解除瞿秋白的最高领导职务的决定早已内定，但他的这种书生气还是给共产国际领导人留下了不良的印象。实际上，当共产国际领导人说明了他们的主张之后，除了对苏共理论及其历史较为熟悉的瞿秋白还在引经据典地试图为自己辩白外，中共中央的其他成员，包括与会代表，马上就转变了态度，并且还转而对瞿秋白的辩白异口同声地进行了批评。在对于革命形势发展的估量上，代表们一致认为布哈林的说法最完满也最科学，因为他既实事求是地指出了中国革命尚未出现"高潮"的情况，又没有断然使用那个始终让中共中央感到有取消主义味道的"低落"两个字，而是十分巧妙地用"波谷"现象来解释了这一切。布哈林的说法

---

[1]《中国同志向布哈林同志提出的十八个要求解答的问题》，1928年6月。
[2]《瞿秋白在中国共产党第六次全国代表大会上的政治报告》，1928年6月20日。

是，中国革命正处在从旧的革命浪潮向新的革命浪潮过渡的那个中间阶段，看起来是低落，实际上却是在走向高涨的过程中。尽管大家对中国革命究竟是处于谷底，还是已经在上涨中，还有不同意见，但他们毕竟已经意识到，目前尚不存在直接革命的形势，此前以武装暴动作为直接行动口号，把夺取一省数省政权看成马上可以实现的斗争任务，是一种盲动主义的错误。不过，当布哈林解释暴动政策是无产阶级夺取全国政权的最后斗争形式时，又有人得出了连"割据"观念也应取消的看法。他们以为，中央此前关于一省数省首先胜利的观念，以及瞿秋白提出的一县数县首先胜利的观点，都是革命的阶级性所不相容的"农民割据"观念。这种观念，是以农村及农民游击战争包围大城市，进而夺取大城市的旧式农民革命的思想，来指导今天的中国革命。这种办法势必使革命失去城市工人的领导，并且使暴动政策失去自身的实际价值。

先有成套来自俄国的系统理论和观念，后有中国党的生长与革命，这在中国共产党人身上打下了深深的烙印。瞿秋白固执地坚持革命形势依然高涨的观点，再明显不过地表现出了这种情况。由于语言文化、知识结构、理论素养等种种差异，以及研究时间、研究资料的极度匮乏，再加上两国社会结构、历史传统和革命内容的极大不同，使得按照俄国革命的理论和观念行事的中国共产党人，往往只习惯于机械地依照"苏维埃"＝"革命高潮"之类的教条进行思维，以至于既不能灵活应对变局，又无法很快适应莫斯科政策的改变。在一些重要的历史事变关头常常会自陷于某种困境，最终不得不靠共产国际指导，直至以命令行之。

其实，以纯粹俄国式的"苏维埃"作为自己的革命旗帜和革命目标之后，中共领导人就始终在革命的性质、阶段、形势、任务、对象、动力等等概念上纠缠不清，因为中国的一切情况似乎都与俄国有所差别，却又必须要尽可能严格地把它们捏合在一起。这自然容易发生争论与分歧。但这似乎又不能全怪中国人。因为当中共六大召开前有代表仅仅出于通俗的目的，提议放弃"苏维埃"政权的提法，直接称之为"人民"政权时，共产国际领导人对此几乎不屑一顾。布哈林宁愿花上"十倍的时间"，去向在他看来有时简直像"在街上散步的中国小姑娘们"一样幼稚的中国共产党人，通俗地解释"生活不是一个赤裸裸的圆球"，也不愿意去考虑如何使俄国革命的模式套上一件中国自己的外衣。这是因为，"苏维埃"对共产党人并不是一个简单的俄国特有名词，在共产国际的辞典里，它已经是一

第三章 从"彻底"到"不彻底"

种包含着具体革命内容,标志着具体革命阶段和革命形式,并具有鲜明的政治倾向性和成功范例的革命模式。没有人敢怀疑它放之四海而皆准的普遍意义,更没有人能够质疑是否应当以它作为一切国家乃至世界革命的斗争形式和根本目标。

布哈林在中共六大的会议上使中国代表们多少理解了"不间断革命"说的"左"倾盲动本质,纠正了中共中央一味进攻,不考虑力量对比的"蠢汉"做法,提出了争取群众、扩大苏区、建立红军的任务,甚至还预见了中国的以工农民主专政为特征的反资产阶级的新式民主主义革命将不同于俄国,会持续"一个整个的时期整个的阶段",并不会立即转入社会主义。但是,他所有的经验显然还不足以让他真正了解中国革命的特点和特色所在,仍然还得在那个纯粹是俄国特有的模式里兜圈子。他并未真正理解诸如中国革命的不平衡性、农村武装割据、工农红军等这些与俄国苏维埃革命模式完全不同的东西所具有的特殊意义。他承认在"非常巨大",有着许多不同省份和不同情况的中国,千百万群众不会"在一两天之间"突然起来全面暴动夺取政权,暴动可能会从一些省份开始,然后蔓延到其他省份,割据的苏区可能作为革命的中心存在,红军可能成为决定新的革命高潮的主要动力之一。但是,他坚决反对"将中国革命胜利的问题与几个地区苏维埃存在的问题混同起来"。他坚信,还是要靠群众暴动解决问题,说"到了群众真正起来的时候","我们放一个号炮,便可以进行总攻击"。可是,他甚至完全没有提到,在工业极不发达,共产党人完全转入地下的中国,应当到哪里去组织无产阶级,应当如何最广泛地团结和动员群众。他看不出在中国代表所提的关于中国资产阶级的问题里,包含着某些值得重视的思考,反而依据俄国的经验,断然宣称:中国的民族资产阶级"是我们最无情最残酷的敌人"。他注意到中国的小资产阶级占人口比例极大,社会影响更甚,承认对小资产阶级的关系有"非常大的政治意义"。但在阶级观念的困扰下,他反对公开抑制中国店员和工人以及农民中自武汉时期就充分表现出来的强烈的平均主义倾向,认为这种情况的发生就意味着工农革命已经深入,因此必须毫不犹豫地牺牲与小资产阶级的关系,不惜侵犯和剥夺小资产阶级。[1]

基于布哈林这样一种认识,在共产国际帮助下由中共六大所通过的决

---

[1]《国际代表在中国共产党第六次全国代表大会上关于政治报告的结论》,1928年6月29日。

议中，否定了不顾力量对比和不考虑群众发动状况的一味进攻的盲动主义倾向，同时却仍旧继续着此前的苏维埃革命方针及其模式。按照它的说法，党的根本任务依旧是准备和实行武装暴动；革命的直接目标，依旧是力争建立苏维埃政权；而革命的动力，依旧"只是中国底无产阶级和农民"[1]；革命的对象，则不仅有帝国主义、地主豪绅、资产阶级及其军阀，而且还有"最危险的敌人之一"，即"民族资产阶级"和"城市底上层小资产阶级"，甚至其他小资产阶级[2]。

二、"世界革命万岁"

留守中央再试统一战线，共产国际严厉批评，斥为"新的右倾"

1928年5月，正当中共中央和各地方组织的代表秘密前往莫斯科召开中共六大之际，国民党为完成统一中国的事业，发动了二次北伐。日本为阻挠国民革命军对张作霖政府的进攻，在北伐军经过的山东济南制造了骇人听闻的"五三"惨案，仅据济南惨案外交后援会代表团极不完整的调查，在此案中被日本军人杀害的中国军民达到3608人，南京政府之战地政委会外交处主任暨山东特派交涉员蔡公时等十余人被杀，蔡公时甚至在交涉员公署内被剜鼻割耳后残杀致死。[3] 此一事件，在中国再度掀起了

---

[1] 实际上，决议里的"农民"并不都是革命的动力。它特别说明，"基本力量是贫农"，中农只是"同盟者"，富农则属于"剥削者阶级"，虽暂时不必加紧反对，但仍是农村阶级斗争对象之一。见中共六大：《政治议决案》，1928年7月9日；《土地问题议决案》，1928年7月9日。见《中共中央文件选集》，第4卷，第298—300、316、344—346页。
[2] 《政治议决案》中把中国资产阶级区分为"豪绅地主资产阶级"与"民族资产阶级"，统统看做革命对象；把"城市上层小资产阶级"直接列为反动派，把有雇工行为的城市店东等类小资产阶级列为可能的斗争对象，但相信贫民小资产阶级有参加反帝运动及反军阀斗争的可能，不过并未将其视为革命动力。见《中共中央文件选集》，第4卷，第301—304页。
[3] 见《中华民国外交史资料选编》，第443—450页。

强烈的反日浪潮。

自实行暴动政策以来,中国共产党的反帝工作几告停顿。这不仅是因为共产党人全力以赴地从事暴动夺权的各项工作,完全无暇顾及于此,而且还因为它处于地下状态,不便公开活动,同时又放弃了统一战线的政策,完全无法与资产阶级、小资产阶级的反帝团体进行合作。"五三"惨案的发生以及群众性反日运动的兴起,促使这个时候留守在国内的中共中央开始意识到此前的工作存在不足,他们决心不顾有"回复旧的联合战线而蒙蔽阶级意识"的嫌疑,参加到"小资产阶级的反帝运动"中去,同时争取把反帝运动"做的含有很浓厚的反国民党意义"。当然,因为国民党从中央到地方各级党部也在激烈抗议,谴责日军暴行,他们自然会担心,不如此"简直是替我们的敌人豪绅资产阶级国民党摇旗呐喊"了[1]。他们所起草的"有国民党无反日运动,有反日运动无国民党"的"告民众书",只印了5000份,结果不论是在反日,还是在反国民党的问题上,对民众都没有产生任何影响。

5月18日,留守中央发出通告,承认"这一反帝运动,确实被国民党领导了",共产党完全"没有能够领导"。鉴于这种情况,他们决心改变此前策略,"加入国民党所组织的反日团体",以便"运用城市群众的统一战线揭破反动领袖的假面具而取得其群众,也就是取得公开的地位以便到群众中去活动"。同时,他们在策略上主张用"检查日货焚烧日货阻运日货等类激烈的动作,以惹起许多小的冲突",使国民党暴露其妥协投降立场,并借此来恢复自己的城市工作。[2] 这一策略迅速发生了效力,"五卅"、"六三"两天,在中共参加的反日大同盟以及工人反日后援会等组织鼓动下,上海有上千群众举行了示威活动,相当一批工人进行了反日罢工,群众反日斗争开始突破国民党的限制。尽管这还仅仅是在上海,但策略手法上的成功,还是促使留守中央进一步重视起日常的口号和斗争来。

中国共产党人的基本分析工具都是源自列宁主义的,列宁关于帝国主义本质的理论观点和共产国际对国际事务的分析套路,一贯是他们认识一切国

---

[1]《中央通告第四十五号》,1928年5月9日,见《中共中央文件选集》,第4卷,第194—199页。

[2]《中央通告第四十八号》,1928年5月11日,见《中共中央文件选集》,第4卷,第209—216页。

际政治问题的基本出发点和基本模式。故留守中央这时断定,日本制造济南惨案,应该是开始以武力占领山东、满蒙、华北及全中国的最初步骤,而日本的侵略将严重危害其他帝国主义国家,特别是美国在远东及太平洋地区的利益,由此必然引发第二次世界大战,因此,此一惨案至少"是太平洋战争的信号"[1]。为了反对这一战争危险,他们一方面与日本共产党人联合发表宣言,呼吁反对日本侵略和帝国主义战争的危险[2],另一方面已经开始未雨绸缪,想要加紧鼓动群众倾向于革命,以便按照俄国布尔什维克的榜样,在战争到来之际,能"转变帝国主义战争为国内战争"了[3]。

为实现加紧鼓动群众走向革命的目的,留守中央明确主张"把反帝运动和民权运动汇合起来并且联系到工农小资产阶级本身的利益以发动城市广大的群众"。他们为此提议向群众提出"要求公开外交"、"恢复民众运动"、"实行民众政权"、"召集国民会议选举全国政府"、"自动的废除一切不平等条约"及"收回山东满洲的主权"等斗争口号,并"使之成为目前民众的要求,在这种要求之下起而斗争"。毫无疑问,这些口号明显地延续了此前联合战线的政策,与苏维埃革命排斥资产阶级、小资产阶级的方针不合。他们因此不能不特别加以说明,声称这只是一种斗争手段,"不能算作我们的政纲"[4],但他们在实际上已经多少意识到,在城市工作中,尤其是对广大的小资产阶级,还不能直接提出苏维埃政权的口号,而需要适应民众的反帝心理,迂回地前进。

然而,这种独辟蹊径的做法在高度集权的共产党体制内是很难被允许的。留守中央的这一策略很快遭到了共产国际的批评。共产国际"六大"主席团及国际东方部于8月上旬致电留守中央,明确批评要求恢复民主运动及国民会议、民主政权等口号有使民众对国民党产生幻想之嫌。瞿秋白这时更是根据共产国际的意见上纲上线,把留守中央的这种做法称为中国党内"机会主义重新抬头",即"新的右倾",说提出这些口号就"意味着

---

[1] 超麟:《太平洋战争的信号已经发出来了》,《布尔塞维克》第21期,1928年6月15日。
[2] 《中日两国共产党联合宣言反对日本侵略中国》,《布尔塞维克》第21期,1928年6月15日。
[3] 超麟:《太平洋战争的信号已经发出来了》,《布尔塞维克》第21期,1928年6月15日。
[4] 《中央通告第五十四号》,1928年6月21日,见《中共中央文件选集》,第4卷,第266—277页。

否定和取消苏维埃的口号"[1]。

国际来信：任何以为中国可能走上资本主义道路的看法都是危险的

9月初，中共六大新组成的中共中央回到国内，开始工作，留守中央不复存在。新中央理所当然地重新回到彻底革命的立场上来，连策略手法也一概加以否定，认为那是"迁就落后群众的"。在新中央看来，要真正把群众从国民党资产阶级改良主义的影响下争取过来，就必须坚决地提出最鲜明而且最彻底的阶级斗争与民族斗争的战斗口号，丝毫也不要拐弯抹角，尤其"不应采取'统一战线'的口号"，不应反日不反其他帝国主义和假反帝的国民党及各种改良主义派别，因为那样等于"跟着资产阶级于不知不觉中做了美帝国主义在华发展的工具"，"使革命的反帝运动变成了反革命的作用"[2]。

1928年底，国民党二次北伐已经胜利完成，奉系军队战败退出关外。因日本军人制造皇姑屯事件，暗杀了张作霖，其子张学良毅然宣布易帜，归顺了南京国民政府。中国在历经20余年四分五裂、南北对抗之后，第一次再度实现了统一的局面。但是，国民党在征服各地军阀时所采取的主要是分化收买、封官加爵的办法，因此只有直系、皖系和江浙系军阀等不复存在，其他割据各省或特定地区的各大军事集团，如张学良之奉系、冯玉祥之西北军、阎锡山之晋军、李宗仁之桂系，包括西南各省军阀盘踞的局面等，实际上依然如故，有的力量还因为大量并吞地方小军阀而更加膨胀。故国民党形式上统一了中国，实际上内部仍是派系林立，互不相下。1929年，南京政府以理财整军名义想要对各实力派所属军队进行编遣，即因利益分配不均，再度引发军事冲突。

中国政治的这种混乱局面，恰恰正是中共所乐见，并视之为革命高潮必然要迅速到来和豪绅资产阶级军阀必然无法稳固其统治的一种证明。在他们看来，这一切都是帝国主义争夺中国的必然结果，而且是不可改变的。他们相信，中国问题之所以会如此，就是因为帝国主义各国加紧了对

---

[1] 见《共产国际有关中国革命的文献资料》(1)，第383—384页。
[2] 《中央通告第三号》，1928年9月18日；《中央通告第二十号》，1928年11月30日。见《中共中央文件选集》，第4卷，第723—746页。

中国的争夺，特别是英、美、日三大国之间的争夺，已经达到"只能靠战争来解决"的程度。就世界范围而言，英美矛盾已成为"全世界冲突的中心"；而就远东及太平洋地区而言，则日美冲突已"表现出他是太平洋未来大战的根源"和"各帝国主义在中国问题中矛盾的中心"。中国目前的反日运动，实际上就是英、美为阻止日本的急剧扩张企图而推动的。英国同时也担心美国利用中国资产阶级以其强大的财政资本垄断中国，故它又不能不与日本暗中勾结，共同扶助中国南北之买办豪绅地主阶级"共同对美"。因此，他们认为："桂系军阀买办豪绅西山会议派"，是"在英帝国主义的怀抱中"；奉系张学良以及冯玉祥、阎锡山两军阀，正在日本帝国主义"挟制"之中；中国资产阶级蒋系军阀的背后，则是美帝国主义。他们断言，英、美、日帝国主义目前还处于相持的局面，一旦这一相持局面被打破，则不仅国民党各派要爆发战争，帝国主义也"终必出于武力之一途"，"靠着战争来解决问题"。只要战争爆发，就是共产党人"一个发展革命最好的环境"[1]。

把帝国主义及其一切反革命的势力由于争斗和内讧而引起的一切战争，看成革命高潮到来的重要证明和暴动夺权的关键时机，这是自俄国十月革命以后几乎所有共产党人都确信不移的一种观念。而1928年7月至9月召开的共产国际第六次代表大会，更进一步从理论上强化了人们的这种认识。大会通过的文件明确提出了"资本主义总危机"的问题，认为第一次世界大战之后，资本主义已经经过了"严重危机"的"第一时期"和"局部稳定"的"第二时期"，开始进入"导致资本主义稳定的进一步瓦解和资本主义总危机的急剧尖锐化"的"第三时期"。说这个时期必然是充满"帝国主义国家之间的帝国主义战争、帝国主义国家的反苏战争、反对帝国主义和帝国主义者武装干涉的民族解放战争和大规模的阶级搏斗的时期"，从而也必定会成为"战争和革命的时代"，最终"把一切国际革命力量推动起来，从而不可避免地导致资本主义崩溃"的到来。[2]

---

[1]《中央通告第二十号》，1928年11月30日，见《中共中央文件选集》，第4卷，第723—740页。

[2]《国际形势与共产国际任务的提纲》，1928年8月29日；《共产国际纲领》，1928年9月1日。见《共产国际、联共（布）与中国革命档案资料丛书》(11)，中央文献出版社2002年版，第445—457页。

第三章 从"彻底"到"不彻底"

根据这样一种推断,共产国际六大向中国共产党人提出的任务也很明确,即党应该在革命高潮到来之际,"准备并实行武装起义,以之作为完成资产阶级民主革命和推翻帝国主义、地主及民族资产阶级政权即国民党政权的唯一手段"[1]。当然,它也并没有马上改变此前对中国形势的估计,还是强调了"积蓄群众力量"的问题。[2] 而既要准备并实行武装起义,又要着重积蓄力量,这种两面的要求只能让中共中央更加相信暴动的时机正在到来,关键只是在于赶快让工农兵士群众在无产阶级正确政策坚强的领导之下,"广大的斗争起来"[3]。但是,中共中央所面临的具体形势,似乎并不能印证这一点。

自1927—1928年国民党南京政府事实上取得了统治地位之后,尽管国民党及军阀内部仍旧争吵不休,但国家至少在形式上统一起来了,这使得社会上大批中间群众迅速对国家的和平与统一寄予了强烈的期望,因而也越来越多地寄希望于通过和平改良与合法斗争的方式,来求得国家政治的稳定与民族经济的复兴。国内民众中的革命情绪迅速退潮了。

一方面,按照共产国际六大的观点,世界上"战争与革命的时期"随时可能降临;另一方面,中国政治形势的发展似乎正在为中国民族资产阶级开辟道路。这种情况对于一心指望乘国内动乱以武装暴动迅速取得胜利的共产党人来说,显然不是一件值得庆幸的好事情。而中共中央最担心的是,南京国民党人"与我们理论上差不多,但政纲则不同",这很容易在群众中造成严重的混淆,并使中共的宣传失去效力。因此,它不能不再三告诫说,南京国民党及其所代表的民族资产阶级,是"我们目前争夺广大群众最严重的敌人"[4]。时任中共中央宣传部长的李立三并且发表文章宣称:"我们对于资产阶级势力的增长",以及欧战以来"一贯""帮助中国资产阶级的发展"的"美帝国主义势力的增长,尤其是他的民族改良主义的影响的扩大,必须予以严重的注意!"因为"新的革命高潮到来的快慢,

---

[1]《关于殖民地和半殖民地国家革命运动的提纲》,1928年9月1日,见《共产国际、联共(布)与中国革命档案资料丛书》(11),第458—469页。
[2] 见《共产国际有关中国革命的文献资料》(1),第573页。
[3]《中央通告第二十号》,1928年11月30日,见《中共中央文件选集》,第4卷,第732—733页。
[4]《中央通告第三十号》,1929年2月8日,见《中共中央文件选集》,第5卷,第44—53页。

完全看我们能否很快的克服这个改良主义的影响来决定"[1]。

当然，此时群众中和平改良情绪的增长，也使中共中央深感革命主观力量的薄弱，因而对敌我力量的对比及形势的估计颇不乐观，以至于国民党内部的派系之争重新演化为一轮新的内战之初，中共中央不仅没有发出进攻的讯号，而且还明确告诫全党："军阀战争的本身，并不就是革命的高潮"，"他只是造成革命高潮的客观上可能条件（统治阶级的破裂与工农的痛苦加深）之一"。"革命高潮是要依靠着群众的组织力量，觉悟力量与斗争的勇气，尤其是我们党在广大群众中的领导力量"。"群众自己没有组织与斗争的力量，即使发生战争……对于革命运动仍然失却了客观上帮助的意义，反而更增加民众的痛苦与压迫"[2]。

但是，相信南京国民党的统治地位将日渐巩固，全面战争和动乱的时机未必能很快到来，这不仅意味着革命高潮暂时还没有到来的可能，而且难免会使相当一部分革命者逐渐对革命的前途发生动摇。有人甚至得出这样的认识，说既然"蒋桂系的战争是资产阶级反对买办地主阶级的战争"，那么当然"也就是民主势力反封建势力的战争，并且还有反帝国主义的性质，因之这次战争在客观上是有革命的意义"[3]。虽然这样看问题的人还只是极少数，但过多地强调民族资产阶级的发展趋势，强调它对国家统一、和平改良、经济发展的重视和作用，过多地强调帝国主义对中国政策的区别，客观上势必使越来越多的人会这样去认识问题。

显而易见，在国民党基本完成统一中国的战争之后，共产党人之间围绕着形势估计问题不可避免地开始出现了种种不同的看法，甚至是极大的困惑。因为事情很简单，如果中国真的在南京国民党人的领导下能够逐步走上普鲁士式的，或土耳其式的资本主义和平发展道路，那么，在相当长的一段时间里，共产党就没有暴动夺权的任何可能性了。面对这种情况，斯大林不能不直接出面加以纠正了。因为在斯大林和布哈林等苏共最高领导人看来，承认资本主义有恢复和发展的可能的倾向存在，对于一个必须

---

[1] 李立三：《目前政治形势的分析与我们的中心任务》，1929年3月1日，见《中共中央文件选集》，第5卷，第657、665页。

[2] 《中央通告第三十三号》，1929年3月15日，见《中共中央文件选集》，第4卷，第71—77页。

[3] 《中央通告第三十四号》，1929年4月10日，见《中共中央文件选集》，第5卷，第110—125页。

要领导群众进行夺权斗争的革命党来说，本身就是一种危险的倾向。

1929年2月8日，共产国际就"中国革命形势、前途和目前任务"发出了致中共中央的指示信。该信至3月下旬才送交到中共中央。[1] 信中明确提出，那种"以为在中国，已经开始资本主义'健全'底纪元，已经开辟政治经济和平发展底道路"的右倾危险，"特别严重"。这是"因为国民党的统治阶级用尽一切方法来扩大他在小资产阶级以及在工人阶级中的影响"。如"公布一些社会改良的条例（部分的减少工作时间，分配红利等等）"，同时资产阶级各派一直"在社会上造成一种幻想的空气，以为国民党的左派领袖还希望反对封建地主与军阀以及保持民族自由而反对帝国主义"。

来信断言："中国资产阶级和国民党政府，不但没有解决中国资产阶级民主革命底基本问题，并且也不能解决这些基本问题。一切关于中国有基玛尔式的发展之可能的说法，都是毫无根据的空谈。"它们充其量只是"用表面上反对帝国主义的态度来遮盖着它对于帝国主义的忠诚孝顺，替帝国主义开辟道路，来使中国遭受殖民地地位的束缚"。中国民族资产阶级也好，各派军阀也好，他们统统不过是帝国主义"内部斗争的现成工具"，夸大中国民族资产阶级在统一中国和打击豪绅地主买办阶级方面的作用，是完全错误的。同样，帝国主义的政策也是一样的，包括美国在内，它们都是要加紧"对中国的殖民制度的束缚"，所区别的只是侵略方法罢了。因此，"统一中国与推翻帝国主义在华统治"，"是和土地革命及消灭一切封建残余密切联系着，分割不开的"三大革命任务，"只有革命高潮中涌出来的工农专政政府"，才能根本解决这些问题。[2]

托派隐现党内，中共中央警告，凡小组织活动必予制裁

共产国际在批评中共"左"倾盲动主义的同时，又特别来信批评中共党内的右倾危险，是和这个时候苏共广泛开展反对托洛茨基派的斗争有关

---

[1] 中共中央六届二中全会《中央政治局工作报告纲要》称此信"于四月才收到"，但实际上中央政治局3月26日已开会讨论，因此收到时间应为3月下旬。
[2]《共产国际执委给中共中央关于中国革命形势、前途和目前任务的信》，1929年2月8日，见《中共中央文件选集》，第5卷，第606—615页。

的。按照托洛茨基派的观点,中国目前实际上已经进入了俄国1905年革命失败后的阶段,已经没有了革命形势,统治阶级在政治上势将逐渐趋于稳定,经济生产也必然日趋复兴,若"没有意外因素来干涉,革命、暴动、苏维埃是谈不上的"。因此,他们主张,在中国,共产党人应当模仿俄国党1905年革命失败后的策略,提出"国民会议"的口号,动员和组织群众来参加争取民主自由的斗争。在革命形势降临之际,像俄国十月革命一样,直接把革命引上社会主义道路,在社会主义革命中顺带完成民主革命的任务。[1]

不难看出,过分强调中国民族资本发展的可能性,过分重视中国资产阶级与封建地主买办阶级之间的矛盾,以及它对某些帝国主义的反对态度,包括认定南京政府已经并且可能会稳固地占据统治地位,就难免会得出与托洛茨基一样的观点。这无疑也是莫斯科这时极为担心的一个问题。

1929年,托洛茨基的观点通过回国的留苏学生,已经对部分中国共产党人产生了重要影响。在中共内部,托派小组织迅速产生,甚至党的前总书记陈独秀及政治局委员彭述之等,也逐渐接受并开始赞同起托洛茨基的观点来。

7月中旬,陈独秀即给中共中央去信,明确表示不同意共产国际来信指示的精神,并且批评中共中央接受国际训令的通告"是帮助蒋介石的宣言"。

8月5日,他系统提出了类似于托洛茨基的看法,宣称中共中央有一条"系统的在政治工作上组织上一贯的错误路线"。其关键就在于,中共中央至今"不了解统治阶级即国民党政权的阶级性"。"把国民党看做是一种各阶级的政治联盟",不知道大革命失败后,"已开始了中国历史上一大转变时期",资产阶级"在政治上对各阶级取得了优越地位",形成了以自己为中心为领导的国民党南京政府,不仅帝国主义施以"让步与帮助",而且封建残余也"受了最后打击","势不得不努力资本主义化"。因此,他认为,当前国民党内部之军事的政治的冲突,"都是资产阶级新政权之内部冲突,而和国民党从前对北方封建军阀战争有不同的性质",决不存在什么资产阶级反对豪绅地主买办阶级的战争。不论他们之间"哪个是纯

---

[1] 见《郑超麟回忆录》,现代史料编刊社1986年版,第224—225页。

第三章　从"彻底"到"不彻底"

资产阶级的,哪个是带封建性的",都毫无进步性可言,"站在革命的无产阶级立脚点上,对于他们之间已经不能有不同的战略"[1]。

对于党内反对派的活动,中共中央直到6月中旬左右才开始发现。这时,已有十几名党员组成"中国列宁主义布尔什维克反对派"的小组织,秘密出版了四期《我们的话》,专门翻译介绍托洛茨基的文章和著作。他们多半确信,中国当前的主要任务已经不是民主革命的问题,而是社会主义革命和推翻资产阶级政权的问题了。因此,他们力主应该改组中共中央以便改变党的整个路线。陈独秀这时并不完全赞同反对派的主张,甚至明确表示反对在党内组织小组织,强调党内不同意见应以民主的方式在党报公开讨论,"以便形成多数意见之一致"[2]。

严格地说,在俄国革命的过程中,在当时社会民主工党党内,存在这样的争论并不是一件奇怪的事情,列宁就是在不断的辩论与批判中形成自己的力量的。然而,这种情况在俄国革命胜利以后,特别是列宁去世以后,已经逐渐变成了不可思议的事情。托洛茨基等人被整肃,更是宣告了一言堂制度的正式形成。要围绕着党的方针政策展开内部的讨论,即使在中国,无疑也是不可能的了。

早在1927年11月14日,托洛茨基反对派骨干成员已被苏共中央开除出党。[3]苏联当局并且于1928年1月17日把托洛茨基强行逮捕,按照俄国沙皇时代的惩罚办法,把他押送到靠近中国边境的阿拉木图进行政治流放。到1929年2月,托洛茨基干脆被宣布为"犯有组织非法的反苏维埃的党派,策划反革命活动的罪行","准备武装暴动",意图"颠覆苏维埃政权",被苏联政府驱逐到土耳其的君士坦丁堡去了。[4]

作为共产国际的下级支部,中共中央当然要执行共产国际六大通过的"号召其他各国党从思想上和组织上反对在它们队伍中建立托洛茨基反对派的任何企图"的决议。[5]而且,基于必须高度集权,因而要将党内一

---

[1]《陈独秀关于中国革命问题致中共中央信》,1929年8月5日,见《中共党史参考资料》,第5册,第376—385页。
[2] 同上,第383—385页。
[3] 见《苏联共产党代表大会代表会议和中央全会决议汇编》,第三分册,人民出版社1956年版,第419—420页。
[4] 见托洛茨基:《我的生平》(上),华东师范大学出版社1980年版,第7页。
[5] 见《共产国际文件汇编》,第3册,第138页。

切可能的派别倾向都消灭在萌芽之中的考虑。还在1928年8月13日，它实际上就已经发出了警告，要求全体党员必须"遵照共产国际的决议与无产阶级的最高原则，坚决地消灭反对派在党内的任何活动"。它声称，任何同志"在其理论之某一部分与托洛斯基主义相似"，则"必须公开承认托洛斯基反对派的整个纲领与活动是错误的，是做成了反革命的工具"；任何同志"有反对派的思想宣传"及"小组织的秘密活动"，均须"自觉地向党声明退出这一组织，并承认其错误"，否则"必须予以严重的制裁以至开除出党"[1]。

其实，对托洛茨基反对派的这种强硬态度，也并不意味着中共中央开始试图禁止任何独立见解。从1929年6月召开的中共中央六届二中全会所通过的文件可以看出，他们甚至也没有完全放弃他们此前关于当前国民党内部冲突具有资产阶级反对豪绅地主阶级性质，以及美帝国主义在中国问题上与英、日帝国主义有不同策略，它必然要支持中国民族资产阶级争夺领导权的看法。[2] 因为这种情况，他们甚至同共产国际派驻上海负责协助中共中央工作的远东局负责人发生了意见分歧。但是，中东铁路事件的发生将这一争论拖延了下来。

李立三：朱毛红军应占领一座城市以反对国民党进攻中东铁路

1929年春，随着南京政府开始推行"革命外交"政策，分别与列强各国政府谈判修订不平等条约，以最大限度改变中国在对外关系问题上的不平等地位。这种情况直接刺激了张学良和东北当局的一些负责的官员。因为中国东北三省，特别是北满地区，根据1924年5月31日北京政府与苏联政府签订的《中俄解决悬案大纲协定》和9月24日张作霖与苏联政府签订的《中华民国东三省自治政府与苏维埃社会主义联邦政府之协定》，沙俄当年出资修建的用于接通苏联西伯利亚铁路的从满洲里延伸到中国东北境内的中东铁路，所有权益中苏各半，并共同管理。由于双方隔阂甚

---

[1]《中央通告第四十四号》，1929年8月13日，见《中共中央文件选集》，第5卷，第342—357页。
[2]《中共六届二中全会政治决议案》，1929年6月，见《中共中央文件选集》，第5卷，第179—212页。

深,冲突不断,因此东北方面早就有了利用苏联在国际上的孤立地位,强行收回中东铁路主权的想法。因此,南京政府"革命外交"政策推行起来以后,张学良也很快策划了夺取中东铁路的一系列行动。

5月27日,张学良的军队对哈尔滨、齐齐哈尔等地的苏联领事馆进行了突然袭击,并在强行搜查后逮捕了数十名苏联侨民,声称这些人正在密谋鼓动满洲革命,说起获了大量犯罪文件。6月初,他们又逮捕了苏联领事馆的官员和中东铁路的苏联董事。[1] 7月10日,他们更进一步全面夺取了中东路的电报、电话系统,封闭了苏联的各种经营管理机关,逮捕了200余名苏方铁路员工,强行接管了铁路。同时,东北当局还强行把苏联方面的铁路局长及副局长等驱逐出境。[2] 这一事件,不可避免地引起了中苏两国在外交和军事上的激烈冲突。

战乱尚未停止,内部矛盾重重的国民党政府,敢于公然向苏联挑衅,这只能被苏共和共产国际看成是其背后帝国主义调唆的结果。苏联方面迅速开始作出反应,甚至征调当时还在苏联学习军事的中共学生及干部前往中苏边境苏联一侧,准备参与针对张学良东北军的军事行动。

7月21日,共产国际远东局代表向中共中央代表通报了这一事件的发生情况,明确认为这是整个帝国主义进攻苏联计划的一部分。说它不仅直接损害海参崴的战略地位,影响外蒙古的安定,而且也威胁了苏联远东的安全。尽管由于各国革命运动的发展和帝国主义内部瓜分苏联的计划尚未商妥,使帝国主义发动反苏战争还面临严重困难,但战争的爆发"是决不可避免的,而且一天天地迫近"。为此,他要求中共根据共产国际六大提出的武装保卫苏联的任务和当前局势,立即开展"拥护苏联"和反对帝国主义走狗国民党的宣传,特别要在八一反帝日掀起反对国民党和拥护苏联的大示威。

把第一次世界大战爆发的8月1日,当成共产国际动员各国群众拥护苏联,反对帝国主义战争,检阅自己力量的示威日,这是共产国际六大以后才决定下来的。而在苏联利益遭受威胁情况下各国共产党应采取的立

---

[1] 见《远东国际关系史》,下册,第726页。
[2] 见《外交史》,第三卷(下),第718页;并见秦孝仪主编:《中华民国重要史料初编——对日抗战时期》绪编(二),(台北)中国国民党中央委员会党史委员会1981年版,第208—211、213—214页。

场,六大也有了明文规定。这就是,对苏联构成战争威胁的国家的无产阶级,应毫不犹豫地"促使本国政府在这一战争中失败","不要让资产阶级以叛国罪名把自己吓唬住",因为只有苏联才是无产阶级的真正祖国。[1]毫无疑问,这同样也是中国共产党人的立场。

7月22日,中共中央召开政治局会议,决定全面动员,开动一切宣传机器并组织"八一"示威。尽管共产国际代表否定了李立三提出的命令朱毛红军占领一座重要城市,举行大示威发宣言的建议,但与会者仍旧决定公开提出"武装保护苏联"的口号,并在一系列通告、宣言、告同志书中,公开号召"变反苏联的战争为拥护苏联的战争"[2]。中共中央并且断言:帝国主义对苏联战争开始之日,就是世界革命爆发之时,它必然"更可促成全国革命高潮更快的到来"[3]。

还在7月15日,中共中央就在上海组织了总行动委员会(简称总行委),并由罗登贤、李立三、李维汉三人组成了主席团。22日,中共中央又进一步联合反帝、青年反帝及东方反帝三个同盟共30多个进步团体,组成反帝大同盟,召开了代表会议,力图通过它来领导八一大示威,并发动上海工人总罢工。同时,它还决定26日先在"反对帝国主义国民党进攻苏联"的口号下进行一次大演习。但是,26日当天,中共中央总行委只组织了数百人的游行,而国民党29日却组织了上万人的反苏大会。到8月1日,中共组织起来的示威群众总共也不过一两千人。由于没有集中行动,各区受影响围观集会者虽有近万人,但亦未形成大的声势,罢工的发动则更是完全失败。

对于中共中央的行动,共产国际是比较满意的,但中共党内明显存在不同意见。陈独秀首先于7月28日致信中共中央,率直地批评中共中央"只是拿世界革命做出发点,拿'反对进攻苏联'、'拥护苏联'做动员群众的中心口号",不了解国民党在"拥护中国"、"拥护民族利益"的口号下宣传收回中东路问题,"不但小资产阶级的群众,甚至许多劳动群众也受了欺骗","这种情形不用说是于我们不利的"。要真正争取群众,宣传

---

[1] 见《共产国际文件汇编》,第3册,第54—58页。
[2] 《中国共产党为八一国际赤色日宣言》,1929年7月24日,见《中共中央文件选集》,第5卷,第385—388页。
[3] 《中央通告第四十二号》,1929年7月24日。

口号上必须讲求策略。[1]

不用说,中共中央激烈反驳了陈独秀的来信,指责陈的主张是"降低我们的口号,跟着群众的落后意识跑",是试图"如社会民主党一样以欺骗的方法来取得群众"[2]。对此,陈独秀也毫不妥协,愤然责备中共中央"只是拿几个原则机械的死板的用命令主义蛮干",完全不懂得对于阶级斗争中"夹杂的民族问题",必须"予以特别的戒心和注意",盲目以为"广大群众都认识苏联是中国解放的朋友",以至"老是拿夸大的言词欺骗同志",把群众发动不起来的原因完全归之于客观,这仍旧"是你们简单化和纯任主观不看事实",即"素来'以主观为客观'的盲动主义精神之表现"[3]。

不论陈独秀此时关于中东路问题的意见是否更加合理,都已经毫无意义了。中共中央几乎不可能接受一个被共产国际戴上了右倾机会主义帽子的前总书记的质疑。更何况,陈独秀8月5日致中共中央的信,明显反映出托洛茨基的主要观点,提出了中央的路线问题,已经不可避免地被中共中央视为党内反对派的代言人了。中共中央为此尖锐地批评陈独秀是"以托洛斯基主义来掩饰机会主义的错误,完全离开中共六次大会以至国际的路线,并以许多挑拨的言辞来制造党内的纠纷"。它甚至开始怀疑陈独秀已有小组织的活动和分裂党的阴谋了。

9月底,共产国际远东局代表约见陈独秀,指出陈独秀作为党员应当遵守六大决议,只有在革命失败后、大会召开前,或中央违反了阶级利益时,才能讨论原则问题。同时,他严厉批评了陈独秀把给中共中央不同意见的信件在同志中传看的做法,是无组织无纪律的行为。远东局随后召开会议,建议中共中央就陈独秀的来信形成决议,连同来信下发支部讨论,告诫陈停止小组织活动,并强行分配其工作。

10月初,中共中央决定接受远东局的建议,随后于15日做出了要求"独秀同志必须立即服从中央的决议接受中央的警告在党的路线之下工作,

---

[1]《陈独秀1929年7月28日给中共中央的信》,见《中共党史参考资料》,第5册,第374—376页。
[2]《中央复陈独秀的信》,1929年8月3日。
[3]《陈独秀1929年8月11日给中共中央的信》,见《中共党史参考资料》,第5册,第386—390页。

停止一切反党的宣传与活动"的决议[1]。仅仅几天之后,因为接到共产国际执委会第十次全会关于反右倾、反调和的新决议,中共中央对陈独秀的态度突然变得异常严厉。因为中共党内相当多的中央领导人都曾经是陈独秀的学生或下属,面对共产国际要求坚决反右倾、反调和的新方针后,几乎所有人都相信,右倾如陈独秀者,无论如何不应进一步迁就调和。于是,中共中央 20 日作出决定,将陈独秀开除出党。紧接着,江苏省委于 21 日首先通过开除彭述之等四人的决议。[2] 11 月 15 日,中共中央通过决议批准江苏省委决定,并公开了开除陈独秀党籍的决议。[3] 在发给下级支部的有关文件中,中共中央严厉谴责陈独秀关于中东路及政治问题的信件"是党内一些动摇的机会主义分子的立场的最露骨的表现"和"一小撮托洛茨基反对派立场的大暴露"[4]。

中共中央:坚决与远东局一贯的右倾路线"斗争到底"

中东路问题,因苏联坚持强硬态度,不接受张学良和东北当局的单方面措施,双方于 7 月底开始陷入紧张的军事对峙状态。随着苏方调集的部队陆续抵达中苏、中蒙边境苏联一侧,苏军接连几次深入中国东北境内,对张学良的东北军实施打击。到 11 月底,东北满洲里、海拉尔等重镇相继失陷,东北军上万人被歼。张学良无力再与苏联对抗,最终不得不示弱求和,主动表示愿意遵守中苏 1924 年协定,恢复中东路原状,双方就此开始谈判。

中东路事件开始降温,但中共中央在共产国际执委会第十次全会决议反右倾、反调和、反取消派指示精神的压力下,反而进一步推进了"武装保卫苏联"的宣传和行动。它宣称"只有取消主义者陈独秀们","才认为苏联与奉天的和平交涉,已经减轻了甚至没有了进攻苏联的危险",才看

---

[1]《中共中央政治局关于反对党内机会主义与托洛斯基主义反对派的决议》,1929 年 10 月 15 日,见《中共党史参考资料》,第 5 册,第 370—374 页。
[2]《江苏省委为开除彭述之汪泽凯马玉夫蔡振德及反对党内机会主义与托洛斯基反对派的决议》,《红旗》第 52 期,1929 年 10 月 21 日。
[3]《中共中央政治局关于开除陈独秀党籍并批准江苏省委开除彭述之汪泽凯马玉夫蔡振德四人决议案》,1929 年 11 月 15 日,见《中共党史参考资料》,第 5 册,第 391—393 页。
[4]《评陈独秀的信件》,1929 年 11 月 18 日。

不出现在新的革命浪潮"要更快的成熟为世界的高潮走向直接革命的形势"[1]。在它看来,"最近几日形势的发展",不是显示国民党方面已经无力挑战苏联了,反而是说明帝国主义"进攻苏联战争马上就要爆发了";说明"武装保卫苏联已经不单是宣传时期,而且要进到动员群众马上要执行这一任务的时期";说明"它与党之争取群众反对军阀战争准备武装暴动的任务,已成为不可分离的路线,而且更加重了准备武装暴动的工作"[2]。因此,它并且为此发指示给毛泽东领导下的红四军,声称:党必须"更要加紧发动群众斗争走上武装斗争,会合工农一切武装斗争的实际行动,来执行武装拥护苏联与反军阀战争的任务,而走向全国范围的总暴动"[3]。

严格地说,共产国际执委会第十次全会并没有对整个形势的发展作出较此前更为脱离实际的分析,特别是在对中国革命形势及策略任务的估计上,它仍旧在继续中共六大及共产国际六大的认识。共产国际新的领导人莫洛托夫和米夫这时都认为:"目前谈论在中国出现新的革命高潮问题,还为时过早。"[4]但是,因为这次执委会是旨在解除共产国际主席布哈林的职务,并清除他的所谓右倾机会主义影响的,因此才有了要求各国党坚决反对一切"右倾观点"、"取消派分子"、"调和派分子",以至所谓"目前时期最大的危险是各国共产党落后于群众革命运动发展速度的危险(尾巴主义)"[5]的宣传。由于这时的中共中央刚好是在布哈林具体指导下刚刚成立起来的,工作了才不过一年多时间,因此它对这次会议的要求不免会表现得格外敏感,极力想要划清与布哈林的关系。从开除陈独秀到在中东路问题上的宣传升温,都反映出这样一种复杂的心理。

中共中央生怕被指责为右倾,而极力向左,也有此前种种认识偏差方面的原因。检查起来,都可能被扣上右倾、调和,甚至是取消主义的大帽子。

---

[1]《中国共产党接受共产国际第十次全体会议决议的决议》,1929年12月20日,见《中共中央文件选集》,第5卷,第593—602页。
[2]《中央通告第六十号》,1929年12月8日,见《中共中央文件选集》,第5卷,第561—576页。
[3]《中央给红四军前委的指示信》,1929年12月10日。
[4] 见《共产国际有关中国革命的文献资料》(2),第42、51页。
[5] 见《共产国际文件汇编》,第3册,第157—158、160、192页。

如 1928 年底至 1929 年初，中共中央对中国民族资产阶级与帝国主义及豪绅地主买办阶级矛盾的看法，和对美帝国主义作用及政策的看法，和共产国际的观点相比，就存在着右倾的倾向。共产国际 2 月 8 日来信，就曾明确提出过批评。

同样，六大之后，根据 1928 年六大关于"不要故意加紧反对富农"的主张，中共中央曾着重强调富农的资本主义性质和"受军阀豪绅地主的压迫"的情况，决定"吸引富农到革命战线之内来"[1]。不料，进入 1929 年，苏联和共产国际对这一问题的看法变化了，它们对中国富农的看法也变得很极端，认定中国的富农多半"都是小地主"，批评中共中央在富农政策上犯了错误。[2] 对此，中共中央甚至一度还没有根本转变态度。在 8 月中旬中共中央政治局委员李立三、周恩来就富农问题与远东局代表谈话时，他们仍旧认为反对富农而不顾其中带资本主义性质的富农愿意参加革命与否，"是要发生毛病的"。

与此同时，在黄色工会与赤色工会的关系问题上，中共中央过去始终认为"要以赤色工会在黄色工会中起党团作用则是不可能的"，说"黄色工会是有群众有下层组织的，不好再有秘密工会的组织"。而且对于黄色工会，也只应当全力去夺取，而不应当另立工会，以免造成工人群众的分裂、对立，或出现统一战线问题。这种态度也遭到过共产国际的激烈批评[3]，从而迫使中共中央不得不承认自己犯了在客观上"取消赤色工会组织发展"的"不可否认的错误"[4]。

不难了解，这些接二连三的带有某种右倾倾向的"错误"，同共产国际执委会第十次全会反右倾、反调和、反取消派的决议结合在一起，将会在这些中共领导人内心造成怎样的一种心理压力。它们会直接推动中共中央进一步向左转，毫不奇怪。

---

[1]《中央通告第二十八号》，1929 年 2 月 3 日，见《中共中央文件选集》，第 5 卷，第 17—22 页。
[2]《共产国际执委给中共中央关于农民问题的信》，1929 年 6 月 7 日，见《中共中央文件选集》，第 5 卷，第 688—699 页。
[3] 见《共产国际有关中国革命的文献资料》(2)，第 36—38、59—60、66—67、70—74 页；《共产国际执委政治秘书处关于中共在职工会里工作问题的决议》，1929 年 8 月，见《中共中央文件选集》，第 5 卷，第 744—748 页。
[4]《中央通告第六十二号》，1929 年 12 月 14 日，见《中共中央文件选集》，第 5 卷，第 576—592 页。

第三章 从"彻底"到"不彻底"

1929年12月初,远东局就接受共产国际执委会第十次全会决议问题通过的一个决议,并将该决议的副本送交给中共中央。该决议除谈到远东局对全会决议的态度外,还特别指出中共中央在三个问题上犯有右倾错误,即富农问题、赤色工会问题,以及同国民党广西省主席俞作柏的关系问题。[1] 在九个月之久的共同工作[2]中,远东局与中共中央固然在一些问题上发生过争论和分歧,但远东局从未私下或公开指出过中共中央犯有右倾错误。如今远东局竟在共产国际执委会第十次全会突出强调反右倾、反调和倾向的时刻,向共产国际指控中共中央犯有右倾错误,这不能不使中共中央领导人深受震动。联系到中共中央正极力想要与布哈林划清界限,并担心此前所犯的各种"错误"发酵,可想而知它会作出怎样激烈的反应。

12月6日,中共中央政治局召开专门会议讨论远东局决议。与会者一致认为,远东局避开中共中央始终坚持反右倾的正确立场和工作方针不谈,抓住个别道听途说或早已纠正,并且有历史原因的枝节问题夸大其词,上告国际,不仅徒增纠纷,而且可能严重损害中共中央的威信和工作,便利取消派的攻击。与会者明确要求远东局立即修改决议,否则,他们宣称,中共中央有必要派人到共产国际去进行争论。他们并且反戈一击,指责远东局恰恰有一条"一贯的右倾路线"。他们一条条举证指出,远东局曾经不同意说中国党内目前最严重的是右倾危险;曾经试图取消游击战争;曾经认为英、美有相互勾结以稳定南京政府的可能;曾经怀疑陈独秀是否有变为反对派的危险,甚至决议中最后还对陈独秀能否回到党的路线上来的问题抱有幻想,说这些都清楚地证明了远东局的右倾倾向才是严重的。

12月10日—17日,双方接连召开了三次联席会议,围绕着相互之间的指责展开了激烈的争论。但争论没有取得任何积极的结果,相反,双方关系中的一些弱点充分暴露了出来。远东局代表奥斯丁颇有些傲慢地教训中共中央领导人对共产国际代表应当"规矩一点儿",罗伯特斯则断言中

---

[1] 由于俞作柏、李明瑞等与蒋介石等存在尖锐矛盾,并同情共产党,中共广西特委曾试图与其结盟,李立三甚至曾经考虑吸收俞作柏入党。由于共产国际视俞作柏为国民党改组派左翼,故对此表示反对。后中共中央改变态度,要求广西特委反对改组派及俞作柏,广西党代会亦就此通过了决议。

[2] 远东局受命作为代表团来中国上海帮助工作,是1929年2月底。

共中央只是在他们的"领导下"才"进行了反对右倾危险的斗争",在其他问题上"是很糊涂的"。这意味着远东局不仅不打算修改自己的决议,而且根本就看不起中共中央的领导能力。然而,由于共产国际规定远东局同中共中央的关系并不是领导与被领导的上下级关系,而是帮助工作和代表国际具体指导的关系,因此,中共中央领导人也颇不客气,一再指责远东局"是一贯的右倾路线",并扬言要"坚决的与之斗争到底"[1]。

李立三:"如果明天有几万人上街,就可说是革命高潮到了"

1929年12月3日,张学良在苏联的军事压力下,被迫派代表在双城子与苏联签订了和平草约。22日,由南京国民政府任命的代表与苏联代表在伯力签订了有关中东路等问题的议定书,全部接受了苏联方面提出的条件,基本恢复了中东铁路原来的情形。至此,由中东路事件引起的中苏冲突告一段落。中共中央关于反苏战争"马上就要爆发"的估计,自然也无从实现了。可是,这并不意味着中共中央对国内革命形势的估计以及加速罢工、兵变、暴动等工作的布置,会因此变得实事求是一些。恰恰相反,由于受到共产国际执委会第十次全会决议反右倾的压力,再加上远东局的指责,中共中央的政策方针反而变得愈加激进了。

12月下旬,中共中央又接到共产国际关于国民党改组派和中共任务问题的来信。来信详细地分析了包括改组派在内的国民党各派的反动本质,尖锐批评"中国共产党的右派",亦即陈独秀的"取消派",把从国民党内部分裂出来的某些派别与武汉政府时期的政治派别进行比拟,是"机会主义的公开的露骨表现"。要求"党应当执行无情的斗争,反对陈独秀的取消主义的政纲",因为它否认正在生长的革命浪潮,甚至否认使革命高潮不可避免的客观上的前提。[2]

中共中央于1929年底和1930年1月两度讨论了国际来信,并通过决议表示接受。它明显对来信所称"全国危机和革命高涨","已经可以开始而且应当开始准备群众去用革命方法推翻地主资产阶级联盟底政权,去建立苏维埃形式的工农专政"的形势判断表示拥护。因为这使他们更加相

---

[1] 见《共产国际、联共(布)与中国革命档案资料丛书》(8),第249—267、294—305页。
[2] 见《中共中央文件选集》,第5卷,第791—799页。

第三章 从"彻底"到"不彻底"

信,加紧进行暴动工作的部署是完全正确的。而这也成为中共中央用来"证明远东局的错误"的一个重要理由,因为他们认为,共产国际对自己的总的路线和总的部署,实际上是同意的,并没有丝毫的否定和批评。

坦率地说,共产国际1929年12月底的这次来信,还不能看成是莫斯科大幅度政治升温的标志。事实上,来信所强调的依然还是"准备群众"的方针。与前不同的只是,它注意到中国党在五卅、八一等斗争日里,已经能够发动成千的工人群众进行"革命的游行示威和罢工"了,从而相信中国的工人运动开始"复兴",说中国革命高潮的发展有了"最可靠、最主要的征候",可以把"准备群众"的方针向前推进一步了。但是,像它历来的做法一样,它同时也仍旧告诫说:"共产党在思想上和政治上的影响,以及工人阶级的组织程度,依然落后于不断增长的群众的不满情绪、积聚的革命热情和自发的运动。""党没有解决争取工人阶级的多数的任务","对工人群众的影响软弱无力",这不能不成为革命斗争进一步发展的"最主要的危险"[1]。考虑到共产国际对城市工人运动的重视程度,这种警告其实还是值得注意的。

1929年底至1930年初的中国工人运动,特别是上海工人运动,的确给人以某种复兴的感觉。工人斗争十分踊跃,罢工怠工此起彼伏,斗争内容及形式也多种多样,共产党人在上海已能够深入到各个主要工厂中,并分别组织起大约2000人的赤色工会会员或纠察队队员,能够发动起上千人的政治性的示威游行。但是,在其他城市或工矿企业几乎没有赤色工会的组织。中共中央对此也很清楚,知道"现在的赤色工会薄弱到极点",人数最多的赤色工会也不过百人左右,中共领导的上海电车工会人数较多,总共也只有30多人,其他赤色工会最少的只有几个人。相比之下,国民党领导的各种"黄色工会"下面却有大批群众。因此,在1929年底讨论国际来信时,他们还不能不承认:"赤色工会数量微弱,黄色工会的影响还大","目前主观力量跟不上客观发展"[2]。而为了避免引起党内同

---

[1]《共产国际执委给中共中央关于国民党改组派和中共任务问题的信》,1929年10月26日(中共中央实际收到来信已到12月底),见《中共中央文件选集》,第5卷,第791—799页。
[2] 参见《接受国际一九二九年十月二十六日指示信的决议》,1930年1月11日,见《中共中央文件选集》,第6卷,第1—13页。

志对来信中的形势估计发生误解,他们甚至决定将来信中"高潮"一词译为"浪潮",避免下级组织发生过分的估计。

然而,上述情况丝毫不会改变中共中央对形势的乐观估计。在它看来,客观的革命形势实际上已经接近成熟了,关键仅仅在于主观力量还准备不足。问题在于,一旦客观的革命高潮迅速到来,难道可以等待主观力量成熟而听任直接革命的形势从眼前白白溜掉吗?

1930年2月,蒋冯阎中原大战逐渐揭开帷幕,国民党改组派汪精卫以及桂系李宗仁、粤军张发奎等,公开与冯玉祥、阎锡山携手,发动反蒋战争。一场大规模的军阀混战瞬间就在全国展开了。

战争,历来是共产党人借以判断革命形势成熟与否和加速革命步骤,乃至夺取政权的重要条件。在已经认为客观革命形势接近成熟的情况下,国民党自身大混战的爆发,自然会促使中共中央领导人对于形势作出更加激进的判断。

2月17日,李立三在中央政治局会议上作了一个颇为偏激的政治报告,开始把形势估计引向极端。他声称:"现在全国大混战又要爆发了",它必较此前之内战更大更持久,从而使得经济破产,群众痛苦不堪,以至"现在某一时期某一问题上都有可能爆发革命高潮"。他认为:"在今天在全国范围内固无直接革命形势,然而它的到来并非很远。"因为各方面革命势力已"发展平衡",不仅"工农兵平衡发展,在全国区域上,亦是比较平衡发展"。因此,必须准备"组织全国总的暴动"。目前,鉴于湖北可能成为混战之地,"武汉的经济恐慌比任何地方都严重",其四周苏区红军"特别发展",故以湖北为中心的暴动方针"在今天就应有坚决决定"。同时,在顺直、广东、江苏积极准备发动,以江苏为"主要领导力量",以湖南、江西、山东、满洲及广西为相应之配合。[1]

李立三的报告,显然得到了中共中央其他领导人的全面赞同。人们一致认为:国民党的统治"已到了崩溃的剧烈程度",而全党却陷于右倾,其实,"在军阀战争形势下,造成直接革命形势并非难事"。因此,会议提出了"组织政治罢工"、"组织地方暴动"、"组织兵变"、"集中红军攻坚"的"四大口号",以此作为"我们目前的中心策略",决心"以主观力量,

---

[1]《柏山在中共中央政治局会议上的政治报告》,1930年2月17日。

造成直接革命形势，夺取政权"，并以湖北暴动作为"全国暴动的开始"[1]。由此，暴动的各项实际准备和发动的工作迅速开始进行。

3月，中共中央决定红军主力立即分别向武汉、南昌及广州等中心城市推进，同时又召集军委、农委、总工会以及地方党的各种会议，开始具体部署中心城市的暴动与红军进攻的配合问题。李立三明确认为：中国的红军与苏联的不同，它不是为保卫政权而产生，而是为夺取政权而产生的，"是工农革命的军队"。红军一旦能打下武汉，并不一定非要机械地等待武汉工人的总同盟罢工。但目前红军的力量还不够，工人的力量也不够，因此，必须把各种革命力量会合起来，才能真正夺取中心城市。而红军向中心城市的推进，则必然会促使城市工人起来进行广泛的斗争。

对于力量对比的估计，是这时人们普遍关心的一个问题。考虑到各中心城市，特别是像武汉这样的中心城市，党所领导的工人力量还十分弱小，包括李立三等在内，几乎所有共产党人都深知革命的主观力量和党所规定的暴动夺权任务还不相适应。因此，共产党人内部对于形势和任务的看法并不完全一致。有人怀疑在主观力量如此弱小的情况下，革命高潮会有很快到来的可能性，他们主张对革命高潮的判断不应仅仅根据客观条件的发展，还必须联系主观力量的情况。另外一些人则怀疑由于城市工人力量弱小，革命不能决定于工人暴动及总同盟罢工，将会导致过分突出以农民为主体的红军的力量，从而使革命失去无产阶级的领导。李立三与中共中央则一致认为，革命条件的成熟与革命高潮的到来，并不完全取决于主观条件，而主要取决于客观条件。"在当前存在着白色恐怖和迫害的条件下，把几十万名工人组织到红色工会中去是完全不可能的。"因此，决不能幻想"把组织政治总罢工的任务推迟到几十万或几百万工人加入了我们的组织的时候"才进行。实际上，"在五卅运动时，我们只有一个大约三四千名会员的群众性组织，著名的省港大罢工只是依靠一些政治口号发动起来的"，一切取决于客观形势。何况，党的工人党员已增加到25%，红军的力量已达到5万人，而九个省区都已建立了革命政权，加上各国因经济形势恶化，阶级斗争日趋尖锐，帝国主义的灭亡和世界无产阶级的胜利

---

[1] 参见《中央通告第七十号》，1930年2月26日，见《中共中央文件选集》，第6卷，第25—35页。

正在加速到来,立即以加倍的努力争取中国革命的胜利,是理所当然的。[1]

3月5日,上海党组织指挥祥昌纱厂罢工工人冲厂,与工头及巡捕发生冲突,以至一名工人被巡捕开枪打死,数人受伤。此事迅速激起上海工人和学生的普遍愤怒。在中共组织下,3月8日,近2000名工人和学生拥上南京路,并引起上万群众的响应,10余辆电车被砸,群众和警察及巡捕再度发生冲突。[2]

紧接着,南京和记蛋厂因资本家雇用流氓打伤工人,又引起南京学生及工人不满。[3] 4月5日,因资本家请日本水兵登岸镇压罢工工人,大批学生赶往声援,与警察发生冲突。[4] 上海部分工人、学生也迅速起来予以响应,四处讲演、集会,开展抗议斗争。

这种情况不能不进一步使中共中央感受到革命情绪的强烈冲击。有人明确提出:现在形势下再说革命形势正在复兴已经不够了,"如果明天有几万人上街,就可说是革命高潮到了"。

但是,能不能有"几万人上街"的情况呢?李立三对此并不抱多大幻想。他指出:"现在离高潮不远了,但不是说今天就是革命高潮",目前的关键是要跟上形势发展,采取新的策略。

城市中心论:乡村是统治阶级的四肢,城市才是它的头脑

1930年4月7日,李立三正式提出了他关于中国革命胜利的一系列设想。首先是一省数省首先胜利的问题。他确信:(1)没有一省数省在革命高潮之中,而其他省份不在革命高潮中的情况,革命高潮是在全国平衡发展的;(2)各省统治的情形程度虽不同,其日趋崩溃则为共同的前途;(3)一省数省的胜利,必然引起全国反革命势力的联合反扑,造成空前残酷的战争,不存在一省数省革命政权单独存在的可能。

其次是中国革命与世界革命的关系问题。李立三认为:中国是帝国主

---

[1] 李立三:《关于(中国)政治形势的报告》,1930年4月。
[2] 见《申报》1930年3月6日、9日、10日,4月5日、6日。
[3] 同上。
[4] 同上。

义矛盾最尖锐的地方，同时也是帝国主义统治相对薄弱的地方。由于其统治相对薄弱，其内部矛盾又极端尖锐，中国必然是世界革命首先爆发的地区。由于中国革命的任何胜利，都会带来国内的残酷战争，而这种战争又必然受到帝国主义的支持，从而势必引起全世界的阶级战争，即西方无产阶级革命与东方殖民地革命的大爆发。因此，中国革命乃至一省数省的首先胜利，就是世界革命的开始。而中国革命能否取得决定性的胜利，必须取决于世界革命能否取得胜利。

再次是革命的转变问题。李立三相信，目前阶级关系的转变实际上已经基本完成了，只是由于民主革命的任务还没有完成，因此目前阶段的革命性质还不能改变。在革命政权建立后，为了保证稳固广大的小资产阶级群众，也还不能立即宣布没收一切私有财产和宣布社会主义政纲。由于革命政权建立以后，阶级战争必然愈加残酷，需要建立最集中的无产阶级专政的政权，形势也必然要求没收一切中外资本家的财产，因此，"建立革命政权的开始，就是转变的开始"，这里不但没有两个阶段，而且也没有任何间隔，革命的转变必然是很快的。

最后是政权形式问题。李立三认为，中国与俄国不同，革命将首先从一省数省开始，同时也没有苏维埃的组织，因此，中国革命还不能马上提出一切权力归苏维埃的口号，而必须首先建立公开领导暴动的机关——革命委员会，并在胜利后充当临时政权机关。苏维埃只能成立于革命委员会的使命完成之后，作为正式的政权机关而出现。[1]

可是，尽管李立三雄心勃勃地提出了关于中国革命乃至与世界革命关系的一整套令人眼花缭乱的观点，他这时却并不是在"左"倾道路上走得最远的人。在湖北省党代会上，他明确批评了那种以为现在就是革命高潮，应该马上组织暴动的观点。在给杭州市委的信中，他同样批评了杭州济难会机械地理解中央关于坚决"向中心城市进攻"的要求，反对提出"半个月内围攻杭州"的盲动计划。[2] 同时，他几次提出防止"左"倾危险的问题，甚至认为中央内部有些领导人的思想有时会发生"左"倾的危险，"这是一个很应注意的问题"。他甚至在4月下旬又开始重提城乡革命

---

[1] 参见《新的革命高潮前面的诸问题》，1930年5月15日；《中共湖北省代表会议政治决议案》，1930年4月。
[2] 《中央给杭州市委的信》，1930年5月16日。

势力发展不平衡的问题,以告诫人们注意在工人群众还没有掀起具有全国影响的政治大罢工的情况下,目前暴动夺权的口号仍旧在宣传准备阶段,还不到行动的时期。

李立三对形势的估量,明显基于两点:第一,"乡村是统治阶级的四肢,城市才是他的头脑与心腹,单只斩断了他的四肢,还不能制他的最后的死命",而斩断其头脑,炸裂其心腹,主要是靠城市工人阶级最后的激烈斗争——武装暴动。[1] 第二,"革命高潮的到来,即是暴动形势的到来",也就是直接革命形势的到来。因此,革命高潮就是直接革命形势,二者不应分开。一旦高潮出现,准备暴动的口号自然必须立即转变为行动口号。而从这两点出发,李立三明确认为,由于工人的政治斗争还没有形成全国性的影响,在上海80万工人中工人党员只有700余人,赤色工会会员仍不过2000人左右,远不足以担负伟大的历史任务。[2] 因此,还不能认为革命高潮已经到来,自然也不能认为马上就可以在武汉、上海等中心城市部署暴动工作了。

不过,5月以来在中共中央所在地上海,工人斗争的形势确实十分突出。电汽车工人罢工坚持三周,取得了胜利。5月1日、25日、30日,共产党人接连三次成功地举行了大规模的示威斗争,每次均有上千以至数千工人参加。而党员一个月内就增加约240人,仅产业支部即增加了17个。这种斗争局势不能不进一步加剧了中共中央内部的"左"倾倾向。

6月9日,李立三在中央政治局就其起草的《目前政治任务的决议》作了专门的说明。他特别强调了"目前形势的估量问题"。他提出:由于统治阶级动摇崩溃,他们不得不放弃乡村,积全力来保守城市,以至造成城乡革命势力发展的不平衡,"乡村已经是革命高潮了",但"城市还未到革命高潮的时候"。在这种情况下,不能认为革命高潮已经到来。[3]

然而,李立三的这种认识立即在中共中央引起了争论。说城乡革命势力的发展依旧不平衡,甚至承认农村斗争已经是革命高潮,城市工人斗争尚不在高潮之中,这不能不使重视形式的其他一些领导人产生怀疑。全面

---

[1] 柏山:《准备建立革命政权与无产阶级的领导》,《红旗》第88期,1930年3月29日。
[2] 《中央关于发展工人党员问题致上海总行委的信》,1930年5月7日。
[3] 《柏山同志在中央政治局会议上关于目前政治任务决议草案内容的报告》,1930年6月9日。

的暴动准备和部署，都是根据革命势力发展已基本平衡的估计来的，否认平衡，岂不是等于说整个策略都错了？承认农村斗争的发展远远超过城市斗争的发展，工人运动还落后于农民运动，岂不是说农村领导城市，农民运动领导了工人运动？或者城市无产阶级不能领导农民斗争？对于长时间工作在上海的中共中央来说，多数人对上海工人运动的发展有深刻印象，他们不能不怀疑李立三关于必须以城市工人掀起广大的政治罢工为革命高潮之标志的意见，是否太机械了？他们认为，革命高潮是工农兵斗争全面发展和高涨的一种综合表现，在目前情况下，即使承认不平衡，也只是一种表面现象，客观上已经可以看见革命高潮了。他们甚至提出，着重以武汉为中心的暴动布置，也是不妥当的。因为包括上海在内的所有中心省份，都存在着争取首先胜利的种种可能，因此必须向各地作平行的布置，以避免消极的等待。

6月11日，中共中央内部在主要观点上显然达成了基本的一致。在会议通过的《目前政治任务的决议》里，人们明确表示同意李立三关于中国革命与世界革命关系、一省数省首先胜利以及革命转变的观点。与此同时，会议显然同意使用农村斗争"已经进到极广泛的高潮"，而"城市和乡村发展尚未平衡"的提法，承认工人斗争、农民暴动、士兵暴动与红军的发展都"还表现着不够"，进而承认就全国范围而言，今天还不是革命高潮，暴动夺权还不是行动口号。但是，会议同时认为，这种发展上的不平衡只是"表面的形势"，目前"只要在产业区域或政治中心爆发了一个伟大的工人斗争，便马上可以形成革命高潮——直接革命的形势"，它必然是统治阶级无力镇压革命斗争，无法进行统治的时候，因而必然是武装暴动的客观条件成熟的时候。在这种情况下，一省数省的首先胜利自然是全国胜利的开始。因此，不仅以武汉为中心的附近省区要争取首先胜利，"任何一个省区都必须积极准备争取一省胜利的暴动"。

因为与会者没有人不清楚中国革命的主观条件并不充分，因此，决议还特别提出了一个观点，这就是："决定革命胜利，以及革命转变的另一重要条件，就是已经胜利的苏联无产阶级有力的帮助，特别是资本主义国家无产阶级革命的兴起。"因为，"依据中国半殖民地的条件，中国革命的社会主义的胜利与世界革命的胜利，将是不可分离。中国革命对帝国主义的空前猛烈的争斗，必然要掀起世界革命的高潮，同时没有世界无产阶级革命的高潮,也很难保障中国革命胜利的持续。"[1]

中共中央:为对革命负责,对国际负责,不能接受远东局的提议

6月11日决议显而易见是符合李立三思想发展的轨迹的。所不同的是,自4月以来,他在同各地来人的接触中,对各方面的形势发展有些深入的了解,在形势估量上多少有些慎重,但中共中央多数领导人在形势认识上明显在升温,以至使决议本身变得有些自相矛盾。这种矛盾立即被远东局注意到了。

6月12日,中共中央根据11日决议精神起草了一份给共产国际主席团的电报,内称:中国革命猛烈发展,已接近直接革命形势,中央决定极力争取一省与几省的首先胜利,要求在国际对中国问题的决议案上确定这一路线。电报同时声称:"中央不同意建立苏维埃根据地等类的割据观念。"[2] 这恰恰是远东局代表感到不可理解的:一省数省首先胜利,不正是同建立苏维埃根据地相联系的吗?反对建立任何形式的根据地,实际上不是否定了一省数省首先胜利的观点吗?

紧接着,远东局在中共中央6月11日决议中进一步发现了严重的问题,即决议中关于中国革命必须要掀动世界革命和得到苏联援助的观点。

可以肯定,李立三与中共中央关于中国革命必须要得到苏联的援助和世界革命的配合的观点,并非不符合列宁主义。如前所述,俄国十月革命后,列宁实际上也一直是这样看待俄国革命的胜利前景的。直到1922年,列宁的观点仍很明确,即:"要取得社会主义的胜利,必须有几个先进国家的工人的共同努力。"[3] 尽管列宁在这里讲的是社会主义的最终胜利,但弱小的中国共产党相信在众多帝国主义争夺下的中国争取革命的胜利,需要得到各国无产阶级的援助,甚至是各国革命的响应,理论上也未必错误。

---

[1]《中共中央政治局关于目前政治任务的决议——新的革命高潮与一省或几省的首先胜利》,1930年6月11日,见《中共中央文件选集》,第6卷,第115—135页。
[2]《中共中央致共产国际主席团信》,1930年6月12日,见《共产国际、联共(布)与中国革命档案资料丛书》(9),第202—203页。
[3] 见《列宁全集》,第24卷,第450页。

第三章 从"彻底"到"不彻底"

但是,对列宁主义的这种理解,在这个时候已变得极不相宜了。这是因为,在列宁 1924 年去世后,斯大林就已经逐渐改变了列宁的观点。最初,斯大林仍坚持马克思和列宁的观点,即:"为了推翻资产阶级,一个国家的努力就够了";"为了获得社会主义的最终胜利,为了组织社会主义生产,单靠一个国家的努力,特别是像俄国这样一个农民国家的努力就不够了——为了达到这个目的,就必须有几个先进国家中无产者的共同努力。"[1] 但几个月之后,随着与托洛茨基等人发生权力之争,双方围绕着苏联发展的方针政策也展开了争论。为了迎合党内大多数干部希望长治久安的心理,机敏务实的斯大林提出了全然不同于列宁的寄希望于世界革命的观点。他提出:"在其他国家(即使这些国家的资本主义比较发达)还保存着资本主义的情况下,社会主义在一个国家(即使这个国家的资本主义不大发达)内胜利是完全可能的。"[2] 这一观点迅速得到了俄共(布)第十四次代表大会的认可。到 1926 年,斯大林更明确提出,我们不能无限期地等待西方革命的胜利而让俄国开空车,也不能把自己的阵地拱手让给俄国资产阶级。"即使西方不能及时发生胜利的革命而给我们以援助,工人阶级和劳动农民结成联盟也能彻底打败我国资本家,也能建成社会主义社会。"[3] 用他的话来说:"在苏联建成社会主义的问题是战胜本'民族的'资产阶级的问题,而社会主义的最终胜利问题是战胜世界资产阶级的问题。"[4] 1928 年,共产国际六大还把这一说法写入了《共产国际纲领》。

显而易见,当斯大林把苏联变成了一个正在建设社会主义美好事业的正常国家之后,它就再也不是那个"有能力和决心去为推翻国际资本而承担最大的民族牺牲"的阶级革命的大本营了。苏联在事实上已经成为一个在民族领袖领导下的民族国家,它自身的国家利益理所当然地产生出来了。即使是基于世界无产阶级祖国的立场,它也不可能像列宁时代的苏俄政权那样,不惜一切代价去援助其他国家的革命运动了。因为各国党都已被灌输了这样一种思想,那就是,苏联的存在才是各国无产阶级革命事业

---

[1] 见《斯大林全集》,第 8 卷,第 60—64 页。
[2] 同上,第 92 页。
[3] 同上,第 92—94 页。
[4] 见《斯大林选集》上卷,人民出版社 1979 年版,第 435 页。

成功的保障。由此不难想象，李立三和中共中央 6 月 11 日决议是多么的离经叛道。因此，远东局不仅扣发了中共中央的电报，要求中共中央立即停发这一决议，并且声明，在这种重大方针及策略原则问题上，必须有共产国际的正式文件为依据，随便成立这一决议，一旦发生问题，后果将十分严重。[1]

远东局对中共中央决定的断然干预，不能不再度引发了中共中央与远东局之间的对立情绪。人们再度对远东局无原则的吹毛求疵感到强烈不满。李立三当场表示，中共中央不但要对国际负责，同时也要对中国革命负责，目前形势间不容发，决议完全为适应形势及工作要求而提出，这并非违反组织原则。作为一种妥协，李同意先将远东局意见交政治局讨论。讨论结果，中共中央仍旧决定下发这一决议。[2]

6 月 20 日，远东局致函中共中央，再度强烈要求中共中央停发 6 月 11 日决议，信中明确批评决议忽视中国革命发展不平衡的特点，夸大全国革命形势，盲目主张"任何一个省区都必须积极准备争取一省胜利的暴动"和立即夺取全国胜利的观点。[3]

对此，中共中央于 21 日复函明确提出"抗议"，指责远东局出尔反尔和"破坏共产国际对中国党的信任"。回信声称："要争取巩固一省或几省的胜利，必须全力促成全国革命高潮的到来"，"如果我们现在只准备局部夺取政权，那就是右倾方针，就是对革命形势估计不足"。"我们认为，目前革命形势的急剧发展要求为领导这一工作作出这样坚定不移的决议。搁置发表这一决议意味着把对革命的领导置于不顾。"中央为对革命负责、对无产阶级负责、对国际负责，已经决定即刻发出这一决议，它不能接受远东局停止发出的提议。中共中央还针对远东局代表罗伯特斯一再与中共中央发生争论，在信中斥责罗伯特斯"一贯执行右倾方针"，"妨碍了中国党对革命的领导工作"，要求远东局立即解除罗伯特斯的工作。[4]

罗伯特斯是远东局负责与中共中央进行联系和具体指导的主要代表，

---

[1]《中共中央临时政治局会议记录》，1930 年 6 月 19 日。
[2] 同上。
[3]《共产国际执行委员会远东局给中共中央政治局的信》，1930 年 6 月 20 日，见《共产国际、联共（布）与中国革命档案资料丛书》(9)，第 177—182 页。
[4]《中共中央政治局给共产国际执行委员会远东局的信》，1930 年 6 月 21 日，见《共产国际、联共（布）与中国革命档案资料丛书》(9)，第 183—184 页。

他曾参加了1929年12月远东局同中共中央的初次争执，这次又是他首先提出反对意见，挑起争论，自然成为中共中央指斥的对象。但是，这边中共中央去信莫斯科提出控告，那边罗伯特斯也去信共产国际痛斥李立三恶劣的"政客手腕"[1]。最终，共产国际在6月底复电，否决了中共中央的指控，这预示着中共中央在这场争论中势将陷于困境。

7月，中共中央全国组织会议的统计资料表明，党员的数量从2月的71119人已增加到193422人，净增12万余人。[2]尽管产业工人仅占党员总数的1.2%，但也增加了一倍左右。赤色工会会员从无到有，已有6万人的规模，其中中心城市已达到大约2万人。在上海，共产党人已经在总共130多家工厂中的30多家中取得了重要影响。在不足五个月里，党的力量成倍增长，自然使中共中央对形势的发展更感振奋。

7月10日，中共中央接获国际来电，来电共分五点，即：（1）党在目前第一等重要的任务，就是组织苏维埃中央政府，以号召工农群众为苏维埃而斗争；（2）必须尽量谨慎地选择政府工作人员，同时在苏区成立中央一级的党的机构，巩固地发展红军；（3）在苏区里应没收一切地主、教堂寺院以及其他大私有主的土地，并尽可能扩大到没收富农土地，防止对富农的右倾，将土地平均分配给贫农和中农；（4）组织雇农工会和贫农委员会；（5）不要禁止土地买卖及实行集中供给，应该容许贸易自由。[3]

共产国际的这一指示，实际上是其6月即已在起草的《关于中国问题的决议案》中的一部分。在决议里，共产国际明确否定了中共中央对于当前形势的种种估计，肯定了革命发展的不平衡性。决议指出：中国目前"新革命高涨底增长过程，带着特殊形式"，它"是在个别区域成熟起来"，"后来才渐渐地扩展到其他区域"。因此，在目前阶段，不仅"进行斗争的群众不能够立刻抓得工业中心"，而且"工人运动和农民运动底浪潮，还没有汇合起来"。就是综合起来看，这些运动也还不能够保证必须要的力量，去袭击帝国主义及国民党的统治。也就是说："此刻还没有全中国的

---

[1]《埃斯勒给共产国际执行委员会东方书记处的信》，1930年6月23—25日，见《共产国际、联共（布）与中国革命档案资料丛书》(9)，第188—194页。
[2]《党的组织任务报告》，1930年7月；并见《向忠发给周恩来的信》，1930年6月25日，见《共产国际、联共（布）与中国革命档案资料丛书》(9)，第202页。
[3]《共产国际执行委员会给中共中央的电报》，1930年7月初，见《共产国际、联共（布）与中国革命档案资料丛书》(9)，第216—217页。

客观革命形势。"而"最近将来"革命形势发展如何,关键在于中共能否实行正确的策略。这包括:(1)组织并巩固苏维埃中央政府,以此作为号召群众和与国民党政权相对抗的一面旗帜;(2)使红军强大到在将来依照军事政治的环境,而能够占领一个或几个工业的行政的中心城市;(3)把无产阶级领导的农民斗争浪潮扩大到新的区域去;(4)加紧组织和推动城市工人的大规模政治斗争。同时,决议还委婉地批评了李立三关于革命转变的设想,明确认为:由于中国是落后国家,其通向社会主义的道路不可能是无间隔和无阶段的,它决"不会剥夺资本主义发展的可能",恰恰相反,它应当允许资本主义"表现向前增长的趋势",同时,利用独裁的政治及经济地位,"逐渐造成一些前提和优势","经过许多中间阶段而逐渐地和一贯到底地""发展非资本主义(社会主义)形式的生产",最终"过渡到社会主义"[1]。

需要指出的是,共产国际上述决议的主要精神,实际上是根据斯大林等苏共领导人的意见作出的。还在1930年5月,在斯大林与周恩来等人的谈话中,他就突出强调了中国革命发展不平衡的特点和意义。他明确指出,由于中国是一落后国家,政治经济发展不平衡,因此,中国的情况与西欧不同,德国工人在柏林暴动即可夺取全国,而中国却只能争取一省数省的首先胜利,不存在一举夺取全国政权的可能性。据此,斯大林强调,中国革命只能从敌人统治最薄弱而党的工作最发达的地域发展起,首先发动广泛的群众斗争,进而创立和扩大红军,巩固党的领导,并逐渐开辟和扩大革命根据地,一步一步有力地向外发展,争取中心城市。他甚至一再突出强调红军的作用,确信红军是中国革命希望所在,应视为中心问题,并以吴佩孚为例,称吴还能在四川存在,中国党总不会不如吴,有四川这样大的一块地方就有办法。对于夺取中心城市,他不反对红军攻城的办法,声称:如果红军确有强大力量,工人即使还没有起来,红军进攻时也自然会起而响应。在此,斯大林突出地强调了红军、根据地和苏维埃政权问题。[2]

然而,共产国际7月初的电报并没有全面地反映斯大林的上述意见,

---

[1]《共产国际执委政治秘书处关于中国问题的决议案》,1930年7月23日,见《共产国际、联共(布)与中国革命档案资料丛书》(12),第209—220页。
[2]《中共中央临时政治局会议记录》,1930年8月22日。

甚至没有提到共产国际7月决议案中所强调的形势估计和转变问题，以至使整个情况进一步复杂化了。中共中央显然对来电精神作了错误的理解，以至于相信：共产国际指示与此前中共中央夺取全国政权的暴动布置，没有什么不同。它关于建立苏维埃中央政权的提议，恰恰是要求中国党加速夺取一省数省的首先胜利。[1]

中共中央："苏联必须积极准备战争"，蒙古应出兵中国北方

实际上，关于苏维埃政权问题，早就是中共中央与远东局争执不下的一个重要问题了。

还在1930年1月中旬，远东局就提出召集中国各区苏维埃代表大会的问题，主张应该在一个最强大的苏区举行这一会议，"万不得已才可以在非苏区举行"，以便加强各苏区之间的联系，从组织上统一各个苏区。[2]对于这一工作，共产国际亦十分重视，不仅组织了专门委员会进行研究，而且在其各种机关报上大力进行公开宣传。可是，中共中央对此不甚重视。他们认为，在农村根据地而不是在中心城市组织全国性的苏维埃政权，哪怕是召开全国性的苏维埃代表大会，不仅是毫无意义的，而且会助长党内的割据保守倾向。因此，他们一开始就主张在上海开会，只派代表去苏区参观，甚至并未计划先开准备会。

2月，中共中央先后发出召集"全国苏维埃区域代表大会"的宣言和通告。[3] 3月20日，它才又根据远东局要求改为召开"中华工农兵会议（苏维埃）第一次全国代表大会准备委员会"会议。[4]

5月19日，在所到正式代表仅几个人，多为非正式代表的情况下，中共中央为避免会议无限期拖延，干脆把准备会开成了正式的大会，会议名

---

[1]《中共中央政治局会议记录》，1930年7月11日。
[2] 转见《共产国际执行委员会远东局给共产国际执行委员会东方书记处的信》，1930年1月30日，见《共产国际、联共（布）与中国革命档案资料丛书》(9)，第40页。
[3] 分别见《红旗》第75期，1930年2月4日；第79期，1930年2月15日。
[4] 见《红旗日报》第37号，1930年3月20日。

称又改回为"苏维埃区域代表大会"[1]。不难看出，中共中央因不赞成在全国革命尚未成功之前就开具有全国政权性质的全国苏维埃代表大会，并在忙于暴动布置的情况下，对于此次会议仍未十分重视。对此，远东局自然十分恼火。

6月初，远东局对中共中央擅自决定改变会议名称及形式表示异议，明确认为这"不仅是一个政治损失，而且是一个政治错误"。由于远东局最初并未明确提出苏维埃代表大会与政权问题的联系，更多地指出的只是宣传效果问题，因此中共中央丝毫不觉得自己的做法有什么不妥。直至6月中旬，远东局提出苏代会与建立苏维埃政权的关系问题，中共中央才同意以后再开苏维埃代表大会作为补救。但是，这样一来，由于中共中央历来反对割据观念和强调城市的中心作用，召开苏代会以及建立苏维埃政权问题，立即成为中共中央暴动部署的新的助推器。李立三明确认为：苏代会一定要在一省几省胜利的地方开。因此，当共产国际7月来电提出建立苏维埃中央政府的问题后，李立三更加确信不疑：苏维埃必须在对全国有很大意义的区域内来建立，即使一省数省胜利较迟，也必须夺取一重要城市，如湖北之沙市、宜昌，使之建立于重要城市中，并很快地移到中心城市武汉去。[2]

严格地说，共产国际对究竟在什么时候在什么地方宣告成立具有中央政府性质的苏维埃政权的问题，也一直犹豫不决。

6月16日，共产国际执委会东方书记处在给中共中央的电报中，还提出："我们认为在目前条件下成立苏区中央（临时）革命政府为时过早，因为苏维埃政权尚未扩展到任何一个大工业中心城市和行政中心城市。"现在的关键是要最大限度地保证党对红军的领导，并进一步扩大苏区，尤其是要扩大到工业中心城市去。[3]

三天后，共产国际就改变了看法。它再度来电说明："我们认为，只要保证我们在苏区中央（临时）革命政府内的影响，就可以成立这样的政

---

[1] 苏维埃区域代表大会于5月20日正式召开，历时四天，23日结束。并见《向忠发给周恩来的信》，1930年6月25日，见《共产国际、联共（布）与中国革命档案资料丛书》（9），第202—203页。

[2] 《中共中央政治局会议记录》，1930年6月17日。

[3] 《共产国际执行委员会东方书记处给中共中央的电报稿》，1930年6月16日，见《共产国际、联共（布）与中国革命档案资料丛书》（9），第173—174页。

府。"但它依旧强调:"苏维埃政权要扩展到一个大工业中心城市和行政中心城市,这样的城市应该成为运动进一步开展的基地,同时也是我们在政府中领导作用最可靠的保证。根据军事政治形势的发展,必须将注意力和力量集中在夺取这样一个据点上。"[1]

必须要夺取至少一个中心城市,来建立全国苏维埃政权,这一点显然是符合中共中央的想法的。由此也不难看出,何以中共中央对组织全国总暴动,夺取全国政权的问题始终如此坚持,毫不妥协。

这时,中共江苏特委提出了组织南京士兵暴动,打击国民党统治的计划,引起了中共中央的高度重视,甚至连远东局也怀疑中共中央"企图在江苏建立中央苏维埃政权"。事实上,中共中央完全了解自己在江苏的实力,它虽迅速提出了南京兵暴与上海总同盟罢工"同时并进"的行动计划,但其目的显然在以此为配合而全力夺取武汉。[2]

7月16日中共中央致共产国际主席团的电报中,中共中央明确提出,由于"现时革命突飞猛进发展的形势","有很大可能实现"南京兵暴、上海总同盟罢工及"力争武汉武装暴动首先胜利,建立全国苏维埃政权"的暴动部署,要求苏共及国际立即从人力物力各方面予以支援。[3]

如果说此前的中共中央,包括其6月11日决议,还没有断然肯定全国革命高潮已经降临,暴动部署应当立即由动员准备转入实际行动的话,那么,这时的态度完全不同了。尽管共产国际执委会马上就发来电报,明确表示"反对在目前条件下在南京、武昌举行暴动以及在上海举行总罢工"[4],李立三及中共中央也承认还不能断言革命高潮已经到来,因此没有立即提出武装暴动的口号,但他们无疑已经把这一切看成是日内就要发生的事情了。

果然,几天后,夺取中心城市的机会似乎已经降临了。7月27日,红

---

[1]《共产国际执行委员会东方书记处给中共中央的电报稿》,1930年6月19日,见《共产国际、联共(布)与中国革命档案资料丛书》(9),第175页。
[2]《柏山同志在临时中央政治局会议上关于南京问题与全国工作布置的报告》,1930年7月13日。
[3]《中共中央政治局致共产国际主席团的电报》,1930年7月16日(俄国档案注为18日),见《共产国际、联共(布)与中国革命档案资料丛书》(9),第219页。
[4]《共产国际执行委员会给中共中央的电报》,1930年7月23日,见《共产国际、联共(布)与中国革命档案资料丛书》(9),第225页。

军三军团乘虚攻下长沙,并宣布建立了苏维埃政府,引起了国内外极大的震动。红军的力量已经强大到可以一举攻占像长沙这样重要的中心城市的程度,这不能不使中共中央对形势的估计进一步走向极端。

7月30日,远东局接到共产国际来电,并于次日通知了中共中央。来电明确认为中共党的组织过于薄弱,缺乏广泛的工人基础,没有争取到工人群众的大多数,只靠少数先锋队决不能领导工人群众的武装暴动,因此党目前的暴动路线是盲动的和脱离实际的。

8月1日,中共中央政治局召开专门会议讨论国际来电,承认自己在组织上没有能够争取工人阶级的大多数,目前也还没有广大的政治罢工,因此表现为革命高潮还没有到来。但根据几个月的形势发展和工作成效,他们确信自己在政治上已经争取了工人群众的大多数,在一两个月内,仅上海党就可以发展3000—5000名工人党员,革命高潮到来时,就是发展2万—3万名工人党员也有可能。因此,一旦重大事变发生,党在几天之内或数周之内,就完全可以组织起数十万乃至数百万的工人群众组织。他们甚至认为,在这种情况下,下层统一战线的策略是完全不必要的,而且在两个政权对立的方针下来成立苏维埃号召群众,也是不必要的,共产国际完全不了解中国革命的发展速度。据此,他们决定继续此前之暴动方针,并决定立即成立中央总行动委员会,以统一指挥暴动准备工作。[1]

中共中央的这一态度,显然是同他们对中国革命的形势估计过高有密切关系的,同时也反映了他们力图坚持真理的独立个性。他们认为:如果机械地执行国际的指示,表面上是忠实于国际的来电,实际上是无视现在革命正处在紧急关头;不抓住这一历史关键时刻,便是不忠实于革命,不忠实于革命,就是不忠实于国际,因为国际的总路线是对的,不过对现在形势的发展,尚未详细知道。

但是,把忠实于国际与忠实于中国革命等同起来,甚至以忠实于中国革命作为是否忠实于国际的衡量标准,这无论如何不符合共产国际和苏共的思维方式,而且多半会导致另一种极端:既然世界革命爆发在即,中苏两党同属于共产国际,有着共同的目标和利益,中共可以为保卫苏联而战,苏共为什么不可以为争取中国革命胜利而战呢?

---

[1] 参见《目前政治形势与当前任务》,《红旗日报》1930年8月3日;《中共中央政治局会议记录》,1930年8月1日。

第三章　从"彻底"到"不彻底"

8月3日，为了保证以武汉为中心的争取一省数省首先胜利的暴动计划，能够迅速导致全国范围的胜利，中共中央决定把暴动部署进一步推进到北京、天津、郑州、开封、唐山以至满洲去，并开始相信"北方的客观形势……绝对与南方形势一样"。尽管北方的暴动，特别是满洲的暴动，可能引起日本"很剧激地向苏联进攻"，成为"国际战争的序幕"，但李立三认为，这正是"掀动国际无产阶级对帝国主义决战"的"战略"，"正是国际路线，并没有错误的"。恰恰相反，"长沙事件，帝国主义不知打了多少电报给他在中国的代表，但国际一直到了现在，还没有一个字打给中国的代表，这是国际太轻视了这一事变，并且是对中国革命的估量的不足"。为此，必须"求得国际的了解"，"国际在目前形势""必须采取积极进攻路线"，首先是"苏联必须积极准备战争"，中国暴动一起，蒙古就应出兵中国北方，苏联则应在满洲与日本作战，只有这样，才"可以得到更快的成功"。李立三扬言：必须据此"与国际力争"[1]。

紧接着，中共中央于8月5日正式致电共产国际主席团，宣称：现在红军在全国已有"二十二军计三十余万人"，"有组织的武装农民有五百万，有组织的群众三千余万"，十余万国民党伤兵及镇江、汉口驻军的大部分在我们影响之下，长沙、大冶、沙市已攻占，南昌、九江指日可下，京汉路已切断，广大工人"都要求武装，要求暴动"，因此，请国际务必"批准中央的决定"[2]。

中共成立暴动总行委并电告共产国际："你们不理解具体形势"

按照惯例，中共中央政治局8月1日和3日的会议记录很快被送到远东局，远东局立即对此作出了强烈的反应。李立三及中共领导人的倨傲态度让罗伯特斯异常惊讶。

8月5日，罗伯特斯致电共产国际执委会，称：李立三在中共中央政治局会议上提议，中共中央决议通过，要求苏联红军积极支援中共在武汉、天津、哈尔滨等地组织的暴动。中共中央对共产国际的路线提出了强

---

[1] 《中央政治局继续讨论目前政治形势及全国工作布置》，1930年8月3日。
[2] 《中共中央政治局给共产国际主席团的报告》，1930年8月5日，见《共产国际、联共（布）与中国革命档案资料丛书》(12)，第227—229页。

烈的抗议，批评共产国际不理解中国的革命形势。[1]

当天，罗伯特斯还致信中共中央，宣称以李立三为代表的中共中央正在"冒险""卷入反对共产国际的斗争"，因为李立三公然扬言忠实于共产国际决议和忠实于中国革命是两回事，公然以"共产国际和联共（布）不很了解情况"为借口，把共产国际反对"盲目冒险"的指示看成"是中国革命的障碍"，执意命令全国"准备过左行动"和"没有群众参加的暴动"，调动红军和"着手发动世界战争"，甚至"怂恿政治局作出关于苏军出兵和苏联对世界帝国主义宣战的决议"[2]。

远东局的信在引述李立三谈论共产国际指示的发言时，并不十分准确。但是，李立三及中共领导人用不容置疑的，甚至是指导的口吻来对待共产国际和苏共，包括认为中国革命理当得到苏联及世界各国无产阶级流血牺牲以响应，这无论如何都是破天荒的和让从来都是在指导他人的共产国际无法接受的。不过，远东局并不希望事态扩大化，他们竭力把攻击的矛头指向李立三个人，指责李立三动员全党反对共产国际，认为自己是中国的列宁，号召共产国际转入进攻和宣布世界革命……因而要求"立即召李立三到莫斯科去"[3]，他们对中共中央总的政治路线还是表示了肯定。

可是，在8月6日举行的中共中央政治局与共产国际执委会远东局的联席会议上，中共中央政治局成员集体表示出来的强烈的反应表明，这件事绝不是给李立三一个人扣上反对共产国际的大帽子就能够解决的。中共中央总书记向忠发不仅态度严厉地断然拒绝远东局关于李立三"反国际"的指责，而且强硬声称：除非共产国际解散政治局和中共中央，否则中共中央将继续此前之一切工作布置而决不中止。[4]

激进的情绪和僵化的观念会从根本上扭曲共产党人的神经系统，以至造成人们自我感觉上的极度紊乱，在这时中共中央的形势判断和决策过程

---

[1]《共产国际执行委员会远东局给共产国际执行委员会的电报》，1930年8月4—7日，见《共产国际、联共（布）与中国革命档案资料丛书》(9)，第255—256页。
[2]《共产国际执委会远东局给中共中央委员和中共中央政治局委员的信》，1930年8月5日，见《共产国际、联共（布）与中国革命档案资料丛书》(12)，第221—226页。
[3] 见《共产国际、联共（布）与中国革命档案资料丛书》(9)，第256、260—261页。
[4]《中共中央政治局和共产国际执行委员会远东局联席会议记录》，1930年8月6日，见《共产国际、联共（布）与中国革命档案资料丛书》(9)，第264—268页。

第三章 从"彻底"到"不彻底"

中表现得再明显不过了。

8月6日,中共中央正式成立中央总行委。李立三在成立会上就共产国际关于党的组织薄弱和城市工人的争取及准备严重不足的看法,作了全面的辩解。李立三这时固然仍旧主张中心城市的工人总罢工和武装暴动,但他已自觉或不自觉地把农民革命的作用和红军的作用,摆在了具有决定意义的位置上,确信即使工人还没有起来,党的组织力量还十分薄弱,一旦红军开始进攻,他们也自然会"暴动起来,响应红军"的。[1]这种认识上的变化,客观上无疑是一种进步,但以此来作为抵御共产国际批评和坚持全面暴动方针的依据,未免过于软弱无力。这不仅因为共产国际的批评多少依旧是从城市中心论的角度出发,强调中心城市工人斗争的决定性地位和作用的,而且因为事实上国民党的统治还没有动摇到已经迅速崩溃,以至其军队一见红军就会潮水般地投降的程度,红军和农民革命也远没有强大到"已经直接动摇了整个统治阶级的基础",可以攻占或已经攻占武汉周围重要城市的程度。

刚一得到消息,共产国际远东局马上就致信中共中央政治局,同时致信共产国际,发出严重警告。

在给中共中央的信中,远东局指责中共中央"不去领导革命,却搞冒险,进行反对共产国际的斗争"[2]。

在给共产国际执委会东方书记处的信中,远东局警告说:中共领导人已宣布要开始夺取全国政权的斗争,并把党的各级组织"匆匆忙忙地改组成某种军事组织",以总行委名义指挥,他们为此甚至解散了共青团中央,说是要统一行动。目前中共中央正在与军事专家讨论行动方案的问题。远东局称:我们不能再等待你们的指示,已经派罗伯特斯前往武汉研究当地形势,并向中共中央和共青团发出了激烈反对李立三的宣言,要求中共中央政治局"绝对服从共产国际的决议";"在收到共产国际执委会对政治局建议的答复前在武汉和南京不举行任何暴动"。如果事态发展迅猛,必须

---

[1]《中共中央政治局紧急临时会议记录》,1930年8月7日。
[2] 转见《中共中央政治局给共产国际执行委员会远东局的信》,1930年8月7日,见《共产国际、联共(布)与中国革命档案资料丛书》(9),第271页。

要迅速作出决定,则应与远东局共同作出。[1]

对远东局的来信,李立三等依旧以"抗议"回绝,指责远东局对李立三在8月1日和3日会议上讲话的指责"完全不符合实际情况,不是远东局歪曲了的原意,就是记录员和翻译出了大错"。他们提交了一份经过修正的文本,要求远东局退回原记录的英译文本和德译文本,让中共中央修改后再交他们转报莫斯科。[2] 但他们同意与远东局联名致电共产国际,要求国际"重新讨论"中共中央关于武汉南京暴动及上海总同盟罢工的计划,也同意远东局派人去武汉实地考察,李立三相信这或许可以使远东局进一步改变认识。

8月8日,共产国际执委会发来了给中共中央政治局的电报。电报谈到了七个方面的问题,但着重是组建"铁"的红军的问题。要求这支红军必须是"坚强的、组织严密的、政治上坚定的、有充分保障的",为此必须实行中央委员或中央代表直接领导,并组织集中的党的政治教育工作体系;还必须有相当数量的工人核心,尽量少吸收从前的土匪参加红军;人数不要太多,目前有2.5万人至4万人即可;可以建成两团建制的旅,以便作战时两团能联合行动;地点最好在赣南、闽南和粤东,并可以湘鄂川边地区为后备的根据地。[3]

在如此关键的时刻,莫斯科发来这样一封不着边际的电报,原因其实非常简单,那就是,双方之间的距离实在太远了,中共又处于秘密状态,信息传递即使有苏联在上海的领事馆作中转,中间秘密传送、翻译等等,也要耽搁不少时间,再加上电报送到共产国际,那里还要按照官僚程序作公文旅行,并分送苏共中央和苏联军事部门等,光公文签批就要相当时日。如此一番传送,等最后形成回复时,常常已经时过境迁。这封谈红军的电报,就真实地反映出了这种情况。其9日发出的专门针对红军占领长沙城一事的电报,也是一样。电报详细说明了中共占领长沙后应当如何在

---

[1]《共产国际执行委员会远东局致共产国际执行委员会东方书记处的信》,1930年8月7日,见《共产国际、联共(布)与中国革命档案资料丛书》(9),第275—277页。

[2]《中共中央政治局给共产国际执行委员会远东局的信》,1930年8月7日,见《共产国际、联共(布)与中国革命档案资料丛书》(9),第271页。

[3]《共产国际执行委员会给中共中央政治局的信》,1930年8月8日,见《共产国际、联共(布)与中国革命档案资料丛书》(9),第278—280页。

第三章 从"彻底"到"不彻底"

"考虑到力量的现实对比"来"反对帝国主义者"的问题[1]。这显然又是一个马后炮。

因为莫斯科的电报完全不得要领,8月8日当天,向忠发以中共中央主席的身份直接致函斯大林,要求支持。电报宣称:"现在武汉、南京工人都迫切的要求暴动","极广泛的农民群众都猛烈的兴起,与军阀决战,向着武汉进攻,红军第二、六两军已占领沙市,第八军占领大冶,第一军占领孝感、花园,都已逼近武汉。特别是武汉、南京的军阀军队异常动摇,在武汉的主要驻军大部分在我们影响之下,南京驻军几乎全部都倾向我们,组织上能领导的都占大多数,而且异常迫切的要求暴动。"信中断言:"这一形势无疑的是暴动的条件已在成熟,暴动的发生,已经是时日的问题。"[2]

中共中央随后也去电共产国际,说明红军已攻下长沙,长沙几百万农民正在斗争,不久将攻克九江,所有红军都在向武昌方向挺进,已组织了500万武装农民,3000万有组织的群众,工人群众要求武装暴动,农民要求夺取中心城市,南京的主要部队在我们的影响之下,汉口也是如此,"你们不理解具体形势","请同意我们的决定,请动员各国,请保证给予最大的支持"[3]。

向忠发和中共中央电报中所描述的大好"形势",明显是与实际情况不符的。不仅红军并未攻占其电报上所说的这许多城市,且长沙也是乘湖南军阀何键的部队参加中原大战,城内空虚夺占的,几天后就因为何键回援而放弃了。而城市暴动最需要的工人武装和军队工作,这时也并无多少基础。中共在武汉国民党军队中并无工作,在南京也仅有几个支部在驻军中活动,甚至中共中央宣称暴动形势最为成熟的武汉,也"仅有同志四十人"[4]。

---

[1]《共产国际执行委员会政治书记处政治委员会给中共中央的信》,1930年8月9日,见《共产国际、联共(布)与中国革命档案资料丛书》(9),第278—280页。
[2]《中央关于目前的政治形势给斯大林同志的信》,1930年8月8日,见《共产国际、联共(布)与中国革命档案资料丛书》(9),第281—284页。
[3]《中共中央政治局给共产国际执行委员会的电报》,1930年8月8日,见《共产国际、联共(布)与中国革命档案资料丛书》(9),第285—286页。
[4]《中央给长江局的信》,1930年8月10日,见《中共中央文件选集》,第6卷,第247—249页。

很难说中共中央领导人完全不了解这些情况，至少在 8 月 10 日前他们已经得知了武汉和长沙的情况。[1] 但这丝毫不能阻止他们继续作出极端盲目的部署。

8 月 14 日，中共总行委发出时局宣言，公开宣称"革命的国内战争已经开始了"，故而号召人民群众"准备全中国的武装暴动"。同时，它还明确指示红五军"反攻长沙"，"扑灭何键"，"迅占岳州，向武汉进迫"；红二、六军进攻沙市、宜昌，必要时可直取汉阳；红一军则"切断京汉线，进攻武汉"；红三、四军拿下南昌并九江后，亦会合红八军进逼武汉。命令武汉党组织应"猛烈的扩大组织"，"十倍努力扩大"工人运动，准备"敌人忙于应战时，武汉举行伟大的暴动"[2]。

斯大林："在当前形势下，在中国举行总暴动，简直是胡闹"

从今天可以看到的文献可知，还在 1930 年 8 月 9 日，共产国际执委会政治书记处就曾有过一份电报，明令中共中央政治局"必须无条件执行共产国际执委会下达的指示：进一步开展群众性战斗，从组织上加强党，千方百计巩固苏区，为红军创建一个或几个据点"等。从电报内容可知，共产国际这时还不十分清楚中共中央"对形势的估计及其对共产国际执委会指示的考虑"，不清楚中共中央目前的"确切决定及其理由"[3]。

12 日，远东局的罗伯特斯从武汉发来报告，因为电讯条件有限，电报内容十分简略。粗略可以了解的只是：武汉地区形势不稳，但没有发生任何大规模的罢工和群众性示威游行，目前情况下不存在暴动条件。工人群众中虽有战斗情绪，但中共尚未加以领导。当地中共的领导人认为，只有暴动才可能促成群众运动的形成。因此，远东局仍旧无法说服中共中央，他们仍旧坚持要举行暴动，并要求莫斯科迅速作出决定。[4]

---

[1]《中央给长江局的信》，1930 年 8 月 10 日，见《中共中央文件选集》，第 6 卷，第 247—249 页。
[2]《中国共产党对目前时局宣言》，1930 年 8 月 14 日，见《中共中央文件选集》，第 6 卷，第 250—265 页。
[3]《共产国际执行委员会政治书记处政治委员会给中共中央的信》，1930 年 8 月 9 日，见《共产国际、联共（布）与中国革命档案资料丛书》(9)，第 289 页。
[4]《共产国际执行委员会远东局给共产国际执行委员会的电报》，1930 年 8 月 12 日，见《共产国际、联共（布）与中国革命档案资料丛书》(9)，第 299 页。

第三章　从"彻底"到"不彻底"

直到 13 日，我们才看到斯大林对中共中央的要求作出了明确的反应。他在给莫洛托夫的电报中愤怒地写道："中国人的倾向是荒诞的和危险的。在当前形势下，在中国举行总暴动，简直是胡闹。建立苏维埃政府就是实行暴动的方针，但不是在全中国，而是在有可能成功的地方。中国人急于攻占长沙，已经干了蠢事。现在他们想在全中国干蠢事，决不能容许这样做。"[1]

又过了 12 天，即 8 月 25 日，共产国际执委会才形成了正式的电报答复稿，并得到了苏共中央政治局的批准。共产国际这次的电报才明确无误地作出了最后的决定。

电报称："在苏维埃地区还没有真正的苏维埃政府，还没有真正的红军，而在中国其他地方还没有工业中心城市无产阶级的群众性发动，在农村还没有千百万群众的强烈骚动。所有这一切只有在共产党实行正确政策的情况下才会出现，但是现在还没有出现。然而，帝国主义者目前光在汉口一个地方就有相当于十个师的兵力，在上海也不少。""在这种情况下还没有占领大城市的重大机会。现在号召工人在汉口、上海、北京、奉天等大城市举行武装暴动（就像李立三所希望的那样）是最有害的冒险主义。"为此，共产国际要求中共中央"立即恢复党、工会和共青团的正常领导机构"，并要李立三尽快到莫斯科去。[2]

由于共产国际决议形成得太晚，此前已经奉派回国传达共产国际各种政策精神的周恩来显然并不了解莫斯科态度的新的变化。他在 8 月 20 日回到上海，带回了共产国际研究通过的十个有关决议。周恩来所转达的斯大林、莫洛托夫、库西宁等苏共和共产国际领导人的谈话，表现出莫斯科对中共中央在革命转变、与远东局关系，特别是暴动政策等问题上持批评态度。因此，李立三等也做了自我批评，承认在对革命发展不平衡问题上以及形势估计上，确有"模糊不清之处"，表示不应该"把国际对于某些策略上的适时的指导，当成了整个路线及原则的改变，因而发生了怀疑"。没有重视和执行国际关于"必须有根据地的向前发展"，以及"不应在今

---

[1]《斯大林给莫洛托夫的电报》，1930 年 8 月 9 日，见《共产国际、联共（布）与中国革命档案资料丛书》(9)，第 300 页。
[2]《联共（布）中央政治局会议第 5 号记录》，1930 年 8 月 25 日，见《共产国际、联共（布）与中国革命档案资料丛书》(9)，第 330—332 页。

天便实行武装暴动"的一系列指示，也"确有缺点"[1]。但是，由于莫斯科方面没有指责中共中央犯有路线方针上的错误，故周恩来显然也同意中共中央关于"国际的路线与中央路线毫无二致"的政治估计。结果，周恩来的到来并没有完全改变中共中央在形势估计和暴动等问题上固有的看法。中共中央甚至认为，共产国际并不反对我们武汉、南京的暴动，只不过"要我们巩固的建立根据地，更加紧全国工作的实际布置与配合，更加紧准备武汉南京的暴动，以及全国各地的暴动"。因此，在工作部署上，中共中央为了贯彻共产国际关于必须迅速召开苏维埃代表大会并成立临时中央政府的指示，还进一步要求迅速"争取长沙南昌等中心城市胜利"，"使巩固苏维埃区域与向着中心城市发展密切联系起来"[2]。如此一来，中共中央的总暴动计划不仅没有停止，而且进一步强化了对红军进攻的要求。它再度发布命令，要求红军将湖南国民党军队"完全予以消灭"，切断武长（武汉——长沙）铁路，牵制常德，重夺长沙，并攻占岳州，然后击溃江西主要敌军，占领南昌九江，进而"向武汉中心前进"。中共中央明确指示说：一旦再度占领长沙，即可宣告成立"中华苏维埃共和国中央工农革命委员会"[3]。

9月初，南京中共地下党组织遭受严重挫折，红军第二次进攻长沙亦告失利。与此同时，9月4日中共中央也收到了共产国际执委会8月25日的政治指示电。至此，中共中央才完全停止了脱离实际的全面暴动计划，并重新恢复原有的党团工会组织。[4]

9月24日至28日，中共中央召开了六届三中全会，承认"中央的策略与工作布置犯了冒险倾向的错误"[5]，如对中国革命不平衡性的估计发生动摇，对时局有过分的估量，把建立苏维埃根据地当成"割据保守"的农民意识来加以反对，等等。但会议依旧认为：中央的基本路线"和国际

---

[1]《中央给长江局的信》，1930年8月26日。
[2]《中央关于再度占领长沙的战略与策略给长江局并转湘省委、湘鄂赣前委、行委的信》，1930年8月29日；《中央给长江局的信》，1930年8月20日。
[3] 同上。
[4]《中共中央政治局给共产国际执行委员会的电报》，1930年9月上旬，见《共产国际、联共（布）与中国革命档案资料丛书》(9)，第346页。
[5] 特生：《中央政治局工作报告》，1930年9月，见《中共中央文件选集》，第6卷，第351—358页。

的指示无丝毫的不同",“只是因为对目前的革命发展形势在程度与速度上有了过分估量,遂致造成中央个别的策略上的错误"[1]。会议根据共产国际的指示,决定"当前第一等重要的任务是——建立巩固的阵地,就是建立集中统一的真正和工农群众密切联系的苏维埃临时中央政府,在最有保障的地域——苏维埃的根据地,创造并且巩固真正坚强的,政治上军事上有充分无产阶级领导的红军,以便依照军事政治的环境,进而占领一个或几个工业政治中心"[2]。

六届三中全会后,中共中央第一次开始真正重视苏区、红军及其政权工作了。他们不仅立即组成了苏区中央局,分别向各苏区派遣重要领导干部,而且下决心要在湘鄂赣边建立统一的中央苏区根据地,以此为依托来向外扩展,并决心首先把红军"发展成为真正能够担任大规模的国内战争的任务",和"争取全国革命总的胜利"的强大武装力量。[3]

临时小组:"党中央领导已经垮台",必须把机会主义分子清除出去

一个高度集权的党,注定是要靠"铁的纪律"来贯彻党的领导意志的。党内任何对党的领导意志怀疑、妨碍或怠工的现象,都必定会受到严厉的打压与惩罚。中共中央在1930年开始贯彻其总暴动方针以来,一直遭遇到党内不同意见的质疑,也因此严厉地惩罚了相当一批党员和干部。如今莫斯科作出裁判,判定中共中央犯了路线性的错误,但是,中共中央在组织上依旧如故,因此,没有哪个领导人会愿意为过去怀疑或反对过中共中央错误路线而受到批判、处罚的党员干部申冤和平反。李立三等甚至对那些要求撤销处罚的党内干部仍旧严加斥责和威胁,这不可避免地会进一步激化双方之间的矛盾。在反对李立三一派党员干部方面,此前遭到处罚的王明(当时称陈绍禹)、何孟雄等人则最具代表性。

王明1925年赴苏留学,曾长期在米夫担任校长的中山大学担任学生

---

[1] 恩来:《关于传达国际决议的报告》,1930年9月24日,见《中共中央文件选集》,第6卷,第359—388页。
[2] 特生:《中央政治局工作报告》,1930年9月,见《中共中央文件选集》,第6卷,第351—358页。
[3] 周恩来:《目前红军的中心任务及其几个根本问题》,1930年9月30日;《中央通告第九十一号》,1930年10月12日,见《中共中央文件选集》,第6卷,第414—427页。

干部，因而深得米夫的信任。他在 1929 年 3 月被安排回国工作后，米夫已成为共产国际东方部的主要负责人之一，然而王并未如其所愿地得到重用。一年多时间里，先后做过区委的宣传干事、中共中央机关报的编辑、总工会宣传干事和中宣部秘书等一般性工作。1930 年 7 月，因质疑李立三对形势的估计和政策，被以组织小组织活动之名，免除了秘书的工作，调去江苏省做干事工作，同时被处以留党察看六个月的处分。李立三的政策被莫斯科否定后，王明自然跃跃欲试，希望能够彻底改造中共中央。然而，周恩来回国并没有带来他希望看到的变化。因此，还在 10 月 17 日，他就致信米夫，明确表示对周恩来极度失望，认为对于这个政治理论水平落后，长期实行家长制统治，动辄辱骂、惩罚、撤职、警告、迫害，甚至搞相互盯梢的中共中央，必须要从组织上动大手术才行。[1]

10 月间，共产国际陆续接到远东局提交的自 7 月底之后与中共中央争论的有关报告，以及中共中央 8 月 1 日、3 日等历次会议的记录。同远东局的最初反映一样，他们迅速被中共中央在这些报告和记录中所表现出来的那种凌驾于共产国际指示和苏联利益之上的态度所激怒。对中共中央错误的批评，立即被提到整个路线错误的高度上来了。

在随后给中国党的新的指示当中，李立三被直截了当地点名批判，并明确认为其错误"并不只是个别的错误，而是造成了整个错误系统的，定下了反马克思列宁主义的立场"，其行为更是敌视布尔什维克主义和敌视共产国际的。这一指示更突出地强调了中国经济政治发展不平衡和中国革命运动发展不平衡的突出特点，甚至据此得出结论，否定了传统的通过中心城市暴动夺权的观点，主张要以农村包围城市，最后里应外合夺取城市。指示信宣称："正是在那些最重要的工业中心点，也就是无产阶级的中心点，不但是处在帝国主义武装干涉底直接打击之下，而且帝国主义把这些最重要的工商业的行政的中心点，完全拿在自己的直接的经常的军事政治监督之下"，因此不仅工人还没有力量通过暴动夺取城市，红军也还没有力量去攻占城市。中国革命"必须在暂时还不是苏区的地方，发展农民运动，发展游击战争，用农民风潮底铁围来包围当地的城市，以及大城市和最大的城市，在军阀军队里组织我们自己的力量，十倍加强我们在这

---

[1]《陈绍禹给米夫和马耶尔的信》，1930 年 10 月 17 日，见《共产国际、联共（布）与中国革命档案资料丛书》(9)，第 378—380 页。

些军队里的工作,就是说,瓦解国民党的政权,到处动摇国民党的政权。只有这样,才可以准备大工业中心城市的武装起义,才可以准备由武装起义工人和红军来占领这些城市"[1]。

共产国际的这一指示,立即在各个方面引起了强烈反响,并通过各种渠道直接影响到国内。萨发罗夫率先召集正准备回国工作的四名共青团干部,要求他们回去后应当坚决地与立三路线作斗争。随后,青年共产国际根据上述精神致信中国共青团中央。至11月10日前后,团干部四人及青年共产国际信已先后到达国内。于是,一直受到严厉压制的不同意见立即公开化了,并且很快就异常强烈地表现出来。中国共产党迅速陷入到一场内部组织的严重危机中去。

11月13日,王明和同为留苏学生的博古(时称秦邦宪)联名致信中共中央政治局,公开批评三中全会"在某种程度某种意义上"仍旧继续"立三路线"[2]。

16日,留苏学生沈泽民等在宣传工作会议上,就三中全会提出的形势分析等问题向中央发难。

17日,王明和博古进一步致信政治局,对李立三在三中全会的发言中继续斥责别人为"右倾机会主义",表示强烈不满,宣称"立三同志代表的路线是托洛茨基主义、陈独秀主义和布朗基主义等等的混合物",要求中央立即"正式公布立三路线的错误实质"及"我们与立三同志争论的真相,撤消我们的处罚",同时"禁止任何同志在任何会议上继续对我们的污蔑和造谣"[3]。

11月16日,中共中央接到共产国际十月指示信,随后接连两次进行讨论,于11月25日通过决议,正式接受了共产国际的批评,承认了三中全会不彻底的问题。[4]

12月1日,周恩来代表中共中央在中央机关工作人员会议上公开承认

---

[1]《共产国际执委会给中共中央关于立三路线的信》,1930年10月,见《中共中央文件选集》,第6卷,第644—655页。
[2]《秦邦宪陈韶玉给中央政治局信》,1930年11月13日。
[3]《陈韶玉秦邦宪同志给中央政治局的信》,1930年11月17日。11月20日何孟雄也致信中央,提出了类似的要求,见《何孟雄致中央政治局的信》,1930年11月20日。
[4]《中央政治局关于最近国际来信的决议》,1930年11月25日,见《中共中央文件选集》,第6卷,第500—502页。

王明等过去与李立三的争论,"在不平衡革命高潮等问题上是对的"。但基于维护中共中央权威的考虑,他仍坚持王明在形势估计以及革命转变问题上与李立三"同样错误",故不仅没有接受王明等人的要求,而且还命令王明等人要正视自己的问题,停止"超组织的活动"[1]。

对此,王明等人当然不会接受。几天前,他已经与博古和与他同时回国的留苏学生陈原道等,组成了抵制中共中央错误领导的"临时小组",并正式形成决定提交给了共产国际。"临时小组"明确认为:政治局11月25日决议只是要外交手腕,"党中央领导已经垮台,他们不能保证执行共产国际的路线"。为此,"我们应该把坚决支持李立三路线的不肯悔改的机会主义分子驱逐出(中央、各局、省委)领导机关";"应该在党的报刊上向中央过去的路线(李立三路线)开火……加强两条战线的斗争";"应该把那些在与李立三路线和其他错误倾向的斗争中表现坚定的同志推举和吸收到领导机关中来"[2]。

12月3日,共产国际执委会政治书记处通过决定,明确表示对中共三中全会不满。随后,共产国际执委会决心改组中共中央领导机关,并派米夫秘密潜来上海主持这一工作。王明、博古、沈泽民、陈昌浩等多数从莫斯科回国的干部,这一下更是全都挺直了腰杆,公开与中共中央分庭抗礼。很快,从中央直属机关支部、军委、交通系统工作人员,到江苏省委、全总党团,以至部分苏区干部,都开始纷纷决议、写信,谴责三中全会对立三路线的包庇与纵容了。

米夫:王明等留苏学生才是"最出色和最有才华的领导人"

12月9日,中共中央政治局被迫再次作出决议,公开承认三中全会的路线"不正确",并且是犯了调和主义的错误的,决定一周内召集在上海的政治局委员、中央委员及共青团中央委员,举行一紧急会议,重新成立

---

[1]《周恩来在中央机关工作人员会议上的报告》,1930年12月1日。
[2]《临时小组的决定》,1930年11月27日,见《共产国际、联共(布)与中国革命档案资料丛书》(9),第468—469页。

一个正确的政治决议。[1] 同时决定分配陈绍禹去苏区，秦邦宪去全总，何孟雄根据承认错误与否重新决定是否保留其江苏省委委员一职。[2]

12月16日，根据远东局的建议和与各方面谈话的结果，中共中央进一步承认，在纠正立三路线问题上不宜拖泥带水，尤其对何孟雄等，不宜在其对的中间找错处，对王明等坚持不同意见的行为，也不宜定性为小组织活动。据此，政治局通过了有关对何孟雄以及王明等人取消处罚的决议[3]，并委任王明为中央组织部指导员兼党校校长[4]，博古为共青团中央委员，沈泽民为宣传部长，康生（赵容）为组织部长，王稼祥为《实话》主编，夏曦任江苏省委常委委员。王明并参加紧急会议决议的起草工作。

至此，从莫斯科回国的学生干部相继得到重用。紧接着，中共中央于12月23日发出第九十六号通告，进一步做自我批评，称自己12月9日的决议仍旧存在着"不能斩断调和主义尾巴之不可容许的错误"[5]之后，王明、沈泽民、康生、王稼祥、博古等更是一步登天，连中央委员都不是，却开始直接参与中共中央政治局的工作了，从原来的一般干部一跃而进入了最高决策层中。

对留苏学生的高度重视，无疑是共产国际在六大选用工人干部感觉失策后的一种组织政策上的大调整。很显然，向忠发以及中共中央领导层中大量的工人成分，丝毫不足以保证共产国际的路线能够得以成功贯彻，甚至不足以保证中共中央对共产国际保持谦恭和忠诚的态度。在这种情况下，共产国际不能不转而重视能够"为国际路线而斗争"的"莫斯科回国的新干部"了。在得知"李立三和现在中央同志对于莫斯科，对于共产国际领导，对共产国际那种'毒狠'的态度"后，共产国际显然开始把中共中央对莫斯科的态度问题，看成是"最可警心"和"最紧张的问题"了。

---

[1] 参见《中央政治局关于召集中央紧急会议的决议》，1930年12月9日，见《中共中央文件选集》，第6卷，第503—505页。
[2] 江苏省委已通过决议开除了何孟雄省委候补委员一职，但中央尚未有正式决议承认和批准，故仍有此议。
[3] 《关于何孟雄同志问题的决议》，1930年12月16日；《关于取消陈韶玉、秦邦宪、王稼祥、何子述四同志处分问题的决议》，1930年12月16日。
[4] 后因江苏省委改组，王明又接替李维汉（时称罗迈）代理江苏省委书记。
[5] 《中央通告第九十六号》，1930年12月23日，见《中共中央文件选集》，第6卷，第546—552页。

尤其是与留苏学生,如与王明等极为熟悉的米夫等人,更是相信,由莫斯科回国的"知道列宁主义布尔什维克的理论和实际的"那些"很好的同志",才是"挽救党于危机之中的唯一动力"。因此,务必要为他们成为党的领导核心创造条件,断不能"妨碍他们加入领导机关"[1]。很显然,共产国际相信,在周恩来之后奉派回国的瞿秋白是清楚地了解莫斯科的意见的,但是,有周恩来和瞿秋白参加,并主持的中共三中全会不仅丝毫没有触及李立三和中共中央对共产国际及苏联的态度问题,而且"秋白或者立三"不要王明等人"作党的工作",还继续抑制和打击他们,这就无论如何难以理解了。在共产国际领导人看来,三中全会丝毫没有能够解决立三路线的问题,除非直接插手改组整个中共中央领导成分,否则,中共中央一年来所形成的严重错误,就无法得到纠正。[2] 共产国际之所以冒险让在中国上海的米夫亲自出面解决问题,其原因也就在此。

米夫早在10月下旬就因事来到上海。对中共六届三中全会做法的不满,极大地刺激了共产国际领导人。莫斯科因此不惜冒险让在上海的米夫代表共产国际主持改组中共中央政治局,清除立三路线及其调和路线的主要责任人,包括扶植王明等由莫斯科回国的"好同志"进入中央领导岗位,以确保中共中央对共产国际的忠诚。为此,米夫夫妇一到中国,就采取了避开中共中央进行活动的做法。米夫最初是把工作重点放在反对派代表人物王明,上海区委书记何孟雄,全国总工会和海员总工会系统徐锡根、陈郁、王克全、罗章龙等人身上的。他通过远东局的代表分别找了他们进行谈话。谈话的结果使米夫等人发觉,真正能够听话的,其实还是留苏学生和原中共中央领导人,如周恩来等人。

何孟雄在谈话中明确表示,现在的中共已没有任何威信,必须根本推翻,重新选过。举行新的中央全会进行改组,结果只是换汤不换药,因为六大选举的中央委员基本上不了解群众在想什么和做什么。江苏省委所属各区及上海各行业支部的会议,都已通过决议,要求解除周恩来、瞿秋白、李立三等人的领导职务,并把他们开除出党,并应把向忠发、关向

---

[1]《共产国际执委会主席团关于立三路线的讨论》,《布尔塞维克》第4卷第3期,1931年5月。

[2]《国际东方部关于中国党三中全会与立三同志的错误的报告》,《布尔塞维克》第4卷第3期,1931年5月。

应、项英、李维汉、贺昌等人清除出中央委员会。对于共青团书记任弼时,何认为只是一个缺乏实际经验的大学生。对王明等人,何认为"只会写点东西,而且常常写一些连他们自己也不明白的东西"。何建议要找实际工作中的工人积极分子进入中央及中央政治局,以便贯彻执行正确的路线。[1]

与徐锡根、陈郁、王克全等各工会领导人的谈话,也得出了基本相同的看法。他们告诫说,六大中央已经没有希望了,基层党组织几乎一致反对中央,同时也不信任回来的大学生,"对他们存在着强烈的反感情绪"。他们会写,没有任何实践经验,王明在上海工作过,但是他只会进行无原则的斗争。在他们看来,要想改组中央,开中央全会绝对不行,必须要召开紧急会议或代表会议,把那些犯过错误的人排除在会议之外。[2]

显而易见的是,掌握着党的基层组织,特别是工会系统的何孟雄等人,在党内极其强势,不仅看不起王明等毫无实际工作经验的"留苏学生",而且按照米夫等人的看法,他们更具领袖欲,不驯服,更难驾驭。要根本推翻中共六大中央,彻底切断自陈独秀以来中共中央与共产国际之间的人脉联系,按照他们所推荐的名单另立新人,不仅米夫没有这样的权力,就是共产国际也不敢如此尝试。何况,根本推翻原有中央,召集紧急会议,在秘密环境之下,基层推举的代表必多为受何孟雄、罗章龙等人影响的干部,要把留苏学生王明等人引进中央,更不可能。鉴于这种情况,米夫不得不放弃了原来设想大规模改组中央政治局的计划,转而把王明等留苏学生同原来的中共中央政治局嫁接在一起,只作个别人选的变动。

12月底,王明主持的江苏省委和秦邦宪主持的团中央,根据米夫的旨意,分别通过了反对《中央通告第九十六号》的决议。与稍后几天的全总党团的相同决议相比较,可以清楚地看出二者已经根本对立。前者只是吹毛求疵,其目的实际上不过是要宣布中央的继续存在,以及向反中央的"右倾分子"施加压力。[3] 而后者断然主张:"立即停止中央政治局的职

---

[1] 《共产国际执行委员会远东局成员与何孟雄和温裕成的谈话记录》,1930年12月29日,见《共产国际、联共(布)与中国革命档案资料丛书》(9),第565—568页。
[2] 《埃斯勒同徐锡根谈话记录》,1930年12月30日,见《共产国际、联共(布)与中国革命档案资料丛书》(9),第569—572页。
[3] 转见《党史研究》1981年第2期。

权","速即召集紧急会议","坚决的实行引进工人同志及群众组织能干的干部到领导机关参加工作"[1]。

1931年1月7日,扩大的四中全会以突然袭击的方式在上海东方旅社内召开了,不少与会代表直至会议宣布开始前仍不知道会议的性质。尽管会议邀请了何孟雄、罗章龙等一批持不同意见的代表,但由于会议的内容,议程,改组后政治局委员、候补委员及补选的中央委员名单早已内定,特别是远东局和中央政治局有选择地指定了出席会议的代表,从而使得反对派一开始就处于少数地位。远东局代表艾伯特主持了会议,并且以极其强硬的态度压制了罗章龙等人挑起的争论。最后,罗章龙等人甚至不得不以放弃表决权表示抗议,个别人干脆大吵大闹地退出了会场。会议虽然开得极为紧张,却还是达到了米夫等人所希望达到的目的。向忠发、周恩来等人继续得以保留原来的地位,李立三、瞿秋白离开了领导岗位,王明、沈泽民、夏曦等被补选为中央委员,王明并被指定为政治局委员。

应当指出,王明等并没有一下子升到顶峰,他很长一段时间甚至并没能进入政治局常委之中。[2] 但这只不过是个时间问题。因为六届四中全会后,米夫和远东局即迅速把他最信任的几个学生安排到比较重要的领导岗位上去了。王明被指派负责江苏省委,沈泽民被指派代宣传部长,博古被指派去领导团中央宣传部做部长,李竹声被派到组织部任秘书。所以,米夫后来公开宣布说:"陈绍禹",以及"秦邦宪、王稼祥、何子述、沈泽民"等他所信任的这些留苏学生,都是"中国共产主义运动中最出色和最有才华的领导人"[3]。

---

[1]《全总党团关于对中央九六号紧急通告的异议及意见》,1931年1月1日。
[2] 中共四中全会后,1931年1月28日政治局会议工作分工决定:向忠发负责日常工作,并出席共青团会议;周恩来负责军委及苏区工作;张国焘负责党报及工会党团工作;康生负责济难总会和妇委工作;沈泽民负责文化党团和反帝工作;罗登贤负责海总工作。王明的具体工作只是负责领导江苏省委。
[3] 见米夫:《英雄的中国——中国共产党十五年史》,莫斯科外国工人出版社1936年版。

第三章　从"彻底"到"不彻底"

三、失败的战争

党内反对派："中央的领导在政治上组织上早已完全破产"

　　无论对于中国共产党，还是对于中国革命，1931年一开始就明显地充满了危险和灾难。当共产国际东方部负责人米夫和远东局代表玩弄政治手段，拉一派打一派，强行把一个他们自己认为信得过的中央塞给中国共产党，并且不择手段地把他们培养的学生一个个提拔到领导岗位上来之后，中国党的上级领导机关，特别是上海和工会系统党的各种领导机关，就立即被强烈的不满情绪笼罩了。

　　1月8日，即四中全会第二天，何孟雄、林育南、李求实、张金保等18人就立即发出"告同志书"，抗议远东局和中共中央强行召开四中全会和取消紧急会议。[1]

　　随后，全总党团、海总党团、上海外县委员会、上海工联党团等相继做出决议，反对四中全会。政治局内徐锡根、王克全等也公开出来反对四中全会。很快，反对派公开联合起来，罗章龙、徐锡根、王克全等不断召开会议，研究对抗办法并上书共产国际。

　　1月17日，全总在静安寺一所花园洋房召开党团会议，在远东局代表出席并再三解释的情况下，与会代表竟群起抗议，谴责四中全会是米夫与王明玩弄的政治把戏。会议赞同四中全会的只有3票，18票反对。远东局代表不得已退出了会议。在会议通过的决议里，全总党团不仅要求撤销多数执行立三路线调和主义的中共中央领导人，反对"引进同样犯有坚决执行立三路线、调和主义、丝毫无实际工作经验的陈韶玉（注：即陈绍禹）等负政治局领导重责"，而且抗议国际代表"对于多数同志们提出的政治

---

[1] 见《何孟雄文集》，人民出版社1986年版，第241页。

意见,不采用党内正确的思想斗争的方式,而实行一种无原则的谩骂、挑拨、诬蔑同志的宣传和煽动,并且一再强迫同志通过其无理由的决议","要求国际撤换负四中全会主要错误责任的代表,另派真正能够执行国际路线的代表来领导中国革命"[1]。

同日,江苏省委开会,王明根据中共中央政治局的决定,准备宣布新的省委成员名单时,遭到王克全当场阻止。王宣称闸北区委已经分裂了,王凤飞已另立区委,通过决议反对四中全会,要求中央停止工作。他也表示不能承认四中全会选举的中央,反对由四中全会选举的中央委派的省委。他还号召与会的其他领导人与他一起退席,结果有三人跟他离开了会场。而留在会场内的15人,最后投票赞成四中全会的也只有8人,反对的有7人之多。

也在同一天,以林育南、何孟雄为首的包括全总、上总、左联、江苏省委、反帝大同盟党团等十余名重要负责干部、左翼作家,在秘密举行反对四中全会集会的东方旅社和中山旅社分别被捕,之后又牵扯出另外十余人在不同地点被捕。被捕的34人中,除2人因证据不足被开释外,其余均被移送江苏省高等法院第二分院审判,其中24人被判处死刑,随即遭到杀害。这一事件使中共党内反对四中全会的力量受到一次很大的打击。[2]

但是,由于被捕者在这时上海反对四中全会的干部中只是极少数,因此,中共党内反对四中全会的活动并未停止,而且还迅速演变成具有组织分裂性质的行动。王克全公开了反对四中全会的态度,并另组了中共临时江苏省委,还支持下级区委反对省委指派干部的分裂行动。上海闸北、沪东、沪中区委及外县工作委员会,均出现了第二区委。同样,全总党团因掌握在罗章龙等人手中,满洲、顺直、山东、广东省的部分工会党团组织

---

[1]《全总党团对于四中全会扩大会议决议案》,1931年1月17日。
[2] 1931年2月7日,被国民党淞沪警备司令部枪杀于上海市郊龙华的24人是:林育南(全总负责人之一)、龙大道、欧阳立安、阿刚、彭砚耕(以上均为上海总工会负责人)、何孟雄、费达夫、蔡博真、伍仲文(以上均为上海区委负责干部)、李求实、柔石、胡也频、殷夫、冯铿(以上均为左联作家)、王青士(山东省委负责人之一)、恽雨棠(南京市委书记)、李文(恽雨棠妻,机要工作者)、汤士伦、汤士佺(以上为红十四军干部)、罗石冰(青岛市委负责人之一)、刘争、贺治平(以上为华德路小学支部委员)、李云卿(中共党员)、刘贞(身份不详)。被捕者中,李初梨、陈铁如、黄理文、孙玉法、沈佩英等被判监禁。

第三章 从"彻底"到"不彻底"

也公开响应全总党团的呼吁,开始抗拒四中全会选举的中共中央的指挥调遣。

1931年1月21日和25日,中共中央接连两度通告党内,点名斥责罗章龙、王克全等,利用反立三路线与调和主义之名,"作分裂党捣乱党的活动","公开的组织江苏第二省委和各区区委,公开的散布右派纲领的小册子与明目张胆的在全总党团会上决定反对四中全会反对国际代表"。通知警告说:王克全、王凤飞等要再不立刻停止他们第二省委第二区委之分裂党的行动,罗章龙要再不立刻停止他领导全总党团进行小组织的活动,"则他们便要自绝于布尔什维克队伍之外"了。[1]

就在中共中央公开要求所有反对四中全会的党员干部"回头"之际,罗章龙等又公开散发了他们秘密印制的《力争紧急会议反对四中全会报告大纲》的小册子,宣称"中央的领导在政治上组织上早已完全破产",必须"根本上废除他",号召举行紧急会议以挽救党所面临的严重危机。[2]

事已至此,在远东局的支持下,中共中央政治局于1月27日开会通过了开除罗章龙中央委员及党籍的决议,宣布开除罗章龙的中央委员及其党籍。同日,中共中央还同时开除了王克全的政治局委员及中央委员,并对其他有类似分裂行为者施加同样严厉的处罚。[3]

显而易见,中共组织上的分裂未能避免。在中共中央通过开除罗章龙等人的决议后,罗章龙、史文彬、林育南、韩连会、袁乃祥、张金保等就在1931年1月31日成立了"中国共产党非常委员会",以史文彬为总书记,林育南为秘书长,罗章龙为组织部长。尽管他们专门去信莫斯科,要求纠正米夫的错误决定,寄希望于共产国际能够予以理解和支持[4],但结果注定是不可能的。而他们的别树异帜,分庭抗礼,也因失去了莫斯科的经费帮助和其他各种物质基础,而断难延续与发展。

---

[1]《中央通告第二〇四号》,1931年1月21日;《中国共产党中央委员会为肃清李立三主义反对右派罗章龙告全体党员和青年团员书》,1931年1月25日。见《中共中央文件选集》,第7卷,第55—56、60—63页。

[2]《力争紧急会议反对四中全会报告大纲》,1931年1月,见《中共中央文件选集》,第7卷,第69—70页。

[3]《关于开除罗章龙中央委员及党籍的决议案》,1931年1月27日;《关于开除王克全同志中央政治局委员和中央委员、王凤飞同志中央委员等问题决议案》,1931年1月27日。见《中共中央文件选集》,第7卷,第64—68页。

[4]《中国共产党非常委员会致共产国际的信》,1931年3月4日。

但这一分裂行动对中国党,特别是对党在工人中的工作的打击,仍旧是惨重的。各地及各工会中参加分裂的非常委员会活动的党员干部人数相当多,因此不得不杀鸡儆猴,在各地、各党团都先后开除了众多进行分裂活动的骨干党员干部。如河北省就有张金刃、韩连会等一批干部积极参与非常委员会的活动,并组织了河北省紧急会议筹备处。2月6日,新成立的中共河北临时省委通过决议,解散分裂党的筹备处组织,要求河北全党反对张金刃、韩连会等人的分裂活动。18日,鉴于张、韩等宣布立即筹备河北省紧急会议,意图成立第二省委,河北省委不得不做出决议,开除张、韩等人党籍。后分裂的筹备处停止活动,是因为被国民党破获,十余名主要干部被捕所致。[1]

这时候,陈独秀等人也在托洛茨基的支持下,集合起中国党内赞同托洛茨基主张的四个小组织,宣告成立了"中国共产党左派反对派"。在5月初召开的代表会议上,陈独秀、彭述之、郑超麟、王文元等被推举为中央常委,整个托派组织有党员三四百人。他们中绝大多数虽然都被中共开除出党,但多半仍自视为中共党员,只是他们自认是中国共产党内的一个反对派——"左派反对派"。这个组织同样在上海、北平等地中共党、团及工会系统中有着不小的影响与作用。而它同样是被国民党的特务及警察机关消灭的。中国托派党组织刚刚统一不久,就被国民党接连三度破获。1932年10月15日,陈独秀、彭述之等也被捕入狱。

除了组织上的干部损失以外,因为众多基层干部站到了反对派一边,所以极大削弱了中共在各大中城市中的基层工作力量。仅上海一地,据2月底的统计,赤色工会会员数就已经从1930年的大约2000人,骤减到只有513人了。随之而来的思想混乱,工作情绪低落,更使相当一批干部感到苦恼和无出路,于是自首叛变之风平地而起。4月25日,多年负责中共中央保卫及特务工作的政治局委员顾顺章被捕后叛变,迫使中共中央将近一个月的时间无法从事正常工作。6月20日,中共党的总书记向忠发居然也被捕变节,以至中共中央又有将近五个月时间几乎陷于半瘫痪状态,所有在上海活动年限稍长的中央负责干部,最后都不得不全部撤离或转移。

---

[1]《中共河北临时省委关于开除张金刃、韩连会、曹策、叶善之等党籍的决定》,1931年2月18日;并见刘道华编:《民主革命时期中共顺直省委与河北省委纪事》,天津市委党校印行,第95页。

第三章 从"彻底"到"不彻底"

共产国际：必须把60％的党务人才统统派到苏区和红军中去

四中全会后中共中央略有成就的，只有农村根据地和红军的工作。

1930年以前，由于中共中央一直把建立根据地的工作看成是"割据保守"观念，对红军亦因其农民军队性质而不甚重视。它先是根据中共六大精神，想要使红军尽量分散，后又出于夺取一省数省首先胜利的需要，要求红军集中攻坚。因此，中共中央始终未能真正有意识地去建立巩固的根据地。

在三中全会以后，中共中央逐渐根据共产国际关于大力发展红军、巩固地扩展根据地和建立苏维埃政权的指示，加紧了对红军及苏区工作的指导。四中全会后，共产国际在1931年1月即接连数电，督促中共中央务必加紧选派得力干部到各主要苏区去，组成以集体领导的方式进行工作的中央局，同时务必成批输送军事人员及工人到苏区去加强其军队战斗力，并改造其各级领导成分。它还再三要求尽快召集苏维埃代表大会，成立苏维埃中央政府。[1]因此，中共中央于2月以后便不得不陆续选派大批干部，分赴赣西南、赣东北、湘鄂西、鄂东北、鄂豫皖等各个根据地，并按照国际指示，把60％的党务人才统统派遣到中央苏区去。

把党的大批各级干部及城市工人骨干派遣到苏区去，无疑对城市工人运动及地下工作的开展进一步带来了冲击。但共产国际这时显然更寄希望于苏区红军的发展，而把城市工人运动的发展看成是一个相对长久的工作。

从1931年4月份的统计数字可知，这时全国党员总数除苏区外，仅有不足11500人，城市中党员仅4000人左右，其中工人党员不足一半，受共产党领导的有组织的工人，除满洲外，尚不足1000人。[2]而且这个数字还在不断减少。上海赤色工会会员数从2月至4月不足两个月，就进一步减少了200余人，即从513人减少到只有300人左右。这样一来，由于工作的停顿、组织的分裂、干部的减少，以及惧于对"立三路线"及"调和路线"的批判，思想方式更加僵化等种种复杂原因，共产党所领导的城市工人斗争规模迅速萎缩，群众基础越来越小，以至党的工会组织渐

---

[1]《共产国际执委会致共产国际执委会远东局电》，1930年1月15日，等。
[2]《李竹声关于四中全会后全国组织状况的报告》，1931年4月。

渐成为空架子,不得不在远东局的督促和资助下,通过在工厂周围开办茶馆、夜校等消极方式,重新去接近和影响工人群众。

与此相对照的是,国民党这时仅在上海就已建立起120多个大小工会组织。他们通过支持各工厂工人的经济斗争以及反帝斗争,要求八小时工作制、劳动立法等等,动辄就可以发动起数千工人的示威游行。而一向以做群众工作为拿手好戏的共产党人,在城市中渐渐失去了组织大规模群众斗争的各种条件,以致它最后只能通过强迫命令的方式,要求下级党员干部及群众骨干冒险举行各种飞行集会来显示自己的存在了。

1931年,共产党在红军、苏区及其政权建设方面取得的进展,几乎同它在城市工作方面影响力的缩小一样明显。

自1930年12月下旬至1931年9月中旬,红军在江西根据地连续进行大规模的运动战,接连粉碎了国民党军发动的三次"围剿",歼敌数以万计,将赣西南与闽西根据地连成一片,形成了以瑞金为中心,包括四个县区,拥有数十万人口和5万主力红军的相对稳定的中央根据地。[1] 与此同时,闽浙赣、湘赣、湘鄂赣、鄂豫皖及湘西根据地也得到了相应的发展,全国红军已达10万人以上,其所控制的区域已有数万平方公里。

苏区的发展,无疑是以红军的不断巩固和壮大为前提的,而红军的巩固和壮大,也离不开苏区的发展,特别是离不开苏区有效的政权建设和正确的政策实施。没有苏区为依托,红军势将疲于奔命,难于长久支撑;没有苏区的发展扩大,及其有效的政权管理和正确的政策,在战争日益频繁、规模愈来愈大的情况下,红军也绝难应付日渐加剧的物资需求和人员损耗。

仅以江西根据地三次反"围剿"战役为例,第一次红军伤亡约2000人,第二次即增至4000人,第三次更达16000人,总计22000人,其中牺牲约2000人,残废约1000人,并牺牲军长一人、师长二人,中下级干部

---

[1] 通常史书均认为,至红军第三次反"围剿"胜利后,江西中央苏区已扩大至21县,拥有250万人口(见戴向青等:《中央革命根据地史稿》,上海人民出版社1986年版,第354页,等)。但查苏区中央局第三次反"围剿"战争后于10月3日给中共中央的电报可知,此时"除瑞金全县赤化外,石汀雩会四县大部尚是白色"。至于人们通常所称之21县之其他如会昌、寻邬、安远、信丰、宁化、清流、归化等,还全在国民党手中。电报称:对这些地区"须用一长时间去争取他"。结合欧阳钦9月1日报告,似可断定,此时除瑞金外,周围各县多数尚处于拉锯状态,一时还未能成为真正的根据地。

伤亡数目尤甚。

第一次战役时，士兵每天尚有 0.15 元的伙食标准，月发生活费平均不足 1 元，加上医院费用，开支总计可达 25 万元。此役之后，伤病大增，兵员亦急需扩充，而筹款及物资却日渐困难，以至士兵每天的伙食标准降至 0.1 元乃至 0.08 元，生活费完全停发，月耗总计已不足 18 万元。即便如此，情况仍旧十分困难。加上地方政府及赤卫队经费亦须补助，"兵兴之后，宣告免收土地税"，"红色区域无款可筹"，苏区政权及武装月需约 30 万元，全部要靠红军在敌人"围剿"间隙之际，向外扩张或到白区去打土豪才能获得。然而，打土豪毕竟范围有限，数量有限，不足持久；而扩张越多，政权、武装等各种消耗和负担越大。因此，红军及苏区最终还要靠自身条件来解决主要问题。

正是由于这种原因，共产国际过去曾反对红军集中，主张红军应该分散在许多区域，对建立和保持农村根据地不抱任何幻想。因为他们当时"觉得在一个农民区域中，若集聚了那么多不生产的群众，红军，虽然他们再红些，再数倍的红，但他们终是些活的人，需要饮食的"。因此，他们必然"是农民之一个很大的负担"，最终难免要和农民"发生相当的误会"。所以，共产国际领导人当时认为必须将红军分散到各个地方，"经相当的时间再转一个地方，到这个地方住一些时〔候〕，杀一杀土豪劣绅，吃一吃饭，喝一喝鸡汤，再到另外一个地方"，"照样的杀土豪，吃鸡，过了相当时间之后再前进"[1]。

然而，随着斯大林对中国红军的作用逐渐重视，以及人们对中国革命特点的逐渐了解，共产国际在 1930 年以后明显改变了此前的看法，开始确信在中国有必要也有可能通过建立农村根据地和集中红军一步一步向外扩张的方法，来推进革命，直至"以农村暴动包围城市（包括较大的和最大的城市）"，最后"由起义工人和红军去夺取这些城市"[2]。这样一来，在根据地大致建立起来之后，政权建设及经济建设的问题，自然应当得到格外的重视。

---

[1]《布哈林在中共六大上关于政治报告的结论》，1928 年 6 月 29 日。
[2]《共产国际执委会关于立三路线给中共中央的信》，1930 年 10 月。

军事顾问：现阶段革命的中心任务，是创立整片的苏维埃区域

可以肯定，共产国际这时对于根据地的政权建设及经济建设、军事工作等等，都是极为关心的。自 1930 年 10 月共产国际明确提出应当把苏维埃政权立即建立到有红军拱卫的农村根据地去[1]之后，它就一直在不断地催促中共中央尽快召集各地苏区代表会议推举代表，以便尽快召开全国苏维埃代表大会，产生全国苏维埃临时中央政府。1931 年初，它甚至亲自为中国苏维埃起草了《土地法令草案》、《劳动法草案》、《关于经济政策草案》、《关于红军问题决议草案》，以及有关苏维埃组织建设等问题的一系列重要文件。[2]同时，它还专门为中共中央军委派来了军事顾问，以便可以就近指导中国红军应付大规模的战争。不过，共产国际显然并没有从它过去曾经担心过的那个角度考虑问题，在它看来，此时重要的似乎已经不再是什么生存条件问题，而是如何巩固地发展，即如何进攻的问题，特别是如何使之正规化，以达到足以同国民党政权相对抗，足以号召中国劳苦群众的程度。因此，共产国际急于为中国苏维埃起草一系列法令法规，却很少为之考虑应当如何有效地组织生产、保障供给和建立必需的税收财政制度等重要问题。

其实，急于立即建立全国性的苏维埃政权，这在某种程度上反映出共产国际对中国革命形势的乐观估计。在他们看来，红军和根据地的发展，已经可以达到很快地将分散的军事行动和零散的根据地统一集中起来的程度了。只有如此，共产党人才能形成强大的军事力量和政治势力，形成巨大的政治号召力，进而准备同国民党政权和帝国主义"进行决战"。因此，共产国际的军事顾问一到上海，就立即支持中共中央提出以"建立湘鄂赣整片的苏维埃区域"为"现在阶段中革命的中心任务"[3]。

当然，在 1930 年底国民党开始连续发动大规模军事"围剿"之后，共产国际及其在中国的代表们也一度感觉到形势的严重。因而，他们在提出红军"应最高限度的坚决的去执行"击溃敌人实力，以实现建立湘鄂赣

---

[1]《共产国际执委会关于立三路线给中共中央的信》，1930 年 10 月。
[2] 上述文件分别可见于 1931 年 3 月 9 日和 9 月 7 日的《红旗周报》第 1 期和第 15 期，等。
[3] 建立湘鄂赣整片苏区的设想，最早是中共三中全会提出的。但把它作为现阶段"中心任务"，是共产国际军事顾问在起草《中央给中国红军及各级党部训令》时明确下来的。

整片苏区的中心任务的同时，一再叮嘱红军务必采取灵活的战略。如"当着敌人力量尚未集中的时候，我们必须利用优势击溃敌人的主力。当着敌人大举包围，我们必须利用敌人的弱点，击溃敌人的一方。如能诱敌深入，聚而歼灭他，这也是可采用的战略"。"我们要红军主力军打破游击主义的传统，但我们决不是主张放弃游击战术的运用"[1]。"如无胜利的把握时，即不应采取决死的战斗，并且随时要注意到在必要时有退却的可能"。"总之不应执着一端，而固守某一办法成为不可改变的定理"，尤其不应忘记："为着保全红军实力（基本力量），遇必要时可以抛弃旧的与组织新的苏维埃区域"。据此，他们甚至预先就为主力红军放弃现有根据地安排好了退却的方向和地域。[2]这说明，共产国际开始时对形势的估计，还是比较现实的。

中国革命根据地和中国红军能够在华中、华南几省交界的偏远地区存在，有着极其特殊的政治的和地理的背景。这首先是由于中国地域广阔，而经济和政治的发展又极不平衡，多数地区特别是远离中心城市的偏远农村和山区，不仅交通阻隔，而且始终处于自给自足的自然经济的状态之中，利于造成割据的局面。自近代以来，中国长期处于军阀割据的分裂状态，南京国民党政府建立以后，这种情况仍未有根本改变，各种政治军事势力或致力于争夺中央政权，或致力于防卫其交通要道及城市，很难有更多的实力把其统治伸入到其所占地域的偏远角落，这就进一步为共产党人进行武装割据提供了有利的条件。

但是，在闽赣湘鄂几省交界地区建立根据地，仍有诸多不利因素。

首先，根据地虽处于几省偏远地区，但仍属中国心脏地区，对国民党之统治及其国家整个交通大动脉和主要中心城市，均构成严重威胁。因此其中央政府一旦获得机会，势必要大力加以清剿，这自然使根据地和红军不能不经常处于战争之中。

其次，由于敌人志在必得，战争越打越大，红军势必不断扩充，而根据地亦须不断扩大才能满足红军在人员及物资等方面的基本需求；但根据地愈扩大，必然愈接近交通干线及主要中心城市，从而愈益加剧了国民党

---

[1]《中央对苏区指示信》，1931年8月30日。
[2] 分别见由共产国际军事顾问起草的《中央给中国红军及各级党部训令》，1931年2月；《中央给一、三集团军总前委，第二集团军前委，各军前委，各特区军委，各集团军与各军的军长政治委员的公函》，1931年3月2日。

的恐惧，使战争愈发扩大和残酷。如此则必然形成恶性循环，迅速造成总决战的局面，使既无足够物质准备，又无必要回旋余地的红军很快陷于困境之中。

在这种情况下，使红军保持机动灵活的战略战术，并以"保全红军实力"为原则，而不以死守一地为原则，确有重大意义。事实上，过去红军正是在这样一些军事思想的指导下成功地生存和发展起来的。然而，自从共产国际三番五次地主张把建立全国苏维埃政权的问题付诸实施之后，继续着重于从军事角度考虑问题，很快就变得不那么现实了。

所谓建立全国苏维埃政权问题，实际上就是建立苏维埃共和国的问题；而所谓苏区、根据地等等，实际上也就成了苏维埃共和国现有的区域和领土。这样一来，人们显然很难再单纯地从军事角度考虑问题，一切都政治化了。红军的进退胜败，将不再是军事问题或实力消长及存否问题，而将成为整个国家的命运问题。也就是说，全国苏维埃政权问题的提出，不可避免地会使红军和苏区，特别是中央红军和中央苏区，渐渐地失去灵活和流动的可能性，而被一种政治的和地理的抽象概念牢牢地束缚住。

不仅如此，政权和国家概念的提出必然会激起人们进攻和决战的强烈心理，从而再度诱发人们内心深处的激进情绪，以至日渐对形势发展、敌我力量对比，以及阶级关系的状况等等，发生过"左"的估计。

临时中央：任何保守和等待，都是对苏维埃运动的犯罪

1931年6月16日，中共中央责令"江西中央苏区必须在八一以前开成全国苏维埃代表大会，成立中华苏维埃共和国临时中央政府"，同时，明显开始主张改变此前军事上的灵活策略。它明确要求红军必须"日益向外发展，日益扩大他的领域而威胁着中心城市"，必须致力于"击破敌人主力以至完全消灭他们"，"即使红军在某些根据地受了一些挫折，或者敌人以极大部队压迫较小集团的红军，红军也不能远离根据地去躲避"，而必须以坚壁清野和群众游击战争的办法去困扰敌人，抽调出红军主力"来给敌人以不及预料的反攻"[1]。

---

[1]《中央给苏区各级党部及红军的训令》，1931年6月16日，见《中共中央文件选集》，第8卷，第291—308页。

第三章 从"彻底"到"不彻底"

8月30日,当中共中央了解到"中央苏区至今还没有建立巩固的根据地","苏维埃临时中央政府也还没建立",红军"困于长期的内线作战,很困难的向外发展"时,依旧主张"红军在冲破三次'围剿'后,必须向外发展,必须占领一个两个顶大的城市"。它还特别强调说:"愈因敌人进攻的激烈,愈显示出两个政权(苏维埃政权与国民党政权)对抗意义的重大","必须有一群众的苏维埃政府来领导这一推翻帝国主义国民党统治的国内战争与发展土地革命"。而其解决军事危机的办法,却是什么"努力发展苏区内部的阶级斗争","组织群众的团结力量","尽量扩大和加强群众的自卫能力"。在他们看来,只有愈加紧苏区内部阶级斗争,"群众的发动力和团结力才愈能加强",从而"使他们自动的去发展游击战争,阻碍敌人的前进";只要群众都自觉地投身于革命战争,就不愁打不败敌人。[1]

9月中旬,当国民党广东广西军队联合发动讨蒋战争,日本关东军又悍然攻占东北沈阳等地,蒋介石第三次"围剿"被迫中止之际,中共中央竟再度开始高度乐观地谈论起革命的形势来了。他们又一次声称:目前中国千百万劳苦群众的革命怒潮突飞猛进,正在使革命发展的不平衡"逐渐走向平衡","中国政治形势的中心的中心,是反革命与革命的决死的斗争","在这革命与反革命的决死斗争中,不论帝国主义与国民党的任何卑鄙行为与恶辣手段,都挽救不了他们已经注定了的死运"。为此,他们要求红军立即"尽可能的把零碎的分散的苏区打成一片",并"在政治军事顺利的条件,取得一两个中心的或次要的城市"[2]。

基于这样一种形势,中共中央迅速指导苏区中央局于1931年11月7日在中央苏区瑞金召开了全国苏维埃代表大会,正式宣告建立了"中华苏维埃共和国",并同时宣布产生了中华苏维埃共和国临时中央政府。

既然建立了自己的全新的国家和全新的政府,中共中央不可避免地会提出全面进攻,以逐步夺取国民党统治区,根本推翻国民党政权的战略部署。它在1931年12月4日给各苏区分局、各省委及红军各军政治委员专

---

[1]《中央给苏区中央局并红军总前委的指示信》,1931年8月30日,见《中共中央文件选集》,第8卷,第355—375页。
[2]《由于工农红军冲破第三次"围剿"及革命危机逐渐成熟而产生的党的紧急任务》,1931年9月20日,见《中共中央文件选集》,第8卷,第401—415页。

门发布了训令,宣称:目前客观形势"极端顺利",因此争取一省数省的首先胜利必须是"今天行动的总方针"。在此总任务之下,大江以南之中央苏区必须与湘赣边苏区"完成一片","然后与湘鄂赣、赣东北两苏区密切的联系起来,造成包围南浔线以争取江西省首先胜利的形势"。"另一方面,在大江以北应以鄂豫皖苏区为中心,使皖西北与鄂东苏区与鄂豫皖中心区完全打成一片,并与鄂北鄂西密切联系起来,造成包围京汉路南段与威胁长江的整个局面"。总之,它严令各地"必须最坚决的毫不畏惧的对于我们的敌人采取积极进攻的策略",威胁说"任何放弃现有根据地的企图应受到严厉的打击",但任何保守和等待,也"是苏维埃运动前进的罪人"[1]。

1931年6月以后,由于向忠发和共产国际远东局重要成员接连在上海被捕[2],中共中央主要领导成员已纷纷隐蔽起来,中央工作仅由各部联席会议维持。至8月,远东局建议中央主要领导人周恩来、王明等前往中央苏区[3],另组临时中央以便正常进行工作。经王明推荐,年仅24岁,一年以前刚刚回国参加实际工作,连中央委员也不是的博古,竟得以牵头组成临时中央政治局。其成员除卢福坦、陈云、康生资历稍深,卢、陈、康具有中央委员或候补中央委员资格外,博古、李竹声、王云程和随后也进入政治局的张闻天,都是缺少实际工作经验,刚回国不久,不具备中央委员资格的留苏学生。[4]

此番中央权力的交接和新的中央权力机构的组成,严重违背了中共相关的章程规定,也不符合党内约定成俗的做法。尤其是既不让政治局委员

---

[1] 《中央给各苏区分局、各省委及红军各军政治委员的训令》,1931年12月4日;《中央委员会为目前时局告同志书》,1931年12月11日。见《中共中央文件选集》,第8卷,第535—543、544—549页。

[2] 除向忠发外,据报载,6月15日被捕的还有远东局重要成员牛兰夫妇(即一般认为是赤色职工国际太平洋会议办事处负责人,实际为远东局交通系统的负责人),另8月9日还有所谓"第三国际在沪最高机关领袖米雷被捕。"(见《国闻周报》第8卷第32期,1931年8月17日)其人情况不详。

[3] 据周恩来回忆,八月远东局要我们都到中央苏区,王明不愿意,要到国际,后得到批准。另据共产国际执委会政治书记处政治委员会会议记录可知,因顾顺章被捕叛变,中共中央政治局就已经决定让周恩来去中央苏区,1931年5月17日共产国际亦表示批准周去6—12个月时间。因6月向忠发被捕,共产国际再度讨论过周恩来的安全问题,建议周或去中央苏区,留在苏区中央局,或让周到莫斯科来待一段时间。见《共产国际、联共(布)与中国革命档案资料丛书》(10),第312、340页。

[4] 关于临时中央政治局成员,目前所见说法不一。一般认为开始时为博古、卢福坦、陈云、张闻天(时称洛甫)、康生、李竹声、王云程等七人,后增加黄平和刘少奇,达到九人。

卢福坦出来负责，也不让中央委员陈云，或这时负责中央组织部工作的康生出来负责，反而叫毫无经验和资历，刚刚主持了几个月团中央宣传部工作的王明的同学博古来负责，明显存在着"私相授受"的嫌疑，这不可避免地会在日后引起极大的争议。更为重要的是，24岁的博古竟能够使这个中央权力机构正常地运转起来，且长达几年之久。即使后来搬到中央苏区，周恩来等众多元老级中央政治局委员或中央委员，也一样心甘情愿地受其指挥，这就不能不令人称奇了。很显然，它反映出中国党的高度集权体制已经形成了一套特殊的运行机制，任何人只要得到了莫斯科或它的代表批准认可，党的各级干部和组织都会自觉地承认其权威与地位。[1]

当然，与其说是由政治局内年龄最小、资历最浅的博古来统率中央和指挥全党，倒不如说是共产国际，特别是负责远东事务的米夫假博古之名来遥控一切。比如，博古中央在批判立三路线之后不久，就转而又全面鼓吹更为激进的所谓进攻路线，严格说来与博古等留苏学生自己的认识未必有多少关系，因为它们纯粹都是来自莫斯科的指示。

1931年11月20日，博古刚刚开始担任中共最高领导人之际，米夫就给斯大林去信提出："在我们关于中国苏维埃运动问题的以往指示中，我们曾建议中国红军在开始时期不要占领大城市。当时我们是出于这样的考虑：当我们还势单力薄时，与敌人进行规模巨大的战斗是不合适的，过早与它进行决战也是不合适的。"而"现在形势有所不同"了。红军已经击退了国民党的三次围剿，苏区也扩大了，特别是中央苏维埃政府的成立，更要求我们要把苏维埃运动扩大到中心城市去。因此，"中国共产党人不应把过去关于中国红军不宜过早夺取大城市的方针看作是教条"，相反，苏维埃运动的进一步发展已经把夺取中心城市的任务提上了日程，"只要有可能保住它们，至少能保住比较长的时间，那么夺取中心城市就是适宜的"[2]。

米夫的这一建议很快得到了批复。博古得此消息后，马上就在他所主持的第三次只有三人参加的中央常委会上做了一个"关于争取一省数省首先胜利的问题"的报告，用了一个多小时的时间长篇大论地解释必须改变

---

[1] 共产国际执委会政治书记处政治委员会于11月3日的会议通过了批准中共临时中央局组成人员的提议。见《共产国际、联共（布）与中国革命档案资料丛书》(13)，第65页。
[2] 见《共产国际、联共（布）与中国革命档案资料丛书》(13)，第78—81页。

过去不要进攻中心城市的政策,改为新的进攻政策,即积极争取夺取几个中心城市和把根据地连成一片的种种理由。中常会从来就是处理事务性工作的会议,在这种会议上花上一两个小时做理论和形势分析报告,无疑是很罕见的情况。很显然,博古的用心其实更多的是想要借此机会,充分展示一下自己在理论及形势分析上的特长。但是,具体到如何计划及实现夺取中心城市和把根据地连成一片的问题,就不是博古所能置喙的了。以博古中央名义发出的《中央给各苏区分局、各省委及红军各军政治委员的训令》,实际上是由共产国际远东局拟就的。它有针对性地就各地红军如何协同作战,如何将各个苏区打成一片等等,作出了十分具体的规划和指示。

由此不难看出,博古们越是年轻,越是缺少资历和经验,也就越是会亦步亦趋地全力去贯彻共产国际的各种指示,这多半也正是米夫坚持要挑选他们来出任中共中央最高领导人的原因所在。问题是,莫斯科的领导机关过去就犯过很多错误,他们仅仅是因为处在权力的顶峰,轻而易举地就可以找到替罪羊罢了。而他们注定了还会继续出错,因此博古们注定还会成为他们新的错误的又一批替罪羊。

具体到博古等人,既缺乏实际的经验,又缺少对中国社会政治实际的深入了解与体验,从书本到书本的结果,最终其实也只能是同李立三一样,照样会被共产国际和自己制造出来的种种虚幻的景象所蒙蔽。无论是简单套用莫斯科的思路也好,还是简单地重复莫斯科的看法也好,纸上谈兵和形而上学的思想方法,只能把原本极其复杂并且充满矛盾的中国的政治社会现象简单化和片面化。在他们的眼睛里,往往很少会注意那些不利的甚至是相反的证据。他们总是在千方百计地寻找那些他们想要看到的情况,一经发现,就会用各种逻辑分析的办法把它们整合在一起,然后论证出帝国主义和国民党何以又要接近死亡了。

苏维埃政府:与帝国主义国家绝不能有任何调和的余地

这时,最使临时中央政治局感到振奋的因素有二:其一,是世界资本主义的严重经济危机。"1929年美国的债券价格指数约为200—210,1932年已下跌到8—40。同时期商品价格一般下跌了百分之三十至四十"。"世界上主要工业制造业国家的生产,各种制造品都缩减了百分之三十到五十;而1932年的世界贸易值只及三年前的三分之一"[1]。这一空前的经济危机的爆发,看起来不仅从一个侧面验证了共产国际六大所提出的关于资本主义总危机的预言和革命进入"第三时期"的理论,而且似乎到处推进着革命高潮,使"深刻的革命危机"在中国这样的落后国家"迅速成熟"[2]。

其二,是日本帝国主义军队悍然发动了夺取东北三省的九一八事变后,全国各界民众掀起了空前强烈的反日运动。这场以罢工、罢课、抵制日货、进京请愿、组织反日团体和广泛宣传抗日主张为主要斗争形式的反日运动,由于与蒋介石南京政府"暂取逆来顺受态度,以待国联的公理判决"的解决办法相矛盾,因此不断与南京政府发生冲突,甚至出现了捣毁国民党南京市党部和殴伤国民政府外交部长王正廷等重要官员的情况,许多重要城市一时间都陷于混乱[3],就连蒋介石也因此而被迫辞职下台。

在临时中央政治局看来,这种情况毫无疑问证明群众斗争已经"走上了直接反国民党的冲突","统治阶级的崩溃和革命危机的成熟"正在到来。[4]

由于世界资本主义经济危机的全面爆发和苏联第一个五年计划建设事业的顺利进行形成了鲜明对比,社会主义运动以及共产党人面临着大好的宣传时机;而由于日本入侵中国东北三省,群众激昂的民族主义情绪和国民党政府的"不抵抗政策"形成尖锐对立,的确也存在着引导群众走上反国民党的革命道路的某种可能性。然而,共产党人从一开始就注定了不能有效地去把握这种机遇。

早在大革命之前,许多中国共产党人就已经渐渐习惯于按照共产国际那种机械的黑是黑、白是白的阶级分析方法,去看待复杂的国际关系;习

---

[1] 见L.罗宾斯:《1929—1934年的大萧条》,纽约麦克米伦出版社1972年版,转引自米歇尔·博德著,吴艾美等译:《资本主义史(1500—1980)》,东方出版社1986年版,第197页。

[2] 见《共产国际文件汇编》,第3册,第255—256页;并见《博古关于争取一省数省首先胜利的问题的报告》,1931年12月18日。

[3] 见《申报》1931年9月27—30日、12月10日,并见《顾维钧回忆录》,第1卷,第423页。

[4] 《中央关于职工运动决议案》,1931年11月15日;《博古关于争取一省数省首先胜利的问题的报告》,1931年12月18日。

惯于从社会主义苏联与资本主义世界根本对立的角度，把一切资本帝国主义国家统统看成是自己的敌人。

大革命失败之后，特别是斯大林以及共产国际六大公开向各国共产党人提出"保卫苏联"的历史使命之后，中国共产党人更是一度直接把中国革命的胜利同根本摧毁帝国主义统治的世界革命联系起来，确信"中国革命高潮到来，革命在一省与几省首先胜利，将立刻引起一切帝国主义直接的武装进攻"，因此，"苏维埃政府的外交政策，绝不有任何'敦睦邦交'或'亲善邻国'的意义"，甚至绝不能运用苏俄《布列斯特和约》的经验，与某一帝国主义达成暂时的妥协与和平。因为苏维埃政府的存在，将"决定整个帝国主义制度的生死关头"，二者不是你死，就是我活，"绝不能有任何调和的余地"[1]。

即使在这种过分极端的观点被共产国际否定之后，人们也仍旧看不出有太多改变自己的必要。他们依旧鄙视，或者说害怕任何一种形式的妥协与调和。他们虽然也承认反抗斗争，或者进攻时，应该考虑到自己的实力，在力量还不够强大时，可以采取拘捕一些外国资本家和其他侵略者作为人质，迫使其军舰等等退出革命的地域，同帝国主义玩一玩手段。但是，一旦有了极大的群众力量，则绝不应该再采用什么外交手段，就一定要坚决地反抗和进攻了。[2]

事实上，正如共产国际所再三说明的那样，共产党人始终确信："最妨碍苏维埃运动继续扩张到中国最重要部分去的因素，就是国际帝国主义底力量，国际帝国主义结成统一战线来反对中国人民底民族解放运动。愈往下去，外国帝国主义者将愈成为与中国劳动群众革命运动作斗争的基本力量。"而国民党、地主资产阶级等等，都不过是帝国主义进攻中国和镇压革命的一些御用工具。[3] 在这里，帝国主义是毫无区别可言的，它们统统都是中国革命的死敌。因此，对于九一八事变的发生，共产党人依旧会从这样一些观点出发来思考问题。

---

[1]《中共中央对于政治形势的一般估量》，1930年；《中央关于反帝国主义运动的策略与路线》，1930年。

[2]《中央关于反帝国主义运动的策略与路线》，1930年。

[3]《共产国际执委会主席团关于中国共产党任务的决议案》，1931年8月，见《共产国际有关中国革命资料选辑》(2)，第145—165页。

第三章 从"彻底"到"不彻底"

九一八事变发生后的第三天，临时中央政治局就公开发布宣言认为，这一事变的发生，根本原因在于："苏联无产阶级专政日益巩固，社会主义建设得到空前的胜利，五年计划立刻就要完成，这对于帝国主义非常不利，而且含着极大的危险。各帝国主义都拼命计划想消灭苏联，以图挽救他们垂死的命运。""现在日本帝国主义实行占领中国东三省，不过帝国主义进攻苏联计划之更进一步的实现。"同时，"外国帝国主义看着中国国民党军阀已经不能消灭中国革命，看着他在中国的走狗军阀国民党等已经不能随心所欲的替它保护并扩张对华掠夺的利益，因此便直接占领中国领土。满洲事变便是最明显的表现。"[1]

一句话，在临时中央政治局看来，日本侵占东北，第一是为了进攻苏联，第二是为了镇压中国革命。尽管他们并不是没有注意到帝国主义之间仍旧存在着巨大的冲突与矛盾，并不是没有看出"这事变给予中国的地主资产阶级的统治以新的重大的打击"[2]，但他们并不认为有可能或有必要充分利用这里面的种种矛盾。他们依旧坚持最彻底的革命方针，坚信帝国主义都是一丘之貉，利用帝国主义之间的矛盾或企图劝说国际联盟来干预日本的侵略，无异于"与虎谋皮"和"引狼入室"[3]。

同样，他们依旧坚信："中国各派国民党及各派军阀根本都是帝国主义的走狗。"[4] 并据此得出结论："要求投降帝国主义的国民党起来反对帝国主义，无异向国民党引颈就戮"；"只有国民党的拥护者，才会对于国民党有任何幻想"。他们公开号召广大民众起来革命，称："我们的唯一出路，就是扩大和继续罢工，罢课与罢操，组织我们自己的力量，武装我们自己，坚决的起来打倒帝国主义国民党在中国的统治！建立工农兵以及劳苦群众自己的政府——苏维埃政府。"说："只有苏维埃政府能够领导全中

---

[1]《中国共产党为日本帝国主义强暴占领东三省事件宣言》，1931年9月20日，见《中共中央文件选集》，第7卷，第396—400页。

[2]《中央关于日本帝国主义强占满洲事变的决议》，1931年9月22日，见《中共中央文件选集》，第7卷，第416—424页。

[3]《中国共产党为日本帝国主义强占东三省第二次宣言》，1931年9月30日，见《中共中央文件选集》，第7卷，第425—430页。

[4]《中国共产党为日本帝国主义强暴占领东三省事件宣言》，1931年9月20日，见《中共中央文件选集》，第7卷，第396—400页。

国的革命民众,对帝国主义宣战,而取得中国民族的自由与独立!"[1]

《大公报》:今日"左倾右倾,皆成废话,资本劳工,同受牺牲"

九一八事变,其实是日本帝国主义政策发展的必然结果,特别是其军国主义者长期以来必欲独霸中国满蒙的侵略野心膨胀的必然结果。尽管对于这种以武力夺取满蒙的方式,日本此时政界及军界内部还有不同意见,事变的发生就日本自身而言,具有极为复杂的政治的和社会的背景。[2] 但在张学良易帜,国民党的势力和影响逐渐深入东北的情况下,坚持把满蒙看成是日本生命线,大肆渲染满蒙的重要性,不惜为控制满蒙动用武力的受到军国主义影响的众多日本军人,发动这一事变至多只是一个时间早晚的问题。

在这里可以肯定的一点是,狂热的日本军国主义者和殖民主义者,并不是以国际帝国主义以及中国地主资产阶级国民党之间"共同的阶级利益"为出发点的,因此,它并不是像临时中共中央政治局所反复告诫人们的那样,是以进攻苏联和进攻中国革命为根本目的的。恰恰相反,发动这一事变的日本少壮派军人,纯粹是以阻碍国民党统一中国,防止英、美势力进入满蒙地区,意图牢牢控制和占有中国大陆满蒙地区为目的的。换言之,日本军人的这一行动,不仅很难得到各国列强的认可,而且必然会与力图保持各国在华势力均衡的《九国公约》的其他主要签约国,特别是会和正在致力于统一中国的国民党政权,发生严重的利害冲突。

蒋介石及其南京政府显然是不甘心做帝国主义的"御用工具",或充当日本帝国主义的傀儡的。从蒋介石九一八事变后手书"期于十年之内,湔雪今日无穷之耻辱"[3] 看,他并非不打算抗日。问题在于,他始终确

---

[1] 见《中国共产党为日本帝国主义强占东三省第二次宣言》,1931年9月30日;《中国共产党为反抗帝国主义、国民党一致压迫与屠杀中国革命民众宣言》,1931年10月12日。见《中共中央文件选集》,第7卷,第425—430、431—434页。
[2] 有关日本统治集团上层人物之间关于以武力夺取满蒙问题的分歧,及九一八事变前后日本关东军少壮派军官密谋发动事变和日本上层对策变化情况,参见《日本军国主义侵华史料长编》(上),四川人民出版社1987年版;重光葵:《日本侵华内幕》,解放军出版社1987年版。
[3] 见《先总统蒋公思想言论总集》,第37卷,(台北)中国国民党中央党史委员会1984年版。

第三章　从"彻底"到"不彻底"

信"未有国不统一而能取胜于外者"[1]。他也一直在讲："救国之道，在和平统一；御侮之要，在守法奋斗"，只有全国上下"共同一致，努力于和平统一守法自强二语"，才能实现"救国御侮之目的"[2]。而这个时候，蒋介石也好，南京中央政府也好，其实还处在四面楚歌之中，不仅危机四伏，而且是内外交困，举步维艰。仅以九一八事变前夕来看，一方面是共产党在其权力范围的中心区域闽、浙、赣、湘、皖、鄂、豫几省交界处进行武装割据，并不断扩张，以至威胁到各省中心城市及交通要道；一方面是因蒋介石与胡汉民的矛盾而引发的宁粤之争已白热化，广东方面已另立国民政府，并有举兵北伐之意，双方剑拔弩张，大有再起武装冲突之虞。同时，长江流域暴发百年一遇的大洪水，千万灾民流离失所，政府财政拮据，疲于应付，社会压力极大。东北地区又接连发生万宝山事件和中村事件，日本态度强硬，威逼恫吓，无所不用其极，稍有不慎，就可能激成严重事变，便利日本大举用兵，进一步扩张其势力范围。因此，蒋介石早就在强调安内攘外之必要性与重要性。[3]

当然，相对于各种威胁来说，在蒋介石看来，对南京政府最具威胁的心腹之患，还是背后有强敌苏联支持的，正在不断扩张，直接包围并威胁着南京地区的共产党。因此，蒋介石这时不可避免地会把共产党人看成是不共戴天的仇敌。

但国共两党毕竟同是中国人，理当同样有抗日的要求和愿望，这在国人眼里自然就构成了某种相互妥协与合作的基础。如果说在九一八事变之前，并不存在国共两党相互接近的任何一种现实条件，那么九一八事变之后，情况就变得不同了。然而，相互的敌视和必欲置对方于死地的敌对心理，使双方几乎毫无例外地把对方看成是自己走向抗日的最大障碍。蒋介石的国策是"攘外必先安内，统一方能御侮"[4]；中共中央的方针是"只有推翻地主资产阶级的国民党政府，才能真正地进行革命的民族战

---

[1] 见《蒋总统集》，第1卷，（台北）"国防研究院"1963年版，第577页。
[2] 见《先总统蒋公思想言论总集》，第37卷，第33页。
[3] 同上，第30卷，第152页。
[4] 同上，第30卷，第482页。

争"[1]。特别是距九一八事变不足两个月，中共就在11月7日正式宣告建立中华苏维埃共和国和临时中央政府，这就进一步使两党之间的斗争走到了两个政权、两个国家和两种命运的决战阶段，抗日的问题更明显让位于两党之间的政治搏杀了。

通过阶级斗争达到民族解放的目的，以及利用民族斗争达到阶级胜利的目的，或许都不失为一种政治斗争的有效方法。问题在于，这时的共产党人其实是处于绝对劣势。在这种情况下，通过某些灵活的策略手段，并且适当地为自己规定一些阶段性目标，就具有格外重要的意义。九一八事变的发生，特别是蒋介石南京政府采取"不抵抗政策"，继续坚持通过内战的方法来实现国家统一的做法，显然为共产党人改变自身的地位，扩大自己的正面影响，削弱蒋介石的统治，提供了一个绝好的机会。

据1932年2月中共上海党组织统计，此前上海有党员700余人；至4月统计，已达1200人左右；至10月统计，竟增加到2726人。可见这一阶段，革命的影响在急剧地扩大。与此同时，自1927年以来，一向把共产党视为洪水猛兽的各界民众和社会舆论，明显渐渐地开始改变对中共的恐惧和厌恶的看法。对于他们来说，"四万万中国民族，已到生死主奴之最后关头"，因此"所有阶级利害，党派感情，思想派别，个人爱憎，事实上完全一扫。盖整个民族将被摧毁，受蹂躏，左倾右倾，皆成废话，资本劳工，同受牺牲"[2]。多数舆论这时都主张："皮之不存，毛将焉附？""今日无论何党何派，新旧左右，皆当集中目标，齐赴国难。"一些舆论甚至还直接向国共两党发出了呼吁，认为"共产党亦要国家，需舞台，此时应停止破坏工作，一致对日！"[3] 国民党亦当立即"取消一党专政"，"化除杜绝合作之党治"，容许共产党等各种党派合法存在，"以厚集国力"，共同对敌。[4]

面对日本帝国主义肆无忌惮的武装侵略，多数国人开始也在相当程度上寄希望于"国际公理之判断"[5]。但事实很快证明，这种希望是不可能

---

[1]《中央关于日本帝国主义强占满洲事变的决议》，1931年9月22日，见《中共中央文件选集》，第7卷，第422页。
[2]《全国同胞只有一条路》，《大公报》1932年2月2日。
[3]《覆巢下之各党派》，《大公报》1932年2月20日。
[4] 见《申报》，1931年12月20日，1932年4月6日。
[5] 转见李云汉：《"九一八"事变史料》，第322页。

实现的。直接受到日本侵略中国东北威胁的苏联，明显地奉行严格的不干涉政策以图自我保护[1]；对日本在远东地区大肆扩张其势力范围深感不安的美国，最多也只能采取"不承认主义"，而不愿过分刺激日本[2]；以英、法为主的国际联盟，虽两次决议限期日本撤兵，但不想采取任何实际措施对日本施加压力，其随后所派之李顿调查团，干脆提出"国际共管"使东北"自治"的办法来解决矛盾[3]，其结果只能使日本更加无所顾忌。这种情况越发促使多数国人转而把根本遏制日本侵略的希望，放在中国自己身上。"停止内战，一致对外"的口号，由此迅速成为整个社会的一致呼声。

1932年5月25日，全国商会联合会、上海市商会、银行公会、钱业公会等公开呼吁成立"中国废止内战大同盟"，明确认为："外侮纷来，源于内乱，内乱糜已，由于内战"，故"集合全国人民为废止内战运动"，要求国内各派"停止内战，一致对外"[4]。许多重要报刊和著名人士甚至开始公开批评南京政府的剿共政策，称共产党是"有严密之组织，有共信之主义，有实行之政纲，而又有国际背景"的政党，"不能目为匪"，更不是"剿所可灭"的。[5]在他们看来，"中国五千年不闻共产党，而亡国数度，是足知剿共纵奏凯歌，亦未必免于亡"[6]。丁文江还公开要求南京政府"正式承认共产党不是匪，是政敌"，停止剿共战争。[7]胡适甚至也公开断言："共产党是贪污苛暴的政府造成的，是日日年年苛捐重税而不行一丝一毫善政的政府造成的，是内乱造成的，是政府军队'赍寇兵，资盗粮'造成的"，因此是消灭不了的，应该"停止一切武力剿匪的计划和行动，用全力整顿江浙皖鄂赣五省的政治"，彻底裁遣其不良军队，惩治一切贪官污吏。[8]

---

[1] 转见林三郎：《关东军和苏联远东军》，吉林人民出版社1979年版，第26页；《国闻周报》第9卷第37期。
[2] 参见王桂厚：《三十年代美国的"中立"政策》，解放军出版社1987年版，第13—25页。
[3] 见《中国近代对外关系史资料选辑》，第一分册（下），第220—227页。
[4] 见《申报》1932年5月25日。
[5] 《申报》1932年4月12日，季廉：《宪政能救中国吗？》；《国闻周报》第9卷第18期，1932年5月9日。
[6] 《剿匪要义》，《大公报》1932年6月19日。
[7] 见丁文江：《所谓剿匪问题》，《独立评论》第6期，1932年5月26日。
[8] 同上。

在这种情况下,各界民众渐渐意识到,只有"对内有所不为,而后对外可以有所为"[1]。因为"对外是中国人与日本人的生存竞争,对内是中国人与中国人的主义竞争","与其被外族征服,毋宁在同族中表示让步"[2]。因此,他们主张南京政府应允许中间人士"躬赴江西,径访共党首领,问其能否废战,及如何方能废战,彼共党亦同胞,且多知识分子,对于此代表多数民意之使者,势不能无条件拒绝","倘能发见一致之点,则和平之途径启矣"[3],国民党亦可"公开的大胆的与共党负责领袖,谋有条件的政治妥协"[4]。总之,他们相信:"民族的独立与生存,既为今日惟一之需要,凡足以达此目的之方法,无不可用。"[5]

临时中央:要救中国、要抗日,必须要先推翻国民党

面对全国各界的强烈要求,蒋介石南京政府却绝不相信与受到苏联支持的共产党有任何妥协调和的可能。不仅如此,蒋介石还公开扬言:"抗日必先剿匪","在匪未清前,绝对不言抗日"[6]。这种情况逐渐促使一批国民党人开始与蒋离心离德,原本就与蒋隔阂甚深的冯玉祥等甚至秘密与中共联络,一些不满蒋介石所作所为的国民党高级将领也开始密谋发动以联共抗日反蒋为目的的兵变,这些都使苦于应付国民党强大军事压力的共产党人面临着某种转机。

但是,共产国际和临时中央政治局对此并不感兴趣。共产国际明确指示中共中央:"共产党人在任何情况下都不同蒋介石进行谈判。"[7] 他们并且既不准备利用各种反蒋势力来达到自己的目的,也不屑于接受中间阶层的"停止内战"的口号,来打击蒋介石南京政府,争取和团结广大民

---

[1] 见《申报》1933年4月30日。
[2] 《"清共以前绝不言抗日"》,天津《益世报》1933年4月12日。
[3] 《如何结束共乱?》,《大公报》1933年4月3日;《再论废战运动》,《大公报》1932年7月22日。
[4] 《"清共以前绝不言抗日"》,天津《益世报》1933年4月12日。
[5] 《如何结束共乱?》,《大公报》1933年4月3日;《再论废战运动》,《大公报》1932年7月22日。
[6] 见天津《益世报》1933年4月12日。
[7] 《共产国际执行委员会政治书记处政治委员会会议第185号记录》,1931年10月3日,见《共产国际、联共(布)与中国革命档案资料丛书》(13),第41页。

众。他们依旧坚持认为:"一切国民党的派别,都是投降帝国主义,出卖民族利益,压迫与屠杀民众的能手。"[1]而所有中间阶层以及在野派别,都是革命"最危险的敌人","应该以主要的力量来打击这些妥协的反革命派"[2]。

不难看出,受共产国际在欧洲反对社会民主党斗争的影响,在共产党人的头脑中久已形成了这样一种观念,即任何中间派、妥协派,或改良、右倾的倾向,都比公开的反革命还要可恶和危险,因为它们很容易欺骗群众。既如此,他们不仅不敢有任何附和及联合中间派的主张,而且唯恐避之不及,为表现自己在政治上与共产国际保持一致,不能不极力打击所有中间、妥协、改良和右倾的派别及其主张,来证明自己的革命性。临时中央政治局这个时候之所以特别强调彻底的不妥协的"进攻的路线",其实也正是基于这样一种考虑。

对于临时中央政治局九一八事变以后所采取的策略,共产国际显而易见是支持的。从其1931年底给中国共产党的有关指示可以看出,这时的共产国际同样对形势作出了脱离实际的判断,并向中国共产党人提出了同样不切实际的斗争目标。它明确主张,应当以"武装民众进行民族的革命战争,反对日本帝国主义,反对一切帝国主义,争取中国民族的解放与独立,统一中国"为"中心口号",并以此为号召"推翻出卖民族污辱民族的国民党政府",因为"民众革命推翻国民党是反帝国主义民族革命战争胜利的先决条件"。同时应当告诉群众:"只有苏维埃中国与中国红军才能够保证民族独立与解放及统一中国。"[3]

在日本帝国主义侵占了东北三省,并开始向热河推进之际,告诉人民必须首先推翻南京政府,开展国内革命战争,由正在某些偏僻乡村割据的苏维埃政府来统一中国和实行民族革命战争,其结果不难想象。然而,共产国际认真地以为,群众一定会在两种政权之间作出选择,并会在苏维埃的号召下投身到反国民党的战争中来:因为中国的工农群众一定会同俄国

---

[1]《中国共产党对于时局的主张》,1932年1月1日,见《中共中央文件选集》,第8卷,第1—14页。
[2]《中央关于争取革命在一省与数省首先胜利的决议》,1932年1月9日,见《中共中央文件选集》,第8卷,第34—47页。
[3]《共产国际政治秘书处关于反帝问题给中共中央的信》,1931年12月。

革命中的工人兵士一样,认识到民族革命的胜利只有在首先取得了阶级革命的胜利之后才能取得。正是由于过多地习惯于进行这种类比,以至于当1932年1月28日上海事变发生时,临时中央竟头脑发热地以为,十月革命的情景开始在中国出现了,从而把外国入侵当成共产党人推翻国民党政权,实现自己革命目标的大好时机。

由于东北被占,民情激昂,影响到部分有日侨的城市中民众反日情绪高涨。1932年1月中旬以来,上海就接连发生中日民众之间的街头冲突,双方均有死伤,上海日侨强烈要求日本政府出面干涉。日本总领事即于21日向上海市长提出道歉、惩凶、赔偿和解散上海抗日团体的四项要求。次日,日本驻上海第一遣外舰队司令也发表威吓性声明,并下令军舰驶入黄浦江。鉴于双方民众间冲突不止,上海市政府并无干涉之意,日本总领事遂发出最后通牒,强硬表示24小时不见满意答复,即采取自由行动。次日晚,日军海军陆战队开始与中国闸北守军交火,战斗打响。[1] 驻守上海的十九路军及奉命增援的中央军第五军奋起抵抗,并得到了上海市民的热烈支持。该两军约五师兵力以伤亡14000余人的代价,顽强抵抗了一个多月的时间,毙伤日军3000余人。

以当时中国军队装备之落后,准备之不足,加上南京军政当局的犹疑态度,能取得如此战绩已实属不易。可是,这种情况并没有得到中共临时中央的同情。原因很简单,他们无论如何不会相信,国民党和那些地主资产阶级出身的反动军官会抗日。上海淞沪抗战刚一打响,中共中央和中华苏维埃政府就公开发表宣言声明:"国民党各派军阀及中国资产阶级都是日本帝国主义走狗",他们只会"以血的屠杀镇压反日运动来献媚日本帝国主义,以'不抵抗''退让'来将千百万劳苦群众供日军屠杀污辱,以缴械枪杀来抵抗(打击)英勇抵抗日本帝国主义进攻的士兵群众"。他们的"抗日"充其量不过是在"玩弄各种各样的把戏来愚弄劳苦群众"[2]罢了。

---

[1] 见复旦大学历史系日本史组编译:《日本帝国主义对外侵略史料选编》,上海人民出版社1975年版,第49—64页;中央档案馆、第二历史档案馆和吉林省社会科学院编:《日本帝国主义侵华档案资料选编·九一八事变》。中华书局1991年版,第538—596页。

[2] 《中国共产党中央为上海事变第二次宣言》,1932年1月31日;《中华苏维埃临时政府为上海事变宣言》,1932年1月31日。见《中共中央文件选集》,第8卷,第96—99页。

第三章 从"彻底"到"不彻底"

值得注意的是,共产国际对"一·二八"事变的反应同样十分激进,但至少并没有下令组织瓦解国民党抗日军队的行动。他们在刚一得到事变的消息后就致电上海的临时中央政治局,对中共应该怎样参与抗日斗争提出了具体的建议。他们的主要建议是在共产党领导下,以工人为核心组成工人学生队伍,吸收不顾不抵抗命令而同日本人进行作战的士兵,同时充分揭露国民党分子、中国政府和所有帝国主义者。最好能组织上海工人总罢工,但"会给反击入侵者造成困难的那些生产部门要除外"[1]。

在进一步的指示电中,共产国际表现出了同样不相信国民党及其将领会抗日的心态,要求中共利用士兵群众不再服从投降的军官的形势,用一切力量打入军队,去争取士兵群众,努力在已有军事力量的地方,首先在上海的闸北、吴淞和南京创立革命军事委员会,以作为领导革命斗争的政权机关。在可能的地方,应该逮捕国民党军队的投降的高级军官及卖国贼,用一切力量来武装工人和组织义勇军,在战区中并应发展游击战争和武装农民。[2]

在这方面,临时中央政治局的反应明显比莫斯科还要兴奋和激进。事变一爆发,它就极力号召劳苦群众立起革命战争,要求革命民众要"把子弹向着帝国主义国民党开放";号召士兵"杀掉你们的长官";号召近郊农民"武装起来",夺取土地,"进行游击战争"[3]。他们公开宣称:"要救中国,要救上海,没有别的办法,只有劳苦群众在无产阶级领导之下,推翻国民党统治,建立民众自己的政权。"[4]

在淞沪抗战全面开战,国民党军队官兵奋勇抵抗、流血牺牲之际,中共临时中央依旧如此号召,即使在当时的条件下,在中共党内也颇难得到贯彻实行。上海部分地方干部就对此表示消极,他们明确认为:在十九路军作革命战争时,各区不应发动斗争,否则将成为捣乱后方。接到共产国

---

[1]《共产国际执行委员会政治书记处政治委员会给中共中央的电报》,1932年1月31日,见《共产国际、联共(布)与中国革命档案资料丛书》(13),第108页。
[2]《共产国际执行委员会政治书记处给中共中央的电报》,1932年2月上旬,见《共产国际、联共(布)与中国革命档案资料丛书》(13),第113—114页。
[3]《中央关于上海事件的斗争纲领》,1932年2月2日,见《中共中央文件选集》,第8卷,第100—102页。
[4]《中国共产党中央为上海事变第二次宣言》,1932年1月31日;《中华苏维埃临时政府为上海事变宣言》,1932年1月31日。见《中共中央文件选集》,第8卷,第96—99页。

际电报指示后，注意到共产国际没有提出建立苏维埃的方针，临时中央领导人一时也有些动摇疑惑。电询的结果，共产国际明确表示这只是一种策略手法，"全国革命委员会的任务是推翻南京政府"，只是"为了吸引更广泛的群众，暂时不要宣布它是中央苏维埃政府的一部分"而已[1]。于是，临时中央政治局便不顾一切，打算放手一搏。

临时中央显然是把上海事变看成是类似俄国十月革命一样的重要历史机遇。当年俄国就处在对德战争中，正是利用对外战争的乱局，布尔什维克乘机主导革命成功。因此，临时中央领导人面对这样千载一时之机，也备感兴奋，极力推动士兵工作，并很快组织起"革命军事委员会"，也计划要组织工人夺取在上海中国管界内业已关闭的日本企业，计划要尽快促成武装暴动，成立苏维埃政权。[2]可是，到头来一无所成。据事后统计，上海事变期间，中共共组织义勇军约700人，有长短枪不足100支，送入十九路军约100人，但多仅从事于运输工作，党员及宣传很少能接近前线和士兵。"革命军事委员会"也不过徒有虚名；提出义勇军去闸北和南市抢夺武器，开展游击战争，纯粹是纸上谈兵。

十分明显，即使身处淞沪抗战前线，临时中央领导人首先想到的，也还是阶级斗争，是如何推翻国民党的统治。他们的阶级斗争思维模式使他们认定天下乌鸦一般黑，反动阶级中没好人，认为十九路军将领的抵抗，不过是为了欺骗士兵和民众。他们甚至断言，十九路军将领蒋光鼐、蔡廷锴等人根本上是沽名钓誉，是图利谋财，是想"造成马占山[3]那样的'民族英雄'的美名，来侵吞民众的捐款，来向帝国主义投降出卖"。硬说十九路军将领"丝毫不想把帝国主义的海陆空军，至少是日本的海陆空军驱逐出境，他们丝毫不想乘胜追击日本的军队到租界上，根本消灭日军在陆地上的根据〔地〕"。说这些将领"有意把士兵放在日本军队猛烈的炮火

---

[1]《共产国际执行委员会政治书记处给黄平的电报》，1932年2月20日，见《共产国际、联共（布）与中国革命档案资料丛书》(13)，第121页。

[2] 转见《共产国际执行委员会政治书记处政治委员会给黄平的电报》，1932年2月27日，见《共产国际、联共（布）与中国革命档案资料丛书》(13)，第123页。

[3] 马占山，原东北军第三旅旅长，九一八事变后被任命为黑龙江省代主席兼黑龙江省军队总指挥，最先率军于嫩江桥抵抗日军，受到全国各界的欢呼。

之下，不给士兵以有力的援助，好让士兵失败之后自动退却"[1]。

3月2日，因日军从太仓浏河登陆，十九路军腹背受敌，不得不全面后撤。临时中央见此情况，更认定自己的判断正确，公开宣称这是国民党和日本人表演的双簧。尽管共产国际2月29日有电报提醒中共临时中央目前不要"提出反对蔡廷锴与这些'抗日军官'的个人的口号"[2]，临时中央领导人基于新的形势判断，还是借苏维埃中央政府的名义，发出了公开斥责十九路军将领的宣言。称："国民党及十九路军的长官是帝国主义的清道夫"，"国民党任何时候、任何地方、任何派别、任何军阀，都是帝国主义的奴隶，南京政府、广东政府、马占山、蔡廷锴，都是一样的东西"。正是这些反动将领"想尽一切办法，要十九路军的兵士撤退"，"去攻苏区，压迫民众的反帝运动"，同时"要日本军事用到满洲去进攻苏联"。尽管临时中央这时根本没有条件去做士兵工作，他们却仍旧坚持要党员去四处散发传单，呼吁士兵们"反抗国民党军阀的撤兵命令，枪毙反动的长官，持枪到闸北、吴淞、南市去，与民众一起继续与帝国主义决战到底"[3]。

由于日本方面此时尚无全面发动对华战争的计划和准备，在十九路军被迫后撤后，上海的战争很快就停止了。这样，共产国际和临时中央政治局所希望发生的种种革命性突变，自然也失去了凭借。然而，依照他们的逻辑判断，他们自然会相信，这些反动派之间的停战，一定是想集中力量去进攻革命。比如，日本会因此加紧"反苏战争"的步骤，会同列强"占领上海，及广州、汕头、汉口"，以便"包围及封锁中国苏维埃"。欧美各国共产党还为此专门发表声明，呼吁各国工人劳动者共同保卫中国革命和苏联。[4]

---

[1]《请看!!! 反日战争如何能够胜利?》，1932年2月26日，见《中共中央文件选集》，第8卷，第142—145页。
[2]《共产国际对于上海事变的指示》，1932年2月29日，见《中共中央文件选集》，第8卷，第609页。
[3]《中华苏维埃共和国临时政府告上海民众书》，1932年3月5日。
[4]《德法英美捷波六国共产党中央委员会为保卫中国革命及苏联告工人劳动群众书》，《红旗周刊》第34期，1932年4月1日。

"中间地带"的革命

蒋介石：必须统一长江流域作为民族复兴的根据地

还在淞沪抗战期间，共产国际就批准了王明的下述方针，即：

我们应该利用一切机会来开展对国民党的进攻，以便扩大我们的红军及其根据地，同时向中国人民表明，在中国有真正同帝国主义斗争到底的苏维埃政府、苏维埃共和国。如果战争在我们的领导下，在我们红军周围爆发，那么我们真的能够战胜国民党，战胜帝国主义。因此，我们决不能认为，我们的苏维埃运动和红军目前应该停止进攻，国民党将停止反对我们的运动。……我们必须尽一切力量把土地革命与反帝斗争联系起来，把上海的民族斗争与江西、湖南和湖北等地的苏维埃运动联系起来。如果我们能把中国革命的两股洪流——反帝革命和土地革命结合起来，到那时我们就能战胜帝国主义了。[1]

显而易见的是，淞沪抗战的爆发，尽管并不在蒋介石的计划之内，但是他不得不从剿共前线调回中央军主力以策应不时之需。而这也意味着，红军因此获得了重要的发展机遇。江西中央苏区在1931年11月苏维埃共和国宣告成立之时，总共不过控制着瑞金、石城、长汀、雩都、会昌五个县的范围，"除瑞金全县赤化外，石汀雩会四县大部尚是白色"[2]。而到1932年4月之际，江西中央苏区的面积已经跨有18个县，完全占有了7个全县及县城。仅江西苏区的面积已达约7万平方公里，控制人口约240万左右。加上闽西苏区近10县，总共已有面积近10万平方公里，控制人口300余万。[3] 鄂豫皖苏区、湘鄂西苏区和闽浙赣苏区，也都有了很大发展。

当然，红军和苏区的发展仍然不能让共产国际感到满意。它在这一年3月初的指示中就曾非常明确地要求，红军必须要注意夺取诸如南昌之类的大城市，以便(1)使革命进到更高阶段，(2)使敌人失去进攻苏区的

---

[1] 《王明在共产国际执行委员会政治书记处会议上的讲话》，见《共产国际、联共（布）与中国革命档案资料丛书》(13)，第130—131页。
[2] 《苏区中央局致中央电》，1931年10月3日（实际拍发于10月18—24日）。
[3] 见《江西苏区省委工作总结报告》，1932年5月，内称已占有瑞金、兴国、雩都、寻邬、会昌、石城、宁都、广昌等县和县城，并部分占领了赣县、吉安、泰和、吉水、永丰、乐安、安远、南丰、宜黄等县。

基础,(3)使城市与农村经济流通。而临时中央政治局也开始大批特批所谓"对于国民党统治过分的估计,与对于革命的力量估计不足的右倾机会主义",宣称那些"以为中国工人运动落后于农民运动的观点是机会主义、托洛茨基主义",断言中国革命实际已不存在革命发展不平衡,之所以存在着"有些区域已经有了苏维埃与红军,而有些区域还没有"的不平衡现象,纯粹"是由于我们党的主观力量薄弱与机会主义的错误"。因此,他们断言:"目前中国革命危机中革命与反革命在决死斗争的过程中的中心特点",就是"必须绝对不调和的同一切这些机会主义的倾向做斗争",同时"拿革命的进攻,去回答帝国主义与国民党以及一切反革命派别对于革命的进攻"[1]。

1932年4月15日,中华苏维埃共和国临时中央政府公开对日宣战,但其真正目的是要以此号召群众,"积极进行革命战争,夺取中心城市,来摧毁国民党的统治"[2]。临时中央政治局明确认为:"现在全国力量的对比,是已经与三次战争时不同了的,是更有利于红军的发展,有利于革命的。目前应该采取积极的进攻策略,消灭敌人的武力,扩大苏区,夺取一二中心城市,来发展革命的一省数省的胜利"[3]。这种指示到了苏区中央局,也就进一步变成了"坚决进行胜利的进攻,争取苏区的扩大,争取闽赣湘鄂苏区打成一片,争取中心城市——赣州、吉安、抚州、南昌与江西及其邻近省区的首先胜利"的具体设想了[4]。

此时的红军曾一度打进过福建重镇漳州,把自己的势力伸到了沿海地区。但是,苏区中央局内部,领导人之间围绕着共产国际和临时中央政治局的进攻路线,却存在着明显的分歧。江西苏区红军的主要领导人,这时也是苏区中央局书记的毛泽东,明显地对进攻大城市的可能性持怀疑态度,他主张应向赣东北扩展苏区,争取在十个月内在福建、江西、浙江和

---

[1] 洛甫:《在争取中国革命在一省与数省的首先胜利中中国共产党内机会主义的动摇》,《红旗周报》第37—38期,1932年4月25日。
[2] 《中华苏维埃共和国临时中央政府宣布对日战争宣言》,1932年4月15日,见《中共中央文件选集》,第8卷,第636—638页。
[3] 《中央给苏区中央局的指示电》,1932年5月20日,见《中共中央文件选集》,第8卷,第220—222页。
[4] 《苏区中央局关于领导与参加反对帝国主义进攻苏联瓜分中国与扩大民族革命战争运动周的决议》,1932年5月11日;《苏区中央局关于争取和完成江西及其邻近省区革命首先胜利的决议》,1932年6月27日。

安徽边界建立起大片的根据地。从苏联回国的留学生王稼祥和共青团书记任弼时,却力主严格按照共产国际和临时中央的指示办事,要夺取大城市。身为中共中央政治局常委的周恩来和红军司令员的朱德,也站在他们一边,"决定同毛泽东的错误进行斗争"[1]。

围绕着究竟是进攻还是防御的争论,一直持续到这一年的秋天。事实上,1932年的9月前后,苏区和红军的发展既不表明红军已有夺取中心城市的能力,也不表明国共双方的力量对比已经开始向有利于共产党的方向转变的事实,就已经表现得非常清楚了。然而,必欲按照共产国际和临时中央进攻路线行事的苏区中央局多数领导人,仍旧取消了毛泽东的军事指挥权。而王明等人甚至还睁着眼睛公开胡吹中国革命的力量如何之大。如说什么"目前我们已拥有26个军,15个独立师及一些其他部队,根据地的面积扩大了许多倍,在军事技术方面,如果不计空军和重炮部队,可以说我军与国民党军队相差无几了"。说什么中共已经在华北保定地区建立了一些稳固的苏区,红四方面军已经粉碎了国民党军的围攻,胜利地推进到陕西省和四川省。中央红军已有15万兵力,占领了许多城市,夺回了洪湖地区的苏区。甚至有宣传声称,中国的苏区已经占据了中国六分之一的土地和五六千万人口。[2]在这种形势估计下,进攻自然是一种必然的选择。临时中央政治局甚至还再度专门讨论过如何夺取汉口的问题。

在九一八事变后,由于国民党宁粤双方重新和解,国民党的力量已变得更加强大。红军和苏区的发展,在很大程度上是同国民党人这时疲于应付日本军队的入侵分不开的。[3] 1932年5月5日上海淞沪停战协定刚一签字,蒋介石便立即调集大军,重新开始策划第四次"围剿"。蒋介石于5月21日亲自就任鄂豫皖剿共总司令,并亲往庐山部署"围剿"计划。就在王明向共产国际领导机关报告红军如何如何强大,敌人如何如何动摇的几乎同一时间,鄂豫皖及湘鄂西苏区均先后被国民党军队攻陷,两部红军在遭到严重损失后,都被迫离开了湘鄂豫皖这一要害地区,分别退往了偏

---

[1] 转见《周恩来、王稼祥、任弼时和朱德给中共中央的电报》,1932年5月3日,见《共产国际、联共(布)与中国革命档案资料丛书》(13),第146页。
[2] 转见《布劳恩关于中央苏区军事形势的书面报告》,1933年3月5日,见《共产国际、联共(布)与中国革命档案资料丛书》(13),第331—332页。
[3] 参见《中华民国重要史料初编》绪编(二),第280—282页。

第三章 从"彻底"到"不彻底"

远的川黔一带。[1]江西中央苏区没有陷落,除了中共在军事指挥上采取了较为灵活的战术外,一个很重要的原因其实是蒋介石刚刚结束了对鄂豫皖、湘鄂西苏区的围剿,准备发动对中共江西中央苏区的第四次围剿作战时,又赶上了日军攻陷热河并试图大举攻入长城。蒋分身乏术,无法两头兼顾,在部队初战受挫后,即不得不调兵北上抗日,致使此次进攻半途而止。

在鄂豫皖及湘鄂西苏区被敌各个击破之后,不要说继续坚持进攻策略和夺取中心城市,就是继续保持中央苏区的存在,在军事上的可能性也很小了。这是因为,无论从蒋介石"攘外必先安内"的所谓国策出发,还是从南京政府巩固自身,统一中国,以及建立"自强的空间"的战略设想出发,国民党都必须要把共产党赶出中国南方心腹之地。还在1932年12月,蒋介石就已经认定:"强国之国防,重边陲,取攻势;弱国之国防,重核心,取守势。"中国必须"以长江以南与平汉线以西为主要线,以洛阳、襄樊、荆宜、常德为最后之线,而以川、黔、陕三省为核心,甘滇为后方"。如今则首先必须统一长江流域,以作为"民族复兴的根据地"。而苏区所在之处,恰是"中心的区域"和"中国的中枢"。故"剿除长江流域之赤匪,整理政治,为余之工作中心,如至不得已时,亦必肃清赣匪,乃得牺牲个人以解决东北"。因此,蒋介石仍旧是以共产党为"最大而且最近的一个敌人",且志在必得。[2]

正是基于这样一种考虑,蒋介石始终坚持先安内而后攘外。即便日军进犯华北,只要有可能求得暂时妥协,他也势必会集全力对中共江西苏区作全力的打击,以期完成其建立所谓"自强的空间"和统一长江流域,进而统一川、黔、滇、陕、甘,以为战略大后方之计划。特别是在第四次围剿之后,不仅中央苏区已失其掎角之鄂豫皖和湘鄂西两大苏区,更加孤立,而且中央苏区本身也已缩小了一半,只剩下了吉水、峡江、兴国、乐安、宁都、石城、云都、会昌、黎川、建宁、宁化、连城及瑞金等县,而

---

[1] 王明在共产国际执行委员会第十二次全会上报告的时间,和两苏区被击破的时间,恰好都是在1932年9月间。
[2] 转见蒋介石:《剿匪的成效如何是国家生死存亡的关键》,1932年6月22日;张其昀:《党史概要》第2册,(台北)"中央"文物供应社1955年版,第676、747、708页;古屋奎二:《蒋总统秘录》第9册,(台北)"中央日报"社1967年版,第21页。

且多被严重分割。在国民党军力更加集中和强大的情况下,蒋介石又开始实施"三分军事,七分政治"的所谓"总体战"策略,这无疑将会对中央苏区构成致命的打击。

罗明:就是列宁来对群众演说三天三夜,也不能转变群众情绪

实际上,一方面是持续不断的战争,一方面是自己不断地加剧自身内部的阶级斗争,这两方面的高度紧张和冲突,就已经注定了这个苏维埃共和国的命运。

苏维埃革命在中国又是土地革命,因此苏区建立之初,就实行"打土豪分田地"[1]。但最初学习俄国革命的结果,是"一切土地归苏维埃政府公有,分配给能耕种的人耕种"[2]。到中共六大,按照苏联专家制定的新的政策,才开始实行"耕地归农"的办法[3],但具体是"赞助平分"。虽然苏联人制定的土地问题决议特别强调了在中农占多数的地方不能强行施行平分政策[4],但对中共基层干部而言,唯有平分的办法最易掌握和实行。因此,多数苏区在中共六大之后均不管当地实际情况如何,一概采用的是"厉行赤色恐怖,毫不顾惜的杀戮地主豪绅及其走狗,用赤色恐怖手段威胁富农",然后"没收一切土地",按人口平均分配的办法[5]。尽管这个时候的江西范围内的苏区(这里指赣西南、湘赣边、闽西几块)多为丘陵和山地,人均耕地面积很少,农户人均有田 6—10 担谷才仅勉强够吃用[6],但因为土地占有不均,苏维埃政府认定 85% 以上的土地掌握在地主阶级手中,因此平分政策对无地少地的贫苦农民无疑是有好处的。也因

---

[1] 但各根据地 1927—1928 年主要还是着眼于打土豪、烧田契、分浮财,土地没收分配的工作较少做。
[2] 《中央通告第三十七号》,1928 年 3 月 10 日,见《中共中央文件选集》,第 4 卷,第 501 页。
[3] 中共六大:《政治议决案》,1928 年 7 月 9 日,见《中共中央文件选集》,第 4 卷,第 300 页。
[4] 中共六大:《土地问题议决案》,1928 年 7 月 9 日,见《中共中央文件选集》,第 4 卷,第 357 页。
[5] 《中共湘赣边界各县党第二次代表大会决议案》,1928 年 10 月 5 日;杨克敏:《关于湘赣边苏区情况的综合报告》,1929 年 2 月 25 日。见《第二次国内革命战争时期土地革命文献选编(一九二七——一九三七)》,中共中央党校出版社 1987 年版,第 78、91 页。
[6] 三四担约合一亩,产谷约 100 斤左右。

第三章 从"彻底"到"不彻底"

为苏区分田分地,穷人能得实惠,当时甚至一度有部分国民党统治区内的贫苦农民往苏区里跑。

但是,中共阶级革命的一个重要特点是"草鞋没样,边打边像"。在苏维埃革命阶段,因为处处要学俄国革命,又要适合中国的情况,在莫斯科负责领导中共的苏共党内又不断地发生路线斗争,政策变来变去,中共中央领导层也因为内部和外部问题换来换去,影响到新政策层出不穷,一年一个样,苏区内部的阶级斗争政策及方法也就必然不断更新。[1] 仅从1929年到1931年苏维埃共和国宣告成立前,江西范围内的苏区分田运动多半就至少搞了两三次之多。1929年是不管成分如何,没收一切土地平均分配;1930年是划阶级定成分,重新分配土地。第二次重分过程中,因为一些地方只注意了形式上的"平",没有"抽肥补瘦"[2],结果夏天搞了一次,秋天又第三次再分。1931年3月新的土地法草案出台,明文规定"地主不分田,富农分坏田"[3],结果又引起新一轮更为激烈的重新分配土地的斗争,大批被定性为地主的农户因此被强迫劳役,或驱逐到国民党统治区,许多被定性为富农的农户因为无法生存也开始外逃。湘赣苏区上犹县一个区因肃反、分地等原因,"就逃跑了三千余群众到白区去"[4]。

在经历了如此频繁的"翻饼"之后,只因为1931年11月苏维埃共和国成立,又颁布了新的土地法令,各苏区于是又开始修改过去的土地分配法,并依据新法令陆续查田分田了。重新分配的理由多半是一样的,即或是"因为过去分配土地不是阶级的分配",或是"受了右倾机会主义及AB团路线的领导",或是"许多地方还受旧的地方亲戚的关系影响,对富农妥协",或是没有充分发动群众的阶级斗争,限制三五天就要把土地分好,敷衍了事,等等。这回"要使土地革命的利益完全落在中农、贫农、雇

---

[1] 像对富农的政策就经历了几度变化,先是在1927年8月以后规定不分地富一并打击,到1928年中共六大以后又规定要中立富农,反对打击富农,到1929年以后根据苏联集体化运动的政策变化,转而又规定必须加紧反对富农,把富农从农民组织,特别是党组织及政权内驱逐出去,富农只能分坏田。

[2] 即好田坏田搭配分配。

[3] 《土地法草案》,1932年3月9日,见《第二次国内革命战争时期土地革命文献选编》,第382—383页。

[4] 《红军三军团政治部关于崇犹两苏区路线和红军情况的报告电》,1932年5月15日,见江西省档案馆编:《湘赣革命根据地史料选编》(上),江西人民出版社1984年版,第406—416页。

农、苦力手里,所以再来一个重新分配"。当然,他们对这样的"翻饼"的负面效果也并非毫无了解,因此每每还是要保证说:"自此后的土地,农民有买卖、租佃之权,不举行分配了。"[1]

但这一轮重新分配土地的斗争1932年底前后刚刚结束,1933年初临时中央迁来江西中央苏区,否定了过去"抽肥补瘦"的办法,并怀疑地主豪绅残余和富农有假装革命混入苏维埃机关的情况,因此很快又发动了新一轮的查田运动。因为这一次强调要弄成"一个剧烈与残酷的阶级斗争",为保证有"明确的阶级路线",故又重订标准,再查阶级和成分,以揪出暗藏的阶级敌人。[2] 结果,此番斗争更加激烈。仅在1933年7—9三个月里,中央苏区就查出地主6988家、富农6638家,收回土地317539担。全苏区10%的人口都成了地富分子。[3] 查出的隐瞒地富,往往不是编入劳役队,就是肉体消灭,因此查田运动造成大量农民"反水"。仅据当时的报道,许多被新订为地富的农户或者"乘夜逃上山,实行土匪生活",或者"乘天雨水涨,星夜乘船顺水而逃";有的逃往赣州,有的逃到白区。"塘上区有群众约六千人,逃跑的在二千人以上(一说二千三百人,县委报告是一千八百人),而且大部分是男子。"一些早就组织起来的游击队也纷纷反水,如"武西的二三游击大队逃跑的有三分之二"。甚至一些干部领导群众逃跑,如乐安、万太、广昌、代英、门岭、公略各县都发生过这种现象。[4]

对于中央苏区出现的这种极端危险的情况,并不是没有共产党人看出来。张闻天后来就讲过,对于没收地主富农兼商人的店铺与商品,甚至把工人也当地主来打的错误,"没一个人敢起来纠正,甚至负责的机关也听其自然不去干涉,因为大家怕这种干涉会遭到右倾机会主义头衔与同地主资本家妥协的罪名。""赤色恐怖变成了乱捉乱杀……更是没有人敢讲话,

---

[1] 《中共湘赣省委关于重新彻底平均分配土地条例》,1932年1月9日;《土地问题决议案》,1932年1月12日;《福建省苏维埃第一次工农兵代表大会关于土地问题决议》,1932年3月17日;《江西省工农兵第一次代表大会土地问题决议案》,1932年6月3日。见《第二次国内革命战争时期土地革命文献选编》,第529—536、548—553、572—576页。
[2] 《苏区中央局关于查田运动的决议》,1933年6月3日,见《中共中央文件选集》,第9卷,第206—210页。
[3] 《公略查田运动的检阅》,《红色中华》第125期,1933年11月14日。
[4] 见《红色中华》第94、96、124、168期,1933年7月14日、7月26日、11月11日、1934年3月29日。

因为恐怕批评这种倾向时,人家会把他当作反革命的同道者看待,而性命难保。"[1] 中共福建省委代理书记罗明更是极感悲观。他不仅对接连不断的群众斗争感到不安,而且对接连不断的战争也感到难以忍受了。他公开说:"边区群众一时上山,一时下山,一时太平,一时又大恐慌","被敌人进攻几次,就弄得这样苦了,上级还要说准备长期战争,这样下去怎样得了呢?"广东军和十九路军[2]的欺骗宣传怎么会不发生效力呢?这种情况就是"到苏联去请斯大林同志或请列宁复活","对群众大演说三天三夜,加强政治宣传,我想也不能彻底转变群众的情绪"[3]。

莫斯科以中共中央名义宣布愿意联合抗日的"三条件"

莫斯科的领导人自然不可能了解中国江西苏区群众的生存状况和心理,他们早就习惯了站在理论的高度和凭借逻辑思维去考虑问题。即便如此,鄂豫皖苏区和湘鄂西苏区的失败,也还是使他们开始注意到,红军确实还不具备向城市进攻的实力,而且在军事力量对比上也还只能处于守势。为了便于在军事上指导缺乏军事理论和大规模作战经验的中国共产党人,苏共中央还根据共产国际的提议,由红军总参谋部情报局选派了战略情报官奥匈混血儿弗雷德(曼弗雷德·施特恩)作为共产国际执委会的军事代表,于1932年11月来华担任中共中央军事总顾问,并选派了同样做过长期情报工作,这时刚从莫斯科伏龙芝军事学校毕业不久的德国人李德(即奥托·布劳恩)来中国,准备进入中央苏区,担任中共中央的军事顾问,协助贯彻弗雷德的指示。

目前可以清楚地了解的是,还在1932年11月底,共产国际就开始直接接手指挥中共中央苏区的军事行动了。[4] 在鄂豫皖和湘鄂西苏区沦陷后,弗雷德就已经清楚地注意到中共领导人过分夸大苏区和红军的发展所造成的军事恶果了。他明确认为,红军总的兵力最多不过8万人,可能只

---

[1] 张闻天:《反对小资产阶级的极左主义》,《斗争》第67期,1934年7月10日。
[2] 十九路军1932年5月下旬即被调往福建剿共前线。
[3] 转见《中央局关于粤赣省委的决定》,1933年2月15日;《工农红军第一方面军师以上党团员积极分子会议》,《斗争》第8期,1933年2月12日,等。
[4] 《共产国际执行委员会远东局给苏区中央局第一号军事指令》,1932年11月29日,见《共产国际、联共(布)与中国革命档案资料丛书》(13),第251—252页。

有不足6万人之数,中央红军也只有3万人左右。红军所占领的地区,充其量只有国民党控制区域的1/24,人口只有国民党控制区域的1/40。较巩固的地区实际上只有江西中央苏区和鄂豫皖苏区红军新近在川北所建立的新苏区两块,人口加起来不足500万,其他都处于拉锯状态。而双方的武器装备更是相差极大,红军只有步枪和很有限的机枪,弹药数量也很少,每支步枪子弹很少超过10发。和国民党的装备相比,"红军不得不依然使用冷兵器与敌人作战"。因此,鄂豫皖和湘鄂西苏区的失利几乎是难以避免的。[1]

除了上述比较冷静的军事形势分析外,中共所领导的革命正陷入严重危机的情况也清楚地反映在其重要组织的严重破坏方面。1932年,仅在上海一地,就有大约250名中共地下工作者被国民党当局逮捕,其中"大部分是领导人员",刚刚进入1933年,就又有80人被捕,总共有超过100个秘密接头地点被破获。共产国际远东局的代表已经强烈地意识到局势的危急,他们不仅加紧送走了临时中央政治局的几乎所有成员,而且"建议":"在预期国民党很快就要发动大规模进攻的时候,在三四月份期间,我军不要包围和强攻敌人设防森严的城市(除非国民党军队发生了相当大的分化等),而要利用我军主力在野战中战胜敌军"。但是,仅仅因为此前共产国际指示过要注意夺取城市,因此,远东局的这一建议马上就受到了全部由刚回国不久的留苏学生组成的中共上海中央局的集体反对,他们认为"这是放弃党的'进攻路线'"。为此,共产国际远东局也不能不作出妥协,同意"我们的任务仍然是夺取敌人设防的城市",强调要避免因临时的战术改变而被毛泽东等人的错误路线所利用,因而仍旧下达了夺取一些城市的具体任务。[2]

显而易见,受到高度集权僵化体制的束缚,面对这种严重危机的局面,共产党人的各级组织几乎都难有作为,就连客观地认识形势的可能性都很小。只有位于金字塔顶端的党的最高指挥机关,才有可能做出政策或

---

[1]《布劳恩关于中央苏区军事形势的书面报告》,1933年3月5日,见《共产国际、联共(布)与中国革命档案资料丛书》(13),第330—341页。

[2]《埃韦特给皮亚尼茨基的第4号报告》,1933年3月11日,见《共产国际、联共(布)与中国革命档案资料丛书》(13),第332—349页;并见《中央给鄂豫皖苏区党省委信》,1933年3月15日,见《中共中央文件选集》,第9卷,138—159页。

第三章 从"彻底"到"不彻底"

策略方针上的某种调整。共产国际就是在注意到中共所面临的不利形势之后,在1933年3月间告诫中共中央说:"不要过分估计你们在最近战略上的成功","我们还不能十分有力的进攻驻扎的敌人","在保卫苏区时,对于中央苏区来说特别重要的是要保持红军的机动性,不要以巨大损失的代价把红军束缚在领土上。应该事先制定好可以退却的路线,做好准备"。共产国际主张:"应避免与敌大量兵力发生不利遭遇,要采取诱敌深入、各个击破、涣散敌人军心和使敌人疲惫的战术,还要最大限度地运用游击斗争方法"。因此,他们批评了中共中央及苏区中央局这时提出的进攻南昌等大城市的总战略,指出现在只应"力争从内部去攻克那些残存在苏区,已成为反动堡垒的城市中心"。说"对于大城市,在有足够兵力和可能性的情况下要采取包围战术",但目的也仅限于"瓦解敌人并将其赶出苏区"。因为他们确信,依照目前的力量,红军首要的任务只能是设法"巩固现有的一些根据地",而不是向外进攻。他们甚至委婉地对鄂豫皖苏区红四方面军放弃原有根据地,主动转入四川的行动表示赞赏,鼓励红军在必要时向西退却,声称"在四川、陕南,以及尽可能在新疆方向开辟苏维埃根据地具有很大意义"[1]。

可以进一步证明共产国际更为灵活一些的,是它在1933年1月还破天荒地提出了具有统一战线意义的关于"抗日救国"的一些策略主张。这包括《中华苏维埃共和国临时中央政府工农红军革命委员会为反对日本帝国主义侵入华北愿在三条件下与全国各军队共同抗日宣言》、《中央给满洲各级党部及全体党员的信》,以及《中央致各级党部及全体同志的信》等。在这些以中共中央或苏维埃临时中央政府名义起草的文件中,共产国际以及中共驻共产国际代表团依旧在重复着关于帝国主义和国民党都是一丘之貉的说法。[2] 与此同时,它又明确提出了可以尝试运用统战策略的观点,即所谓"一面尽可能造成全民族的(计算到特殊的环境)反帝统一战线,来聚集和联合一切可能的、虽然是不可靠的动摇的力量,共同的与共同敌人——日本帝国主义及其走狗斗争;另一方面准备进一步的阶级分化及统

---

[1]《共产国际执行委员会政治书记处给中共中央的电报》,1933年3月19—22日,见《共产国际、联共(布)与中国革命档案资料丛书》(13),第353—354页。

[2]《中央给满洲各级党部及全体党员的信》,1933年1月26日,见《中共中央文件选集》,第9卷,第21—45页。

一战线内阶级斗争的基础,准备满洲苏维埃革命胜利的前途"[1]。它们并且还公开宣称要建立"反帝统一战线",声称只要对方接受(1)立即停止进攻苏维埃区域,(2)立即保证民众的民主权利,(3)立即武装民众创立武装的义勇军三项条件,"中国工农红军准备与任何武装部队订立作战协定,来反对日本帝国主义侵略"。

需要了解的是,共产国际的某些政策调整或转变,其实与它指导下的某国革命的实际进程和现实需要并没有直接的因果关系,它们很多时候往往只是为了适应苏联内外政策的某些调整和转变。像前述1928年布哈林担任共产国际主席时主张"不要加紧反对富农",就因1929年苏联国内对富农转而采取打击和剥夺政策,布哈林与斯大林在农业集体化等问题上意见分歧而下台,共产国际即随之要求中国党等一律也要实行反对和剥夺富农政策。不过,这也并不等于说,共产国际基于苏联自身政治和外交需要要求各国党相应进行的政策或策略调整,就一定会给其他国家共产党带来损害。像这次的策略调整就是这种情况。

首先,上述共产国际针对中国东北地区所展开的一系列策略手法变化的背后,无疑是苏联远东安全战略的现实需要和策略调整在起作用。因为日本占领中国东北对苏联远东安全构成了巨大的威胁与压力,苏联出于远东安全的考虑,需要在东北造成强有力的抵抗运动,以便最大限度地牵制住日本人。在这方面,苏联曾经指望过中共。它在九一八事变之后实际上通过共产国际将中共在东北的地下组织全面接管了过来,直接提供经费,培训干部,协助组织抗日武装并制定发展计划。但是,由于中共在东北实在没有多少力量,一年多的努力一直难以达成预期的目标。而东北除了中共以外,还存在着相当数量的分散的各种反日力量,如果能够把这些不可靠的,但人数众多的反日武装联合起来,使之受到中共的影响,就有可能满足苏联的需要。因此,在左右权衡并反复研究之后,苏共最终下决心在中国东北采取不同于中国关内的策略。很显然,共产国际之所以会在这个时候一改排斥一切中间势力的极端政策,重新拾起了统一战线这一早已被摈弃的策略武器,正是适应苏联远东政策调整的需要的结果。

同样的情况,上述公开针对国民党提出的所谓"愿在三条件下与全国

---

[1]《中央给满洲各级党部及全体党员的信》,1933年1月26日,见《中共中央文件选集》,第9卷,第21—45页。

各军队共同抗日宣言",也是与苏联这时在对华政策上策略手法的变化联系在一起的。一年之前,中共刚刚在苏共的提议和支持下创立了中华苏维埃共和国,并正式成立了中央政府。这个苏维埃政府显然只能寄希望于得到苏联的承认,并与之结盟。尽管苏联这时与南京政府并没有正式外交关系,但它也不敢公开承认它暗中支持的这个国家和政府。不仅如此,一年之后,即1932年12月12日,苏联政府竟与国民党的南京政府在断交五年后宣布复交。事实很明显,中共的力量还太过弱小,为了对付两国共同的敌人日本,无论是基于在国际政治场合中合作的需要,还是出于影响中国国内舆论与大众的考虑,苏联政府都不得不与中国的中央政府打交道。苏共之所以会推动共产国际代拟"三条件"宣言,表示中共愿意联合抗日,也正是为了要让中国各界民众了解,苏联也好,中共也好,他们都是愿意为了中国的抗日作出让步和妥协的。但就政治倾向而言,丝毫也不意味着苏联在国共两党之间重新有所选择。

也正因为如此,这个时候的共产党人没有谁真的相信在所谓"三条件"下可以与国民党握手言和,共同对付日本人。即使是假借中共中央名义发表这个所谓"三条件"宣言的共产国际,对此也不抱任何幻想。共产国际负责远东事务的米夫就公开解释过,说发表这个宣言只是为了揭破国民党"攘外必先安内"的"武断宣传"而已。[1]

但是,即使仅仅是基于一种策略手法的角度,注意到中国党这时所面临的阶级革命与民族革命的两难困境,意识到只有重新提出统一战线问题,才有可能使共产党人适应中国目前形势发展的需要,对这时处在严重危机之中的中国共产党其实仍旧是具有重大现实意义的。因为他们在此之前基本上采取的是一种孤家寡人的政策,反对与任何可能的同盟者结成暂时的同盟来反对共同的敌人。这一宣言的发表,尤其是他们在给满洲各级党部的指示中能够重提统战的策略方针,至少表明共产国际此前僵化、机械的思维模式有了那么一点儿改变。

事实上,九一八事变之后中国广大群众和社会舆论逐渐发出"停止内战,一致抗日"的呼声,就已经说明,无论是蒋介石的"攘外必先安内",还是共产党的"民众革命推翻国民党是反帝国主义民族革命战争胜利的先

---

[1] 米夫:《中国革命危机发展中的新现象》,《共产国际》第4卷第4—5期,1933年5月31日。

决条件",都同样难以发生宣传效力。从抗日救亡的角度,自然是大家一起走向"停止内战,一致抗日"为好。即使是基于策略上争取盟友、改善环境、战胜对手的角度考虑,接过这一口号,让坚持反共和剿共政策的蒋介石国民党成为众矢之的,也不失为一种谋略。何况,中共苏区和红军正处于国民党的重重军事围剿之中,形势已不乐观。故即使仅仅是从牵制蒋介石南京政府的角度,共产国际的这一策略变动,对于中共苏区和红军应该说也是有积极意义的。特别是"三条件"宣言,若能广为宣传并分别针对不同军队以及各个党派团体付诸实施,未必不能在国民党内造成分化的效果。不论这在实质上是否有利于抗日,至少有助于中共和红军减轻眼前的军事压力。然而,由于苏联以及共产国际这时在事实上都还并没有就此前的反统一战线的政策作出根本性的调整,即使它们不再排斥统一战线的口号,有了"三条件"宣言和给满洲各级组织的指示信,共产国际和中共中央的基本政策和做法实际上并无任何改变。

远东局:我们与反蒋派将领周旋,根本目的是争取他们的士兵

还在1932年11月初,因团中央机关被破获,张闻天暴露,必须转移。12月,共产国际电令临时中央政治局全部搬去中央苏区。[1] 很快,博古等人便开始分别动身到中央苏区去了,完全依靠莫斯科按月提供经费维持下来的中共在国民党统治区的党的各项工作,不可避免地陷入到一种极其困难的境地中。[2]

离开了上海的中共中央,自然失去了指导全党的可能性。新设立的上海中央局负起了同远东局联系的使命,而对白区工作的指导,乃至对除了东北地区[3]以外整个中国党的指导工作,实际上都由远东局承担起来了。

---

[1] 已知这一提议是由王明在共产国际提出的。见《共产国际执行委员会政治书记处政治委员会会议第284号记录》,1932年12月3日,见《共产国际、联共.(布)与中国革命档案资料丛书》(13),第253页。
[2] 1931年共产国际每月提供给中共中央的党的工作经费,约为1.5万美金,相当于五六万元中国元。1932年每月大约为7万元。参见王健民:《向忠发供词》,1931年6月22日,《中国共产党史稿》第二编,(台北)正中书局1965年版,第159—164页;《前共党青年团中央局书记王云程报告》,1933年2月24日,见中国国民党中央组织部调查科编:《中国共产党之透视》,(台北)"中央"文物供应社,1974,第354页。
[3] 东北地区的中共党组织由共产国际派专人负责联络、帮助和指导。

第三章 从"彻底"到"不彻底"

尽管此前的中共中央未必有多少独立性,它的许多文件指示甚至都只是在转述莫斯科的旨意,甚至干脆就是在莫斯科的苏联人帮助起草的,但至少在形式上还是中共中央在发号施令,中共中央的领导人有时还敢于提出一些不同意见。如今,共产国际显然认为有没有这种形式已无关紧要了。问题是,由共产国际代表直接来指挥中国革命,并不比博古中央在上海时好多少,甚至可能更为糟糕。因为中央苏区乃至苏维埃革命最后的一线转机,就葬送在他们的手里。

1933年初,一向与蒋介石不和的冯玉祥,因不满南京政府的内外政策,试图以抗日为号召重新聚集旧部,开创局面,与南京分庭抗礼。他为此与中共北方特科取得了联系,并愿意和中共秘密结盟。他随后在中共北方党组织的帮助下,很快就组成了作为共同领导机构的工作委员会。基于大革命时期的成功经验,冯玉祥其实是迫切希望通过中共推动苏联从外蒙接通他在绥远的旧部,再施援手,以帮助他重整军队。因此,他对中共人员的帮助和意见极为重视,甚至表示愿意"由我们党来主张一切的办法,他绝对服从"[1]。3月初,冯玉祥正式接受了中共北方特科提出的《抗日同盟军纲领草案》[2]。经过中共人员的具体帮助,冯玉祥在5月26日正式在张家口树起了"察哈尔抗日同盟军"的旗号,冯亲任总司令。

按照中共这时的基本方针,中共北方党组织最初的策略自然还是想要争取创立北方的苏维埃和红军。其协助组织抗日同盟军的真正目的,也不脱此一意图。但按照"三条件"宣言和给满洲各级组织信的指示精神,他们也意识到,既然与冯的合作是建立在抗日的旗号下,当然要以抗日为号召,尽管他们也明白"'抗日'前途只是一句漂亮话",但又必须要借"抗日"宣传来推进反对国民党的斗争。即要把一切可能反蒋的国民党军人联合到抗日同盟军中来,通过"严重打击蒋和张[3]的军队",来达到削弱国民党和创立北方苏维埃的革命目标。[4] 不论这一策略构想在实际上是否现实,但它提出的联合反蒋派"推翻蒋介石"的策略思想,至少对分裂国民党、打击蒋介石,缓解中央苏区所面临的第五次"围剿"的军事压力应

---

[1]《马同志关于张家口事变的经过报告》,1934年1月30日。
[2]《关于抗日同盟军纲领等问题的报告》,1933年3月10日。
[3] 指张学良,时任北平军分会代委员长,实为华北最高军政负责人。
[4]《关于抗日同盟军纲领等问题的报告》,1933年3月10日。

该是有利的。

令人难以置信的是，就连这样一种试图利用敌人内部矛盾的统战策略，在共产国际远东局那里也未能通过。尤其当抗日同盟军在冯玉祥、方振武、吉鸿昌等人领导下，公开违抗南京政府的命令挥师北上，恢复了察哈尔的几块失地后，远东局竟以中共中央的名义对北方党的工作接二连三地提出了尖锐的批评。它明确提出：

第一，组织抗日同盟军必须以"在华北创造新苏区"为目的，故军事上只能向南移动，"不能与日本军队作战"，以便提出攻打南京政府的口号，使其与南京政府的军队进行战争。[1] 指示断言："不去推翻国民党的统治，则我们反对日本和其他一切帝国主义的战斗是不能胜利的。"[2]

第二，不论冯玉祥、方振武或吉鸿昌对抗日或革命有何种忠诚的表现，他们的社会地位注定了他们只能"是我们的敌人"，至多只是"比较有远见的敌人"[3]。他们之抗日，既是同蒋介石在帝国主义面前争宠，更是借此来发动"争夺北方领导权的新军阀的战争"[4]。因此，对这些上层领袖不能有任何信任，应把工作重心放到下层士兵群众中去，发动士兵群众进行"反冯及其他反动军阀的斗争"，孤立冯并打击冯，甚至举行以兵变为中心的暴动，"逮捕冯和他的要人"[5]。

基于大革命时期与冯玉祥合作所得的教训，苏联方面从一开始就对冯玉祥的行动持不信任的态度。它不仅不肯给予援助，而且还公开斥责冯玉祥在张家口地区揭旗抗日，实际上是有意想要挑起苏、日之间的冲突。[6] 共产国际也在6月下旬明确指示远东局说：对冯玉祥"要加倍小心"，"最好不要与他有任何联系"，因为他很可能"与日本人有联系"[7]。已经处

---

[1]《中央给河北省委的秘密指示信》，1933年6月13日。
[2]《中央给北方代表田夫的信》，1933年7月3日。
[3]《中央给北方代表田夫的信》，1933年7月17日，见《中共中央北方局——土地革命战争时期》(上)，中共党史出版社2000年版，第546—547页。
[4]《中央宣传部关于"八一"宣传大纲》，1933年7月5日，等。
[5]《中央八月份第一号指示信》，1933年8月3日；《中央八月份第二号指示信》，1933年8月9日。
[6] 哈马丹：《中国军阀屈膝投降》，《真理报》1933年6月4日，《1927—1937苏联〈真理报〉有关中国革命的文献资料选编》，第407—410页。
[7]《共产国际执行委员会政治书记处政治委员会给埃韦特的电报》，1933年6月24日，见《共产国际、联共(布)与中国革命档案资料丛书》(13)，第445页。

在日蒋夹击之下的冯玉祥，又遭遇中共的孤立和打击，走投无路，终于在8月初被迫重新宣布下野了。就在冯离去的几乎同时，共产国际也明令远东局立即下令停止任何将抗日同盟军通过起义变成红军的行动，因为它担心这可能会把蒙古卷入战争之中，会给日本人提供占领张家口和转向内蒙古的借口。[1] 抗日同盟军随后即告分崩离析，共产党人最终虽鼓动其中一部离开张家口南下进攻北平，打出"讨逆联军"的旗号，但结果只能是一败涂地。

就在抗日同盟军举事不久，秘密准备与中共及红军联合一致"抗日反蒋"，以及同样希望可以从海路得到苏联援助的十九路军将领也遇到了同样的命运。共产国际刚一得知十九路军派人赴上海寻找中共中央的消息后，几乎马上就告诫中共"不应当与十九路军司令进行任何谈判"，只有"当他真正开始与国民党和日本人进行斗争时，才有可能建立统一战线"[2]。因此，在明知十九路军有联共企图的情况下，远东局和中共中央下令组成了东方军，乘蒋介石为应付抗日同盟军尚无力南下进剿，广东方面亦因与蒋矛盾重重，不会主动进攻的时机，转而向十九路军控制的福建地区发动了攻势[3]，恢复了闽西苏区对上杭、新泉、连城各县的控制，并开拓了宁化、清流、归化等县，以及将乐、顺昌两县的部分地区。

9月下旬，北方的抗日同盟军陷于失败，蒋介石聚集兵力开始向中央苏区发动第五次"围剿"。他首先就利用经军组成东方军进入福建的机会，乘虚夺占了赣东北苏区首府黎川城，切断了中央苏区与赣东北苏区的联系，也割断了东方军与中央红军的联系。眼看国民党的大规模"围剿"来势汹汹，威胁太大，远东局才在弗雷德的建议下转而同意红军可以与十九路军达成停战协议，并为避免东方军被蒋军与十九路军夹击，明确认为应乘国民党军兵力调整、立足未稳之际，马上回师夺回黎川城，然后越过赣

---

[1]《共产国际执行委员会政治书记处政治委员会给埃韦特的电报》，1933年8月9日，见《共产国际、联共（布）与中国革命档案资料丛书》(13)，第473页。
[2]《共产国际执行委员会政治书记处政治委员会给埃韦特的电报》，1933年6月24日，见《共产国际、联共（布）与中国革命档案资料丛书》(13)，第445页。
[3]《布劳恩向共产国际执行委员会提交的关于福建事变的调查材料》，1939年9月21日，见《共产国际、联共（布）与中国革命档案资料丛书》(15)，第338页；《苏区中央局转发中央关于今后作战计划的指示电》，1933年6月13日；《苏区中央局转发中央对方面军改变原作战计划的意见》，1933年7月。

江,向蒋介石进攻部队的后方南昌方向运动。[1] 基于这样一种战术,它才特别提出:对与十九路军谈判,宁可"给以小的让步",也"不能失去时机"[2]。

10月26日,在远东局的直接指导下,中共中央和红军与十九路军签订了《反日反蒋的初步协定》,规定双方立即停止军事行动;恢复贸易;在十九路军控制的福建境内允许革命组织之活动,以及另定反日反蒋具体作战协定等。[3] 然而,由于远东局同意签订这个协定的目的,纯粹是一种政治谋略,因此,它从一开始就不相信十九路军将领会诚实地遵守这个协定。远东局明确主张,一旦达成协议,即应集中东方军夺回黎川城。为了这一目标,对十九路军应"利用各种手段迷惑它,同时作出努力从内部瓦解它",只放一些游击队加以牵制,无论如何不能同它作战,应"推迟与十九路军算账的时间"[4]。

1933年11月20日,十九路军将领蒋光鼐、蔡廷锴等联合国民党内反蒋派李济深、陈友仁以及第三党黄琪翔等,公开在福州召开了中国人民临时代表大会,发表了《人民权利宣言》,号召全国革命大众共同起来打倒蒋介石御用的国民党南京政府,建立人民民主政权。当晚,大会主席团决定成立中华共和国,首都设在福州。次日,李济深、陈友仁、蒋光鼐、蔡廷锴等通电脱离国民党,联合第三党及神州国光社成员等发起成立了生产人民党,以陈铭枢为总书记。22日,中华共和国和人民革命政府宣告正式成立,以李济深为政府主席。其成立宣言说明,人民革命政府的使命是:(1)救中华民族之解放,形成真正独立自由之国家;(2)消灭反革命之南京政府,建立生产人民之政权;(3)实现国内各民族之平等权利;(4)保障一切生产人民之绝对自由平等权;(5)排除帝国主义在中国之势力,打

---

[1]《布劳恩给共产国际执行委员会的书面报告》,1933年9月22日,见《共产国际、联共(布)与中国革命档案资料丛书》(15),第347页。
[2]《中央关于同十九路军谈判的指示电》,1933年9月27日;《中央关于迅速与十九路军订立休战协定的指示》,1933年10月,参见《共产国际、联共(布)与中国革命档案资料丛书》(13),第506—507页。
[3] 转见《红色中华》第149期,1934年2月14日。
[4]《共产国际执行委员会远东局给中央苏区的电报》,1933年9月29日,参见《共产国际、联共(布)与中国革命档案资料丛书》(13),第512—515页。

第三章 从"彻底"到"不彻底"

倒军阀,铲除封建制度,发展国民经济,解放劳工劳苦群众。

福建事变爆发,蒋介石迅速停止剿共作战,亲任"讨逆军"总司令,调集围剿中央苏区的大批兵力,前往福建镇压"叛逆者"。这种情况无疑大大减轻了初战不利的红军的军事压力,同时也给红军提供了一线可能改变被动战局的机会。但是,无论是远东局,还是中共中央,都因为对福建事变领导者的不信任,没有有意地去把握这种机会。不仅如此,远东局和中共中央的内心依旧是把这些决心公开反蒋的将军看成是自己的敌人。他们明确认为,"这些'左'的民族改良主义政党之力量之任何增加,是在中国革命的进步上放了新的而非常可怕的障碍物",其目的都是"为了要将群众把持在地主资产阶级的营垒之中,为了要拦阻群众走向他们的先锋队所指示的革命道路"[1]。对十九路军的工作原则,就是要用一切办法把十九路军的士兵"吸引他们到我们方面来"[2]。因此,他们不仅不对与十九路军的合作抱以希望,而且极力主张用阶级分化和阶级斗争的方法来对付福建事变的领导者及其将军们。

当十九路军开始受到蒋介石南京政府军队的进攻后,红军虽然也采取了一些战术行动骚扰入闽国民党军,但只是受命"假装帮助十九路军",主张"让十九路军替我们去打该敌","不应费去大的损失"来与国民党入闽军作战。当十九路军内部哗变,开始崩溃之际,红军不是助其破敌,反而还被要求"堵住十九路军入粤去路",以便最大限度地获取其武器,争取其起义。[3]

到1934年1月中旬,十九路军已陷于内外交困之际,共产国际及其远东局和临时中央政治局,更是直截了当地提出,我们"不去帮助十九路军维持其独立因素",而且"应该为蒋介石军队和十九路军提供在邵武地区发生冲突的机会",让它们互相打。当然,需要"延长其实际与南京军

---

[1]《中央给福建党的书记的信》,1933年11月18日,见《中共中央文件选集》,第9卷,第397页。
[2]《军委对十九路军进行政治工作的原则》,1933年12月27日,见《江西党史资料——中央苏区第五次反"围剿"(上)》第21辑,第130页。
[3]《军委关于方面军动作的训令》,1933年11月25日;《中央局关于今后任务的指示》,1934年1月8日,见《江西党史资料——中央苏区第五次反"围剿"(上)》第21辑,第123页。

队作战过程",以便争取时间,"使我争取其最大部分群众和武装"[1]。为此,在十九路军军事危机的关键时刻,共产国际远东局不是基于合作协议的立场主动出兵援助,而是主张发表宣言和口号,"使十九路军哗变",甚至提议"用暗杀的方法,瞒着十九路军指挥者,解除不可靠的部队的武装",把受共产党影响的部队拉过来。[2]

然而,共产国际远东局及中共中央不仅没有从十九路军的失败中捞取到任何的益处,相反,随着十九路军及福建人民革命政府迅速瓦解,不仅其企图乘人之危,从中渔利的计划完全失败,整个中央苏区更是完全暴露在南京政府国民党军队的攻击之下,失去了粉碎蒋介石第五次围剿的最后一线希望。

莫斯科:有无可能通过十九路军向中央苏区运送武器弹药?

当然,红军及中央苏区之失败,并不仅仅取决于上述政治谋略严重失误之一点。实际上,这时中共的苏维埃政策及军事指导方针等各个方面都存在严重问题。但从根本上看,红军及中央苏区之失败,其实还在于共产国际和中共机械的阶级关系分析法,以及基于政治理念的主观盲目性。因为他们总是机械地把政治上的分野归结为阶级上的对立,盲目追求革命的彻底性而把任何一种妥协和退让都视为阶级立场上的示弱,甚或投降,以至往往会极端主观地相信,敌我力量的对比主要不是军事力量的对比,而是阶级力量的对比,以为阶级革命、阶级斗争以及一切革命的政治工作,都具有鼓动和吸引广大劳苦民众为自己的苏维埃政权而奋斗的神奇效力,因此常常会迷信"为保卫苏维埃共和国而战斗"之类的革命口号,能够成为中国工农劳动阶级与地主资产阶级实行决战的最高动员令。

可以肯定的是,共产党高度集权的政治体制对于助长这种主观盲目性起了非常重要的作用。土生土长的毛泽东之所以始终不赞成"进攻路线",

---

[1]《关于争取十九路军方针的意见》,1934年1月20日;《共产国际执行委员会政治书记处政治委员会给中共中央的电报》,1934年1月2日;《中央局关于抵御福建军阀战争形势与我们的任务和策略》,1934年1月20日,见《共产国际、联共(布)与中国革命档案资料丛书》(14),第7—8页。
[2]《中央局转发国际对福建局势估计与策略的意见》,1934年1月26日,见《江西党史资料——中央苏区第五次反"围剿"(上)》第21辑,第140—141页。

第三章 从"彻底"到"不彻底"

反对盲目攻打中心城市,一个根本原因就在于他是从基层工作中成长起来的,并且一直在农村根据地和红军队伍里与普通干部战士摸爬滚打。像前述罗明的不满一样,他也非常清楚国共两军在军事实力上究竟有多大差距,以及红军与苏区能够割据存在的必备条件是什么。相反,高高在上的中共中央领导人,不仅基本脱离实际生活,对基层状况不熟悉,而且长时间从书本上和报告中了解一切,其身份地位,乃至于现实的利益需要,又都要求他们始终必须保持高度的亢奋和乐观,他们总是夸大革命的力量和革命的形势,几乎是不可避免的。事实上,对于王明、博古等人无限夸大中国红军和苏区的力量问题,就连远东局代表和共产国际派来的军事顾问,都已经再三表示难以理解了。

越是身居高位,就越是容易基于主观需要脱离实际地提出种种极端的革命目标。比如,在中央苏区已经开始陷于危机,实际面积和人口数锐减的情况下,他们竟然还会雄心勃勃地提出"创造一百万铁的红军同帝国主义直接作战"的口号[1],逼迫各级组织通过大搞"残酷激烈的阶级斗争"[2],一再打乱阶级划分,以明确所谓阶级路线等办法,来进行大规模的社会"动员"。同时,明明中央苏区军事力量和各种经济资源都十分有限,中共中央在军事上却依旧提出了"保卫苏区的每寸领土"和"不让敌人侵占苏区寸土"之类的画地为牢的纯粹防御战略,雄心勃勃地摆出了一副一战"决定苏维埃政权与国民党政权的生死的斗争"的架势,自信"民众的革命力量是帝国主义国民党的飞机大炮与一切现代武装所不能战胜的力量"[3]。然而,1934年4月一个广昌保卫战,红军主力一、三、五军团40000余人,就损失了约5000人,占参战兵力的1/8,国民党进攻部队仅伤亡2400余人;至8月高虎垴、高兴圩一战,一、三军团又损失约2000人,敌伤亡不过千人。

中共中央的雄心很大程度上也是建立在苏联和共产国际支持的基础上的。不仅自1933年11月以来,中央苏区的保卫战就是由莫斯科派来的军事顾问就近指挥的,而且,共产国际和苏联方面也一直在设法想要帮助红

---

[1] 《中央局关于扩大红军的决议案》,1933年6月6日。
[2] 毛泽东:《查田运动的第一步——组织上的大规模动员》,1933年6月18日。
[3] 《第一方面军对北面军分区的密令》,1933年8月12日;《第二次全国苏维埃代表大会宣言》,1934年2月1日,见《中共中央文件选集》,第10卷,第659—663页。

军解决部分武器装备、药品、防毒面具，包括飞机和重炮等项需要，以改善红军与国民党军作战的条件。他们甚至考虑过借助于红军与十九路军的协定，从苏联经海路运来，经由十九路军福建防地送进苏区；或是在南方找一港口"建立一个为苏区采购和运输武器、弹药和药品的不大而有效的机构"，或是偷偷用外国商船经长江通过可能的口岸进行武器交接；或是由莫斯科出钱，从有关系的国民党军队那里大批购买武器弹药。他们并且为此向中央苏区提供了相当数量的款项用于解决购买武器弹药的问题。[1]但是，这样的援助始终未能实现。而控制着福建沿海地区的十九路军迅速失败，更使得最具现实可能性的这种机遇不复存在了。

与此同时，远东局的代表未经中共中央和十九路军同意，擅自以中共中央的名义接受外国记者采访，有意透露了红军与十九路军达成协议的情况，以及弗雷德坚持中共中央要按照他的计划采取军事行动的做法，这时都受到了共产国际的尖锐批评。共产国际明确要求，中共中央把来自共产国际的所有关于作战问题的电报，都"只应看作是建议"，说因为"无论是从这里（注：指莫斯科）还是从上海，都不能像你们那样清楚地了解战场上的形势。因此与战场上的形势有关的所有问题，都应由中央和革命军事委员会研究决定"。[2]

然而，高度集权的体制本身并没有留给博古多少集思广益的空间。他要么放弃实际的最高权力地位，要么就只能依靠共产国际军事顾问李德和来自上海的弗雷德的电报，独断专行。因为资历太浅，太年轻，又没有中央委员和政治局委员的合法身份，要驾驭有太多政治局委员和中央委员的中共中央，博古只能选择后者。自进入苏区后，博古完全是凭借既成的事实继续坐在最高领导人的权位上的。周恩来等大批中央政治局成员和中央委员之所以没有对此质疑，也纯粹是因为他们已经习惯于以共产国际的安排为法理和程序，且电台掌握在博古的手里，也没有可能就此向共产国际提出疑问。也正因为如此，博古坐在最高领导人位置上也无法心安理得，他显然得加倍小心地看管着自己的权柄。他独揽与共产国际和远东局之间电报接收之权，甚至经常不经政治局讨论，而以他个人的名义给共产国际

---

[1] 参见《共产国际、联共（布）与中国革命档案资料丛书》(13)，第545、559、575、579、581、585、617、623页；(14)，第171、206、234页。
[2] 参见《共产国际、联共（布）与中国革命档案资料丛书》(14)，第6、7页。

去电[1],包括拒绝集体讨论,坚持只按照李德一个人的意见来指挥军事[2]等等,都再清楚不过地显示出他对自己权力地位的心虚。

越是这样,博古也就越要依赖于那些外国人。在苏区军事指挥上,他不得不依赖于李德,弗雷德不断发来的军事电报自然仍旧是博古和李德进行作战指挥最重要的依据之一。问题是,不论弗雷德如何努力,江西苏区战场是"共和国"领土的事实,显然捆住了弗雷德的手脚。他不仅产生不了外线作战的大胆计划,甚至还极力抗拒共产国际关于"诱敌深入"的战术指导。早在1933年3月,共产国际就明确指示中共中央要保持红军的机动性,不要以重大损失为代价来保卫自己的领土,应避免与敌重兵发生正面冲突,强调要采取诱敌深入、各个击破的战法。但弗雷德等几度对此表示异议,坚持"我们不能采取诱敌深入到苏区然后将其消灭的战术",说是"因为……苏区太小了。如果我们失败,当地老百姓就会对我们失望,我们就会丧失补充红军队伍的可靠来源"。据此,他们还明确指示中共中央不要按照共产国际执行委员会政治书记处的意见修改过去的战略战术。[3]面对占有压倒优势的强大国民党军,坚持内线作战,坚持御敌于国门之外的阵地战,红军在战场上的形势只能日渐恶化。到1934年2月中旬,连远东局代表都已经看出来"前景不妙"了。[4]

共产国际:"我们同意你们将主力调往湖南的计划"

1934年4月28日,广昌战役失利,中央苏区门户洞开。博古等人这

---

[1] 在上海期间,中共中央给共产国际的电报,一向用的都是"中共中央"的名义。到江西苏区后,情况明显改变了,只有极个别的电报是用中共中央名义发出的,多数电报都变成是博古个人署名("秦邦宪")了。参见《共产国际、联共(布)与中国革命档案资料丛书》(13),第500、504、555;(14),第1、74、236、251、252页。

[2] 李德在回到莫斯科后给共产国际的检讨书中,讲述了他在进入中央苏区后博古依靠他在军事上独断专行的情况。《布劳恩给共产国际执行委员会的书面报告》,1939年9月22日,见《共产国际、联共(布)与中国革命档案资料丛书》(15),第344—346页。

[3] 《共产国际执行委员会政治书记处给中共中央的电报》,1933年3月19—22日;《共产国际执行委员会远东局给中央苏区的电报》,1933年3月28日;《共产国际执行委员会远东局给共产国际执行委员会政治书记处政治委员会的电报》,1933年4月3日。见《共产国际、联共(布)与中国革命档案资料丛书》(13),第353—354、357—358、374—375页。

[4] 《埃韦特给皮亚尼茨基的信》,1934年2月13日,见《共产国际、联共(布)与中国革命档案资料丛书》(14),第81页。

时才开始真正了解到敌人的强大,远不是靠共产国际及其军事顾问的神奇之力所能化解的。但是,他们依旧只能依照共产国际的指示行事。

6月初,博古和李德已经无计可施了。在博古给远东局的电报中,他要求共产国际批准他的建议,即或者化整为零,继续在江西苏区坚持,以游击战作为主要的斗争方法;或者在再无坚守可能时,主力转移到中国的西南方向去,争取与那里的红军建立联系。[1] 16日,共产国际分电远东局和中共中央,明确表示赞成红军主力作撤出中央苏区的准备,并要求以红军一部经福建向东北方向发起战役,"威胁蒋介石的主要基地和交通线",以"便于其余部队向湖南方向撤离"[2]。据此,博古和李德迅速指令红七军团以"北上抗日先遣队"的名义,向东经福州北上赣东北,到皖南创立小块苏区,并会合红十军组成十军团,在浙皖赣边开辟新苏区。[3]

几乎在所谓"北上抗日先遣队"牵制作战行动开始的同时,中央苏区已被压缩到很小的范围,博古中央实际上已经在作全面撤出苏区的准备了。而为了便利中央红军向西突围,博古和李德又命令在湘赣边的红六军团先行向西探路,争取在湘南地区建立一块根据地或游击区,以此来为中央红军西去和接通川陕根据地时创造临时落脚的条件。

因为习惯于少数人独断专行,面临如此危急的时刻,博古和李德等为保证突围的高度机密与安全,变得愈加谨慎小心起来。他们不仅向外界,而且向党内,甚至对中央政治局也严密封锁消息。所有的决定都只产生在博古、李德和周恩来三人之间,有时甚至只是博古和李德两人的决定。而且基于政治上的可靠程度,他们还把干部分为几类,除需要带走的和必须要留在根据地坚持作战的外,有些信不过,实际上并不适合留下来打游击的干部,如瞿秋白等,还是硬被留了下来。对他们怀疑可能成为隐患者,特别是被俘人员和阶级异己分子,则干脆下令杀掉。相当一批红军学校的教员、被俘军官,甚至是起义人员和被认为不可靠的中共高级干部,如1931年12月与参谋长赵博生、七十旅旅长董振堂一起,率领国民党第二

---

[1]《埃韦特给皮亚尼茨基的报告》,1934年6月2日,见《共产国际、联共(布)与中国革命档案资料丛书》(14),第128—129页。

[2]《共产国际执行委员会政治书记处政治委员会给埃韦特和中共中央的电报》,1934年6月16日,见《共产国际、联共(布)与中国革命档案资料丛书》(14),第143—144页。

[3] 1934年11月编成的红十军团,共计1万余人,在国民党军围追堵截下,饥寒冻馁,仅存在了两个月即告全军覆没,仅400余人脱险。

第三章 从"彻底"到"不彻底"

十六军1.7万人起义的七十四旅旅长季振同、团长黄中岳及红军学校总教官张少宜、湘赣省首任苏维埃政府主席袁德生、湘赣省军区政治部主任于兆龙、红八军政委邓乾元、闽西十二军代军长李中佛等，都被秘密处决了。

与此同时，博古等在各种公开场合，包括在军事干部会议上，却仍旧摆出一副准备死拼到底的架势，要求部队按计划与敌决战，要求地方务必再送8万名新战士上前线。[1] 他们即使到了这种时候也还是不了解，整个苏区实际上已经再无"动员"的可能了。与此相反，形势愈是紧迫，博古中央的激进做法就愈是变本加厉。

自5月以后，中共苏维埃当局不仅极力加剧对地主富农及其家属的拘捕押禁，没收征罚，而且对一般民众也一再大举公债谷票、借粮征兵，甚至以退公债谷票、滥发纸币的办法来变相克扣农民，以应战争之需。据不完全统计，自1933年底至1934年9月，中央苏区共征新兵10余万[2]，发行公债300多万[3]，动员群众退还到期公债券约100万[4]，除正常征收外，还硬性"借谷"两次共84万担[5]。特别是强迫"扩红"和"查阶级"，在群众中更造成严重影响。至1933年11月，中央苏区农村中占人口总数平均25%的男劳力（16岁—55岁左右），仅当兵、做挑夫及出外工作者，即已占去全部男劳力总数的80%上下。[6] 若以200万农民计，苏区男劳力实际只有50万左右。也就是说，至1933年11月，出外当红军及工作者，至少已达30万以上，再强迫"扩红"10万，势必将农村中男劳力大部抽空。[7]

实际上，这种一面竭泽而渔，一面又极力加剧内部矛盾的做法，是苏

---

[1]《中革军委为扩大红军的紧急动员的号令》，1934年9月3日。
[2] 陈潭秋：《秋收粮食动员的总结》，《斗争》第73期，1934年9月30日。
[3]《中华苏维埃中央执行委员会关于发行经济建设公债的决议》，1933年7月22日；等。
[4]《财政人民委员林伯渠关于二期公债的谈话》，《红色中华》报，1934年5月24日。
[5] 见《红色中华》报，1934年5月3日、7月5日、8月8日。
[6] 根据毛泽东《长冈乡调查》及《才溪乡调查》，可知苏区农村中男劳动力所占人口比例约为25%左右（长冈乡407∶11785，上才溪554∶2318，下才溪765∶2610），外出工作及当红军者已占70%—88%左右。
[7] 关于1933年底至1934年9月中央苏区人口总数，很难有确切统计，初时或有200万—300万人口，广昌失守后实已大大少于200万。即使以200万为平均数，青壮年男子也只有50万左右，故若以农村男劳力外出80%之数计，可知再征兵10万，从城乡两方面人口数看，也已无法承担了。

维埃革命以来中共在根据地发展中几乎不可避免的一种政治举措。在此前的中央苏区查田查阶级运动中，因"只讲成分，不讲工作"，"不问表现如何"，大批干部党员就已经受到清洗，许多早已划定的成分还被重新改划。仅胜利县一县，20天内即在1512家里查出翻案地富890家，并新查出地富83家。[1] 所有地主富农及所谓阶级异己分子，均被强行编入永久劳役队，或"驱逐出境"，或"就地枪决"，他们的一切财产均遭没收。而大批中农被划为富农或小地主，更是造成"人人怕上升为富农、小地主，拼命吃穿，不想扩大生产"，以至连田也宁肯荒掉的恐慌情绪。[2]

1932年7月1日，天津《大公报》曾有社论这样说："共党占地，首重分粮分田，故贫民趋之，然战斗无已，生产不兴，粮尽后则如何？此事实问题也。是以共党之飘忽不定，不久守城邑者，非特军事上之避冲，实因根本不可久守。故中国现在之经济环境下，共党苟非久占一富源雄厚区域，外无战事，内有建设，则其势力不足久支，久则穷矣。"[3]

这种看法虽过于简单武断，但其说确实抓住了红军及苏区生存的两大基本条件。即：第一，土地政策；第二，游击战争。前者使自己在贫苦农民中得以站稳脚跟，获得兵源及政治上、物力上的种种支持；后者则可借灵活机动的战略战术避免强敌所击，同时通过打土豪及四处筹款的办法来维持战争所需，不致过分挤压农民。固守一地，不论所在富庶与否，在敌我两方面实力相距甚远，而战争不断的情况下，终必造成竭泽而渔、殊求无已、生产不兴、人心背离的局面。

当然，苏区和红军之所以能够在国民党的强大力量压迫下仍能长期存在，一个很重要的原因，还是因为中国有着极为特殊的政治社会环境，尤其是存在着军阀割据的现象，再加上国土广阔，经济不发达，交通条件落后，远离中心城市和交通要道的几省交界处，往往也是几省军阀势力鞭长莫及之处。正是因为存在着这样一些特殊的条件，中共再借助于战术的机动与统战策略的运用，通过纵横捭阖的策略手腕来不断扩展自己的阵线，时而内线时而外线地游击作战，就不难保证自己有足以和对方长期抗衡的

---

[1] 见《红色中华》报，1934年5月8日、7月5日、8月8日。
[2] 李六如：《各苏区土地问题——1944年3月在延安杨家岭学习会上的报告》，1944年6月，油印件（无出版社和出版时间）。
[3] 见《大公报》1932年7月1日。

第三章 从"彻底"到"不彻底"

资源与条件。然而，苏维埃革命机械僵化的阶级政策，外拒友邻，内毁长城，为丛驱雀，为渊驱鱼；再加上苏维埃共和国的建立，进一步使共产党人画地为牢，全无机动灵活可言，难免要走到捉襟见肘、内囊掏尽、弱不抵强、失土亡国的地步。

到了1934年夏秋之交，中央苏区除了强制性征罚来的粮食暂时尚可支撑外，从武器弹药到食盐、服装等各种物资供应早已陷入绝境，民心也已严重动摇，群众反水和士兵逃亡的现象自1933年夏秋以后就已持续发生。[1] 到1934年，已不断出现区委书记、区苏主席、副主席、少共区书记和组织科长等领着群众，成批地带着鸟枪、梭镖等武器反水的情况。[2] 8、9两个月，弃械逃归的士兵竟至发展到数千以至上万人之多。[3] 显而易见，中央苏区已经再无存在的可能了。

1934年9月17日，博古电告共产国际执行委员会：我们的撤退计划将于10月1日以前全部完成，之后即将集中主力在江西的西南部对广东的国民党军队"实施进攻战役"，然后向湖南南部和湘桂两省的边境地区撤退。[4]

由于与广东陈济棠部的谈判已在进行中，共产国际方面对此前与十九路军合作的教训已有检讨，因此博古电报中准备对广东国民党军队"实施进攻战役"一句引起共产国际的极大关注。共产国际执委会明确认为，对广东国民党人不仅不能进攻，而且不能提出过高的谈判条件，还应该利用与广东国民党人之间的协议，取得运送援助红军军事装备及弹药等物资的便利，莫斯科将可以在交货地点或上海支付货款。王明等人更是电告中共中央称："我们不明白，你们为什么准备以主力对广州部队实施打击。"广

---

[1] 由《中共中央局关于扩大红军突击运动给各突击队长和各省委县委指示信》（1933年12月15日）即可了解，当年逃兵规模之大。信称："有许多地方，逃兵是整批开小差回来的。"仅"瑞金十天中，在合龙、河东、下肖、黄柏等区就发现成批逃兵反抗我们的归队运动"。为此，各级党和政府的组织已不得不通过"残酷的阶级斗争"的办法，来展开反逃兵运动和归队运动。
[2] 见《红色中华》第176期，1934年4月17日，等。
[3] 参见原中央革命军事委员会所属军委总参谋部第五局局长及军委动员武装部长杨岳彬叛变后所写文章，《申报》1934年10月13日。另见王健民：《中国共产党史稿》第二编第154—158页所列表格可知：1931—1933年秋，中共自首者共276人。而1933年秋—1934年9月，除被捕4505人外，自首达到4213人，可见全国范围内中共本身动摇者之多。
[4] 《秦邦宪给共产国际执行委员会的电报》，1934年9月17日，见《共产国际、联共（布）与中国革命档案资料丛书》（14），第251页。

州人目前还没有对我们实施积极作战的准备,为什么要激怒他们而不去利用宁粤之间的矛盾?[1]

共产国际执委会显然对中共如此迅速地放弃江西苏区深感不安,因为退入湖南之后,共产国际一直在尝试的从海上或从长江口岸秘密为红军输送武器装备的努力将再难实现。因此,一直拖到9月30日,政治书记处才正式电告中共中央:"我们同意你们将主力调往湖南的计划。"但它还是强调,中共中央应当在江西苏区留置有力部队,将第七、十等军合组成东方军在闽赣皖浙四省交界处建立一根据地,并应将在福建汀州、连城一带的部队留在福建组成南方军,既负责牵制蒋介石的军队,又可以保留在南方的一些战略据点。[2]

目前还不清楚中共中央是否收到了共产国际9月底以后发来的各种电报,以及是否正式通知了共产国际自己退出江西苏区的时间与路线。可以了解到的只是,10月初,上海中央局负责中央苏区联络的电台就被国民党破获了。莫斯科从此再也无法联络到中共中央,并因此很长时间没有了中国红军的确切消息。

1934年10月10日夜,8.7万名红军及苏区党政工作人员与挑夫等,从瑞金、古城,及其附近那些村镇和尚未被炮火摧毁的堑壕、掩体中纷纷拥了出来,极其秘密地向西南突围。随着这些曾经掌握着数百万人命运的政治家,以及挑在担子上,驮在马背上的银行、医院、印厂等渐渐远去,"中华苏维埃共和国"不复存在了。

"中华苏维埃共和国"在人类历史上实际只存在了1070天。但是,为了这个"工人和农民的民主专政国家"的存在而进行的斗争,已经历时七年。七年的暴动、战争和流血牺牲,以数十万、上百万人的生命所换取的成果,至此毁于一旦,这当然是一种悲剧。然而,更大的悲剧在于,这些匆匆离去的共产党人,其主要领导人其实还并不知道失败的原因所在,他们仍旧相信:政治分野和阶级利益高于一切。他们没有也很难了解,中国

---

[1] 《共产国际执行委员会政治书记处政治委员会给中共中央的电报》,1934年9月23日;《王明和康生给中共中央的电报》,1934年9月28日。见《共产国际、联共(布)与中国革命档案资料丛书》(14),第253、255页。
[2] 《共产国际执行委员会政治书记处政治委员会给中共中央的电报》,1934年9月30日,见《共产国际、联共(布)与中国革命档案资料丛书》(14),第256—257页。

革命固然是他们追求未来社会平等的重要手段,但革命手段与革命目标之间并非总是画等号。特别是当日本帝国主义入侵东北以后,继续机械地坚持彻底的毫不妥协的苏维埃革命立场,只能使自己日益陷于孤立,并最终走向失败。

四、"塞翁失马,安知非福?"

莫斯科重提列宁的策略:要利用敌人之间的一切裂痕和利害冲突

坚持一切从革命利益出发来考虑问题,这是中国共产党人的重要思想特点,它始终支配着中国共产党人的各种方针、政策和策略。但是,由于在不同的历史时期,他们对革命的含意还有不同的理解,因此,不同时期共产党人的立足点事实上还有区别。对于30年代初期那些有幸登上党的最高领导地位的留苏学生来说,他们显然更习惯于从苏联政治的角度来理解革命。在他们看来,作为"世界革命的领导者与组织者"的苏联的存在,已经造成了社会主义与资本主义"两个世界对立"的局面,苏联因此不仅成为"动摇世界资本主义制度与推进世界革命的最有力因素",而且不可避免地成为帝国主义极端恐惧,必欲置于死地的敌人。[1] 在这种情况下,尽管中国革命也已经成为"世界政治的决定性因素之一"[2],但同决定着世界共产主义整体利益和根本利益的苏联的事业比较起来,它仍旧只是一种革命的局部利益,中国共产党人仍旧必须时时准备以局部利益来服从于根本利益和整体利益。这包含着,中共每时每刻都要把帝国主义进攻苏联的危险,看成是自己"最主要的危险"。要"十倍、百倍的加强反对一切帝国主义、国民党、满洲国的反苏联企图与挑衅,开展广大的群众

---

[1] 洛甫:《在争取中国革命在一省与数省的首先胜利中中国共产党内机会主义的动摇》,1932年4月4日,《红旗周报》第37—38期。
[2] 转见《共产国际有关中国革命的文献资料》(2),第202页。

的保护无产阶级祖国（苏联）的运动"[1]；要努力"变进攻苏联的战争为反帝国主义的革命战争"[2]，要随时随地根据苏联利益的需要，来变换自己的策略方针，直至作出某些必要的牺牲。用共产国际比较形象的话来说，就是要准备"用你们的身体造成一条环绕苏联——社会主义胜利的国家的活的、不可摇撼的壁垒！"[3]

要想了解这些这时还习惯于按照苏联教科书进行思考的年轻留苏学生的思维方式，其实并不困难，因为他们几乎所有的言论都可以在苏联现成的理论和历史的课本中，以及共产国际的决议中找到根据。他们尤其了解"工人没有祖国"这一"社会主义的基本原理"[4]。他们更清楚地知道，列宁是怎样论述"变现代帝国主义战争为国内战争"这一"唯一正确的无产阶级口号"[5]，以及如何在实际行动中促使本国政府"在军事上接二连三地失利和失败"[6]，来实现这种转变并发动革命成功的。

毫无疑问，自信是无产阶级先锋队的共产党人是很容易接受"工人没有祖国"这一社会主义的基本观念的，而苏联这一无产阶级祖国的诞生和它对各国共产党的领导与援助，更能够使正在与本国政府斗争的共产党人容易理解列宁关于变国际间战争为国内战争的策略，更容易接受"拥护苏联"乃至"武装保卫苏联"之类的革命口号。共产党人固然清楚地知道他们"本身暂时还是民族的"，并且必须首先在国家和民族的范围内活动，但正如马克思所说，他们确信："这里所说的'民族的'一词和资产阶级所理解的完全不同。"[7]甚至完全有义务保卫"涉及千百万人的、资产阶级进步的民族解放运动"[8]的半殖民地中国的共产党人，也只能时时处处高举着"武装保卫苏联"的大旗，即使在日本入侵中国的情况下也毫不例外。这是因为，如同他们相信世界早已被划分为两大壁垒一样，中国也已然成为两个世界对立的缩影。作为社会主义苏联一方的"苏维埃中国"，

---

[1]《中央关于红五月运动的决议》，1932年3月25日；《革命危机的增长与北方党的任务》，1932年6月24日，见《中共中央文件选集》，第8卷，第177—181页。
[2] 王明：《中国目前的政治形势与中共当前的主要任务》，1932年3月31日。
[3] 转见《红旗》周报，1932年第43期；《实话》1932年第3、4期，等。
[4] 见《马克思恩格斯选集》，第1卷，第270页；《列宁全集》，第21卷，第14页。
[5] 参见《列宁全集》，第21卷，第16、23、256页，等。
[6] 同上。
[7] 见《马克思恩格斯选集》，第1卷，第270页。
[8] 见《列宁全集》，第21卷，第419—420页。

第三章 从"彻底"到"不彻底"

同作为帝国主义一方的"国民党中国",二者间只能是你死我活的关系,没有任何形式能将它们沟通。按照这样一种理解,民族的概念自然变得既不确定,也缺少正面意义,让人难以把握,而共产党人必须首先从阶级的和革命的角度来考虑民族问题,也就成为一种必然。阶级和民族,谁亲谁疏,更是一目了然。

然而,苏联是否如此刻板呢?从日本入侵中国东北之后苏联外交上的一系列行动,可以清楚地看出,苏联并不是完全依照书本行事。

在九一八事变以后,尽管共产国际一再告诫各国共产党人,反苏战争的危险已迫在眉睫,但苏联的宣传机器试图告诉全世界,日本的行动是帝国主义为"彻底瓜分中国"和"重新瓜分世界而准备新的帝国主义战争的一个重大阶段"[1]。在11月7日中华苏维埃共和国宣告成立之际,苏联一方面宣布国民党政府"是一个卖国政府,是一个不知民族耻辱的政府",只有苏维埃中国才能"结束帝国主义者对中国劳动者的强暴行为","才能赢得并捍卫真正的、不折不扣的经济和政治独立","保障国家的真正统一"[2],一方面却公开派员拜访国民党中国的代表,要求恢复同南京政府之间的外交关系[3]。而在日军占领中东铁路及沿线地区之后,苏联则直接同帝国主义的日本政府谋求缓和,明确提议在社会主义的苏联和帝国主义的日本之间缔结互不侵犯条约。[4] 1932年2月,日本扶助的傀儡伪"满洲国"宣告成立,苏联方面更是率先予以默认,不仅公开承认"满洲国"任命的一切人事和机构,而且声明"确认满洲政府对于中东路之主权"[5],进而直截了当地与"满洲国"代表团接洽和谈判让售中东路的权益问题。[6] 与此同时,苏联政府积极同国民党南京政府进行复交谈判,

---

[1]《满洲分赃的斗争》,(社论)《真理报》,1931年10月18日;并见《消息报》,1931年9月21日。见《1927—1937苏联〈真理报〉有关中国革命的文献资料选编》,第345—349页,等。
[2] 米夫:《中国的革命斗争》,《真理报》,1931年11月13日,见《1927—1937苏联〈真理报〉有关中国革命的文献资料选编》,第374—380页。
[3] 参见《消息报》,1931年11月15日。
[4] 见《外交史》,第三卷(下),第752页。
[5] 见《苏俄评论》第3卷第1期,1932年10月1日。
[6] 该项谈判自1933年6月1日起,于1935年3月12日结束。苏开始提出让售价为25000万金卢布,最后实际让售价仅14000万日元,约合3500万金卢布。参见莫尔著,曹未风节译:《苏联的远东关系》,商务印书馆1950年版,第17—20页。

并很快于1932年12月12日正式恢复了双边关系。

当"苏维埃中国"正在与"国民党中国"作殊死战斗,向日本公开宣战,并发动东北民众向日伪进行游击战之际,苏联却极力向"苏维埃中国"的敌人谋求妥协与和平,这当然不是中国共产党人所希望的。但是,还有什么能够比维护社会主义苏联的利益和安全更重要的呢?对于那些早已习惯于把苏联看做"世界革命的中心"的共产党人来说,苏联的做法总是必要的、毋庸置疑的。1933年1月德国法西斯上台之后的情况就更是如此了。苏联因为深切地感受到来自德国和日本东西两面的严重威胁,因而迅速调整了自己此前的外交策略。它不仅开始更加主动地和那些它一向认为是同样抱有反苏野心的欧美各国资产阶级政府接触,提议和谈判缔结互不侵犯条约以及互助条约之类的和平协定,而且破天荒地向那些仍旧被共产国际和各国共产党看做仇敌的帝国主义国家,呼吁建立什么"集体安全体系",仿佛一夜之间魔鬼也可以变成朋友。

苏联的所作所为同中国共产党人的所作所为,明显存在着极大的反差。但是,能不能由此得出结论,说苏联实际上已经结束了其作为世界革命中心的作用,而重新成为纯粹意义上的大俄罗斯民族国家了呢?这当然不能。作为共产党的苏联,不论其出于何种现实的自我保护的考虑,采取怎样一种外交策略,都不可能根本改变其基于意识形态而为自己规定的标准和目的。忽略了这一点,就如同忘记了这时的苏联和共产国际有着同一位领袖斯大林一样,是不可思议的。实际上,这时真正能够比较真实地反映苏联共产党领导人的思想的,仍旧是共产国际。也就是说,尽管苏联此时极力向各国资产阶级政府推销和平,但其内心深处依旧相信:魔鬼终究是魔鬼,绝不可能成为真正的朋友。因此,它虽然注意到欧美各国中有许多"由于某种动机不愿意破坏和平而愿意和苏联这样一个有信用的主顾发展贸易的国家"[1],可资利用,但它充其量仍不过把它们看成是些"暂时的、动摇的、不稳定的、靠不住的、有条件的"同盟者,其出发点也仅仅是在"极精细、极留心、极谨慎、极巧妙地""利用敌人之间的一切裂痕"和"一切利害冲突"而已[2]。

---

[1] 见《斯大林全集》,第13卷,第263—266页。
[2] 见《列宁全集》,第31卷,第52页。

第三章 从"彻底"到"不彻底"

王明：今日中国，谁能解决抗日救国问题，谁就能得到民众

不过，利用矛盾总比故步自封、坚持关门主义，为渊驱鱼、为丛驱雀的极端政策强得多。1932年底1933年初，随着苏联策略灵活性的加强，共产国际和中共驻共产国际代表团也都重新注意到这种利用矛盾的灵活策略的积极意义。在他们以中共中央名义写给满洲各级党部及全体党员的信中，也明确出现了"联合一切可能的、虽然是不可靠的、动摇的力量，共同的与共同的敌人——日本帝国主义及其走狗斗争"的相对灵活的策略主张。只不过，他们在这个时候的转变仍旧不可能是彻底的。他们依旧在提醒满洲的党组织说："整个国民党的各个派别，一贯的继续对各帝国主义的基本政策——投降政策"，因此，即使"无产阶级在一定的场合和条件之下，与民族资产阶级的某一部分实行统一战线"，也"必须牢记着下层统一战线必须是我们活动的基础，任何的上层统一战线，都只有在我们能够抓紧巩固的下层统一战线和上层处于下层革命情绪的威胁下的时候，才可能和有用"，并且，这种统一战线必须"准备进一步的阶级分化及统一战线内阶级斗争的基础，准备满洲苏维埃革命胜利的前途"[1]。

强调下层统一战线的意义，是1933年共产国际行动主张的重要内容。当德国法西斯上台并轻而易举地摧毁了欧洲最大的德国共产党和德国社会民主党之后，社会党国际率先呼吁社会民主党与共产党结成反法西斯的统一战线，这使一向把社会民主党看做帝国主义和资产阶级罪恶帮凶的共产国际一度深感被动，以至出此下策，试图排除其上层影响，把握住欧洲工人阶级统一战线的领导权。值得注意的是，继续坚持这种纯粹脱离实际的割裂上层、下层的机械做法，已经不大符合追求策略灵活性以便利用矛盾的苏联国际政策的变化趋势了。

1933年10月，中共代表团在给中共中央政治局的信中，就开始从此前打击中间势力的传统做法中摆脱出来，注意强调斗争口号的民族色彩，而不再突出强调其阶级性了。他们指出：目前中国民众最中心最重要的问题是"抗日救国"，"谁能在实际上证明他能解决这个政治问题，谁就能取

---

[1]《中央给满洲各级党部及全体党员的信》，1933年1月26日，见《中共中央文件选集》，第9卷，第21—44页。

得广大民众的拥护,谁就能成为政治斗争的胜利者。关于这点不仅我们懂得,我们的敌人也懂得。"因此,目前"非常迫切的需要广大的非常灵活的具体运用这一民族革命战争的策略","必须给广大民众一个共同的非常具体的非常简单的、明了的对日作战行动纲领","以便在实际的群众斗争上来揭穿国民党卖国的真相,在事实上将反日斗争和反国民党的斗争联系起来"。尽管在这里他们仍旧把国民党视为自己的敌人,并且尚未试图利用国民党内部的矛盾,但他们显然已经不再把那些介乎国共之间的社会名流及中间分子统统看做"最危险的敌人",并试图利用这些"名流学者",甚至提出"要尽可能的找到灰色的甚至平时是反动的"中间知名人士,来赞助他们提出的丝毫不带阶级色彩的"中国人民对日作战基本纲领"了。[1]

几个月之后,当苏联共产党确信可以全面推行其集体安全体系的设想之后,为适应苏联外交政策的需要,共产国际也开始全面改变以往的僵化政策了。他们不再重复那种"或者是资本主义,或者是社会主义,或者是无产阶级专政,或者是资产阶级专政"[2]的非黑即白的激进口号,第一次公开主张放弃以无产阶级专政和社会主义作为直接的斗争目标,改以争取扩大民主自由,反对法西斯为具体的斗争纲领。共产国际从此全面改变了此前的下层统一战线的策略,明确提出:"必须抛弃那种认为统一战线只能在下面实行的观点,同时必须不再把向社会民主党领导发出的一切呼吁看成是机会主义","共产党不要对统一战线机构采取凡事包办的制度,不要装腔作势地谈论共产党的领导权,而要在实际上实现共产党的领导"。新任共产国际领导人季米特洛夫甚至直截了当地主张,应该彻底改变过去那种"极大地妨碍了我们吸引广大工人劳动群众在我们领导下投入革命斗争"的僵化领导模式,主张今后只"在基本的政策和策略问题上给予各国共产党以指导",以抛弃"那些不顾各国、各党和各个组织的特点"的千

---

[1] 该信提出的"中国人民对日作战基本纲领"包含以下六点:(1)全体海陆空军总动员对日作战;(2)全体人民总动员;(3)全体人民总武装;(4)立刻设法解决抗日经费;(5)成立工农兵学商代表选举出来的全中国民族武装自卫委员会;(6)联合一切日本帝国主义的敌人。《王明康生二同志给中央政治局的信》,1933年10月27日。
[2] 见《真理报》,1933年10月8日。

篇一律的革命纲领和口号。[1]

1934年7月，随着共产国际统一战线政策的转变，中共代表团也开始在统战策略上变得更加灵活起来。7月19日，王明第一次明确提出了应当把民族革命任务与国际革命任务统一起来的思想，主张在宣传"只有苏维埃能够救中国"的同时，还应该指出："神圣的民族战争是救中国的唯一出路。"[2] 不论这种提法在多大程度上只是一种策略考虑，把民族问题提高到与阶级革命问题平等的地位上来切实加以强调，这毕竟是一种很大的变化。

8月8日，中共代表团第一次不再简单地把国民党内的各种派别统统看成是反动的一帮，而提出了利用其内部矛盾，以便集中反对蒋介石集团的策略思想。在9月16日康生和王明二人联名写给中央政治局的信中，他们更进一步主张："利用一切可能反蒋的力量，即是军阀国民党内一切反蒋的力量，我们都必须尽量利用"，同时，在反蒋运动中"不要像过去只等人家来找我们，而要我们去成为反蒋运动的发起人和领导者"，"到处去抬出我们党的招牌"，应当更注重实际工作的效果。[3]

很显然，中国共产党人并非完全没有策略头脑，即使典型的靠啃苏联书本成才的王明等人，也并非完全不懂得利用矛盾这个道理。王明等人说得很清楚："我们党在原则上是反对一切帝国主义和一切地主资产阶级的派别的。"但是，在具体做法上，我们应当"根据目前国际和中国形势，根据敌我力量的对比，根据广大群众的迫切需要，根据利用敌人内部矛盾的策略原则"，来制定反对目前革命最主要敌人的策略。[4]

1934年11月，当中共中央和中央红军已经被迫放弃中央根据地，向西突围之际，中共代表团开始明确地批评临时中央政治局以及共产国际远东局代表在抗日同盟军和福建人民革命政府问题上的错误做法。王明认为，如果1933—1934年能够积极地配合抗日同盟军和十九路军的反蒋行动，"那么，北方反蒋势力和十九路军都或许会得到另样的结果……不仅

---

[1] 参见《季米特洛夫就代表大会第二项日程给委员会的信》，1934年7月1日；《季米特洛夫在委员会关于代表大会第二项日程的会议上的讲话》，1934年7月2日。见《共产国际有关中国革命的文献资料》（2），第333—336页。
[2] 王明：《为共产国际第七次代表大会准备的报告提纲》，1934年7月19日。
[3] 《康生、王明二同志给中央政治局的信》，1934年9月16日。
[4] 《王明、康生给中央政治局诸同志的信》，1934年8月3日。

蒋介石对红军六次'围剿'早已完全破产了，而且全中国的政治情况在今天有可能早已是另外一种局面"了。因此，他明确主张，今后党的工作必须实行反日反蒋统一战线的"新策略"。一定要了解："第一，无论军阀派别之间存在和发生某种矛盾和冲突，我们党都要尽量使之发展并特别使之有利于红军的武装斗争；第二，必须估计到这一件事实，就是在中国目前条件之下，蒋介石是中国人民及其红军底最主要敌人，蒋介石对任何反蒋派别底每一个胜利，都会加强蒋介石反对中国人民和红军的力量；同时，蒋介石对红军底每一个任何胜利，也同样会增加蒋介石反对中国人民和一切反蒋派别底势力。"因此，红军必须与一切反蒋派别实行联合。第三，由于"在中国现在条件之下，每一个真正的严重的反日武装行动，早迟不免转变为反蒋武装斗争（如十九路军行动），同时，每一个大的反蒋武装行动，也有可能变成与日本帝国主义底公开战争（如吉、方、冯等在北方行动），因此，我们的党不应当对反蒋派别底反蒋军事行动采取旁观态度"，而"应当在一定战线上实行最积极的军事行动"去支持这种战争，进而"把这些反蒋军事行动转变成为中国人民反对日本强盗和本国卖国贼底一般民族解放斗争之某种组成部分"[1]。

　　从利用矛盾的角度出发，把抗日反蒋的统一战线策略看成是"有利于反帝革命和土地革命发展"的一种外交手段，把同反蒋派别的关系看成是同"暂时的、动摇的和不坚决的""军阀派别"及"敌人军队"的相互利用关系[2]，这反映了共产党人在观念上仍旧没有摆脱阶级立场和政治分野的出发点。既然确定了以日本帝国主义和蒋介石为头号敌人的方针与建立抗日反蒋的统一战线为具体斗争目标，势必会导致对此前的一系列方针政策之策略的变动，并将不可避免地对整个苏维埃革命的方针产生重要影响。

---

[1] 王明：《新条件与新策略》，1934年11月，见《王明选集》，第3卷，日本汲古书院1973年版，第365—372、382—384页；《中共代表团致中共中央政治局的信》，1934年11月14日。
[2] 见《王明选集》，第3卷，第375—376页；《中共代表团致中共中央政治局的信》，1934年11月14日。

第三章 从"彻底"到"不彻底"

共产国际:只有中国苏维埃才能是反日反蒋斗争的统一中心

苏维埃革命的方针是彻底革命的方针,即旨在反对帝国主义和地主资产阶级的一切派别集团,采用武装斗争和暴力革命的方法,通过工农专政的形式和阶段,在半殖民地中国直接过渡到无产阶级专政和社会主义的方针。它所标明的革命性质,固然仍属于资产阶级民主革命的范畴,革命任务亦包含资产阶级民族解放和打破封建及半封建专制统治,争取自由平等等内容,但它在事实上排除了作为资产阶级革命主体的资产阶级,甚至把它当成了革命的主要对象之一,革命的目的就是要争取无产阶级及半无产阶级的统治权,完全不是以争取资产阶级和小资产阶级的自由解放为目标,因而它早就在各方面脱离了资产阶级革命的范畴,成为直接走向无产阶级专政和社会主义的一种过渡形式的革命。

依据这样一种方针,共产党人在阶级关系上的回旋余地无疑是十分狭窄的。从《中华苏维埃共和国宪法大纲》的规定就可以看出,共产党人只承认"工人、农民、红军士兵及一切劳苦民众和他们的家属"可以享有政治上的自由权利,对一切"军阀、官僚、地主、豪绅、资本家、富农、僧侣及一切剥削人的人和反革命分子",统统是要实行专政的,就连广大小资产阶级及其知识分子,在宪法中也毫无地位可言。[1] 在这种情况下,要想真正贯彻以抗日反蒋为中心的新的统一战线策略,几乎是不可能的。

1935年,共产国际和中共代表团开始试图扩大以往相对狭隘的阶级界限。6月3日,在王明、康生给东北地方党组织的指示信中,出现了"实行全民的反日统一战线,与各种反日队伍建立上层下层统一战线"的提法,同时明确主张宣传"中国人不打中国人"的非阶级的政治口号。[2] "全民的反日统一战线"和"中国人不打中国人"的口号,显而易见是同此前只承认工农劳苦民众的政治地位和革命作用的政策规定大不相同的。虽然,这还仅仅是针对东北沦陷区党的工作提出的具体的工作方针,但共产党人这个时候毕竟开始对整个中国的敌友关系作了新的划分。他们提出,"团结一切反日反蒋的民众",建立"人民统一战线","站在一条战线

---

[1]《中华苏维埃共和国宪法大纲》,1931年11月7日。
[2]《王(明)、康(生)给吉东负责同志的秘密信》,1935年6月3日。

上来打倒我们共同的敌人——日本帝国主义、蒋介石卖国贼、蓝衣社匪徒！"[1] 这里，"人民"的概念固然与"全民"的概念还有明显区别，但显然已不是过去所强调的工农阶级概念了。

紧接着，在1935年7—8月召开的决定共产国际新政策的第七次代表大会上，中共代表团代表中国共产党正式提出了实行"反帝人民统一战线"的策略主张。它准备包括中国"一切政党、派别、军队、群众团体以及一切政治家和社会名流"，即"一切不愿作亡国奴的同胞，一切已经用武器保国卫民的军官和士兵兄弟们，一切愿意参加神圣的民族解放斗争的党派和团体们，国民党和蓝衣社中一切真正爱国爱民的热血青年们，一切关心祖国的侨胞们，中国境内一切受帝国主义者及其走狗中国军阀们压迫的民族"。中共代表团甚至公开提出，中国共产党和中华苏维埃政府愿意和一切反日反蒋的党派团体，共同"组织全中国统一的人民国防政府"[2]。

在殚精竭虑地为实现工农民主专政的苏维埃政权浴血奋战了八年之后，突然宣称愿意同它一向视为敌人的各种中间的和敌对的党派团体一起组织一个统一的"人民国防政府"，这明显反映出，在中央苏区丧失之后，共产党人对继续高举苏维埃革命的大旗来推翻国民党政权这件事情，至少已经没有了以往的那种热情。从共产国际七大热烈欢呼中国苏维埃革命的进展，以及明确希望强大的红军"在反对本国资产阶级和日本侵略者的斗争中，把苏维埃革命扩展到全中国"[3] 的声明看，可以了解，无论共产国际还是中国共产党人，这时都还没有想到过要放弃苏维埃革命的方针问题。但是，改变无疑是明显的，此前的"工农"转而由"人民"所取代，统一战线的范围也不再是仅仅局限于下层的工农劳苦民众了，甚至还有了在苏维埃政府和国民党南京政府之外，另外建立一个反日反蒋的统一战线的国防政府的设想。这一切词语上的转变都意味着，共产党人开始比较现实地估计自己的实力，而不再一味相信苏维埃革命的号召力了。

当然，这一切也仅仅是一种迹象而已。由于"抗日反蒋"统一战线策略的提出而带来的种种变化，这时多半还停留在政策上。共产党人，尤其

---

[1]《为反对日本并吞华北和蒋介石卖国宣言》，1935年6月15日。
[2] 见《国际新闻通讯》第15卷第60期，第1488—1491页。
[3] 见《共产国际有关中国革命的文献资料》(2)，第363—364页。

是那些在莫斯科观察和指挥中国革命的苏联人和中国人,在中断了与中共中央的电讯联系之后,根据各种报纸透露出来的点滴信息,甚至计算出中央红军有七八万人,川陕红军已发展到十万之众,因而断言:"已经拥有在党中央和革命军事委员会统一直接领导下的20万人的武装力量,可以不担心与任何一个敌军的单独集团进行决战。只要江西红军进入新的地区","尽快熟悉新的根据地,充分发挥土地革命的力量,建立苏维埃政权机关系统,用苏维埃方式改革财产关系、土地关系和社会关系","党中央就能真正实现自己的口号,在最近的历史时期内拥有百万红军。"[1] 因此,纵使共产国际提出了"人民"的新概念和统战策略思想,它也依旧在强调,红军必须同时"反对本国资产阶级";"必须把扩大苏维埃运动和加强红军的战斗力,与在全中国开展人民反帝运动结合起来"[2];要求中国共产党人必须牢记自身所肩负的苏维埃革命责任,并坚持说:"只有中国苏维埃才能是反对帝国主义奴役瓜分中国的斗争中的统一中心,只有中国苏维埃才能统一和团结一切反帝势力,来进行中国人民底民族解放斗争"[3]。这就是说,共产国际这时的"抗日反蒋"方针,其实也就是想要在以苏维埃为统一和团结的中心的前提下,把坚持苏维埃革命与人民反帝运动结合起来,把阶级革命同民族革命结合起来。

坚持人民反帝运动必须与苏维埃革命相结合,并必须以苏维埃为统一中心,这只能是远离中国革命实际的莫斯科人一相情愿的幻想。

毛泽东:白区损失了百分之百,苏区损失了百分之九十

自1933年以来,中共在城市里的工作已经完全垮台了。1933年秋至1934年秋,数以千计的党员干部被捕,绝大部分自首变节,相继引发的几乎是毁灭性的打击接踵而来。

1934年3月,江苏省委组织部被破获;

---

[1] 《共产国际执行委员会东方书记处关于中国军事形势的通报材料》,1935年2月11日、3月18日,见《共产国际、联共(布)与中国革命档案资料丛书》(14),第373—376页。
[2] 见《共产国际有关中国革命的文献资料》(2),第119、363—364页。
[3] 见《季米特洛夫文集》,解放社1953年编印,第136页。

6月，中共上海中央局及新建起来的江苏省委组织部等机关被破获，中央局书记李竹声等17人被捕；

7月间，中共领导的海员工会海外委员会被破获；

8月间，中华总工会及上海工会领导机关被破获，将近10人被捕；

9月间，中共中央特科几度被破获，多名重要成员被捕；当月，中央组织部再遭破获，机构全毁；

10月初，上海临时中央局被破获，代理书记盛忠亮等十余名重要电讯及联络人员被捕，多部电台被起获，上万美金及大量现金和外币被抄，江西中央苏区与上海中央局及与莫斯科的联系全面中断；

10月底，中共共青团中央被破获，全部领导人被捕；

11月初，中共共青团江苏省委被破获，几乎全部领导人被捕；11月底，刚刚重建起来的中共中央组织部被破获，徐宝铎等被捕，整个组织系统再度全面瘫痪；

1935年1月，新组建的江苏省委再遭破获，工作瘫痪；

2月中旬，新组建的上海中央局、宣传部、组织部及中华全国总工会再遭破获，中共上海中央局代书记黄文杰等30多名重要干部被捕……[1]

毫无疑问，上海中共中央各机关被破获，直接导致了中共在各大城市的地下党组织相继成批地遭到破获。进入1935年春天之后，中共在城市的所有工作几乎都已瘫痪，整个国民党统治区内唯一继续保持着一定活力和组织系统的，只有中共华北特科和平津的部分党组织了。

除白区组织基本上被破坏以外，中共在各地创立的苏区这时也几乎损失殆尽了。和国民党统治区内中共组织多半毁于国民党特务警察之手不同，中共苏区和红军在相当程度上是毁在自己人的手里的。除了苏维埃革命排斥一切中间力量的极端阶级政策以外，导致中共苏区和红军接连遭受严重损失的，不能不提到在各个根据地里发生的所谓"肃反"斗争。

早期最严重的一次"肃反"斗争就发生在1930年的江西中央苏区，这是苏联发动的反富农斗争在中共苏区所引起的一次特殊的反应。当时，各苏区中外来干部与本地干部隔阂较深，常常会引发冲突和斗争。党的集权体制和阶级斗争观念明显成为外来干部斗争本地干部的重要武器。这

---

[1] 参见《共产国际、联共（布）与中国革命档案资料丛书》(14)，第151—153、154—156、273—276、295—305、318—323、324—346、386—389、405、408—415页。

时，红一方面军总前委就是由外来干部组成，而赣西南省行委则主要由本地干部组成，双方本来就存在隔阂，而本地干部相当一部分又出身于较富裕家庭。1930年中共中央贯彻共产国际开展反富农斗争的指示，正好为外来干部怀疑本地干部阶级队伍不纯提供了重要的政策依据。他们因此认定"地主富农充塞党的各级地方指导机关"，很快发动起"彻底肃清党内机会主义取消主义，开除党内地主富农"的斗争。[1] 在这场斗争中，因有人"发现"有所谓反共秘密组织AB团分子做中共基层支部书记的情况，马上就引起了相关领导人的高度警觉，反AB团斗争迅即展开。

6月25日，赣西南特委下属的西路行委发布宣传大纲，要求各地实行"赤色清乡"、"赤色恐怖"，凡干部中"表现不好"，或"出身不好"，或其亲友中有"行动不对者"，都要交"苏维埃拿办"[2]。而破获所谓AB团的办法，则是靠刑讯逼供。据赣西南特委发布的通告明确宣称："AB团非常阴险狡猾诈强硬，非用最残酷拷打，决不肯供招出来，必须要用软硬兼施的办法，去继续不断的严形（刑）审问忖度其说话的来源，找出线索，跟迹追问。"只要发现同志间有可疑行动，即应"严刑追问"。凡首领、富农小资产阶级以上和流氓地痞及工农分子加入AB团有历史地位或能力较强者，均应"杀无赦"[3]。到当年10月，在赣西南3万多中共党员中，就开除所谓地主富农分子1000余人，并杀了1000多所谓AB团分子。[4]

1930年10月26日，红一方面军总前委及江西省委召开联席会议，注意到赣西南特委上报的所谓从赣西南苏维埃政府中清查出AB团分子占到全部人员1/4的情况，当即通过决议，要求改造苏区所有党政军组织，"不使有一个富农反革命分子（AB团）留在党内团内"[5]。随后，11月间，因发现红军内有人散布对总前委不满的流言，总前委马上宣布整军，

---

[1]《赣西南特委通告列字第一号》，1930年4月9日；见江西省档案馆等编：《中央革命根据地史料选编》（中），江西人民出版社1983年版，第188页。

[2]《反改组派AB团宣传大纲》，1930年6月25日，见《中央革命根据地史料选编》（下），第631—634页。

[3]《赣西南特委紧急通告第二十号》，1930年9月24日，见《中央革命根据地史料选编》（下），第639—651页。

[4]《（中共江西省赣西南特委）赣西南会议记录——组织问题》，1930年10月13日，见《中央革命根据地史料选编》（上），第626、631页。

[5]《目前政治形势与一方面军及江西党的任务》，1930年10月26日，见《中央革命根据地史料选编》（中），第251—266页。

同时成立了各级肃反委员会,在军队中清查AB团分子。仅红四军一个军7000多人,一个月左右时间就在严刑逼供下清查出来一千三四百名所谓AB团分子,占该军总人数的1/5。在整个红一方面军,则打出来4000多名AB团分子。[1]

用严刑逼供和乱打滥杀来肃清AB团,不可避免地造成被打者乱咬一气。由于严刑下有人咬出省行委常委兼团特委书记段良弼等为AB团头子,毛泽东于1930年12月初立即派红一方面军总政治部秘书长兼肃反委员会主席李韶九等前往省行委所在地江西省吉安县富田村实施抓捕。李抓到段等即"加以地雷公线香火等毒刑拷打"以逼供,一个个"打得手指折断,满身烧烂,行动不得"。咬出一批,再抓一批,无论男女,都是"用地雷公打手,香火烧身,烧阴户,用小刀割乳",无所不用其极。五天时间里,共在省行委和省苏维埃两机关及政治保卫队中抓出了120余名所谓的AB团分子,先后处决了40余人。此事最终激起红二十军干部的反抗。他们率领部队将被抓起来的军政治部主任谢汉昌以及段良弼等数十人营救了出来,史称富田事变。

事变发生后,省行委及红二十军干部再三向中共中央报告了事情的详情,段良弼还专程赴上海向中共中央汇报经过。总前委则将事变定性为反革命暴动。以项英为代理书记的苏区中央局随后采取了调和态度,解散了省行委,宣布开除段良弼等人的党籍,同时也将乱捕滥杀的李韶九开除党籍,并否认参加富田事变者都是AB团分子。但是,六届四中全会后新成立的中共中央,却支持总前委的"进攻的路线",免去了项英代理书记的职务,改以毛泽东为代理书记。代表中共中央前往苏区解决富田事变的中央代表团,将应邀前来参加会议的省行委及红二十军领导人一网打尽。随后又取消了红二十军的番号,全部编入红七军,但却将所有副排长以上数以百计的军官全部处决了。短短几年时间里,因所谓AB团问题被杀害者,就有76000人之多。[2]

---

[1]《红军一方面军总前委发布八个大胜利的条件》,1930年12月。
[2] 戴向青、罗惠兰:《AB团与富田事变始末》,河南人民出版社1994年版,第81—112页;景玉川:《富田事变平反的前前后后》,《百年潮》2000年第1期。

第三章 从"彻底"到"不彻底"

富田事变惨剧的发生,远早于苏联发动大规模肃反运动的时间。[1]不过,发生在中国苏区的这一惨剧仍旧是与苏联的影响密不可分的。

这里首先是阶级斗争观念的作用。因为把人划分成阶级,相信阶级斗争你死我活,阶级革命必然造成阶级斗争越来越尖锐[2],各种叛徒、内奸、反革命将无孔不入。鉴于苏俄建国后即开始以政治罪(特别是"反革命罪")入人以罪[3],20年代斯大林又把苏共内不同意见者在事实上都当做"反革命"看待,这些做法应用到高度紧张的赤白对立的战争形势下,自然会出现杯弓蛇影、草木皆兵,以至把有"动摇、害怕、消极、灰心"嫌疑的干部,也视为"实际上不能为党工作,或做了反革命国民党改组派藏在党内的暗探"[4],动辄加以清洗甚至杀害的情况。

与此同时,照搬自苏联的各级党的最高领导人的首长负责制,以及直属于最高领导人垂直指挥的政治保卫制度[5],也在肃反斗争中发挥了极大的作用。在高度集权的体制下,首长负责实际上往往会变成个人或少数人专权;而政治保卫制度及其超越一切行政司法无所不能的权力,必然会大大强化地方党最高领导人的个人权力,并使法律与程序的种种规定形同虚设。[6]两相结合,一旦最高领导人在政治上发现风吹草动之际,"肃反的组织——肃反委员会与地方政治保卫处(局)",难免不会成为人人恐惧

---

[1] 苏联的肃反运动的导火索是1934年12月苏共中央政治局委员、中央书记、列宁格勒州委第一书记基洛夫被暗杀事件。大规模肃反运动开始于1936年,持续了将近三年时间。苏共内所有持不同意见者,包括大批只是被"逼、供、信"咬出来的,或因为各种原因受到怀疑的数以千计的中高层领导干部,几乎全都惨遭杀害。经过这场大清洗,苏共十七大代表中56.6%被逮捕,十七大中央委员中76.5%被逮捕和处决,苏联团长以上军官50%多遭到了清洗。

[2] 见《斯大林全集》,第13卷,第190页;《斯大林文选》,人民出版社1962年版,第129页。

[3] 1917年俄国革命成功后即宣布成立革命法庭,以与反革命势力作斗争。1919年颁布《革命军事法庭条例》更具体列出了反革命罪罪名表。1922年颁布《苏俄刑法典》正式将"反革命"入罪,列为"国事罪"中一类,并细分为16条罪名。1927年颁布《国事罪条例》,对"反革命罪"进一步作了更为详尽的规定。

[4] 《干部问题提纲》,《党的建设》第10期,1931年11月。

[5] 俄国十月革命以后就成立了专门的肃反委员会,即所谓"契卡";1922年变成了国家政治保卫局,即所谓格伯乌(KBU)。

[6] 如《赣西南特委紧急通告第二十号》(1930年9月24日)和《中共中央执行委员会第二十一号训令》(1933年3月15日)等各种文件均明文规定,不仅要大胆怀疑同志,而且对可疑者必须用酷刑来逼出口供,"凡属罪恶昭著证据确实的分子",即"应速即执行死刑,然后报告上级裁判部备案"。

的"超过党超过政权的独裁机关"[1],并制造出种种冤案。

闽西苏区1931年仅因无知的青年军人喊错了口号,就立即全面展开了追查所谓"社会民主党"分子的肃反斗争。闽西苏维埃政府中半数的执行委员因此被杀,共青团30多个区委几乎全部瓦解,闽西红十二军因此大量减员,一些地方接连发生武力反抗事件,全苏区党员人数由8000人锐减了3000余人。全苏区被扣上"社会民主党"分子而遭杀害者达到6352人。[2]

鄂豫皖苏区也在1931年由中央局书记张国焘主导展开肃反运动,方法也是通过张个人指挥的政治保卫局,用严刑拷打来逼出口供。根据酷刑下咬出来的证据,捕杀了红十二师师长许继慎、红十二师政委庞永俊、继任政委吴荆赤、红十二师副师长肖方、红十二师参谋长魏孟贤、红十一师师长周维炯、红十一师政治部主任熊受暄、红十师副师长程绍山、参谋主任范沱、政治部主任关叔衣、红三十三师政委姜镜堂、军政治部主任王培吾、军委参谋主任李荣桂,以及团营级干部一大批人。随后,全苏区展开整肃,仅据当年11月公布的统计结果,就消灭了所谓"改组派"1000人,富农及不好的分子一千五六百人。据徐向前回忆,在三个月左右的肃反斗争中,"就肃掉了两千五百名以上的红军指战员,十分之六七的团以上干部被逮捕、杀害","被肃掉的大都是有能力、有战斗经验,和群众有密切联系的领导骨干"。苏区中六安、霍邱、英山等县委,几乎全体干部都被杀害了。红安独立师一个晚上就杀了200多人,六安独立团也被杀害200余人,红山警卫团第八连100余人全部杀光。甚至红军被迫离开鄂豫皖,退入四川之后,这种肃反仍在继续。不仅继续杀害大批军政干部,而且杀害四川省委和原川东游击队的干部,就连200多名前来参加工作的知识分子,最后也被杀得只剩下五六人了。[3]

湘鄂西苏区从1932年开始,为清查所谓的"改组派"分子,在苏区中央局书记夏曦一个人主导下就连续进行了四次肃反。数以千计的人,从苏区及红军创建人,到省委委员、特委书记、中央分局巡视员,以及红三

---

[1]《苏区中央局关于苏区肃反工作决议案》,1932年1月7日,见《中共中央文件选集》,第8卷,第18—38页。
[2] 参见《闽西"肃清社会民主党"历史冤案已平反昭雪》,《党史通讯》1986年第5期;蒋伯英:《闽西苏区的"肃清社会民主党"冤案》,《中共党史研究》1989年第4期。
[3] 参见《徐向前元帅回忆录》,解放军出版社2005年版,第108—109页;张国焘:《给中央政治局的报告》,1931年11月25日,等。

军参谋长、政治部主任等等，均被杀害。各个根据地总共肃出 3 万多所谓的"改组派"分子，其中 2 万多人惨遭杀害。原来有 2 万多人的红三军，最后只剩下了三四千人。整个苏区和红军党的组织，最后只剩下了四五名所谓信得过的党员。[1]

湘赣苏区肃反运动中，红七军因为是广西旧军队起义过来的，其领导人无端被怀疑为"改组派"，以至团以上干部几乎全部被捕、被杀，毅然投身革命的总指挥李明瑞也因此死于非命。粤东北苏区的红四十九团 1932 年只因误听敌特谣言，就在不过两三千人的队伍中杀害了千余人，几乎把整个部队搞垮了。

由上不难了解，1934 年前后中共苏维埃革命所遭受的种种惨重失败，即毛泽东所说的"白区损失了百分之百，苏区损失了百分之九十"[2]，可以说是不可避免的。它既来自于国共两党力量对比的悬殊，更来自于中共自身政策的过多错误。

《八一宣言》，从"工农苏维埃"到"人民苏维埃"的转变

在 1934 年秋之后，随着中央红军开始向西撤退并被迫进行长征，蒋介石南京政府也乘机把自己的势力扩展到了一向处于半割据状态的云、贵、川、康等西南各省。一方面红军越走越远，并又接连放弃了川陕及湘鄂川黔两大根据地，被迫折向西北，远离了国民党的战略要地；另一方面蒋介石乘机扫除异己，并"将一向不统一的川滇黔三省统一起来"了[3]。如此一来，国民党既去了所谓"心腹之患"，又极大地扩展了其势力范围，奠定了所谓"民族复兴的根据地"[4]，蒋介石的地位及势力随之愈益巩固和增强，其"安内"及"统一"的目的也明显接近于实现。

在这种情况下，蒋介石的安内攘外政策开始有了某些变化。1934 年

---

[1] 参见《湘鄂西中央分局报告》，1934 年 9 月 15 日；《土地革命战争时期根据地反"改组派"斗争考析》，《湖北行政学院学报》2004 年第 5 期；景玉川：《富田事变平反的前前后后》，《百年潮》2000 年第 1 期。
[2] 毛泽东：《关于人的认识问题》，见中共中央文献研究室编：《毛泽东文集》，第 8 卷，人民出版社 1996 年版，第 393 页。
[3] 蒋介石：《政府与人民共同救国之要道》，1936 年 1 月 16 日，见李云汉：《抗战前华北政局史料》，（台北）正中书局 1982 年版，第 709 页。
[4] 见《党史概要》第 2 册，第 747 页。

夏，当第五次围剿的军事形势已完全明朗之后，他就已经开始认真考虑对苏交涉问题，甚至开始考虑与苏联签订秘密军事协定或互助条约的可能性。而其军事部署上，也似乎有了由所谓"剿匪"转为"以抗倭为中心"[1]的倾向。蒋介石于1935年秘密调集大批部队构筑由苏州、常熟、嘉兴、江阴等地，向长江两岸及黄河流域逐次推进的以南京为中心的大型防御体系。同年，蒋并下令成立"陆军整理处"，准备四年内整理陆军60个师。不仅如此，当日军进一步威胁平津华北地区时，蒋竟以演习为名，先后向平汉路南段沿线及京沪线南段沿线调集了20余万中央军，开始把非嫡系的地方军队调去应付残存在南方等地的共产党小股武装了。这种情况都表明，蒋介石似乎越来越开始把来自日本的威胁放在了更重要的地位，对共产党的威胁则不那么担心了。

当然，至少在1935年间，国民党内部的分化情形还是很明显的，蒋介石中央势力的迅速增长，对地方实力派造成了很大的威胁，因此反蒋的情绪和力量还是存在的。在这种情况下，以抗日为号召来组织反蒋统一战线还是有些号召力的。在这一年的7—8月，共产国际召开了第七次代表大会，制定了新的统一战线政策，方便了中共调整转变自己的政策和策略。出于现实政策需要的考量，中共驻共产国际代表团开始部分改变了对苏维埃革命的宣传手法。还在这一年3月间，原福建人民革命政府的一些反蒋头面人物，在宣布赞同共产党人的最高纲领和决心以共产党为"唯一的真正的同盟"之际，就明确表示过希望中共能够放弃还不适宜作为直接斗争目标的苏维埃革命的方针。[2]尽管王明等人最初对此还难以接受，但在共产国际七大召开之后不久，他们还是从七大那些关于必须以苏维埃为中心之类的空洞口号上退了下来。特别是在了解到红军全部主力都已退去西南和西北地区之后，他们显然已经意识到，依据目前的局势和红军现有的力量，仅仅作出某些策略手法上的变化是远远不够的。即使不是苏维埃革命方针应当改变的话，对苏维埃政策进行一些调整无论如何都是必需

---

[1] 转见《中华民国重要史料初编》绪编（一），第742页。
[2]《胡秋原给王明和康生的信——中国人民革命委员会给中共驻共产国际执行委员会代表团的信》，1935年3月10日，见《共产国际、联共（布）与中国革命档案资料丛书》（14），第366—372页。

的。否则，共产党人就绝不可能与各个反蒋派别建立起统一战线来。

9月，中共代表团举行会议，决定发表《为抗日救国告全体同胞书》（即《八一宣言》），明确肯定要以反日为号召，同一切反日的力量实行联合。10月1日，中共代表团在自己的机关报《救国时报》上，以苏维埃中央政府和中共中央名义发表了《为抗日救国告全体同胞书》，呼吁全国各党各派各界各军以"兄弟阋于墙外御其侮"的真诚觉悟，"停止内战"，组织全中国统一的国防政府和抗日联军，"有钱的出钱，有枪的出枪，有粮的出粮，有力的出力，有专门技能的贡献专门技能"，"集中一切国力"，"为祖国生命而战！""为民族生存而战！""为国家独立而战！""为领土完整而战！""为人权自由而战！"[1]

"兄弟阋于墙外御其侮"，讲的是外争高于内争，民族矛盾高于阶级矛盾。公开把各种反日反蒋势力，"不管什么阶级"、"不管什么党"[2]，统统看做"兄弟"或"同胞"，并且提出为"民族"、"国家"、"领土"乃至"人权自由"而战的带有明显的资产阶级色彩的政治口号，这标志着共产党人正在从早先"彻底革命"的立场上大踏步后退，甚至从共产国际七大的立场上后退了。

可以了解的是，中共代表团已经渐渐注意到，必须改变过去那种只承认共产党和工农劳苦大众的革命性，将其他党派和阶级统统视为反革命的狭隘观念。为此，首先就必须在苏维埃政权之下给予工农劳苦大众以外的阶级，即"所有城市小资产阶级分子以及一切真正参加抗日救国的武装斗争的人"以公民权；使"不反对苏维埃政权而反对帝国主义者及其走狗底非共产主义的党派、社会团体和群众组织，能够享有民主权利和自由"，而他们的代表，包括资产阶级出身的专门人才，则应允许参加苏维埃政权及其机关工作。同时，应当停止剥夺富农和商人的政策，停止侵犯小土地所有者和私人工商业，等等，以便"使我们的政策，具有明确的人民性质和深刻的民族性质"。只有这样，才能使苏维埃本身适应目前策略变动的

---

[1]《为抗日救国告全体同胞书》，1935年8月1日，见《中共中央文件选集》第10卷，第518—525页。
[2]《中央为目前反日讨蒋的秘密指示信》，1935年10月，见《中共中央文件选集》，第10卷，第561—571页。

需要。[1]

以往的工农苏维埃自此失去了存在的可能,"人民苏维埃"的口号被提了出来。尽管"苏维埃"的形式及其旗帜依旧保持着,但从"工农"到"人民"这一阶级范畴的大幅度变动,明显地改变了此前苏维埃革命的内容与目标,从而就在根本上动摇了以彻底性为其最重要特征的苏维埃革命的方针和政策。由此一来,渐渐地,苏维埃作为一种革命形式,只不过是共产党人用以保持与蒋介石南京政权对立的一种革命标志罢了。策略上的转变导致政策方针的根本性变化,这是人们最初始料所不及,又是不可避免的。

毛泽东:打到苏联边界去,保存这数百干部和若干千战士

中共中央和中央红军浩浩荡荡退出江西苏区后,在国民党中央军的追击下,一路不断减员,渡湘江时更遭遇何键等部的拦截,辗转过江后只剩下3万多人,大部分辎重,特别是各种人挑马驮的设备和资料,全部散失。原想落脚湘西,也只得放弃,经过湘桂边境时,又遭到桂系军队的堵截,不得不转入贵州;有意在川黔边落脚,建立一块根据地,不料中央军也追入贵州,只得又转向川滇黔边。但在中央军和川军的夹击下,红军仍不能落脚,只好转入滇东北。因在滇东北发现可以过金沙江,进入川西以争取与红四方面军会合,故又几经辗转进入川西。恰好红四方面军也退出川陕苏区,八九万人浩浩荡荡南下川西相迎,两军终于在中央红军艰苦跋涉八个月之后,于1935年6月12日在四川夹金山脚下的懋功(今四川省阿坝藏族羌族自治州小金县达维镇)会师了。

但是,两军会师后双方很快发生了隔阂与摩擦。这里面最主要的原因,一是因为双方无论兵力、装备、供给、军容都相差甚远,中央红军这时只有1万多兵力,而四方面军的兵力则是中央红军的六七倍之多;这不

---

[1] 分别见王明:《中共的新政策》,《布尔什维克》1935年第20期;《为争取反帝统一战线而斗争和中国共产党的当前任务》,《共产国际》1935年第33—34期;《答反帝统一战线底反对者》,《救国报》1935年11月7日;《中国共产党的新策略》,《国际新闻通讯》第15卷第70期,1935年12月21日;《中国共产党新策略的基础》,《国际新闻通讯》第15卷第71期,1935年12月27日;《全面转变我们的工作》,《国际新闻通讯》第16卷第8期,1936年2月8日。

第三章 从"彻底"到"不彻底"

能不在双方指战员，包括在双方最高领导人心理上，形成一种强烈的反差。二是中共中央与共产国际已经失去联系多时，而就在几个月前，即1935年1月15—17日，中共中央领导人曾在贵州遵义召开了一次政治局扩大会议，在没有得到共产国际指示的情况下，自行改组了中共中央政治局及政治局常委会。会议明确认为，由李德、博古和周恩来组成的"三人团"必须要对中央苏区作战失败负责，李德和博古"要负主要责任"。会议增补毛泽东为政治局常委，会后常委分工"决定以洛甫（即张闻天）同志代替博古同志负总的责任"，"恩来同志是党内委托的对于指挥军事上下最后决心的负责者"，"泽东同志为恩来同志的军事指挥上的帮助者"[1]。这次会议虽然仍旧推举了留苏学生张闻天代替博古"负总的责任"，但这毕竟已经不是经由莫斯科认可的那个中共中央了。这一改变无疑使张国焘等四方面军最高领导人对中共中央的权威性发生了动摇。

正是在这种情况下，双方很快就围绕着究竟是南下还是北上，以及四方面军领导人在中共中央政治局中的权位问题，发生了分歧。尽管中共中央基于四方面军人多枪多的现实，尽量迁就张国焘等。周恩来让出了军事指挥上负责者的地位，四方面军领导人得以补入政治局，但是，双方最终仍旧在南下还是北上这一关系到红军发展方向的关键性问题上，出现了严重的意见对立。张国焘最后以党内军事指挥上负责者的地位，下令部队南下。毛泽东则力劝中共中央领导人迅速脱离张国焘的控制，改以中共中央名义，要求各部队听命北上。1935年9月10日，中共中央和中央红军一、三军团在毛泽东的主导下，半夜悄然出发，离开了四方面军。两部红军因此分裂，张国焘随后公开否认了中共中央的合法性，另立了中共中央、中央革命军事委员会、苏维埃中央政府，并宣布解除毛泽东、周恩来、张闻天等人的中央职务，开除党籍等。

张国焘坚持反对北上，主要原因一是因为苏联方面此前曾多次表示过希望红军向四川等地发展，不愿意红军太过靠近中苏中蒙边境地区，担心会给日本进攻苏联和外蒙古造成口实；二是因为他们认为北方有国民党中央军堵截，兵力及防备均强过四川地方军阀，同时自然条件较南方差，解决过冬被服更为不便等。但毛泽东等人的看法恰恰相反，在8月6日中共

---

[1] 陈云：《遵义政治局扩大会议传达提纲》，1935年2—3月，见中央档案馆编：《遵义会议文献》，人民出版社1985年版，第42页。

中央政治局沙窝会议上，张闻天就明确提出了争取西北地区，背靠苏联的战略设想。毛泽东更直言：我们基本上靠自己，但也应得到国际的援助。北上"地理上靠近苏联，政治上物质上能得到帮助，军事上飞机大炮，对我国内战争有很大意义"[1]。9月12日，即两军分裂后，中共中央只剩下六个团的战斗部队，加起来不过五六千人，要想实现原定在川陕甘边或甘南建立巩固根据地的计划已无可能。因此，毛泽东明确主张："打到苏联边界去"，"经过游击战争，打通国际联系，得到国际的指导与帮助，整顿休养兵力，扩大队伍"，得到援助，然后"更大规模更大力量打过（回）来"。他的观点很清楚，现在的关键是要"保持（存）数百干部、若干千战士"。只要能达到这一目的，"就是很大的胜利"[2]。

可以肯定的是，几乎全部是由南方人组成的中共中央，这时并不清楚他们面前究竟存在着怎样的艰难险阻。中共中央反对南下的一个重要理由，就是因为中央红军在八九个月的长途转战过程中，已经清楚地了解了与少数民族打交道究竟有多难。但是，他们不清楚，要想打到苏蒙边界地区去，横在他们面前的，除了他们已经估计到的国民党十倍以上的兵力拦阻以外，还会有许多险恶的自然条件和可能更加危险的少数民族区域。事实上，正像毛泽东所说的，我们很可能被打败，甚至被打散，但是别无他途，必须做此努力。几天后，红军在突破甘肃腊子口国民党鲁大昌部的防线时，五六千人的兵力伤亡就达到上千人。由此可知红军北上前途之危险。

让中共中央绝路逢生的是，红军进入甘肃境内后，在哈达铺意外地看到了一张报纸，上面报道了陕北地区不仅存在着两支红军，而且还存在着一块根据地。这一消息立即引起了毛泽东和中共领导人的高度重视，他们当即决定，停止北上苏蒙边界的计划，立即转向陕北。

1935年10月，中共中央和中央红军抵达陕北苏区。这支一年前从中央苏区撤出时总计约8.7万人的庞大队伍，这时连同伤病员和干部也只有不足6000人了。中央红军这个时候和陕北红军会合起来，总兵力也只有1万余人。而陕北地贫人稀，苏区面积又极为有限，红军的生存和发展，实际上依旧处于严重的困难之中。

---

[1]《毛泽东在中央政治局会议上的发言》，1935年8月6日。
[2]《毛泽东在中央政治局会议上的发言》，1935年9月12日。

第三章 从"彻底"到"不彻底"

十分幸运的是,这里到底靠近苏蒙边境。苏联和共产国际一年来一直在想方设法恢复与中共和红军的联系,它们派来几批联络人,包括携带大功率电台的联络小组,都曾试图与陕北这里的红军接头。[1]而这一年7月,共产国际派中共中央驻共产国际代表团的工作人员之一张浩(亦即林育英),穿越蒙古与绥远交界的沙漠地带,再度秘密潜来陕北。11月中旬末,即在中共中央刚刚到达陕北不过一个月左右的时间,他就成功地成为莫斯科派来抵达陕北苏区的第一人。在与共产国际中断联系长达一年多之后,中共中央重新接通了与共产国际的关系。和这时远在西康地区自称"中央"的张国焘等人相比,中共中央北上方针的正确性可谓显露无遗。

斯大林:"主力红军可向西北及北方发展,并不反对接近苏联"

张浩的到来,对于中共中央远不只是可以重塑合法形象这一种好处。更为重要的是,他还带来了共产国际七大实行统战新政策的最为重要的政治信息。张浩转达的共产国际的口头指示包括如下四项:(1)实行"抗日反蒋"的统一战线的策略方针,(2)以建立国防政府与抗日联军为统一战线的最高表现形式,(3)改工农苏维埃为人民苏维埃,(4)富农政策及相关政策亦加以改变。同时,他还告诉中共中央,斯大林明确表示过对红军发展方向的看法,即他同意主力红军可向西北和北方发展,并不反对接近苏蒙边境。[2]就中国共产党人这时所面临的严峻形势来说,共产国际关于策略转变的这一指示和斯大林关于红军发展方向的意见,其重要性实在是无以复加。十分明显,即使中共中央大胆地改组了自身的最高权力机构,它也绝不可能突破共产国际此前所规定的种种政治方针与基本政策。新的中共中央即使真的取得了共产国际的承认,如果在接下来为生存而展开的种种斗争中仍像过去那样僵化、机械和激进,它也绝对不可能在陕北生存下来。好在共产国际及时地调整了统一战线政策,中共中央恰好得到

---

[1] 已知几批人或者没有到达,或者在途中被土匪武装杀害了。
[2] 《林育英、张闻天二同志致四方面军电》,1936年2月14日,见《第四方面军战史资料选编——长征时期》,解放军出版社1992年版,第371页。

了这一信息，不仅避免了在陕北重蹈江西失败的覆辙，而且还为其纵横捭阖，扭转危局，创造了极为重要的先决条件。

12月25日，中共中央于陕北瓦窑堡通过决议，决定将苏维埃工农共和国"改变为苏维埃人民共和国"，同时改变自己的各项政策。这包括：给予一切革命的小资产阶级及其知识分子以选举权与被选举权，切实保护小资本工商业；欢迎民族工商业资本家和华侨资本家来苏区投资设厂；停止没收富农的土地及财产；允许有产阶级代表参加苏区政权管理工作；不再以社会出身来限制党和红军的发展工作，等等。[1]

毫无疑问，在共产国际统一战线策略转变之后，中共中央开始对国内外形势以及阶级关系有了新的估计。他们相信，随着日本帝国主义公然"并吞中国本部"，挑起华北事变，全中国人民已陷入"亡国灭种大祸临头的危险形势"，从而"重新推醒了全中国人民"，不仅过去脱离革命乃至一度倒向反革命的"广大的小资产阶级群众与知识分子，现在又转入了革命"，就是反革命营垒中的"一部分民族资产阶级，许多的乡村富农与小地主，甚至一部分军阀，对于目前开始的新的民族运动"，也"是有采取同情中立以至参加的可能的"[2]。当"中国革命的现时力量还有严重弱点"的时候，这种情况显然有利于共产党人"用纵横捭阖的手段对付反革命队伍"。而统一战线的策略，就是要从敌人队伍中"多拉一些人出来"，以便于孤立和打击敌人。[3] 不难想见，这一策略思想的提出，对于正处于绝对劣势之下，却又必须坚持以苏维埃政权形式与蒋介石南京政权对立的中国共产党人，将具有何等重大的意义。

很快，中共中央就与负责陕甘地区剿共行动的国民党将领张学良、杨虎城结成了秘密的统战关系。不过万人左右的红军，竟与十余万东北军和三万十七路军和平共处起来，进而在陕北站稳了脚跟。中共中央甚至说动了张学良，与之秘密结盟，承诺帮助张实现联苏抗日。为此，双方甚至在1936年的四五月间，就开始密谋和准备在"抗日反蒋"的旗帜下建立西北

---

[1]《中央关于目前政治形势与党的任务决议》，1935年12月25日，见《中共中央文件选集》，第10卷，第598—628页。
[2] 同上。
[3] 毛泽东：《论反对日本帝国主义的策略》，见《毛泽东选集》（合订本），人民出版社1964年版，第150、152页。

第三章 从"彻底"到"不彻底"

国防政府,组织西北抗日联军,共同"打通苏联",与苏联及外蒙订立抗日互助条约,以西北为中心来发动全国的抗日战争。据此,中共中央明确电告共产国际称,我们已经成功地对东北军和张学良进行了统战工作,并能够劝说杨虎城、邓宝珊等加入到西北抗日反蒋的国防政府当中来。我们拟按照实力原则推举张学良为未来西北抗日联军总司令,并打算吸收张学良加入中国共产党。因为东北军和十七路军一旦加入抗日联军,薪饷无法靠地方税收来解决,故可否请共产国际"每月给我们300万元的援助"。同时我们还"希望得到飞机、重炮、弹药、步枪、高射炮、浮桥……"援助,请告诉我们苏联能够提供多大程度的援助。[1]

从给予小资产阶级及其知识分子以公民权,到允许有产阶级代表参加苏区政权管理工作;从取消入党参军的严格的出身成分限制,到准备吸收中国最著名的大军阀之一张学良入党,这些都鲜明地反映了新一任中共中央领导人张闻天、毛泽东等人的务实精神。尽管在共产国际关于坚持以苏维埃为中心和以"抗日反蒋"为方针的具体指示下,他们还难以在全国范围内以更加灵活务实的精神来分析形势和从事统战工作,但他们显然力图更多地从实际需要而不是从抽象的原则出发来处理问题。

1936年4月13日,受中共中央指派到平津地区领导中共北方局工作的刘少奇,就公开向全国各界宣告:在抗日的前提下,共产党人将不仅进一步停止没收地主的土地与财产,而且还将停止一切反对国民党的宣传和行动,直至"援助南京"抗日。[2]

随后,在中共北方局与国民党方面秘密接触中所提出的谈判协定草案里,更明确提出:一旦国共双方停止敌对行动,组成国防政府和抗日联军,中共将同意国民党在国防政府和抗日联军中占指导地位;而依据将来抗日战争的需要,中共或将更进一步赞成全中国真正的民主统一。[3]

十分明显,所谓"赞成全中国真正的民主统一"云云,表明中共一些

---

[1] 中共中央在1936年6月16日首次利用自己新建的电台,从陕北向共产国际发出了第一份电报。并见《洛甫致王、康电》,1936年7月2日;《季米特洛夫给斯大林的信》,1936年7月初,见《共产国际、联共(布)与中国革命档案资料丛书》(15),第223—229页。
[2] 陶尚行(即刘少奇):《关于共产党问题的一封信》,《自由评论》第22期,1936年5月2日。
[3] 《周小舟给中共中央的报告》,1936年8月29日。

领导人已经开始意识到在一定阶段有放弃苏维埃及红军形式的必要性了。

以彻底的阶级革命为内容和特征的苏维埃革命，作为一种革命运动和特定的革命模式，自从共产国际转变其在中国的统战策略及其有关政策以来，就已经渐渐失去它的存在意义了。这是因为，统战策略的转变，直接导致共产党人对阶级关系认识的改变和阶级政策的大幅度调整。而重新把小资产阶级乃至民族资产阶级的一部分看成是革命动力[1]，把富农乃至抗日的地主看成是革命的同盟者[2]，甚至重新向自己最大的敌人国民党呼吁和平与合作，乃至准备依据实力原则承认后者的指导地位，这些政策改变无疑是巨大的。所谓苏维埃革命，已是名存而实亡了。

当然，要立即放弃这一共产党人为之浴血奋斗已近十年的革命旗帜，还不是一件轻而易举的事情。"苏维埃"作为一种特定的革命模式，或许适用于俄国，却并不适用于中国，尤其不适用于九一八事变以后的中国。这个时候，大概还没有几个共产党人会这样考虑问题，包括主导了新政策出台的共产国际，在这一点上也没有任何思想准备。

共产国际：把蒋介石与日寇等量齐观，在政治上是错误的

1936年8月15日，共产国际执委会书记处给中共中央书记处的一封电报，清楚地反映了苏共中央及共产国际领导人对以往革命形式所怀有的那种眷恋之情。

来电称："建立抗日民族统一战线的方针根本不要求削弱苏维埃，不要求将红军溶入抗日大军和将共产党溶入中国某种总的政治联盟。"具体说来："在政治方面，抗日民族统一战线应该是中国共产党、国民党和其它组织在完全保持它们在政治上组织上的独立性的情况下，在共同的抗日立场上的协调一致。在军事方面，抗日统一战线应该是红军和其他武装力量在组织抗日联军问题上的协调一致，而这些力量当中的每一支力量都保持自己的独立性，都对自己的作战地段负责，在完成共同的作战计划任务时都服从统一的指挥。"因此，来电尖锐批评中共中央领导人作出的"关

---

[1] 参见毛泽东：《论反对日本帝国主义的策略》。
[2] 参见陶尚行：《关于共产党问题的一封信》。

第三章 从"彻底"到"不彻底"

于一切愿意入党的人,不论其社会出身如何,均可接收入党和党不怕某些投机分子钻进党内的决定","打算接收张学良入党的通知","不加选择地接收学生和其他军队的旧军官加入红军队伍的做法",以及"允许有产阶级代表参加苏区政权管理工作"的规定等等,认为这统统有损于党和红军及苏维埃政权的阶级纯洁性,不利于革命队伍的统一和团结。[1]

没有理由认为共产国际的权威地位已经受到了来自中共中央领导层的挑战,共产国际的上述批评几乎是毫无例外地得到了中国共产党人的一致拥护。这是因为,无论中共中央如何努力尝试着灵活应对现实的政治需要,他们到底还是共产党人,还必须服从于共产国际作为上级领导机关的指导与教正,尤其是还必须坚持意识形态的正统性。很显然,共产国际政治指示中突出强调的党的队伍的阶级纯洁性问题和保持党在统一战线中的阶级独立性问题,是中共党的阶级规定性所必须要坚守的原则性问题,也是中共作为共产党的政治合法性的所在。对此,中共中央只有接受和检讨而已。

在8、9两个月里,从中共代表团到中共中央,都不得不忙于起草各种指示和开展自我批评,以便根据共产国际的指示精神全面修正自己此前的政策和策略[2],中共中央并且于1936年9月22日发出了自我批评的通知。

当然,共产国际的批评并非仅仅是教条式地重申关于阶级纯洁性和坚持苏维埃的方针,让中国共产党人能够感受到其前瞻性的,甚至并不在这一点,而是在于它及时地注意到,继续实行"抗日反蒋"的策略方针,"把蒋介石和日寇等量齐观是不对的","政治上是错误的","因为中国人民的主要敌人是日本帝国主义,在现阶段,一切都应该服从抗日"。据此,共产国际建议:"中国共产党人发表声明,主张建立统一的中华全国民主共和国,主张在普选基础上召开中华全国议会和成立中华全国国防政府",而苏区将愿意"纳入这一统一的中华全国民主共和国,将参加中华全国议

---

[1] 《共产国际执委会书记处致中共中央书记处的电报》,1936年8月15日,见《共产国际、联共(布)与中国革命档案资料丛书》(15),第241—244页。
[2] 中共代表团于8月21日和25日,中共中央于9月15—17日,相继召开专门会议,根据共产国际的指示展开自我批评,同时拟定了一系列文件。

会,并在自己的区域内实行为整个中国确定的民主制度"[1]。

承认自己过去"把日本帝国主义与蒋介石同等看待是错误的,'抗日反蒋'的口号,也是不适当的"[2],并不是一件特别困难的事情。真正困难的其实还是把苏维埃共和国的口号改变成为"民主共和国"的口号。因为再明显不过的一点就是,共产国际虽然提议宣传民主共和国的口号,但它实际上还没有认真设想过在中国放弃苏维埃革命形式以及苏维埃共和国的问题。至少,在此时直接负责中国事务的共产国际领导人季米特洛夫那里,还不存在这种明确的意识。季米特洛夫不仅公开要求中国共产党要"继续巩固苏维埃",声称"苏维埃在现时是国内的唯一的民主政权机关和中国人民反对日本帝国主义斗争的最可靠的支柱",而且主张有必要"提出建立苏维埃作为中华全国共和国民主机构的问题",以便据此加强自己的地位,并促使群众"有组织地为建立苏维埃政权而进行斗争"[3]。在他们看来,民主共和国、全国议会、国防政府等等,固然可以视为"目前条件下联合中国人民一切民主力量保卫祖国抵御日寇的最好手段"[4],但真正的民主还是必须靠苏维埃革命和苏维埃政权来实现。因此,坚持苏维埃的政权形式依旧是必要的,哪怕只是作为一个区域性的政权形式保存下来。[5]

然而,在民主共和国和联蒋抗日的策略思想提出以后,还有没有继续保存一个苏维埃共和国或苏维埃政府的可能性呢?处于斗争最前线的中共中央对此显然没有那样乐观。

改变对蒋策略,在中国共产党方面并不是一个十分陌生的问题。早在1935年11月,中共代表团就曾经尝试着作出过类似的表示。[6]并且不止一次地声明,中共主张"抗日反蒋",但"不包含说我们不准蒋来抗日"。

---

[1]《共产国际执委会书记处致中共中央书记处的电报》,1936年8月15日,见《共产国际、联共(布)与中国革命档案资料丛书》(15),第241—244页。

[2]《中央关于逼蒋抗日问题的指示》,1936年9月1日,见《中共中央文件选集》,第15卷,第89—91页。

[3] 参见季米特洛夫:《中国共产党十五周年纪念》,《救国时报》1936年9月18日;《季米特洛夫在共产国际执行委员会书记处会议上关于中国问题的发言》,1936年7月23日,见《共产国际、联共(布)与中国革命档案资料丛书》(15),第230—234页。

[4] 同注[1]。

[5] 同注[3]。

[6] 王明:《驳反帝统一战线底反对者》,《救国时报》1935年11月7日。

第三章 从"彻底"到"不彻底"

"倘蒋能真正抗日,中国苏维埃政府当然可以在抗日战线上和他携手"[1]。

同样,中共中央自1936年初以来,一直秘密地同国民党南京政府的代表保持着政治上的接触,寻找着双方接近的可能性,并在公开宣传上逐渐放弃了直接号召反蒋的做法。[2] 现实力量的对比悬殊,以及排除南京政府和蒋介石国民党无法真正实现抗日等种种考虑,事实上也已经使得中共中央不能不对"抗日反蒋"的策略方针渐渐发生动摇。因此,从策略上调整对蒋方针,并不是一个十分困难的问题。

问题在于苏维埃。依照共产国际的指示,中共中央这时在公开场合继续坚持着"巩固苏维埃"的口号,但是,他们已经看出,如果想要与南京国民党达成妥协,根据目前双方的实力对比,在这种妥协下,双方的政治地位是绝对不可能平等的。因此,要想在政权与军队形式上与国民党讨价还价,几乎是不可能的。对于中共中央来说,目前的关键仅仅在于要"求得在实行抗日与保存苏区红军等基本条件下成立双方之统一战线"[3],其他一切形式上的东西都是次要的。正因为如此,中共中央刚一得到共产国际8月15日电报指示,就立即发布了"表示希望和欢迎蒋及南京政府参加和领导抗日战争"的指示[4]。而在紧接着起草的《关于国共两党抗日救国协定草案》里,它更是明确表示:中共愿意停止武力推翻国民政府的言论与行动,红军则准备在"不变更共产党人员在红军中的组织与领导之条件下",同全国军队一同"实行统一的指挥与统一的编制",红军代表并愿意参加由国民党人"占主要领导的地位"的"统一全国的军事指挥机

---

[1] (通信)《关于抗日讨蒋》,《救国时报》1935年12月14日;《中国苏维埃政府主席毛泽东和外交人民委员王稼祥最近谈话》,《救国时报》1936年1月29日。
[2] 这一转变可以通过毛泽东对张闻天等1936年4月5日发出《为反对卖国贼蒋介石阎锡山拦阻中国人民红军抗日先锋军东渡抗日捣乱抗日后方宣言》提出异议,中共中央改变策略的过程中看出来。毛4月9日电明确提出:"目前不应发讨蒋令,而应发布告人民书与通电……在停止内战旗帜下实行一致抗日,在讨日令旗帜下实行讨蒋。"中共中央因此于5月5日再发《停战议和一致抗日通电》,放弃了"卖国贼蒋介石阎锡山"的提法,改称为"蒋介石、阎锡山氏"。参见中央档案馆编:《中共中央抗日民族统一战线文件选编》(中),档案出版社1985年版,第118—120、140—141页。
[3]《洛、毛关于应迅速争取开始国共主要代表谈判问题致朱、张等电》,1936年10月8日。
[4]《总政治部关于召开白军工作会议规定今后工作方针的建议给彭德怀等电》,1936年8月20日。

关"[1]。随后，中共中央还进一步开始考虑如何承认目前"最有力量的"国民党在未来统一战线组织中的实力领导地位，并据此在红军名称、苏区政权形式、没收地主土地及其有关政策方面实行改变等一系列重大问题。[2]

张、毛、博、周：除非得到苏联援助，否则内战不可避免

这时，由于林育英站在中共中央一边，以共产国际代表身份居中调处，张国焘明显处境尴尬，左右为难。毛泽东等因掌握了与共产国际的联络渠道，开始时态度上十分强硬。他曾明确电告张国焘等："我处不但与北方局、上海局已发生联系，对国际也已发生联系。兄处发展方针须随时报告中央，得到批准。即对党内过去争论，可待国际及七大解决。但组织上决不可逾越轨道，致自弃于党。"[3]张国焘成立第二中央生米已经煮成熟饭，自然也不甘示弱。双方一度为此唇枪舌剑，互不相让。最后，林育英亲自出面致电四方面军，告诉张国焘等说："共产国际派我来解决一、四方面军的问题"，"兄如有电交国际，弟可代转"。他并特别说明，中共中央北上方针是正确的，因为"斯大林同志同意，主力红军可向西北及北方发展，并不反对接近苏联"[4]。张国焘不敢冒与共产国际冲突的风险，最终不能不表示妥协，不再以"中央"自居。而张闻天等为了能将四方面军重新拉回来，也给了张国焘一个台阶，提出"弟等所争持者为政治路线与组织路线之最高原则，好在国际联络已成，尽可从容解决。〔兄〕既愿放弃第二党，则他事更好商量"。"兄处组织仿东北局例，成立西南局直属

---

[1] 《关于国共两党抗日救国协定草案》，1936年9月22日，转见《中共中央抗日民族统一战线文件选编》（中），第287—290页。
[2] 分别见《关于国共两党抗日救国协定草案》，1936年9月22日，转见《中共中央抗日民族统一战线文件选编》（中），第287—290页；《毛泽东与美国记者斯诺关于联合战线问题的谈话》，1936年9月22日，《救国时报》1936年12月20日。
[3] 《毛泽东关于目前形势致朱德同志电》，1936年1月1日，转见中共中央文献研究室编：《毛泽东年谱》（上），人民出版社1993年版，第502页。
[4] 《林育英、张闻天致朱德、张国焘电》，1936年2月14日，见《第四方面军战史资料选编——长征时期》，第371页。

国际代表团，暂与此间发生横的关系"[1]。其实，这时中共中央并没有与共产国际恢复电讯联络，双方仍旧音讯不通，林育英也不负有解决一、四方面军的使命。但中共中央知道，要想解决这一问题，非打共产国际的旗号不可。

1934年10月24日，由贺龙、关向应领导的当初从湘鄂西退出来的红二军团（即红三军），与由任弼时、萧克、王震领导的依照中共中央指令西进湘西，为中央红军探路和牵制国民党军的红六军团，在黔东印江县木黄镇会合在一起。两支部队征战湘、黔两省一年多，终于在1935年9月与张国焘的四方面军建立了电讯联系，进而在1936年6月底7月初成功会师于四川甘孜。随即，红二、六军团改编为红二方面军，于7月按照中共中央的建议，与四方面军一起开始北上。

红四方面军和红二方面军因在西南地区无法立足，不得不响应中共中央的号召北上陕甘北部，与红一方面军会合，形式上会使红军的力量变得强大起来，实际上却使中国共产党人在军事上和经济上陷入更加严峻的危机之中。这是因为，过去蒋介石国民党是分兵追剿在西南、西北各地的红军武装，特别是国民党中央军用于剿共的主力，多半都在对付人多枪多的红四方面军。如今红军将近十万之众开始集中起来，国民党的兵力自然也能够集中使用了。其优势兵力一旦集中起来发动进攻和围剿作战，集中起来的红军的处境反而会变得更加危险。

与此同时，和南方山高林密、物产丰富，以及西南边远地区地广人稀、盛产牛羊的自然经济环境不同，中央红军所处的陕北及甘北地区，"山多、沟深、林稀、水缺、土质松、人户少、交通运输不便"[2]，是粮食奇缺之地。中央红军连同陕北红军组成的十五军团这时共有约两万人，粮食被服尚且严重匮乏，不得不向张学良求助；三四倍于中央红军的大队人马再来到这里，如何维持这许多人的生存，将会成为一个空前严重的问题。

很显然，中共中央这时之所以会希望全国的红军都集中到陕甘北部这

---

[1]《张闻天致朱德同志电》，1936年1月24日；《林育英致国焘、朱德同志电》，1936年1月24日。见《第四方面军战史资料选编——长征时期》，第238—239页。
[2]《洛博周毛致王明电》，1936年8月25日，并见《毛周彭关于陕甘各苏区情况致宋张任电》，1936年9月14日。

片贫瘠的土地上来，根本上还是因为想要借助这里靠近苏蒙边境的自然地理位置，实现"打通国际路线"，接取苏联援助，与张学良东北军等创立抗日反蒋的"西北大联合"的理想计划。

中共中央虽然在北上苏蒙边界途中意外落脚陕北，但它从来没有放弃过要打通国际路线，获取苏联援助的想法。特别是得到林育英转达的斯大林的意见后，毛泽东更特别明确地提出了"争取开辟苏区到晋陕甘绥宁五个省份去，完成与外蒙及苏联打成一片的任务"[1]。1935年底，在陕北瓦窑堡举行的中共中央政治局扩大会议除接受共产国际指示，在政治上改行统一战线策略以外，一个最重要的内容就是在军事上继续部署实施此前计划中的打通国际路线的方针。毛泽东在军事报告中明确提出："打通苏联是中心口号，（同时）与巩固和扩大苏区联系起来。"会议据此决定从1936年初起，分三步实现这一计划：第一步，巩固苏区，准备东征山西；第二步，进攻山西西部，扩大红军，实现与苏联的通讯联络；第三步，由山西转进绥远，靠近外蒙，接通苏联。[2]

显然，1936年2月陕北红军东征山西作战，就是基于这样一种军事战略目标来展开的。由于最初作战较为顺利，因此，1936年4月初，毛泽东仍旧计划先在山西站稳脚跟，建立根据地，然后"将此根据地与外蒙古连接与苏联打通"。他们并据此派代表前往苏联，要求苏联方面答复："两军委通信联络问题"；"我军向绥远行动并在绥远创立局面问题"；"人员帮助问题，担任特种技术教育者数人，担任作用者数人"；"技术帮助问题，能否接济步枪、步枪弹、轻重机关枪、高射机关枪、步兵炮、新式架桥设备、无线电器材等"。并表示：苏方"如能接济，我军在秋天全部开赴绥远接运一次至两次"[3]。

中共中央这时与张学良东北军建立"抗日反蒋"的西北国防政府和组织西北抗日联军，夺取陕、甘、青、宁、绥数省，实现"西北大联合"的计划，无疑正是在这样一种基础上建立起来的。张学良想要联合苏联抗

---

[1] 毛泽东：《直罗战役同目前的形势与任务》，1935年11月30日，见中共中央文献研究室等编：《毛泽东军事文集》，第1卷，军事科学出版社、中央文献出版社1993年版，第401—405页。
[2] 《毛泽东关于军事问题的报告》，1936年12月23日；《中央关于军事战略问题的决议》，1936年12月23日，见《中共中央文件选集》，第10卷，第589—597页。
[3] 参见《毛泽东年谱》（上），第536页。

第三章 从"彻底"到"不彻底"

日,打回东北老家,中共中央则承诺代为疏通,并保证苏联能够大力提供援助。1936年3月,苏联与外蒙古宣布订立互助条约,也被中共中央看成是一种信号,即如毛泽东所说:我们可以在西北发动,并和新疆、外蒙联系起来。"三月间订立的苏蒙条约,就是告诉中国革命者,你们可以如此做,我们可以同你们联盟。""这是重要的事!"[1]因此,注意到国民党中央军进入山西,从山西转进绥远不成,红军退回陕北后,中共中央马上就拟定了《西征作战计划》,决定组织西北野战军活动于陕、甘、宁广大区域,以接近外蒙和苏联为目的。[2]

按照毛泽东的设想,"打通苏联,解决技术条件,是全军今年必须完成的任务"。而"红军接近苏联的道路有二,一是宁夏及绥远西这一条路。这条路距离较近,人口经济条件较好,缺点是恐怕不易造成根据地。……二是甘、凉、肃三州。这一条路能够造成巩固根据地,缺点是距离较远,某些区域人口稀少,行军宿营恐怕有些妨碍"。在他看来,因为两条路都要渡过黄河,因此出动时机,要么夏秋,要么等冬天黄河结冰。而以中央红军加上陕北红军之力,又要保卫苏区,又要长途跋涉,搬运大批军事装备与物资,还要对付宁夏马鸿逵等部,实难完成任务。因此,无论是毛泽东,还是前线军事领导人彭德怀,都不能不寄希望于,或"外蒙能出兵策应并解送军械",或共产国际能够动员新疆亲苏的盛世才出兵,"夺取甘、肃、凉三州","援助我们"。毛泽东明确讲,非达到这一层,我们即使到达了宁夏或甘肃的甘、凉、肃,也是没有用的,因为我们不能向新疆、蒙古去搬东西。[3]

然而,进入8月份,当从莫斯科回国来到陕北的潘汉年进一步带来共产国际盼望红军在西北大发展的信息后,中共中央打通苏联、成立"西北大联合"局面,已成欲罢不能之势。它在8月12日给正在北上途中的二、四方面军的电报中指出:红军三个方面军必须配合东北军打通苏联,出兵绥远,接取苏联援助,建立西北国防政府。此一任务须在较短时间内实

---

[1]《毛泽东关于目前形势与今后战略方针的报告》,1936年5月8日。
[2]《西征作战计划》,1936年5月18日,见《文献和研究》1985年第5期。
[3]《毛泽东关于红军接近苏联的道路和时机问题给彭德怀电》,1936年6月29日;《毛泽东关于今后战略方针和任务给彭德怀电》,1936年7月1日。见《毛泽东军事文集》,第1卷,第551—552、553—554页。

现。为此，二、四方面军应与东北军配合，努力控制兰州为战略枢纽，并夺取甘、凉、肃三州。然后红军三个方面军应会合于甘北，准备于10月到11月间进攻宁夏。以一个方面军保卫陕甘宁苏区并策应东北军，应付蒋介石之进攻，"以两个方面军乘结冰渡河，消灭马鸿逵，完成打通苏联任务"[1]。

而就在中共中央紧锣密鼓地准备实行打通苏联计划和成立西北大联合局面的关键时刻，却突然收到了共产国际8月15日来电，不仅否定了"抗日反蒋"的策略方针并反对吸收张学良入党，而且明确要求中共要与蒋介石南京国民党中央谈判妥协。这意味着西北大联合的设想已无从实现。在既不能策动西北几省独立，又无法在短时间内与蒋介石国民党取得妥协的情况下，整个形势转瞬间就变得极其不利于中共中央和红军三个方面军了。

中共中央未必不希望按照共产国际的意图行事。但是，正是为了确保自身的生存，它不能不提出一种所谓"逼蒋抗日"的方针。这一方针旨在一方面向南京国民党"提议与要求建立抗日的统一战线"，另一方面又"并不放弃同各派反蒋军阀进行抗日的联合"，继续宣布要使自己成为"全国各党、各派（蒋介石国民党也在内）抗日统一战线的组织者与领导者"[2]。

与此同时，中共中央坚持，即使只能靠红军自己，也必须要继续实施打通苏联计划。张闻天、毛泽东、博古、周恩来因此于8月25日联名致电王明，请其转告共产国际领导人："因陕北甘北苏区人口稀少粮食十分困难，非多兵久驻之地"，"红军之财政粮食已达十分困难程度"，二、四方面军一旦加入，经济上将更加无法负担。而"为着避免与南京冲突，便利同国民党成立反日，为着靠近苏联，反对日本截断中苏关系的企图，为着保全现有根据地，红军主力必须占领甘肃西部宁夏绥远一带"。因此，中共中央"除在九月以下三个月中加紧与蒋介石进行谈判，求得在一般基础上要求他承认划出红军所希望的防地外"，还需立即占领宁夏，进而向

---

[1]《洛、育、恩、博、稼、怀、凯、泽致朱、张、任同志电》，1936年8月12日，见《文献和研究》1986年第5期。
[2]《中央关于逼蒋抗日问题的指示》，1936年9月1日，见《中共中央文件选集》，第15卷，第89—91页。

青海及甘西推进,以解决粮食问题,并取得苏联之"技术兵种"、"飞机大炮"的军事援助。否则,红军"将被迫放弃现有陕甘宁苏区",向着"不是抗日方向而是内战方向"的甘南、陕南、川北、豫西及鄂西地区进攻。这样做的结果可想而知,即红军将"无法避免与南京在军事行动上发生冲突"[1]。

显而易见,中共中央"逼蒋抗日"的中心盘子正在于此,红军生存发展的关键也正在于此。在他们看来,一旦有了苏联军事技术特别是飞机、大炮的援助,不仅中共和红军的生存发展问题迎刃而解,南京以外反蒋各派亦将趋之若鹜。最终,蒋介石集团多半也不得不放弃其苛刻条件,按照共产党人的意愿来达成双方间的妥协和平。

张学良:请速告"国际对西安一二一二革命"之看法

中共中央的这种考虑显然也是共产国际和苏共中央久已酝酿讨论过的问题。9月8日,苏共中央书记卡冈诺维奇和莫洛托夫联名致电斯大林,提议同意中共中央占领宁夏地区和甘肃西部的计划,同时准备给予中国红军大约15000—20000支步枪、8门加农炮、10门迫击炮和相应数量的外国型号弹药的援助。可通过一家外国公司,经过蒙古南部边境,用运输工具把它们运到宁夏。[2]斯大林次日批复"同意"。随后,共产国际执委会书记处于9月11日正式复电,批准了中共中央夺取宁夏、打通国际路线、接取苏联军事物资援助的作战计划。它告诉中共中央称:在红军夺取宁夏后,苏联将通过外蒙向宁夏之定远营运送约200吨左右的军事物资。[3]

9月中旬,按照原定计划和苏联援助的承诺,红军一、二、四三个方面军单独进行的打通国际路线的宁夏战役全面展开。但是,尾随二、四方面军而来的国民党中央军胡宗南部,以及占领了陕北大部分苏区的国民党中央军汤恩伯部从东面和南面的大规模围剿行动随之展开。由于中央军的到来,东北军几乎无法与红军保持停战状态,战局很快就变得对红军不利

---

[1]《洛、博、周、毛关于红军的行动方针给王明电》,1936年8月25日。
[2]《卡冈诺维奇和莫洛托夫给斯大林的电报》,1936年9月8日,见《共产国际、联共(布)与中国革命档案资料丛书》(15),第251—252页。
[3]《共产国际执委会书记处致中共中央书记处电》,1936年9月11日。

了。就在 10 月下旬红军三个方面军在甘北会师之后,红军西渡黄河的作战就严重受挫。红四方面军在渡河过程中被胡宗南的军队占据了渡河点,近 5 万人的四方面军有 2.1 万人的主力部队被隔在黄河以西。黄河以东的三个方面军,由于只有 1 万余人的二方面军伤病过大,几乎丧失了战斗力。四方面军剩余部队战斗力不强,仅靠一方面军节节抗击,不仅整个宁夏战役完全失败,而且黄河以东的红军部队也很快被逼入甘北定边、盐池一带的狭小地带,作战回旋余地过小。一时间,形势变得极其严重,部队的衣食都成了严重问题。[1]

为求红军生存计,中共中央这时急令在上海的潘汉年与国民党人陈立夫谈判寻找妥协办法,但因无法接受蒋介石提出的收编办法,不得不下决心再进行新的长征,准备分路突围转战内地,经山西、河南、陕南,一年以后再打回到陕北或甘北来。[2] 不过,有过 1934—1935 年长征军队损失 90% 以上的惨痛教训,中共中央领导人没有人不了解,这次如果再做一年之久的长途征战,不仅抗日和联蒋均成泡影,而且红军和大批干部能否还保持下来,都将成为问题。特别是一年多前的长征,到底还是主要行进在远离国民党统治中心区域的西南、西北边远地区,要对付的主要敌人大都是国民党地方派系的军队。如今要行进的路线,几乎全都在国民党中央军的势力范围之内,此行的危险与作战的惨烈可想而知。

就在中共和红军即将陷入灭顶之灾的重要关头,中共中央此前的统战工作意外地发生了效力。先是东北军 67 军军长王以哲与红军前线总指挥彭德怀配合,使红一方面军得以找到机会一举歼灭了胡宗南部紧随其后的一个旅,暂时缓解了被追剿的压力。随后张学良得知中共中央准备战略转移的消息后,明确要求红军"熬过一二个月",等待时局变化。[3]

1936 年 12 月 4 日,蒋介石率领大批军政高级官员来到西安,亲自督阵,试图对红军实行毁灭性的大规模军事围剿。在力劝无效的情况下,早

---

[1] 张闻天 11 月 4 日即急电王明等称:"请你们迅速地确实地将帮助我们的经费从天津、上海两处交款","不论五万十万都要快",否则,"你们多推迟一天,则红军的冻死饿毙即多增加一人,此非革命之福"。见《中央书记处致王、康、陈电》,1936 年 11 月 8 日、9 日。

[2] 《中共中央书记处致共产国际执委会书记处电》,1936 年 11 月 8 日。

[3] 《毛、周、朱、张致彭、任电》,1936 年 12 月 1 日,参见《毛泽东年谱》(上),第 617 页。

第三章 从"彻底"到"不彻底"

已暗中与共产党人秘密结盟的张学良、杨虎城于万般无奈之中，在12月12日凌晨发动了震惊中外的西安事变，一举扣留了蒋介石及其全部随行官员。于是，整个局势又发生了戏剧性的改变。试图最后置共产党人于死地的蒋介石，反而成为共产党人的俎上肉了。

毋庸置疑，对蒋介石直接握有生杀大权的，当然是张学良和杨虎城。但是，共产党人对张、杨决定的作用，同样是至关重要的。这是因为，张学良等与共产党人秘密结盟及筹划实行"抗日反蒋"的"西北大联合"等等，其最重要的目的，就是想要通过这种办法取得苏联的同情与援助，以便实现其抗日救亡，收复东北失地的夙愿。张学良深知，这时唯一能够给予中国抗日以强有力援助的国家，只有苏联。而蒋介石的剿共内战政策和对日妥协的做法，也必为苏联所不满。尽管张学良因1929年中东路事件深深结怨于苏联，但在中共中央代表反复说明后，张已深信，只要与中共统一步调，不难取得苏联的谅解。虽然共产国际改变"抗日反蒋"策略方针，使"西北大联合"计划一时被迫搁置，张却并没有放弃联合苏联的强烈愿望。他注意到苏联确有大规模援助红军的意图和计划，红军仅因作战失利而未能取得援助，更相信苏联不会置红军的安危于不顾。眼看剿共大战在即，红军或将突围而去，或将被国民党军消灭，从此再无与苏联络之可能，深知靠蒋介石南京政府收复东北无望的张学良，只有下此破釜沉舟之决心，以求其联共联苏共同抗日之计划，有最后一线实现之可能。

不难看出，张学良发动西安事变，至少有两层目的和考虑：其一，自然是以兵谏的形式逼迫蒋介石停止内战，转而抗日；其二，则是在蒋介石坚不让步的情况下，以此来取得苏联的谅解与同情，公开联共联苏，号召全国以西北为中心，率先发动抗日。可以肯定的是，依蒋之地位、威望及其性格，张学良绝不会过高估计蒋介石在武力胁迫下妥协让步的可能性。因此，他的整个计划和措施，实际上只能是向着其第二层考虑布置和准备的。事变之初，张学良、杨虎城即迅速以"西北抗日援绥联军"的名义，与红军结成了"三位一体"的军事联盟。同时，他们更把中共代表周恩来等公开接到西安，让中共代表直接参与和蒋介石等人的谈判工作，明确表示出愿与中共同进退的姿态。随后，张学良更进一步主张与共产党人组织事实上的西北政权组织——西北军政委员会，也是想要使处于第三者地位的共产党人能够完全与其站在一起。

张学良的上述做法表明，尽管他不顾一切地发动了兵变，但他对最终的结果显然没有太多的把握。他并非不知蒋介石当时的影响和威望有多大，为此他不能不再三公开申明："我们这种举动对蒋委员长是绝对无损的。"[1] 同时，他又对中共中央提出的在西安被攻时应不惜对蒋采取最后手段的主张，逐渐从不置可否到表示赞同。[2] 他虽有逼蒋劝蒋之心，但他又深知此种局面对蒋羞辱之深，故不能不以全力作应战之准备，并在极大程度上把成败荣辱之希望，一度放在中共和红军的身上。事实上，张之寄希望于中共和红军，极力要求与之公开联合，根本目的仍在试图影响苏联和共产国际。这也就难怪张学良、杨虎城从事变一开始，就把这次所谓的"兵谏"行动，在内部明确称为"革命"，不仅愿知中共方面意见，"尤愿知国际意见"[3]，并再三要求中共中央通报"国际对西安一二一二革命"之看法[4]。很显然，在看不到蒋介石妥协可能的情况下，对于张学良、杨虎城而言，只有不仅得到中共和红军的全力支持，特别是得到中共背后的共产国际和苏联的大力援助与同情，这次"革命"才会有最终成功的可能。

但是，张学良观察问题过于表面化了。他不仅忽略了苏联制定对华政策的复杂背景，而且忽略了中共与苏联和共产国际之间关系的实际性质。其实，苏联这时考虑对华政策的出发点，多半并不是从个人好恶出发，而是从如何便于推动中国走向抗日和避免把自己拖入战争的角度来考虑问题的。同样，出于意识形态，特别是与中国关系的长远利益的考量，苏共必须千方百计地帮助和扶持中国党。但这并不意味着苏联和共产国际会迁就中共及其盟友的现实需要，而决定或改变自己的行动原则。恰恰相反，因为苏联的利益高于一切，中共中央反而必须依据苏联和共产国际的需要，及时地修正自己的决定，甚至是牺牲自身的利益。

在1935年中国发生了日本越出"满洲国"的范围，步步蚕食中国华北的严重事件的情况下，苏联当局不能不对日本制造华北事变的目的保持

---

[1] 见西安《解放日报》1936年12月16日。
[2] 参见《周恩来致中央书记处电》，1936年12月17日，参见中共中央文献研究室编：《周恩来军事活动纪事》，中央文献出版社2000年版，第362—363页。
[3] 参见《周恩来致中央书记处电》，1936年12月17、18日，见《周恩来军事活动纪事》，第362—363页。
[4] 《李毅致毛泽东电》，1936年12月17日。

第三章 从"彻底"到"不彻底"

高度戒备和防范的心理。由于担心日本围绕着苏联和蒙古边界不断拓展其势力范围有可能是针对自己而来,当蒋介石在华北事变期间秘密提议与苏联签订军事互助协定的时候,苏联方面就曾经有所考虑。苏联对华政策的原则很清楚,那就是,谁能够实行抗日政策并有能力举一国之力来抵抗日本,从而有效地帮助苏联牵制住日本人,苏联就会支持他。苏联过去信不过蒋介石及其南京政府,是因为它不相信蒋介石国民党会抗日。但华北事变之后,苏联的看法显然发生了某种改变。这也是它推动共产国际放弃"抗日反蒋"策略方针的一个重要原因。

进入1936年春天以后,苏联方面对华政策的抉择已经再清楚不过了,那就是要争取蒋介石及南京政府抗日。在这种情况下,中共中央只得在共产国际的要求下转变对蒋的态度。因此,共产国际绝不会赞同任何可能危害蒋介石性命的军事政变,它更不会同意中共中央与张学良密谋来挟持蒋介石。事实上,西安事变刚一爆发,莫斯科就公开发表言论,对张学良及西安事变进行了尖锐的指责。紧接着,共产国际也明确指示中共中央要全力促成事件的"和平解决"[1]。由此不难想象,中共对事变在公开场合必须随之保持第三者的立场,而且必须全力推动和平解决问题。这种情况对张学良不可能毫无刺激。除了莫斯科公开表态斥责的刺激以外,另一个再明显不过的刺激就是,张学良一直希望中共能公开站在自己一边。直到12月22日,他还给中共中央去电,要求后者同意公开成立显示红军、东北军和十七路军三位一体的西北军政委员会,这也足见他这时尚无"负荆请罪"之想。然而,中共中央于23日讨论之后,仍旧委婉地表示了拒绝的态度。这件事很难说对张没有影响。至少,无论蒋介石态度如何,张学良"革命"的期望是无从实现了。

不论苏联和中共的态度是否促成了张学良最后贸然送蒋回京和自请处分之举,事变之后西北三位一体之难于持久,张学良、杨虎城及其东北军和十七路军势必将为此付出代价,似可想见。[2] 这是因为,事变的经过表明,中共中央最终只能按照苏联和共产国际的希望,努力与蒋介石和南

---

[1] 参见《季米特洛夫给斯大林的信》,1936年12月14日;《共产国际执行委员会书记处给中共中央的电报》,1936年12月16日,见《共产国际、联共(布)与中国革命档案资料丛书》(15),第263—264、265—266页。
[2] 事变结束后,张学良被长期监禁,杨虎城被放逐出洋,东北军和十七路军被调散。

京政府求得妥协，以便促使蒋停止剿共战争，并逐步走向抗日。它对各反蒋派及地方实力派，再难采取公开支持和鼓励的态度了。

当然，对于中国共产党人来说，西安事变到底还是促成了一次完全意想不到的重大的历史转机。顽强抵抗了将近十天的蒋介石，在宋美龄飞到西安，叙说了南京方面"戏中有戏"的情况后，终于开始不那么强硬了。他很快通过宋子文和宋美龄与张、杨及周恩来达成了某种和平统一、共同抗日的政治默契。[1] 这就不仅使西安事变得以和平解决，而且使十年来势不两立的国共两党终于化干戈为玉帛，重新找到了相互接近的立脚点，从而为全国和解，走向抗日和统一创造了基本的政治前提。

共产国际：党、红军和群众对于这种彻底转变是否有了思想准备？

1937年1月20日，共产国际致电中共中央，第一次明确提出了放弃苏维埃制度，放弃普遍没收地主土地的做法，将苏维埃政府改为人民革命政府，将红军改为人民革命军的重要主张。[2] 这种情况表明，在经过了一系列重大政治尝试，特别是经过了西安事变这一重大政治风波之后，共产国际终于认识到：苏维埃革命的方针和运动，是不适应中国当前建立全国范围抗日民族统一战线的形势要求的。而中国共产党人也只有在放弃以武装斗争和暴力革命为主要内容的种种革命方针之后，才有可能与蒋介石国民党达成真正的谅解与妥协。在目前的力量对比和形势要求下，承认以蒋介石为中心的国民党南京政府的实际领导地位，并据此作出某些重大原则性的让步和改变，是不可避免的。

从千方百计地试图"继续巩固苏维埃"，到最终不得不表示应当放弃苏维埃，这在共产国际领导人那里，无疑是十分不情愿的。为此，他们甚至在电报中明确要求中共在中心城市保留根本不存在的"作为群众组织的苏维埃"，仍旧恋恋不舍地寄希望于未来的中国革命政权将会像俄国一样

---

[1] 关于蒋介石或受蒋委托进行谈判的宋子文、宋美龄对张学良、杨虎城等承诺的条件，有种种不同的版本，但蒋介石曾经有所承诺，如今已成为世人的共识。
[2] 《共产国际执委会书记处致中共中央委员会电》，1937年1月20日，见《共产国际、联共（布）与中国革命档案资料丛书》（15），第274页。

第三章 从"彻底"到"不彻底"

从那里产生。[1]中共中央根据国际来电,起草了致国民党三中全会通电,准备公开保证:"(1)在全国范围内停止推翻国民政府之武装暴动方针;(2)苏维埃政府改名为中华民国特区政府,红军改名为国民革命军,直接受南京中央政府与军事委员会之指挥;(3)在特区政府区域内,实施普选的彻底的民主制度;(4)停止没收地主土地之政策,坚决执行抗日民族统一战线之共同纲领。"[2]对此,共产国际一时竟感到难于理解。

1937年2月5日,共产国际执委会书记处得到中共中央准备发出的给国民党五届三中全会的电文时,吃惊地提出疑问:党、红军和群众对于你们这种彻底转变政策的办法,是否已经有了思想准备呢?事实上,共产国际本身就缺乏足够的思想准备,甚至怀疑这种让步的必要性。他们认为,目前只要声明共产党和红军支持国民党和南京政府的各种旨在停止内战和联合中国人民的一切力量进行抗日的措施,准备与之协商民主改组苏区政权,并在承认南京政府是全国政权的基础上调整二者的关系就足够了。关于苏区政策根本变化的问题,还"需要仔细加以讨论"[3]。

很难相信,在1月20日电报指示之后,共产国际竟会对中共中央依据其指示提出的四项保证提出如此多的疑问。这种情况其实已经清楚地告诉人们,同以往一样,在这一新的政策转变背后起作用的,又是苏共中央的领导人。毫无疑问,随着日本对中国侵略日益加深和红军对国民党的战争接连遭受严重挫折,苏共中央已经清楚地意识到蒋介石统治地位的巩固和日蒋矛盾的不可避免了。为此,他们早就开始试图促使国共之间政治和解与公开反对一切反蒋内战。尽管他们最初未必找到了解决问题的适当方法,并且同样对放弃苏维埃的问题犹豫不决,但是,当德、意、日三个法西斯侵略国家开始在反共反苏的基础上公开联合[4]之后,苏共中央领导人再也没有其他选择了。苏联政府激烈地反对西安事变,包括共产国际很快下令放弃苏维埃革命形式等等,都是苏联方面为适应这一形势发展而作

---

[1]《共产国际执委会书记处致中共中央委员会电》,1937年1月20日,见《共产国际、联共(布)与中国革命档案资料丛书》(15),第274页。
[2]《中国共产党中央给中国国民党三中全会电》,1937年2月10日,见《中共中央文件选集》,第10卷,第157—158页。
[3]《共产国际执委会书记处致中共中央委员会电》,1937年2月5日。
[4] 在1936年10月26日,德、意两国外长达成了秘密协定;11月25日,德、日又缔结了《日、德关于共产国际的协定》。

出的决定。不管共产国际是否认为"需要仔细加以讨论",事情都已经不容改变了。就在共产国际对中共中央关于给国民党三中全会电提出疑问的当天,另外一份电报显示了这种情况。在这封仍旧是以"共产国际执行委员会书记处"的名义发出的电报中,共产国际又明确地表示赞同中共中央所作出的种种保证,并支持其据此采取行动。[1]

2月10日,中共中央公开发出了致国民党五届三中全会电,在要求国民党"停止一切内战,集中国力,一致对外",并"保障言论、集会、结社之自由,释放一切政治犯"等条件下,明确作出了"四项保证"[2]。这"四项保证"满足了国民党一年多来始终坚持的,必须以南京政府为中心统一全国的军事和政治,共产党必须放弃苏维埃革命主张,政权和军队必须改制、改编的基本条件。尽管随后召开的国民党三中全会十分强硬地通过了所谓解决共党问题的"最低限度之办法",即:(1)彻底取消其所谓"红军",以及其他假借名义之武力;(2)彻底取消其所谓"苏维埃政府"及其一切破坏统一之组织;(3)根本停止其赤化宣传;(4)根本停止其阶级斗争[3],但明眼人一望便知,双方的条件已经相距不远了。国共两党重新合作,充其量只是个时间问题了。

结 语

至此,国共两党长达十年的内战结束了。那种充满了血与火、死亡和期望的革命与反革命的大厮杀也告一段落了,全民族联合抗日、救国救亡的局面即将来临。但是,随着苏区和红军将被迫改制改编,服从于国民党南京政府的领导,随着共产党人将被迫放弃自己的苏维埃及其革命标志,把蒋介石看成是民族领袖,并穿上过去敌人的服装,这不能不让共产党内"所有有思想的同志和左派人士表示〔感到〕有种说不出的烦闷"[4]。

但是,共产党人是绝不会承认自己失败的。他们也并不会因新的统战

---

[1]《共产国际执委会书记处致中共中央电》,1937年2月5日。
[2]《中国共产党中央给中国国民党三中全会电》,1937年2月10日,见《中共中央文件选集》,第10卷,第157—158页。
[3] 国民党五届三中全会:《关于根绝赤祸之决议案》,1937年2月21日,见《中国国民党历次代表大会暨中央全会资料》(下),第433—436页。
[4] 刘少奇:《关于建议解答有关国共合作的各种理论问题的一封信》,1937年3月26日。

形式的建立和与"地主资产阶级"的国民党重新握手言和、共同对日,就模糊了自己的阶级意识和革命目标。中共中央在国民党五届三中全会结束后不久,就鲜明地提出了和国民党争夺群众和争夺领导权的问题。它明确认为:本党所有让步与妥协,不但不是束缚与削弱本党的发展,正是为了要使本党取得全国范围公开活动的机会,千百倍的去扩大党的政治影响与组织力量,以增强党在民族革命运动中的领导作用"[1],直至"成为民族革命领导的核心"[2]。而他们迅速抓住了"抗日的民主运动的发展",作为自己"工作的中心的一环",以便自己能够"在彻底实现民主政治的口号下联合一切其他派别,团结与组织全国的左派及非蒋派",抵制和削弱国民党蒋介石的独裁统治。[3]

与此同时,他们鲜明地告诫全党:"使无产阶级跟随资产阶级呢,还是使资产阶级跟随无产阶级呢?这个中国革命的领导责任问题,乃是革命成败的关键。"而"从资产阶级占优势到无产阶级占优势,这是一个斗争的长过程,争取领导权的过程"。每个共产党员必须牢记:"我们是为着社会主义而斗争,这是和任何革命的三民主义者不相同的。现在的努力是朝着将来的大目标的,失掉这个大目标,就不是共产党员了。"[4]

被迫放弃苏维埃,这对于中国共产党人来说,未必不是一个空前惨重的挫折与失败。但"塞翁失马,安知非福"?擅长宣传鼓动和做群众工作的共产党人,与其在国民党白色恐怖下真刀真枪地与国民党抢夺地盘,不如在和平统一和民族战争的环境下与国民党争夺民心来得容易。大革命的失败显然在于共产党人没有掌握政权和武装,苏维埃革命的失败多半又因为共产党人不能有效地影响和争取民众。而新形式下的国共合作,则不仅使共产党人得以保存了自己的政权和武装,而且使他们获得了大力进行宣传鼓动和开展群众工作的广阔天地。这样一来,顽固地坚持传统的统治方式,高高在上、脱离民众的蒋介石国民党的独裁政权,未免就相形见绌了。

---

[1]《中央委员会告全党同志书》,1937年4月15日,见《中共中央文件选集》,第10卷,第193—204页。
[2]《关于统一战线区域内党的工作的基本原则草案》,1937年春。
[3] 刘少奇:《关于建议解答有关国共合作的各种理论问题的一封信》,1937年3月26日。
[4] 见《毛泽东选集》(合订本),第253、266页。

第四章

韬光养晦与东山再起

日本入侵，国共合作，苏联援助，美国参战……所有这些都极大地便利了中共从以往失败的阴影中逐步成长壮大，并且日益迈向成功之路。八年抗战，毫无疑问是毛泽东尽显其聪明才智的八年。但是，如果莫斯科听任他与国民党翻脸，如果他去了华盛顿……中国是否就会发生不同于人们后来看到的历史了呢？未必。延安整风、"干部必读"，一切都显示，在毛泽东的领导下，中共必将走上革命和夺权之路。

一、"兄弟阋于墙"

张闻天：今天联合资产阶级，是为了明天反对资产阶级

作为阶级革命和民族革命双重使命的承担者，共产党人的敌人是多方面的。然而实际上，在九一八事变以前，直接对共产党人的革命目标构成障碍和威胁的实际敌人只有一个，那就是国民党。尽管共产党人坚信国民党充其量不过是国际帝国主义的走狗之一，自己对国民党的战争最终势必要演化为对帝国主义干涉中国革命的直接反抗，但共产党人终究无缘与帝国主义国家的政府和军队直接交锋。而且，仅仅一个国民党，就已经使共产党人的发展受到抑制，并且使其越来越远离国家权力的中心了。

九一八事变以后，共产党的环境不可避免地更加恶化了。远比国民党要强大的日本帝国主义对中国的入侵，使中国共产党人在推翻国民党统治的同时，必须准备面对一个更为强大的对手。不管中国共产党人及其上级指挥机关——共产国际最初是否意识到这一情况的严重性，客观的力量对比导致人们最终改变自己的斗争策略，这几乎是不以人的意志为转移的一种必然的历史选择。特别是1935年华北事变发生，日本军国主义者必欲吞并中国大陆的野心昭然若揭之后，身处陕北靠近华北前线的共产党人更是别无他途，他们只能以"兄弟阋于墙"的方式，暂时与同样受到日本帝国主义侵略威胁，不得不走向抗日的国民党人重新握手言和。即使没有苏联的作用，就逻辑的发展而言，这多半也会是一种客观的趋势。

但是，"兄弟阋于墙"，并不是放弃各自的主张，甚至并不是真正停止双方的争斗和对抗，它只不过改变了争斗和对抗的形式。用毛泽东的话来说，就是"国内阶级间的矛盾和政治集团间的矛盾本身依然存在着，并没有减少或消灭"，只不过"变为次要的和服从的东西"，"因为鹬蚌相持，渔人获利，如果我们仍要与国民党打，便是对帝国主义有利的"[1]。因此，国共之间的重新妥协合作，实际上只是在抵抗外国入侵这一点上达成了暂时的一致，而双方在其他政治、思想、军事等各个方面的重大分歧、矛盾和对抗，丝毫也没有减少或被湮灭，它们不可避免地将以新的摩擦、竞争，乃至激烈的对抗和冲突的形式再度反映出来。虽然共产党的政权和军队因其弱小，而最初不得不在表面上"臣服"于国民党的中央政府，但建立一个什么样的国家的问题，以及最终由谁来领导和统一这个国家的问题，在共产党人看来还远没有解决。

事实上，习惯于阶级分析和阶级斗争思维的共产党人，甚至根本不相信蒋介石国民党能够领导中国抗战成功。因此，他们从国共谈判开始就明确提出了政治领导的责任问题。在他们看来，"目前最中心的问题，就是要实现我们的领导"，"孤立民族资产阶级"，"把群众抓在我们手里"，以此造成"决定中国革命胜负的关键"。但其所提争取政治领导权的方法，却不外乎如下两种：

（1）"把党的影响占优势的区域变为彻底的抗日模范区"，"创造活的样本来教育全国人民站到我们方面来"，同时"根据历史发展行程提出基本的政治口号，和为了实现这种口号而提出关于每一发展阶段和每一重大事变中的动员口号"，并使共产党"成为实现这些具体目标的模范"[2]。

（2）通过要求民主自由的方式，掀起一个广泛的民主运动，迫使国民党承认各党各派和全国人民的言论、集会、结社等自由权利，改革政治制度，"一直到制定真正的民主宪法，召集真正的民主国会，选举真正的民主政府，执行真正的民主政策为止"[3]。

不难看出，共产党人这时对新形势下两党矛盾斗争的估计，更多还是从理论的和道德的范畴出发，相信这不过是一种理应基于平等原则的党派之间的政治竞争。他们中许多人甚至认为，这种竞争将不会以传统的军事对抗和地方割据的形式表现出来，即所谓"只有以抗日民主与蒋比进步，才能生存发展，如以军阀政策与蒋比前后，则只有失败"[4]。

---

[1]　参见《毛泽东选集》（合订本），第245页。
[2]　同上，第252—255页。
[3]　同上，第248页。
[4]　《毛、朱、周关于以抗日民主与蒋比进步等问题给张云逸的指示》，1937年6月24日。

第四章 韬光养晦与东山再起

"模范"和"民主",这是共产党人用来向国民党人进攻的拿手好戏。立足于下层,善于做群众工作的共产党人,对于立足于上层,习惯于传统统治方式的国民党人,在争取群众问题上有着先天的优势。毫无疑问,在共产党人看来,统一战线、国共合作等等,只是一种革命的策略,是用于达到一定阶段的革命目标的一种权宜之计,它不能也不应该妨碍革命最高目标的实现。恰恰相反,它应当成为实现革命最高目标的"必经的桥梁"[1]。

十年内战的曲折经历,使相当多的共产党人有了足够的经验教训,他们已不再幻想那种"纯粹又纯粹"、"笔直又笔直"的革命方向和革命道路[2],而开始格外重视策略的运用了。这样的转变当然不可能是一蹴而就的。有干部公开扬言:"要取下这五星的帽子,老子便不干了";有人写信给中央威胁说:如果真有放下红旗这一天,他就要有所表示。毛泽东、张闻天以及曾被视为国际代表的林育英等都做了许多解释的工作。

1937年5月,中共专门召开了"全国代表会议",张闻天对此作了深入的说明。他指出,根本的问题是我们不能同时面对太多的敌人,必须掌握轻重缓急。为此就要了解,"天下的乌鸦不是一般黑的,理由就是其黑的程度颇不一致"。既然如此,"利用统治阶级中的矛盾,纵横捭阖的联合这一派去反对那一派,这一着还是要学的"。最不应该的就是两个拳头去打人,要知道,"打倒一切是小孩子的幻想,结果是被一切打倒"。"只有懂得在适当时机集中主要力气打击最坏的敌人",才能使革命不断走向胜利。他对统战策略的精髓解释得很透彻,那就是:"现在的努力是朝着将来的大目标",今天联合资产阶级,是为着明天反对资产阶级。[3]

毛泽东则着重强调了不能怀疑党的策略的正确性的问题。他说:"苏维埃口号过去是否错了呢?……我们答复说苏维埃口号是不错的。因为那时资产阶级国民党反革命了,剩下的仅是农民、工人、小资产阶级、共产党来干革命。这种情形下,革命落到工农身上,领导责任落在共产党身上。这时只有提出苏维埃工农民主专政的口号。"而且我们叫苏维埃,但"实行的是民主革命的任务,并不是社会主义"。今天提出民主共和国的口

---

[1] 参见《毛泽东选集》(合订本),第264—267页。
[2] 见《毛泽东选集》(合订本),第149页。
[3] 《洛甫在中国共产党全国代表会议上的讲话》,1937年5月。

号,是因为形势变了,中日矛盾成了主要矛盾了。阶级矛盾虽然仍旧不可避免,"但是在现在情形下,这种矛盾在主观客观方面都应服从于中日矛盾"。毛泽东认为:我们妥协让步,放弃暴力夺权和土地革命的办法,并不改变我们革命的目标和政权的性质,而且决不放弃我们的政治领导责任。过去为取得领导地位和领导权,我们是用暴动、罢工、苏维埃等,如今的方法变了,但与资产阶级斗争、要克服资产阶级动摇性的任务并没有改变。因为,他指出,我们所要实现的民主共和国,是资产阶级、工人、农民、小资产阶级各阶级的民主联盟,与外国德莫克拉西的资产阶级国家是不同的,它的前途是要走向社会主义的。因此,它也非由无产阶级政党来领导不可。[1]

对这一策略转变的原因、内幕和意义解释得更直白不过的,还是张浩。他在延安公开报告称:因为我们党与苏维埃红军与反革命苦战十年,1935年共产国际七大提出新的统战策略时,就"是很踌躇的,也是很难出口的,费了很多的思索才提出"。因为"提出与反革命合作,真是难过万分,尤其是对于反革命头子蒋介石,更是誓(势)不两立的"。但是,我们"共产党是国际的党,他的战略与策略及一举一动,是不能脱离国际的。因帝国主义进攻苏联的战线,被法西斯蒂的威胁而冲淡了……目前全世界的敌人是法西斯蒂,中国打日本,不独是打中国的敌人,亦是打世界的敌人"。而且1935年中国革命已处于低潮,日本加紧进攻中国,蒋介石加紧进攻红军,我们必须要找到一个办法,能够把国内战争停止下来,使红军得到休养生息。因此想到了民主共和国和停止内战一致抗日的口号。

张浩指出:民主共和国是我们的战略口号,因为这是各党各派都愿意要的,联合各党各派就能够孤立国民党,还能够抵制国民党的一党专政,我们党还可以争取公开或半公开地进行活动,"以无孔不入的手段来组织群众影响群众及争取群众,以扩大强壮有产阶级革命的军队和后备军,以待必要时,实行无产阶级的专政,以到社会主义社会之实现"。而停止内战一致抗日,则是我们的策略口号。因为日本侵略,民众要求抗日救亡,

---

[1] 有关毛泽东这篇报告的文字至少有三种不同版本。即1951年《毛泽东选集》第一卷收入的版本,40年代各根据地编《毛泽东选集》收入的版本,和1937年代表大会开会后最早公布的版本。这里引述的是最早的版本的文字。毛泽东:《中国民族统一战线在目前阶段的任务》,1937年5月3日,油印件。

第四章　韬光养晦与东山再起

"以抗日救亡的策略口号来号召全国，是那（哪）一个人都不能反对的"。只有内战停止了，才能停止蒋介石的进攻，"能得到一天的停止进攻，我们就有一天的收获"，"苏维埃红军才能得到休息、整理、补充及扩大"。

张浩说：有人看到不实行土地革命了，放弃阶级斗争了，取消苏维埃政权并且改红军为国民革命军，感情上很苦闷，他们无法接受"与我们最仇恨的敌人蒋介石妥协"，说这等于让牺牲的同志白白牺牲了。他解释说，"说这样话的人是错的"。革命总有高潮和低潮，今天是革命的低落期，我们现在让步，就是要给革命以休养的时间，使之能积蓄实力，并且掩护我们的群众工作和秘密工作之发展。苏维埃暂时取消，红军改名，共产党领导的实质以及将来实现无产阶级专政和社会主义的目标都没有变。只要看一下西安事变后党、政府和红军的状况是强了，还是弱了，就清楚了。我们与国民党合作了，"物质得到了，经济得到了，弹药得到了，精神上得到了，兵员增多了，共产党的影响亦扩大了"。"这一切究竟是对我们有利呢，抑是对敌人有利呢？"他强调：共产党是靠阶级斗争革命的，与国民党合作并不放弃阶级斗争，甚至不放弃土地革命，只是先后顺序变化一下罢了。现在是革命低落期，我们"要争取全民性的同情和拥护"，要渗透到从国民党到青红帮到保甲及各种各样的组织和团体中去，争取民众。因此现在只能以抗日为主，土地革命次之；但抗日是在明处，土地革命仍可在暗处进行。一旦"见到革命到了高涨的时候，我们的策略马上就要改变"。那时我们就可以将土地革命和阶级革命又放在明处，放到前面来，并再行阶级革命的手段了。[1]

基于这样一种认识，中共中央还在国共合作之初就明确提出了对国民党既要"联合"、又要"孤立"的双重方针。这就是说，共产党人必须要联合国民党，以推动它向抗日和民主的道路上走，同时又必须要注意孤立国民党，以便争取领导权和牢牢地把群众掌握在自己手中，最终选择一种最便宜的形式来实现革命的转变。[2] 值得注意的是，毛泽东这时对未来的革命转变甚至还有着不同于俄国革命经验的设想。他说："民主革命到社会革命可走两条路：一是打仗，像十月革命那样；一是不打仗，将来大

---

[1] 张浩：《中国共产党的策略路线》，1937年初，中国人民大学图书馆藏，竖排铅印，无出版信息，第1—41页。
[2] 见《毛泽东选集》（合订本），第246—255页，等。

家开个会，讨论讨论，到底要不要社会主义社会？表决一下，通不过，慢慢再来。"[1] 在他看来，如果共产党人掌握了群众和领导权，那么就完全可能不打仗不流血，比较容易地和平转变到社会主义去了。[2]

彭德怀："我们不能完全独立自主"；毛泽东："防人之心不可无"

同样的情况，蒋介石国民党对再度接纳共产党，也充满了不安、狐疑和严重的担心。

还在1937年初，国共两党刚刚开始就合作问题进行谈判，蒋介石就声言，中国共产党"其性质无异土匪，不过阴谋依附外力与国际组织，以谋危害国家而已"！"故须彻底取消其所谓红军"，"根本停止其赤化宣传"，"停止其阶级斗争"，同时"须与第三国际断绝关系"。他甚至暗自下定决心，称："共党非人伦、不道德的生活，与无国家、反民族的主义，必须根绝净尽。"[3] 蒋介石解决共产党问题的基本策略是很清楚的，就是想要"编共而不容共"[4]。因此，自恃掌握着全国政权和军队的国民党，自两党谈判之初就抱定了一种"招安"的架势，对共产党人百般刁难，力图把其政权和军队搞掉，进而把共产党全部"消融于三民主义之下"[5]。

经过旷日持久的谈判，眼看中共中央已经被迫准备接受由国民政府指派边区政府主席，由军委会指派改编后的红军政治部主任及参谋人员，包括整个中共军队直接归蒋介石指挥，不设军部等条件。[6] 恰在这时，七七事变爆发，随后日军又开始大举进攻上海，蒋介石下决心全面抵抗。中共中央乘机提高了要求，坚持红军必须设立独立的军部，自任政治部主任和自己任命边区政府主席等。迫于当时的形势，蒋介石终于作出了让步，从而在事实上承认了共产党的存在，并放弃了全面控制共产党军队和政权

---

[1] 毛泽东：《两党合作问题》，1938年4月5日。
[2] 见《毛泽东选集》（合订本），第266—267页，等。
[3] 见《困勉记》卷四十一，1937年2月18日条，（台北）"国史馆"藏，蒋中正档案。
[4] 见《蒋总统秘录》第10册，第192页。
[5] 见《蒋总统集》，第1卷，第1038页。
[6] 参见《中共中央关于周恩来同蒋介石第二次谈判情况给共产国际执行委员会书记处的报告》，1937年6月17日，见《共产国际、联共（布）与中国革命档案资料丛书》（15），第310—312页。

的预谋。

但是，这并不等于说，国民党从此就改变了他们对共产党问题的看法，开始承认共产党的合法地位了。恰恰相反，正如毛泽东在抗战开始后不久所深切感觉到的那样："国民党自大主义依然十足"，"统制政策不变"[1]，对共产党及其军队、政权"限制"、"破坏"一日不停，对各种群众组织和团体更是全面控制，严防共产党人插手其中。很显然，国民党对共产党依旧抱着高度的戒备心理，担心共产党"乘对外战争之机会，发动其阴谋"，故而全力以赴地"设法防制之"[2]。

一方面要争取民主，掌握群众，打掉国民党的独裁和统治政策；一方面则必欲限制和削弱共产党，维护并完善其一党统治，这不能不使国共两党的关系从抗战开始就充满了种种矛盾和危机。在共产党人看来，他们既肩负着引导抗战胜利的重大使命，又肩负着最终引导中国建立民主共和国，直至走向社会主义道路的历史重任，因此，他们更加相信保护和壮大自己，以及对国民党保持同样戒备心理的极端必要性。

眼看战争打响，平津迅速失守，华北地区国民党军队被日本军队打得落花流水，纷纷后撤，蒋介石国民党却再三催促红军出兵华北前线，毛泽东明显地怀疑蒋有借刀杀人之意。七七事变爆发之初，中共中央一度准备迅速出动主力，集中作战，同国民党正面守军一起担任一线防卫。[3] 7月28日，中共中央还明确提出：(1) 红军主力三个师于8月15日编好，20日全部出动；(2) 主力出动后集中作战不得分割；(8) 拟担任绥远方面一线防卫。[4] 但28日和30日，平津先后失陷。得此消息，毛泽东和张闻天等人当即改变前议，于8月1日发出指示，称对外宣传推动与实际行动之间应有区别，"部队东移不必开得太快"，"宜缓不宜急"，红军在整个战略方针下应坚持"独立自主的分散作战的游击战争，而不是阵地战，也不是集中作战，因此不能在战役战术上受束缚"，至红军主力出动也以出动三分

---

[1]《毛泽东电报批注》，1937年11月11日。
[2] 见《蒋总统秘录》第10册，第112页。
[3]《毛、朱、彭关于拥蒋抗日问题致叶剑英电》，1937年7月14日。
[4]《洛、毛关于提交国民党之红军改编原则问题给周、博、林电》，1937年7月28日，见《毛泽东军事文集》，第2卷，第18—19页。

之一为宜,"其余兵力依战争发展,逐渐使用之"[1]。

毛泽东这时再三电告各级领导人,提出红军对日作战必须有一定条件下之保障,否则"有损无益",而且提出"出动的路线,出动的兵力,作战的方法,都不应请求蒋介石决定颁布",如此"方不吃亏"。他作出此种改变的前提很清楚,即"须估计战争的长时间性与残酷性,应估计蒋之军阀割据(红军全部开去是蒋之要求),又须估计陕甘是我们唯一可靠后方(蒋在陕甘尚有十个师,以便把我们全部用去,他则稳占此后方)等等问题"[2]。简而言之,毛泽东担心把红军主力统统投入对日作战,不仅会为强敌所伤,而且可能正中了蒋介石的"渔翁之计"。

出于对蒋介石国民党根深蒂固的戒备和对中共自身利益的关切,毛泽东的此种担心并非毫无道理。红军是共产党及其政权和根据地得以存在的唯一支柱,不管毛泽东这时对国共合作关系寄予多少期望,他都清楚地懂得一个道理,那就是:"在中国,离开了武装斗争,就没有无产阶级和共产党的地位,就不能完成任何的革命任务。"而革命的中心任务和最高形式,就是"武装夺取政权,是战争解决问题"。因此,"有军则有权,战争解决一切","谁想夺取政权,并想保持它,谁就应有强大的军队"。因为"只有用枪杆子的力量才能战胜武装的资产阶级和地主","整个世界只有用枪杆子才能改造"[3]。

毛泽东之所以格外担心红军出战的安全问题,是因为红军较完整的主力这个时候总共只有两三万人,而国民党在其根据地附近的兵力就有10万之多,全国的兵力则达到170万以上。毛泽东没有料到的是,国民党几十万装备远远优于红军的军队,竟然在对日作战中不数日就损兵折将,一败涂地,这清楚地显示了日本军队的确有很强的作战能力。如果几十万国民党军队都不是日本人的对手,那么,即使红军倾巢而出,对于整个华北前线来说,也不过是杯水车薪。其或能阻敌于一时一地,但鉴于这场战争的"长时间性与残酷性",考虑到红军存在的根本目的并不是为挽救华北

---

[1]《洛、毛关于红军作战原则给周、博、林的指示》,1937年8月1日,见《中共中央文件选集》,第10卷,第300—304页。
[2]《洛、毛关于红军的作战任务与兵力使用原则给朱、周、博、林、彭、任电》,1937年8月5日,见《毛泽东军事文集》,第2卷,第25—26页。
[3] 见《毛泽东选集》(合订本),第525—535页。

第四章　韬光养晦与东山再起

局部领土丧失于一时，而是要在未来的阶级战争中夺取全国政权，毛泽东当然不赞同让红军在此时付出致命的代价，致使整个共产党及其革命事业从此失去实力的依托。

在大敌当前，抗战初起，举国上下同仇敌忾，不惜与日寇玉石俱焚的政治氛围中，不要说外人无法理解毛泽东的苦心与远虑，就是中共中央高层军政负责人，绝大多数也很难接受毛泽东这时的看法。8月20日，红军正式改编为国民革命军第八路军，蒋介石、阎锡山等又紧急催促部队出动开赴前线，部队内乃至共产党内要求与日军作战的情绪也十分强烈。但毛泽东依据其在党内分工负责军事问题的权力地位，仍旧坚持"红军受命出动后即变为蒋之属下，彼可以命令行之。彼时党的问题与边区问题，由彼解决，甚至将不许发表宣言并取消苏区"，"此事关系重大"。故必须让国民党同意：（1）红军充任战略的游击支队；（2）在总的战略方针下执行独立自主的游击战争，发挥红军特长；（3）为适应游击战原则，须依情况出兵与使用兵力；（4）不得分割使用红军。且红军必须"有发动群众创造根据地组织义勇军之自由，地方政权与邻近友军不得干涉。如不弄清这一点，必将发生无穷纠葛，而红军之伟大作用决不能发挥"[1]。

毛泽东甚至明确告诉军政领导人："蒋阎保定决战、晋北固守的方针……完全是处在被动挨打的姿势下"，必须有一支奇兵袭入敌后，建立敌后游击根据地。因此，目前要"暂时把我军兵力一概隐蔽，并养精蓄锐"，不要打阵地战、运动战，甚至不要集中打仗，因为"集中打仗在目前是毫无结果之可言的"。他的意见是，八路军应立即分散兵力，"出至敌后"，通过没收大地主政策发动群众，创造敌后根据地，同时配合以"独立自主的山地游击战争"[2]。

为了统一全党思想，在毛泽东的坚持下，中共中央于8月22—25日在陕北洛川专门召集了一次会议。会上，毛泽东突出强调了党的阶级意识

---

[1]《中央书记处关于与国民党谈判的条件给朱德、周恩来、叶剑英的训令》，1937年8月18日；《毛泽东关于坚持独立自主的山地游击战原则致彭德怀电》，1937年9月21日。见《毛泽东军事文集》，第2卷，第32—33、54页。

[2]《毛泽东关于独立自主的山地游击战争基本原则的解释致彭德怀电》，1937年9月12日；《毛泽东关于坚持独立自主的山地游击战原则致彭德怀电》，1937年9月21日；《关于整个华北工作应以游击战争为唯一方向》，1937年9月25日。见《毛泽东军事文集》，第2卷，第53—55、57、60—61页。

的问题。他声称:"党的阶级的独立性问题应提起全体党员注意!防人之心不可无,(国共两党)在阶级上根本是敌人!"自两党合作以来,"国民党丝丝入扣",闽粤边红军游击队在改编过程中被缴械就是一个严重的教训,要求我们必须加强阶级的独立性和警觉性。必须了解,"国民党的方针是一方面限制我们,一方面破坏我们"。对于朱德、彭德怀、周恩来、博古等强调"我们不能完全独立自主","说国民党集中力量专打我们的主意是不对的",以及相信红军是可以打大仗的,说对日作战完全"有可能打垮一些,捉一些",主张红军主力"还是以全部出动为宜",因为"人民对红军出动是热切盼望的",出动太迟会造成不良影响等,毛泽东和张闻天毫不动摇。张闻天明确表示:"红军影响并不靠出得快慢来决定,我们也不能完全听群众的话,不要为群众的热情所支配。要看清革命的基本利益!"重要的问题是"要能打胜仗,发动群众,建立根据地,做出模范,这才能提高信仰"。毛泽东也坚持认为:"我们方针最基本的是持久战,不是速决战",因此,不要被目前的形势牵着走。"目前最亟需(须)的是要把国共两党区别清楚",一定要了解国共两党代表着"两种政策、两个前途",我们的任务"是争取共产党和红军成为抗战的核心,一切工作准备过渡到工农资产阶级联盟的民主共和国!"红军必须要在保存自己的基础上争取消灭敌人,故作战原则只能是:"分散发动群众,集中消灭敌人,打得赢就打,打不赢就跑"。[1] 会议最终形成的决议明显反映了毛泽东和张闻天的意见。[2]

从阶级革命的长远眼光看问题,是毛泽东超出常人之处

洛川会议实际上并不能根本解决党内认识上的分歧,尤其是随着蒋介石作出让步,在事实上承认了共产党的地位,八路军主力陆续出动,大多数干部以及前方将领显然急欲打几场大仗以扬军威。因此,八路军一一五师刚一抵达山西前线,就积极配合国民党军队进行了诸如平型关战役这样

---

[1]《毛泽东关于军事和外交问题的报告》,1937年8月22日;《张闻天在中央政治局会议上的补充报告》,1937年8月24日。
[2]《中央关于目前形势与党的任务的决定》,1937年8月25日,见《毛泽东选集》(合订本),第367页。

第四章　韬光养晦与东山再起

较大的作战行动。

平型关战役是八路军参加政府方面对日作战的第一次正规军事行动。这一仗，八路军一一五师以不足三个团，四千左右的兵力，实际上只是担负着截击日军侧后退路的伏击任务。由于9月25日这一天国民党正面平型关口的守军并未出击，因此，一一五师只伏击到了关前日军进攻部队，即日军第五师团第二十一联队第三大队派回去接运援兵的汽车队，和前来运送衣被粮草的一支辎重部队。在这场不过几个小时的作战中，一一五师成功地歼灭了日军一个汽车中队和一支辎重队这两支非战斗部队加两个护卫小队，并以一部阻击了日本第二十一联队第三大队增援部队，总计打死打伤日军应在四五百人左右，一一五师则伤亡了400余人，同时摧毁敌汽车70余辆、炮一门、炮弹2000余发，缴获了大量被服辎重等物品。

这场伏击战显然极大地提高了八路军的士气，扩大了共产党的影响。[1] 但它同时也从一个侧面证明了毛泽东的担心不是没有根据的。因为以400余人的伤亡，而且大量是团、营、连、排干部和部队骨干的伤亡，来换取歼灭日军两支非战斗部队，缴获上百支枪，一个俘虏都没有捉到的胜利，对于这个时候只有三万余人的八路军来说，仍是相当沉重的代价。

从平型关战役后八路军缴获的敌第五师团（即坂垣师团）的部队清册可以了解到，日军正规部队装备之优越，是远远出乎中共军事领导人的想象力的。该师团这时总人数为22000人，步枪手只有5200人，余系炮兵、坦克兵及其他自动火器手。而其每个步兵连队，除步枪手外，就有6挺轻机枪和6个掷弹筒。[2] 相比之下，八路军主力8月底出动抗日时，总兵力34000人，步枪仅10000余支，机枪极少，其他自动火器及火炮根本没有。到12月，部队人数虽发展到92000人，步枪却只增加了一倍，全军大部

---

[1] 当天一一五师师长林彪估报的毙伤日军的数字是"一千余人"，"无一生俘"；八路军总部给南京的报告是打死"约四五百"，"俘虏三百余"；毛泽东当天对外发出的捷报是"将敌万余击溃，击毙甚多"。分见《林、聂关于一一五师平型关战斗缴获和伤亡致毛、朱、彭电》，1937年9月26日；《朱、彭关于平型关大捷致南京大元帅蒋电》，1937年9月26日；《毛泽东致朱、彭、任并告林、聂电》，1937年9月26日；《八路军参谋处致南京军委会、军政部、中央日报社捷报》，1937年9月26日。

[2] 《朱、彭、任关于目前形势的估计与我之战略方针给中央军委、恩来并林、聂、贺、肖、关、刘、徐、张的电报》，1937年12月。

均为徒手,以致平型关战斗后按照中共中央的方针坚持只打游击战和打了就跑的伏击战,部队仍旧伤亡了4000余人。[1]

不难想象,在这种情况下,如果按照最初中共多数领导人的愿望,把八路军如数投入对日正面作战,对共产党将会造成一种怎样严重的损失。实际上,即使几年之后,在八路军的装备有所改善的情况下,要想成建制地歼灭日军的一支作战部队,也都是难以想象的。在战争开始之初,日军相对集中,作战力较后来更强的情况下,要从容地集中部队对日军进行歼灭性的战斗,把自己的伤亡控制在较低的水平上,更是不可能的。鉴于这一情况,各部队很快即接受了毛泽东的意见,转而分散去做群众工作,征兵扩军了。仅仅三个月的时间,八路军就增加了近两倍。

从阶级革命的长远眼光看问题,这可以说得上是毛泽东的一种深谋远虑。这也是他在战争一开始就再三强调这场战争的"长时间性与残酷性"的一个原因。毛泽东思想的最大特点,就是认准了"枪杆子里面出政权","枪杆子里面出一切东西"[2]。因此,从1927年领导秋收起义时不惜放弃进攻长沙的计划,率部上山;到江西苏区时期发明"打得赢就打,打不赢就跑"和"敌进我退,敌驻我扰,敌疲我打,敌退我追"的游击战术,坚决反对"进攻路线";一直到抗日战争不顾多数领导人的意愿,坚持一切要先从保存武装实力出发,反对与日军打阵地战、运动战,主张只打山地游击战,甚至不同意集中作战,要求部队分散做群众工作等等,其实都是因为在毛泽东看来,敌我力量对比悬殊,必须时时注意把自己的武装保存下来。正如他在《论持久战》一文中所讨论的,战争的本质和目的,就是"保存自己消灭敌人"。在敌我力量相当的情况下,消灭敌人就是保存自己。但在敌我力量悬殊的情况下,"保存自己"就是基本的前提,不能保存自己,也就谈不到消灭敌人。[3]

---

[1] 参见《任弼时关于八路军情况的报告》,1938年2月18日。
[2] 见《毛泽东选集》(合订本),第535页。
[3] 同上,第449—504页。

第四章　韬光养晦与东山再起

比较中日两国的现代化水平及其强弱程度，毛泽东早在抗战爆发前就已经有了持久战的观点。但是，对于日本军队的作战能力，他其实也是在平津失守后才意识到的。然而，即使注意到日军第五师团的装备火力情况和机械化程度，中共军事领导人看到的也是日军的行军力不强，一遇山地即无办法等弱点，而毛泽东看到的却是日军火力强且机动性强等优点。因此，多数军事领导人开始时总还是寄希望于能够集中全国的军力打一些胜仗。在毛泽东看来，中日战争初期，中国军队的失败和领土的丧失是必然的、不可避免的，这不是哪一支军队或哪一次战役所能改变的。1938年上半年，在了解到越来越多的与日军作战的情况后，毛泽东还明确提出了日本军队民族教育异常深刻，士兵受到武断的欺骗宣传，作战顽强，宁死不降，武器装备又十分先进精良，在战场上占有极大优势的看法，这就更加坚定了毛泽东关于力量弱小、装备落后的八路军不能够也不应该与敌人进行大规模的军事较量的认识。[1]用毛泽东的话来说，中共在战争开始的过程中，首先应该全力使自己"由壮气军的地位到实力领导的地位"，进而使"党从现在地位到实力领导地位"，抗日战争的最后胜利必须要等到中共军力壮大起来，并在实际上成为抗战的主力军以后。[2]

毛泽东的上述认识，是共产党人革命功利主义立场的突出表现。它最典型地反映了共产党人时时处处把阶级革命的大目标放在第一位，和以党的利益为一切政策及策略根本出发点的政治特性。毛泽东几年后对此曾有过非常明确的说明。他宣称：人都是功利的，共产党人同样是功利主义者。"世界上没有什么超功利主义，在阶级社会里，不是这一阶级的功利主义，就是那一阶级的功利主义。我们是无产阶级的革命的功利主义者"，"我们是以最广和最远为目标的革命的功利主义者，而不是只看到局部和目前的狭隘的功利主义者"[3]。毛泽东这里讲的，其实就是这样一种道理。具体到如何抗日，如果只顾局部的和眼前的抵抗而牺牲掉革命长远的利益，那就是狭隘的功利主义；处处着眼于共产党的发展和革命最终的胜利，就是代表无产阶级根本利益的革命的功利主义了。

---

[1]《毛泽东关于华北工作问题的发言》，1938年3月23日。
[2]《中国共产党在抗日时期的任务》，1937年5月3日，见《毛泽东选集》（合订本），第252—255页。
[3]《在延安文艺座谈会上的讲话》，1942年5月，见《毛泽东选集》（合订本），第866页。

但是，面对日军大举入侵，全民族同仇敌忾、浴血抗战之际，并不是所有的共产党领导人都能够始终把党和阶级的长远利益放在第一位的。在那样一种时刻，尤其是在日军节节推进，国土大片沦丧，许多人都寄希望于共产党八路军能够发挥榜样作用的那样一种政治氛围中，要让所有中共领导人都能够时时处处想到要确保党的长远利益，而不受舆论、情感和来自各方面的压力的干扰，无论如何都是困难的。毛泽东这时在保存壮大自己武装实力的问题上不受任何干扰的坚定立场，再清楚不过地展现出了他超出常人之处。

毛泽东的想法其实很简单。基于阶级分析的观点和中俄革命的历史经验，他不相信蒋介石国民党及其所代表的地主资产阶级能够领导国人赢得这场战争。既不能指望国民党，更不能相信与日本有深刻矛盾，但同为资产阶级的英、美等国政府会为中国人火中取栗，就只能把希望放在自己力量的保存和发展上。虽然只有彻底挫败日本帝国主义的侵略，共产党才有实现自己革命目标的可能性，但是，以两三万装备落后的八路军去正面抗击上百万连国民党军都抵挡不住的日本军队，只能是以卵击石，自取灭亡。他相信中共的力量一定能够壮大，也一定能够战胜日本，问题是必须先把本钱和火种保存下来，并通过艰苦的群众工作使之发展壮大起来。如此，才能最终战胜日本，并取国民党而代之。

当然，高度重视群众工作的毛泽东，也非常清楚八路军对日作战的巨大号召力和形象感染力。平型关战斗当天，在前方只报"数百"，具体歼敌数还不明的情况下，毛泽东就对外宣布"将敌万余击溃，击毙甚多"，其目的也即在此。受此影响，抗战开始后不久，各部队就一律采取了数字加倍上报和加倍发表战果的做法。此一策略虽然在客观上存在很大的负面影响，但也显示了相当的宣传效力。[1]

苏联援助的作用越大，中共政策受苏联政策的影响也越大

当然，相信统一战线策略效力的毛泽东，不会不懂得国际统一战线的

---

[1] 1944年春，即抗战结束一年前，中共中央才开始指出这一做法存在多方面的不良影响，因而电示各部队改变"我军战报多年沿用加倍数目发表的办法"，要求"以后我军公布战果的数字一律不准扩大"。《中央关于改变加倍数目发表战果的作法的指示》，1944年3月21日。

价值与意义。他很清楚，苏联为避免德、意和日本东西两面的威胁，向英、法、美等欧美资本主义国家示好，提出所谓集体安全条约，本身其实是两害相权取其轻的一种谋略。但这种谋略如果运用得当，未必不会产生出对苏联有利的效果来。同样的情况，毛泽东也乐于看到有英、美等不同于法西斯主义的德、意、日的资本主义国家，与日本展开一场"大狗小狗饱狗饿狗之间的一点特别有趣的争斗"，因为"这点争斗，这个缺口，这种矛盾，对于革命的人民却是有用的"，列宁早就教导过共产党人，"要把敌人营垒中间的一切争斗、缺口、矛盾，统统收集起来，作为反对当前主要敌人之用"[1]。

因此，还在1936年，毛泽东就同样作过向英、美等资本主义国家政府示好的宣传。他在同美国记者斯诺的谈话中就曾表示说，中共愿意把那些"不愿参加一场新的世界大战"，"不愿看到日本占领中国"的列强，看做自己的朋友。中共愿意和苏联以及所有反日反侵略的国家一起，"组成一个反侵略、反战、反法西斯的世界联盟"[2]。到1937年5月，在中共全国代表会议上，张闻天等中共主要负责人也明确告诫那些历来习惯于把帝国主义看成是一丘之貉的共产党人说：目前绝不是和帝国主义算总账的时候，必须注意帝国主义之间的矛盾并善于利用它们，以便为自己的目的服务。尽管英、美帝国主义各国不过是为了他们自己的利益，"暂时的赞助中国的统一与和平"，共产党人仍应努力促使这些国家与中国共同反对日本。他们相信：列强各国，特别是英、美等帝国主义国家的态度，从来都是中国资产阶级国民党制定内外政策的依据。国民党抗日与否及其抗日的程度如何，多半也会取决于英、美等国政府对日本究竟采取何种政策。因此，国际反日及国际和平的统一战线能否形成和巩固，也一定会影响到中国资产阶级国民党对国内抗日民族统一战线及对共产党的态度好坏。

由于在日本侵略和中共力量还十分弱小的条件下，抗日民族统一战线和国共合作关系对于中共的生存发展有着至关重要的意义，因此，努力促进国际统一战线的形成和巩固，也就不能不成为中共阶级革命与民族革命政策的一个重要的组成部分。在这种情况下，中共一旦有条件独立自主地

---

[1]《论反对日本帝国主义的策略》，1935年12月27日，见《毛泽东选集》（合订本），第143—145页。
[2] 见《毛泽东1936年同斯诺的谈话》，人民出版社1979年版，第126—127页。

面对资本主义世界,他们事实上也就在某种程度上开始独立地走上世界政治的大舞台了。

这时的中共自然还不具备引起国际舆论和各国政府重视的条件。尤其重要的是,日本1937年对中国的大举入侵,事实上也并没有立即引起远东国际关系发生根本性的变化。英、美等国虽然感受到相当的威胁,并不时地作出某种姿态,发出一些有气无力的警告,但他们并不真的打算要改变以往建立在《华盛顿条约》基础上的,以对日关系作为维持远东均势的主要环节和战略重心的基本政策取向。因此,它们一方面试图遏制日本扩张的势头,另一方面却又不能不以维持对日关系作为其远东政策的基本出发点,尽力避免对日关系破裂。在这种情况下,牺牲中国的某些利益,把中日战争限制在局部冲突的范围内,就成为这些资本主义大国最愿意作的一种尝试。

由于英、美政府在日本侵华问题上的暧昧态度,全力主张建立集体安全体系,一直以来积极向中国和美国提议缔结太平洋和平条约,甚至有意与中国政府签订中苏互助条约的苏联,也无法在援助中国的问题上走得太远。很显然,苏联很愿意把英、美都拖到共同援助中国,牵制日本的国际条约行动中来,因为这是能够确保苏联远东安全的最理想的一种方式。但英、美的态度,最终阻碍了这种可能性。不论中国各界,尤其是国民党当局如何热切地寄希望于苏联能够出兵援助中国,七七事变之后,苏联政府只是同中国政府缔结了一个互不侵犯条约,只承诺当中国作为缔约国中的一方受到第三国日本侵犯时,作为缔约国的另一方,苏联绝不会给予第三国日本以任何形式的支持和帮助。[1] 斯大林此后曾明确表示,苏联参战必须在英、美参加反日阵营,至少英、美明确表示赞同,或当日本进攻苏联时,才是可能的。[2]

当然,苏联毕竟不能眼看着落后的中国很容易地被日本占领,或是轻易地向日本投降。因此,为了加强中国政府的军事抵抗力量,苏联不顾日本政府的抗议,坚持向中国提供了大量实质性的援助。仅从战争之初至1939年9月,苏联就向中国提供了约值2.5亿美元的贷款(实际到位1.7亿),并派出了上千名军事技术人员和志愿飞行人员,协助中国军队对日

---

[1] 见《中国近代对外关系史资料选辑》,第二分册(下),第17—18页。
[2] 转见《周恩来关于统一战线问题的补充报告》,1938年2月27日。

作战。仅在1938年武汉战役期间，苏联援华的军事专家就达到3665人，军事顾问200多人，多为苏联高级将领。1937年11月到1941年在中国服务的苏联总人数，含志愿飞行人员，达到5000人上下。苏联空军志愿队参加了保卫南京、武汉、重庆、成都、兰州等城市的空战，包括苏联空军志愿队大队长在内的200多名苏联飞行员在空战中牺牲。经苏联顾问直接训练或教授的中国军人有9万人之多，由苏联教练员训练的中国飞行员有1045人、领航员81人、射手兼无线电报员198人、各种航空技术人员8354人。苏联向中国总共提供了各种飞机924架、坦克82辆、索引车602辆、汽车1516辆、大炮1140门、轻重机枪9720挺、步枪50000支，以及其他大量弹药等军事物资。[1]

尽管国民党寄希望于苏联正式出兵援华的情况没有出现，但是，在抗战初期中国孤立无援的情况下，苏联对中国的大力援助，仍旧极大地加强了中国在对日战争中的抵抗能力。它同时也极大地提高了中共在国内政治中的地位和对于国内外政策的发言权，自然也使中共中央更加坚信，苏联的帮助和社会主义的影响，对于中国抗战的胜利和中国革命的前途，必将产生决定性的重大作用。

当然，苏联的作用越大，中共政策本身受到苏联外交方针的影响和制约，就会越直接。这是因为，从苏联的利益考虑，它需要中国保持稳固的抗日民族统一战线，以便把日本牢牢地拖在对中国战争的泥沼中，使之无法腾出手来向苏联进攻。中共的一切政策和策略，当然要无条件地服从这一目的。而这种情况，也就不可避免地促成了中共党内高层的一场权力斗争。

王明带来了共产国际的指示，毛泽东坚持洛川会议方针没有错

1937年11月29日，王明等人带着苏联和共产国际的这一意图来到中共中央所在地延安。他们被要求回国贯彻"抗日高于一切"和"一切经过

---

[1] 见《外交史》，第三卷（下），第898页；李嘉谷：《评苏联著作中有关苏联援华抗日军火物资的统计》，《抗日战争研究》1994年第2期；李嘉谷：《抗日时期苏联对华贷款与军火物资援助》，《近代史研究》1988年第4期；刘志青：《旧档解密：抗战期间在华苏联军事顾问》，《党史博览》2005年第8期；《国外近代史研究》第11辑，等。

统一战线"、"一切服从统一战线"的行动原则和斗争口号。在大敌当前，民族矛盾远较阶级矛盾尖锐得多的情况下，没有人能够反对"抗日高于一切"的原则。但真要具体按照"抗日高于一切"的原则来行事，同毛泽东等此前所强调的党和阶级的根本利益高于一切的原则是矛盾的。共产党人能够为了抗日的目的，而不惜使党和军队的力量受到严重损失吗？他们能够为了维护统一战线而迁就资产阶级的国民党，不与之进行针锋相对的斗争吗？按照王明所表述的共产国际指示精神，这种可能性是存在的。不仅如此，还理当争取实现"国共两党共同领导，共同负责"的局面。很显然，王明以共产国际代表的身份在1937年12月举行的政治局会议上所传达的共产国际的上述意见，让8月下旬在洛川会议上对毛泽东的主张有不同意见的诸多党的领导人，找到了改变党的政策方针的重要依据。

但是，毛泽东并不服气。在这次政治局会议上，他委婉地却是坚定地表示了某种程度的怀疑。他坚持认为："抗日战争总的战略方针是持久战"，"在持久战中领土与军队什么最重要，当然是军队最重要，军队失败，领土不能保"。因此"保存军队是最基本的"，红军就是采用这个原则生存下来，发展起来的，就是国民党也应有如此方针。他对一些领导人批评洛川会议方针错了，说中央是失败主义，认为红军出动太迟，过分强调独立自主不利于团结国民党等，明确地表示了不同意见。他说："我们所谓独立自主是对日本作战的独立自主，战役战术的独立自主。山地战、游击战，是我们的特长，是保存我们实力的最好的战略。"要最后赶走日寇，当然要运动战、阵地战，但那是以后的事情，将来红军还需要机械化。他表示可以修改过去关于"独立自主的山地游击战"方针的提法，改为"独立自主的山地游击，在有利条件下打运动战，集中优势兵力消灭敌人一部"。但他坚持认为："洛川会议的战略方针是对的。"[1]

---

[1] 有关游击战问题的争论，直到延安整风运动时，毛泽东的观点才最终为全党所接受。刘少奇1943年对此有过十分明确的解释。他说：经过六年来的实践，证明游击战是中共在抗战中所能采取的最主要和最基本的斗争方式。这是因为我们组织好了的队伍不很多，进行正规战，不可能获得任何重要的结果，还可能在一个或几个战斗中即基本上被消耗或受到极大的削弱。而我们被消耗了，人家是不补充我们的。刘少奇：《六年敌后工作经验的报告》，1943年，油印件。

第四章 韬光养晦与东山再起

毛泽东相信，问题的关键还是要不要重视阶级斗争的问题。他指出，统一战线中的和与争是对立的统一，国民党和共产党谁吸引谁的问题是客观存在的。我们"不是要将国民党吸引到共产党，而是要国民党接受共产党的政治影响。""如果没有共产党的独立性，便会使共产党降低到国民党方面去"，这是绝对不可以的。然而，既然承认民族矛盾高于阶级矛盾，毛泽东也不能不承认"和为贵"是必要的，他也不能不同意对国民党应当"光明磊落，大公无私，委曲求全，仁至义尽"，同意凡事应注意经过国民党，但他更愿意看到打破目前国民党一党独裁的真正意义上的统一战线组织的出现。因此，他赞成共产国际关于要争取"国共共同负责，共同领导"的意见，认为这将"使国共合作大家有利"[1]。

共产国际的意见，自然得到了中共中央绝大多数人的赞同与肯定。张闻天会后即公开发表文章，肯定了"抗日高于一切"和国共两党"共同负责，共同领导"的口号。他甚至断言：那种准备"在国共合作的过程中同国民党争取领导权"的观点，"显然同共产党抗日民族统一战线的基本政策完全不相符合"，说"目前蒋介石先生所领导的国民党已经处在领导的地位，这是谁也不能否认的事实"[2]。

然而，共产国际这一次的遥控指挥并不那样容易见效了。这是因为，抱着"编共而不容共"的心态，蒋介石和国民党原本就没有把共产党放在平等的地位上，就连共产党的合法地位都没有承认，又如何能够同意与中共组成平等的统一战线组织，"共同领导，共同负责"？严格地说，蒋介石在剿共战争即将成功的最后关头决定与中共妥协，是张学良、杨虎城发动的西安事变逼的。事变发生后，宋美龄、宋子文力主妥协，蒋介石顺坡下驴，对两宋有所承诺，不易反悔。而事变后要解决东北军、十七路军，更是颇费周章，还必须要借助中共在其中调处，因此再想兴兵剿共已无可能。但是，蒋介石有心与中共妥协，根本上还是因为中共和红军已经被打败，不可能再对国民党构成威胁了。相反，如果能够像成功地收编其他军阀武装那样成功地收编红军，他还能早日放手与苏联合作，以便早日对付日本的入侵。这也是为什么早在1935年秋冬，他就已经开始想方设法派

---

[1]《毛泽东在中央政治局会议上的发言》，1937年12月10日、12日。
[2] 洛甫：《巩固国共合作，争取抗战胜利》，《解放》第28期，1937年12月21日。

人到莫斯科去找中共代表团,以及在国内与中共代表进行接触与谈判了。[1] 这是因为,随着日本侵略步骤的加紧,蒋介石一直希望能够得到苏联在军事上的援助,包括与苏联缔结一项秘密的军事互助协定。[2] 由于国内共产党问题没有彻底解决,他的联苏计划才不得不一推再推。西安事变期间,中共代表周恩来明确表态,接受蒋介石苏维埃改制、红军改编的政治解决条件,这一问题才算得到了解决,而蒋也开始放心地寻求苏联的援助了。

季米特洛夫:中共应该在毛泽东的领导下解决党内团结问题

这时候,苏联的大规模军事援助已经开始,但由于中国军队不断丧城失地,节节败退,国民党方面迫切希望苏联能够直接出兵参战。正是在这种情况下,蒋介石在得知王明回国后,马上就来电欢迎王明前往武汉晤谈,并同意组成国共两党的所谓"两党委员会",实际目的都是想要了解苏联高层动态和推动苏联向中国出兵。王明清楚地知道苏联没有可能出兵助战,也无法承诺向苏联方面做劝说工作,因此,他虽然满怀热忱地去了武汉,见了蒋介石,却丝毫没有得到他所期望的统战效果。

不仅如此,鉴于中共方面毫无可能推动苏联出兵,在国民党人看来,中共的作用就主要不是正面的,而是负面的了。他们很快就在武汉发起了"一个领袖"、"一个主义"、"一个政党"和"一个军队"的宣传攻势,要求共产党放弃武装割据、自行其是的那一套,学桂系的样子,把军队交给中央指挥,全面贯彻中央的军令政令。王明到底也是共产党的领导人,当然知道保持党的独立性的重要意义。这种情况很快就使包括王明在内的中共多数领导人认识到,和国民党的关系确实存在一个斗争的问题。不打消

---

[1] 参见《王明与邓文仪谈话记录》,1936年1月17日、22日、23日;《王明给毛泽东、朱德和王稼祥的信》,1936年1月23日。见《共产国际、联共(布)与中国革命档案资料丛书》(15),第89—111页。

[2] 1935年10月华北事变发生过程中,蒋介石就曾对苏联驻华大使委婉地提出过缔结秘密军事互助协定的建议。参见《鲍格洛莫夫致苏联外交人员委员部的电报》,1935年7月4日、10月19日、12月19日,见《近代史资料》第79辑,第218—221、224—225页。

第四章 韬光养晦与东山再起

国民党人的独裁心态,共产党、八路军就没有独立性可言。[1]

这样一来,不过两三个月的时间,中共中央领导人对国共关系的看法就开始发生明显的转变。在1938年2月底举行的政治局会议上,王明坚持认为"前次政治局会议的方针是正确的",仍旧强调要加强统一战线政策的教育,强调要让国民党允许党派活动,边区先要开放党禁,"成为民主政治的模范区域"。但他也不能不承认,"过去的宣言在词句上是太让步了",国民党现在用各种宣传来打击共产党,共产党必须要针锋相对地表明自己的立场。[2]

一度否认争取领导权说法的张闻天,这时再度强调起争取领导权的问题来了。他明确提出:"国共两党间是存在着争取领导权的问题的。中国资产阶级是有经验的,目前需要两党合作,但又怕我们发展;今天要利用共产党与人民的力量,但又怕共产党与民众的力量。目前阶级斗争的形势更复杂了,我们要看到与国民党有些摩擦是不奇怪的。""我们无论何时不要忘记要与国民党合作,但也必须时时有戒心……在巩固国共两党合作原则下求得共党力量的巩固与扩大。"他甚至委婉地批评了王明、周恩来、博古、凯丰等多数中央领导人都跑到武汉去做统战工作的做法,说"与国民党谈判不要许多负责同志去","统一战线只是与国民党谈判是不够的"。相反,他认为,党"必须用更大的力量放在民运工作上去",因为党要发展就要发展民运,民运要发展又必须要党投入较大的力量才行。[3]

不管苏联和共产国际是否真的希望中国共产党在"抗日高于一切"的原则下,不惜迁就国民党以维护统一战线,国共之间的矛盾斗争无论如何也是不可避免的。不管中国共产党人多么希望迅速争取到"实力领导地位",取代国民党并推进革命向更高阶段发展,国共两党力量对比的现状也不是很快可以改变的。这种情况决定了中共在抗战初期的统一战线策略方针,不能不在坚持"和为贵"前提下,实行又斗争又团结的做法。

根据2月底政治局会议的决定,中共中央很快派出任弼时前往莫斯科

---

[1] 王明为此专门以毛泽东的名义在中共主办的《新华日报》上发表了一篇长篇谈话,公开批评国民党"一个政党"、"一个领袖"、"一个主义"和"一个军队"的宣传。《与新中华报记者其光先生的谈话》,《新华日报》1938年2月9日。
[2] 《王明在中共中央政治局会议上的报告》,1938年2月27日。
[3] 《张闻天在中共中央政治局会议上的发言》,1938年2月27日。

汇报自抗战开始以来的工作情况。在依据张闻天、毛泽东等人意见向共产国际提交的政治报告中，中共中央一方面明确表示同意共产国际"抗日高于一切"、"一切服从抗日"的原则，主张国共两党在统一战线中应该"互相帮助，互相发展，共同领导，共同负责，不应有谁投降谁，谁推翻谁的企图"，另一方面则明确提出了共产党的领导作用问题，主张"以最大努力""巩固共产党在抗日战争中的领导力量"，"使着党和八路军在抗日战争中，军事上能够起得更大的推动和领导作用"，坚持必要的批评与斗争，以推动并帮助国民党进步。[1]对此，共产国际领导人明确表示认可，认为"中国共产党的政治路线是正确的"。

可以肯定，出于共同的阶级利益的考虑，至少在共产国际领导人那里，"抗日高于一切"还是有条件的。因此，尽管共产国际要求中共要注重统一战线，"友谊的说服国民党的领导者""在军事环境之下实行进一步的民主的政策"，但它显然对国民党坚持一党独裁和削弱共产党的做法一样深感不安，因而明确主张共产党在诚心诚意地实行三民主义和诚恳地拥护蒋介石的基础上，必须坚持在政治上及组织上的"独立性"，"要特别注意克服一切孤立八路军及新四军的企图"[2]。这意味着，共产国际本质上并不主张无条件地迁就国民党人，其统一战线的策略方针与此时中共中央毛泽东等人的看法，存在着某些共同的立足点。

共产国际与毛泽东在思想倾向上的这种沟通，迅速促成了毛泽东党内地位的崛起。自1934年中央苏区反围剿战争失败前后，共产国际即已开始高度重视这位土生土长但具有"丰富经验"和突出能力的中共领导人。在共产国际七大上，毛泽东已经被共产国际看成是中国苏维埃革命的"旗手"和"象征"，并享有和共产国际七大主席季米特洛夫、七大名誉主席台尔曼等少数国际共产主义运动领导人一样的殊荣和赞誉。尽管1935年中共中央在遵义召开的政治局扩大会议把张闻天推举为新的中共中央最高

---

[1]《任弼时代表中共中央向共产国际报告大纲——中国抗日战争的形势与中国共产党的工作与任务》，1938年4月14日，《文献和研究》1985年第4期；中共中央文献研究室编：《任弼时选集》，人民出版社1987年版，第164—207页。
[2]《共产国际执行委员会主席团关于中共代表报告的决议案》，1938年6月11日，《文献和研究》1985年第4期；《共产国际执委会主席团的决定》，《新华日报》1938年9月8日。

负责人，但在双方失去联络的特殊情况下，这并不是共产国际的选择。而且共产国际对于张闻天主持中共中央期间的工作并不十分满意，这也是他们1937年决定派王明等"新生力量"回国的重要原因。[1]但是，第一，共产国际在王明回国时讲得很清楚，王明回国后，中共中央应该实行集体领导；第二，由于王明在共产国际和苏共内强有力的扶持者、原共产国际东方部负责人米夫1938年在肃反中被整肃，共产国际对王明自然也失去了信任。这意味着，王明并非共产国际选定的中共中央最高领导人，并且也不再可能受到共产国际的重用了。

任弼时到莫斯科后起到的一个非常重要的作用，就是向共产国际领导人汇报了王明主持的中共长江局与张闻天、毛泽东等人留守在延安的中央之间，出现了明显的权力斗争的情况。这是因为，中共中央的多数成员这时都到了武汉，延安中央只剩下少数人。因此，王明认为中央应放到武汉来，并经常以中央的名义发指示，不赞成张、毛继续行使中央的权力，甚至要求把中共中央的机关报等都搬到武汉去办，在延安开政治局会议都是王明打电报通知延安会议日程。这一争论不可避免地影响了中共中央自身的团结和指示的权威性。

对此，季米特洛夫的态度很明确。他告诉任弼时和即将回国的王稼祥：应该"在毛泽东为首的领导下解决""党内团结问题"。季米特洛夫的表态，清楚地表明了共产国际公开支持毛泽东为中国党的最高领袖的态度。[2]

共产国际支持毛泽东为领袖，毛泽东提出马克思主义要中国化

这是共产国际最关键的一次，也是它最后一次从组织上直接干预中国党的内部事务了。他们注意到了毛泽东与共产国际基本一致的"政治路线"，但他们忽略了一点，毛泽东是那种更加重视自己国家革命事业的土

---

[1] 参见《季米特洛夫在共产国际执委会秘书处会议上就中国问题的发言》，1937年8月10日，见《共产国际与中国革命教学参考资料》（下），中国人民大学中共党史系1986年编印，第678—681页。
[2] 王稼祥：《国际指示报告》，1938年9月，见《王稼祥选集》，人民出版社1989年版，第138—142页。

生土长的共产党领导人。与由苏联培养出来的王明以及多数中共领导人不同,毛泽东有着极强的个性和宏大的政治抱负,除了他所信奉的关于阶级斗争的整套意识形态和为了他赖以实现理想的党的利益以外,他不会轻易地听命于任何人或组织,即使是对苏联和共产国际也一样。他的一切政策、策略的出发点,都是为了中共所领导的革命事业。1938年9—11月间为贯彻共产国际指示而召开的中共六届六中全会,就开始反映出这种情况了。

六中全会显然是全面贯彻共产国际意图的一次重要会议。它不仅确认了毛泽东在中国共产党内的领袖地位,而且突出强调了"长期抗战,长期合作","抗日高于一切"的思想。会议公开宣称:"在现时条件下解放中国人民的唯一道路,就是巩固和扩大抗日民族统一战线——尤其是建立国共两党的长期合作。"[1] 毛泽东更是充分表示了对共产国际指示的尊重。他甚至公开宣布:"抗日战争的进行与抗日民族统一战线的组成中,国民党居于领导与基干的地位","我们是坚决拥护蒋委员长及其领导下之国民政府与国民党的,并号召全国一致拥护"。为了表明这一诚意,他还特别提出了"所有各统一战线中的党派,互不在对方内部招收党员,组织支部,进行秘密活动"的建议,主张将"国民党变为民族联盟,各党派加入国民党而又保存其独立性",承诺共产党可以"将加入党员之名单提交国民党的领导机关",既"不组织秘密党团",也"不招收任何国民党员加入共产党"。他认为,这种"大家相安,有利无害"的办法,可以为"长期合作"、"互助互让"的两党关系奠定基础。[2]

与此同时,在党的内部,多数领导人都开始对国共关系和继续贯彻"一切经过统一战线,一切服从统一战线"的方针,提出了异议。

张闻天明确讲:国共合作是不平等的,国民党表面上承认共产党,但他自大主义十足,处处欺负人,"他是不愿与你平等合作的"。因此,中国和法国不一样,没有平等的统一战线。他认为,坚持长期合作的方针,必须"采取从上而下的协商、诚恳的说服与诚意的批评使国民党进步"。既要"用一切办法争取更多的同情者,争取更多的朋友",又要"对顽固分

---

[1] 见《解放》第57期,1938年11月6日。
[2] 毛泽东:《论新阶段》,《解放》第57期,1938年11月6日。

第四章 韬光养晦与东山再起

子实行分化，集中力量打击少数分子……冲破蒋介石对我们的限制"[1]。

毛泽东也重申了过去的观点，即：国共两党今天的合作是勉强性的不自由的婚姻，共产党实力不大，一时还不能与国民党取得平等地位。我们的目的，是要"由不平等到平等，使共产党将来成为战争的决定因素"，要变国民党为"工农小资产阶级资产阶级的革命联盟"。"现在要自由要独立，将来要社会主义"。因此，按照共产国际的要求，他主张，我们固然要千方百计维护统一战线，"亲近国民党"，但"任何时候任何地方都不能忘记统一的同时，不能不辅之以斗争的原则，因为斗争正是为了统一，没有斗争就不能发展与巩固统一战线"。他明确表示同意刘少奇关于"一切经过统一战线"不等于一切要经过国民党与蒋介石的说法，说："一切经过统一战线"的口号，原则上是对的，但目前缺乏实际意义，因为现在没有统一战线的组织形式，"一切经过统一战线，等于经过蒋介石、阎锡山。这是片面的服从，并不是统一战线"。国民党是当权的党，要求各党服从它。我们如果一切都要经过它，就是把自己的手脚捆起来。他的意见是，在还没有平等的统一战线组织形式的情况下，有些事情应请国民党同意，比如派部队进河南，叫先奏后斩；有些事情则要先造成事实，再告诉它，叫先斩后奏；还有一些事情可斩而不奏。[2]

怀疑共产国际的某些具体指示和口号，这在中共中央并不是破天荒之举。但中共领导人这时已经把问题提到了一个新的高度，即应当如何正确地"把马列主义的方法运用到中国的具体情况中间"来。为此，他们甚至提出了应该要把马列主义"中国化和民族化"的问题。尽管这样的口号最早提出来可以追溯到30年代早期，但中共中央无疑直到这时才真正意识到这一问题的极端重要性。

正是从这样一种新的思想高度出发，中共中央头一次在中央全会上开始对共产国际的个别指示进行了具体的分析，乃至提出了大胆的怀疑，并且开始努力尝试着独立自主地分析和认识问题了。毛泽东据此提出了"远水近火"的观点，主张中国抗日战争的胜利，应当立足于长期抗战和未来的国际变化上，认为短时期内胜利是不可能的，目前也不能指望国际范围

---

[1]《张闻天关于组织工作的报告》，1938年9月22日。
[2]《毛泽东关于统一战线工作的报告》，1938年9月24日；《毛泽东在六届六中全会上的结论》，1938年11月5日。

内反法西斯统一战线的建立和大规模的援助,强调现时抗战的方针只能是"自力更生,力求外援",准备持久抗战。相对于国内统一战线和国共关系的现状,他们相信,国民党内亲日反共顽固势力依然存在,共产党力量相对弱小,共产党人应当以"有所不为可以有所为"的办法来求得统一战线的巩固和共产党力量的壮大,争取改造国民党并取得实力领导地位。毛泽东坚信,抗战的真正胜利必须基于两个条件,其一是中国共产党将来成为战争的决定因素;其二是未来国际关系发生重大变化,民主国家如英、法、美等同苏联一道对法西斯的德、意、日进行战争。在他看来,这一切迟早是要发生的,它自然也是共产党人必须努力争取的胜利前途。

正是由于党的领导人多少开始破除了对共产国际的迷信,王明的形象也不免开始受到一些领导人的质疑了。在共产国际以毛泽东为核心来解决全党团结问题的指示尚未传达之前,有的领导人就已经在直言批评王明了,说王明做报告的方式是向全世界的人讲话的方式,不知道党内会议上的报告是要满足党内同志的要求的,认为王太过脱离实际。但一些领导人还是对王明怀有敬意,甚至提出:"王明同志要回到中央工作,以加强中央的领导,掌握住中国革命的舵。"

共产国际的指示传达后,特别是经过长达一个月的时间反复开会和讨论后,几乎所有人都转变了态度,并纷纷对王明脱离中国实际的倾向进行了批评,明确表态拥护毛泽东。如一直认为王明的观点与自己接近的彭德怀,在全会结束前就公开表示,很高兴党有了群众信仰的领导。他说:"在我知道的十年当中,毛泽东同志基本上是正确的。"他并且认为,毛泽东之成为领袖,不是共产国际委任的结果,而是"长期斗争经验的总结,是长期斗争中产生的"[1]。

最后还是毛泽东在作会议结论时出来替王明打圆场,说王明的发言及报告与其他同志的发言和报告基本上是一致的,虽然有些不足,在发言中总是难免的。重要的是,"王明同志在党的历史上有大功,对统一战线的提出有大的努力,工作甚积极,是主要的负责同志之一,我们应该原谅之"[2]。

不难看出,几乎在毛泽东开始成为中共最高领袖的同时,中国共产党已经明显开始与苏联和共产国际拉开距离了。

---

[1]《彭德怀在六中全会上的发言》,1938年10月24日。
[2]《毛泽东在六届六中全会上的结论》,1938年11月5日。

二、"来而不往非礼也"

斯大林否认苏联输出革命,但相信阶级革命在各国一定会发生

对于中国的抗战,甚至对于自20世纪30年代以来德、意、日法西斯国家赤裸裸的侵略扩张行径,苏联和英、法、美等西方大国的政策,始终是有明显区别的。这种区别的突出表现,就是苏联极力鼓吹集体安全政策,而英、法、美,特别是英、法两国却严格奉行"不干涉政策",甚或采取"绥靖主义"的做法。面对1931年日本大举入侵中国东北三省,1935年意大利公然侵占埃塞俄比亚,以及德国国家社会主义工人党(简称纳粹)上台后单方面宣布废除《凡尔赛和约》中有关条款,重新武装德国,苏联政府曾三番五次地呼吁有关各国缔结一项集体安全条约,以便威慑和制裁敢于发动侵略战争的国家,确保世界的稳定与和平。为此,它不仅抛弃了政治上的孤立政策,加入了它曾经长时间抱以反感的国际联盟(简称国联),而且开始公开认为整个世界的和平应该是一个不以意识形态和政治制度来划分的整体。

然而,这样一种认识最初难于让英、法等国的政治家们所接受。不仅英、法,而且受到英、法影响的国际联盟,在这一系列国际冲突和法西斯侵略面前,几乎也都无一例外地采取了妥协的立场。他们不仅害怕苏联的共产主义扩张,而且也极力避免卷入到战争的旋涡中,尤其不愿意与共产党的苏联一起承担集体安全的义务。

1936年7月,西班牙内战爆发,德、意两国公开介入,用武力支持叛乱的佛朗哥军人政权反对合法的共和政府。作为抑制法西斯主义泛滥和鼓励集体安全的一种尝试,苏联一开始就站在共和政府一边,向其提供了军事援助和顾问人员。但是,对于在自己家门口所发生的这一切,英、法两国政府坚持采取不干涉政策,甚至通过封锁沿海的方法来阻止苏联提供帮

助。这不可避免地导致共和政府在叛军及德、意军队的优势压力下逐渐瓦解。[1]

1937年7—8月,由于日本军队大举入侵中国华北和华东地区,中国爆发了抗日战争。为了支持落后的中国把反对日本入侵的战争坚持下去,苏联又开始向中国提供物资和人员的帮助。然而,在远东有切身利益的英、美两国,不仅以"中立"和"不干涉"等种种理由拒绝为中国提供任何帮助,而且仍旧无限制地大量满足日本对于军用物资的需求,甚至想要促成中国与日本之间的相互妥协。

1938年5月,德国一举吞并了奥地利之后,又公开准备割裂英、法的盟国之一捷克斯洛伐克,夺取其苏台德地区。面对这一更加严重的局面,苏联再度积极呼吁国际干预,并在其西部边界陈兵38个步兵师,有意向捷克斯洛伐克政府提供直接的军事援助。可是,英、法两国步步退让,并不接受苏联的忠告,甚至于同年9月29日与德、意两国在慕尼黑签订了《慕尼黑协定》,承认了德国肢解捷克斯洛伐克的要求。

英、法、美等国采取姑息乃至纵容德、意、日侵略扩张行径的"绥靖政策",不仅仅是因为这些国家的政府恐惧战争,很大程度上还有意识形态的考虑在作怪。西方各国的政治家们,同苏联的领导人一样,多半都习惯于把对方的思想和制度看成是一种洪水猛兽,担心其侵略性。共产主义制度以及共产党人所主张的世界范围的阶级革命,在欧洲资本主义国家曾经产生过广泛的影响,并且在俄国十月革命后形成过大规模的冲击浪潮。因此,几乎所有欧洲资本主义国家的政府都把苏联视为危险的敌人。而由于德、意法西斯主义崛起得较晚,它们又公开把攻击的矛头指向苏联和共产国际,因此多数欧洲资本主义国家最初并不比割据苏联更害怕德、意两国。两害相权,它们甚至更乐于把祸水东引,让这两个集权国家相互去伤害。正是基于这样一种心理,英、法两国政府宁愿对德、意妥协退让,也不愿让共产主义制度随着苏联红军迈出苏联的国界,对整个西方世界构成威胁。正如这时捷克总统贝奈斯所言:即使捷克为了欧洲和平要作出重大牺牲,它也绝不会违反英、法等国的意愿去寻求苏联的帮助,因为那将是

---

[1] 参见威廉·兰格主编,高望之等译:《世界史编年手册(现代部分)》,三联书店1978年版,第91页。

"极端自杀的手段"[1]。他们显然相信：苏联的"任何成功都可能导致布尔什维克主义在欧洲的扩散"[2]，而这与法西斯主义的扩张相比，可能更为致命。这就是为什么只要还有一线微小的可能性，它们就宁愿把灾难局限在自己的范围内，不让苏联染指其间的原因所在。

设想共产党人可能利用战争的环境来推进其共产主义事业，这未必不在情理之中。战争，历来是被共产党人视为爆发革命危机的一种客观条件。何况，苏联还组织和管理着那样一个以世界革命为使命，有着强大的支配力，随时可以下令各国共产党在本国点燃阶级革命的火焰的共产国际。不难想象，对此心知肚明的斯大林在很长一段时间以为，只要他让共产国际在政策上作出改变，就可以在很大程度上消除欧洲民主国家资产阶级的这种恐惧了。他没有想到的是，不管是苏联政府在1933年以后对外政策的调整，还是1935年共产国际七大对欧洲民主国家资产阶级政策的调整，甚至是斯大林自己亲自出来否认苏联有任何"世界革命的计划和意图"，告诉资本主义各国"没有任何根据"担心"苏联人要亲自，甚至用暴力去改变周围国家的面貌"[3]，都还是无法让英、法等国政府相信苏联是欧洲资本主义各国的建设性邻居。

事实上，这个时候的斯大林，虽然已经因为实施一国建设社会主义的计划而日益脱离了世界革命的轨道，堕入到俄罗斯民族主义和国家主义的泥沼之中，但是，斯大林也好，多数苏联共产党人也好，其头脑中阶级斗争的意识形态和思想方法，依旧根深蒂固。他们认识世界的方法，还是阶级分析的方法；他们解决问题的方法，也仍旧脱不开阶级斗争。把世界和平置于阶级斗争和阶级革命之上，在他们都还只是出于眼前利益的一种策略需要。因此，斯大林一方面努力寻求集体安全体系的建立，一方面还是公开预言第二次帝国主义战争由于资本主义自身的原因而不可避免。他一方面否认苏联会输出革命，声称"输出革命，这是胡说"，说凡是认为苏联共产党有推进世界革命的计划和意图的，都是"出于误会"；一方面却

---

[1] 见德波林编著，上海外国语学院西俄语系译：《第二次世界大战史，1939—1945》，第2卷，上海译文出版社1981年版，第156页。
[2] 见特尔福德·泰勒著，石益仁译：《慕尼黑——和平的代价》，新华出版社1984年版，第1304、1493页。
[3] 见《斯大林文选》，第73页。

又公开承认:"苏联当然愿意周围国家的面貌能够改变",相信革命不论苏联干预与否,"在其他国家也要产生"[1]。

类似的情况,其实同样也会发生在中国共产党人当中。

蒋介石拒绝中共合作提议,毛泽东倡言"人要犯我,我必犯人"

中国是一个落后国家,中国革命眼前的任务是寻求民族解放和民主政治。因此,中国共产党人理所当然地可以以革命的民族主义作为自己的旗帜,并且宣称自己的主张与国民党的三民主义本质上没有多少区别。事实上,即使是信奉列宁主义,主张阶级斗争,拥护世界革命的主张,相当多的共产党人仍旧是因为受到某种民族主义情感的驱动而投身到革命中来的。因此,不少中国共产党人,特别是像毛泽东这样个性十足的中共领导人,会特别重视自身的中国色彩,并不足怪。

但是,像斯大林一样,毛泽东头脑中的阶级斗争的意识形态也已经根深蒂固。他们观察世界和改造世界的思路与方法,也如出一辙。因此,对于世界政治格局的一切变动和中国政治的未来走向,以及中共在世界政治格局与民族革命战争中的基本政策、策略,毛泽东都注定了只能以阶级分析和阶级斗争的模式来看问题。

面对纷繁复杂、诡谲多变的世界政治格局,毛泽东这时就明确地按照苏联和共产国际的观点,把它划分成了三个部分,即社会主义国家和资本主义国家,并在资本主义国家中再划分出"侵略国家"和"民主国家"。基于苏联的外交策略,他也一样相信民主国家应该同苏联一道建立集体安全体系,援助中国等被侵略国家,制裁德、意、日侵略者等。但是,相对于中国革命自身的特点,即要从民族民主革命进到社会主义革命的进程来说,他用来观察世界政治的标准又略有不同。那就是,在他看来:"第一,不可忘记资本主义国家与社会主义国家的区别;第二,不可忘记资本主义国家之政府与资本主义国家之人民的区别;第三,更加不可忘记现在与未来的区别。"因为,他断定:"在资本主义各国方面,由于经济的总危机,资本主义已经走到毫无出路的地步","在社会主义国家方面,则一切都是

---

[1] 见《斯大林文选》,第72—73页。

光明的，进步的，强盛的。在这两种相反的对比之下，全世界大多数人类逐渐地找到了如何保卫自己与解放自己的方向"。如中国，就只能依靠社会主义苏联，依靠各国人民的团结和支持，依靠未来历史的发展，而决不可对现时的资本主义国家及其政府寄予过多的期望。[1]

英、法、美等列强对于德、意、日法西斯扩张主义的态度，从一个侧面也印证了共产党人的上述判断。在欧洲慕尼黑会议之后，中共中央除了估计"欧洲政局有暂时逆转的可能"外，尤其担心这种情况会被"搬用到东方"来，以致造成中国抗战的困难局面。因此，在1938年六届六中全会之后，中国共产党人加强了关于"自力更生为主同时不放松争取外援的方针"的宣传，同时更突出强调了社会主义苏联在支持中国抗战问题上的重要地位。但中共中央也了解，苏联外交的重心在欧洲，世界政治的重心也在欧洲，苏联不可能把太多的注意力放到远东和中国来，中国抗战还必须要努力寻求美、英等资本主义国家的援助和支持，至少要利用它们同日本帝国主义的矛盾。故毛泽东也相信："东方问题与西方问题在当前具体情况上有某种程度上的区别"，不仅英国同日本根本妥协是困难的，而且随着日本的不断扩张，美国同日本的矛盾也必然要加深。在这种情况下，求得美、英的支持和同情，从而巩固国内抗日统一战线并不是不可能的。[2]

1938年12月，英、美两国政府相继开始向中国提供大笔贷款。与此同时，又出现了国民党内亲日派首领汪精卫出逃投日，而蒋介石公开拒绝日本首相关于中日重新调整关系的声明的情况。这一切似乎都证明，毛泽东的上述看法是有一定根据的。但是，用阶级分析的方法来观察国际、国内政治之间的关系，简单地把国际和国内的资产阶级政策联系起来，无论是国际政治，还是国内政治的风吹草动，都不免会造成共产党人认识上的混乱。

1938年12月10日，张君劢发表了《致毛泽东先生的一封公开信》，呼吁中共放弃对军队、政权的控制和割据，完全统一于国民党的中央政府。[3] 紧接着，对于中共六届六中全会提出的在组织上更进一步密切国

---

[1] 见《毛泽东军事文选》，人民出版社1981年版，第190—195页。
[2] 同上。
[3] 参见《中央日报》1938年12月25日。

共两党合作的建议，蒋介石表示了断然拒绝的态度，他并且强硬宣称：将共产党合并于国民党，"此事乃我生死问题，此目的如不达到，我死了心也不安，抗战胜利了也没有什么意义"。在这方面，共产党作多少让步也不行。而这一根本问题不解决，要解决两党摩擦问题也是不可能的。[1]紧接着，蒋介石就下令各战区部队未奉军委会命令不得擅自开往其他战区，否则将"即行解散缴械"，意在禁止隶属二战区的八路军在进到河北、山东之后，再进入到华中和西北地区。蒋新任命不久的第一战区副司令兼河北省政府主席鹿钟麟，也明确要求八路军退出河北，归还第二战区序列，撤销自立的冀中、冀南行政公署和晋察冀政委会，停止就地筹款征粮。[2] 随后，1939年1月下旬召开的国民党五届五中全会更通过了相关文件，要求各地各部会研究"防共"、"限共"的办法。国民党方面的这些做法，不可避免地使国共两党间的摩擦和冲突日益白热化。

1939年1月初，中共对国民党的认识还处在一种摇摆之中。事实明摆着，汪精卫逃跑了，投降了，蒋介石却依旧坚持在抗日；蒋介石固然处心积虑地想取消共产党，但他也公开拒绝了呼吁"共同防共"的"近卫声明"；蒋介石固然决心要采取"防共"、"限共"措施，但他毕竟也没有公开与中共为敌。因此，基于统一战线的政策，中共中央这时也仍旧不得不肯定国民党在总的发展方向上还"是在进步"。毛泽东在1月5日的报告中也还是在讲，蒋介石的政策现在是联共又反共，但联共还是主要的。因此，我党目前的方针还是拥蒋反汪，对国民党仍然"要亲爱，要团结"[3]。

但是，在接连不断地传来国民党"限共"、"驱共"的消息刺激之下，毛泽东的言论中也越来越多地充满了火药味。

1月12日，毛泽东明确讲：对于国民党的摩擦，我们必须坚持"人不犯我，我不犯人；人要犯我，我必犯人"。说白了就是，"人家打我们，我们必须予以回击，否则就是投降"。

---

[1]《陈绍禹等关于一个大党问题与蒋介石谈判情况向中央的报告》，1938年12月13日，见《中共中央文件选集》，第12卷，第5—6页。
[2]《朱德、尚昆、左权、傅钟关于国民党加紧对我党我军限制政策致中央书记处电》，1939年1月19日。
[3]《毛泽东关于对汪精卫叛变事件的报告》，1939年1月5日。

28日,毛泽东在公开演讲中更公开强调:我们今天在统一战线的原则中必须要加上"反摩擦这一条","人不犯我,我不犯人","人若犯我,我必犯人"。他要求共产党人要敢于做到:"他占我一个村子,我们占他两个","他捉我二个,我们捉他四个,他关我们三天,我们就关他六天",用加倍的惩罚打击那些反共顽固派,用发展进步势力的办法来造成"压服"退步逆流的实力条件。"他要摩擦,我们就反摩擦。"用毛泽东的话来说,这就叫做"来而不往非礼也"[1]。

2月8日,毛泽东进一步告诫党的领导人说:"现在我党内仍存在危险,许多党员对于国共两党的区别不清楚,误以为都是抗日。许多党员观念模糊,不懂得只有我党力量增加才能巩固统一战线。"[2] 就连一直主张"和为贵"的王明也开始承认,当今的抗战营垒中确实存在着两条战线的斗争。因此他提出,对国民党的进攻必须也采取进攻的战术,要公开说明共产主义与三民主义的区别;要抓住团结的旗帜,指责国民党顽固分子制造摩擦破坏团结;要公开要求撤换专搞摩擦的鹿钟麟,由八路军来实行军政统一。根据王明提议发出的关于河北摩擦问题的指示,就明确指示八路军总部以统一指挥及统一行政为由,坚决要求撤换鹿钟麟,改以朱德为冀察战区总司令兼河北省主席;以保卫山西和发展游击战争为名,要求在保持山西八路军现有兵力数量的同时,允许八路军分兵前往冀、察、鲁三省开辟更多的根据地,建立更多新的行政区。[3]

国共摩擦加剧,毛泽东怀疑"最近的磨擦,都与英美的政策有关"

1939年初,中共内部对国共两党关系本质的认识已大致趋于统一,强调独立、斗争和加强戒备的倾向,由于国民党"防共"、"限共"活动的加强已日渐突出。

还在国民党五届五中全会开会期间,中共中央就已经通过决定:"以

---

[1] 毛泽东:《关于目前战争局面和政治形势》,1939年1月28日,见《毛泽东文集》,第2卷,第152页。
[2] 《毛泽东在中央书记处会议上关于摩擦问题的发言》,1939年2月8日。
[3] 《中央关于河北等地摩擦问题的指示》,1939年2月10日,见《中共中央文件选集》,第12卷,第23—25页。

我们之知识、力量、干部及经验来帮助国民党及其军队工作","必须是有条件的、有限度的、有进展程度的",否则,"披诚相见,实际上是自己搬石头砸自己的脚"[1]。

国民党五中全会刚一结束,中共中央就秘密指示改变六届六中全会关于不在国民党内发展党员、组织党团和支部的决定,提出必须根据国共两党的现有关系及各地具体情况,以不损害党的实际利益为前提灵活掌握。"凡被逼或被拉入国民党与中央军的秘密党员,应一律加入";"凡是过去已经加入国民党与中央的秘密党员,应继续秘密的留下"。这些共产党员应该依照党的总方针参加适合自己身份的革命工作,"以埋头苦干的艰苦工作,取得信任与地位,团结进步力量,一般的暂时可不继续在里面发展党的秘密组织,但不应拒绝必要时个别的发展"[2]。

与此同时,中共中央还明确指示中共南方局:因为五中全会"对民主民生问题一无表示,对我党态度仍不甚好,且发指令各地对我党及八路军、新四军、陕甘宁边区、晋察冀边区采取进攻方针,并增加摩擦对立",故中共代表将拒绝出席即将召开的国民参政会,"以促蒋及国民党反省"[3]。

中共中央对蒋介石国民党的观感日渐转恶,除了国民党大举采取"限共"措施,加紧在各地制造摩擦以外,还有一个很重要的原因,就是它注意到蒋介石可能有与日本妥协的迹象。

在1939年1月举行的五届五中全会上,蒋介石有所谓以恢复卢沟桥事变前的状态作为"抗日到底"的标志的说法。同时,中共中央也了解到国民党有借助于英、美的压力,促成召开太平洋会议讨论中国问题的意图。共产党一直是重视阶级分析的。他们原本就基于阶级分析,认定中外资产阶级是一丘之貉。如今,英、法等国刚刚在欧洲通过《慕尼黑协定》出卖弱小国家的利益,将战争的祸水引向社会主义苏联。中国的地主资产阶级及其国民党就马上紧跟其步伐,想要通过英、美与日本妥协,再制造一个"东方慕尼黑"阴谋,并非没有可能性。

---

[1]《中央关于帮助国民党及其军队工作原则的决定》,1939年1月26日,见《中共中央文件选集》,第12卷,第20页。
[2]《中央关于不在国民党及其军队中发展组织问题的指示》,1939年2月8日。
[3]《中共中央书记处关于不出席此次参政会问题给南方局并伯渠电》,1939年2月6日。

第四章　韬光养晦与东山再起

从1938年10月前后中共召开六届六中全会，提出一系列团结国民党的新政策，到1938年12月汪精卫叛逃，国民党突然加剧"防共"、"限共"措施，到处制造反共摩擦，前后不足两个月时间的这种形势变化，明显让毛泽东感到困惑。而联系国际环境的变动和国民党准备有条件与日本妥协的情况，这一问题似乎就找到了合理的解释。因为，依据阶级本性的分析判断，半殖民地国家的资产阶级本来就不可能有自己独立的政策，它们多半都是依赖于某些帝国主义国家的政府来决定自己的政策的。由此推论，国民党突然加紧反共，未必没有国际背景的作用。

1939年春天，毛泽东开始作出判断称："蒋的政策很大的成分是依靠英美"，"最近的磨擦，都与英美的政策有关"。他的分析是，这一切都是因为英、法等国的妥协政策打破了苏联建立集体安全体系的努力，使得建立世界性的统一的和平战线失去了可能性。影响到东方，日寇的进攻将可能更加猖狂，国民党内妥协的倾向自然更加严重。而为了顺利地实现对日妥协，就一定要扫除掉在中国反对和威胁到他们妥协前景的最大的政治障碍，也就是必定会对此作出强烈反应的共产党。如此得出的结论很明显，那就是，国民党加紧反共，其实就是那些顽固分子在为他们以后对日妥协创造条件。毛泽东因此得出结论称："将来有可能蒋要造成东方慕尼黑会议"，依靠英、法，"把日本迫到芦沟桥去"，并以割让东北、内蒙为交换，来和平解决中日关系问题[1]。

既然认定蒋介石国民党从阶级本性上就不可能抗战到底，还注定会为了妥协而反共，那么，中共对国民党的政策自然也注定会发生改变。

毛泽东这时其实已经开始就正确解决国共两党间摩擦问题，得出总结性的看法了。这就是，在统一战线中，斗争与合作是两个方面，"没有斗争就没有合作"，"长期合作就需要长期斗争来保证"。他相信，就国共关系而言，斗争是合作的条件，因为只有坚持斗争，才能抑制摩擦，制止分裂，使合作存在下去；而退让妥协，不敢反抗，结果必定会导致自己被国民党取消或溶化掉，结果也就失去了与国民党合作的任何资本。毛泽东自问自答：大革命为什么失败？"就是因为无产阶级没有政治警惕性，在政治上军事上都没有准备起来"。"人家来一个'马日事变'初试一下，共产

---

[1]《毛泽东在中央政治局会议上的发言》，1939年5月7日。

党不反抗,他们就大搞起来"。他对此形象地比喻说:"天下的鱼本来没有人敢捉的,有人去捉一两条试试看,因为鱼没有反抗,你捉我捉,大家都捉起鱼来,因此天下之鱼可捉也。"所以,毛泽东的结论依旧是,要想让国民党顽固派不敢实施其"限共"、"溶共"阴谋,唯有我行我素,针锋相对,寸步不让,坚持斗争。[1]

苏联改变对英、法政策,中共中央认定资产阶级必然叛变

1939年春季之前,中共中央对国内外形势的分析和看法,固然注意到了可能出现的不利局面,但总体上还是比较乐观的。特别是共产国际和欧洲各国共产党在慕尼黑会议之后,仍旧坚持"为联合而努力"的口号,主张"世界一切人民团结在法、英、美及苏联四个最大的民主国家周围"[2],这表明包括苏联在内的各国共产党人这时对建立全世界范围的统一的和平阵线和反法西斯的集体安全体系,还没有完全丧失信心。在这种情况下,中共中央对于整个局势的看法自然也不会发生根本性的改变。

1939年3月21日,持续了三年之久的西班牙内战由于佛朗哥的军队占领了马德里,推翻了共和政权而告结束。与此同时,捷克斯洛伐克和阿尔巴尼亚先后被德、意两国吞并和侵占。眼见德、意法西斯并没有像他们所宣称的那样,把战争的矛头指向共产党国家,而是不断地在欧洲扩张和侵略,英、法两国政府不得不开始放弃不干涉政策,整军备战,甚至主动与苏联进行有关集体安全问题的谈判了。注意到这种情况,中共中央一度颇受鼓舞。因为他们确信,反侵略阵线"现在有其前途了",并断言"这是慕尼黑协定以来国际形势由逆流到好转"的重要标志[3]。

然而,他们很快就发现,情况完全不像他们想象的那样。

1939年3月10日,斯大林在联共(布)党的第十八次代表大会上,出人意料地换了一种口吻来谈论整个国际局势和苏联的外交政策。他断言:"新的帝国主义战争已经成为事实了。"换言之,第一次世界大战那样一种局面又出现了。这意味着,各国共产党人又应当回到列宁当年所采取

---

[1] 毛泽东:《后方军事工作的政治方向》,1939年5月5日。
[2] 参见《解放》第66期,1939年3月20日。
[3] 《英法苏协定问题》,《解放》第70期,1939年5月1日。

的那种失败主义的立场上去了,再也不需要什么"集体安全"了。这是因为,所谓"帝国主义战争",就是非正义的和掠夺性的帝国主义国家之间的分赃战争,战争的双方将不存在什么"民主国家"和法西斯国家的区别。不仅如此,他揭露说:"非侵略的民主国家"之所以竭力采取"不干涉政策",纵容侵略,其关键就在于它们内心深处都包藏着一种祸心,即企图使祸水东流,促使德、意发动对苏战争,从而将这些侵略国家和资本主义的敌人苏联统统"都深陷到战争的漩涡中去","让它们相互削弱,相互消耗,然后,当它们相当疲惫时,自己就以充沛的力量出台活动……迫使那些精疲力尽的交战国接受自己的条件"。基于这样一种全新的看法,苏联不仅不再需要"集体安全体系",而且还会谨防"民主国家"政府的黑手,"不让那些惯于从中渔利的战争挑拨者把我国卷入到冲突中去"[1]。

由此可以看出,苏联事实上已经开始放弃过去那种以争取和英、法、美等主张世界和平的民主国家结成同盟,以威慑和制裁法西斯侵略国家的集体安全政策,转而试图去利用帝国主义国家之间的矛盾冲突,努力置身于所谓帝国主义战争之外,并且把防备英、法等"民主国家"的渔人政策的阴谋当做头等重要的外交目的了。

事情骤然间颠倒了过来。过去努力争取的联合对象,一下子又变成了最危险的必须加以防备的敌人。即使这个时候英、法两国政府真心想要谋求与苏联结盟,也不再能引起苏联人的足够兴趣了。因为,如果战争的性质已经改变,帝国主义各国之间自己互相残杀,原本就不属于这个资本主义世界的苏联,有什么必要为了某些帝国主义的利益而去冒与另外一些帝国主义发生冲突的危险呢?何况,在苏联共产党人看来,"需要他国予以援助公约的国家,并不是苏联"。如果德、意法西斯的侵略已经矛头直指英、法等国,苏联又有什么必要去为英、法帝国主义火中取栗呢?苏联政治制度的优越性在这时似乎充分表现出它的魅力来,因为它完全可以置身于这场帝国主义战争之外,当帝国主义两大集团两败俱伤之后,强大的苏联将更"能够以它的决定的力量伸足于世界的天秤(平)之中",左右世界政治的未来走向。那岂不是更加符合"全世界人民的利益"吗?[2]

斯大林报告的译文是在4月中下旬陆续摘要登载在中国的部分报刊上

---

[1] 见《斯大林文选》,第215—220页。
[2] 《联共(布)第十八次代表大会与国际工人阶级》,《共产国际》(社论),1939年第4期。

的。至于如何具体了解和领会斯大林报告中的新精神,因为迟迟没有看到全部的译文,所以中共中央还多费了一些周折。无论如何,中共中央都不可能怀疑斯大林的无比正确性。即使没有看到全文,它也一样率先表示了热烈拥护和信仰的态度。中共中央机关刊物《解放》甚至使用了十分夸张的话语来称颂斯大林的英明伟大。其文称:斯大林同志的这一报告,"以其深刻无比的科学天才,发挥马克思列宁主义的锐利武器,描写了目前错综万端的世界时局,以及伟大而美满的新社会之发展"[1]。

斯大林报告的全部译文是6月25日才登载于《解放》杂志第74期上的。但是,在此之前,即1939年5月30日,共产国际就已经参照斯大林新的形势分析,开始要求中共要小心英、美等国在远东制造新的慕尼黑阴谋了。

共产国际的指示主要包含三点内容,即:(一)目前最大的危险,就是国民党妥协投降的可能性,这种情况是英、美、法在远东极力推行妥协政策,试图造成新的东方慕尼黑协定的一种必然反映,其中可能包含重大阴谋;(二)中共应当全力开展反对妥协投降的斗争,要准备舆论,准备群众,以应付可能出现的反共阴谋,因为反共就是国民党妥协投降的必要准备;(三)中共党的基本任务,仍是巩固与扩大抗日统一战线,在开展反对妥协投降,揭穿反共即投降准备的同时,应当注意不给统一战线的破裂造成任何借口。[2]

共产国际发出反对远东慕尼黑阴谋和反对国民党反共投降斗争的指示,很大程度上也是对英国驻华大使卡尔自4月以来的"调停"活动,以及国民党突然加紧"防共"、"限共"活动的一种反映。由此得出英、美策划远东慕尼黑和国民党准备投降的结论,显然同斯大林对于整个国际形势的新判断有着直接的因果关系。这是因为,同样习惯于把国民党同英、美资产阶级联系在一起的共产国际,在相信了英、美、法等正在力图把战争祸水引向苏联,而使自己处于"渔人"地位之后,自然也会对英国在远东的类似举动和国民党的一反常态,产生同样的怀疑。

1939年5月31日,中共中央讨论了共产国际的指示。这一指示显然

---

[1]《关于斯大林同志和莫洛托夫同志在联共全会上的报告》,《解放》第70期,1939年5月1日。
[2]《共产国际执委会书记处致中共中央书记处电》,1939年5月30日。

从国际大背景，亦即从国际范围阶级斗争的角度对国民党突然加紧"防共"、"限共"活动的情况，作出了有力的解释。它不仅极大地支持了毛泽东此前的种种判断和做法，而且还使中共中央不必太多地顾虑对国民党的统战政策，可以大幅调整对当前形势的认识和对国民党的策略了。这不能不让毛泽东更加备感自豪和自信。他随后即热情洋溢地撰文歌颂苏联和斯大林，最清楚不过地反映了他此时的心情。[1]

从此，中共中央对于国际形势的乐观估计改变了，开始突出强调国际国内的妥协投降危险；他们对于英、美等民主国家及其正在发生的战争性质的看法改变了，开始左右开弓地痛斥英、美和德、意帝国主义的反苏反共本性；六中全会确定的"诚心诚意地拥护蒋委员长，拥护国民政府"，宣传国民党有"光明前途"的方针也改变了，他们开始强调"资产阶级叛变的必然性"，认定"目前最大的危险就是国民党投降的可能"，主张"要指出国民党的坏处，多加批评"，对蒋"不要诚心诚意"，"也不要无条件的拥护"，要准备应付国民党的妥协投降，准备出现"一个混乱局面"[2]。

经过几个月时间的反摩擦斗争，无论是在河北、在晋西北，还是在陕甘宁边区，中共的强硬态度和果断的打击行动，都获得了极大的成功。就连王明都承认："我们最近的经验表明，采取强硬态度，我们能取得胜利。"[3] 毛泽东满怀信心地宣布说：国民党投降日本也绝不会全部投降，那时反而可能"形成真正的抗日民族统一战线，可能建立真正的国防政府和抗日联军"[4]。

几年来共产党在政治上、军事上的极大发展，使毛泽东明显增强了通过独立自主、自力更生、艰苦奋斗，战胜国民党的信心和决心。他公开告诉各级共产党人："我们中国，如果再在这些混帐王八蛋手里搞下去，中国一定要亡。如果这些人再不改进，不进步，中国一定要亡。"但要改造"这些混帐王八蛋"，只能靠我们共产党。因为"从周公孔子以来"，从没

---

[1] 毛泽东后来曾明确讲过这样的话，说他一生写过三篇颂扬斯大林的文章，唯有1939年这篇是真正发自内心的。见《毛泽东选集》（合订本），第583—591、651—652页。
[2]《中央关于反对投降危险的指示》，1939年6月7日，见《中共中央文件选集》，第12卷，第80—81页；毛泽东：《反对投降提纲》，1939年6月10日，见《毛泽东文集》，第2卷，第196—237页。
[3]《王明在中央书记处会议上的发言》，1939年5月4日。
[4]《毛泽东关于保卫边区问题的报告》，1939年6月8日。

有如共产党这样"又民主,又能艰苦奋斗,又能帮助老百姓"的干部和军队。他断言:国民党的干部和军队只会贪污,刮地皮,压迫老百姓,打麻将,抽鸦片,娶小老婆。国民党的县长一个月180元还不干好事,共产党的县长一个月2元却能廉洁奉公。这样的党,这样的干部,哪有不受欢迎的道理?[1] 故在毛泽东看来,没有什么是办不成的,"精神一到,何事不成"!只要能长期坚持这样做下去,共产党必会成功。[2]

怀疑国民党会突然投降和反共,中共中央紧急疏散和转移

当然,真的注意到国民党可能投降时,毛泽东反而变得冷静了许多。他很清楚单靠共产党的力量这时远不足以同时应付两个强大的敌人,因此,当6月初日军开始攻占陕甘宁边区河防对岸的地区,直接威胁到中共中央所在地的安全时,毛泽东就明确提出,除了每个省要准备一块到几块根据地以防万一外,我们过去的自卫立场"现在要和缓一下","我们要努力争取友军,以免孤立"。因此,毛泽东讲反对投降,不怕投降,同时也仍在强调:要"统一不忘斗争,斗争不忘统一,二者不可偏废,但以统一为主,'磨而不裂'[3]。

但是,由于战争的持续进行,国民党丧城失地越来越多,八路军利用日军大踏步推进,后方空虚,尤其是对山区与广大农村鞭长莫及的情况,紧随日军之后,从山西发展到了河北和察哈尔,进到了河南和安徽,这时又大举开进了山东。新四军也从皖南进到苏南,并渡过长江,进到了苏北。不过两年左右时间,共产党的军队就已经从三四万人的武装,扩展到有20余万兵力,同时建立了大批敌后根据地和地方政权。这种"国民党失地,日本与共产党分地之局面",使国民党惶惶不安,深感其"统治之土地,将一失而不易复得"[4],因而不得不加紧抑制,以免战后天下成了共产党的。国民党为战后的统治地位着想,必欲限制共产党;共产党相信

---

[1] 毛泽东:《在边区县长联席会议上的报告》,1939年7月12日。
[2] 毛泽东:《为蒋灿题词》,1939年7月,等。
[3] 《毛泽东关于保卫边区问题的报告》,1939年6月8日;毛泽东:《反对投降提纲》,1939年6月10日,见《毛泽东文集》,第2卷,第196—237页。
[4] 《第八路军在华北陕北之自由行动应如何处置》,1939年,转见《中共党史参考资料》第8册,第325—327页。

第四章 韬光养晦与东山再起

抗战和革命都不能指望国民党，必须自己成为抗日的主力。双方各有各的利益所在，已成水火关系，而共产党方面相信国民党可能投降，这就使他们对形势的判断变得更加紧张了。

1939年6月初，日军全线推进至位于陕甘宁边区从佳县到延川对岸的黄河边，侦察并修筑工事，有大举渡河进攻陕甘宁边区的迹象。结合共产国际的指示，以及国民党这时在安定、延川、定边和盐城大量任命县长、专员，组织保安队，与中共地方政府冲突的情况，中共中央明显怀疑国民党与日本有勾结的可能。在6月7日的书记处会议上，领导人的看法非常一致。

王稼祥认为："此次敌人之进攻，政治意义比军事意义大，有可能是汪精卫进行投降的方法，首先要打击边区作投降的准备。"

张闻天表示相信：日寇可能"企图进攻我们，对国民党实行诱降"，而国民党则可能以此为借口进兵边区。

王明也担心情况可能恶化，说：日本企图消灭中共根据地的目的与国民党的意图不谋而合，此次不是日本进攻，就是国民党进攻。"目前的紧急问题还是要有新的根据地，共产党不能没有根据地。"

毛泽东显然同意上述分析。面对日军可能进攻的严重威胁，他实际上考虑的却是如何应付国共破裂的问题了。他提出：此次"有国共破裂的可能。如有这种危险，经费问题是一个大问题。后方共四万八千人，对河防必须坚守，延安机关学校必须打破现状，实行必要的军事布置"。

随后，为应付突然事变，中共中央专门开会讨论了相关机构合并和搬家的问题，决定延安女大、工校、陕公、青训等各留百余人，其余各校学生5000余人合并成立华北联合大学，由成仿吾任校长，与抗大5000人一同转移去华北敌后晋察冀边区。另党政、中央机关，连同边区政府和军事机关精简出3/5，约5500人，也转移到华北各根据地去，以降低国民党突然停止接济和发动军事进攻所带来的困难局面。

为加强河防，中共中央这时还作出决定，将这时在晋东北的八路军一二〇师三五九旅调回陕北。一方面加强河防，另一方面也用于驱赶国民党委派的绥德地区行政督察专员何绍南及其各县政府与武装，一举改变了陕北地区各县存在的国共双重政权的情况，以巩固内部。

严格说来，这一次由日军向黄河边推进所引起的紧张局势并非国民党高层进攻陕甘宁边区的阴谋和计划的一部分，但是中共中央却非常紧张，6月上旬、中旬接连开会分析形势、研究原因，讨论应对办法。与会者几乎都同意，党内要"大大的进行阶级教育"，但围绕着国共关系与阶级关系的问题，还是存在一些不同意见。如刘少奇就强调："要说明国共的长期合作，不等于资产阶级与无产阶级的长期合作，也不等于与蒋介石的长期合作。"而王明则认为："国共合作不等于无产阶级与资产阶级的合作，同时国共分裂了也不等于无产阶级与资产阶级的分裂。"因为资产阶级中也有一部分人是要抗战的，国民党内也并不都是资产阶级，它只是一个"以资产阶级为骨干的民族的党"，即使国民党大部分叛变了，还会有许多派别会抗战的。

毛泽东据此提出了自己的看法，即：第一，"国民党投降的可能已成为最大的危险，而其反共活动则是准备投降的步骤"，因为"共产党是投降的最大障碍物，不反共则不能投降"。第二，造成这种情况的原因是抗战进入了低潮，日本改取诱降政策，英、美加紧策动远东慕尼黑的阴谋。第三，中国资产阶级在经济上、政治上的软弱性决定了其"叛变的必然性"。"国民党是以资产阶级为骨干的党，是在资产阶级指导之下的"，其"政府中党部中很多人是主和的，军队中也有这种人"。第四，地主资产阶级叛变不等于亡国，其叛变必定是逐渐的，而且是部分的，留下来的各种力量还是会抗战的，因此国共合作和统一战线仍是需要的。第五，为了尽量阻止和放缓其投降的危险，策略上我们"对外不说'国民党投降'，应说'地主资产阶级投降'"；只要蒋介石仍在抗战，我们就要继续坚持"拥护蒋委员长的口号"。

当然，毛泽东相信，国民党投降或叛变再严重，也不会损害到共产党人的革命事业。他断言："那时，共产党将成为全国人民的救星，全国人民望共如望岁；那时，中国人民对苏联希望必增加；那时，国际必是一个战争与革命局面。"[1]

---

[1] 毛泽东：《反对投降提纲》，1939年6月10日，见《毛泽东文集》，第2卷，第207—221页。

第四章　韬光养晦与东山再起

苏联与德国妥协，毛泽东相信"大变化大革命的时代已经到来了"

　　斯大林一旦认定欧洲正在爆发一场新的帝国主义狗咬狗之间的战争，苏联对英、法等国资产阶级政府就再也不会寄予任何期望了。1939年8月23日，出于利用帝国主义矛盾和祸水西引的目的，苏联政府与它一向以来最为担心的战争贩子——法西斯德国，订立了互不侵犯协定。由于相信列宁关于帝国主义战争的理论，和两个阶级、两种制度生死斗争的观点，斯大林自然也不会受到任何道德的困扰。他一方面鼓励德国把战争矛头指向英、法帝国主义；一方面则与德国达成秘密协定，利用德国大举进占波兰的同时，乘机把自己的西部边界推延到过去曾经在沙皇俄国统治下，这时则是在波兰资产阶级政府统治下的西乌克兰和西白俄罗斯地区。随后，苏联又吞并了1918年从俄国独立出来的波罗的海三国。[1] 进而出于自身安全的考虑，它又乘机向1917年俄国十月革命后才获得独立的芬兰提出了领土要求，并不惜冒着被国联褫夺会籍、驱逐出会的代价，发动了一场大规模的侵略战争。[2] 苏联突然间采取的这一系列重大的政治步骤，无疑使得中国共产党人对于形势的认识更加复杂化了。

　　德苏协定签订之后，中共中央很快就召开会议，毫不迟疑地肯定了其重大的积极意义。尽管与会者此时对苏联此举是否最终摆脱了战争的威胁尚有不同的看法，对于日本将会亲英、美，还是会亲德、意，还多少有些把握不定，但他们异口同声地肯定苏联的看法，即英、法和德、意之间必然要爆发一场新的帝国主义战争，而英、法、美不仅对于苏联，而且对于抗战的中国，都可能是远比德、意更加危险的敌人。

　　在9月初德国根据与苏联签订的秘密协定对波兰发动军事进攻之后，中共中央很快于10日收到了共产国际就德波战争和英、法对德宣战问题的指示电。它使得中共进一步明确了自己的立场，即"全部的完全的拥

---

[1] 即拉脱维亚、爱沙尼亚和立陶宛。
[2] 因为芬兰边境距离俄国第一大城市列宁格勒只有不足40公里，它在芬兰湾上的几个小岛更对列宁格勒海上防卫极其重要，故苏方要求芬兰割让列宁格勒以北及摩尔曼斯克以西的卡累利阿地区给苏联，并将芬兰湾入口处的汉科半岛和芬兰湾内的一些岛屿租借给苏联做军事基地。苏联表示可以将东卡瑞拉亚约4000平方公里的土地割让给芬兰作为补偿。遭到拒绝后，苏联方面以近百万人伤亡的代价最后夺取了芬兰的卡累利阿地峡、萨拉地区和芬兰湾的大部分岛屿，并得以租借汉科半岛30年。

护"苏联！[1] 不仅如此，中共中央还更加明确地提出："过去关于法西斯国家与民主国家的划分，已经失掉了意义"。"现在世界上最反动的国家，已经转到英国方面"去了，"争取同所谓民主国家的资产阶级及其政府……建立统一战线的时期，已经过去，这种可能性现在已经没有了"。现在需要宣传的是，"变帝国主义战争为革命的国内战争，建立反帝国主义战争的人民统一战线"。"其目的，就是推翻世界反动营垒，用革命战争打倒帝国主义战争，打倒战争祸首，推翻资产阶级"。这是因为"资本主义经济已经走到尽头了，大变化大革命的时代已经到来了"[2]。

当然，对西方资本主义末日的再度预言和"推翻资产阶级"口号的再度提出，并不意味着中共这时又要重新开始回到过去苏维埃革命的激进政策上去，或像共产国际对西方国家共产党所要求的那样，转而去对战争采取失败主义的策略，把斗争矛头重新指向本国的资产阶级政府。按照共产国际指示的要求，中共和其他殖民地半殖民地被侵略国家的共产党人，仍旧应当坚持统一战线的政策和与本国资产阶级的联合方式。[3]

但是，苏德协定的签订和双方联手吞并波兰的事实，也不可避免地提出了一个问题，那就是：苏联难道不会与日本签订同样的互不侵犯协定，因而妨害中国的抗战吗？对此，毛泽东也不能完全否定。但他解释说："苏联是社会主义国家，是共产党当权的国家"，它一方面肯定不会参加"非正义的掠夺的帝国主义战争"，另一方面它一定会"积极援助正义的非掠夺的谋解放的战争"。"即使日苏互不侵犯条约有签订的可能，苏联也决不会在条约中限制自己援助中国的行动"。因为"苏联的利益与中国民族解放的利益决不会互相冲突，而将是永久互相一致。这一点，我认为绝对没有疑义"[4]。

不论苏联下一步可能采取怎样的行动，1939年9月欧洲战争爆发和帝国主义战争论断所带来的革命影响，对中国共产党仍旧是十分明显的。因为无论是列宁主义的理论，还是世界革命的常识都告诉共产党人，在紧接着新的世界性帝国主义战争之后，必然是新的社会革命和社会主义的诞

---

[1] 《中共中央关于同意共产国际对第二次帝国主义战争和共产党的政治路线问题的指示致王明、博古、凯丰电》，1939年9月11日。
[2] 毛泽东：《第二次帝国主义战争讲演提纲》，《解放》第85期，1939年9月14日。
[3] 《共产国际关于第二次帝国主义战争和共产党的政治路线问题致中共中央电》，1939年9月10日。
[4] 毛泽东：《苏联利益与人类利益的一致》，《解放》第86期，1939年9月28日。

生，难道中国能舍此而独异吗？尽管中国尚属落后国家，革命的性质仍旧是资产阶级民主革命，但在国际资本主义和资产阶级已经走入穷途末路的今天，难道中国还会步英、美资产阶级民主政治的后尘，在世界革命的大潮之外，独树一帜地建立起一个资产阶级民主共和国吗？

毛泽东对于这一点几乎是马上就作出了反应。1939年9月24日，他在与美国记者斯诺的谈话中就已公开申明："我们永远是社会革命论者，永远不是改良主义者。中国革命有两篇文章，上篇和下篇。无产阶级和资产阶级一道进行民族民主革命，这是文章的上篇，我们现在正在做这一篇文章，并且一定要做好这一篇文章。但是，文章还有一篇，就是它的下篇，就是无产阶级领导农民，进行社会主义革命。这一篇文章，我们也是一定要做的，并且也一定要做好的。目前是民族民主革命，发展到一定的阶段，就会转变为社会主义革命。这种可能性是会变为现实性的。"[1]

"新民主主义论"：中共吹响了与国民党争夺领导权的号角

事实上，毛泽东早已注意到，在共产党与国民党之间，始终存在着一个把中国引上何种发展道路的问题。不是资产阶级的国民党把中国引入资本主义，就是无产阶级的共产党把中国引向社会主义，二者之间绝无调和的余地。而决定胜负的关键，只能取决于整个国际政治环境的变化和双方实力的对比。这时的国际局势所出现的有利于革命的变化，以及共产党力量的成倍增长，无疑使得毛泽东开始相信，争取中国革命向着社会主义前途变化的条件已经出现了。

从1939年秋天开始，毛泽东公开地对国民党资产阶级的"动摇性"进行抨击，断言它们不仅"不愿和不能彻底推翻帝国主义，更加不愿和更加不能彻底推翻封建势力"[2]，而且必然要"把无产阶级及其政党在思想上政治上组织上的发展，看作是不利于他们，而要加以限制，而要采取欺

---

[1]《毛泽东与美国记者斯诺先生的谈话》，1939年9月24日，见《毛泽东文集》，第2卷，第243—244页。
[2] 毛泽东：《新民主主义的政治与新民主主义的文化》，《中国文化》第1期，1940年2月15日。（这里所引者均为当时毛泽东所发表的文字，而后来选入《毛泽东选集》时，这些文章中的一些观点，已经在不同程度上被修改过了，它们包括《新民主主义论》、《〈共产党人〉发刊词》等。）

骗、诱惑、溶解与打击等等破坏政策,并即拿这个政策作为他们投降敌人与分裂统一战线的准备"[1]。因此,他们固然一个时期可以参加革命,成为革命的动力之一,"在另一时期,就要叛变革命,并转过来压迫革命",成为革命的敌人。毛泽东宣称:"在中国的事情非常明白,谁能领导人民推翻帝国主义和封建势力,谁就是人民的救星。中国资产阶级如能尽此责任,那是谁也不能不佩服它的,而如果不能,这个责任主要的就不得不落在无产阶级的肩上了"[2]。

其实,毛泽东已经确信,不论资产阶级国民党实际上属于何种地位,"在'五四'运动之后,中国资产阶级民主革命的政治指导者,主要的已经不是属于中国资产阶级一个阶级,而有中国无产阶级参加进去了"。在今天,"在由于资本主义的经济危机与政治危机已经一天一天把世界拖进第二次帝国主义大战的时候";"在苏联已经到了由社会主义到共产主义过渡时期,而有能力领导与援助全世界无产阶级被压迫民族与一切革命人民反抗帝国主义战争打倒资本主义的时候";"在各资本主义国家的无产阶级正在准备打倒资本主义反动的时候";"在中国共产党、中国无产阶级、农民阶级、知识分子与小资产阶级在中国共产党领导之下,已经形成了一个伟大的独立的政治力量的时候",即使无产阶级还不能独立地承担起革命的领导责任,它也必然是主要的领导者之一,并且必将对国家的未来发展发生决定性的作用。[3]

据此,毛泽东第一次提出了关于"新民主主义"的未来设想。

毛泽东关于"新民主主义"的命题,是"根据斯大林的理论",并受其启发而提出的。斯大林宣称:"十月革命把民族问题从反对民族压迫的局部问题,变为各被压迫民族、各殖民地及半殖民地从帝国主义下解放的一个整个问题",并给"这一解放开辟了广大的可能性和真正的道路,从而大大促进了西方和东方被压迫民族的解放事业,把它们吸收到胜利的反帝国主义的共同轨道上来",使得西方无产阶级得以经过俄国革命,与东方被压迫民族联合成"一条新的反对世界帝国主义的革命战线"。这样,

---

[1] 毛泽东:《〈共产党人〉发刊词》,《共产党人》第1期,1939年10月4日。
[2] 毛泽东:《新民主主义的政治与新民主主义的文化》,《中国文化》第1期,1940年2月15日。
[3] 同上。

在十月革命之后，落后国家的民族解放运动实际上已经"从资产阶级民主主义革命的一部分，变为无产阶级社会主义革命的一部分"了〔1〕。

根据斯大林的这一说法，中国革命当然也只能是"无产阶级社会主义革命的一部分"，而不应当是"资产阶级民主主义革命的一部分"。基于这种认识，毛泽东确信：在今天世界已经被截然划分成社会主义和帝国主义两大阵营，而世界资本主义战线已充分显露其腐朽性而日渐崩溃之际，不仅国际资产阶级及其政权没有前途，就是中国的资产阶级及其建立资产阶级民主共和国的方案，也绝对没有前途。这是因为，"处在二十世纪四十与五十年代的国际环境中，殖民地半殖民地的任何英雄好汉们，要就是站在帝国主义战线，变为世界反革命的一部分；要就是站在反帝国主义战线一边，变为世界革命的一部分，二都必居其一。"而事实上，在资产阶级已经失去其前途的情况下，中国的发展方向最终也只能是站在社会主义的反帝国主义战线一边。结果，中国革命必然会走上非资本主义的道路，建立起新的"各个革命阶级联合专政"的国家，它将既不同于已经过时了的旧的欧美式的资产阶级民主共和国，也不同于最新式的苏联式社会主义共和国，它只能是"几个反对帝国主义的阶级联合起来共同专政的新民主主义的国家"，是殖民地半殖民地国家完成民主革命任务，走向社会主义的"过渡形式"。因此，决定今天整个国家命运和今后新民主主义共和国基本构成的，绝不可能是一心指望实现资产阶级专政的中国资产阶级的国民党，而只能是在中国共产党领导下的"中国无产阶级、农民、知识分子与其他小资产阶级"〔2〕。

毛泽东新民主主义政权思想的提出，实际上吹响了抗战中的中国共产党开始公开与国民党争夺领导权，排斥资产阶级的影响和作用，全力引导中国迈向社会主义前途的重要号角。

中共当然不是这时才第一次注意到革命的领导权问题的。早在1937年国共合作正式开始之前，毛泽东就反复提出过争取民族革命的"政治领导责任"和争取群众运动领导权的问题。〔3〕但是，基于现实的力量对比

---

〔1〕 毛泽东：《新民主主义的政治与新民主主义的文化》，《中国文化》第1期，1940年2月15日。
〔2〕 同上。
〔3〕 见《毛泽东选集》（合订本），第253页。

和建立国共统一战线的需要，中共不能不一直表示承认在抗日战争和抗日民族统一战线中，"国民党居于领导与基干的地位"[1]。直到1939年8月召开的中共中央政治局会议上，与会者仍旧同意"承认国民党在全国军队政权中的领导地位"[2]。

毛泽东提出新民主主义的政权思想，意味着这种情况将要开始发生重要变化。这是因为，所谓"新民主主义"思想的实质，归结到一点，就是主张在新的世界历史条件下，殖民地半殖民地，特别是中国，必须由无产阶级的共产党，而不是资产阶级的国民党，来领导革命和争取走向社会主义。它不仅排除了资产阶级领导革命和建立资产阶级民主共和国的可能性，而且事实上也排除了任何以资产阶级的国民党作为主体的和基干的领导力量，建立一种既不标明社会主义，也不纯粹是资本主义的中性政权的可能性。尽管这时国共两党的力量对比仍旧妨碍着毛泽东断然提出无产阶级的独立领导地位，使他不能不在"无产阶级领导"的后面特意加上"或参加领导"的字样，但他显然相信，共产党已然领导中国无产阶级、农民阶级、知识分子和其他小资产阶级，"形成了一个伟大的独立的政治力量"，他们必然要成为"决定国家命运的基本势力"，"必然要成为中华民主共和国的国家构成和政权构成的基本部分"[3]。资产阶级国民党如果不是逐渐退出历史政治舞台的话，它也必将从目前的"实力领导地位"上退下去，从而失去对中国革命和中国未来命运的发言权。

对资产阶级的区别政策，使中共得以把蒋介石集团排除在统战之外

那么，中国的资产阶级及其国民党，是否像欧洲国家的资产阶级及其政党一样，就此失去了革命作用，转而开始成为共产党人的敌人了呢？显而易见，得出这样的结论必将导致国共两党合作局面和统一战线的根本破裂，而这是不符合共产党人的基本利益的。

对此，毛泽东特别解释说：中国的"资产阶级有买办阶级和民族资产

---

[1] 毛泽东：《论新阶段》，《解放》第57期，1938年11月6日。
[2] 《周恩来在中央政治局会议上的报告提纲》，1939年8月4日。
[3] 毛泽东：《新民主主义的政治与新民主主义的文化》，《中国文化》第1期，1940年2月15日。

阶级的区别，买办阶级是直接为帝国主义的外国资本家服务并为它们所豢养的阶级，它们和农村中半封建势力有着千丝万缕的联系。因此买办阶级决不是中国革命的动力，而是中国革命的对象"。至于民族资产阶级，则本来就是具有两重性的阶级，其既有"同帝国主义与封建残余有矛盾"而成为革命动力的一面，也有"依赖帝国主义与封建残余"反对革命的一面。作为"中产阶级尤其是中等民族工业资本家"的民族资产阶级，"则是比较多带革命性的一部分"，而作为"大资产阶级"的民族资产阶级，则"是妥协性很大的很不可靠的部分"[1]。因此，中共中央一方面不赞同把共产党领导的敌后政权解释成"工农小资产阶级的政权"，主张肯定资产阶级（包括民族资产阶级和买办阶级）乃至地主阶级在反对日本帝国主义的问题上仍然具有某些革命的作用；但另一方面，它又开始把国民党政权解释成"大资产阶级与地主联合的政权"，强调敌后政权必须区别于国民党政权以工农小资产阶级为主，同时"应当吸收进步的中产阶级分子及进步士绅加入"，争取中间阶层，孤立顽固势力。说这既有利于争取多数，又有"利于我们去麻痹地主资产阶级"，而"这种麻痹是绝对必要的"[2]。

中共中央和毛泽东的这种认识，反映了共产党人这时在策略运用上的灵活态度。他们虽然开始相信资产阶级国民党的革命性"在完全使用枯竭之时"，必将"只剩下反动的可能性"，从而成为自己的敌人；同时也注意到目前麻痹和利用资产阶级国民党，以便利全民族全面抗战事业顺利发展的必要性。其策略的主旨，仍旧表现出对国民党及它所代表的民族资产阶级"革命可能性"的某种肯定，并以此为基础，继续谋求巩固两党合作关系。

值得注意的是，中共中央和毛泽东仍旧把国民党主要看成是具有两重性的民族资产阶级的代表，而肯定以蒋介石为首的国民党政权是由民族资产阶级中"妥协性很大的很不可靠的"大资产阶级与"没有丝毫进步作用可言的"地主阶级的联合政权，强调资产阶级不论买办阶级还是民族资产阶级，其革命可能性终将消失而成为敌人，这就意味着共产党与以蒋介石为首的国民党之间"长期合作"、"共同建国"的可能性将不复存在。因此，毛泽东很快即公开表示出对与国民党长期合作的怀疑态度。他在1940

---

[1] 毛泽东：《中国革命与中国共产党》，《共产党人》第5期，1940年4月25日。
[2] 《中共中央关于抗日民主政权阶级实质问题的指示》，1940年2月1日。

年2月就明确说：除非国民党将来能够"实施我们的纲领"，否则继续合作"就有困难"。"无论如何，这个问题在现在还谈不到"[1]。事实上，至少经验已经告诉共产党人，如果革命最终变成由自己来领导，要国民党接受自己的纲领，那是绝对不可能的。

至此，在国民党与共产党之间，谁战胜谁的问题重新摆在人们的面前。在共产党人看来，这既是未来中国命运前途之争，也是能否制止投降与反共，争取时局好转，争取抗战胜利之争。因此，中共中央不能不开始进一步扩张自己的实力。它明令各部："集中一切力量为发展武装建立根据地而斗争"，"扫除一切投降派顽固派的进攻，将整个华北直至皖南江南打成一片，化为民主的抗日根据地，置于共产党进步势力管理之下"。在一切我占优势的地方采取攻势，"不能避免有理又有利的磨擦"。一年之内须发展30万正规军和300万自卫军。中共中央清楚地知道，"争取这样的军队、自卫军，与政权是一个严重的斗争过程"，但他们确信："没有伟大的武装与伟大的革命根据地，抗日胜利是不可能的"，靠国民党是不行的。[2]因此，只有不断地加强共产党的力量，才能最终完成战胜资产阶级国民党的一切投降反共企图，引导抗日战争和中国革命走向胜利的历史使命。

1940年3月，毛泽东开始系统地提出了"发展进步势力，争取中间势力，孤立和反对顽固势力"的策略手段，以及建立"三三制"政权的设想。所谓"发展进步势力，争取中间势力，孤立和反对顽固势力"，以及把共产党一党执政的边区和敌后政权，改变成为共产党员只占三分之一，小资产阶级左派进步势力占三分之一，中等资产阶级和开明士绅等中间派占三分之一的统一战线政权形式，这充分表明了共产党人对策略运用的高度重视。不过，孤立和反对以蒋介石为代表的大资产阶级顽固势力，争取中间势力，特别是团结争取中等资产阶级策略的提出，意味着中共中央和毛泽东事实上将很难再把它们都笼统地看成是具有革命与反动的二重性的"民族资产阶级"了。

长期以来，由于大革命时期中国资产阶级明显分裂为附属于北洋军阀

---

[1]《毛泽东同马丁的谈话》，1940年2月。
[2]《中央、军委关于目前形势和任务的指示》，1940年2月10日，见《中共中央文件选集》，第12卷，第283—287页。

第四章 韬光养晦与东山再起

和外国资本与附属于广州国民党政权的两部分,共产党人一直相应的把中国的资产阶级划分为"买办资产阶级"和"民族资产阶级"两部分。由此出发,他们相信前者反动而后者尚有革命性。随着国民党的公然反共,他们也因此相信"民族资产阶级"统统投降了帝国主义,丧失了革命性。鉴于国民党政权同资产阶级之间并非没有矛盾这一明显事实,共产党人也不能不逐步对所谓"民族资产阶级"又作了进一步的划分,即肯定其中还有"中等资产阶级"和"大资产阶级"之别,认为国民党政权在很大程度上只是代表"大资产阶级"的利益。直至抗战爆发,统一战线形成,中共中央仍旧坚持此种认识,因此相信包括"大资产阶级"当权派在内的"民族资产阶级"重新具有了革命性。

然而,随着国共两党摩擦日益加剧,特别是欧洲战争爆发后共产国际政策的转变,他们的这种认识不能不受到强烈的冲击。毛泽东新民主主义思想的提出,以及对中国资产阶级领导作用的否定,标志着毛泽东等人已经对蒋介石及他所代表的所谓"大资产阶级"失去一切幻想,而争取中间势力,特别是争取"中等资产阶级"策略的提出,则更进一步说明他们正在"大资产阶级"和"中等资产阶级"之间划出一条有本质性区别的界限。

1940年7月,毛泽东终于想通了这个问题。他首先肯定说:"国民党政权是地主资产阶级政权,要转变为民主政权,没有大的分裂是不可能的。"故国共关系,"在大地主大资产阶级当政之时,不能有彻底的好转"。但是,与"大资产阶级"不同,"目前民族资产阶级还是同盟军",还必须争取和团结。[1]

紧接着,9月6日,毛泽东更明确地提出了"将大资产阶级和民族资产阶级加以区别"的观点,改变了此前所提出的将"买办阶级"与"民族资产阶级"相区别,而将"大资产阶级"包括在"民族资产阶级"概念之中的观点。他第一次明确认为:在中国"大资产阶级是带买办性的","他们是现时主要当权者";"民族资产阶级是受大资产阶级统治,与外国资本联系少,现时基本上没有政权"的部分,即我们过去所说的"中等资产阶级"。这也就是说,毛泽东等人对于中国资产阶级的划分和认识,已经发

---

[1] 毛泽东:《目前时局与政策》,1940年7月13日,见《中共中央文件选集》,第12卷,第289—290页。

生了重要的变化，他们已经明确地把"大资产阶级"与他们过去一向视为革命对象的"买办阶级"完全视为一体了。由此出发，他们对于"大资产阶级"势力的代表——当权的蒋介石国民党的估计和对策自然也就与之前有所区别了。[1]

毛泽东准备发展200万军队，国民党突然发出最后通牒

共产党人从来都是用阶级分析的方法认识问题的。对中国资产阶级的重新认识与划分，不可避免地要导致其政策和策略的相应变动。在把蒋介石国民党当权派视为大地主大资产阶级的代表，并且把大资产阶级等同于买办阶级之后，中共中央不但否定了其革命的可能性，而且不能不将蒋之政策动向与国际帝国主义和政治动向更加密切地联系起来。

1940年6月中旬，即法国贝当政府在对德战争中宣告投降之前，毛泽东和中共中央已经开始判断蒋介石国民党将要发动的"反共高潮"，并认为这是"英美法最恶毒的反苏反共指令"的结果，称其目的在于试图"对日妥协"，"以便在太平洋方面组织'英美法日华五国的反苏反共集团'"[2]。法国战败之后，考虑到英、美已失去干预东方事务的可能性，他又判断"发动反苏暗流与反共高潮的中国大地主大资产阶级，将要被迫着重新考虑其政策"，它们中的一部分虽"决不能彻底好转"，但有可能"在不妨碍其阶级利益即政权的范围内，延长合作抗日时间"。

从1939年底到1940年上半年，是中共在与国民党摩擦冲突中取得空前发展的时期。还在3月下旬，毛泽东就已经报告称，陕甘宁边区，国民党已被迫承认18县，我们实际上占据着24个县，要力争23个整县，同时要继续占据关中淳化、栒邑、宁县各一部；在山西，通过晋西事变，阎锡山新旧军斗争，我们失去11个县，但得到了晋西北和山西新军几乎全部，最后还迫使阎锡山保持中立，也有很大成功；整个河北经过反摩擦作战，消灭了高树勋、庞炳勋、朱怀冰等七八个顽固派势力，丁树本等已转向，敌后完全控制在我手里，是一大胜利；山东我们也已经取得40个县，发

---

[1] 毛泽东：《关于调查地主资产阶级和国民党军官的通知》，1940年9月6日，见《中共中央文件选集》，第12卷，第298—299页。
[2] 毛泽东：《第二次帝国主义战争的发展》，1940年6月。

展势头很好。目前只有华中是一个重要又危险的区域,需要增援,同时要尽量争取和平,以便共同对付汪精卫。1940年1月,中共军队人数还只有22万,6月下旬已经发展到将近50万,党员已达到了60万。因此,毛泽东一方面表示"现在我党的力量可以起半决定作用"了,为了避免太过刺激国民党,他提出:现在应努力争取中间派,"不要磨得太凶","骂得太过","要采用和缓些的政策",暂时做"战略休战"了。[1]而另一方面,他则明确告诫军队领导人:"如何争取军队是我们应苦心思索的问题",今年各地一定要"继续扩大军队卅万",而我们的"中心点是二百万军队"[2]。

在毛泽东看来,蒋介石是国民党内欧美派的代表,法国的投降、英国的惨败,"使中国国民党欧美派失去依赖英法的可能性,因此使国民党欧美派的主体(蒋介石)趋向好转的可能性增加了","最近摩擦也减少",说明东方慕尼黑的危险"已经不存在了",蒋介石如果要抗日就必须要靠苏联,"蒋介石有变为亲苏派的可能"。再加上"大资产阶级现在还不统一不强大",国民党内中等资产阶级即民族资产阶级也对蒋不满,他相信,蒋介石等当权派这个时候势必会"被迫初步让步"。当然,毛泽东相信:"大地主大资产阶级彻底好转是不可能的",蒋即使转向亲苏,也照样还会反共,因为他们害怕共产党力量的发展。故他的考虑是,为减少国民党的恐惧情绪,争取抗战时间的延长,中共要"争取划界,我们不超出界外,避免同国民党引起大的冲突"[3]。为显示中共方面的诚意,中共中央又一次通过决定,要求仍要根据六中全会决议,切实执行在一切友军中均"不发展党的组织的政策,原有党员一律停止组织生活,以便……争取二百万友军继续抗战"[4]。毛泽东也专门为《新中华报》写了文章,题为《团结到底》,公开表示愿意和国民党精诚合作。[5]

让中共中央没有想到的是,国民党似乎并没有受到英、法在欧洲失败

---

[1] 毛泽东:《关于采取和平攻势策略问题的谈话》,1940年3月21日。
[2] 《毛泽东关于如何争取军队问题给彭德怀的电报》,1940年4月11日。
[3] 毛泽东:《目前形势与我们的政策》,1940年6月25日。
[4] 《中央关于目前形势与党的政策的决定》,1940年7月7日;《中央关于不在友军中发展党的组织的指示》,1940年8月19日。见《中共中央文件选集》,第12卷,第422、463—465页。
[5] 毛泽东:《团结到底》,1940年7月5日。

的影响，蒋介石等人的态度依然十分强硬。

1940年7月16日，国民党方面以中央政府的名义，强硬提出《中央提示案》，规定八路军、新四军必须在一个月之内扫数开赴旧黄河以北，并限定其兵力不得超过八路军三军六师六个补充团和新四军二师，此外不得再有任何名义的武装团体。[1]

周恩来携《中央提示案》回延安讨论，中共中央原则同意划区，但不仅要求蒋承认八路军、新四军有足够的战区（华北五省），有足够的补给条件与发展条件（扩军），而且要求取得冀、察两省的行政领导权（省主席）及其他游击区之行政权。[2]

经讨论后，由周恩来9月回重庆后提交的书面回复意见，简化为三条，即："一、扩大第二战区至山东全省及绥远一部；二、按照十八集团军及各地游击部队全部发饷；三、各游击部队留在各战区，划定作战界限，分头击敌。"[3] 不料，蒋介石国民党对此不加理会，依旧强硬地坚持原案。

10月19日，何应钦、白崇禧联名发出皓电，以最后通牒的形式，限令八路军、新四军必须依照《中央提示案》要求，于一个月之内"扫数"开赴指定的冀察地区。[4] 这种情况显然让毛泽东深感意外。

毛泽东：最黑暗莫过于美国把国民党从财政上军事上武装起来

毛泽东这时已经习惯于把蒋介石国民党等同于买办性的大资产阶级，并相信中国的大资产阶级的一举一动都要看其外国东家的眼色。他无论如何也不明白，明明是欧美派的蒋介石，为什么在英、法战败，美国尚动摇而未参战的情况下，会突然间又强硬了起来？瞬息万变的国际局势的确让中国共产党人眼花缭乱，常常感到难以适应。唯一不变的一点，就是他们

---

[1]《中央提示案》，1940年7月16日，见《中华民国重要史料初编——对日抗战时期》第五编（三），（台北）中国国民党中央委员会党史委员会1985年版，第506—509页。
[2] 参见《中央关于国共谈判情况致彭德怀等同志电》，1940年8月12日。
[3]《周恩来关于调整游击区域及游击部队的三项办法之建议》，1940年9月1日，见《中华民国重要史料初编》第五编（二），第508—509页。
[4]《何应钦白崇禧致朱彭总副司令叶挺军长的皓代电》，1940年10月19日，见《中华民国重要史料初编》第五编（二），第504—505页。

第四章 韬光养晦与东山再起

始终坚信苏联的一切做法都是正确的。从斯大林宣布欧洲进入新的帝国主义战争阶段，到苏德条约的签订，苏联与德国共同瓜分波兰，吞并波罗的海三国，夺取芬兰领土……毛泽东几乎一直在公开表态坚决维护苏联的观点，并论证苏联行动的必要性。但苏联置身于欧洲战争之外，同时又明显与德、日更为接近的情况，逻辑上可能导致的结果，却让他难以作出合理的判断。比如，法国刚一投降，中共党内就有人推测，因为日、美冲突不可避免，日、苏交涉正在紧张进行，在这种情况下，苏联很可能会与日本达成协定，日本全力对美又必须要与中国停战，三国最终会不会订立和平协定共同反对英、美集团呢？毛泽东对此就明确表示不能作出判断。他只是表示相信："关于中日苏订立和平协定以共同反对英美法的前途，不是完全没有可能，但目前可能性甚少。"[1]

如今，国民党人突然加紧"限共"部署，到底是受到了怎样的一种国际力量的吸引呢？注意到德、意、日三国9月27日正式宣告结成军事同盟，这会不会是蒋介石有加入德、意、日帝国主义集团的打算了呢？何、白发出皓电的次日，中宣部的"政治情报"则提出，这多半是英、美拖中国加入其战争集团的结果，因为英、美现在确实在积极做蒋介石的工作，包括提供大笔借款和开放运输物资的口岸与交通等，都显示英、美急于利用中国来牵制日本。蒋介石又趋反共，"是国民党英美派放弃独立战争，加入英美同盟的具体准备步骤"[2]。

但毛泽东对此也无从做出判断。他估计了几种可能性，唯独认为蒋介石加入英、美集团对中国革命的危害最大。因为中共既反对英、美的旧秩序，也反对德、意、日的新秩序，"我们要建立中华民族革命的革命秩序"。蒋介石一旦参加英、美集团，势必会使国内"大多数中间派跟蒋介石跑"，日本必不是美国对手，"日本投降美国，日本陆军退出中国，美国把中国英美派从财政上军事上武装起来，中国由日本殖民地变为美国殖民地"，国共两党必由合作变为大规模内战，国民党将占尽优势，故"最黑

---

[1] 毛泽东:《目前形势与我们的政策》，1940年6月25日。
[2] 《中宣部政治情报第6号》，1940年10月20日，见《中共中央文件选集》，第12卷，第521—523页。

暗莫过如此"[1]。

对于何、白皓电，中共中央一直保持沉默，不作答复。其原因就在于毛泽东等领导人摸不清蒋介石葫芦里到底卖的是什么药，一切全靠观察国际局势来分析。分析来分析去，最终注意到日军有大举南进的迹象，美国似乎还没有作好全面战争的准备，"日美战争不能迅速爆发"，英国今冬明春可能会被德国打得落花流水，毛泽东又估计蒋介石"目前的反苏反共是放弃独立战争加入英美同盟的准备，但尤其是放弃抗日战争加入德意日同盟的准备"，因为现在加入英、美集团对蒋并无利益，故蒋加入德、意、日集团的"可能性最大"[2]。

想到这种可能性，毛泽东骤然间悟出蒋介石突然让出旧黄河以北不怀好意，怀疑蒋如此做很可能有重大阴谋，如"驱我军于黄河以北，然后沿河封锁，置我军于日蒋夹击中而消灭之"[3]。想到这种可能，毛泽东再度横下一条心，准备不惜"闹得天翻地覆"，以至"和大资产阶级永久决裂"[4]。随后，中共中央拟就"炸弹宣言"，并设想了与蒋介石等大资产阶级公开决裂后的一切可能。

在这段时间，中共中央接连开会讨论时局和对策问题，虽一致肯定"中国的大势是由国际形势规定的"，但不论对于国际形势还是中国大势，在判断上都深感困难，特别担心"处理不慎，则影响前途甚大，故宣言与指示拟好又停"，估计一变再变，生怕"此时错一着将遗无穷之患"[5]。

至11月初，中共中央的基本估计显然已经得出，即相信"目前反共高潮是直接投降的准备，所谓联合英美抗日，只是蒋介石的烟幕弹"[6]。为此，中共中央决定改变此前之公开的强硬态度，一方面以朱、彭、叶、项名义复电何、白表示缓和，一方面"对皖南方面，决定让步，答应北

---

[1]《毛泽东关于国际国内形势的估计和对策的指示》，1940年10月25日，见中央档案馆编：《皖南事变（资料选辑）》，中共中央党校出版社1982年版，第34页。

[2]《毛泽东关于目前时局问题致恩来、德怀、胡服、项英电》，1940年10月29日。

[3]《毛、朱、王关于击破蒋介石反共降日的战略部署致胡服电》，1940年11月3日。

[4]《中共中央书记处关于加紧准备对付蒋之严重进攻给周、秦、何、叶的指示电》，1940年11月1日。

[5]《毛泽东关于蒋介石反共形势的分析及我之部署致恩来电》，1940年11月3日，见《皖南事变（资料选辑）》，第75—76页。

[6]《毛、王关于对付日蒋联合反共的策略考虑致德怀电》，1940年11月3日，见《皖南事变（资料选辑）》，第76页。

移",极力争取延缓反共战争爆发的时间。[1] 与此同时,考虑到与蒋绝无全面妥协可能,期限一到,蒋必大举进攻,"第一步将我军驱逐于陇海路线以北,构筑重层封锁线(边区周围的封锁线是五道),第二步配合日寇实行夹击,消灭我军"[2]。

为了不致被迫"退往华北三省让其过黄河构筑新的万里长城致被封死、被夹击、被消灭,而让蒋介石安然投降",中共中央于反复讨论后,下决心采取重大军事步骤,准备以15万精兵先发制人,首先打到国民党进剿军的后方河南与甘肃等地去,以期粉碎蒋之可能的进攻和封锁。[3] 毛泽东确信:"蒋介石最怕是内乱,是苏联,故我们可以这点欺负他,他要剿共,我们一定要反剿共","抄到他后方去,打几个大胜仗,提出请求撤惩何应钦(清君侧),撤退剿共军"等等,"恐怕中国的真正好转要在那时也说不定"[4]。

不过,毛泽东和中共中央清楚地知道,这种行动的结果在军事上固然"可制机先",政治上却"是不利的"。它势必要闹到"蒋介石与我们最后大破裂",从而势必对整个统一战线、抗日战争、中国革命,乃至国际政治关系造成巨大的影响。有鉴于此,为避免"处置不当","遗将来无穷之祸",毛泽东不得不于11月4日亲自写信给共产国际领导人请求指示。[5]

皖南事变:"蒋介石领导的国民党由革命走到反革命的转折点"

苏联和共产国际的看法,明显与中共中央不同。

苏联并不怕冒资本主义天下之大不韪。1939年11月30日苏芬战争爆发,苏军大举突入芬兰境内。第二天,芬兰共产党总书记、共产国际东方部部长库西宁就按照苏联的部署,宣布建立"芬兰民主共和国",并亲任

---

[1] 《毛、朱、王关于对皖南方面决定让步问题致叶、项电》,1940年11月3日,见《皖南事变(资料选辑)》,第78页。
[2] 《毛、王关于对付日蒋联合反共的策略考虑致德怀电》,1940年11月3日,见《皖南事变(资料选辑)》,第77页。
[3] 《毛泽东给季米特洛夫、曼努伊斯基的信》,1940年11月4日;《毛、王关于对付日蒋联合反共的策略考虑致德怀电》,1940年11月3日,见《皖南事变(资料选辑)》,第77页。
[4] 《毛泽东关于准备对付黑暗局面是全党的中心任务致周恩来电》,1940年11月3日。
[5] 《毛泽东给季米特洛夫、曼努伊斯基的信》,1940年11月4日。

政府总理兼外长。12月2日,苏联政府就宣布与这个芬兰民主政府建立外交关系,并签订了"兄弟般友谊和相互帮助"的友好互助条约。虽然由于入侵行动受挫,并未完成将芬兰整个并入苏联的目标,但是在苏芬和约签订之后,苏联还是将夺来的芬兰领土与俄罗斯联邦的卡累利阿苏维埃社会主义自治共和国合并,后改称为"卡累利阿—芬兰加盟共和国",由库西宁任共和国最高苏维埃主席团主席。

但是,苏联也并非基于阶级观点,就完全不讲资本主义社会条件下的所谓"公理"和"正义"了。其实,周旋在现行国际秩序之中的斯大林,也有他的"公理"和"正义"观,只是他依据的是沙皇俄国传统的帝国政治观念。即整个乌克兰、白俄罗斯、波罗的海三国,乃至芬兰,历史上曾长期属于俄国,今天自然也应当回归到苏联的领土版图之内。何况,它们对苏联今天的安全意义十分重大。

中国的情况却完全不同。除了中国东北、外蒙等边疆与苏联接壤的部分地区之外,中国与苏联没有任何历史上的隶属关系。中国固然对苏联东部的安全具有十分重要的意义,但对于苏联来说,它不仅太大,而且它贫弱分裂的状况也不会对苏联构成任何威胁。斯大林其实很高兴中国今天有一个统一的并且能够抵抗日本侵略的政府,他支持中共仅仅是因为他仍旧是一个阶级论者,他并不相信蒋介石国民党会永远站在苏联一边,苏联需要中共在中国发挥政治的导向作用,并愿意看到有朝一日中共能够取代蒋介石国民党。而今天这个时候,他显然更需要笼络住蒋介石,最怕蒋介石会走上与德、意、日相勾结的道路,希望国民党能够把抗日战争继续打下去。因此,莫斯科显然不会赞同毛泽东的意见。斯大林这时明确告诉苏联驻华军事总顾问说:中国共产党在实力上"还显得太孱弱",其"在国内的政治地位还不巩固,蒋介石可以轻而易举地联合日本人来反对共产党"。现在把枪口对准国民党,必然使自己"处于走投无路的境地"。而把蒋介石逼到日本一边去,不论对于中国革命还是对于苏联,都是一种严重的"危险"[1]。

分析这个时候纷乱的国际国内形势,可以作出各种解读。对国际问题还缺乏研究的毛泽东,自然也无法断定自己对蒋介石政治态度的推断是否

---

[1] 见瓦·伊·崔可夫著,万成才译:《在华使命——一个军事顾问的笔记》,中国社会科学出版社1981年版,第33、35—36页。

第四章 韬光养晦与东山再起

正确。因此，莫斯科最高当局的意见对于他还是极其重要的。11月6日，在接到共产国际的电报指示后，尽管毛泽东对共产国际的估计和策略实际上还有所怀疑，认为"好转前途甚少"，为此仍旧致电国际说明局势之严重[1]，但他也不能不承认"无论从哪一方面来说，目前蒋介石向我大举进攻都是不可能的"[2]。中共中央和毛泽东随即调整了此前的估计和策略。根据共产国际的解释，毛泽东开始明确提出，"我们再不要强调反对加入英美集团了"，"目前不但共产党、中国人民、苏联这三大势力应该团结，而且应与英美作外交联络，以期制止投降，打击亲日亲德派活动"。只要我们"奔走呼号，痛切陈词，说明剿共则亡党亡国，投降则日寇必使蒋崩溃"，"表示爱护蒋爱护抗战与团结"的态度，"好转可能性还是有的"[3]。

11月30日，日本正式宣布承认汪精卫南京政权，并与之签订了相互关系的条约。毛泽东更加相信莫斯科的判断是正确的，蒋介石已无投降可能。他甚至得出结论，称"这次反共高潮快要完结"了[4]。再度让毛泽东没有想到的是，仅仅过了一个月，皖南新四军总部近万人只因逾期和没有遵命直接渡江北上皖东，坚持秘密转去苏南，就被国民党第三战区的部队大部围歼了。几天之后，即1941年1月17日，蒋介石更发布命令，宣布新四军为"叛军"，撤销了新四军的番号，并扬言要将新四军军长叶挺"送交军法审判"[5]。

再没有比这种打击更沉重的了。1月13—14日，在皖南事变尚未结束之际，愤怒不已的毛泽东已经一面发电抗议，谋求谈判，一面电告周恩来质问力主国共合作的苏联军事总顾问："叶、项被俘，全军覆没，蒋介石无法无天，至此请问崔可夫如何办？"[6]毛泽东力主要"在政治上军事上迅即准备全面大举反攻"，在华中围歼韩德勤部，在山东围歼沈鸿烈部，

---

[1] 参见《季米特洛夫给毛泽东的电报》，1941年1月4日，见《中共党史研究》1988年第3期。
[2] 《毛泽东关于广泛宣传我给何白皓电问题致董老电》，1941年11月29日。
[3] 《毛泽东关于加强国内外联络以制止投降分裂致周恩来电》，1940年11月6日，见《皖南事变（资料选辑）》，第81页。
[4] 《毛泽东关于利用日汪合流的时机准备政治新攻势给周、叶电》，1940年11月30日。
[5] 见《中央日报》1941年1月18日。
[6] 《毛泽东关于新四军事件应告崔可夫致周、叶电》，1941年1月15日。

逼迫蒋介石撤围。

15日，得到皖南新四军失败，叶挺被俘的消息；18日，又进一步得到蒋介石宣布撤销新四军番号的命令，毛泽东忍无可忍了。他断言："国民党干出这件大事，定有帝国主义指使，这或者是英美，或者是德义（意）。"他估计现在国民党准备大举进攻华中部队，一网打尽，大捕共产党，捕杀各办事处人员，因此必须马上开始准备自卫和撤退。他相信："现在世界革命快到了"，中共也应该有与蒋介石撕破脸的决心。

20日，中共中央决定以毛泽东、朱德、彭德怀、周恩来、王稼祥五人组成革命军事委员会主席团，一切决策权集中于军委，执行军令。毛泽东提出："目前时局的发展，我们要从根本上考虑了。"蒋介石"宣布新四军为叛军后，我们是否还能承认国民党为上司"?！"实际上蒋已准备得罪我们，得罪苏联，已准备全面破裂"。问题是现在部队还没有作好全面破裂的准备，一时也得不到苏联的援助，"缺乏重武器及使用武器的技术人员"，又不能迅速夺取兰州及甘、凉、肃三州和四川，以确保陕甘宁之安全。再加上共产国际的政策与自己"相左"，几个月来"几经往复，尚未解决"，故我们"军事上暂时还只能取守势"[1]。

23日，毛泽东在政治局会议上报告称：目前的国共关系对我们已经没有任何好处，"这种合作已无存在之可能"，我党的政策要根本改变。现在最主要的危险，是日蒋两军夹击中共，我们只有华北可退。"我们要准备损失，避免更大的损失"。他同时电告彭德怀等称：现在再也不是打退反共高潮的问题，"而是根本破裂问题"，"是如何推翻蒋介石统治问题"，一切好转的可能性"已经没有了"[2]。毛泽东同日还要求周恩来告诉驻重庆的苏联大使和苏联军事总顾问，说："蒋介石一月十七日命令是中国全国性突然事变的开始，是全面投降全面破裂的开始，要他们停止接济，准备后事"，"公开援助我们"，"不然要上当的"[3]。

至此，中共中央对于以蒋介石为首的国民党，即对所谓大地主大资产

---

[1]《毛泽东关于蒋介石发布一一七命令后国共关系的变化及我之对策致周、彭、刘等电》，1941年1月20日，见《皖南事变（资料选辑）》，第183—184页。
[2]《毛泽东关于考虑与蒋介石根本破裂问题致德怀电》，1941年1月23日。
[3]《毛泽东关于蒋介石一月十七日命令是全国性突然事变的开始致周、叶、董电》，1941年1月23日。

阶级的政策，已经根本改变了。中共中央政治局于1月29日正式通过了毛泽东起草的《中共中央关于时局的决定》，通告全党称：皖南事变"是蒋介石领导的国民党由革命走到反革命的转折点或分水岭"，"蒋介石所代表的大地主大资产阶级已经日益反动，毫无希望了"。因此，"对于以蒋介石为首的反动了的大地主大资产阶级，我们过去的一面斗争一面联合的政策，现在已经不适用了，对于他们，我们现在已不得不放弃联合政策，采取单一的斗争政策"。"我们的努力方向，是动员全国人民，孤立与克服大地主大资产阶级及其首领蒋介石的反动，使一切主张抗日与民主的各阶层的人民代表去代替反动了的大地主大资产阶级，组织抗日民主的国际政府，执行抗日救国的革命政策，进行胜利的抗日战争，驱逐日本帝国主义，建立独立自由的中华民国"[1]。

把推倒蒋介石及其大地主大资产阶级的统治，当做自己的重要斗争目标之一，自新民主主义思想提出以后，已经成为一种必然的发展趋势了。至于何时明确提出这一斗争目标，以何种方式提出，其实只是一个时间问题，即共产党对国民党力量对比的变化以及国际条件的成熟问题。这是因为，不论是在如何看待两党关系问题上，还是在如何进行抗日战争的问题上，直至在建立何种政权和国家的问题上，在共产党和国民党之间，已经不再存在多少调和的余地了。为了实现共产党领导的政治目标，它也绝难允许所谓大资产阶级的国民党长久地保持自己的统治。

当然，由于抗战仍在继续，两党间的力量对比还没有发生有利于共产党的真正变化，国际政治条件也还没有成熟，共产国际和苏联也还不赞成中共采取激烈的反击措施，再加上2月间日本军队重新在河南对国民党发动了猛烈进攻，这些都不能不使中共中央再度改变了此前对蒋介石已准备投降日本的种种估计，重新看到了国共两党"妥协的基础"。毛泽东转而又发出指示称：蒋之"剿共计划已根本打破"，"内战已可避免"，"利用日蒋矛盾仍是我们的政策中心"[2]。

---

[1]《中共中央关于时局的决定》，1941年1月29日，见《皖南事变（资料选辑）》，第197—200页。
[2]《毛泽东关于对蒋介石政治动向的估计给周恩来的通报》，1941年2月7日；《毛泽东关于国共关系僵局中对国民党的策略致周恩来电》，1941年2月14日。见《皖南事变（资料选辑）》，第205—206、207—208页。

但是，国共两党关系在 1940—1941 年之后，毕竟发生了实质性的重大改变。毛泽东认为："国民党的权力，今天是掌握在大地主大资产阶级、金融资本家的手里，主要的权力是在蒋、孔、宋的集团"手里，他们固然还要抗战，"但是国内民主是不要的，对于共产党是坚决反对、限制的，有机会就打"的。因此，出于抗战的需要，对国民党固然还要"一打一拉"，以拉为主，以打为辅，可是，幻想国民党放弃反共反民主的本质，按照共产党的愿望改造，从而与之"长期合作"、"共同建国"，是不正确的。在他看来，今后更须对国民党的反共本质时时保持高度警惕，毫不让步，坚决反对，直至根本取消其地位，把中国的命运真正掌握在自己的手里。[1]

三、在策略变动的背后

中共中央：苏日条约没有限制苏联援助中国进行对日抗战

1941 年国际形势的走向，远比 1940 年要容易判断得多。从这一年的春天开始，苏联正式批准军队动员计划，并征召预备役人员入伍，准备对付可能到来的德国侵略。为此，苏联很快于 4 月 13 日与其在远东最危险的敌人日本签订了《苏日中立条约》。条约规定：苏日双方均有义务维护两国间的"和平友好关系"，互不侵犯，如两国中任何一方成为一个或几个其他国家的战争对象时，缔约国之另一方将严守中立。而为取得日本对于苏联远东安全及其外蒙古边界安全的保证，苏联甚至不得不以公开宣布"保证尊重满洲国的领土完整和不可侵犯"作为交换条件[2]。

《苏日中立条约》的签订，是苏联冒着恶化苏中关系风险的一个重大外交步骤。因为按照条约规定，苏联不仅成为世界上公开承认日本强加给

---

[1]《毛泽东关于目前时局问题的报告》，1941 年 4 月 2 日。
[2]《国际条约集，1934—1944》，世界知识出版社 1961 年版，第 303—304 页。

中国的伪"满洲国"的极少数几个国家之一,而且还应严守中立,停止对中国的援助。因此,国民政府与国内各界马上就发表声明和各种文字,表示不满。[1] 但苏联再度采取了两面派的手法。在签订条约后不久,苏联外交人民委员莫洛托夫就约见了中国大使邵力子,说明"苏联将毫无变更地继续援助中国"[2]。不难看出,苏联与日本签约的真正目的,只是力图通过某种绥靖的办法来满足日本的愿望,以最大限度地实现日苏之间的和平,为全力应付可能来自西部边界的战争作准备。

与苏联上述步骤形成对照的,是美国和日本的交涉。这年的3月11日,美国正式通过了《租借法案》,授权美国总统可以以租借或贷款形式,向那些对美国安全具有重大意义的国家提供各种军事的和经济的援助。随即美国政府开始把其主要注意力移向大西洋,大力支持英国对德国的抵抗,并着手对美国方面来往于英、美之间的援助船只进行护航。为了避免在发生对德战争时陷入两线作战的困境,美国也同样开始秘密地通过民间渠道与日本进行谈判,力求达成美、日之间的妥协。就在《苏日中立条约》签订三天后,美、日双方代表也达成了一个有损中国权益的《日美谅解方案》。[3] 但是,美国政府没有批准此方案和作出任何正式承诺。相反,美国国务卿还明确提出了一个"四项原则"作为双方协定的基础。该原则包括:尊重所有国家的领土完整和主权,不干涉别国内政,贸易平等,不以武力改变太平洋的现状等。[4] 因此,美国除了出于策略的考虑在尝试谋求对日妥协外,并没有与日本签订任何实质性的关系到中国利益的条约与协定。

对于苏日可能签订条约一事,中共中央早就注意到了。但中共领导人

---

[1] 《外交部关于苏日共同宣言的声明》,1941年4月14日,见中国第二历史档案馆编:《中华民国史档案资料汇编》第五辑第二编(外交),江苏古籍出版社1997年版,第219页;《论苏日协定》,《中央日报》1941年4月15日;《苏日中立条约》,《大公报》(重庆)1941年4月15日;《对苏日协定,李济深发表谈话》,《大公报》(香港)1941年4月23日,等。

[2] 转见《蒋介石关于苏联签订苏日中立条约之用意致各战区将领及各省党部省政府密电》,1941年4月24日,见《中华民国史档案资料汇编》第五辑第二编(外交),第221页;邵力子:《出使苏联的回忆》,见傅学文编:《邵力子文集》(下),中华书局1985年版,第1150页。

[3] FRUS, Japan, 1931—1941, Vol. 2, pp. 389—402.

[4] FRUS, Japan, 1931—1941, Vol. 2, p. 407.

一直有些将信将疑。直到日苏条约签订一个月前，中共中央已经注意到，由于苏德之间的关系出现新的紧张动向，苏联明显又在拉拢美、英了。因此，毛泽东就明确表示，对于中国参加英、美集团或与英属缅甸订立联防协定之类的事情，不必像过去那样进行反对了，因为今天"要把宣传与政策加以分别。我们并不放弃反对帝国主义战争的态度，但对英美援华与中缅联防则不应反对，可表示听任态度。因此事可使蒋介石难于投降与难于反共，我们必须尽量利用两派帝国主义间的矛盾"。因此，就在苏日条约签订两天前，他们还相信："苏联政府是帮助蒋介石，拖住日本，并经过蒋与美英拉拢"，"苏联今天不会与日本订立日苏协定"[1]。

对于苏联与德国签订互不侵犯条约，吞并波罗的海三国，武力"收回"对西乌克兰和西白俄罗斯领土，以及武装入侵芬兰等做法，中共中央始终都是站在阶级立场和保卫苏联的角度，予以充分理解的。毛泽东甚至称赞说，这是"无产阶级利用资产阶级的冲突来争取革命的胜利"的成功范例[2]。因为相信苏联壮大自身力量和保障自身安全的任何做法都有其合理性和必要性，相信苏日协定使蒋介石国民党的作用降低，更有利于帮助中共，因此，即使苏日签订条约，中共中央也并无意外之感。

毛泽东在得到消息的当天就电告周恩来，高度评价条约的意义称："苏日条约使苏联彻底解除被攻威胁，对国际对中国发言权增高，使英、美利用三国同盟为反苏工具之幻想最后破产，对制止中国投降与反共危险有积极作用。"[3]

两天后，中共中央政治局会议通过了毛泽东起草的《中国共产党对苏日中立条约发表意见》的表态性文件，坚持宣称："苏日条约没有限制苏联援助中国进行独立的正义的对日抗战。"毛泽东并且认为："蒋介石历来认为苏联依靠他抗日，他乃敢于放手反共，日苏条约对蒋给了一个严重打击"，"对英对美对蒋都将了一军"，"使他们哭笑不得"[4]。至于条约对中

---

[1]《王稼祥关于时局问题的报告》，1941年3月12日。
[2]《毛泽东关于目前国际形势问题的报告》，1939年11月。
[3]《毛泽东关于苏日中立条约签订问题致周恩来电》，1941年4月14日，参见《毛泽东年谱》（中），第287—288页。
[4]《中国共产党对苏日中立条约发表意见》，1941年4月16日；《毛泽东关于我党对苏日条约发表声明致周恩来电》，1941年4月17日。见《中共中央文件选集》，第13卷，第75—77、79页。

国对东北和外蒙主权的侵害,中共方面显然并不认为是什么问题。中共中央从来主张收复东北,不论苏联出于自身安全在外交上作怎样的表示,它都认定,对苏联有利的事,最终就一定会对未来的中国革命有利。即使是对外蒙,它同样相信,苏联保证外蒙不受侵犯,"也就是保证了我国一部分领土的安全,所以对于全中国争取民族解放也是有利的"[1]。

苏联与日本的接近,再度反映出它与英、美的疏离,也使中共中央在中国要不要英、美援助问题上的态度进一步受到冲击。5月8日,依据苏联报纸,毛泽东明确讲,美国很快将加入战争,英、美企图集中力量对德,迅速结束大战,集中力量"来镇压世界革命与对付苏联"[2]。

十天后,毛泽东亲自为《解放日报》撰写社论,再次断言:英、美帝国主义的一切文章,都想做到苏联身上去。在欧洲,他们的总方针是"不让希特勒向西,不让苏联置身事外,又来一个欧洲慕尼黑";"在远东,则利用三国同盟的内部矛盾,拆散东京柏林轴心,贿买日本,把日本拉到自己怀里来,再一次施行远东慕尼黑,利用中日矛盾与苏日矛盾,迫日向西向北,以配合其迫德向东的西方政策"。毛泽东估计,英、美的目的在于集中对德,故"只要日本不发动太平洋战争,他们是愿意给予日本很多东西的,橡皮呀,油呀,棉花呀,机器呀,应有尽有,还在其次,甚至牺牲中国与荷印,也是放在罗斯福邱吉尔之锦囊里面的"。因此,"远东慕尼黑的新危险,决不是完全不可能的神经过敏之谈"[3]。

相信"远东慕尼黑"危险加剧,不能不再度引起中共中央对于国民党蒋介石投降危险的进一步担心。5月18日,苏联《真理报》发表专文揭露日、美妥协。一周后,中共中央决定把宣传重心转到揭破与反对反共、反苏的东方慕尼黑新阴谋上来。中共中央为此发出了一系列重要指示和社论文章,并公开质问国民党:对于正在进行的日、美妥协,你们究竟抱何种态度呢?!他们公开劝告重庆政府称:"美国是靠不住的","目前惟有国共团结并在蒋委员长领导之下实行亲苏外交,坚持抗日到底,方能挽救危亡"。因为为了避免两线作战的险恶局面,为了拆散三国同盟,美国帝国主义显然正在阴谋"复活'绥靖'远东的'妙计'","这是已经轰动了全

---

[1]《苏日中立条约与满蒙问题》,《新中华报》,1941年5月11日。
[2]《毛泽东关于目前时局问题的报告》,1941年5月8日。
[3]《解放日报》,1941年5月18日。

世界的问题,何以你们还一声不响呢"[1]?

共产党对于国民党的策略,这时已由坚决对抗的政治攻势转到拉蒋抗日的以拉为主的手法上来了。中共中央宣布说:"我们所希望于国民党的只是(甲)坚持抗日;(乙)民主政治;(丙)改善国共关系这样三点而已。关于改善国共关系又分三点,即(甲)对新四军问题予以解决;(乙)对八路军饷弹予以发给;(丙)对反共言论与反共行动予以停止。除此以外,并无其他要求。"[2]

国民党呼吁援助中条山,毛泽东主张不为其激将法所动

这个时候,皖南事变刚过不久,国共两党围绕着新四军问题、释放叶挺问题,以及恢复停发的饷弹等问题,一直交涉,未得结果。中共方面提出的解决条件已经降到发饷、放人两条,国民党却一直不能答应。直到中条山战役发生,国民党军事当局才又急着找中共代表周恩来,要求八路军予以军事上的配合,并承诺此次合作成功,两党关系必能转圜。蒋介石也接见周恩来,提出:"只要你们用游击战争的办法,切断同蒲路、正太路、平汉路等,敌人一恐慌,一定会恢复原状。""你们如配合行动,我决不会亏待你们,饷弹有了成绩后自然发给","各地反共捉人,要使他们安心,我一定命他们放人"。就连苏联军事总顾问崔可夫这时也认为八路军应当给予配合,以便争取民心,并向蒋要饷。[3]

中条山位于晋南,横亘黄河北岸,东连太行山,西接吕梁山,俯瞰豫北、晋西,是洛阳和潼关的天然屏障,国民党卫立煌部三个集团军 20 万人以此为根据地,曾十几次挫败了日军的进攻。不久前,孙蔚如的第四集团军被调离,卫立煌也去了四川。没想到,这次日军从日本和朝鲜调来了三个师团,连同从热河增援来的一个师团,总共集中了六个师团十万大军,而守军只剩下 15 万人左右,且连续作战已相当疲惫,战斗力较前已有很大削弱。因此,蒋介石以及苏联军事顾问团都感到相当压力。蒋虽

---

[1] 见《解放日报》,1941 年 5 月 30 日。
[2] 《毛泽东、朱德致彭、左转洛阳袁处长转陈卫长官电》,1941 年 5 月 26 日。
[3] 《周恩来关于蒋介石要求华北我军配合作战等问题给向中央的请示电》,1941 年 5 月 10 日;《周恩来关于与蒋谈判情况致中央电》,1941 年 5 月 11 日。

第四章 韬光养晦与东山再起

"严令晋南各军团结一致,死中求生",内心里却作好了"晋南失守"和守军被日军"歼灭"的最坏打算。[1] 这也是他们强烈要求临近的八路军采取牵制行动的主要原因之一。[2]

5月7日,日军开始发动进攻。次日,毛泽东接到周恩来报来的国民党要求的消息,当即答复称:"对于国民党要求我们配合作战,须告以当然如此,不成问题。"但我们要求(甲)速解决新四军问题;(乙)速发饷弹;(丙)停止反共;(丁)派机送周回延开会。[3]

5月9日,周再电汇报与国民党代表谈话情况,称对方声称如八路军未与日军在华北妥协,就应发动攻势,牵制日敌云云。[4] 毛泽东对此不屑一顾,复电称:"国民党现已大慌,却仍想用激将法使我为他拼命,所谓中共与日妥协一类鬼话可置之不理,对配合作战,可满口答应,请其速发饷弹等。"[5] 中共中央同时电告前线将领:"国民党要求我军配合作战,惟仍想用激将法,谓中共如不与日妥协,便应在华北发动攻势,制止敌进。""我们方针,决不被其激将法所动,仍按我军现在姿态,巩固各根据地,耐心发展敌伪奸三种工作(这是极重要的),按当地情况许可,拔取敌伪某些深入我区的据点"[6]。

5月10日,针对彭德怀报卫立煌要求八路军配合作战的消息,毛泽东答复称:"请拟一部署计划电告,此计划中在太南太岳两线者战事发生时虽不是猛打,但应准备施行之,在其他区域者只做样子,不应实施。计划拟好后不急于告卫,但先复卫一电告以自当配合作战之意以鼓励之,仅在其催促时再以计划告他。另以一电给卫,请其转陈重庆速发饷弹。"[7]

---

[1]《蒋介石日记手稿》1941年5月2日、6日条,原件存美国斯坦福大学胡佛研究中心。
[2] 1941年5月5日蒋介石即委托刘为章面询周恩来,当兹敌将大举攻我晋南之际,十八集团军能否击敌?8日,"下午党政军联席会报,刘为章再提议发动各机关各社团呈请中共部队协助国军打击敌军在晋南之蠢动,如果中共部队不策应作战,显然违反抗战立场背离民众意旨"。见《徐永昌日记》第六册,(台北)中研院近史所1991年编印,第101页;公安部档案馆编注:《在蒋介石身边八年——侍从室高级幕僚唐纵日记》,群众出版社1991年版,第206—207页。
[3]《毛泽东关于向国民党提出的要求事项致周恩来电》,1941年5月8日。
[4] 转见《徐永昌日记》第六册,第103页。
[5]《毛泽东关于国民党对日寇进攻惊慌失措致周恩来电》,1941年5月9日。
[6]《毛、朱、王、叶关于对日寇进攻形势的分析与我们的方针致彭左等电》,1941年5月9日。
[7]《毛泽东关于配合卫立煌作战问题致彭左电》,1941年5月10日。

5月11日，周恩来电告与蒋谈话情况以及苏联军事总顾问的意见。毛泽东接电后颇为不快，两天后他措辞严厉地指示周恩来转告崔可夫：两年半来，国民党打日本打得很少，前年冬季攻势以来就没有打什么仗，而"我党对日是无日不战"，"要告诉总顾问，要他不要随便乱说。国民党至今还说我军游而不击，甚至说我对日妥协等鬼话……我们决不为这些鬼话所动"[1]。当天，他亦电告彭德怀称："在日寇此次打击下，国民党不能不向我讨好。国共地位将发生根本变化，我党在抗战中将日益占据领导地位。因此，我们的基本方针是团结对敌，是配合作战，但决不为国民党激将法所冲动，而是周密考虑情况，给以有计划的配合。"[2]

而为了应付这时沸沸扬扬的舆论批评，毛泽东则电告八路军驻西安和洛阳办事处负责人称："向各方表示，八路军新四军均在敌后猛击敌人，与正面友军配合作战，决不计较国民党的反共仇恨。惟饷弹两缺，希望政府接济。"[3]

毛泽东在中条山战役配合问题上的态度以及对苏联顾问的不满，很大程度上与八路军1940年秋发动百团大战[4]后的情况有关。因为发动百团大战，部队减员极大，仅一二九师就减员上万人，多数参战部队的损失都在半数兵力以上。而且，因为过去处于隐蔽状态的八路军这次集中进行了大规模作战，暴露了自己的实力，引起了日军的高度重视。因而，日军很快就实施了报复作战，对晋东南根据地"实行了毁灭性的扫荡"，烧杀毁灭"鸡犬不留"。在平原地带，日军则增加了据点，弄得几乎遍地皆是，敌后根据地因此收缩得非常严重。特别是在作战中，八路军再度暴露出来在装备、火力及战术上与日军的巨大差距。据报，彭德怀、左权在山西武乡县蟠龙镇关家垴1940年10月底亲自指挥一二九师三个旅的兵力围攻日军一部300余人，苦战一整天，仍有五六十名日军逃走，而一二九师则损

---

[1]《毛泽东关于要总顾问不要随便乱说致周恩来电》，1941年5月14日。
[2]《毛泽东关于团结对敌配合作战致彭德怀电》，1941年5月14日，见《毛泽东军事文集》，第2卷，第641页。
[3]《毛泽东关于八路军新四军均在敌后猛击敌人给伍云甫、袁晓轩两处长电》，1941年6月9日，见《毛泽东军事文集》，第2卷，第643页。
[4] 所谓"百团大战"，用彭德怀的话来说，"就是廿二个团加一个炮兵团的破袭战"。

失了 500 余人，是日军的两倍还多。[1]

很显然，对八路军前总发动百团大战的必要性，在中共中央内部本来就有不同的看法。百团大战又给部队和根据地带来如此惨重的损失，更让毛泽东感到不安。他已在政治局会议上表示了对用这种方式去与日军硬拼的战法不满，就连八路军前总领导人也因此改变了过去对毛泽东游击战主张的看法。[2] 苏联顾问在这个时候站出来帮蒋介石讲话，硬要八路军出来牵制日军，毛泽东自然更难接受。

实际上，中条山战役进行仅几天时间，国民党守军的防线即被攻破。到5月中旬，守军已被敌分割，全面溃散，再未形成成建制的有效抵抗，日军已进入篦梳扫荡阶段，蒋介石下令部队撤离中条山。

5月18日，彭德怀终于送来了拟好的作战部署，计划用小部兵力配合作战，实际主力集中整训。毛泽东与朱德、王稼祥等联名致电彭德怀，表示同意，同时也叮嘱说："目前方针是必须打日本……不打则国民党不能谅解，中间派亦会说话，但如打得太凶，则有相反危险，日本将转向我们报复，国民党坐收渔利，并将进攻边区。"当然，出于宣传的目的，他们也提出：可"在一部分地方打得大些，而在其他地区则打得小些"。电报还附去了周转报的苏联顾问的意见，但指出："恩来电是转给你作参考的。他电反映国民党及外国人的压力，我们不可不听，又不可尽听。望按此总方针调节我们的行动。"[3]

同时要应付两个敌人，这已经是共产党人策略考虑的基本内容了。在皖南事变后，不论在理论上对国民党与对日本还应当有多少具体的区别，但中共中央对于蒋介石、国民党已经再没有任何信任可言了，他们不能不

---

[1]《杨尚昆关于华北工作的报告》，1941年2月19日。另据潘泽庆在《关家垴战斗：百团大战中极具争议的一战》（《党史博览》2007年第6期）一文中称：当天被围歼的是日本第三十六师团的冈崎歉受大队，总共约500人，被歼灭400多人，突围逃走60余人，八路军伤亡600余人。但据"铁血社会"网友装甲师101考证，认为冈崎大队当天在关家垴作战的兵力应为560名，军官16名，有2挺重机枪、18挺轻机枪和18具掷弹筒，被歼400余人，八路军则伤亡2000余人。转见 http://group.tiexue.net/soc/post_3522845.html.

[2] 朱德在1943年9月延安整风期间说，自百团大战后才得到教训，认为运动战是错误的，因而认识到毛主席独立自主的山地游击战思想是正确的。1945年中共七大时，彭德怀也承认，"四〇年我转入退却时有两个方式：一个是用廿二个团打破袭战，一个是用武工队的方式。现在证明后一种（武工队）是对的"。

[3]《毛泽东、朱德、王稼祥关于目前方针问题致彭德怀电》，1941年5月18日。

时时处处把国民党看成是自己的第二号敌人。这不仅仅是因为他们确信蒋介石集团所代表的买办性大资产阶级随时有妥协投降的可能,以及战胜日本之后蒋介石国民党必定是自己最强大的敌人,而且是因为两年来国民党到处搞摩擦、捉人、停饷、制造皖南事变和取消新四军番号等所作所为,让中共多数领导人经常回忆起十年内战时的情形。因此,当毛泽东再度注意到在日、国、共三方力量对比中还处于绝对劣势这一事实时,他明显又回到小心谨慎的军事策略上去了。

国民党因为在中条山战役中被聚歼十余万人,迁怒于八路军的不配合。《大公报》也一度在蒋介石的授意下,刊出社论及短评尖锐地批评中共。国民政府军委会也以发言人的名义公开发表谈话,暗示"八路军坐视不动"[1]。

中共中央对此置之不理。6月9日,中共中央还进一步发出指示,要求部队注意"善于隐蔽自己保存实力,处处为民众着想,要保护民众使民众不致吃亏"。因为保护民众也就是保护自己,因此,应避免"单纯的军事斗争"和"表面上的尖锐对立政策",反对"一切只着眼到一时的痛快拼命斗争,而不知转弯的办法",因为这"将引起敌人残酷的镇压,其结果恰恰是造成群众的恐惧使敌寇得逞其阴谋"[2]。

中共中央进而指示一切游击区域而非巩固的根据地的领导人,都应"多采两面派政策,加强伪组织伪军工作,多交朋友","对于民众中某些被迫应付敌人的行为,不仅不应尖锐的反对(这不是右倾退缩),反而应该因势利导,成为带有计划性的应付敌人的办法,甚至成为策略",以达到"保存自己,团结人民,孤立日寇",长久坚持的目的。随着日军对华北各根据地展开大规模的"扫荡"行动,中共中央更加明确地规定了今后一阶段总的军事方针,这就是:"熬时间的长期斗争,分散的游击战争,采取一切斗争方式(从最激烈的武装斗争方式到最和平的革命两面派的方式)与敌人周旋,节省与保存自己的实力(武装实力与民众实力),以待

---

[1] 参见(重庆)《大公报》,1941年5月21日、29日、30日。
[2]《毛、朱、王、叶对河北平原反蚕食斗争的政策的指示》,1941年6月9日,见《毛泽东军事文集》,第2卷,第648—649页。

有利的时机。"[1]

苏德战争爆发，苏联要求八路军全力作战牵制日军

中条山战役考验的还是共产党与国民党的关系，国共两党本来就是政治上的敌人或对手，中共中央无论采取怎样的做法，都有理由。紧接着发生的事情，就让许多共产党人自己都难于理解了。

1941年6月22日，也就是在《苏日中立条约》签订两月之后，德国就突然发动了对苏联的大举进攻。由于苏德战争爆发，苏联自顾不暇，通过加强中苏关系和接受苏联援助的方式来达到坚持抗战的目的，变得不大可能了。苏联从中国主要支持者的地位上退下来，已经成为一个不容否认的事实。而共产党人对于整个国际形势的认识以及对所谓帝国主义阵营的看法，也不可避免地又发生了变化。尽管他们仍旧坚持认为苏德战争爆发以前的欧洲战争"基本上还只是两个帝国主义国家争夺霸权、争夺殖民地和市场的战争"，但苏德战争爆发后则已经不能再用这样一种观点来看待欧洲交战各方的关系了。

中共中央在苏德战争爆发之初发表的公开言论中，就确信因"德国军队的全部主力已集中于对苏战场"，欧洲战争的性质已经发生了根本性的改变。中共中央因此告诉全党称："在目前条件下，不管是否帝国主义国家，或是否资产阶级，凡属反法西斯德意日援助苏联与中国者，都是好的，有益的，正义的；凡属援助德意日法西斯反对苏联与中国者，都是坏的，有害的，非正义的。在此标准下，对于英国的对德战争，美国的援苏、援华、援英行动及可能的美国反日反德战争，都不是帝国主义性质的，而是正义的，我们均应表示欢迎，均应联合一致，反对共同敌人。对于中国各党派各阶层的态度亦以此为标准，对于一切抗日反德意与援助苏联者均欢迎之，对亲日亲德意及反苏分子均反对之。"[2]

既然如此，对蒋介石国民党的态度自然也要发生改变。中共中央开始

---

[1]《中共中央军委关于抗日根据地军事建设的指示》，1941年11月7日，见《中共中央文件选集》，第13卷，第212—220页。
[2]《解放日报》，1941年6月26日；《中共中央关于凡是反对法西斯德意日者均应联合的指示》，1941年7月12日，见《中共中央文件选集》，第13卷，第164—165页。

明确要求各地领导人停止一切刺激国民党人的做法，指出："蒋介石还在抗战，蒋在全国军队中，在中产阶级及小资产阶级中还有很大信仰，目前抗战还少不了他，他也还没有破裂统一战线，他还是两面政策，说他比内战时还要坏是不适当的"，对之采取尖锐对立的做法也是不适当的。特别是"在苏德战争爆发后，我党对国民党态度尤须慎重，不可大意"[1]。

在苏德战争爆发后，中共中央已经充分意识到中国及苏联与英、美两国联合一致反对德、意、日法西斯的需要。但出于对苏联的信仰和共同的意识形态等原因，他们还是希望苏联能迅速转败为胜，称"全局取决于苏联打胜仗"。说如苏联列宁格勒和莫斯科两城不守，日必攻苏，苏联陷于长期战争中，蒋介石"乘机取利"，对中共自然不利。但是，随着7月12日英、苏两国在莫斯科签订关于对德作战联合行动的协定，毛泽东马上得出判断：即使苏联西线战败，日本攻苏，苏联也至多只是陷入长期战争中。而"英苏协定已奠定最后胜利基础"，因为"美德美日冲突均不可免，大局仍不利于法西斯"[2]。

7月24日，日本出兵法属印度支那南部，开始南进作战。两天后，美国冻结了日本在美国的全部资产，并对日实行包括石油在内的贸易禁运。毛泽东的判断得到了初步的验证。

8月14日，英、美两国发表了《两国国策中某些共同原则》的联合宣言，史称《大西洋宪章》，公开承诺不寻求领土扩张，并反对任何不符合民族愿望的扩张、侵略与战争威胁。[3]

9月24日，苏联声明赞同《大西洋宪章》。随后，苏、美、英三国召开莫斯科会议，讨论了三国在政治、经济、军事等领域的合作问题。苏、美、英三国反法西斯联盟宣告形成，整个大形势重新变得对中共有利了。

对于这一新形势的出现，特别是《大西洋宪章》所追求的国际政治新原则，中共中央马上予以了肯定。它并得出结论称：自英德战争及苏德战争以来，从没有这么好的宣言。这一宣言证明美国决心参加反侵略战争，因而必然成为苏联反法西斯战争胜利的重要因素。不仅如此，它还称赞

---

[1]《毛泽东关于苏德战争爆发后对国民党政策尤须慎重致彭雪枫电》，1941年6月28日。
[2]《毛泽东关于八路军新四军应取长期斗争方针致刘少奇电》，1941年7月18日，见《毛泽东军事文集》，第2卷，第654页。
[3] 见《反法西斯战争文献》，世界知识出版社1955年版，第14页。

《大西洋宪章》"不但是英、美、苏三国人民从法西斯威胁下获得解放的国际基础,而且是全世界人民获得解放的国际基础,而且是我们中国人民获得解放的国际基础"。说这一宣言的发表是"具有世界历史意义的重大事件,从此开辟了世界历史的新阶段"[1]。

对不久前还被视为帝国主义的英、美政府发布的《大西洋宪章》给予如此之高的评价,反映了中共中央的务实态度。更能够反映出中共中央已变得格外务实的,其实还是它在保卫苏联问题上前所未有的消极态度。

6月22日德军大举突破苏联西部边界之后,苏联方面在疲于应付来自西线的严重局面的同时,最为担心的就是同时受到与德、意结为军事同盟的日本军队从东面发动进攻。鉴于有情报声称日本在靠近苏蒙边境的中国一侧有军事调动的迹象,高度紧张的苏联军方当即要求中共中央立即以最为有效的方法即采取大规模军事行动来牵制日军可能的进攻。

在苏联人看来,这种要求几乎是理所当然的。因为正如共产国际在其决议中所表明的那样:"保证苏联取得胜利,是各国人民争得自由的前提。"何况社会主义苏联是世界无产阶级的唯一祖国,"保卫苏联"原本就是各国共产党人义不容辞的责任。

毛泽东告诉苏联顾问:我军条件弱,大动伤元气,于我于苏均不利

然而,来自苏联的各种指示并没有得到中共中央的积极响应。

6月30日,中共中央得到苏联方面的要求后,即电告彭德怀称:"当日寇举行反苏战争之危险时,情报与破路二事甚为重要。""望即准备一个计划,目的在拖住敌人。"[2]

因为"拖住敌人"容易被理解为要作战的意思,故中共中央7月2日再电彭德怀,特意叮嘱说:"日苏战争有爆发可能,如日攻苏,我须准备配合苏军作战。但此种配合是战略上的配合,长期的配合,不可

---

[1]《中共中央关于最近国际事件的声明》,1941年8月19日,见《中共中央文件选集》,第13卷,第193—197页。
[2]《毛、朱、王、叶关于情报与破路事致彭德怀电》,1941年6月30日。

妄动。"[1]

7月初，崔可夫再度转达苏联军方的情报，催促八路军加紧行动。毛泽东6日回电，对此一情报颇表怀疑，称："苏联战局有渐趋稳定形势，日本似不是攻苏而是牵制英美。"[2] 中共中央政治局并开会研究了配合作战的问题，仍决定只限于在情报与破路两件事上予以配合。会议决定直接向共产国际提出："某些在华苏联友人希望我军目前即发动向日寇的进攻，而不认真注意积蓄与保存在将来日攻苏时与苏配合作战的力量，这是有害的见解。"[3]

很显然，在这个问题上，毛泽东的顾虑其实和在中条山战役配合国民党作战问题的顾虑是一样的。那就是，对八路军现状的担心。这时，中共中央"敌后抗战的总方针"业已确定，那就是"熬时间，储力量"。在武器装备等技术条件没有改变之前，尽量不用积极的军事行动刺激敌人。[4]

7月15日，毛泽东在给周恩来的电报中详细地说明了他的考虑。他说："自苏德战争起，我们即加紧侦察和准备破坏交通，借以牵制敌人。我们决心在现在条件下以最大可能帮助苏联红军的胜利。但由于日寇在华北已占据了四年，对大城市、铁路、矿山等已建筑坚固工整，且敌我军事技术装备悬殊太远，我人力、物力、地区、弹药日益困难"，"我们每枪平均只有二十发，机关枪极少，炮则更少，爆炸的黄色火药亦得不到"。因此，"假若日本进攻苏联时，我们在军事上的配合作用恐不很大。假若不顾一切牺牲来动作，有使我们被打坍，不能长期坚持根据地的可能，这不管从那（哪）一方面都是不利的。因此我们采取巩固敌后根据地，实行广泛的游击战争，与日寇熬时间的长期斗争的方针，而不采取孤注一掷的方针"。[5]

在这里，毛泽东对配合苏联作战问题已经讲得十分清楚了。那就是，

---

[1]《毛、朱、王关于准备在战略上配合苏军作战致彭德怀电》，1941年7月2日，见《毛泽东军事文集》，第2卷，第650页。
[2]《毛泽东关于日本似不是攻苏而是牵制英美致周恩来电》，1941年7月6日。
[3]《中共中央政治局关于讨论共产国际关于苏德战争与各国共产党任务指示的决议》，1941年7月13日。
[4]《中央关于敌伪军伪组织的工作决定》，1941年8月4日，见《中共中央文件选集》，第13卷，第182—186页。
[5]《毛泽东关于我们决心在现有条件下最大可能帮助苏联致周恩来电》，1941年7月15日，见《毛泽东军事文集》，第2卷，第651—653页。

第四章 韬光养晦与东山再起

不论日军攻苏与否,中共都不可能在军事上采取作战行动予以牵制。毛泽东明确指示各地领导人说:"如日冒险攻苏,我之方针并无变更,政治上仍是反法西斯统一战线,军事上在武器装备未改变前仍是与敌无时间的不冒险亦不消极的长时期的游击战争。"因目前情况下,"八路(军)新四(军)大规模动作仍不适宜,还是熬时间的长期斗争的方针,原因是我军各种条件均弱,大动伤元气,于我于苏均不利"[1]。

在这里,毛泽东和以往历任中共中央领导人的区别之明显,一目了然。他显然没有把苏联的存在看成是中国革命存在和成功的前提,更不认为苏联才是自己唯一的祖国。

毛泽东并非不关心苏联的死活。毗邻的苏联的存在对于中共革命意义之大,没有哪个共产党人不清楚。仅仅在皖南事变发生后,中共中央就一次性地得到了莫斯科提供的100万美元的援款。[2] 这种无偿的、每次需要申请的临时性的援款,虽然不及苏联政府给国民党政府的贷款的数量大,也不像过去按预算逐月提供经费那样解决问题,但是,它的象征性意义十分重大。因为这清楚地表明,苏联无论多么需要蒋介石领导中国进行抗日,但它终究还是无法相信蒋介石,而必须支持和寄希望于中共。毛泽东当然很清楚这一点,也深信中共革命本身的发动和任何一种进展,都离不开苏联的援助。但问题在于,在他看来,无论苏联多么重要,和中共自身的利益相比,苏联的安危都是第二位的。一方面,苏联即使在对德战争中会遭遇到失败,相对于苏联深厚的国力和广阔的领土,再加上英苏结盟和美国参战,最坏也不过就是"变为长期战争","大局仍不利于法西斯"[3];另一方面,面对国民党和日本两个强大的对手,弱小的中共如果遭遇失败,那就注定会是一场灭顶之灾。

然而,如果苏联都要靠英、美的帮助才能摆脱困境,那么它还能有多

---

[1]《毛泽东关于八路军新四军应取长期斗争方针致刘少奇电》,1941年7月18日;《毛泽东关于自卫方针应准备长期坚持下去致黄克诚、刘少奇电》,1941年7月30日。见《毛泽东军事文集》,第2卷,第654、656页。

[2] 就已知莫斯科自1936年底至1945年抗战结束的档案文献记载,在此期间莫斯科提供给中共的无偿援款应不少于500万美元。转见杨奎松:《共产国际为中共提供财政援助情况之考察》,《党史研究资料》2004年第1—2期。

[3]《毛泽东关于八路军新四军应取长期斗争方针致刘少奇电》,1941年7月18日,见《毛泽东军事文集》,第2卷,第654页。

大可能来顾及中国呢？事情是再清楚没有了。

博古揭发，是共产国际远东局明令不能让毛泽东进入书记处

随着1940年秋天以后同共产国际发生意见分歧，经过皖南事变仍未解决，再到苏德战争爆发，为了援苏问题与苏联发生矛盾，这迫使毛泽东下决心解决党内路线问题，以调整中共中央同共产国际和苏共之间的关系。

早在1936年9月，毛泽东就曾经在政治局会议上提出过，应当对1931年以后党内"左"倾路线问题进行讨论，以分清是非。但因为种种原因，这一讨论一直未能进行。1938年六届六中全会上，毛泽东提出了马克思主义的中国作风、中国气派和学习要理论联系实际的问题，但未能引起多数领导人的足够重视。到1940年12月4日，毛泽东在政治局会议上再度明确提出了苏维埃末期的路线错误，认为当时打倒一切和两条道路决战的"左"倾政策使军队损失十分之九，苏区所剩的只有陕北。因此，他认为遵义会议决议必须有所修改。因为遵义会议决议只说是军事上的错误，"实际上是路线上的错误"。这个时候，党内多数领导人已经能够接受毛泽东的这一观点了。博古就明确讲：毛主席指出苏维埃末期的许多错误，我是同意的。但在当时遵义会议时我是不了解的，经过几年来我是清楚了的。这些我要直接负责。今后有机会还可以说。[1]

皖南事变之后，毛泽东趁热打铁，先是做了《改造我们的学习》的报告，针对留苏学生抽象地学习和研究马克思列宁主义理论，却自以为老子天下第一，动辄摆出"钦差大臣"的架势唬人，斥之为"头重脚轻根底浅"，"嘴尖皮厚腹中空"，是党性不纯，害人害己。[2]

接着，苏德战争爆发，毛泽东于7月中旬又起草了《中共中央关于调查研究的决定》，直言"二十年来由于主观主义与形式主义，由于幼稚无知识，使革命工作遭受损失的严重性，尚未被全党领导机关及一切同志所彻底认识"。提出要全面加强调查研究，树立起"实事求是，理论与实际

---

[1] 参见毛泽东：《目前时局问题》，1940年12月4日，并见《毛泽东选集》（合订本），第759—760页。
[2] 毛泽东：《改造我们的学习》，1941年5月，见《毛泽东选集》（合订本），第800页。

密切联系"的优良党风。[1]

7月21日，中共中央政治局会议通过了毛泽东起草的决定。8月28日、29日，中共中央政治局进一步决定成立以毛泽东为组长的"中央同志思想方法学习小组"，和以毛泽东为主任、任弼时为副主任的"中央调查研究局"。调研局下设政治研究室和情报部，研究室内分中国经济组、中国政治组、国际问题组、敌伪研究组、党务研究室、根据地组、大后方组、敌占区组和海外组。同时，根据毛泽东提议，为"彻底打破目前党内教学方法与思想方法上的主观主义与形式主义"，决定由张闻天、王稼祥、邓发、凯丰、康生、陈云、李维汉等组织委员会，讨论改造学习办法。[2]

9月10日，中共中央政治局会召开会议，开始思想方法学习。毛泽东做了《反对主观主义和宗派主义》的报告。他上来就说："过去我们的党很长时期为主观主义所统治，立三路线和苏维埃运动后期的'左'倾机会主义，都是主观主义。苏维埃运动后期的主观主义表现更严重，它的形态更完备，统治时间更长久，结果更悲惨。这是因为这些主观主义者自称为'国际路线'，穿上马列主义的外衣，是假马克思主义。"遵义会议固然在实际上变更了一条政治路线，六中全会也对主观主义作了斗争，但学风上的主观主义和党风上的宗派主义依然存在。他引用斯大林关于脱离实际的理论是空洞的理论的说法，断言"空洞的理论是荒谬绝伦的理论"，主张对于理论脱离实际的人，要取消他的理论家的资格，"只有用马克思主义观点来研究实际问题、能解决实际问题的，才算实际的理论家"。主张要"分清创造性的马克思主义和教条式的马克思主义"，"宣传创造性的马克思主义"。他提出，今后的理论学习要"把过去的一套彻底打碎"，要以研究两条路线斗争的《联共（布）党史简明教程》为中心，着重学习马、恩、列、斯的思想方法论，多看反对主观主义的言论。他并且提议，在延安开一个动员大会，"中央政治局同志全体出马，大家都上台讲话，集中力量反对主观主义和宗派主义"[3]。

---

[1] 《中共中央关于调查研究的决定》，1941年8月1日，见《毛泽东文集》，第2卷，第360—363页。
[2] 《中共中央关于中央机关组织与编制问题的决议》，1941年8月29日。
[3] 《反对主观主义和宗派主义》，1941年9月10日，见《毛泽东文集》，第2卷，第372—375页。

毛泽东的这些看法，得到了与会者的认同。张闻天当场表示，毛主席的报告是对党的路线的彻底转变，有极大意义。主观主义的最大错误就是脱离实际，过去共产国际把我们一批没有做过实际工作的干部提到中央机关来，这是一个很大的损失。过去没有做过实际工作的，现在要补课；过去的老账，今天要还。博古也表态"完全同意毛主席的报告"，坦言1932—1935年的错误，我是主要负责的人。我和一些同志都只是些学生，只学了一些理论，拿了一套公式教条和欧洲党的经验到中国来，过去党的许多决议其实都是照抄国际的指示，完全脱离中国的实际。

王明的态度与其他留苏学生有明显区别。他虽然也承认自己学了一些洋教条，但同时言谈话语中则反复强调回国后做了一些实际工作、群众工作，思想上、作风上有了一些转变。因此，即使后来回到共产国际做领导工作，还是能够看出博古、张闻天等在对毛主席的态度，以及路线政策方面的许多错误。他并且在批评李维汉发言的同时，特别强调说不能说博古等人的错误与共产国际，或与共产国际代表有关系，强调他进入中央的六届"四中全会的政治路线也是正确的"；说四中全会以后的"左"主要是博古、张闻天、周恩来、李维汉陆续进苏区以后，接连夺了毛泽东的军、党、政各项领导职务，这与共产国际没有关系。王明还突然表示要"揭穿一个问题"，说1931年他与周恩来离开上海时，博古、张闻天、陈云等组织了上海临时政治局，说明将来到政治局委员多的地方要交出来，博古等人事实上没有这样做。因此，他说他不仅对李维汉的检讨不满意，对博古、张闻天的检讨也都认为"不彻底、不诚恳"[1]。

王明与博古曾经是最为接近的留苏同学，他这时突然反戈一击，不能不引起博古的强烈不满。博古坚决不承认所有错误都是自己的责任。他明确讲：错误怪不得别人，但共产国际与中共代表团当时也曾助长了这种错误。如共产国际执委会第十一、十二、十三次全会关于中国问题的决议和中共代表团的报告等，都批准了中国党的路线。到中央苏区后排斥毛泽东，也是因为远东局负责人两度叮嘱他，中央书记处是工作机关，不是吵嘴的俱乐部，应该吸收毛参加工作，但必须执行国际路线，并且不得让毛

---

[1] Russian Center for the Preservation and Study of Documents on Modern History (RPSD-MH)，514/20/324。

第四章 韬光养晦与东山再起

参加领导核心。[1]

与此同时，与会者几乎一致对王明的检查及其态度产生了反感。他们一面不能不承认王明在一些问题上有功劳，一面却一致认为王明也应该对博古临时中央的错误负有一定的责任，特别是与会者几乎不约而同地提出了王明应当检讨1937年底回国后"目无中央"的问题。

毋庸置疑，王明在理论上的擅长，以及在共产国际多年担任过领导工作，深受苏共领导人重视的经历，使其在中共党内有着极为特殊的地位。要解决中共党内脱离实际的主观主义和宗派主义倾向，王明如不能心悦诚服地作出深刻的检查，毛泽东所发动的这场斗争就不可能达到目的。因此，9月底政治局会议讨论告一段落后，毛泽东即亲自找王明谈话，希望他就抗战初期与中央关系及右倾倾向作出检查。王明不仅不愿按照毛泽东的意见检查，而且还进一步提出了他与共产国际在与国民党关系上的分歧，认为他的做法不妥。

10月7日晚，毛泽东、任弼时、王稼祥还与王明就季米特洛夫发来的电报进行了讨论。季米特洛夫在电文中一连提出了15个问题，质问中共中央究竟打算如何改善国共关系以便共同打击主要敌人？如果中共与蒋介石分裂，它还能与哪些力量继续合作？并质问中共准备采取何种措施在中国战场上积极打击日本，以使德国的盟国日本无法进攻苏联？王明明确表示赞同季米特洛夫的观点。

在第二天召开的中央书记处会议上，王明更详尽地解释了他赞同共产国际而不同意毛泽东的几点基本看法。在政策上，他认为中共应当按照共产国际的要求，搞好与国民党的关系，共同对日。在理论上，他认为毛泽东的新民主主义论有缺点，一是将反帝与反封建相提并论，含混并举是不妥的；二是只讲联合中产阶级，不讲今天还联合大资产阶级抗日，甚至主张不要大地主、大资产阶级，这是缺点。在实践上，他认为过去的一些做法"左"了，有些斗争可以避免，没有避免。而对于在抗战初期向中央"闹独立性"问题和重视妥协、忽视斗争问题，他则再三解释，认为自己并未违反斯大林和共产国际的政策，虽然1937年十二月政治局会议上讲

---

[1] Russian Center for the Preservation and Study of Documents on Modern History (RPSD-MH)，514/20/324。

斗争讲得不够，但自己在处理与国民党关系的问题上始终是坚持斗争的。[1]

王明的傲气，一个很重要的原因是自恃共产国际和苏共看重他，他显然没有想到，从莫斯科回来的王稼祥和任弼时，竟带来了对他十分不利的季米特洛夫的指示。特别是任弼时刚从莫斯科回来，他专门介绍说，季米特洛夫在莫斯科与他和周恩来谈话时，特别谈了对王明一些缺点的担心，如王习惯于把自己的意见当成是中央的意见，喜欢拉帮结派，有些滑头，虚荣心过强，喜欢自吹自擂等。任说，季米特洛夫特地要他们把这些情况告诉毛泽东，帮助王明改正。因此，他们回国后就向毛泽东说过了，因为感觉不好对王明讲，一直没有告诉王明本人。鉴于王明不接受批评的态度，他不得不把共产国际领导人对王明的批评公开讲出来。因为"根据国际说的这些话和王明回国后的情形，王明同志确有钦差大臣的味道。王明同志的主要问题，便是突出个人，自以为是，对国共关系问题有原则上的错误"[2]。

因为太过于看重自己在共产国际和苏共领导人心目中的形象，王明对任弼时等人转达的这些内容毫无思想准备，以至精神大受刺激，当晚即因胃出血而躺倒了。[3]

对于毛泽东来说，在党的领导人一致批判王明的情况下，王明这时是否能够继续参加会议并按他的要求作出检查，已经不是那么重要了。会议在10月13日已宣布中央历史问题的讨论告一段落，毛泽东所作的结论是：苏维埃后期错误的主要负责者是博古，李维汉也有很严重的错误，张

---

[1] RPSDMH，514/20/327。
[2] RPSDMH，514/20/328。
[3] 据10月13日会议内容看，王明关于8日病倒，9日还被毛揪到会上去（王明：《中共五十年》，现代史料编刊社1981年版，第38—39页）的说法明显不实。实际上，8日会上历史问题的讨论已告一段落，原准备继续讨论的是王明提出的有关当前政策的一些原则性问题。因为王明病倒，这一讨论被搁置。12日毛派任弼时去王住处探视，询问病况，王表示同意毛泽东10月8日会上对他在抗战期间的问题所作结论，即"王明在武汉时期政治上、组织上都有原则的错误，但不是路线的错误"。因为是胃出血，主要靠养，故他表示愿意继续参加政治局会议，只是不能参加书记处的工作会议。13日白天医生会诊，也建议王静养三个月。见RPSDMH，514/20/324；中央档案馆党史资料研究室：《延安整风中的王明——兼驳王明的〈中共五十年〉》，《党史通讯》1984年第7期。关于王明此后因神经性心脏病入院及为解决便秘使用清泄药物甘汞制剂不当以至中毒事，可参见丁晓平：《尘封66年"王明中毒事件"调查材料惊现民间》，《党史博览》2009年第12期。

闻天算犯第二等错误，王明在四中全会中形式上纠正了立三路线，在后来的实际工作中仍未克服立三路线。其他同志的错误都是不自觉的。历史问题的讨论主要是要从错误中得到教训。[1]

太平洋战争爆发，蒋介石地位稳固，中共担心爆发反共高潮

1941年12月8日，日本军队对珍珠港美国海军基地发动了突然袭击，太平洋战争爆发了。美国等20多个国家从此正式加入到反法西斯战争的行列中，蒋介石领导的中国国民政府也正式对已经侵略中国四年之久的日本宣战。紧接着，德、意、日三国于12月11日签订了《联合作战协定》，美、英、苏、中等26个国家也于当月在华盛顿召开会议，并于1942年1月1日签署了《联合国家宣言》，保证相互合作，不战胜法西斯侵略不止。这标志着，全世界已经形成法西斯与反法西斯两大阵线，美、英、苏、中等国已经结为战时同盟，他们之间的任何分歧和矛盾在这时已经无足轻重了。

太平洋战争的爆发和美国的正式参战，未必在中共的期望之中。这是因为，就在一年之前，毛泽东就曾明确指出过：抗战"最黑暗"莫过于蒋介石加入英、美集团，使国内"大多数中间派跟蒋介石跑"，并把中国"变为美国殖民地"，使国民党占尽优势。[2] 但是，这时的形势已经发生了极大变化，即苏联已经成为世界反法西斯统一战线中的主力之一。因此，毛泽东这时明显没有表现出一年以前那样的强烈担心。

恰恰相反，在日军袭击珍珠港的消息传到延安的当天，毛泽东就明确指示周恩来等："日英、美战争爆发后，我对英美方之政策，应当是建立与展开中共与英美政府的广泛的真诚的反日反德的统一战线，不应作不真诚与狭隘的表示。"同时，毛泽东判断："在半年内英美均非日本之敌"，且"英美的总方针可能是对日取守，而对德取攻，先集合英美苏力量解决德国，然后集合英美苏中力量解决日本"。"如若在数月后欧洲出现第二条战线，便可较快解决德国，这是真正有利的方针，但不知惰性甚深的英美

---

[1] RPSDMH，514/20/328。
[2] 《毛泽东关于国际国内形势的估计和对策的指示》，1940年10月25日，见《皖南事变（资料选辑）》，第34页。

军政人员有此毅力否?"

不难看出,毛泽东已经意识到,战争的最初阶段不会对反法西斯统一战线有利,而且作为反法西斯战线的核心力量的美、英两国是否会把自己的主力迅速投入解放欧洲的战争,也是一个问题。但他始终坚信的是,有美、英、苏参加反法西斯斗争,最后的胜利仅仅是个时间问题。更为重要的是,中共中央明显感到,太平洋战争的爆发,对于中共和苏联都是有利的,"第一,华北华中的敌军势将逐渐减弱,即是说无大举增兵之可能了;第二,国民党进攻边区的可能性会减少;第三,给亲日亲德两派一个致命打击,我们使国民党不能投降又不能剿共的可能性更大了;第四,中国民主政治的前途也更大了;第五,苏联可从东方抽调一部兵力向西;第六,欧洲有迅速造成第二条战线之可能"。因为德国在东线对苏进攻一旦被迫处于守势,必将对南线和西线进攻,从而自己造成第二条战线,迫使英、美集中主力打德。这样一来,由于敌人将忙于太平洋战争,国共摩擦也将减少,中共军队正可按照此前部署,"节省与保存自己的实力,以待有利的时机"。故中共中央于12月18日下达了《一九四二年的中心工作任务》的指示,要求各部"应乘一九四二年敌人忙于太平洋对中国采取守势之际","积蓄力量,恢复元气,巩固内部,巩固党政军民。对敌伪以政治攻势为主,以游击战争为辅。对国民党以疏通团结为主,以防制其反共为辅"[1]。

但是,1942年的形势并不像中共中央上述估计那样值得乐观。日本军队对于华北、华中敌后根据地实行的大规模"扫荡"行动还在继续,对中共形成了极大压力,以至毛泽东认为:华北、华中"要熬过今明两年须费极大牺牲,两年后如能保存现有军队(57万)的一半,全国则保存现有党员(80万)的一半便是胜利"[2]。

与此同时,从3月份起,国民党对中共再度发动了政治和军事摩擦,这种事件仅一个多月就达到100余件,南方地下党组织接连遭到破坏,这不能不使中共中央再度怀疑国民党怀有不可告人的意图。周恩来估计,这种情况的出现,是由于蒋介石看到美、英、苏均陷于困难局面,美、英参

---

[1]《一九四二年的中心工作任务》,1941年12月18日,见《毛泽东文集》,第2卷,第385—386页。
[2]《毛泽东关于熬过今明两年须费极大牺牲致周恩来电》,1942年6月13日。

战并不能很快扭转被动局面,战争将旷日持久,而日本也不能以主力对中国取攻势,反以政治攻势拉蒋,因此蒋介石"认定他已成为世界骄子,在目前天下莫敢予毒的良机下,正好放手反共"。鉴于4月伊始,日本进攻苏联的消息不胫而走,周恩来明确认为:"目前形势,日苏战争如果爆发,第三次反共高潮必不可免,且必然走上高峰。"[1]周恩来的这一看法,看来也是毛泽东的看法。

还在4月21日,毛泽东即估计日苏战争将于夏季爆发,苏联将面临更大的困难,国民党必然会乘此时机对共产党发动政治的和军事的进攻。[2]为此,中共中央秘密发布了准备应付第三次反共高潮的通知,并开始在边区组织联防司令部,统一指挥陕甘宁晋绥各地的中共军队,以防不虞。

苏、美、英合作,国共关系解冻,毛泽东承诺今后不再扩军

到5月下旬,德国并没有对苏发动进一步的攻势,日本也没有进攻苏联,国民党方面的摩擦行动也没有进一步加剧。不仅如此,5月26日,英、苏两国还签订了一个以20年为期的战时同盟及战后合作互助条约。该条约规定,不仅战时,而且战后,苏联与英国都将长时间进行合作与互助。6月11日,美、苏两国也签订了一个战时互助协定。这两个协定表明,美、英同苏联之间不仅加强了相互间的团结,而且将在战后继续这种合作关系。

苏、美、英进一步加强合作,并且明确宣布战后亦将合作,这不能不极大地影响到中共中央对形势的判断和对战后国共关系的估计。

由于相信《大西洋宪章》所宣布的自由、民主、和平的信条,在很大程度上改变了帝国主义列强各国的政策,中共中央开始断言帝国主义乃至资本主义制度已经进入"风烛残年",战后将不会出现第一次世界大战结束后那种"武装的革命反对武装的反革命"的斗争形势。他们甚至认为现时的"英美不是帝国主义",说至少美、英开辟第二条战线,"援助社会主义,这不能说是帝国主义"。这使得中共领导人有理由改变此前对于美、

---

[1]《周恩来关于目前形势估计致毛主席并中央书记处电》,1942年4月18日。
[2]《毛泽东关于准备应付反共高潮致周恩来电》,1942年4月21日。

英政府的敌视或怀疑的态度，也促使他们相信："资本主义已不是一个可怕的东西，已经起了变化"，共产党人可以"与英、美好好合作，对中国的资本主义也可以合作，因为资本主义已不是一个可怕的东西，已经起了变化"。毛泽东明确讲：天下大势，资产阶级与无产阶级都很疲倦，无产阶级的觉悟还未达到世界革命的程度，而现在"争取与大多数人一道是我们策略的出发点"。战后中国是否会发生内战，现在不必从反面来解释。"武装的人民反对武装反革命，现在是适用的。战后如何则不说，如果反革命还有，仍然是武装反武装。"[1]

因为估计战后帝国主义制度将会倒台，各殖民地国家将会独立，中国也只能走和平民主合作的道路，因此中共中央相信战后的中国只能是走独立、统一、和平、民主的与各党派合作和经过人民普选的民主共和的道路，它既不是少数人专政的半封建的中国，也不是苏维埃的或社会主义的中国。考虑到这种情况，毛泽东明确认为：我们现在就"须估计日本战败从中国撤退时，新四军及黄河以南部队须集中到华北去，甚或整个八路军、新四军须集中到东三省去，方能取得国共继续合作的条件"问题[2]。

7月4日，中共中央公开发表了《为纪念抗战五周年宣言》，声明："中国共产党承认，蒋委员长不仅是抗战的领导者，而且是战后中国建设的领导者"。中共"愿尽自己的能力来与国民党当局商讨争取抗战最后胜利及建设战后新中国的一切有关问题"[3]。同时，毛泽东接连电告各地领导人，力避与国民党发生冲突。

8月中旬，蒋介石突然约见周恩来，表示愿意亲自见毛泽东商谈国共关系问题。这更加证实了毛泽东的判断，他马上表示深感兴趣，准备亲去见蒋，以求"将国共根本关系加以改善"[4]。但是，由于党内领导人多担心蒋介石可能包藏祸心，反复劝阻。中共中央最后还是利用国民党重视苏联态度的心理，先派从苏联回国的林彪直接从苏联经兰州、西安，转去重庆谒蒋商谈。

---

[1]《毛泽东关于"七七"宣言的指示》，1942年7月29日。
[2] 参见《解放日报》，1941年7月5日；《毛泽东关于山东根据地实为战略转移的枢纽致刘少奇电》，1942年7月9日，见《毛泽东军事文集》，第2卷，第681—683页。
[3] 见《解放日报》，1941年7月5日。
[4]《周恩来关于蒋欲约见毛在陕晤谈事致毛泽东电》，1942年8月14日；《毛泽东关于见蒋事致周恩来电》，1942年8月19日、1942年9月3日，等。

第四章 韬光养晦与东山再起

1942年11月27日，国民党在五届十次中央全会上通过了关于《今后对共产党政策之研究结果案》[1]。尽管内中措辞强硬，但它表明了愿意政治解决共产党问题的态度，因而仍旧引起正极力试图缓和与国民党关系的共产党人的重视。

毛泽东得到消息后，马上召集会议对此一决议案进行了讨论。与会者认为决议案宣布之所谓"六不主义"（即不违反法令，不扰乱社会秩序，不组织军队，不分裂地方，不妨碍抗战，不破坏统一），与中共1937年四项诺言"在基本精神上没有互相分歧之处"，甚至就是"今后不允许我们再组织军队"，我们也"可以这样作"[2]。

对于这一重大让步，毛泽东的解释是：第一，"国内关系总是随国际关系为转移"，当英、美、苏未订具体同盟条约及滇缅路未断以前，蒋介石的亲苏和共决心是未下的；但在1942年5月滇缅路被日军切断之后，蒋是下了这个决心的。"只要两三星期内斯大林格勒守住，日寇不攻苏，则整个大局好转，便可确定"。第二，"在德意日打倒之后，国际国内形势均会发生根本变化"。由于苏、美、英战后仍将合作，且"蒋在抗战中有功劳，同时人民心理厌恶内战，故我们应争取在抗战后与国民党建立和平局面，在民主民生上做文章"。第三，既然战后中国的前途只能随国际大势而转移，一时不会出现武装夺权的可能，我们也就无须大量扩充我们的军队。"我们既不准备打内战，无须多兵，兵少又可减轻国民党的畏惧心理，求得和平，以待全国人民的觉悟"。当然，毛泽东也说：我们手里还有几十万军队，不怕国民党翻脸。战后"如果人家要打，我们也有恃无恐"[3]。

1942年12月24日，依据中共中央新的指示精神，周恩来与林彪正式向国民党代表张治中提出了四项条件，希望能够作为双方谈判的基础。这四项条件是：

一、党的问题：在抗战建国纲领下取得合法地位，并实行三民主义，中央亦可在中共地区办党办报；

二、军队问题：希望编四军十二师，请按中央军队待遇；

---

[1] 见《中国国民党历次代表大会暨中央全会资料》（下），第793—794页。
[2] 《中共中央关于国民党十中全会问题的指示》，1942年11月29日。
[3] 《毛泽东关于德意日打倒后国际国内局势问题致彭德怀电》，1943年1月25日。

三、陕北边区：照原地区改为行政区，其他各地区另行改组，实行中央法令；

四、作战区域：原则上接受中央开往黄河以北之规定，但现只能作准备布置，战事完毕保证立即实施，如战时情况可能（如总反攻时），亦可商承移动。[1]

不难看出，中共中央基于对战后国际国内政治合作趋势的形势判断，对解决国共关系问题的方针又有了十分重大的转变。国民党如果真想求得国共关系的改善和国内政治的统一，这无疑是一次重要的历史时机。

蒋介石发表《中国之命运》，共产国际解散，国共关系再度恶化

对于中共中央态度的再度转变，蒋介石国民党不仅不看重，而且把中共的这次让步看成是迫于自身困难的一次"廉价大出卖"。他们因此反而产生幻想，想要进一步施压，以争取逼迫中共最终能够交出军队和政权。故当国民党中央了解到中共并没有放弃军队和政权的可能时，他们马上就认为时机未到，放弃了推动这次谈判的努力，转而又开始在军事上向中共施压了。

1943年初，中共中央一直估计"国际国内的政治形势日趋好转"，主张"不放松每一机会和每一小的事件，主动地加强局部统战工作，改善关系，以求更加促进国内整个形势的好转"。因此严令各地"如有摩擦事件，必须先经报告批准，不许自由行动"[2]时，苏北韩德勤部遭日军大举扫荡，损失惨重，全线渡过运河，退入新四军淮海区，与新四军部队发生冲突，韩德勤等被俘，毛泽东亦迅即电示陈毅等将韩"混在俘虏中释放"[3]。

1943年初春，国共两党军事摩擦再度加剧起来；蒋介石3月又发表《中国之命运》一书，对中共大加鞭挞，斥之为"变相军阀"、"新式封

---

[1] 见《中华民国重要史料初编》第五编（四），第248页。
[2] 《中共中央关于促进国内整个形势好转给各战略区的指示》，1943年2月7日。
[3] 《毛泽东、刘少奇关于同意将韩德勤混在俘虏中释放致陈、饶电》，1943年3月19日；《毛、刘关于新四军与韩德勤部最近关系致周、林电》，1943年3月19日；并参见《中华民国重要史料初编》第五编（二），第434—439页。

建"、"诈欺虚伪，违法乱行"[1]；延安整风运动进入审干阶段，这时意外"发现"大批特务，毛泽东异常紧张，紧急部署除奸[2]；再加上因为苏联急于要推动英、美在欧洲开辟第二战场，共产国际5月间突然宣布解散[3]，国民党随即政治军事双管齐下，意图乘机攻延。这些都极大地刺激了中共中央，对形势的估计自然又一次发生重大改变。

共产国际在这个时候宣告解散，对于刚刚经历了整风运动，开始强调独立自主的思想路线的中国共产党来说，未必是一件让他们感到沮丧的事情。只有那些完全不了解中共与共产国际关系的变化，盲目以为中共只有依靠苏联和共产国际才能生存的国民党人，才会幻想共产国际的解散必然会使中共受到致命的打击。事实上，自1941年以来，共产国际的存在除了方便向莫斯科申请援款以外，对于中共已经不具有任何特别的意义了。相反，它的解散还对中共具有很大的利益。

在向党内解释共产国际解散问题的报告会上，毛泽东就明确指出：由于各国内部与各国之间的情况比之过去更为复杂了，变化亦更为迅速，远离各国实际斗争的共产国际已"无法适应这种非常复杂而且迅速变化的情况"。因此，解散共产国际的决定是一个"英明的措施"。他实际上相信：作为各国革命统一指挥中心的共产国际的存在完全不必要，因为历史已经证明，各国的革命只能由各国共产党自己来做，且各国共产党也必须要独立自主地根据本国革命斗争的需要，"更加民族化"，才能找到适合自己民族特点和具体条件的革命道路。[4]

共产国际宣布解散的消息发出后，毛泽东对国内形势的判断已有改变。他在6月1日就声称："国民党对敌、对外（英美）、对共、对民、对党（中央与地方、西西与复兴）五方面均无妥善办法，危机日渐增长。彼

---

[1] 蒋介石：《中国之命运》，正中书局1943年版，第127页。
[2] 此事亦影响到中共在国统区的党组织，毛泽东于4月30日甚至密电周恩来，称："从大后方来延干部及七大代表的审查中，证明很多是特务，证明大后方党组织多数或大多数是特务组织"，故"请你及孔原立即暂时断绝大后方党一切党组织的往来"。
[3] 中共中央5月21日收到季米特洛夫来电，征询意见，事实上当天苏报已公开发表，解散已成既成事实。6月10日共产国际执委会主席团召开了最后一次会议，正式宣布了解散的决定。
[4] 参见毛泽东：《在延安干部大会上关于共产国际解散的报告》，《解放日报》1943年5月28日；《中国共产党关于共产国际执委会主席团提议解散共产国际的决定》，1943年5月26日。

方对东条扶汪倒蒋新政策毫无对策，投降者增多，战力大损。英美仍是集中对德，援蒋甚少，口惠实不至，彼方无丝毫办法。对我疑忌甚大，不愿解决问题，天天宣传我党罪状，打击我党威信，励行特务政策，图从内部破坏我党，此外亦无办法。甘、黔、川、陕民变四起，规模甚大，除镇压外，无他办法。党内纠纷不绝，有增长趋势。凡此均使抗战局势处于日益困难地位，抗战还须准备三年……我党应在此三年中力求巩固，屹立不败。"但由于国民党这时尚未采取激烈行动，故毛泽东的策略仍然是："对国民党应极力避免大的军事冲突。"[1]

7月初，有秘密情报说明，5月23日胡宗南已向蒋呈报对陕甘宁边区的作战计划，得蒋批复后，胡于6月28日密赴洛川召集军官会议具体部署，并于7月2日电令各部于8日前完成一切准备行动，待命进攻。毛泽东得讯后一面急电周恩来等向国民党方面交涉，"避免战事"，一面由朱德出面致电蒋介石、胡宗南提出抗议，召集群众大会公开动员抵抗，同时毛泽东并亲自撰写社论"质问国民党"[2]。一时间，引起国内外舆论及英、美、苏各国外交官的高度关注，蒋介石不得不于10日下令停止行动，并公开复电朱德表示并无进攻之意。

国共内战的危险虽然化解了，但中共中央对国民党的看法也全面改变了。刘少奇在7月23日代表中央给陈毅、饶漱石的电报中重新宣称："争取国民党顽固派好转的希望现在也证明是不可能的了"，今后必须"对国民党顽固派进行尖锐的不怕刺激的批评，应在人民中、在我党我军内部的人员中，扫除国民党及蒋介石的影响，并极力宣传只有中国共产党才能挽救中国民族于危亡，以打破人民中甚至党内某些干部中对蒋介石的幻想"[3]。

值得注意的是，通过这次对国共内战危机的处理，毛泽东也进一步印证了他关于共产国际解散后苏共作为世界共产主义运动领导中心的地位毫无改变的判断。因为，由于共同的意识形态所带来的共同利益，苏共几乎

---

[1]《毛泽东关于国民党的现状和我党今后任务的指示电》，1943年6月1日，见《毛泽东军事文集》，第2卷，第698—700页。

[2] 有关胡宗南进攻计划方案见《中央军委关于蒋介石进攻边区准备问题致八路军新四军电》，1943年7月4日；《中央书记处关于发动宣传反击问题致各中央局、中央分局电》，1943年7月8日。

[3]《刘少奇关于争取国民党顽固派好转的希望已不可能致陈饶电》，1943年7月23日。

还是会本能地在中国选择同情和赞助中国共产党。刚一得知国民党借共产国际解散而掀起的反共鼓噪和秘密准备的军事行动,苏联方面马上就作出了前所未有的强烈反响。苏联驻华外交人员接连通过美国方面表达了他们的严重不安。紧接着,苏联报刊也开始以明确的语言指责中国正在出现针对共产党八路军的内战危险,并含沙射影地把攻击矛头对准国民党中的某种顽固分子。[1]

所以,毛泽东虽然高度重视中共的自身利益和前途,坚决反对一切服从于苏联利益,但却依旧高度重视苏联正统意识形态的指导作用和注意要与苏共保持密切关系。因此,尽管毛泽东一面发动整风运动,肃清教条主义"理论派"王明等人的影响;一面却明确指定要斯大林、季米特洛夫的著作来作为整风学习的经典文件。他一面反对无条件地服从苏联或共产国际的意志和利益;一面却又高度重视来自苏联的意见,并不惜委曲求全地改变自己的某些意见,以示尊重来自莫斯科的指责和批评。[2]表面上,这和新的国际政治形势有关。因为这时世界政治日益明显走向大国政治的轨道,苏、美、英三强的合作使得革命的前景变得极为复杂,中共与蒋介石国民党的斗争非取得苏联的支持将很难取得成功。但毛泽东更为重视的显然是,身为共产党人,无论是中共的政治合法性,还是他在全党的权威指导地位的政治合法性,包括其革命意识形态正统地位的合法性,其实都还离不开莫斯科的承认与支持。

毛泽东:王明说整风是整留苏学生,是整莫斯科的,这是一个真理

1943年,在中共党的历史上,是具有标志性的年份。这一年3月20日,中共中央破天荒地通过了一项决定,推举毛泽东为政治局主席、书记处主席,规定政治局有权决定一切重大问题,书记处由毛泽东、刘少奇和任弼时三人组成,会期不固定,随时由主席召集,根据政治局决定的方针

---

[1] 转见《解放日报》1943年9月11日。
[2] 参见《伏拉基米洛夫转毛泽东给季米特洛夫的电报》,1944年1月3日、7日,RPSD-MH,495/74/342。

处理日常性质的一切工作，毛泽东有最后决定权。[1]

3月20日的这一《决定》，在组织上奠定了毛泽东至高无上的权力地位，而随后党的领导人接二连三地拥护毛泽东领导地位和毛泽东思想的表态文章，更是把毛泽东神化了起来。但就在这一《决定》形成两周之后，中共中央在毛泽东的主持下，出台了另一个导致一年多以后毛泽东不得不出面向大批延安干部脱帽"道歉"[2]的《决定》。这就是《中央关于继续开展整风的决定》。这一决定断言自抗战以来，日本和国民党两方面有大批内奸分子打入党的各级机关，整风的目标是在纠正干部中非无产阶级思想的同时，肃清党内暗藏的反革命分子。[3] 原本普遍的思想教育和思想整风运动，由此迅速全面转向组织清党，即审干运动阶段，在延安的数千名青年学生和国统区来的党员干部都在群众性的大会控诉、小会揭发和个别谈话的政治压力下，甚至是在严重的"逼供信"的情况下，被打成了"特务分子"[4]。

与此同时，本来是着眼于总结历史教训的谈话会，这时也变成了检讨党内路线斗争的会议。毛泽东多次讲："过去王明说，整风是整王明、洛甫，是整莫斯科。这是一个真理，但它不完全，还要整全党。"他解释说，现在的中央还是四中全会、五中全会选出来的，只有我和少奇同志是挨过他们整的，因此1937年苏区党代会，乃至六中全会时，因为很多人都不了解过去的问题，所以一直不能改造这个中央。包括在1937年十二月政治局会议上，我都只能妥协，不能进行尖锐的斗争，原因也就在此。但是，因此也就造成过去的延安八百诸侯和边区一国三公的复杂局面。因为有1941年九月会议把问题摊开来，我才能在中央党校做报告，才能出

---

[1]《中央机构调整及精简决定》，1943年3月20日，中国人民解放军国防大学党史党建政工教研室编：《中共党史教学参考资料》第17册，国防大学出版社1989年版，第344—346页。

[2] 毛泽东：《关于时局问题及其他》，1945年2月15日，见《毛泽东文集》，第4卷，第260—264页。

[3]《中央关于继续开展整风的决定》，1943年4月3日，见《中共中央文件选集》，第14卷，第28—33页。

[4] 据毛泽东1943年10月14日报告称，仅陕甘宁边区肃出来的特务就有7000人，加上还可能挖出来的，"恐怕有一万人"，连同各根据地肃出来的特务，估计能"有十万"。另据《胡乔木回忆毛主席》(人民出版社1994年版，第280页)，则认为当时边区清查出的所谓特务达到15000人。毛泽东1945年2月公开承认在延安搞错了的"有几千件"。但他强调：拿件数来算不能否定这个运动的性质。毛泽东：《关于时局问题及其他》，1945年2月15日，见《毛泽东文集》，第4卷，第261—262页。

农村调查等书。但九月会议还是没有说王明是路线错误，因为大多数人还是不觉悟，当时不能丧失大多数。因此，九月会议也只是清算了内战时期的错误，实际上武汉时期也是一个危机期，中央在延安只有五位，武汉则有七位，当时王明是要篡夺中央的权力的，多亏王稼祥从莫斯科回来，"得到了国际的帮助"。现在可以肯定地讲，王明路线"曾危害过党，差不多可说全党各地都受了影响"，甚至朱德、周恩来、彭德怀等，都自觉不自觉地在思想上被俘虏过，"直到六中全会才在政治上克服了"。

这个时候党的领导层内，明显出现了无限上纲的倾向。如陈伯达在发言中就宣称：王明与共产党是"两条心"，他"对共产党是仇恨的，有许多反共言论，实际上是叛徒的理论"。康生也危言耸听，说他读了王明《使中共更加布尔什维克化》的小册子，"发现了中共党史上的一个大骗局"。说王明不是要使共产党更加布尔什维克，而是要使党变成孟什维克。这段历史不彻底清算，就不会懂得王明投降主义及反中央的根源。

这时回到延安的周恩来也按照毛泽东的思路，认真检讨理当代表正确路线的共产国际为何在中国问题上会犯那么多错误。他的结论是，共产国际里混进了太多的"坏人"。周在报告中把共产国际分成了"真假国际"，认为除了斯大林、莫洛托夫、曼努伊斯基和季米特洛夫等几个主要领导人确实英明，鲍罗廷、维经斯基等是好人之外，共产国际管中国革命的宣传、组织及交通等部门都有不少坏人，派来的代表、顾问多有问题。

毛泽东对这类揭发批判明显十分欣赏，他特别表示赞同康生等人的意见，不仅肯定王明路线的实质是"阶级投降主义"，而且上纲上线称它"实质上是国民党在共产党内的代表，是大地主大资产阶级在无产阶级队伍中的反映"。他甚至提出：任何继续站在王明一边的人，都注定是政治上不坚定的，抱着大地主大资产阶级思想的人。对于这样的人，"如果说而不服，就只有将他孤立起来，使他不能起破坏作用"[1]。

1943年12月28日，中共中央基本上结束了对党史上路线问题的讨论，并特别就统一战线中的机会主义错误路线问题发出指示给各中央局，电称："我党七次大会时，即将总结我党二十二年的经验"，"也将批判我党过去某些历史时期中曾经严重的危害过党与革命的反布尔塞维克主义的

---

[1]《毛泽东在西北局高干会上的报告》，1943年10月14日，油印件。

'左'倾及右倾的机会主义"。包括"王明、博古宗派及其机会主义的路线的形成,四中全会的篡党,五中全会的达到顶点,以及遵义会议的开始克服,但在一九三七年十二月会议至一九三八年九月六中全会期间这个宗派又利用长江局进行其反党活动,并且王明本人长期地坚持其错误路线,反而说中央路线是错误的,是违背共产国际方针的"。实际上,共产国际的指导原则"完全与王、博路线的机会主义相反,而对于我党中央的布尔塞维克路线则是完全符合的"[1]。

显而易见的是,要证明王明的路线,尤其是抗战期间的路线,是违背共产国际方针的,自己的路线是符合共产国际指导原则的,无论如何都是极其困难的。就在中共中央按照毛泽东的意见就王明、博古问题作出了上述决议之后,季米特洛夫突然来信,明确表示反对对王明及周恩来等进行所谓路线斗争,他甚至质疑在康生主持下的审干运动和整风,导致中共部分干部对苏联及共产国际在态度上出现了变化。[2] 季米特洛夫的来信显然使毛泽东更加难以依据所谓共产国际的指导原则将王明路线入罪了。

碍于同苏共的关系,尤其是碍于分清抗战期间王明路线与共产国际指导原则两者关系的难度,在随后为中共七大所准备的《关于若干历史问题的决议》稿中,中共中央最终竟然没有能够就毛泽东高度重视的自抗战以来王明右倾投降主义路线问题,进行总结和批判。这个决议只是着重讨论了1927—1937年十年内战时期,"尤其是六届四中全会至遵义会议期间中央的领导路线问题"[3]。这对毛泽东所发动的整风运动来说,不能不是一个重大的遗憾,也充分揭示了在毛泽东领导下的中共与苏联关系的复杂状况。

---

[1] 《中央关于"反对统一战线中的机会主义"一文的指示》,1943年12月28日。
[2] 《季米特洛夫致毛泽东的信》,1943年12月22日,RPSDMH,495/74/342。
[3] 《关于若干历史问题的决议》,1945年4月20日,见《毛泽东选集》(合订本),第955—999页。

第四章　韬光养晦与东山再起

四、"我们一定要把中国拿下来！"

"中国共产主义的圣徒和先知们住在黄土坡上挖出的窑洞里……"

　　自从苏德战争爆发，苏联从中国撤走了最后一批军事顾问人员后，中国的抗日战争就只能指望来自美国的援助了。理论上，只有苏联的援助才会对共产党人和中国革命有利，但事实上，当中共中央开始同美国援华人员接触后，他们很快就注意到，美国人未必不能援助中共。苏、美、英关系的密切发展，为中共中央开展对美外交扫除了意识形态方面的障碍；而美国政府在1942年底1943年初主动与中国政府签订废除不平等条约和放弃在华特权等行动，也进一步使中共中央对在战时和战后与美国积极合作，逐渐抱以越来越大的期望。考虑到战后必须要面对的国共关系问题，中共中央更是必须要争取与美国建立起积极的合作关系。因此，在1943年之后，努力加强与美方人员的联系并积极对其施加政治影响，就自然成为共产党人的一项极为重要的工作。

　　要说服美国资产阶级同情和支持中国无产阶级的共产党，这初看起来似乎完全不可想象。但在1943年，特别是1944年，似乎是一个不成问题的问题了。这是因为，这个时候确实有不少来到中国的美国官员对共产党人抱以好感，包括时任中印缅战区美军总司令的美国将军史迪威。他的日记中这时甚至会有许多称赞中共的文字，他甚至认为"中国老百姓在欢迎共产党"，为了能够"从压死人的捐税、虐待人的军队、戴笠特务（的恐怖）底下解放出来"，他们"把共产党看作是中国人民唯一的明确的希望"。而蒋介石则为了保持一党专政和特务统治，不仅憎恨共产党，企图消灭共产党，而且保存了一切供给他的武器，以便在日军撤退时好用来占领中共在敌后的根据地。[1]

史迪威以及绝大多数美国人这时其实与中国共产党人从未有过任何接触，然而他们对国共两党的看法却表现得爱憎分明。在这里，中共的舆论宣传工作的确作出了力所能及的努力。像1941年皖南事变之后，周恩来受命在重庆广泛开展的外交活动，导致蒋介石政府在国际舆论面前受到极大压力，不得不收敛了对中共的打压行动。1943年因共产国际解散而出现国民党进攻边区的威胁时，中共中央又再度四处宣传并派人在重庆广为游说，致使苏、美、英三国大使高度重视，相继采取了行动。注意到这一宣传效力，中共中央还进一步开始进行国共两党抗战成绩比较的宣传，抨击国民党抗战不力，要求重庆的中共代表将此类文件"秘密地交给外国人"，争取"使外国人能将此项文件传至美国"，以便影响美国舆论和政府对国共两党的态度。[2]他们同时也注意到美国人与英国人明显不同，并针对这种不同制定了相应的策略。如中共中央就明确告诉重庆代表团称，英国人狡猾，与其交换情报易受欺；美国较诚实，故可与美国之进步人士交换情报，但须机密，"如史迪威总部愿建立电台联络延安，我们可派人至其台上工作，并用他们的密码"[3]。这些情况说明，中共中央几年来确实是有意识地在争取美国舆论和政府的同情。

但是，多数美国人对中共的好感，严格地说并不是中共进行广泛外交或宣传活动的结果。所谓"无心插柳柳成荫"，美国舆论对于中共的同情，其实是那些普通记者和外交官们对中国国共两党进行实际考察和对比之后自发形成的印象。

这里面最值得一提的是1936年首先深入到陕北苏区去的美国记者埃德加·斯诺。他于1938年在美国发表了他对中共红军的采访录，即《西行漫记》。该书公开出版之后，许多国家的人从中受到刺激和鼓舞。加拿大外科医生白求恩，印度加尔各答医疗队的柯棣华、巴苏华、爱德华医生，美国的马海德、爱罗色医生，德国的米勒医生，奥地利的罗森塔尔医生，美国海军陆战队军官、美国驻华大使馆参赞埃文斯·卡尔逊，以及像贝特兰、爱泼斯坦、福尔曼、斯特朗、贝尔登、白劳德、斯坦因、贾菲、

---

[1] 见史迪威著，骆伯鸿译：《史迪威日记》，海光出版社1948年版，第154—155页。
[2] 《毛泽东关于国共两党抗战成绩比较文件发表时机致董必武电》，1943年8月15日。
[3] 《中央关于和英美人士往来问题给董必武的指示》，1944年1月9日。

斯蒂尔等众多外国记者，之所以会不辞艰辛到中共的抗日根据地去，都是受到了斯诺这本书的感染和影响。在这本书里，中共和红军被描述成像早年开发美国西部的那些充满活力和幻想的清贫而艰苦的拓荒者一样，极容易打动富有冒险精神的美国人。这种印象也几乎烙进了每一个在斯诺之后到过陕甘宁边区和中共其他根据地，以及与中共成员进行过密切接触的美国人的大脑里。

这里面还不能不提到的一点是，美国也曾经是殖民地，在美国成长的历史中，一直伴随着争取自由、解放、民主和权利平等的斗争。对专制、独裁的天然反感，以及基督教崇尚的俭朴的生活方式，不可避免地使众多美国人天然地反感蒋介石的统治方式和众多国民党高官纸醉金迷的生活方式。面对充满了贪污腐化，同时独裁专制的国民党，中共的政治清廉、民主选举、经济自由和深得农民拥护的情况，不能不使他们中许多人对中共另眼相看，且充满期待。[1] 美国年轻外交官对延安共产党人的描述就是这方面的典型记录。他写道："中国共产主义的圣徒和先知们住在黄土坡上挖出的窑洞里，过着俭朴的生活，幻想着奇怪的阶级妥协和政党联合之神降临，面带羞涩地拜倒在外国投资的金犊之下，并且渴望自己能按世界标准受到尊重。"[2]

很显然，如果这一判断是正确的话，那么，在他们眼里，中共理当不同于同样专制的苏联共产党，它注定应该更能代表中国的未来，也因而会更加符合美国人对战后中国未来发展的期望。这时来到中国的一批美国年轻外交官，如戴维斯、谢伟思等人，尤其看好中共未来的发展，并极力想要把中共引上不同于苏联的发展之道。

在国民党还统治着中国，并拥有比中共强大得多的实力的情况下，没有人能够改变美国现实的对华政策。但是，第一，国共之间的不断摩擦和冲突，以及国民党将其相当部分主力集中在陕甘，封锁中共边区，力求保存实力，以便战后用来消灭共产党的情况，无疑使美国军政当局深感不安。他们越来越相信，国共之间的对抗与摩擦，是导致国民党难以将全力用于抗日的重要原因之一。而在敌后有着强大影响力的中共之所以也不能积极对日作战，很大程度上也是因为它必须同时应付国民党人的军事压

---

[1] FRUS, 1944, Vol. 6, pp. 258—266.
[2] FRUS, 1944, Vol. 6, pp. 667—671.

迫。第二，国共两党的内战危险直接影响着战后中国政治的发展，对于相信美国战后注定要与苏联发生对抗的众多美国外交官来说，他们无论如何不能听任美国被蒋介石拖入到中国内战的泥沼中去。

既要承认国民党执政的现实，又要想办法让中共能够在中国政治中发挥一定的积极作用，美国人想到的最为理想的办法，就是组织一个联合政府。这样一来，既可以保持国民党的现有地位，又能够把共产党塞入政府；既能够消弭战祸，又可以迫使国民党在政治上作出改革，可谓一举多得。于是，1943年12月，在美、英、中三国首脑举行的开罗会议期间，罗斯福总统就向蒋介石表达了希望国民党与共产党能够组织一个联合政府的愿望。[1]

但是，要国民党与共产党分享统治中国的政治权力，这对蒋介石来说实不啻晴天霹雳，但对共产党则恰似春雷贯耳。因为，共产党人得知这一消息的时候，正是中共中央开始下决心要打破蒋介石国民党独裁统治的重要时机。

国民党军事溃败，毛泽东相信中共可能成为美国援助的对象

还在1943年秋开罗会议召开之前，为了设法造成国内缓和的政治局面，以便于与美、英讨价还价，蒋介石曾指示国民党在军事上和政治上分别采取缓和措施，与共产党重开谈判。鉴于1944年1月开罗会议举行，其宣言宣布美、英、中三国在远东战后将共同遵守《大西洋宪章》的原则，毛泽东也再度注意到这一新的形势对国民党巩固战后地位有利，因而"国共有协调之必要与可能"。他因而提出，"协调之时机，当在下半年或明年上半年，但今年上半年我们应做些工作"。故他决定"除延安报纸力避刺激国民党，并通令各根据地采取谨慎步骤，力避由我起衅外，拟先派林伯渠于春夏之交赴渝一行，恩来则准备于下半年赴渝"[2]。在此背景下，中共中央又一度公开表示了"拥蒋抗战与拥蒋建国两项方针，始终不变"[3]的态度，并于4月29日派林伯渠前去谈判。

---

[1] 见伊里奥·罗斯福：《罗斯福见闻秘录》，春光新闻社1947年版，第154—155页。
[2] 《毛泽东关于国共有协调之必要与可能致董必武电》，1944年2月4日。
[3] 《周恩来关于中共拥蒋抗战与建国的方针始终不变致董必武电》，1944年2月4日。

第四章　韬光养晦与东山再起

然而，经过了几次政策反复和交涉失败之后，这个时候不论是共产党还是国民党，对于此次谈判都不抱任何希望了。但是，相对而言，由于此次谈判的背景是蒋介石有《开罗宣言》和因开罗会谈提升起来的大国领导人地位，因此中共的应对明显处于被动状态。故中共中央最初的决策还是预定向着"协调"的方向发展，并不主张谈判破裂。毛泽东1月间甚至明确告诉国民党联络参谋称：谈判可以1940年何、白皓电，即所谓《中央提示案》的要求为基础，西北问题可通过反攻时胡宗南部与中共边区部队按比例开赴前方来解决。[1]林伯渠本着这一精神于4月29日离开延安经西安，赴重庆谈判，自然也是向着和平的方向努力的。

意想不到的是，谈判还没有开始，4月20日日军就发动了豫湘桂战役，首先攻击了国民党在河南黄河一线的守军。不数日，国民党数十万大军丧城失地，丢盔弃甲，溃不成军，使得国民党在国际国内舆论面前顿时威信扫地。毛泽东对国共两党实际力量对比和对当前的国际国内政治形势的看法，也立即发生了变化。

5月11日，中共中央书记处还电告华中局不要乘河南失守派军进入，称："国民党在敌人进攻及国内国外各种压力之下，最近又向我党表示好感，林伯渠、王若飞同志已应国民党之邀请前赴重庆进行谈判。目前我们在各方面应避免刺激国民党，因此八路军新四军各部目前决不应向河南推进，以免引起国民党方面的摩擦，妨碍大局。"[2]

四天之后，毛泽东已改变了谈判的策略，全面废弃了林彪一年前的条件和林伯渠带去的条件，洋洋洒洒提出了关于全国政治者三条，即："（一）请政府实行民主政治与言论、出版、集会、结社及人身之自由；（二）请政府开放党禁，承认中共及各爱国党派的合法地位，释放爱国政治犯；（三）请政府允许实行名副其实的人民地方自治。"并提出关于两党悬案者十七条，要求给予中共军队5军16个师的番号；承认陕甘宁边区及中共在华北、华中、华南各敌后根据地政府及其各项设施；恢复接济粮饷弹药；公平获得盟国援助之武器装备；通令取消各种侮辱和污蔑中共及军队的称号；停止特务人员对中共的各种破坏活动；释放所有中共被俘和

---

[1]《毛泽东关于国共有协调之必要与可能致董必武电》，1944年2月4日。
[2]《中央书记处关于向河南发展方针的指示》，1944年5月11日，见《中共中央文件选集》，第14卷，第231—232页。

被捕人员；禁止发表造谣文字；允许中共在各地办党办报；恢复中共在重庆和西安办事处的电台，等。[1]

同一天，毛泽东还电告董必武和林伯渠称：为避免刺激彼方，我方条件已作了很大让步，恢复新四军番号等均未提出。我47万兵力，理当编16军47师，让至5军16师已是顾全彼方面子。有些事情，如边区及敌后根据地发行地方纸币等，都不能变更。[2]

不难看出，毛泽东并不想再和国民党谈出什么结果来。用国民党代表的话来说，二十条"全文是宣布罪状精神，完全没有实践诺言和拥蒋表示"[3]。毛泽东宣称，我们除了要大力巩固根据地外，八路军、新四军还要准备夺取城市。只要我们有实力，有地盘，拿不下全国，我们也可以搞联邦的办法来解决与国民党的关系问题。而实际上，依据河南发生的情况，事实上很可能我们的力量要强过国民党。如果反攻非用我们不可，罗斯福很可能会选择共产党，直接援助我们，那样我们就会变成铁托，"解放中国的责任就要我们担负起来了"，"我们要争取变铁托"[4]。

1944年6月，国共谈判走入了死胡同，双方各执一端，决无调和余地。但在公开场合，共产党的态度尚属温和。借国民党开放封锁，允许少数中外记者进入中共区域进行采访之机，中共中央表现得心平气和。毛泽东亲自为《解放日报》撰写纪念联合国日的社论，说明成功坚持抗日的原因。他声称：共产党成功的关键在于"实行民主，依靠人民"。而国民党却"毫无反省与择善的意图，没有团结与民主方针，反而天天诬蔑共产党为'奸党'，诬蔑八路军新四军为'奸军'，诬蔑抗日民主地区为'奸区'，自大骄傲，不可一世。只知道伸手向同盟国要东西，满心依赖同盟国打日本，很少自力更生的意图与计划。以此而求胜敌，岂非缘木求鱼"？毛泽东公开表示，希望正在来华访问的美国华莱士副总统等能够"起促进的作用，帮助中国人民解决团结与民主的问题，借以克服中国正面战场存在的

---

[1]《毛泽东关于向国民党提出解决目前急切问题二十条意见致林伯渠电》，1944年5月15日，见《毛泽东文集》，第3卷，第130—135页。
[2]《毛泽东关于同国民党谈判的指示》，1944年5月11日。
[3]《林伯渠关于国民党代表张治中王世杰拒绝接受我党二十条致毛主席电》，1944年5月23日。
[4]《毛泽东在六届七中全会上的报告》，1944年5月21日、6月5日。

危机"[1]。

公开表示对于华莱士的希望，这是中共中央对欧美外交政策在观念上发生重要变化的一个标志。正如中共中央宣传部此后不久在一份指示中所说明的，在今天这种"阶级力量的分合变化极其复杂，有时并极其迅速而巨大"的情况下，"套用战略策略的简单公式已往往不能解决问题"。因为尽管"还在抗日的中国大资产阶级""其革命性不大"，但英美资产阶级"如美国罗斯福、华莱士一派"，由于比较着重于联苏与民主，则革命性却较大。在这里，一切都应以联苏与民主为基本标准，是根据各阶级对革命的具体态度，本着"利用矛盾，争取多数，反对少数，对最反动分子各个击破的总方针"进行工作。[2]

中共中央这时的策略手法已经运用得十分娴熟，它的一切政策都是建立在是否有利于自身利益的基础上，完全不受意识形态的束缚。它认定，凡符合中国共产党所领导的中国革命利益或适应其要求者，都是好的；凡不符合这一利益或不合乎这一要求者，都是不好的。由于美、英与苏联的联合，以及美国政府外交人员所表现出的对于中国民主进程的关注和对国民党军事以及政治状况的严重不满，中共中央深感自己有可能像欧洲得到英国援助的南斯拉夫共产党人那样，也能够取得美、英政府的承认和援助。既然存在着这样一种可观的前景，他们当然会不顾一切地努力去争取。

美军观察组进驻延安，毛泽东宣称中共欢迎民主的美国的影响

这时候，国民党在军事上的严重失败和政治上的极度腐败，已经直接影响到美国政府的对华政策。华莱士访华期间，即公开表露出极欲干预国共关系，并与中共发生直接关系的态度。在与蒋介石的会谈中，华莱士针对蒋为河南战役失败所作的辩解尖锐地指出："目前中国境内之国军，枪械不良，训练不足者固多，但装备犀利，训练有素，控制未用者，亦复不少。如西北方面现有武器精良，战力充沛之师甚众，中国政府不以抗日，

---

[1] 见《解放日报》1944年6月14日。
[2]《中共中央宣传部关于对中国大资产阶级及英美资产阶级政策问题致晋察冀分局电》，1944年7月13日。

而以监视共军。延安受封锁威胁,亦以其武力不用于抗战,而以对付国军,同室操戈,相互牵制之兵力过数十万人,曷胜惋惜!"华莱士确信:中共之目的,不外改革政治,"设中央采纳其若干建议,并准其参加政府,共同致力于抵抗侵略,革新政治,则延安当会改变其反中央之态度,而与政府团结合作"。至于蒋所称,允许中共参加政府必将便利苏俄"夺取政权,赤化中国"之阴谋一说,华莱士同样当场予以反对。他指出,蒋并无证据说明中共至今仍受苏联指使,主观"认定中共为苏俄在华之支部,中共之行动,系实现苏俄赤化中国之阴谋,中共之言论,系绝无信义之谎言,并基此以处理中共问题",两党关系问题自然无由解决。"设中国政府对中共问题,改变此种基本主观,而以中共一切与苏俄无关,视中共之行动在求政治刷新,国家进步,中共之言论,出于衷诚表现,平心静气,考虑其建议……则所有问题可以迎刃而解矣。"随即,他转达罗斯福的话称:"国共两党,不宜延续内争,务须促其团结,一致抗日,倘两党不能直接商谈合作,则可邀一友人从旁促成,吾人愿任此一友人。"[1]

华莱士的话当然不足以改变蒋介石对中国共产党的看法,甚至罗斯福企图介入国共谈判的提议也被蒋介石的软钉子挡了回去。但是,蒋介石到底还要依靠美国,他由于军事上的失败已经感受到极大的压力,关于国民党政治独裁的宣传对蒋介石也发生了不可抗拒的作用力,就像他开始同意允许少数记者进入中共区域采访一样,他也不能不试图继续作出某种政治开明的姿态,以缓和国际舆论的压力。在这种情况下,蒋介石最终停止了继续反对美国出于军事目的与中共建立某种直接联系的努力。于是,1944年7月22日,美国第一个正式的官方性质的机构——美国军事观察组来到了中共中央的所在地延安。这意味着,中共争取美国承认和援助的工作,取得了初步的成功。

对于美国来说,同中共的关系当然不会像中共中央所期望的那样发展得那么快。不仅如此,中共同苏联的关系也的确是美国政府关注的焦点。不论美国人多少次得出了中共与苏联没有那种想象中的秘密关系的结论,几乎每一个新到延安的美国人还是会身不由己地要去寻找这种关系的蛛丝马迹。说到底,中共与苏联的关系仍旧是美国人的一块心病。可以肯定,

---

[1] 转见张九如:《美国介入国共和谈的第一步——蒋主席与美国副总统华莱士三次会谈记录》,台北《传记文学》第31卷第1期,1977年1月。

要切实争取美国政府的承认与援助,必须根本打消美国人的这种顾虑才有可能。这一点共产党人很快就注意到了。

事情很清楚,美国出于其在远东的战略利益以及意识形态的考虑,绝不会支持一个完全按照苏联模式行事的共产党在中国取得成功。要想得到其支持,就必须突出强调自身的独立性和现实政策的民主性。因为"外面问得最多的,是我党今天所实行的各种政策"。比如,"英美人士很注意我们对苏联的关系,我们政治上是否独立?物资上是否得到接济"?"有些同情中共现实政策的英美人士也向他们本国抱有成见的人民说,中共不同于其他国家的共产党,他的政纲实际上是一个代表农民利益的急进民主党",并"劝告我们若能改变名称,必能够得到美国广大人民的赞助",而这些都"需要我们对于马列主义中国化及中共独立领导的新民主主义革命,作更多的解释,并需要注意宣传上的民族形式、中国气派、中国作风"[1]。

设法取得美国的正式承认与援助,无疑已经成为中国共产党人这时整个外交工作的中心。关于这一点,只要注意到中共中央对于美军观察组的重视程度,就不难得出结论。在毛泽东亲自起草的欢迎美军观察组的社论中,他甚至把美军观察组来到延安称做"中国抗战以来最令人兴奋的一件大事"。很显然,毛泽东相信:美军观察组的到来为美国正式承认中共打下了良好的基础,他由衷地希望这将导致美国政府在承认中国的铁托问题上迈出具有决定性的一步。而"这是关系到四万万五千万中国人反抗日寇解放中国的问题,这是关系到中国两种主张、两条路线谁是谁非的问题,这是关系同盟各国战胜共同敌人建立永久和平的问题"[2]。归根结底,这是关系到国民党和共产党最终谁战胜谁的问题。

为了取得美国人的信任,中共中央这时对于外交工作给予了前所未有的高度重视。在中共中央8月18日发布的关于外交工作的指示中,它明确认为:"美军人员来我边区及敌后根据地的理由,为有对敌侦察及救护行动之需要,准此可争取其逐渐扩张到对敌作战方面的合作和援助,有了军事合作的基础,随后文化合作、随后政治与经济合作就有可能实现",如此,如同过去国内统战政策曾经给我们以极大发展一样,"今后国际统战政策,将给我们以更大的发展。而且如果国际统战政策能够做到成功,

---

[1]《中共南方局同志对外交的意见及对中央的建议》,1944年8月16日。
[2] 见《解放日报》1944年8月15日。

则中国革命的胜利,将必增加许多便利,这是可断言的"[1]。

一切为着中国革命的成功,这是中国共产党思想和行动的基本出发点。而由于取得美国的承认和援助能够有效地壮大自己并削弱国民党蒋介石,共产党人当然会为此而努力。为了消除美国人对自己与苏联关系的担心,他们利用各种机会说明自己"并不期望苏联的帮助",而苏联既没有条件也不会深入到中国的事务中来,因为在国民党极力反对苏联介入的情况下,这样"只会造成中国局势的进一步恶化"。为了减少双方在意识形态方面的距离,他们更是致力于说明自己的新民主主义政策,毛泽东告诉美国外交官谢伟思:"即使最保守的美国实业家也不能从我们的纲领中找到可反对的东西",因为中共的土地政策只是逐步实现减租减息,其工业政策是要"通过自由企业和在外国资本的帮助下"实现工业化,他宣称:"美国会发现我们比国民党更加容易合作。我们并不害怕民主的美国影响,我们欢迎它。""中国和美国的利益是相同和互相关联的,他们可以在经济上和政治上互相配合,我们可以而且必须合作"[2]。

当然,这并不真的意味着他们不期望来自苏联的帮助,苏联毕竟还是他们用来衡量一切国际关系的标准。这也并不真的意味着他们不准备实行社会主义和共产主义的制度,这毕竟是他们革命的最高目标。问题的关键在于,苏联距离他们还十分遥远。而南斯拉夫共产党成功取得英国援助的经验已经告诉他们,他们同样可以利用这些资本主义大国的武器弹药,来成就他们革命的目标。而目前自己这种孤立无援的状况和公开主张的最低纲领,恰恰是能够让美国人接受和感兴趣的一种优势条件。

中共中央发出威胁:要么成立联合政府,要么中共另组解放委员会

不论美国政府对于来自美国较低一级的年轻外交官反映中共上述观点的报告是否真正重视,深入到延安的美军观察组的军官们和作为观察人员之一的年轻外交官谢伟思,对共产党人的印象如同其他来到延安的美国记者一样,是再好也没有了。他们不仅接二连三地通过重庆的美国大使向华

---

[1]《中共中央关于外交工作的指示》,1944年8月18日,见《中共中央文件选集》,第14卷,第314—318页。
[2] 转见《党史通讯》1983年第20—21期,1983年11月5日。

盛顿强调中共的军事和政治价值，而且日益意识到改变美国的对蒋政策的重要意义。为此，谢伟思在第二次见到毛泽东时，即向他通报了美国政府给其驻华大使高斯关于促成中国的联合政府的训令的情况，这种情况无疑使毛泽东感到鼓舞。

这时，欧洲大陆接连出现了由共产党人领导的南斯拉夫民族解放委员会和波兰民族解放委员会，它们成为这些国家事实上的政权机关，从而预示着这些国家将要走上崭新的人民国家的道路。它极大地激励了中国共产党人要把中国革命的命运也掌握在自己手中的决心。在8月23日毛泽东同谢伟思的谈话中，他明确表示赞同美国政府关于在中国组织联合政府的提议，并直截了当地开始谴责蒋介石政府是一个"没有经过任何法律确认其合法地位"的政府，"国民党现在已经失去了中国民众的信任和支持"。必须立即召集由全国各党派、各群众团体代表参加的临时性全国代表大会，并使之成为临时性的最高权力机关。而在紧接着举行的中共中央会议上，与会者更进一步围绕着组织联合政府与组织解放委员会问题进行了深入的讨论，会议甚至还讨论到要不要改党名的问题。他们显然对于美国与中共建立关系和提供帮助的前景充满了自信，并且相信美国支持蒋介石国民党是有限度的，必要时有可能抛弃蒋。因此，蒋介石国民党在美国的这种压力下不变也得变，组织联合政府并非完全没有可能。会议最终决定，立即提出建立联合政府的主张，争取蒋介石转变政策以避免内战爆发，如此不能解决，则明年即组织解放委员会。[1]

9月4日，中共中央正式电示正在重庆的中共代表林伯渠等："目前我党向国民党及国内外提出改组政府主张时机已经成熟。其方案为要求国民政府立即召集各党、各派、各地方政府、各民众团体代表，开国事会议，改组中央政府，废除一党统治，然后，由新政府召开国民大会，实施宪政，贯彻抗战国策，实行反攻。估计此种主张，国民党目前绝难接受，但各小党派、地方实力派、国内外进步人士，甚至盟邦政府中开明人士会加赞成。因此，这一主张应成为今后中国人民中的政治斗争目标，以反对国民党一党统治及其所欲包办的伪国民大会和伪宪。"[2]

---

[1]《毛泽东在六届七中全会主席团会议上的报告》，1944年9月1日。
[2]《中共中央关于改组国民政府成立联合政府问题给林、董、王的指示》，1944年9月4日，见《中共中央文件选集》，第14卷，第323—324页。

而后，中共中央更进一步明确提出要求公平分配美国援华军事物资问题，主张："根据我军历年抗敌的战绩，今后抗击敌伪的比例（六分之五），我军所处的战略地位（敌后沿海及大城市附近交通要道两侧），我军的实力（五十万正规军，二百万以上民兵），和我军配合盟国军队作战的各种可能，以及国民党连战皆败和衰弱无能……第十八集团军和新四军应占全中国军队所接收之全部援助数量的二分之一的比例，至少应得三分之一的比例。如最近所传美国政府愿依租借法案武装中国军队成为近代化的六十个师，则我军则要求应被装备二十个到三十个师。"[1]

与此同时，中共中央通知各地："放手与美军合作，处处表示诚恳欢迎，是我党既定方针"，如此不仅可打破国民党反宣传，争取美方赞助，制止国民党将来内战企图，而且可争取到军火援助，"此点可能性很大"。

9月15日，中共代表林伯渠利用在参政会报告国共两党谈判情况的机会，代表中共中央公开提出了立即改组国民政府，代之以由各党派参加的联合政府的政治主张。要求"国民党立即结束一党统治的局面，由国民政府召开各党各派、各抗日部队、各地方政府、各人民团体的代表，开国事会议，组织各抗日党派联合政府"[2]。

鉴于国民党竟然阻止重庆各报刊载中共代表报告中关于改组政府的文字，并单方面公布了国共谈判的来往文件，中共中央一方面相信有必要重新指名道姓地抨击蒋介石国民党，"非如此不足以杀彼流氓气焰"；一方面更进一步发表文章，针对蒋介石在参政会上大谈军令政令统一问题，斥责蒋介石的政令"是引导国家走向法西斯暴政的政令"，其军令"是致使抗战失败的军令"，"为任何中国的爱国者和民主战士所决不能服从"[3]。

不仅如此，中共中央还公开宣称，依照目前国内两个战场的情况看，国民党正面战场已经陷入了空前严重的危机之中，如不"立即召集各党各派各界各军各人民团体各地方抗日力量的紧急国事会议，立即废除国民党的寡头统治，彻底改组国民政府及统帅部，立即将一切卖国贼、投降派、失败主义者、专制主义者与法西斯分子全部驱逐出去，并交付人民惩办，

---

[1]《中共中央关于我党与美军合作的方针问题给张云逸等指示电》，1944年9月10日。
[2]《林伯渠在国民参政会上关于国共谈判的报告》，1944年9月15日。转见《中共中央抗日民族统一战线文件选编》（下），第748页。
[3] 见《解放日报》1944年9月19日。

由代表抗战利益与人民意志的人们去掌握政令军令",就绝不能制止危机。中共甚至提出：盟国援助物资应该照国共两党抗击敌伪实际数目分配,即"共产党应得盟国援助品的六分之五以上,国民党最多只能得六分之一。而且不能由国民党分配,因为它已无资格做这些事了。如果政府与统帅部不改组,则六分之一的物资交给国民党亦应考虑,因为国民党应负丧城失地与阻碍同盟国胜利之责,把任何一件武器交给他,适以资敌"[1]。

国民党拒绝联合政府主张,中共宣布力量对比已走向共强国弱

中共中央对国民党的态度之所以日趋强硬,除了被国民党的顽固立场激怒外,一个重要原因就是它相信国共两党的实际力量对比已经开始发生根本性的变化,而美国为了打败日本必须要在中国登陆作战,因此必须要承认和援助共产党。可是,由于美国这时在太平洋取得了可以直接进攻日本的战略基地,进而迅速取消了在中国大规模登陆作战计划,这种条件显然已经改变了。就在中共中央公开提出改组政府的主张之后不久,与蒋介石在军事指挥权问题以及利用中共军队的必要性问题上始终充满激烈矛盾的中印缅战区美军总司令史迪威将军被罗斯福解除了职务,中印缅战区也随之取消,这标志着美国对中国在对日战争中的军事作用已经不予重视,其对华政策不能不渐渐以战后对苏关系和意识形态的斗争为基本的出发点。如此一来,美国在国共关系问题上的倾向性自然日趋明显。

中共此时对自身的力量充满了自信,但这并不等于说他们已经相信自己有足够的力量同国民党进行全面的抗衡。何况在缺少苏联支持的情况下,一旦美国完全倒向国民党,全部兵力只占国民党不足四分之一且装备相当落后、力量分散的共产党军队,要应付国民党可能发动的内战,无疑将是十分困难的。因此,还在9月初,中共中央就不能不为应付可能发生的内战而决定派遣部队南下江南,以加强自己在南方的力量,形成战略上的两翼,准备内战爆发时"筑长江之堤,抵蒋之水",确保自己对华北主要地区的控制。同时,中共中央不能不设法取得美国的支持,以便遏制蒋发动内战的企图,并通过美国的作用迫使蒋承认中共的地位与实力。出于

---

[1] 见《解放日报》1944年9月23日。

这种极为复杂的考虑,中共中央对于美国的态度自然十分重视。它不仅为美国方面支持在中国建立联合政府而感到振奋,同样也因美国在自己正式提出联合政府主张后毫无反应而感到不安。

在10月初,中共领导人开始频频向美方人员询问美国对国民党和共产党的政策究竟如何,希望美国能够公开表明其态度。他们明确表示,他们对美国对国民党采取强硬立场将感到高兴,并一再提到南斯拉夫,说明中国的情况与南斯拉夫基本相同,蒋介石国民党与南斯拉夫的保皇势力米哈伊洛维奇没有什么两样。言外之意,他们还是对美国能够单独支持共产党抱以某种期望。当然,在内部,他们这时也不能不估计到,由于美、英的态度,"对蒋,我们不是不要,事实上非要不可",即使联合政府的主张恐怕最终也要与国民党进行妥协才行。

10月12日,在国民党的要求下,美国总统特使赫尔利开始介入国共两党谈判进行调处工作。他首先提出了一个"改造中国"的"十点建议",其中最主要之点就是主张改善中苏关系以巩固国民政府之地位,同时在蒋领导下统一军队,并在民主的基础上实现政治的统一。[1]

由于赫尔利在来华之前曾经访问过苏联,得到过外交人民委员莫洛托夫关于苏联与中共没有任何关系的保证,因此他对于严重困扰着蒋介石的所谓"国际共党之阴谋"深感释然。他一来到中国,就首先向蒋通报了这一重要情况,并且因此对于巩固蒋及国民政府的地位和解决共产党问题颇有信心。国民党固然未必相信这种保证,但也对赫尔利维护蒋及其国民政府的这种立足点表示满意,因而要求赫尔利参与调处国共谈判,以便通过他向中共"陈述美国和苏联政府对于中国共产党的态度,并强调共产党立即与中国政府达成协议的必要性"[2]。

由美国特使直接介入国共两党谈判,这对于期望美国对蒋施加压力,迫蒋接受联合政府主张的共产党,当然是一件具有重要意义的大事。10月17日,当赫尔利向中共代表表明了美国仍旧希望国共两党应当加强团结的态度之后,毛泽东当即批示:"骂蒋可考虑略作间歇,以观其后。"18日,当赫尔利进一步说明蒋对共产党态度已经改变时,毛泽东则估计:蒋"对美国软,对我方亦随着软些","蒋最怕指名批评他,美国亦怕我们不要

---

[1] FRUS, 1944, Vol. 6, pp. 650—651.
[2] FRUS, 1944, Vol. 6, p. 259.

第四章 韬光养晦与东山再起

蒋,故在许蒋存在条件下,可以作出一些有利于我们的交易来"。换言之,中共这时已经清楚地意识到美国不能接受中国南斯拉夫化的事实,中共为此还必须和蒋介石合作。由于美国害怕中共不要蒋,故中共可以利用这点来讨价还价。

11月7日,赫尔利带着一个由他亲自起草并经过国民党方面修改认可的国共两党关系协定草案飞到延安,与中共中央领导人进行正式会谈。这个协定草案的中心内容在于以政府承认中共合法地位为条件,要求中共交出自己的军队。[1] 这当然是共产党所不能接受的。毛泽东尖锐地批评有关中共军队接受国民党政府整编的条款,称:"这一条主要的恐怕是蒋先生自己写的。我以为应当改组的是丧失战斗力、不听命令、腐败不堪、一打就散的军队,如汤恩伯、胡宗南的军队,而不是英勇善战的八路军新四军。"同时,毛泽东再度重申了中共关于必须改组国民政府的理由。

作为一个根深蒂固地受到美国民主政治空气熏陶的美国将军,同其他对国民党的独裁政治怀有不满的美国人一样,赫尔利也深知蒋介石的政府极不民主,并且相信使中国政治多元化,至少让共产党参加政府不会对蒋介石的领袖地位造成损害,恰恰相反,继续保持这种政治分裂的局面,只能妨碍中国军队的统一。因此,尽管他对中共领导人对国民党的严厉批评难以接受,但却相信同意中共关于改组政府的主张并无不妥,这多半是促使中共交出军队的唯一办法,并适足促成中国军队的国家化。他进而狮子大开口,扬言"蒋委员长已同意改组军队,已同意改组他的政府,他并说他希望共产党帮助他实行孙中山的三民主义,使民主程序的发展成为可能"[2]。

用不着怀疑,赫尔利并不是国民党人的成功说客。他既不了解国民党蒋介石的心理,更不了解共产党人的情况。他甚至主观到用美国式的民主政治的观念去自作主张地代表蒋介石许诺。于是,本来是代表着蒋介石的利益的赫尔利,却兴高采烈地接受了一个反映了共产党人要求的新的协定草案。该草案内容如下:

一、中国政府、中国国民党与中国共产党应共同工作,统一中国一切军事力量,以便迅速击败日本,重建中国。

---

[1] FRUS,1944,Vol.6,p.666.
[2] 《毛泽东、朱德、周恩来与赫尔利少将谈话记录》,1944年11月8日。

二、现在的国民政府应改组为包含所有抗日党派和无党派政治人物的代表的联合政府,并颁布及实行用以改革军事政治经济文化的新民主政策。同时,军事委员会应改组为由所有抗日军队代表所组成的联合军事委员会。

三、联合国民政府应拥护孙中山先生在中国建立民有、民治、民享之政治原则,联合国民政府应实行用以促进进步与民主的政策,并确立正义、思想自由、出版自由、言论自由、集会结社自由、向政府请愿平反冤抑的权利、人身自由与居住自由。联合国民政府亦应立即实现下列两项权利,即免除威胁的自由与免除贫困的自由之各项权利。

四、所有抗日军队应遵守与执行联合国民政府及其联合军事委员会的命令,并应为这个政府及其军事委员会所承认,由联合国得来的物资应被公平分配。

五、中国联合国民政府承认中国国民党、中国共产党及所有抗日党派的合法地位。[1]

在中共中央看来,美国的政策既然是以保全蒋的地位为中心,那么,中共当然只能在不破坏解放区与不损害民主原则下与蒋妥协。毛泽东告诉党内同志:我们应当看到,国民党还有着200万军队,并且得到国际与国内各种力量的承认,我们还只有60万军队,且地区分散,因此必须妥协。虽然我们极大的让步是同极腐败的政府再合作,但这一协定一旦成立,还是对蒋不利而对我有利的。因为协定首次肯定了国共两党具有平等地位,肯定了中共关于改组国民党政府的主张,从而否定了其政权的合法性,协定并且丝毫没有损害中共的解放区和军事力量,而且承认一个联合的国民政府并不妨碍我们将来组织解放区联合政府。[2]

不难想象,这样一个协定在蒋介石国民党看来将会是一种什么样的感受。蒋介石明确告诉赫尔利:承认这一协定,将意味着他和他的党完全失败,并不可避免地会导致共产党控制政府。[3] 情况同赫尔利来之前并没有什么两样,国民党还是不想承认共产党的平等地位,更不能接受共产党关于改组政府的主张,并且必欲全力保持自己对于政权和军权的全面垄

---

[1] 见《中华民国重要史料初编》第五编(四),第293页。
[2]《毛泽东关于国共两党协定的报告》,1944年11月9日。
[3] FRUS, 1944, Vol. 6, pp. 180—181.

断。那个在赫尔利看来"基本原则几乎全是我们的""延安协定草案"只好束之高阁了,因为赫尔利的"我们"里并没有能够包含国民党。蒋介石依旧自行其是地按照既定的原则重提谈判条件,只是他到底同意了赫尔利提出的让中共派人到军事委员会里做官的主张,条件是中共必须同时交出自己的军队。[1]

于是,事情转了一圈又回到原点上去了,一切照旧。赫尔利坚持要共产党先接受国民党派人去做官的条件,说是先伸进一只脚进去,然后再逐步把身子挤进去。中共中央对此当然毫无兴趣。毛泽东还是老办法:你可联即联,否则再"发动一个尖锐批评,又吓得他不亦乐乎"。只是,由于国共力量对比和过去大不同了,因此,中共领导人对这次反复的心态也大不一样了。他们几乎一致主张,学欧洲希腊、南斯拉夫等国共产党的样子,自己组织解放委员会和解放军。

1944年12月9日,中共中央正式决定成立"解放委员会筹备会"。但这个时候公开与国民政府分庭抗礼究竟利弊如何,人们多少有些意见不一。毛泽东的看法是坚持四个目的,即"组织沦陷区,加强解放区,帮助大后方,促进联合政府",同时欢迎国民党和各党派加入,应该不致引起大问题。但他也不能不担心,"美国不帮助,蒋介石取消八路军,中间派不赞成,如何办?是否孤立?"结果,筹备委员会虽然成立了,毛泽东却作出结论说:"成立解放委员会是否将犯政治错误,还可考虑。"因为解放委员会事实上毕竟是有中央政府性质的,还是"看看风色再说"[2]。

十几天后,考虑到手里没有大城市,舆论还没有造起来等等问题,毛泽东作出决定:"解放委员会暂缓。"但是,中共中央领导人的看法已经完全一致了,那就是:"蒋介石的一切布置是搞垮我们,我们的一切布置是搞垮蒋介石。"毛泽东明确提出:"这次抗战,我们一定要把中国拿下来。"[3]

12月25日,中共中央根据毛泽东的意见向全党发出了一个雄心勃勃的指示。宣称:国共力量对比已经发生根本性改变,现在两党力量已成平

---

[1] 见《中华民国重要史料初编》第五编(四),第294页。
[2] 《毛泽东关于解放委员会问题的报告》,1944年12月9日。
[3] 《毛泽东在董必武大后方工作报告上的批示》,1944年12月20日。

衡之势,"正在走向共强国弱的地位。我党现在已确实成了抗日救国的决定因素。""如果在数年之后,我们能达到一百万至一百五十万有纪律有训练的军队……而不感到勉强与竭蹶,中国的命运就可由我们掌握了。"[1]

中共放弃对美幻想,认定战后美国必反苏,蒋介石必反共

"我们一定要把中国拿下来!"这是中国共产党人自开始革命以来始终不渝的坚定目标。但是,在以前的历史中,他们从未有过实现这一目标的任何现实条件。如今,这样的条件终于开始出现了,以至于他们是如此迫不及待地提出了这一此时看起来还近乎幻想的斗争任务。事实上,即使是毛泽东本人,也清楚地知道要直接提出这一目标至少还要准备两三年。[2] 这不仅因为日本还占领着中国,国民党还过于强大,而且因为美国政府这时已经很明显地公开倒向了蒋介石国民党一边。在这个时候,共产党人不仅不能打倒蒋介石,而且还必须继续与蒋介石进行周旋。然而,共产党人还是大胆地提出这样一种内定的斗争任务,它仍旧具有现实意义,即它表明了一种决心,这就是:中共已经在向着夺取全国政权的目标行进了。这也意味着,与蒋介石进行的任何谈判都不再有实际意义了。

对于美国方面一方面表示民主意愿,一方面又渐渐表现出必欲扶助蒋介石政府的复杂情况,中共中央这时明显地感到疑惑。毛泽东对美国外交人员公开表示:"我们不理解为什么美国的政策在有了一个良好开端之后,现在似乎摇摆起来?"中共中央清楚地知道,"如果美国不施加影响,要赢得真正的统一和民主还要经历长期而艰苦的斗争",因此,现在还不能采取公开的反对立场来与仍然受到美国支持的蒋介石政权对立。毛泽东甚至还期望使美国人相信,共产党至少在一个相当长的时期并不准备实行美国人所害怕的"社会主义",相反,它将代表农民的利益实行最起码的土地改革,并且争取建立自由资本主义企业。[3]

---

[1]《中央关于目前形势的分析与任务的指示》,1944年12月25日,见《中共中央文件选集》,第14卷,第432—434页。
[2]《毛泽东关于我们至少还需要两年时间进行各方面准备致太岳区党委电》,1945年1月5日。
[3] 转见《党史通讯》1983年第20—21期,1983年11月5日。

第四章 韬光养晦与东山再起

1945年1月25日,为了不和赫尔利闹僵和出于进行宣传攻势的需要,周恩来再度受命回到重庆与国民党谈判。然而,他一到重庆就明确声明:"目前全国人民所期于国民政府的,实为立即废除一党专政,成立民主的联合政府和联合统帅部;承认一切抗日党派的合法地位;取消一切镇压人民自由的法令;废除一切特务机关,停止一切特务活动;释放政治犯;撤退包围陕甘宁边区和进攻八路军、新四军的军队;承认中国人民解放区一切抗日军队及民选政府的合法地位等等。""至于其它一切头痛医头脚痛医脚的敷衍办法,不管其形式如何,决然无补于事。"[1]

紧接着,苏联红军在欧洲胜利反攻,大军逼近德国首都柏林,欧洲战争结束指日可待。美国新闻处甚至广播了美洲十家华侨报纸赞同废止国民党一党专政,在中国成立联合政府的消息,中共中央因而估计:"苏联参与东方事件可能性增长",外国多数舆论拥护我联合政府主张,"美蒋均急于和我们求得政治妥协","美国政府扶蒋主张可能被迫放弃"。在这种情况下,其态度自然更加强硬。毛泽东强调,我们有可能也必须设法攻掉美国政府的扶蒋政策。为此应"断然拒绝赫尔利"提出的由美国统一指挥国、共、美三方军队的方案[2],坚持周恩来声明的要求,"不怕他们生气,不怕他们大骂"。"否则将助长独裁之志气,灭民主之威风",这与苏美英三国此时所确定的战后方针是不相符的[3]。

1945年2月4—11日,苏、美、英三国首脑召开了雅尔塔会议,讨论商定了欧战结束后在远东共同打败日本的问题。毛泽东对此十分关注,一再要周恩来"探明苏联对远东战争及对中国政治的态度"[4]。但从公开报道中,中共中央还是注意到,战后国际政治格局和政治形势已得到更进一步的确定,这就是:"1. 英美苏三大国间虽有过并仍将有某些重要争执,但团结终究是统治一切的,这将保证战后的持久和平;2. 三大国在解放欧洲之后,将立即增强解放亚洲的可能性,而太平洋问题,没有苏联参加,也绝不会得到彻底解决;3. 三大国在欧洲不仅要彻底胜利,消灭法西斯主

---

[1] 转见《中共中央抗日民族统一战线文件选编》(下),第788页。
[2] 《毛泽东关于将我党军队隶属于外国人我们绝对不能同意致周恩来电》,1945年1月28日。
[3] 《毛泽东关于苏联参与东方事件可能性增长致周恩来电》,1945年2月3日。
[4] 《毛泽东关于探明苏联态度事致周恩来电》,1945年2月12日。

义最后残余，而且要保证所有解放区都能实现民主制度，这一决定将来可以运用于亚洲和中国。"[1]

注意到苏、美、英三国间的矛盾，这对于中国共产党是十分重要的。随着欧洲战争不断胜利，在苏联周边国家中出现了越来越多的共产党的政权组织，这使中共中央更加确信苏联不会不支持中国革命。因此，它再度开始重视国际社会中意识形态和社会制度间的区别，重新开始日益加强其外交斗争策略中的阶级观念了。

3月下旬，毛泽东在中共六届七中全会上向党的高级干部明确说明了在外交政策上这种区别的意义。他明确讲，对外国主要是联合苏联，对美、英及其他反法西斯国家固然要以联合为主，但应不放松警戒。他并且指出，许多人想要我党改名字，"我看共产党的名字很好，不能改，索性强调一下共产主义的无限美妙"。因为形势已今非昔比了，现在许多人，包括国民党将领都看出来，"天下是我们的"。因此，"我们是准备胜利的"。只要把军队发展到150万人以上，人口发展到1.5亿以上，那时蒋介石就再"无联合可能"了，就要"以我们为中心"来建立联合政府了。"这是中国政治发展的基本趋势和规律，我们要建设的国家就是这样一个国家"[2]。

4月初，赫尔利在华盛顿公开指责中共是中国统一的障碍，美国政府对华政策更加明朗化。几乎与此同时，苏联政府正式宣布废除《苏日中立条约》，中共中央自然更加坚定了依靠苏联的立场。毛泽东估计，苏、美、英三国的团结大局是定了的，但作为资本主义大本营的美国，拒苏反共，力图独霸东方，是不可避免的。因此，中国大资产阶级的蒋介石，反共也是必然的。希腊出现英军司令斯科比指挥英军直接干涉参与镇压共产党领导的人民解放军的严重事件，就是战后意识形态对立的信号，也是中国必然出现斯科比危险的重要证明。在这时举行的中共第七次代表大会上，毛泽东公开做了《论联合政府》的报告，但他所论述的所谓"联合政府"实

---

[1]《中央关于目前国际国内形势给各中央局、中央分局并转各区党委的指示》，1945年3月15日。

[2]《毛泽东关于论联合政府报告的口头说明》，1945年3月31日，见《毛泽东文集》，第3卷，第274—277页。

际上已经指向了他在《新民主主义论》中所提出的那个由共产党领导的新民主主义的"联合政府"了。因此，他提出，中共与美国的关系将要完结，大骂的阶段恐怕快到了，美国不到山穷水尽，决不会和我们合作。它目前只是害怕苏联参战助我而不愿放弃对我关系，并企图借此侦察我之对外关系。他进而开始重新依据斯大林的理论对世界政治的矛盾进行具体区分，并且提出警告说："中国将要成为美国的半殖民地，这是一个新的变化，高级干部要注意研究美国的情况，要准备吃亏。"[1]

4月18日，毛泽东批转晋察冀分局电。该电提出："苏联废除苏日中立条约，表示苏联将要参加远东战争，估计苏日战争爆发时期不远，远东问题将发生大的变化，今后我们的任务在配合苏、英、美三大盟国……作战中，主要是配合苏联。必须使干部了解，英、美虽在抗日中帮助了中国，但其政策目前还是偏重扶蒋。除中国外，只有苏联才是最先抗日和中国人民最先的主要支援。"[2]

随后，中共中央开始改变对美政策，通知各地对美方人员加强防范，并决定立即开始准备应付内战。他们断言："蒋的内战方针是确定了的，除非我有力量胜过他，才能制止之。"因此，他们决定：立即扩大武装，扩大解放区，并进一步派兵到南方建立战略根据地，同时在国民党统治区立即着重农村武装斗争之积极准备及国民党军队中的工作。[3]

苏联出兵东北，中苏条约签订，毛泽东仍对苏援寄予期望

1945年6月，欧洲的反法西斯战争取得了胜利，中国的抗日战争也正在走向最后的胜利。但是，人们关心的政治焦点开始发生明显变化。中共中央重新提出了打倒帝国主义和封建主义的问题，而其矛头所指是如此明确，以至于在中共七大上，毛泽东重新热情地称颂起苏共的领导地位和苏联的援助问题来了。他宣告说：俄国党——联共党是全世界的模范，全世

---

[1] 毛泽东：《第七届中央委员会的选举方针》，1945年5月24日，油印件。
[2] 《毛泽东批转晋察冀分局关于积极进行配合苏联作战的准备工作的指示》，1945年4月18日。
[3] 《中共中央关于对付美蒋发动反共内战的方针》，1945年6月17日。

界的总司令。共产国际没有了，但总司令依然存在。[1] 同样，苏联之所以长期不援助我们，只是因为他们还没有来得及，"不是不援助，而是情况不允许"。换言之，他相信，只要情况允许，苏联必定会援助中共。而在战后，"国际援助一定要来"，这是必然的，不可避免的。他甚至作出这样的保证，说："如果不来，杀我脑袋。"[2] 因此，中共中央决定，从适应战后的斗争形势和依靠苏联并争取苏援的角度出发，要准备出动十五到二十个旅，到背靠苏联的东北去建立中国革命最为巩固的根据地。

中共中央的上述估计是建立在苏联出兵东北的基础之上，以及苏联一定会援助自己的基础上的。但是，随着中共中央了解到国民党派宋子文前往苏联，从出兵中国的角度，苏联政府一定会与国民党政府签订某种条约，他们也清楚地意识到此举可能带来十分复杂的局面。只是毛泽东还判断苏联不会因此束缚手脚，应该对中共没有害处，不会妨碍苏联对中共进行必要的援助。况且，苏联的参战必然会改变中国的形势，结果必然会使美国独占中国和蒋介石进行独裁变得格外困难，虽然这"可能形成以重庆为主的联合政府，即独裁加若干民主，然后再变为真正的民主联合政府"的情况，却也未必就不是一件好事。[3]

坦率地说，苏联这时与国民政府的谈判丝毫没有考虑到中共的利益和未来帮助中共的问题。[4] 恰恰相反，两国政府之间的谈判从一开始就明显带有政治交易的性质。这是因为，由于雅尔塔会议规定了远东战后

---

[1] 毛泽东对此十分强调，甚至讲道："他〔指斯大林〕的话，全世界无产阶级，全世界共产党都听着，都非常注意，都看着他……那（哪）一国的共产党不注意苏联广播？……〔我们〕七次代表大会有几百个代表，有没有一个说：'我对苏联塔斯社的广播马马虎虎，我不听他，还是听别的吧！'没有一个。斯大林是不是领导革命？当然领导。……实际上正像季米特洛夫在国际七次代表大会上所讲的，〔我们的〕领袖是谁？是斯大林，有没有第二个人？没有了。……我们中国共产党，中国共产党的每一个人，都是斯大林的学生。"见毛泽东：《第七届中央委员会的选举方针》，1945 年 5 月 24 日，油印件。注：在《毛泽东在七大的报告和讲话集》（中央文献出版社 1995 年版）中也有同题报告，但收入该书的讲话中，显然漏记或者说是删除了相当多这方面的内容。

[2] 《毛泽东在中国共产党第七次全国代表大会上的结论》，1945 年 5 月 31 日，见《毛泽东在七大的报告和讲话集》，中央文献出版社 1995 年版，第 192—199 页。

[3] 《毛泽东关于筹备解放区人民代表会议的报告》，1945 年 6 月 19 日。

[4] 据美国驻华大使赫尔利声称，在 1945 年春天的两度谈话当中，斯大林甚至当着他的面作过这样的表示，即一方面称赞蒋介石是"无私的"、"爱国的"，一方面表示中共并不是真正的共产党人，苏联从来没有，今后也不会帮助中国共产党。FRUS, 1945, China, pp. 338—340.

国际关系的政治格局，苏联既不能否认美国在远东地区的主导地位，也不能否认国民党政府在中国政治中的统治地位。在这种情况下，苏联当然不会愿意支持中共去与国民党打内战，从而造成苏联与美国之间的摩擦与冲突。

对于解决战后苏联在远东的战略安全问题，斯大林用的还是他与英、美之前在欧洲的解决办法，即通过签订相关协议划定双方的势力范围。1944年10月，斯大林与英国首相丘吉尔就签订了一个在欧洲划分势力范围的"百分比"协定。通过这个协定，苏联如愿以偿地取得了对苏联周边东欧国家的实际控制权。交换的条件，则是把西欧、北欧和南欧巴尔干半岛的部分地区统统让给英、美来控制。尽管当时法国、意大利以及希腊等国家的共产党力量十分强大，却因为被划在英、美的势力范围之内，因此都被苏共要求交出自己的武装，与得到英、美支持的流亡政府建立了以资产阶级为主的所谓"联合政府"。与南斯拉夫等共产党当政的国家毗邻的希腊共产党人不甘于此，坚持想要取得政权，结果遭到了英国占领军的镇压，而苏联对此却听之任之，坚持东欧如东德、波兰、保加利亚、罗马尼亚、匈牙利、捷克斯洛伐克、阿尔巴尼亚和南斯拉夫等国属于苏联的势力范围，英、美不得干涉，苏联也绝不在英、美势力范围内制造麻烦。

斯大林把同样的思路也沿用到了远东地区，他通过雅尔塔会议，取得了英、美首脑对苏联在外蒙、中国东北和北部朝鲜的特殊权益的承认，而他相信由此也就取得了苏、美之间的利益交换，即苏联以中国长城以外（包括朝鲜半岛三十八度线以北）的中国东北、外蒙和北朝鲜为自己的势力范围，而长城以内（包括朝鲜半岛三十八度线以南）则为美国的势力范围，苏联承认并支持蒋介石政府为中国的唯一合法政府。

由此可知，苏联政府与蒋介石的国民政府谈判时，所争者不过是实现他们认为自己在雅尔塔协定中已经得到的那些承诺和利益。也就是说，苏联政府与国民政府谈判的目的，就是要把外蒙和中国东北的部分地区通过一纸协定牢牢地控制在自己的手里，以此在其远东边界之外造成一道安全防波堤，并实现沙皇俄国早就一直想要得到，一度得到又丢掉了的中国东北的旅顺港。因为，那是一个可以让俄国海军自由出入太平洋的不冻的出海口。

中苏谈判从7月初开始，到8月14日终止，历时一个半月。双方经过激烈的讨价还价，终于达成了《中苏友好同盟条约》及其一系列附属议定书。苏联因此实现了它控制外蒙和中国东北地区铁路及港口,并在东北占有优势地位的目的。国民党也因此得到了苏联支持它实现军令政令统一的保证。中苏条约的第一条即明确规定:"苏联政府同意予中国以道义上与军需品及其他物质之援助,此项援助当完全供给中国中央政府即国民政府。"[1]条约并明文规定,国民政府有权接收中国东北地区,在东北收复区"设立行政机构"及"树立中国军队"[2]。

中共中央这时对这一情况显然缺乏了解。8月9日,从广播中听到苏军出兵中国东北的消息后,中共中央兴奋至极,明确认为与苏军配合作战并得到苏联援助的时机来到了。在当天下午召开的会议上,毛泽东讲:原来以为反攻要与美国配合作战,那是麻烦。现在是同苏联红军配合作战,甚是痛快。虽然具体如何配合还说不上,但我们现在就要"配备干部,发展攻势,准备几十个旅打仗",要搞一个计划,要对日本人放手进攻了。他估计因为苏军出兵,内战一时打不起来,日本投降,交防给蒋介石难于阻止,因此在蒋力量不及的地方争夺地盘至为关键。他相信美国"靠蒋是一定的,故我与美蒋是一个长期的麻烦"。内战危险随日本垮台的程度而增加是必然的,非尽量扩大军队,夺取城市,才有条件在下一阶段回过头来对付蒋介石。当然,他指出,也要准备在苏美协定与中苏协定的基础上,重新与国民党坐下来谈判建立联合政府问题的可能。[3]

据此,中共中央发出反攻命令,要求各部队对敌伪发动广泛进攻,并迅速壮大力量,准备在日军投降时能够立即夺取各大中城市和交通要道。它并且命令各部队:"如遇顽军妨碍我们进占城镇和要道时,应以各种方法阻止以至打击消灭之。"为了乘此有利时机创造一个有利于中国革命胜利的基础,毛泽东明确告诉前线指挥人员:中共的行动不应受任何约束,相反,应当"无法无天",只"向人民负责"[4]。

斯大林逼毛泽东赴重庆谈判,中共坚持不交出一枪一弹

8月14日,日本宣布无条件投降。战争如此突然地结束是中共中央所

---

[1] 《中国近代对外关系史资料选辑》,第二分册(下),第264页。
[2] 同上,第274页。
[3] 《毛泽东关于苏联参战的报告》,1945年8月9日。
[4] 《中央关于苏联参战后准备进占城市及交通要道的指示》,1945年8月10日。

没有预料到的。而进一步让中共深感意外的，是蒋介石当天即打电报邀请毛泽东赴重庆谈判。与此同时，美国总统杜鲁门于15日发布了接受日军投降的"一号命令"，命令规定除中国东北的日军应当向苏联军队投降外，其他所有在中国的日军都"应向蒋介石委员长投降"[1]。毫无疑问，国际形势正在变得更加复杂化。

日本突然投降的情况，在中共中央看来显然加大了中国爆发大规模内战的可能性。而蒋介石国民党的趾高气扬，也从一个侧面证实了中共中央的这种估计。为此，中共中央断然拒绝了国民政府紧接着发出的不准中共军队参加受降的命令，朱德公开通电国民党，反而坚决要求国民党"立即废止一党专政，召开各党派会议，成立民主的联合政府"[2]。朱德同时致函美、英、苏三国政府，声明国民党的一党政府决不能代表中国"一切真正抗日的人民武装力量"，中共军队不仅有权接受日军投降，而且有权"派遣自己的代表参加处理日本的国际和平会议与联合国会议"[3]。中共中央相信，在这种情况下蒋介石邀请毛泽东赴重庆谈判，实际上"全系欺骗"，它只能是为了便利于国民党发动全面反共战争而作的舆论准备。因此，中共中央并没有予以理睬。

但是，保持中国战后和平局面，不把美国军队引入到中国来，是苏联出于自身安全考虑而制定的对华政策的一种需要。因此，鉴于毛泽东拒绝前往重庆谈判，国共有爆发内战的可能，斯大林基于雅尔塔协定与中苏条约的精神，以及在欧洲与英、美合作的经验，很快就致电毛泽东，要求他务必前往重庆谈判，以寻求维持和平的办法，使中国能够走上和平发展的道路。[4]对此，毛泽东虽十分不满，但亦不能不根本改变原来对于形势的估计，并准备前往重庆。

22日，中共中央发出指示，向全党解释了这一策略调整的背景，称："苏联为中、苏条约所限制及为维持远东和平，不可能援助我们。蒋介石利用其合法地位，接受敌军投降，敌伪只能将城市及交通要道交给蒋介

---

[1] FRUS, 1945, Vol.7, pp.501.
[2] 见《解放日报》1945年8月17日。
[3] 同上，1945年8月16日。
[4] 参见《毛泽东选集》，第5卷，人民出版社1977年版，第286页；师哲回忆，李海文整理：《在历史巨人的身边》，中央文献出版社1991年版，第308页；刘中海等编：《回忆胡乔木》，当代中国出版社1994年版，第401页；《季米特洛夫日记》，广西师范大学出版社1997年版，第351页。

石。在此种形势下，我军应改变方针，除个别地点仍可占领外，一般应以相当兵力威胁大城市及广大乡村，扩大并巩固解放区，发动群众斗争，并注意训练军队，准备应付新局面，作持久打算。"由于美、苏均不赞成中国打内战，因此中共只能在和平、民主、团结三大口号下准备与国民党谈判，以争取有利于人民的条件。[1]

显而易见，中共中央改变策略的根本原因在于以下两点，即：（一）苏联因为国际和平和中苏条约的限制，不可能也不适合帮助中共；（二）蒋介石利用合法地位使日本军队完全投降于国民党，中共没有合法地位，要得到大城市和交通要道只能使用武力强攻，而中共军队的武器只是步枪，没有外援不能攻坚克敌，苏联又不能提供援助。

在这种情况下，原计划中的夺取上海、南京、天津、太原等众多大城市的计划都只能取消了，原定组织12个团（每团1500人）的兵力抢先进入东北，"乘红军占领东北期间和国民党争夺东北"的计划也只能暂停实行。[2] 毛泽东前往重庆与蒋介石谈判和平，已不可避免。

当然，仔细考虑了苏联所面临的国际环境之后，中共中央对于苏联的做法也是能够理解的。毛泽东说，在现在的国际形势下，苏联与美、英等国家之间明显存在着严重的矛盾和分歧，但大战之后，"不能再有第三次世界大战是肯定的"。"苏联如助我，美必助蒋，大战即爆发，和平不能取得"。苏、美、英之间的势力范围是确定了的，"在欧洲苏联助保加利亚不及希腊，因希是英所必争，中国亦然"。"所以我们要这样看，苏联不帮助我们比帮助我们对中国人民更有利，虽然这可能引起我们有些同志失望"。"这叫无可奈何，我们只能承认这个事实"。因为苏、美、英都要求和平，不赞成中国内战，蒋介石国民党也不能公然发动大规模内战，这种情况也未必就对我们不利。"我们现在在全国范围内大体上要走法国的路，即资产阶级领导的，而有无产阶级参加的政府"，这主要是因为美国的势力在起作用。我们也正可以借此逼迫国民党在政治上让步，要求他们承认解放

---

[1]《中央、军委关于改变战略方针夺取小城市及广大乡村的指示》，1945年8月22日，见《中共中央文件选集》，第15卷，第243—244页。
[2]《中央军委关于抽九个团赴东北致山东分局、平原分局、冀鲁豫分局并告冀察晋分局电》，1945年8月20日；《中央关于发动京沪杭农民起义策应上海起义致华中局电》，1945年8月20日；《中央关于批准上海起义致华中局电》，1945年8月20日；《中央关于立即布置平津唐保石起义致冀察晋分局并告山东分局、晋绥分局、平原分局等电》，1945年8月20日，等。并参见《毛泽东文集》，第4卷，第5、45—46页

第四章 韬光养晦与东山再起

区、解放军和建立联合政府。[1]

按照斯大林的要求与蒋介石谈判和平，也不会改变中共中央要乘苏军占领东北期间与国民党争夺东北的原定方案。就在确定毛泽东亲赴重庆谈判几天后，延安就组成了1200人的干部团外加一个团的兵力，出发前往热河边境，创建热河根据地，并相机进入东北工作。中共中央同时发布党内指示说明："由于红军顾虑远东和平（这是完全对的）及蒋介石垄断受降权利这两点，一般地大城要道暂时（一个阶段内）不能属于我们。但华北方面，我们还要力争，凡能争得者应用全力争之。两星期来，我军收复大小五十九个城市和广大乡村，连以前所有，共有城市一百七十五个，获得了伟大的胜利……造成了我党的有利地位。今后一时期内仍应继续攻势，以期尽可能夺取平绥线、同蒲北段、正太路、德石路、白晋路、道清路，切断北宁、平汉、津浦、胶济、陇海、沪宁各路，凡能控制者均控制之，哪怕暂时也好。……再有一时期攻势，我党可能控制江北、淮北、山东、河北、山西、绥远的绝大部分，热察两个全省和辽宁一部。""至于东北三省为中苏条约规定的范围，行政权在国民党手里，我党是否能派军队进去活动，现在还不能断定。但是派干部去工作是没有问题的，中央决定派千余干部由林枫同志率领去东北。万毅同志所率军队仍须进至热河边境待命，可去则去，不可去则在热河发展，造成强大的热河根据地（热察两省不在中苏条约范围内）。"[2]

8月28日，毛泽东与周恩来等根据中共中央决定，飞赴重庆与蒋介石进行和平谈判。中共中央对于这次谈判的根本目的是很清楚的，即"在和平、民主、团结三大口号下准备和国民党谈判，争取有利于我党及人民的条件"。具体说来，就是准备以让出江南八个零散的小块根据地，来换取国民党承认共产党在整个陇海路以北，即整个华北和东北地区占据优势地位，即通过划区割据但建立联合政府的办法，来实现和平局面。[3]

为此，中共中央一方面派毛泽东等前往重庆谈判，一方面则加紧利用占据华北、华中敌后的便利条件，开始全力以赴地夺取西北、华北、华中及华东的一切可能夺取的敌伪控制区及一切交通要道。

---

[1]《毛泽东关于与国民党谈判问题的报告》，1945年8月23日，参见《毛泽东文集》，第4卷，第4—8页。
[2]《中央关于同国民党进行和平谈判的通知》，1945年8月26日，参见《毛泽东选集》（合订本），第1151—1154页。注：《毛选》中所录电文作了较多删改。
[3] 参见《毛泽东年谱》（下），第9页。

同样的情况，国民党西北地区的军队也在大举向敌伪占领区推进，国民党军主力则在美国海空军的帮助下，开始紧急从西南地区运送部队到华北、华中和华东地区，接收敌伪占领的各大城市和交通要道。

不难了解，国共双方这时已经因为抢占沦陷区的问题，先后开始在各个地区发生了直接的军事冲突。蒋介石设计与中共公开和谈，一则是要为自己运兵争取时间，一则是想在美、苏的帮助和压力下，通过谈判，来确立其正统地位，争取迫使中共在谈判桌上承认军令政令的统一。因此，蒋介石绝不可能接受中共要割据一方和成立联合政府的要求。结果可想而知，国共两党在重庆的和平谈判实际上绝不会谈出任何和平的成果。

10月10日，国共双方历经一个多月的交涉，勉强签订了一个《双十会谈纪要》，原则规定两党将共同遵循团结建国、避免内战的方针，并承诺召开有各党派代表参加的政治协商会议，但涉及军队、政权等实质性问题，一个也没有谈拢。因此，"双十协定"的墨迹未干，内战的烽烟就四处燃烧起来。蒋介石必欲实现其军事和政治的"统一"，不惜使用武力来达到目的；共产党则"针锋相对，寸土必争"，必欲保存革命的一枪一弹和他们所占据的每一寸土地。结果，双方仍旧只能是靠枪杆子来进行一番较量了。

结 语

中共在抗战中所经历的一切，再清楚不过地印证了外力介入的作用。只不过仅仅有外力的作用还不够，没有当权的国民党始终坚持抵抗，只靠两三万地处穷乡僻壤，缺吃少穿、枪弹奇缺的中共军队，要想在战争期间顺利恢复、发展和准备自己的力量，同样是不可能的。

同样的道理，没有毛泽东这样精明且决断力极强的领导人，共产党也一样达不到自己的目的。一个最基本的事实就是，如果按照1937年抗战爆发后中共中央多数领导人的意愿，以及共产国际"抗日高于一切"的方针，把中共军队投入到作战中去，而不是按照他坚持的那样，把军队分散到敌后农村中去，最终的结果亦可想而知。

当然，毛泽东的精明并不仅仅表现在其必欲维护自身利益的谨慎和执著上，同时也表现在他对敌、我、友的力量对比和对下一步目标的精确算计上。尽管他也会激愤冒险，但每当此时，他仍会重视莫斯科的意见，这同样是抗战期间中共的万分幸运之处。

第五章

走向新中国

毛泽东早就计划好利用日本战败就近夺取华北、华东，与国民党夺天下，没想到苏联却与美国商定：长城以内归美国；毛泽东早就瞄准东北，准备战后全力夺取东北，没想到苏联却公开承诺，战后东北及苏联的一切援助都将只给国民党。眼看战后中国只能走进"和平民主新阶段"了，中共中央甚至已经准备交出军队，搬到江苏淮阴，到南京中央政府"上班"去了。机会意外地出现了——美苏之间风云突变，毛泽东毫不犹豫地抓住了这一机会……

第五章　走向新中国

一、先到为君，后到为臣

美苏关系紧绷，斯大林被迫实行两面策略，八路军潜入东北

随着1945年世界反对法西斯主义的战争开始走向最后的胜利，苏、美、英三大强国之间围绕战后欧洲的势力范围，乃至世界其他有关地区的政治走向，明显开始发生日益严重的冲突和斗争。这种情况受到中共中央的高度重视。但是，问题在于，苏、美、英之间的这种斗争在形式上似乎并没有表现得那么尖锐，相反，三强在雅尔塔和波茨坦就战后世界政治基本格局所达成的默契却令人印象深刻。因此，战后中共中央对远东国际关系的考虑，最初自然不能不受其影响，而把苏、美继续合作作为自己的基本估计。1945年8月，斯大林强硬地要求毛泽东前往重庆与蒋介石进行和平谈判的电报，更清楚不过地显示出苏联准备在远东和在中国采取的立场。

在即将出现的足以影响中国未来命运的关键时刻，接到这样一封要求自己放弃争取支配中国未来权力的斗争的电报，它所引起的反感是可想而知的。但是，严格地说，中共1944年仅有不足60万兵力，到1945年8月日本投降时也只突击发展到了100万人。按照毛泽东在1945年1月关于至少还需要两年时间的准备，以及3月他关于部队必须要发展到150万人，控制的人口必须要达到1.5亿，才能另立中央政府的估计，1945年8月的时候，中共其实还远未作好夺取全国政权的准备。因此，认为斯大林8月20日前后要求毛泽东去重庆谈判的电报干扰了毛泽东战后的夺权步骤，恐怕多少有点言过其实。[1] 事实上，如果说毛泽东当时确有不满，多半也仅仅是因为这和他1944年以来的正在形成夺权步骤，以及对苏联援助的

---

[1] 作出这样的批评的无疑首先是毛泽东。在斯大林去世后，他多次强烈地表示了对这封电报的不满，说斯大林当年发这样的电报是"不许革命"。

希望有所冲突罢了。稍加冷静之后，毛泽东其实也就清楚地意识到，即使没有斯大林的这封电报，因为日本过早宣布投降，以中共军队这时的兵力和装备，一时间也无法实现一举"把中国拿下来"的宏愿。何况，毛泽东也很清楚，国共两党之间的斗争并不是中国自身的问题，它从来就受制于既定的国际关系和世界政治的大格局。

毛泽东对这种情况不仅熟悉，而且对内中的道理也很明白。在中共七大等会议上，他就一直在向党内干部解释这个道理，即：苏、美、英三国的团结大局战后一个时期内虽然还不会改变，作为资本主义大本营的美国，拒苏反共，力图独霸远东，想变中国为美国的半殖民地，却是必然的。因此，战后意识形态的对立，苏、美、英之间的斗争，是不可避免的。中国大资产阶级的蒋介石集团加入反共反苏阵营，中共站在反美反帝的苏联一边，都是无可选择的。因为苏联及其东欧新解放的各国力主和平，极力避免爆发第三次世界大战，中共中央自然责无旁贷地也要奉行和平民主政策。"问题是国共反映美苏"。"蒋介石是共产党的敌人，但我们又不得不和他搭伙。因为问题决定在美国，倒不决定于蒋介石。同时共产党后面也站着一个苏联。城下之盟可以设想，同时又不可以设想。因为我们作了城下之盟，就是苏联作了城下之盟"[1]。

但是，一贯相信"枪杆子里面出政权"，"枪杆子里面出一切东西"的毛泽东，无论如何也不会接受斯大林的安排，即交出武装，加入资产阶级主导的联合政府，走法国式的道路。正是基于这样一种认识，毛泽东只能采取两手策略，一方面接受斯大林的劝告，参加谈判，在政治上、军事上适当让步，以示"和平、民主、团结"的愿望；另一方面则千方百计地通过各种手段来保存和壮大自己的力量，为下一步武装夺取政权作准备。而这种策略，当然不可能带来斯大林所希望看到的和平局面。问题是，斯大林在算计战后远东的国际政治格局时，明显没有估计到罗斯福死后，继任者杜鲁门不仅不让苏军参与对日本的占领，甚至不认同斯大林对雅尔塔秘密协定的解释，坚持苏联无权把中国东北纳入苏联的势力范围，独享特权，东北必须对各国一视同仁，实行"门户开放"政策。[2] 日本投降不

---

[1]《毛泽东赴重庆谈判前在政治局会议上的讲话》，1945年8月26日，参见《毛泽东文集》，第4卷，第15—16页。
[2] 1945年8月9日、12日、27日，美驻苏大使哈里曼曾三次向苏联政府转达美国政府希望苏联公开承诺在东北问题上遵守"门户开放"原则的意见。见《中美关系资料汇编》第1辑，第179—182页。

第五章 走向新中国

过一个月时间，美国海军陆战队就已经在中国天津一带登陆，名为协助遣返日本军队，实则帮助国民党军接收华北和向东北进军。

面对美国人可能进入东北的严重威胁，斯大林明显进退两难。他既不能故意违反中苏协定，因为该协定是建立在雅尔塔协定基础上的，而苏联对远东南库页岛和日本千岛群岛的占领，都是通过雅尔塔协定取得了美、英的认可而具有合法性的。不遵守中苏协定，就可能使雅尔塔协定的合法性受到动摇，从而直接威胁到苏联对南库页岛和千岛群岛占领的合法性基础。但是，如果严守中苏协定的规定，苏军按约定时间撤出东北后，苏联在东北的特殊权益，就势必会受到在美国支持下的蒋介石政府的挑战。一旦蒋介石把美国人引入东北，苏联的远东地区乃至西伯利亚和外蒙的安全，都难免会受到美国势力的威胁。苏联通过雅尔塔协定和中苏协定所取得的对中东铁路的管理权和对旅顺军港的租用权，也都可能因此而变得毫无价值。

最终，苏联方面决定采取含混的两面策略，即表面上坚持遵守中苏协定，只向国民党移交东北主权，实际上暗中利用中共军队，在东北造成第三方势力的假象，用以协助苏军占领东北和牵制美蒋。在这种情况下，毛泽东拒绝交枪，而且尽力壮大自身力量的做法，就自然而然地适应了苏联战后在中国的利益需要。

根据先期自行进入东北的小股部队得到的情况，中共中央8月下旬已经发现，东北苏军中下层人员出于对共产党人本能的信任和对中国革命的同情，对中共军队进入东北事实上抱不干涉甚或欢迎的态度。如张北地区苏蒙联军拒绝与八路军部队具体交涉，但不反对八路军占领张家口；山东八路军侦察部队在渡海与大连苏军接触后，苏军明确表示将不干涉中共在乡村中的军事活动和在城市中的群众工作。因此，刘少奇主持的中共中央书记处几乎马上就明令山东分局派干部经海路前往东北开辟工作，同时电告各分局："1. 苏方为维持远东和平与受中苏条约限制，须将东北交还国民党政府，我党我军进入后，苏军必不肯与我作正式接洽或给我们以帮助。2. 但苏方不干涉中国内政，我在东北活动只要不直接影响苏方在外交条约上之义务，苏联将取放任态度。我有机会争取东三省和热察。3. 去东北之部队与干部，应即出发，可用东北义勇军名义非正式进入，不声张不登报，走小路，控制苏军未驻之城市、乡村，不能去的城市亦须派干部与红军作非正式接洽。"派去的部队一律不公开党在其中的领导,形式上也不求统一,一般应"避开红军驻扎的城镇大道,分散在外县乡村活动","应作长期打算,组织群众,发展力量,以待将来"[1]。自此,中共与苏联的关系开始进入了一个新的时期。

8月30日,晋察冀根据地冀热辽军区下辖之曾克林部第12团在山海关外绥中县与苏军会师。之后,该部两团与苏军首次配合作战,于31日下午攻占了山海关。[2]当地苏军并允许八路军接防绥中、山海关等地,同意八路军接收当地伪政权及建立卫戍司令部。9月7日,冀察军区司令员李运昌率部开进山海关时,苏联红军还专门派车迎接,并于11日与八路军召开了盛大的联欢会,"表示援助我们"[3]。已经和苏军建立起互信关系的曾克林部,更得到了驻沈阳苏联后贝加尔方面军下辖的苏近卫军第六集团军司令部的邀请,由苏军用火车将该部运抵沈阳,改称保安队负责城市治安,将司令部设于原伪市政府大楼,政治部设于原日本宪兵司令部。[4]苏军指挥官并且告诉曾克林,中共军队完全可以利用大量的日本关东军的武器来武装自己。[5]

从随后新成立的东北局领导人发来的电报中可以了解到,进入9月后,中共进入东北的军队从最初的2000人已经发展到4.6万人,发动群众和接收政权均不成问题,苏军"从上至下,对我军都很亲热,但对我军之信任心并不高",因现有部队十分不巩固,维持秩序尚感困难,干部力

---

[1]《中央关于去东北工作应注意事项的指示》,1945年8月29日;《中央关于迅速进入东北控制广大乡村的指示》,1945年8月29日;《中央关于去东北部队应做长期打算致重庆代表团电》,1945年8月31日。见《中共中央文件选集》,第15卷,第256、257—258页。

[2]《聂、肖、刘转李运昌关于苏军及山海关情况的报告》,1945年9月10日。

[3]《聂、肖、程转李运昌关于苏军表示援助电》,1945年9月11日。

[4]曾克林回忆称当时部队根据苏军建议改称"东北人民自治军",并在沈阳成立了"东北人民自治军卫戍司令部",但李运昌等给中共中央的电报则显示当时进沈阳的曾克林部改称"保安队"。查1945年9月21日中央致重庆代表团电可知,曾部最初进入沈阳、锦州等城市时确称改为"保安队","因东北人民痛恨保安队至极,维持秩序人民不听保安队"的,故东北局提议"是否可组织东北人民自治军或某某省自治军、省防军等"。此后,中共部队才正式冠以"东北人民自治军"的称号。

[5]曾克林回忆,部队进驻沈阳后,苏军一度把日本关东军最大的苏家屯仓库交给他们看守。他曾组织部队拉炮拉武器,"先后拉了三天三夜,拉出步枪两万支,轻重机关枪1000挺,还有156门各种口径的迫击炮、野炮和山炮。见《曾克林将军自述》,辽宁人民出版社1997年版,第100—101页。

量极弱，故"大批的帮助须上边决定，小批的零星的已实际给了一点"，如已得到各种炮80余门、迫击炮100门左右。苏军领导人明确表示："东西交给你们，也管不了。"东北局领导人亦承认，在目前情况下，"这是事实"[1]。

苏军态度摇来摆去，中共中央急调十万大军赶赴东北

刚一得知苏军默许八路军进入东北的消息，毛泽东就马上从重庆电告延安的刘少奇等："除原定五个团，最好能再从山东、冀鲁豫及晋察冀三处抽出一千五百人到二千人的团十个团，经冀东、热河分散开入东北活动。"热河、察哈尔两省也是"我所必争，及时增驻重兵十分必须"。另"干部除了延安派去之一千二百人外，还应由其他各区及辖区外县抽调东北干部继续调回东北"[2]。刘少奇认为一两万人还不够，当即电令山东分局集中4个师12个团2.5万到3万人经海路分散进入东北。[3] 而为了"推迟蒋军深入华北、东北，争取全部占领察、热，争取东北优势"，中共中央开始在华北各省部署察绥、长治等重要战役，打击可能威胁热、察之蒋军，并令李运昌部率五个团进驻由承德、山海关至赤峰、朝阳、锦州及沈阳一线，确保对进入东北陆路之控制，力图以此来压迫蒋介石承认自己在华北及东北的优势地位，从而在谈判桌上作出让步。[4]

对中共的军事实力，苏共中央这时并无太多了解，但它显然相信中共没有同蒋介石政权抗衡的能力。苏军清楚它在东北只能信任中共，也必须引入中共武装，以牵制美蒋力量，却又不能露出痕迹，给美蒋以口实。因此，在确定方针之后，苏联远东军外贝加尔方面军司令马利诺夫斯基元帅特派其代表贝鲁诺索夫中校，由已在负责沈阳卫成任务的原八路军冀热辽军区第十六军分区司令员曾克林陪同，乘苏机由沈阳飞抵延安，向朱德总司令转达了苏军统帅部正式的口头通知。通知要求八路军在红军撤出东北

---

[1] 《东北局关于东北情况及其建议致中央电》，1945年9月23日。
[2] 《重庆代表团关于立即再抽调一万五千到两万人到东北致中央电》，1945年9月11日。
[3] 《中央关于调四个师的部队去东北开辟工作给山东分局的指示》，1945年9月11日。
[4] 《军委关于目前军事行动的部署》，1945年9月11日；《中央关于东北情况给重庆代表团的通报》，1945年9月11日。

之前，不要公开进入，个别进入东北大城市者，请即下令退出。至红军撤退后，"中国军队如何进入满洲应由中国自行解决"，苏联"不干涉中国内政"。至于以地方武装名义在东北活动问题，苏方代表在非正式谈话中表示支持，并希望中共能派负责人前往东北，以便就近交涉，协调行动。贝鲁诺索夫并承诺将山海关到锦州一线交八路军接收。[1]

16日，外贝加尔方面军苏蒙联军代表也通过八路军晋绥军区部队电台转告中共中央："坚决要求八路军主力火速北开"，接收其所占领之内蒙古及东北各地，"确保北面及内蒙地区，以便同外蒙苏联经常保持联系"，苏军可接济部分武器，万不得已时可退到外蒙去，"但不可向南移"，"不要再让敌人隔断双方联系"[2]。而苏联大使也私下告诉中共领导人，务必"确保张家口、古北口、山海关线，防蒋进攻"，以力争东北。[3]

苏军代表的态度，使中共中央受到极大鼓舞。9月15日，中共中央决定成立以彭真为首的中共东北局，立即随苏机赶赴东北指挥一切。同时，它下令各中央局："目前我党对东北的任务就是要迅速的坚决的争取东北，在东北发展我党强大的力量。"为此，"华中、华北应派遣一百个团的干部迅速陆续起身前去"东北，"各自寻找最迅速到达的路线前进"。指示明确认为："东北为我势所必争，热、察两省必须完全控制"，现在是"千载一时之机"[4]。

占领东北的战略意义，毛泽东早在中共七大时就再三讲过。他甚至表示：东北不仅有大工业，而且背靠苏联与外蒙，"只要我们有了东北，那么中国革命就有了巩固的基础"。因此，"从我们党，从中国革命的最近将来的前途看，东北是特别重要的"[5]。中共中央这时对夺取东北也充满信心。它相信东北三面都是苏联的势力，南面旅大又是苏联军事管制地带，我如能控制住热、察及冀东，在东北沿海再配置数万兵力，甚至可以阻止蒋军进入东北。"取得东北，则华北华中即有了依靠，我党地位将为之一变"，故此为"决定的一环"。为此，它提出："其他区域暂时稍受损失，

---

[1] 参见《中央关于东北情况及与苏军代表谈判问题的通报》，1945年9月14日；伍修权回忆录之二：《到东北》，《中共党史资料》1982年第2辑。
[2] 《中央关于张、杨与苏军代表交谈情况给重庆代表团的通报》，1945年9月17日。
[3] 《重庆代表团关于应确保张家口、古北、山海关之线防蒋进攻致中央电》，1945年9月20日。
[4] 《中央关于配备一百个团的干部进入东北的指示》，1945年9月15日。
[5] 见《毛泽东在七大的报告和讲话集》，第218—219页。

第五章 走向新中国

亦应在所不惜。"据此,以刘少奇为首的延安中央于9月17日明确提出了"向北发展,向南防御"的总方针,主张江南武装撤返江北,华东新四军调八万兵力分赴山东和冀东,山东主力及大部干部则迅速向冀东及东北出动,全力夺取东北及热察和冀东于我手中。[1]它甚至要求华北、华中组织一百个团的干部各自寻找最迅速到达的路线,"从班长、付(副)班长、排、连、营、团长及事务人员、政治工作人员均配齐,不带武器,穿便衣,作为劳工到满洲找东北局再行发展和装备"[2]。

其实,自9月中旬以来,苏军曾一再要求身份已经公开的中共军队,如李运昌等部撤出沈阳等大城市。以彭真为书记的中共东北局到达东北后甚至发现,苏军"对银行工厂仓库一律派兵看守,现金现钞提尽,我分文未有。工厂仓库的机器物资运走,火车、汽车、汽油、广播全部绝对控制,我无权调动车辆。我用各种方法得枪万余支,无法运走。我们现在仅属客军性质……弄到我所发现之仓库,只要被某方看到立刻派兵看守,作为他们的"。"前曾克林说有步枪六十万枝,大炮数千门,查不确,现只搜得山炮八十门,追炮百余门,子弹稍多,兵工厂仍为友军控制"[3]。

然而,仅仅几天过后,苏军的态度就发生了180度的大转变。这是因为,9月底苏方已获知美军不仅帮助运送大批国民党军队来华北及东北,而且美国海军陆战队还直接在天津登陆,助蒋占据平津等地。国民政府明显希望苏军早日撤退,并有把美国资本引入中国东北的企图[4],鉴于此,苏联方面对于中共夺取东北的计划马上就开始变得积极起来。

10月1日,苏联大使正式通知国民党政府,说明苏军准备开始撤退。[5]两天后,即10月3日,东北局领导人就受到了苏军将领的接见,他明确告东北局称,中共中央关于"向南防御,向北发展",争取控制全

---

[1]《刘少奇等关于确定向北推进向南防御的战略方针问题致毛泽东等电》,1945年9月17日;《中央关于如能控制热察冀东即能控制东北致重庆代表团电》,1945年9月18日;《中央关于目前任务和战略部署的指示》,1945年9月19日。见《中共中央文件选集》,第15卷,第278—280页。
[2]《中央关于配备一百个团的干部进入东北的指示》,1945年9月15日。
[3]《东北局关于与苏军关系问题致中央电》,1945年9月30日;《中央关于军事形势致重庆代表团电》,1945年10月1日。参见《彭真年谱》,中央文献出版社2003年版,第289页。
[4] FRUS, 1945, Vol.7, pp.973—974、979—980、981。
[5] 见《日本投降与我国对日态度及对苏交涉》,(台北)"中华民国外交问题研究会"1966年编印,第127、129页。

东北的战略方针十分正确。他建议中共抽调主力25万至30万人分别部署在山海关一带及沈阳附近,把住东北大门,不让国民党军队进入东北。东北局4日高兴地电告中共中央说,苏军"已下最后决心大开前门,此间家务全部交我,因我力量微小,现只能接受一部分,允许在一月内替我保存",并决定向中共提供步枪30万支、机枪100挺、大炮15门。他们甚至转述斯大林的话,称赞"中国共产党是勇敢的、聪明的、成熟了的,我们很有信心",给彭真他们打气。[1]

还在得知美蒋军队即将进抵平津的消息后,毛泽东就急电延安中央,告诫说:务必要"组织三万至五万有力部队,迅速开至冀东热南,以制先机,否则将失机"[2]。但是,直至10月初,中共方面"控制冀热辽,堵塞蒋军从陆路进入东北计划,虽已开始行动,但离实现程度还远"[3]。受命前往冀热辽之黄永胜、倪志亮、曹里怀、邱创成及太行军区等部,尚在途中;山东决定派往东北、冀东之五个师,冀鲁豫、冀中、太行等派出的部队和延安炮校等,均刚刚开始出动;承德至山海关一线总共只有万余人。而全东北中共军队人数虽已有近八万人之多,但因扩充过快,干部奇缺,缺少训练,"除少数部队外全无战斗力"。鉴于这种情况,中共中央不得不调整策略,一面批评各部队行动过于迟缓,一面主张"我军进入东北的部署,应将重心首先放在背靠苏联、外蒙、朝鲜、热河有依托的有重点的城市和乡村,建立持久斗争的基点,再进而争取与控制南满沿线各大城市"[4]。

苏军得知中共中央准备将军队部署到背靠苏联、外蒙和朝鲜等有依托之地区后,大为不满,批评中共仍是游击作风,力主中共应以全力夺取东北。毛泽东得讯后马上电告中共中央,表示"彼方既下决心,我方自有办法,但卅万办不到,一个月内能有十万到达冀东及东北,即是好事。除此十万外,请下决心从山东调主力五万争取去"。同时,应开始在平绥、平

---

[1]《东北局关于与苏军交涉经过给中共中央的报告》,1945年10月4日、8日。
[2]《重庆代表团关于迅速组织三五万有力部队置于冀东热南致中央电》,1945年9月23日。
[3]《军委关于争夺东北的战略方针与具体部署的指示》,1945年9月28日,见《中共中央文件选集》,第15卷,第229—230页。
[4]《军委关于争夺东北的战略方针与具体部署的指示》,1945年9月28日,等,见《中共中央文件选集》,第15卷,第229—230页。

汉、同蒲、津浦各路"与蒋军大冲突",迟滞其陆路北进。[1] 10月11日重庆谈判告一段落,毛泽东等回到延安,他更是主张按照苏军建议,"集中主力于锦州、营口、沈阳之线,次要力量于庄河、安东之线,坚决拒止蒋军登陆及歼灭其一切可能的进攻。首先保卫辽宁、安东,然后掌握全东北,改变过去分散的方针"。据此,他提出:"我正源源进入东北,希友方坚持两个月,我可完成一切准备。"[2]

要苏方从张家口方面提供必要的军火援助,这对苏军来说并非难事,但要其延缓撤军,在苏联方面已经正式宣布之后,就远不是那么容易的了。

苏军打开大门,开始转交日军武器装备,国共争夺战打响

10月12日,国民党之东北行营主任熊式辉等到达长春,与苏方正式接洽接防事宜。因国民党方面已清楚地了解到中共武装在东北集结的情况,并向苏方提出,苏军的态度再度发生了变化。

据东北局报告称,原苏军主动让中共接收抚顺、安东等城市,10月中旬末忽又不让接收了。甚至已经进入东丰、西丰、海龙、西安等城市的中共军队,还被赶了出来。[3] 本来极力反对美舰运送国民党军队从海路进入东北的苏军将领,这时又接到命令,表示同意让国民党军队从营口、葫芦岛登陆了。[4]

10月25日,国民政府正式通知苏联大使,政府军将于29日起自营口、葫芦岛登陆。[5] 此举如果实现,中共对山海关和锦州一带的控制和在陆路封堵的计划就变得毫无意义了。然而,正当东北局对此一筹莫展之际,苏军的态度又变了回来。10月13日,国民党第13、52两个军已经在秦皇岛登陆,继而在美军帮助下向周围扩展,美国海军陆战队不仅帮助国

---

[1] 《重庆代表团关于彼方既下决心我方自有办法致中央电》,1945年10月5日;《中央关于抽调十万大军进入东北等问题给东北局的指示》,1945年10月6日。
[2] 《中央关于集中主力拒止蒋军登陆给东北局的指示》,1945年10月19日;《中央关于目前形势致重庆代表团电》,1945年10月21日,见《中共中央文件选集》,第15卷,第364页。
[3] 《彭程关于东北情况致毛主席电》,1945年10月21日。
[4] 见《中华民国重要史料初编——对日抗战时期》第七编(四),(台北)中国国民党中央委员会党史委员会1981年版,第121、125页。
[5] 同上,第121、125页。

民党军抢修被中共破坏的秦皇岛到山海关的铁路线,而且还武装执行护路任务。这一消息再度激怒了苏方。

也是在25日这一天,苏军代表通知东北局称:"如果说过去需要谨慎些,现在应该以主人自居,放手些干。"同意全面开始向中共进行交接政权工作,并表示:11月15日前"如顽固进攻,苏将协同我打击"[1]。与此同时,苏军很快就将营口、葫芦岛等地交给了李运昌的部队,明摆着是让中共武装拒止美蒋的登陆行动。

到10月底,中共军队除原有的李运昌等部外,最大限度只能再到3.5万人和干部6000人。如果能拖到11月,即可到正规军6万人、干部2万人。故得知苏军这一态度后,中共中央的决心很大,有意照苏军建议,一边武装拒止美蒋军队在东北登陆,一边努力组成几十万野战军,进行大规模作战,争取"控制东北,保卫华北、华中"[2]。

10月27日,美舰先头运输梯队抵达葫芦岛海面,遭到李运昌部31团驻防部队的抵抗,被迫折回。此后,国民党方面虽极力交涉,苏方却以"十八集团军与中央军之纠纷,乃内政问题,不便干涉"为由,拒绝为其登陆提供任何安全保证。[3]

不仅如此,苏军为防止国民党突然空运长春,这时还允许中共军队在长春机场附近设防,并公开指责东北国民党部秘密组织10万武装破坏交通,袭击苏军。[4]借撤退在即,他们这时先后开始向中共军队提供了一些坦克和汽车,并移交了在南满地区的部分日军武器弹药仓库和兵工厂。按照苏军代表向东北局所谈,除苏军已经搬走的约占整个日本在东北重工业工厂五分之一的设备外,其余都会交给中共。这里面"弹药只抚顺即有三百万发炮弹,飞机亦可交我处置(现我已有一个日本航空大队之全部队员可以使用……)"。东北局并报告称,苏军指挥官"劝我一面练炮兵,一面搜集炮兵资材,一面生产炮,要积极些",说他已答应将兵工厂交我。但苏军主张各种装备要分散出去一些,以免被炸。[5]

---

[1] 《东北局关于苏方态度积极致中央电》,1945年10月25日。
[2] 《中央关于全力控制东北拒止蒋军登陆着陆给东北局的指示》,1945年10月28日,见《中共中央文件选集》,第15卷,第388—389页。
[3] 见《中华民国重要史料初编》第七编(一),第138页。
[4] 同上,第143—144页。
[5] 《东北局关于苏军交涉情况致中央电》,1945年10月25日。

据11月2日、5日、6日东北局再报,他们已接收沈阳兵工厂全部设备,并控制了大批物资。已将从苏军处得到的一批武器,大约1.2万支步枪和600挺机枪、800万发子弹、15万枚手榴弹、2万件大衣、3万双皮鞋运往急需武器的热河地区,以装备那里新到的徒手部队。而在沈阳一线,连同此前已得之武器在内,共取得步枪十一二万支、机枪约4000挺、各种口径炮一批。阜新一带还有武器,但数目不详,沈阳苏军已同意代为接洽。另取得通讯器材一大批,小型运输机6架,火车两列。在哈尔滨,则得到2.4万支步枪、数百机枪及部分炮。12月初,苏军还从旅顺和朝鲜向中共提供了"近万步枪,百挺机枪"。同时,因为苏军提供了40余架飞机,中共东北局已决定要成立航空学校。[1]

这个时候,形势明显地向有利于中共的方面发展。中共军队已开始大批进驻东北各大中城市。华北地区平绥、平汉、同蒲及津浦各路均被中共军队切断,仅上党、邯郸战役,国民党军即有两个师起义,近20个师被歼,国民党军通往东北的海、陆、空通道全部被堵死。毛泽东自然信心百倍,他明确提出了"竭尽全力,霸占东北"的方针,主张"东北由东北人民自治军保护治安,中央军不得开入","华北、东北各设政治委员会统一管理各省,中央政府不得违背自治原则派遣官吏,已派者须取消",即华北国民党军亦应退出。[2]

就在毛泽东下决心独占东北的同一天,即11月3日,国民党中央军对中共军队驻守的山海关发动了大规模进攻。国共两党争夺东北的战争就此打响。

此时,国民党陆续运抵关外准备进入东北的兵力,只有13、52、94三个军约八万人,而中共赶到锦州至山海关和承德一带的兵力已达到十万人以上。尽管部队有些昼夜兼程,十分疲劳,许多新扩充之部队既缺枪弹,又无训练,难以马上投入作战,但中共中央仍坚决主张"坚持半个月",拒

---

[1]《东北局关于苏军交涉情况致中央电》,1945年11月5日、6日;《陈云关于哈尔滨情况致林、彭电》,1945年11月7日;《东北局关于建立空军问题致中央电》,1945年12月17日,《东北局物资供应问题致各兵团电》,1945年12月29日,见《彭真年谱》,第310、312—313、344页。
[2]《中央关于目前形势下我方针的问题致周恩来等电》,1945年11月3日,见《毛泽东文集》,第4卷,第57—58页。

敌北进。[1] 它相信："本月内我可集中十万兵力于东北"，即可"靠此兵力及当地新力量作战"，两个月后更有"九万生力军可陆续增加上去"，敌纵使派出五个军15万人也不足为惧，即使"苏联不帮助我们，我们也不怕"[2]。

然而，事情并没有中共中央想象的那样顺利。11月10日，莫斯科突然又改变了主意。苏军代表当天即告诉中共东北局领导人称：苏方已允许在苏军撤退前五天中，让国民党部队空运到各大城市，并且不准中共武装在此五天中与国民党空运部队冲突。苏方代表声称："此系根据新的协定，是莫斯科的信仰，并声明此种事件之决定，东北苏军全体人员无权力变动。"他"一再提出，莫斯科的利益应该是全世界共产主义者最高的利益"，因此要求中共务必服从。[3]

苏军态度的突然改变，使新到东北的部队陷入十分尴尬的状态。[4] 林彪和彭真一面紧急下令将取得的各种机器设备及军用物资全部西运，一面不得不为此专门写信给苏联侦察总局图马尼扬中将，恳求他从旅顺或其他任何地方调拨出1万支步枪、600挺机枪和900挺重机枪，给已经集中在辽阳的部队。[5]

苏军态度的突然改变，与苏联领导人对中共实力的看法有密切关系。就连苏军将领都认为，以中共目前在东北及热河的兵力，远不足以阻挡有美国帮助和装备的源源而来的国民党军队。他们一直主张中共应不顾华中乃至华北，把全部主力，至少50万人调到东北来，说"满洲工业发达，东西北三面国防安全，完全可以独立，有了满洲，即可进取全中国"。最终，中共只调来了10万兵力。他们对此十分不满，认为"先机已失"。对毛泽东提出的"霸占东北"的方针，苏方代表自然不认为能够做到，故明确劝告说："在东北只能做，不能说，绝不要提东北自治与不准国民党派

---

[1]《中央关于把发动群众创造战场当作东北当前紧急战略任务致东北局电》，1945年11月10日，见《中共中央文件选集》，第15卷，第419—420页。

[2]《中央关于向东北增调兵力的指示》，1945年11月4日，见《中共中央文件选集》，第15卷，第401—402页；《中央关于李富春等速去沈阳致高、洛电》，1945年11月14日，见《毛泽东文集》，第4卷，第73—80页。

[3]《东北局关于东北苏军决定让国民党部队空运到各大城市致中央电》，1945年11月11日，见《彭真年谱》，第315—316页。

[4] 参见黄克诚：《黄克诚自传》，解放军出版社1994年版，第196页。

[5] 转见陈晖：《马歇尔使华与苏联对华政策》，《历史研究》2008年第6期。

兵事，给美蒋借口，使苏联处于困难地位。"苏联大使非常怀疑毛泽东所提"全华北归我受降，及华北六省全部民选"，国民党势力"退出平津青"等主张，"在目前是否有实际意义"[1]。

蒋介石坚持向美国一边倒，斯大林无奈重新帮助中共

11月15日，鉴于国共争夺东北的战争已经打响，中共东北局认为有必要发表一份公开宣言，说明此一冲突的由来。其宣言稿写道："东北已获得人民解放，而民主解放刚刚开始，国民党反动派企图勾结汉奸国特在东北建立新的奴役与独裁，东北人民要起来反对国民党敌伪顽合流政策……武装起来实行自卫。"[2]

此一宣言尚未得到中共中央批准，国民党政府当天就照会苏联大使，宣称由于接收工作"遭遇诸种阻碍"，无法进行，决定于17日起将东北行营"迁移至山海关"[3]。随后，蒋介石并致电美国总统杜鲁门，声称苏联政府"故意蔑视""中苏协定之条文与精神"，蓄意"阻挠"其正常接收，"支援"中共军队抢占东北，"实已构成东亚和平与秩序之重大威胁"，故请美国给予"积极的与协调的动作，以防止其继续恶化"[4]。

国民党的这一举动，不仅使苏军已经开始的撤退工作无法继续，而且使东北问题有可能进一步成为国际问题而引起美国的干预。苏联当局对此显然缺乏准备，因而不得不急忙改变对策。

11月17日，熊式辉及国民党东北行营人员乘飞机南撤，苏军已经撤出长春的部队一天之后又奉命开了回来，并命令中共的军队全部退出城外。同日，苏联大使照会国民党政府，声称"苏军司令部对于东三省之中国共产党部队未曾予以任何帮助"，今"中国政府军队能无阻碍的在长春及沈阳降落"，且将受到苏军"协助"。而为有利于接收，苏军之撤退可"延缓一个月至两个月"。之后，苏联政府与国民党政府商定，苏军撤离东

---

[1]《重庆代表团关于与友人谈话内容致中央电》，1945年11月5日。
[2]《中共东北局关于实行东北人民自治的宣言》，1945年11月15日。
[3] 见《中华民国重要史料初编》第七编（一），第147页。
[4] 同上，第148—149、153、168—171页。

北日期可推延至 1946 年 2 月 1 日。[1]

11 月 20 日，苏军正式通知中共东北局，长春路沿线及城市全部交蒋，有红军之处不准与顽作战，不准有共产党军队存在，中共军队应一律撤至 50 公里以外驻扎。对此，中共中央的态度很明确："国民党现在是抓住中苏条约使苏联不能在满洲现在的情况之下脱身，这是一个严重的世界斗争"，东北"现在的方针仍应在顾及苏联国际信用的条件下力争大城市"，"彼方既如此决定，我们只有服从，长春路沿线及大城市让给蒋军"，"但希望能不让锦州、葫芦岛及北宁路之一段"，以便于我延缓蒋军之推进。[2]

苏军赶走中共军队自然并非出其本意。因此，当美机、美舰接连出现在旅顺、大连附近海面后，苏联一方面力图以让蒋接收东北为缓和之计，另一方面又大批向沈阳、旅大之线增兵，并重新在营口地区布防，加强防备。[3] 因为苏中两党几乎面对同一个危险的敌人，因此对于中共，苏军在内部仍保持着友好的态度。一方面，他们再三解释苦衷；另一方面，他们也深知要与美蒋在东北问题上周旋，就必须加强对中共的支持，而不能使其削弱。因此，他们很快就同意中共军队可以仅退至长春铁路沿线 20 公里以外，中共东北局及其各种政治宣传机关等不必撤退，并支持由中共召集的"东北人民代表会议"于 11 月 22 日在长春举行，还专门提供了电台给东北局以保持双方间的密切联络。从这个时候开始，苏军还从旅顺及驻朝鲜苏军处进一步向中共提供了必要的军火帮助，甚至同意中共军队不让北宁路以拦截蒋军北上。对于国民政府方面，苏联官方照会则称：因为营口、葫芦岛以及沈阳以南区域的苏军已经撤退，故不能予以协助。[4]

不过，中共军队这时尚无城市攻防战的经验和能力。11 月 16 日，山海关即被国民党军队攻破。注意到国民党出关军队中有大批美国军事顾

---

[1] 见《中华民国重要史料初编》第七编（一），第 148—149、153、168—171 页。
[2] 《中央关于东北的工作方针等给东北局的指示》，1945 年 11 月 19 日；《中央关于让出大城市及长春铁路线后开展东满、北满工作给东北局的指示》，1945 年 11 月 20 日。见《中共中央文件选集》，第 15 卷，第 429—430、431—432 页。
[3] 1945 年 11 月中旬以后，苏联接连向旅顺空运了一个师的兵力，并向沈阳增兵至 5 万人以上，包括四个坦克旅及一个炮兵师。
[4] 见《中华民国重要史料初编》第七编（二），第 155—156 页。

问[1],中共中央也意识到"独占东北,无此可能",必须实行"让开大路,占领两厢"的计划,"力争我在东北之一定地位"。因此,它修改了此前的决定,指示今后主要争取"控制长春路以外之中小城市、次要铁路及广大乡村"[2]。

11月25日,中共军队把守的进入东北的门户锦州亦告失守,阻止国民党军队进入东北已没有任何可能性了。在这种情况下,为了防止美国势力随着蒋军进入东北,并使苏联能够合法地在东北确立优势地位,苏联政府又开始提出中苏在东北"经济合作"的提议,力图以将东北工矿企业交给蒋介石,由中苏共同经营为要求,来迫使国民党同意不让美、英等国势力进入中国东北。

苏联提出共同经营的理由,是因为东北工矿企业多半为日本所创办和经营,几乎所有重工业均为日本股份。依照雅尔塔及波茨坦协定对德国之规定及先例,存在赔偿问题。[3]在中苏条约谈判中,蒋介石就试图使苏承认"东北原有各种工业及其机器",应"为倭寇对我偿还战债之一部份",但斯大林仅承认"凡属于日人私人之财产,可同意赔偿中国战时损失,凡属于公司组织者,应视作战利品"[4]。因属于公司组织者占东北工矿企业绝大多数,故苏军占领东北后,很快就将其作为战利品或接管,或拆迁搬运至苏联。至11月底已搬运之机器,即已占总量之五分之一多。由于东北重工业仍具有极大潜力,苏联方面最初甚愿共产党人能全部占有,不让美蒋染指。鉴于此举不成,苏联就开始劝诱国民党同意"其财产应由双方平均分配","组织中苏合办之公司",共同经营东北工矿企业[5],试图以此为诱饵把国民党的手脚捆起来。

但是,蒋介石坚决不承认苏方关于战利品的说法,国民党方面为阻止苏联把这一点强加给中国,还很快将苏方的这一企图透露给了美国。

---

[1] 中共中央11月23日电称,已证实国民党出关军队中每团有20名美军军官。
[2] 《中央关于东北撤出大城市后的中心任务给东北局的指示》,1945年11月20日;《中央关于对美蒋斗争策略的指示》,1945年11月28日,见《中共中央文件选集》,第15卷,第455—456页。
[3] 参见萨纳柯耶夫等编,北京外国语学院1971届工农兵学员译:《德黑兰、雅尔塔、波茨坦会议文件集》,三联书店1978年版,第512—514页。
[4] 见《中华民国重要史料初编》第七编(一),第241、371页。
[5] 同上,第374—402页。

因为美国的抗议与反对，苏联"合法"控制中国东北的努力很快就流产了。自11月以来，美、苏两国就不断在原子弹、德国、朝鲜等众多问题上发生分歧。在太平洋及远东地区，美军已经将苏军列为主要假想敌，这种情况自然更加刺激了苏联方面。斯大林这时明确告诫国民党人："不能让美国有一个兵到中国来，只要美国有一个兵到中国来，东北问题就很难解决了。"[1]

自苏联1945年11月被迫对国民党让步之后，它实际上已经强烈地认识到蒋介石国民党与美国是一丘之貉，因而是自己在远东极其危险的敌人了。由于在东北的苏联军官及士兵接连遭到有国民党背景的武装集团的袭击，甚至是暗杀，苏军已开始向官兵进行警惕和仇恨国民党的教育。鉴于按照原定计划，苏军在1946年2月即应全部撤出东北，因此，它很快就重新与中共合作。1月初，苏军再度将辽阳、鞍山、本溪等东北重要工业区移交给共产党人，并通知中共东北局，准备在其撤退时大量接收各地政权和厂矿企业。凡未北运的各种军事物资及仓库等，也将留给中共方面。[2]

二、和与战的抉择

苏联拒绝参与调处国共关系，中共接受停战令留下后患

1945年底，中国的局势异常复杂。自"双十协定"签订后，蒋介石即大举进攻中共的解放区，并迅速运兵以控制华北，接收东北。而共产党则利用自己在华北的优势地位，切断了华北各主要交通线，并全力开进东北，控制了部分战略要地和交通线，甚至阻止了国民党军队由海路进入东北的企图，使国民党接收东北的计划一度难以推进。蒋介石由于无力迅速

---

[1] 参见 FRUS, 1945, China, pp. 848—850；蒋经国：《风雨中的宁静》，(台北)幼狮书店1973年版，第15页。
[2] 《彭真关于接收辽阳鞍山本溪三处致中央电》，1946年1月1日。

调派更多军队赶赴华北和东北,要想在华北和东北对中共展开全面攻击,明显力不从心。但是,中共的优势同样极其有限。特别是它在东北新组建起来的部队,不仅缺少训练,而且装备不齐,要想阻止有着大批美式装备和在缅甸与日军作战经验的国民党军队向前推进,显然可能性很小。在这种情况下,美国总统特使马歇尔将军受命前来调处国共冲突,无疑成为这种复杂局面的一种转机。

对于马歇尔使华,国共两党的态度最初截然不同。蒋介石多次函电以示欢迎,并积极准备材料和方案,力图影响马歇尔和美国政策,以争取更多的援助。同时,他也希望能够利用美国的压力,争取得到他这时因兵力所限,在战场上一时还得不到的东西。

中共方面这时对马歇尔来华调处,却抱以高度的戒心。这是因为,同样曾经作为总统特使的赫尔利,就执行的是一套扶蒋反共的政策。而美国总统杜鲁门此时发表的对华政策声明[1],也显露出很鲜明的扶蒋态度。因此,中共中央这时在党内就明确指出,杜鲁门声明的实质仍旧是"扶蒋防苏压共"。毛泽东在1946年1月7日给斯大林的信中,也特别表示了对于美国调处可能带来的危险的强烈担忧。[2]

杜鲁门声明和其他一系列文件,构成了马歇尔赴华使命的主要点。它确实包含着扶蒋、防苏、压共的重要内容。杜鲁门等认为,支持蒋介石政府以防止苏联控制满洲以至中国,是美国对华政策的核心。而要实现这一目标,无疑必须设法制止中国的内战和混乱,迫使共产党交出军队,完成中国在蒋介石领导下的完整统一。[3]

但是,作为一种妥协和美国民主政治观念的产物,马歇尔使命也包含着某些共产党人最初所不了解的内容。这就是,必须设法取消国民党的所谓一党"训政"制度,在现有政府的基础上,举行有各党派代表参加的国民会议,使他们得以参加政府,从而建立起广泛代议制政府。美国清楚地知道,作出这种妥协和进行必要改革的关键在于蒋介石,但它深信有足够

---

[1] 见《中美关系资料汇编》第1辑,第628—629页。
[2] 转见陈晖:《马歇尔使华与苏联对华政策》,《历史研究》2008年第6期。
[3] 参见 FRUS, 1945, Vol.7, pp.745—746、747—749、768、770;《中美关系资料汇编》第1辑,第628—629页。

的办法迫使蒋介石作出让步。[1]

在这一点上，美国甚至成功地取得了苏联的谅解。在莫斯科三国外长会议关于中国问题的协议中，双方不仅相互承认了对方在中国目前所负有的责任，而且同意共同促进中国停止内战和实施民主政治。[2] 这种情况不仅极大地提高了马歇尔的地位，而且也不能不迅速影响了共产党人的看法。

12月20日，马歇尔飞抵上海，与各方接谈。30日，国民党方面提议由马歇尔参加，会同国共代表各一人组成三人军事小组，调处停战等问题。因为认定"国共反映美苏"，为了在谈判中增加自己与美、蒋抗衡的资本和力量，中共中央最初明确主张苏联也派代表参加到谈判中来。但是，由于苏联不愿卷入美国势力范围内的事务当中来，也不愿由此为美国介入苏联势力范围内提供口实，因此，苏方明确拒绝了。

这时，对于根本解决国共冲突的办法，国共双方的公开立场非常明确：蒋介石要求取消共产党的军队，中共则要求取消国民党的一党政府，双方主张南辕北辙。[3] 但马歇尔似乎胸有成竹。调处工作一开始，他就一面提出实施停战和恢复交通的建议和办法，一面催开政治协商会议，准备通过停战、政治民主化和统编军队三个步骤来完成他的使命。

关于停战的建议和办法，马歇尔提出一份停战令草案和一项建立军事调处执行部的具体计划。停战令的中心内容是全国停战及军队停止调动和恢复交通。[4] 对于关内停战，中共中央并不特别担心，因为已经占据的地点多半有着较为稳固的基础。最为棘手的还是东北。国民党军队已经大举进入东北，又有中苏条约作为法律依据，中共虽陆续接管了大片地区，却既无合法地位，也无足够军力可以阻止国民党军强行夺占。而如果没有苏联在谈判中提供帮助，中共要想通过谈判解决自身在东北合法存在的问题，自然也可能性很小。但是，苏联的态度很简单，"满洲问题完全除外，如要运兵及防止冲突，可向苏联交涉"[5]。

---

[1] 参见《中华民国重要史料初编》第七编（三），第42页。
[2] 见《新华日报》1946年1月11日。
[3] 参见 FRUS, 1945, Vol.7, pp.794—804.
[4] 见《中华民国重要史料初编》第七编（三），第64页。
[5] 《重庆代表团关于苏、英参加谈判事致中共中央电》，1946年1月3日。

依照苏方建议,中共中央指示负责与马歇尔和国民党代表谈判的周恩来在三方会谈中提出"满洲问题除外"。周随即在1946年1月5日向马歇尔及国民党代表提出了这一要求,并说明:中共承认中国政府有权接收东北,中国军队需要通过各种运输方式运送军队去东北,因此,不应在停战协定里不加区别地写明所有军队在停战令下达后都不得移动,而应把这一规定限定在关内,即应允许东北的军队有调动的必要。[1] 当然,周恩来要求在停战令中写明,东北军队的调动要经过协商。国民党代表则提出接收东北主权的军队,以及接收热河、赤峰和察哈尔、多伦地区的军队调动不应受停战令的限制。[2]

实际上,把东北除外,对中共确立在东北的合法地位存在着诸多麻烦。中共中央虽然批准了"满洲问题除外"的谈判方针,但很快就意识到这样做的种种不利。特别是国民党坚持曾与苏军订有协议,因而必须接收赤峰、多伦及其以南地区。此举实际上是试图阻断中共进入东北的陆路通道。中共中央因此清楚地意识到,"满洲问题除外",东北仍将大战不止,于己不利。

8日,中共中央电告周恩来等,说明:"关于停战运兵,就我们方面来说,满洲一起解决不除外为好。但以美人领导之三人委员会及三人司令部即借此插入满洲,对苏不利,因而即对我不利。但若满洲除外,国民党即要求热察除外,并可能在将来拒绝和我谈判满洲停战与运兵问题,如此则满洲问题可能久延不决,对我不利。"因此,它请周向苏联大使询问:他们能否很快设法使我们与国民党谈判解决满洲问题?如果不能,我们可否在此次谈判中规定满洲也必须纳入到停战令的范围之内?[3]

9日,眼看停战谈判即将告一段落,中共中央明显地沉不住气了。它再电周恩来等,直截了当地要求"通知苏联大使,征求苏联意见:(一)由于中共与国民党关于满洲问题尚无任何协议,此时蒋军之进入满洲,不可避免地要发生严重冲突,蒋军现正在接收赤峰、多伦主权的借口之下,向热河、察哈尔我军进攻。为此已使国共双方关于停战的协议不能实施。(二)不独在中国本部,而且在满洲及热河察哈尔,中共方面均要求立即

---

[1] FRUS, 1946, Vol. 9, pp. 20—25.
[2] FRUS, 1946, Vol. 9, pp. 59—75.
[3] 《中央关于满洲问题除外于我不利致重庆代表团电》,1946年1月8日。

停战,关于这种停战协议,由于马歇尔的参加已获有初步结果,关于国民党进兵满洲及在满洲境内国共双方如何避免冲突的办法,我们希望苏联能够按照马歇尔参加国共谈判先例,立即发起谈判,并由苏联代表及国共双方代表组织三人委员会来解决满洲问题。(三)如果苏联暂时不好出面发起谈判及组织三人委员会,我们意见,满洲问题即在目前马歇尔参加的国共停战谈判及三人委员会中一并解决,而不使满洲问题除外。但在讨论与满洲有关问题时,均请苏联大使参加。因为我们估计到,国民党是不愿和中共讨论满洲问题的,并力图使目前的停战协议不适用于满与热察。而如果满洲问题除外,不在这次全国停战谈判中一并解决,国民党可能在将来拒绝和我谈判满洲问题,并可能将华北的蒋军调入满洲和我作战,这对我是不利的。而没有苏联或美国的参加,不论现在及将来,国共双方要在满洲避免军事冲突,都是不可能的"[1]。

但就在9日当天,国民党谈判代表已经开始作出让步,表示愿意将赤峰、多伦以南地区的接收延后,目前只派有限军队去接收赤、多两城。周恩来仍表示反对,并明告马歇尔称:"不论中苏有无协定,均不能据此要求我们让出赤峰、多伦。因接收系受降问题,而受降为军事冲突的起因,故解决受降权只能就地办理,否则国民党可据此要求占领热察及我已受降之一切地区。"[2]

当晚,马歇尔向蒋施压,蒋介石同意国民党再作让步。次日,国民党代表表示在此次停战令中可以不提赤、多的接收问题。面对这种情况,周恩来已不再可能推翻自己原先坚持的"满洲问题除外"的要求,不得不接受了马歇尔修改过的停战令。[3]但周恩来要求在谈判记录上写明:(1)在东北不得驻兵过多;(2)政府军进入东北只要经过华北中共占领区,须经过协商;(3)进入东北各地的政府军调动,必须按时报告

---

[1]《中央关于向苏方征求不将满洲问题除外的意见致重庆代表团电》,1946年1月9日。
[2] FRUS, 1946, Vol. 9, pp. 98—104;《重庆代表团关于谈判情况致中央电》,1946年1月10日。注:赤峰、多伦这时事实上还在苏军占领下,故停战令发布后中共中央急电彭真、聂荣臻、程子华等:"即向友方提出,要求赤峰、多伦及热察地区所有红军、外蒙军占领地区立即移交我军接防,行政由我方立即派人去接收,不得延误。"
[3] FRUS, 1946, Vol. 9, pp. 104—116, 119—125.

北平执行部。[1]

1月10日,国共双方就关内全面停战达成协议。规定停止一切战斗;除另有规定者,停止一切在中国境内的军队调动。中共中央亦宣布接受这一协议,并以毛主席的名义公开发布了停战命令。要求"凡在共产党领导之下,一切部队,包括正规军、民兵、非正规军、游击队以及解放区各级政府、共产党各级委员会,均须切实严格遵行,不得有误"[2]。

政协和平决议达成,中共中央认为是全国民主运动的大胜利

就在停战令发布的同一天,政治协商会议也正式召开了。国民党、共产党以及全国各党派和无党派人士代表齐集一堂,讨论和商定国家大政方针。中共中央在以毛泽东名义发表的声明中,甚至发出了这样的声音:"全中国人民在战胜日本侵略者之后,为建立国内和平局面所作之努力,已获得重要之结果。中国和平民主新阶段将从此开始。"[3]

中共对停战协定的签订和政协会议召开的这种态度,并不纯粹是出于宣传的目的。由于这时苏联方面一再表示"东北决不能打",故中共中央相信"苏联不会助我内战,但可助我与国民党获得妥协"。考虑到自己已经在东北及华北地区取得了立足点和部分军事优势,中共中央赞成在现有基础上争取和平与妥协。因此,中共在美国单方面调处国共冲突和停战协定问题上所作的种种让步,其目的无疑是为了在现有条件下取得有利于自身利益的和平局面。当然,中共中央也特别告诫各地领导人,独裁还没有完全打破,蒋介石也不会真的变成民主派,"在武装斗争基本结束以后,政治斗争与秘密的特务斗争必将更加激烈。我们必须学会这些为我们所不很熟悉的斗争形式,否则我们就会失败"[4]。

果然,国民党继续坚持独裁统治和一党专政的企图很快就暴露出来了。1月14日,国民党代表在政协会议上就改组政府问题,明确主张:(1)必须

---

[1]《中央关于停战后我党在满洲政策问题给东北局的指示》,1946年1月11日,见《中共中央文件选集》,第16卷,第20—21页。
[2] 见《新华日报》1946年1月12日。
[3] 同上。
[4]《中共中央宣传部关于停战后的宣传方针给各战略区的指示》,1946年1月13日,见《中共中央文件选集》,第16卷,第24页。

在现有之国民政府基础上增加人选；(2) 增加人选应由蒋介石指定并"提经国民党中央执行委员会通过"；(3) 国府委员会的权力只限于讨论和决定立法原则、施政方针、军政大计、财政计划及预算，以及蒋介石交议和1/3委员建议事项，蒋并有相对否决权和紧急处置权；(4) 国民政府委员中，国民党必须占"特定程度多数"，以便"履行领导的责任"[1]。

蒋介石的这一态度立即引起各方面的强烈反感。1月16日，中共代表团提出《和平建国纲领草案》，公开主张必须扩大和改组现政府，"改组后的政府，应脱离国民党的直接领导"，国民党在政府主要职位中所占的名额，"不得超过三分之一"[2]。中共中央亦明确指示代表团："必须坚持破坏独裁"，"改组政府必须坚持不低于杜鲁门声明与三国公报的水平（一切民主分子参加一切机构，公平有效的代表权）"，"非有广泛代议制政府则军队无法统一"[3]。

国民党的顽固态度也引起了马歇尔的不安。在停战协定签字以后，马歇尔认为，必须促使国民党在政治上作出重要让步，放弃"一党政府"的形式，尽量实现政治民主，如此才可能说服共产党交出军队，最终实现中国的和平统一。鉴于国民党的态度，马歇尔不得不放弃不干预中国发展道路具体形式的许诺[4]，亲自出面向国民党施加压力。

他于1月22日悄悄拜会蒋介石，说明自己的立场，并提交一份亲手拟定的《中华民国临时政府组织法》（草案），建议撤销最高国防委员会，代之以临时国府委员会，由蒋指定20人组成，其中9人为国民党、6人为共产党、1人为民盟、1人为青年党、3人为无党派。不少于15人则构成开会必需的法定人数，否则不可采取任何行动。委员会通过的议案，蒋应在十天内批准或否决。被否决的议案如委员会三分之二通过，则立即生效。蒋可以指定各院院长、各部部长，包括军事委员会委员等，但50%应为国民党人、30%应为共产党人、20%由其他党派及无党派人士充任。各省主席及各特别市市长，蒋须由国共两党组成的特别委员会提出的人选中

---

[1] 见《中央日报》1946年1月15日。
[2] 见《新华日报》1946年1月17日。
[3] 《中共中央关于我在政协斗争中之方针原则的指示》，1946年1月16日。
[4] 杜鲁门在对华政策声明中曾明确表示："关于中国的团结的详细的必要步骤，必须由中国人民自己拟定出来；任何外国对这些事情的干涉，都是不适当的。"马歇尔来华后也多次表示，中国民主的形式应由中国人自己选择。

第五章 走向新中国

指定。国府委员会还应成立专门委员会,监督和报告一切违反人民权力的事项及起草宪法草案,准备提交5月5日召开的国民大会。[1]马歇尔明确告诉蒋介石,美军不可能长时间留在中国,目前中国的局面很容易受到俄国从下层进行的渗透的侵害,造成共产制度的基础。因此,非在政治上采取变通办法不可。成立这样一种委员会,将使蒋确实取得全中国的总统地位,而非如现在的一党领袖,并能够确保中国不致共产化。[2]

马歇尔的干预显然产生了影响。蒋介石虽极端反感马歇尔的方案,甚至视其"为共党所不敢提者"[3],但他考虑了一个晚上,第二天下午又同马歇尔讨论了两个小时,最后还是惧于杜鲁门声明的威胁及马歇尔掌握着运兵和援助的大权,不得不虚与委蛇,表示"目前可如此去做"[4]。因此,国民党代表逐渐在政协会上作出了让步:承认应以国民政府委员会为国家最高国务机关;委员选任无须经过国民党中执会通过,国民党人不超过半数;蒋没有紧急处置权,且蒋否决之决议如复议时有3/5以上委员坚持,则否决无效;凡重要决议均须有2/3以上出席委员赞成始可通过。[5]

不仅如此,国民党还表示同意充分肯定人民权利和自由,愿意在协议上写上共产党所提出的"凡收复区有争执之地方政府,暂维现状"的字样。[6]鉴于国民党作出重要让步,共产党方面也在国民党在政府中所占比例、国民大会代表资格以及整编军队原则等一些重要问题上作出了让步。

1月28日,在政协会议基本达成协议的情况下,王若飞代表中共中央前往苏联大使馆向苏联大使说明了会议的初步成果。苏联大使提醒说:美国现在在远东的一切布置都是想使中国成为将来反苏的战场。包括国民政府的改组,美国也一定会加强控制,并想办法使之更加亲美。但他还是明确表示祝贺,称赞"这是大胜利,是蒋介石的大让步",认为目前"没有可怕的危险"。他并且表示赞同中共中央在东北与国民党和平合作的方针,

---

[1] FRUS, 1946, Vol.9, pp.139—141.
[2] 同上。
[3] 见《中华民国重要史料初编》第七编(三),第71页。
[4] FRUS, 1946, Vol.9, pp.142—143.
[5] 见《中央日报》1946年1月15日。
[6] 同上,1946年1月20日。

宣称不管怎样，国民党最终都是要承认中共在东北的地位的。[1]

在几乎与此同时召开的中共中央会议上，赶回延安汇报的周恩来十分兴奋地介绍了政协会议所取得的成绩。刘少奇则代表中共中央明确肯定了重庆代表团的工作，认为虽然同意军队国家化，包括取消军队中党的工作，是很大的让步，但大危险是没有的，因为这一让步换来了全国范围内的民主运动的胜利。他表示：党内"今天主要的问题是左倾，是不相信和平，不相信政协的方法可能达到比军事斗争更大的结果。这是十八年残酷斗争所造成的影响"。应该说，国民党的独裁已经开始被破坏了，还会继续被破坏。"武装斗争是必须的，非此没有今日。但继续武装斗争则必然在政治上失败。我们的军队以后要成为群众的工具，不用子弹而用纪律，用群众工作来打仗，使之誉声载道"。据此，他强调说，"我们这个和平方针与苏联的方针一样，他们要了解我们这一点"[2]。

中共中央通过了决议，赞同政协决议的决定。会议并且考虑了党的领导人参加政府的人选。会议按照周恩来的提议，主张以毛泽东、林伯渠、董必武、吴玉章、周恩来、刘少奇、范明枢（或彭真）、张闻天为中共方面参加国民政府的具体人选，以周恩来、董必武、林伯渠、王若飞为行政院副院长和两部部长及不管部部长的人选。[3] 中共中央并决定与国民党方面具体协商国府委员中各党派具体比例数字及否决权问题，以便下一步参加政府工作。

在得到中共中央正式批准之后，周恩来等由延安又返回了重庆。政协决议草案也得到了包括国民党在内的其他党派的批准。由此，政协会议终于就政府组织、和平建国纲领、军队国家化及国民大会和宪法草案等五个问题达成了正式的决议案。

在政治民主化方面，决议案规定：成立由各党派及无党派人士组成的国民政府委员会和行政院，以国府委员会为政府之最高国务机关，讨论并决定立法原则、施政方针、军政大计及财政计划等，国府主席对于国府委员会的决议，只有复议权，没有否决权，复议时如有五分之三以上委员主张维持原案时，该案应予执行。同时，建立立法院作为国家最高立法机

---

[1]《重庆代表团关于与友人谈话情况致中央电》，1946年1月28日。
[2]《刘少奇在中央会议上的结论》，1946年1月28日。
[3]《中央关于国府委员人选问题给重庆代表团的指示》，1946年2月6日。

关，由选民直接选举产生，总统、省长等实行民选。目前，总统得由县级省级及中央议会各级选举机关选举或罢免，而省可为地方自治之最高单位，并与中央均权。

在人民权利方面，决议案突出强调了人民在身体、思想、宗教、信仰、言论、出版、集会、结社、居住、迁徙、通讯方面之自由，严禁司法及警察以外任何机关有拘捕、审讯及处罚人民之行为，要求修改或废止一切与此相抵触的现行法律法规，明文规定任何涉及人民自由的法律规定，都必须出于保障自由之精神，不得以限制为目的。

在军事国家化方面，决议案规定：实行军党分立，军民分治，军队内禁止一切公开的和秘密的党派活动，军人不得兼任行政官吏，军队不得干涉政治，国共两党军队尽速完成整编，最终实现全国军队统一整编为50—60个师的计划。[1]

毛泽东反对学法国，主张"美蒋要以统一来消灭我们，我们要逃脱"

政协决议的达成，明显激起了中共领导人中的政治幻想。毛泽东讲，这是党和人民的"很大胜利"，"全国和平民主方向业已确定"[2]，这未必是他的真实想法。但许多领导人显然真心相信和平民主新阶段已经来临，不可逆转。

对于多数领导人来说，他们显然相信苏联方面战后一直在向中共中央介绍的"法国式道路"，也将是中国下一步发展的方向。还在1945年8月下旬斯大林来电要求毛泽东与蒋介石谈判和平统一的时候，毛泽东就已经提到过这一前景，说："我们现在在全国范围内大体上要走法国的路，即资产阶级领导的，而有无产阶级参加的政府。"苏联大使此后不止一次地向周恩来介绍过法国党在这方面的经验。1946年1月28日苏联大使在与王若飞谈话时，又特别强调了这一点，声称中共应学习法国的经验，今后要把主要任务放到争取群众方面来。[3] 因此，周恩来在这一天向中共中央汇报政协会议情况时，也用赞赏的口吻，专门讲到了法国军队国家化的

---

[1] 见《中央日报》1946年2月1日。
[2] 《毛泽东对美联社记者谈话》，《新华日报》1946年2月13日。
[3] 《重庆代表团关于与友人谈话情况致中央电》，1946年1月28日。

经验问题。说:"法国当时有几十万美英军队,如内战必失败,政治资本也要失去。故承认编入国防军,结果军事地位并未损失,政治地位极大提高。"[1]

正是基于对法国式道路的经验高度肯定的心理,中共中央在注意到政协会议所取得的和平民主成果之后,马上就相信"民主革命的胜利可能不需要再经过内战"了。由此也就催生了在中国共产党历史上空前绝后的关于和平民主新阶段问题的党内指示的出台。

显然,在和蒋介石国民党斗争了许多年之后,中共第一次看到蒋介石在政治民主化问题上作出了实质性的妥协,第一次看到"用政治斗争的方法可能达到比军事斗争更大的结果"。联系到战后整个国际大势和法国党的经验,他们终于得出结论称:"中国革命的主要斗争形式,目前已由武装斗争转变到非武装的群众的与议会的斗争",中国"已走上了和平民主建设的新阶段","党的全部工作,必须适应这一新形势"。

据此,中共中央于2月1日发出党内指示,说明:"重庆政治协商会议经激烈争论之后,已获重大结果,决定改组政府,并通过施政纲领、宪草原则,又决定召开立宪国民大会,整编全国军队,实行军党分立,军民分治,以政治军及议会制、内阁制、地方自治、民选省长等项原则。由于这些决议的成立及其实施,国民党一党独裁制度即开始破坏,在全国范围开始了国家民主化。这就将巩固国内和平,使我们党及我党所创立的军队和解放区走上合法化。这是中国民主革命一次伟大的胜利。"根据政协决议的精神,"我党即将参加政府,各党派亦将到解放区进行各种社会活动,以至参加解放区政权,我们的军队即将整编为正式国军及地方保安队、自卫队等。在整编后的军队中,政治委员、党的支部、党务委员会等即将取消,党将停止对军队的直接领导(在几个月之后开始实行),不再向军队发出直接的命令"。它断言:"我党创立的军队,在今天只有采取这种形式才能取得合法地位,被国内各党派及各国政府所承认而保存起来,并且换得党在全国的合法地位与国家的民主化,换得国民党军队脱离国民党所有、个人私有与派系所有。因此,这种退让是适合全国人民利益的,它丝

---

[1]《周恩来关于政治协商会议的报告》,1946年1月28日。

毫不改变我们军队作为人民军队的本质。"[1]

但是，放弃非法的武装斗争，去走合法的议会道路，在中国，这样的道路是否走得通呢？至少，毛泽东对此是持有疑问的。一直相信"枪杆子里面出政权"，相信"革命的中心任务和最高形式是武装夺取政权，是战争解决问题"[2]的毛泽东，自战后以来就一直在反复思考着这一问题。正如他在前往重庆谈判前夕所言："问题是国共反映美苏"，因此，"城下之盟可以设想，同时又不可以设想。因为我们作了城下之盟，就是苏联作了城下之盟"[3]。所谓"可以设想，又不可以设想"，其实就最典型地反映了他的这种矛盾心理。他本不愿相信这种可能性，但由于受限于美、苏，因此只能勉强地按照它们的意志行事。一旦轮到可以由他做主的时候，他的态度马上就会发生改变，变得"不可设想"了。所以，当他在重庆谈判过程中注意到蒋介石其实并不能做到政治民主化，不过假借名义来诱骗中共放弃武装的时候，他就已经下定决心，坚持"人民的武装，一枝枪，一粒子弹，都要保存，不能交出去"[4]。

这一次的情况也颇为相似。由于美、苏均表现出想要把国共两党统在一个政府里的强烈愿望，再加上政协会议反映出了中国社会精英和民众的共同期盼，因此，毛泽东形式上也不能不表示赞同和欢迎。一旦具体涉及军队问题的时候，毛泽东的政治警觉性就又迅速提升起来了。实际上，还在2月8日，即中共中央开始考虑具体实行政协关于军事整编问题的决议的时候，共产党人的敏感神经就已经被触动了。中共中央明确指示说："马歇尔所提办法，对于破坏国民党及地方系军队的原来系统是彻底的，但应看到有许多仅是马的理想，事实上有些（如真正合理的征兵制）是今天行不通的。军队中的派系亦将长期存在，但我们在今天不要指出马的那些意见行不通，而应在原则上赞成他的意见，同时提出现在只决定第一期整编计划，第二期整编计划待第一期整编完毕时再行决定。因为到那时我可取得一些经验，并可看清美国的意图及按当前形势来决定我们对军队的

---

[1]《中央关于目前形势与任务的指示》，1946年2月1日，见《中共中央文件选集》，第16卷，第62—67页。
[2] 见《毛泽东选集》（合订本），第535、529页。
[3]《毛泽东赴重庆谈判前在政治局会议上的讲话》，1945年8月26日，参见《毛泽东文集》，第4卷，第15—16页。
[4] 见《毛泽东选集》（合订本），第1159页。

政策。"而现在,我们第一是绝不能答应把我们的军队与国民党的军队合编起来;第二是驻地仍应坚持在我们自己的地区;第三是要争取为中共在东北的部队增编几个师;第四是要将我之主力大部保存在地方武装之中。因"美蒋目的仍是在政治上让步,军事取攻势(即最后夺取我之军队),此种阴谋必须严重注意"[1]。

自1945年11月至1946年2月中旬前,毛泽东事实上因重庆谈判期间过于劳累,回延安后多半时间处于休养之中,并未直接参与中共中央的各种具体会议和工作。但政协会议决议通过,并开始具体讨论到整军方案的时候,他显然因为不甚放心,重新开始参加中共中央的日常工作会议。

2月12日,在中央书记处讨论军队问题的会议上,毛泽东虽还在休息中,却亲自参加了会议,并且发了言。他的意见很明确:"美蒋要以统一来消灭我们,我们要逃脱,要统一而不被消灭。军党分立还不是最危险的,合编分驻才是最危险的。""原则上只好赞成,实际步骤要看具体情况"。他说,不能什么都学法国,因为"我们国内国际条件与法国不同"。王稼祥也支持毛泽东的看法,认为马歇尔的手法非常漂亮,第一阶段整编计划看起来我并不吃亏,但第二步就要吃亏了。因为马歇尔认定中国决不能有两个军队,如有即两个国家,即中国和平与远东和平的威胁。因此,他在军队国家化的口号下,提出军党分离、军政分离、补给与训练分离。这样,我们的军队就要离开民政,离开财政与征兵权,而训练权均操在美国之手。照此计划,美国即可完全控制全中国之军队,以后再经过交通、货币的统一与经济的压力,控制全中国之政治,那时我如反对,在政治上就必然要陷于孤立了。

不难想象,毛泽东的态度会具有怎样的作用。刘少奇也改变了此前的看法。他开始承认:"以军队国家化换取国家民主化的思想有危险,这种思想要在我们同志中去掉。"分散合编两项应从缓,"我们的理由是要保护自己的军队,因为现在民主化的前途还不知道"。一旦交出军队的控制权,蒋对我们军队恐怕要比对其他杂牌军还要不客气,对我们党也要比对民主同盟还要不客气。那时候,蒋要怎样便怎样,民主化反而没有希望了。

据此,中共中央很快就作出决定,拒绝交出中共军队的战斗序列。其

---

[1]《中央关于与国民党谈判军队整编的方针的指示》,1946年2月8日。

理论是：（一）国民党军队仍在继续侮辱共产党为奸党，共产军为奸军为匪军；（二）国民党许多军队违反停战协定，私自调动军队，进攻共产军，挑起冲突，如对我广东东江纵队及对我中原李先念部队的进攻；（三）国民党不承认共产党领导的义勇军，不承认东北问题和平谈判与政治解决，继续实行武力进攻；（四）华北、苏北的伪军均未解除武装，反而被委以国军名义。这些情况都表明国民党并无与我合作之意。

同时，"为准备将来国民党内的反动派对我举行突然袭击时我仍能有效的组织自卫斗争起见"，中共中央决定："除将二分之一主力部队编为保安部队外，再保留一部分（大约三分之一）好的军事政治干部，在各解放区隐蔽起来，不要去请国民党加委，以免受军事法规的束缚及国民党的破坏，保持活动的自由……以便在一旦受人袭击时他们能自由活动"[1]。

马歇尔的整军计划刚刚开始提上议事日程，实际上就已经受到中共的抵制了。

国民党拒不承认中共在东北地位，中共被迫选择战争

自停战谈判开始以来，东北问题就一直在困扰着马歇尔。"满洲问题除外"，便利了国民党大规模向东北派兵，结果造成了关内停战而关外大打的复杂局面。由于蒋介石完全不把中共抢先进到东北的军队放在眼里，因此，他明显对从中共手中夺占东北的难度缺少足够的估计。[2] 实际上，以国民党四五个军的兵力，要想完全控制住东北，不给中共以生存之地，也是无法实现的目标。何况，在中共的背后，还有苏联在暗中支持着。

中共中央这时在东北问题上的目标十分明确，就是要求国民党承认其在东北的地位。1月21日，中共中央专门要求周恩来在与国民党谈判时，依据下列四点提出东北问题，即："（一）政府接收东北主权时各党派及东北民主人士及民众团体均须有代表参加，要求取消行营，改为东北行政委

---

[1]《中央关于各地须从事整编军队的准备工作的指示》，1946年2月24日；《中央关于拒绝交出我军战斗序列的理由给叶剑英、饶漱石并周恩来电》，1946年2月28日。
[2] 据重庆代表团给中共中央的电报称，参与接收东北的莫德惠告诉周恩来称，东北现有中共军队及杂色军队不下60万人，中央绝不可能单靠军事手段来解决东北问题。但蒋介石现在蒙蔽于杜聿明的片面报告，把问题看得太容易。而熊式辉又不敢对蒋明言进困难，结果是蒋完全不明真相。《重庆代表团关于东北问题致中央电》，1946年1月25日。

员会,包括各党派代表为委员,释放张学良并参加接收工作。(二)承认在东北的八路军及东北人民组成的自卫武装,并编为地方自治政府的保安队及民警。(三)由乡到省政府实行民选,并承认现在各地已经民选地方政府的合法地位。(四)派进东北的政府军队数额不得超过十万至十五万,分驻东北各地军队之数额和运进路线须加协商。"[1]

鉴于东北局领导人对于听任国民党进占东北心有不甘,中共中央亦特别要求他们了解:"美国必须助蒋进占东北,苏联亦必须将东北交蒋接收,我方亦不能不承认蒋军进入东北接收主权,我在东北虽有实力,但尚无任何合法地位,因此苏军不能公开向我办任何交待。现全国停战业已实现……东北亦必须停战。整个国际国内形势不能允许东北单独长期进行内战。""如果我们对国民党采取内战政策,我们必归失败。"为此,中共中央要求东北局"在友方不坚决反对,我在完全防御有理条件下(退避三舍之后),给进攻之顽以坚决彻底歼灭之打击"。一战决定东北今后大局。[2]

1946年1月底,苏军已将辽阳、本溪、鞍山、海城、彰武、新民、通辽等地相继交予中共军队接收。这样,从苏家屯以南至营口、安东,至通化,有着上千万人口的这一重工业区就已经落到共产党人的手中。随后,苏军相继从抚顺和沈阳撤走,不仅不向国民党军办交接,而且明确表示苏军撤走地区,中共可自由破坏。

2月中旬,国共双方已在东北开打。国民党军队占据了几座县城,中共军队则在彰武以北歼灭了国民党军五个营。这个时候,不仅国民党不愿让三人小组出来调处东北问题,就是中共东北局也建议重庆代表团暂时不要找美蒋谈东北停战问题。它并报告说:苏军已明确表示,将全力支持我们确立在东北的主人地位,因此将尽可能满足我们在武器方面的要求。有关细节及组建炮兵、坦克部队、设立训练基地的问题,可作进一步的研究和磋商。3月上中旬,苏军即从朝鲜"给枪三万(余)支"[3]。

眼见东北问题趋于严重,马歇尔于3月9日晚再度找到蒋介石,说服

---

[1]《中央关于解决东北问题的方针给重庆代表团的指示》,1946年1月21日。
[2]《中央对目前东北的方针问题给东北局的指示》,1946年1月26日;《中央关于打一大仗决定东北大局问题给东北局的指示》,1946年1月27日。
[3]《东北局关于暂时不找美蒋谈东北停战问题致中央电》,1946年2月15日;《东北局转报周保中处消息致中央电》,1946年3月16日。

蒋同意派军事调处部执行小组前往东北。双方达成的条件是：甲、执行小组只管军事不管政治；乙、执行小组随政府各军行动，与共军保持联络，协商停战；丙、政府军队有权接收中苏条约规定的长春路，沿途铁路三十华里境内中共军应撤退；丁、政府军队有权进驻矿区；戊、凡政府军接收主权时，中共军队不得阻拦并应撤退。[1] 对此，中共中央明确复电表示："蒋所提五条，我们决不能接受"。[2]

3月11日，中共重庆代表团致电中共中央，主张："应承认政府军有权进驻长春路及苏军撤退区，而以同时解决政治问题并协商进兵为交换条件。"称"如得此协商，便可派出执行小组，而三人会议亦可去沈阳，东北方面便可以现有阵地一步一步讲条件，逐步求得有利的解决，并取得我在东北被承认之地位"了[3]。周恩来相信，不接受这一条件，就"只有准备破裂，停战小组及三人会议均不可能去东北"，并且还会"影响国内全局"[4]。

这时，毛泽东已重新主持中央工作了。他明显倾向于东北局的意见。他电告周恩来："东北让出地方问题关系重大，必须慎重处理并征求东北意见。""东北同志的想法和你们及我们都有很大距离，他们雄心很大，不了解为什么要让出许多地方给国民党。东北全党全军都是这种心理，东北局诸同志不过是反映这种意见。"他同时指出："你们切不可一般承认国军有权进驻全部长春路及苏军撤退区，因中东路大部、南满路南段应力争由我接管。至于两路以外之苏军驻扎区，大部已交我接管，一部即将交我，其中除抚顺、本溪准备让出外，其余均不能让。如你们答应国民党有权接收苏军撤退区，则安东、通化、延吉、海龙、合江、佳木斯、黑龙江、洮南、辽源等地及其他广大地区均到过苏军，而我决不能让，将来不好收口。"

因此，他建议重庆代表团在谈判中说明，在停战条件下，国军可以接收自沈阳至哈尔滨之长春路上各城市（路两旁不在内）。"至于政府军以后

---

[1]《重庆代表团关于东北问题的对策致中央电》，1946年3月10日，见《周恩来一九四六年谈判文选》，中央文献出版社1996年版，第131—132页。
[2]《中央关于决不接受蒋提五条给重庆代表团的指示》，1946年3月12日。
[3]《重庆代表团关于东北问题仍以求得解决为前提致中央电》，1946年3月11日。
[4]《周恩来关于东北问题解决不好或将影响全局致中央电》，1946年3月11日。

再要进驻哪些地区和我军必须从哪些地区撤退，须待政治问题解决及我军驻防地区确定并须到东北和我军负责人商讨后，才能具体解决。""我们的中心盘子，长春路的主要部分（即沈阳到哈尔滨）及抚顺、鞍山、本溪、营口、辽阳等数地，是要让给国民党的。但此种让步，须有交换条件"，因"我们并想以让出长春路主要部分及抚顺、本溪交换国方从热河撤兵"[1]。

按照中共中央和东北局的观点去争，周恩来深感为难。其电称：我们"深感在谈判及宣传上，我们如反对政府军队在东北接收主权，具体地如反对政府军队接收长春两路及苏军撤退区，很难自圆其说。因从来我们不反对政府接收东北主权，且在停战协定上承认了政府军队有开入及在东北调动之权"的[2]。

3月15日，中共中央开会讨论了这一意见分歧，但并未能找到解决办法。随后起草的中共中央指示决定：不接受三人小组讨论的条件，听任东北军事冲突继续一个时期。[3] 毛泽东并且告诉周恩来：东北局意见，哈尔滨决不能让国民党驻兵，抚顺和营口也要力争双方不驻兵。停战协定并未规定让国民党接收全路及全部撤退区，"若无政治上军事上地盘上之交换条件，并同时解决，我决不能让出地方"。故对国民党的其他要求，也不要答应，冷淡若干天为有利。考虑到东北苏军态度强硬，他明确告诫周称："友方态度极强硬，将有重大发展。重庆友人态度过于软弱，他们的话不要全听。"[4]

刘少奇这时也表示出了强硬态度，同时他还间接地表示了对停战协定将东北除外的不满。他电告周恩来说："为了妥协，我方现承认政府军进驻沈阳至长春，而政府军则承认实行停战，并保证讨论东北政治问题。以后政府军与中共军的驻地再详细规定。如此，我在宣传上及外交上是很能讲得过去的，不是不能自圆其说的。因彼方在宣传上、外交上不承认我军任何地位，不解决东北任何政治问题，我自绝不能再签订一个完全于彼方

---

[1]《中央关于东北问题谈判方针给东北局和中共赴渝谈判代表团的指示》，1946年3月13日，见《中共中央文件选集》，第16卷，第89—91页。
[2]《周恩来关于东北停战问题致毛主席并中央电》，1946年3月14日。
[3]《中共中央关于目前时局及对策的指示》，1946年3月15日。
[4]《中央关于对国民党冷淡若干天为有利致重庆代表团电》，1946年3月15日。

有利，完全于我方不利的条约。事实上，如彼方不实行停战，沈阳以北之长春路，我亦须进驻，使他不能接收，以逼使彼方停战。"[1]

周恩来随即按中央意见，促使国民党代表同意三点修正，即：（1）在政府"有权派兵进入苏军撤退之地区"一条中增加了"现时"二字以为限制，并指明"即苏军现时撤退之沈阳、长春间铁路线及其两侧各三十华里在内"。（2）"凡现时中共部队驻在地区，政府军如须进驻，须经过执行小组商讨行之。如小组未能取得协议，则应由较高机构解决之"。（3）"将来一切军队在东北之驻防事宜，依整军方案另订之"。[2]

接得周恩来的电报，毛泽东马上断定又有了新的机遇。他当即批示：务请东北局与苏军接洽，"将整个中东路（包括哈市）让我充兵永远占住，不让国民党进驻一兵一卒"。他因此批准了东北局夺取沈阳以北所在地区的计划，并要求他们马上进占各战略要点，"愈快愈好"[3]。

苏军抱怨：你们为什么对美国如此客气？决战四平，虽败犹胜

1946年是世界经历历史性转折的一年。刚刚经历了从战争向和平过渡的美、苏两大强国，在莫斯科会议刚一结束，很快就开始从战时的盟友变成了和平时期的敌人。随着1946年初苏联与美国在伊朗和土耳其等问题上发生尖锐的矛盾和冲突，苏、美关系骤然间恶化起来。由于苏联力图取得对伊朗和土耳其的控制权而不可得，反而使得美国迅速把它的势力范围伸展到东地中海地区。苏联一直计划把中国东北置于自己的势力范围之下，也不断地受到美国的指责和反对，就连想用"经济合作"来要挟国民党，都因美国的干预而告失败。可想而知，苏联很难不认为自己正在落入美国的战略包围之中。

2月11日，美、英政府公布了雅尔塔秘密协定，苏联因为通过秘密协定索取在中国东北的特殊权益而不可避免地在外交上和舆论上受到冲击。与此同时，蒋介石又突然旧态复萌，先是在国府委员党派比例问题上表示

---

[1]《中央关于绝不能再签订一个于我不利的条约给重庆代表团的指示》，1946年3月16日。
[2] FRUS, 1946, Vol.9, pp.564—565.
[3]《毛泽东在周恩来与张治中谈判东北问题报告上的批示》，1946年3月17日；《中央关于同意派兵进驻沈阳以北长春路沿线苏撤区给彭林的指示》，1946年3月17日。

反悔，后又以自己"事前未能详阅条文"为借口，根本否定政协通过的宪法草案决议。[1] 国民党内CC派原本就不满政协决议，因而乘着重庆各界举行庆祝政协圆满成功大会之机，在重庆市党部的秘密组织下大打出手，演出了震惊国人的"校场口惨案"。紧接着，国民党为转移民众视线，马上又利用雅尔塔密约公开，发动了全国范围的反苏大游行，还乘机捣毁了重庆《新华日报》的报馆。

所有这些情况无疑都强烈地刺激了苏联人，苏联红军在东北再也不顾中苏条约的约束，把苏军占领地区全部交给中共，并且要求中共放手大打，明显是想要让中共在东北站住脚。在东北停战谈判迁延不决之际，苏军代表甚至明显表示不耐烦。他们一再质问中共东北局领导人：你们为什么对美国如此客气？为什么容许国民党派五个军来东北？他们强调：凡苏军撤退之地，包括沈阳、四平街，中共都可以放手大打，并认为"打得越大越好"。[2]

3月18日，周恩来与国民党代表商定的东北停战条件被蒋介石否决，谈判再度陷入僵局。刚刚回到华盛顿的马歇尔对此备感焦虑，再三催促。21日，周恩来受命回延。中共中央研究后通知东北局称："我们已答应让出沈阳至长春之铁路线及其两侧各卅华里给国民党驻兵（山海关至沈阳铁路亦由国民党驻兵），其他地方暂时不让。如国民党及美国答应在这种条件下与我停战，我即不能不和国美成立协议，让停战小组进入东北。我们想这对于苏联亦无不利之处。"但它仍旧希望苏联能够加入调处，因而要求东北局立告苏军并询问他们意见，"是否愿意公开出面参加调解冲突，成为国共美苏四方面组织停战小组？"毛泽东特别指示称：马歇尔将要回到中国，"可能在数日内成立协议"，"你们应立即动手大破北宁路及沈阳附近之长春路，愈迅速愈广泛愈好，迟则无用"；"歼灭国民党进攻军队愈多愈好，不惜重大伤亡（例如一万至二万人），求得大胜，以利谈判与将来"。[3]

3月23日，周恩来通知中共中央，苏军准备4月底以前全部撤退完毕。次日，毛泽东拟电告诉东北局称："美苏中苏关系业已改善，苏军四月撤完，

---

[1] 见《先总统蒋公思想言论总集》，第37卷，第333—335页。
[2] 《中央关于与国民党谈判策略致重庆代表团电》，1946年3月18日。
[3] 《中央关于美国急欲解决东北国共冲突致东北局电》，1946年3月23日。

已照会王世杰。判断蒋介石必由沈阳出兵向北和我争夺长春、哈尔滨。""我党方针是全力控制长哈两市及中东路全线,不惜任何牺牲"[1]。

为了尽可能实现这一作战目标,毛泽东还进一步要求东北局与苏军交涉,请他们速让我军进占长、哈两市及中东路全线外,"另请他们加拨枪炮若干(例如步枪十万,机关枪一万,大炮五百门,弹药称是),以便广泛武装东满北满民众及我军","力争我党占领长春,以长春为我们的首都"[2]。

24日,国民党军队大举北上,开始进攻中共占据的抚顺、辽阳等地。中共中央估计停战协定达成及停战小组派出还要相当时间,因此明告东北局"至少还须经一二个星期,也许更长时间的恶战,才能实际达到停战"。

27日,三人小组最终达成关于派遣停战小组前往东北执行停战命令的训令,规定小组之任务只为调处军事案件,并只应前往政府军与中共军冲突地点或接近地点,以制止冲突及进行必要与合理的调处。[3]但是,美国代表吉伦另有打算。他甚至密令派赴东北停战小组中的美方人员要协助"政府军":(1)占领所有村镇、城市及交通线上之要点;(2)单独管理所有公路、铁路、水运、空运交通,包括上述交通设备和两侧三十华里之地区;(3)占领并管理所有工厂、煤矿、电厂及其他设备之地区。[4]因此,停战小组虽到达沈阳,却并未实现制止冲突的目的。蒋介石这时也有恃无恐地在国民党参政员会上公开扬言,对于中共在东北的所谓"民主联军"和所谓"民选政府","决不能承认"[5],从而完全堵死了和平解决东北问题的道路。

在连续作战两周时间后,林彪所部节节抵抗,终于在四平街西南兴隆岭和泉头车站与国民党新一军形成了对峙,但部队伤亡已达1700余人,而国民党的增援部队还源源不断而来。林彪明确认为:"在此种情形下及在蒋介石继续增兵东北的情况下,我固守四平和夺取长春的可能性,和东北和平迅速实现的可能性均不大。"他建议,"停止对长春之攻击"和对四平的死守,部队作战应以消灭敌人为主,而不以保卫城市为目的。以免既不能保卫城市,又损失了力量,造成以后虽遇有利条件亦不能歼灭敌人的情况。[6]

---

[1]《中央关于全力控制长哈两市及中东路全线致东北局电》,1946年3月24日,见《中共中央文件选集》,第16卷,第100—101页。
[2]《中央关于苏军撤退前力争占领长春致东北局电》,1946年3月25日。
[3] 见《解放日报》1946年3月28日。
[4] 见《中华民国重要史料初编》第七编(三),第94页。
[5] 同上,第74—78页。
[6]《林彪关于我军应以消灭敌人为主致东北局及中央电》,1946年4月8日。

4月12日,毛泽东复电表示同意林彪的建议。两天后,苏军突然从长春撤离,再加上林彪部成功歼灭了国民党71军的一个师,毛泽东对东北作战的形势又马上乐观起来,因而再度批准了东北局夺取长春的意见。19日,长春完全占领。毛泽东电告周恩来称:"长春已得。已令彭林周陈高夺取哈齐,并发动群众整顿军队,为保卫长春而战,同时增强四平兵力,歼灭进攻之敌,坚决保卫整个北满至西南南满。我军已打出经验,寸土必争,决不退让。"[1] 他并指示东北局,要"做长期保持计划",还应"考虑于短期内召集东北人民代表会议,成立东北自治政府问题"[2]。

4月20日,在哈尔滨的高岗电告东北局和中共中央:苏军已确定25日撤完,今送两辆装甲车及一部武器。"交涉送十万步枪、一万轻重机枪、一千门炮,他答应我们进哈市后即会得到东西"[3]。几天后,哈尔滨、齐齐哈尔等相继取得,毛泽东电告林彪:"东北战争中外瞩目。蒋介石已拒绝马歇尔、民盟和我党三方同意之停战方案,坚持要打到长春。因此我们必须在四平本溪两处坚持奋战,将两处顽军打得精疲力竭,消耗其兵力,挫折其锐气,使其以六个月时间调集的兵力、武器、弹药,受到最大消耗,来不及补充。而我则因取得长、哈,兵力资财可以源源补充,那时,便可能求得有利于我之和平。"[4]

尽管中共中央下决心"死守"四平、长春[5],但它实际上认识到,目前第一位的任务已经是"力求迅速停战"了[6]。故周恩来很快即向国民党代表提出:东北已无接收主权问题,我只要和平与民主,政治上只要三分之一,军事上只提重定比例,并非想独霸东北,要求国民党正视现实,开始谈判。[7] 然而,仍旧握有重兵的蒋介石,是绝不肯在这种条件下来同共产党谈判的。以中共此时新组建的部队的战力,要顶住新一军等美式装备,并参加过印缅战争的精锐之师,守住四平、本溪,其实也是很

---

[1]《毛泽东关于如国美要求我让出长春请断然拒绝致重庆代表团电》,1946年4月19日。
[2]《中央关于东北局应迁长春给东北局的指示》,1946年4月19日。
[3]《高岗关于与苏军交涉情况致东北局并中央电》,1946年4月20日。
[4]《毛泽东关于在四平本溪坚持奋战争取有利我之和平致林彪电》,1946年5月1日,见《毛泽东军事文集》,第3卷,第195页。
[5]《中央关于死守四平挫敌锐气致林彪电》,1946年4月21日,《毛泽东关于长春应布置守城致彭、林电》,1946年4月20日。
[6]《中央关于同意马歇尔停战方案意见问题给重庆代表团的指示》,1946年4月26日。
[7] FRUS, 1946, Vol. 9, pp. 811—812.

第五章 走向新中国

难想象的。

从4月上旬到5月中旬，共产党约六个旅在四平一线阻击蒋军达一个多月，顶住了近十个师的轮番进攻，伤亡近两万人，且兵力全部投入战斗，极为疲惫。不得已，中共中央决定必要时"应主动的放弃四平"，同时要求中共代表团根据马歇尔的提议，经民盟提出了"长春双方不驻兵"，组织"三三制民主政府"，市长由中间人士担任的建议。[1]

但是，5月18日中共军队被迫撤出四平，22日长春被国民党新六军进占，蒋介石气焰大盛，此议遂不了了之。不仅如此，蒋介石还进一步挥师北进，迅速拿下了吉林，攻占了辽源、伊通、西丰、西安，只是没有力量追过松花江，进占北满了。

恰恰因为国民党一时无力进占北满，退据北满的林彪部队反而得到了充分休整补充和更换装备的时机与条件。不过半年之后，退入北满的十几万部队，就发展到46万余人。到1947年夏天，达到了73万余人。1948年年底，更是发展到了105万人，编成了12个纵队、14个独立师、3个骑兵师、1个炮兵纵队、1个铁道纵队、1个坦克团。[2] 国民党军反而因为防守的战线过长，兵力上更加捉襟见肘，很快就不是林彪的对手了。

苏联倾力援助，中共在东北转危为安，马歇尔调停失败

中共在东北军力的迅速发展，自然离不开苏军的帮助。还在四平保卫战的过程中，苏军就给予了高度重视，并从朝鲜苏军处调拨弹药应急，还特别询问东北局所缺武器情况。四平弃守后，苏军代表明确提出，中共是否有能力在关内另辟战场，称如此可减轻东北压力，陷美蒋于被动。如果中共有此能力，他们愿意帮助中共组织船只从海上经山东转运武器弹药。东北局电告中共中央说，苏军代表表示："在朝鲜有相当数量武器弹药可以用来帮助我们。只要我们有办法，要多少有多少。"[3]

坦率地说，四平之战的结果大大出乎毛泽东的预料。在长春弃守，国

---

[1]《中央关于东北停战问题致重庆代表团电》，1946年5月15日。
[2] 见《何长工回忆录》，解放军出版社1987年版，第413—414页。
[3]《东北局关于在关内另辟战场问题致中央电》，1946年5月20日。（注：在四平保卫战中，由朝鲜运来的成百车皮的军火，曾在四平附近的火车站被国民党空军炸毁。）

民党军长驱北上之际,毛泽东对东北战局的进一步发展也毫无把握。他虽然仍旧要求部队力争"保持北满东满某些大中城市,作为长期坚持东北斗争的有利的战略基础"[1],但东北局明确表示反对。因这次作战失利,东北局领导人头一次深感形势的严峻与危急。在5月26日的报告中表示,现在不要说守城,就是对追敌进行抵抗,都很困难。电称:"部队伤亡减员甚大","主力甚为疲惫","各地土匪乘虚弥起","敌向我党前进,我甚难作有力抵抗"[2]。因此,东北局强烈要求作弃守哈尔滨和齐齐哈尔的准备,避免再与国民党军做拼死之战。6月3日,中共中央最终批准了东北局"作放弃哈尔滨之准备,采取运动战与游击战方针",提出今后应"为在中小城市及广大乡村建立根据地而斗争"[3]。

然而,毛泽东对在有苏军配合的情况下竟然不能在东北取得几个大城市从而背靠苏联建立强固的战略基地,无论如何都不甘心。因此,他几乎马上就接受了苏方的建议,不顾关内已实施了停战令的情况,命令山东的部队发起"报复作战"。他在电令中讲得很清楚,即"国民党占我长春、吉林,正向哈尔滨进攻,在关内各地进攻不停,其中包括攻我豫东,辰三十(即5月——引者注)起北平蒋军大举攻我冀东。因此,我必须采取报复手段"[4],以便牵制蒋介石不能继续向东北增兵,并还国民党军以颜色。

与此同时,鉴于马歇尔坚持必须让国民党进占哈尔滨、齐齐哈尔、满洲里、佳木斯、牡丹江等北满大中城市和中苏边境各战略要点,毛泽东极为恼怒。为尽可能保住哈尔滨等城市,他一面电告周恩来坚决反对,一面在万般无奈之下,破天荒地要求东北局向苏军求援,说明我军甚为疲劳,除非苏军"能立即出动实力,到哈尔滨等处协助我军,打击国民党,我方才可以拒绝国美上述苛刻条件"[5]。

不难想象的是,苏军断难出兵帮助中共抗击国民党的进攻。好在毛泽

---

[1]《中央军委关于保持某些大中城市作为长期坚持东北斗争的有利战略基地致东北局电》,1946年5月26日。
[2]《东北局关于今后作战方针问题致中央电》,1946年5月26日。
[3]《中央关于为在中小城市及广大乡村建立根据地而斗争给东北局的指示》,1946年6月3日。
[4]《中央关于立即攻取长垣考城永年聊城致刘邓薄并告贺李聂刘电》,1946年6月2日;《中央军委关于攻取泰安大汶口张店周村德州枣庄等地致陈舒电》,1946年6月5日;《中央关于我愈取坚决有力之报复行动美蒋对我愈有所顾忌致重庆代表团并东北局电》,1946年6月12日。
[5]《中央关于争取拒绝国美苛刻条件致东北局电》,1946年6月5日。

第五章 走向新中国

东强烈担心的国民党军渡江北进的情况没有发生。苏军还是给了中共最直接的帮助,这就是将日本关东军留在北满的一部分武器弹药和重型装备留给了林彪的部队,使之很快能够扩编一倍,并大大增强了部队的作战力。不仅如此,苏方还按照他们5月间允诺的那样,由驻朝鲜苏军经中共南满辽东军区,向山东的中共部队提供了大批武器装备和弹药器材等。

据5月下旬辽东军区司令员肖华电告,第一批运送去东北的,有重机枪83挺、轻机枪32挺、子弹43万发、炸药1万箱,还包括一批电气材料、广播电台、印刷材料和摄影机等,均秘密由安东通过海路运去山东烟台,送交给了陈毅的部队。6月,朝鲜苏军又进一步接连向山东的中共部队提供了两批武器弹药,其中第三批就有步枪5000支、子弹300万发、高射机枪20挺、重机枪30挺,并有其他资材一批。[1] 这种大批量的武器弹药输送一直分期分批进行到8月份,仅7月15日到8月7日,就运送了12145支步枪、182挺重机枪、506挺轻机枪、167个掷弹筒、7门炮、11164把刺刀、1000余万发子弹、43588发炮弹、6700发掷弹筒弹、22万斤炸药,以及500箱填装炮弹的火药等武器弹药到山东。[2]

由于8月中旬负责东北局后勤工作的萧劲光向朝鲜苏军要求开始向东满转运武器弹药,向山东运送军事物资的工作一度暂停。中共中央得知消息后,马上进行了干预,指示东北局:"华北战事激烈,弹药极缺。肖华前计划运送子弹二千万发,炮弹数万,步枪机枪及炮若干,极为重要。"请务必指令有关同志交涉速运,必须于烟台、威海尚在我手时完成运送[3]。

据此,肖华又得以很快组织南运了炮弹火药3500箱,并从辽东军区炮兵团的炮弹中抽出2000发山炮炮弹和50万发七九子弹运去山东。苏军得知关内战事弹药极缺的消息后,也马上从图们转交给中共100多节火车皮的弹药,紧急援助中共。到9月,朝鲜北部所存日军各种子弹、炮弹、炸药和各种枪炮等已全部运抵安东,其数量之大,已非过去海船运量所能承受。故根据辽东军区的要求,中共中央明令胶东军区:"派得力干部迅即集中所有轮船至安东,运输物资,愈快愈好",并要求详细报告何人负责、何日出动及每次运量多少。中共胶东区委很快组织了数十只较大型的汽船前往安东往返运输,所运物资除少部转运到晋冀鲁豫根据地外,大部

---

[1] 《肖华致陈、黎、舒并报东北局、中央电》,1946年5月28日、6月15日、6月23日。
[2] 《肖华致陈、黎、舒并报东北局、中央电》,1946年8月9日。
[3] 《中央关于华北弹药极缺必须速运弹药致东北局电》,1946年8月24日。

均运往临沂集中。[1] 后因安东 10 月 25 日失守，辽东部队主力和伤病员全部在苏军接应下撤入朝鲜，此一运输通道亦被切断。

在此之后，在北满的中共军队还成功地取得了苏军 1946 年撤退前从沈阳、长春一带运到满洲里贮存起来的一大批日式武器装备，大部分都是重武器，包括坦克、大炮之类。在东北局军工部部长何长工的指挥下，用火车拉了几天才拉完。[2] 据林彪电称，这批武器装备了 30 个步兵团加两个山炮营。林彪为此还进一步向斯大林提出了再帮助 20 万支步枪、1.5 万挺轻机枪、7000 挺重机枪、700 门团营迫击炮、1000 门连迫击炮、100 门高射炮、200 门山野炮，以及大量弹药和 20 个师用的通信器材的要求。苏联随后从朝鲜方面向林彪提供了 2000 车皮装运的武器弹药。

而苏联以租借名义占据的旅大地区，事实上也成为中共支援前方作战的重要军需物资供应基地。除了铁路和港口直接由苏方管理外，地方政权和主要经济部门均交由中共控制。因此，旅大的军工生产企业也为中共前线供应了相当数量的军用物资。[3]

从 1946 年 12 月开始，苏联政府以及苏联武装力量部和后来的军事部，还通过贸易机构直接向中共提供物资。仅在 1947 年里，苏联就向中共华北和东北根据地提供了价值 15100 万卢布的各种武器、设备、战略材料和工业。1948 年间，更达到 33540 万卢布。1949 年，又增长为 42060 万卢布。[4]

苏方军事帮助的意义，东北局的感受最直接。部队进入北满后与苏军

---

[1] 中共此后仍旧继续从北朝鲜方面得到弹药的帮助，但多半是花钱从北朝鲜自己的炸药厂购买的。
[2] 见《何长工回忆录》，第 427—428 页。
[3] 据时任大连市委书记的韩光介绍，从中共进入旅大至 1949 年，旅大为前线提供了 1200 门迫击炮、450 吨无烟火药、50 余万发炮弹、80 余万枚引信、30 万套军服和其他大量军需用品。见中共吉林省委党史研究室、吉林省东北抗日联军研究基金会编：《韩光党史工作文集》，中央文献出版社 1997 年版，第 33—39、133—139 页。
[4] 有关这项援助的数字，现有两种不同说法：沈志华引用的数字是，1947 年 9300 万卢布，1948 年 15100 万卢布，1949 年 20500 万卢布；陈晖引用的数字是 1946 年 12 月至 1947 年 1 月 15100 万卢布，1948 年 33540 卢布，1949 年 42060 卢布。因沈志华所引数据是 1977 年苏联出版物中的数据，而陈晖引用的数据是 2005 年列多夫斯基补充提供的，故这里以陈晖所引数字为准。唯笔者对 1946 年 12 月至 1947 年 1 月仅两月即提供 15100 万卢布这一数据存疑，注意到其随后的数据均以年为统计单位，故推测陈晖这里的 1947 年 1 月当为 1947 年 12 月之误。参见沈志华：《苏联专家在中国（1948—1960）》，中国广播电视出版社 2005 年版，第 32 页；陈晖：《马歇尔使华与苏联对华政策》，《历史研究》2008 年第 6 期。

三个多月的密切合作，使东北局明显又增强了信心。他们告诉中共中央称：抗战结束后，我党的最大胜利就是我军进入东北。如今，只要我军能够再取得几个月的休战时间，就能利用已经得到的成批的大炮，建成自己的炮兵部队，进而初步创立起一个广大的根据地。只要能够建立起这块背靠苏联的根据地，就能在苏联的帮助下，"建设数十万现代化的人民军队"[1]。又过了一个月之后，形势变得更加明朗，东北局更进一步向中共中央提出：我们现在已经有了充分的武器装备的技术条件，完全可以"依国际联系建立优越武器装备的军队"，现在的问题是需要大批营、连、排干部来扩编军队，尤其是急需一大批人"来学飞机坦克大炮"。他们强烈要求中共中央分令各区再抽调人员尽快经大连转送到北满来。[2]

同样，中共中央这时也对关内作战的效果感到满意。从6月下旬国共双方在关内再度开打，由于得到了关外源源不断地输送的武器弹药，几个月时间中共在华北地区就已成功歼灭国民党军二三十个旅。这时，直接参与军事指挥的彭德怀最感到兴奋的，就是部队在"技术上提高了，装备加强了，炮兵增多了"，因而"士气高涨了"。与此相反，中共作战并不感到弹药紧张，蒋介石的家当却越打越少，"美日武器弹药用掉了大部"。在这种情况下，中共中央不仅对与国民党再谈停战不感兴趣，就是对美国的调处也不再需要了。毛泽东几度指示重庆代表团不要再提停战问题。中共中央并且已经得出结论，宣布说："此次战争实际上敌人是美蒋……我们在现阶段的基本政策，是对付美蒋两个结合一体的敌人，即是反美国帝国主义又反蒋介石封建买办集团。"[3] 还值得一提的是，大量利用有技术的日本人为我所用。1946年林彪部退到北满后，就征用了8000多名日本籍的医生、护士组建军医院，医治大批伤病人员。同时，还大量利用日本的军工技术人员和其他军事技术人员，组建自己的军工厂、航空学校和炮兵学校。因而创建了中共军队规模最大，也是最现代化的军医院、军工厂和军事学校，使东北部队的后勤和技术保障能力极为强大。

1946年10月11日，国民党军不顾中共代表的强烈反对，夺取了中共

---

[1]《东北局关于华北战场与东北战场等问题的报告》，1946年9月9日。
[2]《林彭高陈对目前形势与今后任务的意见》，1946年10月19日。
[3]《中宣部关于现阶段革命性质及基本政策问题给冯白驹等的指示》，1946年11月10日，见《中共中央文件选集》，第16卷，第332—333页。

控制的张家口。国共关系事实上已经破裂了。

11月15日,国民党不顾中共和民主同盟等中间党派的反对,单方面召开不符合政协决议程序的,而且只有国民党和两个小党派的代表参加的国民大会。四天后,中共谈判代表周恩来等一行人毅然返回了延安。

12月18日,美国总统杜鲁门发表声明,表示将继续支持受到中共和民盟等中间派反对的蒋介石的国民政府。这表明,美国已经被迫公开表示站在蒋介石国民党一边,马歇尔在中国的调停工作自然失去意义了。

1947年1月8日,一直以为能够在中国作出一番成就的马歇尔黯然离开了中国。而中共中央在2月1日的政治局扩大会议上,仔细盘点了几个月来的战绩和国内外政治形势,明确认为:"我军如能于今后数月内再歼其四十至五十个旅,则军事形势必将发生重大变化",中国人民反美反蒋的人民大革命毫无疑问地将要到来了。[1]

三、"中间地带"的革命?

毛泽东相信,美、苏妥协并不要求各国人民随之实行国内的妥协

自抗战结束以来,始终困扰着中国共产党人的一个重要问题,就是"和"与"战"的问题。毫无疑问,没有人会希望战争,特别是在经历了八年抗战,国际国内充斥着要求和平的空气的情况下,准备和平的思想自然会在中共党内占据着主导地位。毛泽东大概是在所有中共领导人中,最坚定地相信战后必定要与国民党展开一场可能会决定两党命运的争夺战的。即使是一直在要求全党作好战争准备的他,也没有预料到战后会面临美、苏直接干预中国事务的局面,一切预想"似乎都变了"[2],好像中国真的要走上和平民主发展的新阶段了。

---

[1]《中央关于目前形势与任务的指示》,参见《毛泽东选集》(合订本),第1209—1210页。
[2]《毛泽东和刘少奇、周恩来的谈话》,1946年11月21日。

第五章 走向新中国

走和平发展的道路,这对中共来说并不是一个新奇的想法。无论在20年代中期、30年代中期,还是40年代初期,凡是在国共两党关系处于发展和稳定的时期,都可以从中共中央的文件中看到类似的设想。但是,在经历了两次国共合作的反复,特别是中共的力量前所未有地空前强大之后,要想让毛泽东再相信共产党与国民党应该或能够和平共处,共同建国,几乎是不可能的了。但问题在于,"国共反映美苏","因为苏美英需要和平",在很长一段时间里,似乎根本就由不得国共两党自己来选择如何安排战后中国的发展道路问题。因此,毛泽东也一度设想过卧榻国民党之旁的可能性,相信"内战是可以避免与必须避免的",因而准备在保持自己一定武装、政权和地盘的条件下与国民党实现和平共处。然而,蒋介石太过自信和自大了,常常膨胀得连中共"在保存一块地方的条件下订城下之盟"的机会也不给,用毛泽东的话来说,叫做"蒋的方针是一无自由,二要消灭"[1]。因此,战后中国内战之不可避免,显然并不纯粹是因为毛泽东想要推翻国民党和夺取政权。

中国共产党人是不怕战争的,他们的理念就是"战争解决问题,武装夺取政权"。他们也一直是从暴力和战争的经历中走过来的。但是,在第二次世界大战之后,继续在中国全面内战,不论对中国的前途和中国人民的根本利益影响如何,它是否符合世界大势,是否符合苏、美、英三强就远东问题所达成的一系列妥协呢?十分明显,和过去相比,中国革命与世界的联系变得更加息息相关了,以至于中共所设想的中国革命的进程,既不取决于中国社会内部矛盾发展的程度,也不取决于国共两党力量对比的强弱,而是取决于国际政治环境,特别是取决于苏联和美国的态度。因此,不管毛泽东如何告诫说:"蒋介石想消灭共产党的方针没有改变,也不会改变",一直强调战争不可避免,但是"打不打"的问题总是难于决定,对和平民主的幻想也始终难以清除。

中共中央这时对内战的担心主要有二,一是它会不会给苏联造成困难,二是会不会引发第三次世界大战。从抗战胜利后斯大林要求毛泽东前往重庆谈判的电报,到苏联赞成马歇尔调处中国内战,以及苏军在中国东北问题上态度的反反复复,他们不难了解苏联力求战后妥协和平的复杂心

---

[1]《毛泽东和刘少奇、周恩来的谈话》,1946年11月21日。

态。中共中央战后之所以一再强调"和平是能取得的",并且不止一次地表示准备走法国式的道路,都是受到苏联态度的影响和担心妨碍了苏联。

这种情况直到1946年3月以后才开始发生改变。苏联在东北问题上越来越强硬的立场,以及它积极支持中共夺取东北及搅浑水的情况,说明苏联不仅不再反对中共对国民党进行战争,而且相信这种战争在一定程度上还会对苏联有利。于是,问题只剩下一个,那就是:国共战争是否会引起第三次世界大战?的确,"不能有第三次世界大战是肯定的",不仅苏联人这样想,毛泽东也这样想。但是,中国的内战真的会引发第三次世界大战吗?在经过了几个月的仔细观察以后,个性上永远都不愿意被别人牵着鼻子走的毛泽东,明显对此发生了怀疑。

实际上,毛泽东已经注意到自2月份以来,苏联和美、英之间矛盾日益加深的情况,特别是英国前首相丘吉尔在美国富尔敦的威斯敏斯特学院发表的反苏演说[1],斯大林措辞严厉的针对丘吉尔演说的谈话[2]等。这些情况,包括美、苏在伊朗问题上发生的冲突,表明美、英与苏联之间的矛盾冲突,不论中国事态如何发展,其实都是不可避免的。与此同时,毛泽东也注意到第二次世界大战给各国造成的严重损害和各大国为了维护世界和平而签订的各种条约;注意到美、苏在欧洲与亚洲几个月来又斗争又妥协的情况;注意到斯大林一方面坚持意识形态的对立,一方面又高度注重和平的态度[3],以及欧洲各国左派势力处于上升趋势等现象。因此,他又判断,以苏联为代表的世界和平民主力量实际上已经超过以美国为代表的世界反动力量,美国不大可能为了局部范围的争执而对苏联公然诉诸武力。

既然相信国共之间的战争不仅不会对苏联不利,而且一般也不会引起第三次世界大战,那么,面对1946年2月以来要在苏军默许下抢占东北,就难免要考虑到关内停战协议、政协和平协定、国内和平民主前途,以至于对苏联影响和与世界整个战后和平局面是否协调的问题。很显然,所有这些问题都极大地束缚着中共领导人制定夺取东北和处理与国民党关系问

---

[1] Arthur M. Schlesinger, Jr., *The Dynamics of World Power*, *A Documentary History of U.S. Foreign Policy*, Vol. 2, New York, 1973, pp. 211—217.
[2] 见《斯大林文选》,第462—468、469—470页。
[3] 同上。

题的决心。毛泽东显然希望他的想法是合乎实情，也是合乎逻辑的。但是，1946年春天这个时候的他，其实也没有太大的把握。为此，他于4月间就他所想到的在中国继续坚持革命立场和革命政策，并不会影响苏联和导致第三次世界大战的理由，草拟了几点意见，在书记处几位领导人之间传阅，听取身边其他领导人的看法。

毛泽东草拟的几条理由很简单：第一，以美国为首的世界反动力量和以苏联为首的世界人民民主力量之间存在着战争的危险，但是，由于世界人民的民主力量超过了世界反动力量，必须也必能克服此种危险，美、英、法只能通过妥协的办法来解决他们与苏联之间的问题。第二，美、英、法与苏联之间进行妥协，并不要求各国人民随之实行国内的妥协，而且需要各国人民按照不同情况对各国的反动力量进行不同的斗争。因为，美、英、法对苏联的妥协，其实恰恰"是全世界一切民主力量向美、英、法反动力量作了坚决的和有效的斗争的结果"[1]。

毛泽东这里的意思很清楚，那就是，新的世界大战不会发生，美、苏必然会通过妥协来解决它们之间的问题。而且，只有不断地增强世界民主力量，不断地缩小各国反动力量，发生新的世界战争的可能性才会越小。因此，对于中共来说，坚持对国民党反动力量的斗争，不仅不会引起第三次世界大战，而且会有助于世界民主力量的强大，进而避免世界大战的发生。何况，绝对不应当忘记的是，"反动势力对于人民的民主势力的原则，是能够消灭者一定消灭之，暂时不能消灭者准备将来消灭之"。我们对于国民党反动力量，也必须照此办理，"采取同样的方针"[2]。

显而易见，毛泽东在发动东北四平街保卫战和决心夺取长春，不让国民党军接收沈阳以北的时候，他实际上就已经想通了这个问题，放开了手脚，解决了"敢不敢打"的思想顾虑，重新开始树立起争取夺取全国政权的大目标了。

毛泽东提出"纸老虎"和"中间地带"的观点，宣传必胜主张

在1946年5月以后，大概再也不会有什么力量可以阻止中共推进中

---

[1] 见《毛泽东选集》（合订本），第1181—1182页。
[2] 同上。

国革命的进程了。国民党不顾一切打下长春,极大地刺激了毛泽东,不仅引发了中共在关内实施"报复作战",而且开始尝试着重新实施推翻国民党统治的革命政策了。毛泽东很快就断言:国共两党全面破裂在即。他甚至已经开始考虑把战争全面引向国民党统治区,为此,他曾明令山东、太行晋冀鲁豫与晋察冀各军区乘蒋军全力向北之际,猛扑其后背,通过运动战大举歼灭敌人。[1]

与此同时,毛泽东接连不断地写文章、发文件和打电报,为全党和全军鼓气。他公开宣称:共产党的"社会基础从来没有这样广大",而"国民党则从来没有这样丧失人心"[2]。说"蒋介石虽有美国援助,但是人心不顺,士气不高,经济困难。我们虽无外国援助,但是人心归顺,士气高涨,经济亦有办法。因此,我们是能够战胜蒋介石的。全党对此应当有充分的信心"[3]。

不过,对于大多数共产党人来说,要在1946年里树立起战胜蒋介石的信心,远不是一件容易的事情。问题很明白,这时美国的调处仍在继续,和平的大门尚未关死,而军事形势总体上却很不乐观。中共在东北、热河、察哈尔、山东、湖北等许多地方都还明显处于守势,甚至丧城失地,得到美国大力援助的国民党军队看上去则要强大得多。在这种情况下,尽管毛泽东不断地为党内同志鼓气,党内的和平空气仍旧很浓,该不该打,尤其是打起来能不能胜的问题,还严重地困扰着许多人。因此,即使是毛泽东,这时也还是不能不作着和平与妥协的思想准备。

一切还是老样子,即共产党之所以不能不准备妥协,是"因为问题决定在美国,倒不决定于蒋介石"。1945年8月26日毛泽东去重庆谈判前,在政治局会议上说过的这句话,如今依旧适用。但是,认定了夺权目标的毛泽东内心十分清楚,共产党人已经被逼上梁山,别无选择了。因为无论是接受马歇尔调处,还是与国民党大打,马歇尔变成斯科比,结果都没有什么不同。接受马歇尔的办法,中共必须要交出武装,基于"枪杆子里面

---

[1]《中央关于全面破裂后作战方案给刘伯承等的指示》,1946年6月22日,见《中共中央文件选集》,第16卷,第210—212页;《中央关于国民党大打后晋察冀军区的基本任务的指示》,1946年6月28日,见《毛泽东军事文集》,第3卷,第305—306页。
[2]《中央关于国民党危机空前扩大问题给郑李王的电报》,1946年6月21日;《中央关于目前形势和方针问题的指示》,1946年6月28日。
[3] 见《毛泽东选集》(合订本),第1183页。

出政权"和"反动势力对于人民的民主势力的原则,是能够消灭者一定消灭之,暂时不能消灭者准备将来消灭之"的观点,其实就是失败。与国民党大打,引来美国干涉,也可能遭遇希腊共产党一样的失败。但是,这后一种失败与前一种失败不同,第一,它有保存力量、东山再起的机会;第二,它也存在着美国不来干涉,中共最终取得胜利的可能。以毛泽东的性格,与其不战而拱手让出军队,像法国共产党那样派几个代表到蒋介石的政府里去做官,当然不如与国民党拼个鱼死网破。

但是,要让众多已经多少看到和平民主前途的共产党人和共产党的同情者,相信后一种办法比前一种办法好,却不是一朝一夕的事情。1946年6月28日,东北民主联军西满军区司令员黄克诚和政委李富春为此致电中共中央,明确提出:因为第二次世界大战中苏联严重受损,需要休息与巩固,美国却因战争而强大了,因此以美国为中心的帝国主义和以苏联为中心的人民势力之间的矛盾冲突,更加尖锐了,而苏联则不能不采取防御的态势,这种情况可能还要持续三五年之久。这种情况影响到中国,蒋介石反动派得到美国的全面援助,力量也有所增强,人民革命的力量暂时还得不到苏联的实力援助,自身也还没有形成有力的战略根据地。面对此种形势,他们显然认为战争求胜的把握不大。[1]

对此,毛泽东坚持己见。他明确电告李、黄称:"你们分析中许多观点是合乎实际的,是好的,但缺点是对美帝国主义及蒋介石的困难条件估计不足,同时对国际国内人民民主力量所具备的顺利条件也估计不足。第二次大战后,各国革命力量所处的地位是比第一次大战后要好得多,而不是要差些。对美蒋的压力与要求,我们应当有所让步,但主要的政策不是让步则是斗争。……如无坚决斗争精神,则结果将极坏。"[2]

然而,毛泽东这时还必须要解决另一个问题,即在美、苏摩擦冲突越来越激烈的情况下,中国的内战不会导致美、苏战争?如果中共党内这方面的疑虑不解决,领导人的思想顾虑还是难以消除。

1946年8月,毛泽东与美国记者安娜·路易斯·斯特朗进行了一次谈话。他在谈话中直截了当地提出了一个观点,即"一切反动派都是纸老

---

[1] 转见《胡乔木回忆毛泽东》,人民出版社1994年版,第435—436页。
[2]《毛泽东关于对付美蒋的主要政策不是让步而是斗争致李、黄电》,1946年7月6日,见《毛泽东文集》,第4卷,第146页。

虎"。因此，在他看来，美蒋也没有什么可怕，因为"蒋介石和他的支持者美国反动派也都是纸老虎"。毛泽东的理由很简单，那就是，美国等反动派今天看起来确实很强大，但是"从长远的观点看问题，真正强大的力量不是属于反动派，而是属于人民"，因为"反动派代表反动，而我们代表进步"[1]。

在度过了四平、长春作战失利后最为危险的几个月，并且得到了苏联实质性的军事援助之后，毛泽东再度表现得充满信心。他明确指出，美国现在确实在作着反苏战争的准备。但是，从一年来美、苏之间的对抗和冲突全都发生在美、苏以外国家和地区的情况可以看出，美国在发动反苏战争之前，首先要对付的并不是苏联，而是在美、苏之间的那些国家和人民。也就是说，美国要想进攻苏联，它就必须先征服美国人民和美、苏之间广大的中间地带。既然如此，那么要想避免美、苏战争和第三次世界大战，一切受到美国侵略威胁的国家和人民就应当团结起来共同斗争。他的结论依然如故，那就是："一切反动的东西，你不打，他就不倒"，只有经过斗争，压倒了国际反动势力，才不会发生反苏战争；也只有打败美蒋反动派，才能有中国共产党的出头之日。[2]

严格地说，这是毛泽东鼓动宣传手法上的一种技巧。他这时明确地告诉党内领导人，分析时局必须要考虑到对象和目的。注意到事实是好的，但具体到斗争需要的层面，就不能仅仅着眼于客观地说明现实，而必须要从客观现实中重点找出对革命斗争有利的因素，并强化其意义和作用。比如，这时当然需要看到美蒋的强大和国际形势中反动力量与民主力量激烈斗争的情况，更重要的，是要看到美蒋的困难条件和国际国内人民民主力量所具备的顺利条件。

因此，从毛泽东上面的谈话当中，可以清楚地看出他的意图所在。简单地说，他这里是在通过一个看起来亘古不变的"真理"，即"邪不压正"，来为许许多多对美国的强大感到恐惧和担心的革命者打气，让他们知道，美国也好，蒋介石也好，其实都不那么可怕，真正有力量的是人民，从而帮助人们树立起敢于斗争、敢于胜利的信心和决心。与此同时，毛泽东的谈话中还有更值得注意的一点，那就是，他再度表露出他对自己

---

[1] 见《毛泽东选集》（合订本），第1191—1193页。
[2] 同上。

所领导的中国革命历史重要性的高度重视。他不仅再次强调，中国革命不必受美、苏关系的束缚，美国根本不可能直接发动对苏联的战争；而且相信，以中国革命为代表的中间地带的革命，其实是直接影响着美、苏双方的力量对比，甚至影响到美、苏关系的未来走向。

如前所述，远在抗日战争结束前，毛泽东就已经在考虑夺取全国政权的可能性了。但是，抗战结束以来，毛泽东始终未能如愿以偿。中共的战略策略几乎总是不能不随着美、苏关系的变动而变动，并以美、苏之争作为整个世界各种矛盾的中心，以维护苏联的战略利益作为自己战略策略的重要出发点，以至于往往把自己与国民党的斗争也看成是美、苏斗争的一部分，因而无法真正确立独立自主的战略策略。也正是因为这种情况，中共党内以至同情中共的社会力量内部，都不可避免地形成了过分看重美、苏妥协，以至于过分害怕刺激美国，导致大规模干涉战争的心理。

如今，毛泽东终于在观念上突破了中共几乎是与生俱来的这种思想束缚，因而也首次开始在思想上突破了战后大国体系的羁绊，确立了独立自主的对美战略，并且不再把对苏联态度及其利益的考虑放在重要位置上了。中共中央甚至这样告诉党内干部说："对苏战争危机目前已不存在"，"苏美矛盾在世界制度上虽是基本的，但不是实际政治的主要矛盾"[1]。言外之意，对苏、美关系的考虑今后不再应当成为左右中共战略策略的重要依据，一切政策和策略的制定，都应当从中国人民反对美蒋反动派斗争的基本需要出发。

美苏走向冷战，中共对蒋介石从"洗脸"转向"割头"

1946年10月以后，随着国民党公然进攻中共解放区政治军事中心之一的张家口，并单方面宣布召开国民大会，最困难的"打不打"的问题终于在蒋介石的"帮助"下彻底解决了，剩下的问题就是"胜不胜"了。既然全党都已经明白了非打不可，那么，在毛泽东看来，剩下的胜利前途问题，只要用简单的加减法就可以使全党明白胜利的必然性了。

他明确告诉全党：蒋介石能够参战的只有180多个旅，其中半数必须

---

[1]《周恩来、陆定一关于国际形势的宣传等问题给方方、林平的指示》，1947年1月20日。

守备，能野战的不足 100 个旅。在过去三个月中，这 100 个旅已经被歼灭了 25 个，今后一时期再歼灭 25 个，就足以停止其进攻了。如果再歼灭其 25 个，"国共军力对比，必起重大变化"[1]。

既然如此，中共中央自然也就不打算管美国人说什么或做什么了，他们下决心要用蚂蚁啃骨头的办法，通过战争一点一点地来解决中国的问题。毛泽东在 1946 年冬就大胆地提出："经过半年到一年消灭他七八十个旅"，"把他（注：指蒋介石）在美国援助下七八年的积蓄在一年内打破，达到两党平衡"，然后"超过"他。当然，毛泽东也并非不重视美国对中国革命的威胁会有多大，他也承认，和美国的"麻烦仍是长期的"。如果美国放弃援蒋政策，撤退驻华美军，那么，三年或者五年就可能解决问题。否则，"就有变为长期战争的可能"，或者可能要打 10 年到 15 年，以至"打得一个县城都没有"，或者打到一定程度，美国又会出来要求国共谈判，"我们亦不能拒绝"[2]，等等。

不过，对美国的顾虑也就如此了，深信苏联巨大牵制作用的毛泽东，很少认真地考虑过美国出兵中国的可能性。国民党在军事上的无能，使中共中央在 1947 年以后几乎总是得不断地调整自己的胜利时间表。1947 年 2 月 1 日召开的中共中央政治局会议上，人们还一度考虑过万一再度出现美、苏妥协，蒋介石需要休整兵力，国共又不得不停战的可能性。仅仅几个月之后，这种可能性已经根本不存在了。

1947 年 3 月 12 日，美国总统杜鲁门发表了著名的"冷战宣言"[3]。6 月 5 日，刚刚出任美国国务卿的马歇尔，提出了旨在帮助欧美阵营增强与苏联集团对抗能力的"复兴欧洲计划"，使整个欧洲资本主义国家中的反共势力空前增长起来。而为了对抗美国的冷战计划，以苏联为首的欧洲各国共产党宣布成立欧洲工人党和共产党情报局，并召开共同会议，公开宣告：世界已经形成了两个阵营，即以苏联为首的民主反帝的革命阵营和以美国为首的帝国主义的反民主的反动阵营。提出各国共产党当前的主要任务，就是要高举民族独立和维护国家主权的旗帜，团结起来，共同奋斗，

---

[1] 见《毛泽东选集》（合订本），第 1190—1193 页。
[2] 《毛泽东和刘少奇、周恩来的谈话》，1946 年 11 月 21 日。
[3] Arthur M. Schlesinger, Jr., *The Dynamics of World Power*, *A Documentary History of U. S. Foreign Policy*, Vol. 2, pp. 309—313.

第五章 走向新中国

反对帝国主义的奴役和侵略。[1]

这种情况的出现,立即使国际政治格局和战后美、苏妥协的情况发生了根本性的改变。两大阵营的形成和苏、美在欧洲尖锐对抗的局面,进一步限制了美国干预中国内部事务的能力,也相应的使得中共得以完全放手地反对美国和提出"打倒蒋介石"的战略目标。

过去,对于是否应该公开提出这样的目标和口号,中共中央始终有些犹豫,多数领导人担心公开反美容易给美国的军事卷入制造口实。现在,这样的担心不复存在了。正如毛泽东所指出的:现在德黑兰、波茨坦式的大国合作来解决问题的路线发生了动摇,世界已经划分成以美国反动派为首的各国反革命统一战线与以苏联为首的各国革命统一战线的全面对立。在这种情况下,"美国直接出兵帮助蒋介石打内战的可能性很小"。当然,"也不能说完全没有"。问题是,"美国人只是怕苏联也出兵,否则对我们来个不宣而战他们是不在乎的"[2]。

1947年10月初,鉴于内战爆发以来,中共已经歼灭国民党97个半旅,78万人,占国民党正规军总兵力的1/3,毛泽东信心百倍地起草了《中国人民解放军宣言》,并于10日公开发表。在这一宣言中,中共首次明确提出了"打倒蒋介石,解放全中国"口号[3]。

"打倒蒋介石,解放全中国"的口号的提出,标志着中共彻底放弃了给蒋介石国民党的"洗脸政策",转向"割头政策"了。按照毛泽东的说法就是,我们之所以还会和蒋介石谈判,就是因为我们实行的还是请他"洗脸政策",而不是要割他的头。提出打倒蒋介石,就意味着谈判的希望"是一丝一毫也没有"了。[4]

时至于此,一切形势都明朗化了。毛泽东把他在1946年4月给书记处几人传阅的文字也向全党公开了。他并且在中共中央扩大会议上作了更

---

[1]《共产党情报局会议文件集》,人民出版社1954年版,第5页。
[2]《毛泽东关于军事形势的报告》,1947年7月21日;《毛泽东在杨家沟中共中央扩大会议上的讲话》,1947年12月25日,见《毛泽东文集》,第4卷,第329—330页。
[3] 见《毛泽东选集》(合订本),第1229—1230、1235—1239页。
[4] 毛泽东在中共七大报告时的原话是,对蒋介石,"直到今天,我们还是请他洗脸,不割他的头"。"如果有一天他变成大花脸,发动内战,那时我们党就要号召全国人民起来打倒蒋介石",即要"割他的头"了。见《毛泽东在七大的报告和讲话集》,第116、221—222页。

加明确的解释。他告诉与会者说：北伐时期，革命曾经有过短暂的发展期，随后国民党的压迫就来了。苏维埃革命时期生存的空间很小，党内纠纷很多，长征以后情况更加困难。抗战期间，我们的力量发展起来了。但是日本投降后，我们还是担心。因为日本人走了，又来了一个美国，支持蒋介石。要知道，我们同蒋介石的力量对比问题，直到今年2月1日中央开政治局会议和宣布中国革命已经进入到新的人民大革命前夜时[1]还没有解决。当时还是准备退出延安，并且后来确实也退出了。直到现在，"二十年来没有解决的力量对比的优势问题，今天解决了"。再有四五年的时间，胜利就是我们的了。"美、苏迟早要妥协"，"它的妥协可能会对中国、法国、意大利等国人民的斗争产生一定的影响，但绝不是大国之间妥协了，其他各国人民也都要随之实行国内的妥协。各国人民的方针应当是按照不同情况进行不同的斗争"[2]。

毛泽东认为没有必要采取迂回手段，主张"将革命进行到底"

"割头政策"一旦确定，对于中共来说，就非推翻国民党的统治不可了。中共中央因此要求全党树立"必须将革命进行到底"的坚定信心，并尖锐批判资产阶级中间派试图在国民党的统治和共产党的统治之外找到第三条道路，即试图建立欧美式民主政治的幻想。它明确指出："在中国现状下，要就是大地主大资产阶级领导的半封建半殖民地的独裁政权，要就是无产阶级领导的新民主政权"，"凡是不愿与共产党合作并受共产党领导的，结果必然是维持大地主大资产阶级专政"。对于一部分中间派人士既想抛弃蒋介石国民党，同时又想脱离共产党统一战线的倾向，中共中央高度警觉。它很快就发出警告说，必须对"开明士绅、中等资产阶级、上层小资产阶级分子及乡村富农"的"君主立宪派或旧民主派"本质提高警惕；"必须在政治上打击他们，使他们从群众中孤立起来"，"一步一步地

---

[1] 见《毛泽东选集》（合订本），第1209页。
[2] 《毛泽东在杨家沟中共中央扩大会议上的讲话》，1947年12月25日，见《毛泽东文集》，第4卷，第333—334页。

抛弃他们"[1]。

同样，对于来自外国的任何尝试推动国共和谈的企图，他们也是毫不含糊地加以拒绝[2]，坚决反对给蒋介石国民党任何喘息之机。特别是对于这段时间来自苏联的这方面的任何暗示或劝告，尤其容易刺激到对抗战结束时被迫去重庆谈判的经历耿耿于怀的毛泽东的神经。事实上，在这段时间里，苏联大使罗申也确实几度从外交的角度尝试过提议进行国共谈判。[3] 而1949年1月当苏共中央来电转述国民党政府请求苏联政府帮助调停国共内战的要求，征询中共中央答复意见时，一度引起了毛泽东的极大不满。

苏共中央当时在电报里询问说，我们可否这样答复："苏联政府一向坚持现在也仍然坚持在中国停止战争建立和平。不过，在答应同意居中调停之前，我政府想知道，另一方即中国共产党方面是否接受苏联的调停？"而中共是否可以这样表示，即："中国共产党主张与国民党进行谈判，但是不能让那些发动中国内战的战犯参加。中国共产党赞成同国民党直接谈判，不需要任何外国人居间调停？"[4]

毛泽东十分不满地答复苏方的询问说："现在，我们认为应该义正词严地否定国民党的和谈骗局，因为眼下中国阶级力量的对比已经发生了根本变化，国际舆论也同样不利于南京政府，而中国人民解放军今年夏季就能过江，直捣南京。""我们似乎不需要再次采取什么迂回的政治手段。在当前形势下，再采取这样的迂回手段利少弊多。"因此，苏联政府最好明确告诉南京政府："通过什么样的道路达到中国的和平、民主与统一——这是中国人民自己的事。苏联政府根据不干涉别国内政的原则，认为在中国内战交战双方之间调停是不可取的。"[5]

斯大林马上对此作了解释，说明苏共中央和中共中央的意见并无不同，同样不希望和谈。但直言不讳、不加任何掩饰地拒绝南京方面的和

---

[1]《中央关于必须将革命进行到底坚持我党的领导权反对刘航琛一类反动计划的指示》，1947年10月27日，见《中共中央文件选集》，第16卷，第572—579页。
[2]《中央关于与英国大使商谈方针给方方、乔木、之光的指示》，1948年9月25日，等。
[3] FRUS, 1948, Vol. 7, pp. 112、117—118、133—136.
[4] 转见A. M. 列多夫斯基著，陈春华译：《斯大林与中国》，新华出版社2001年版，第62页。
[5] 同上，第63页。

平建议，意味着把和平这面旗帜交到了国民党手中，而把自己变成了不想要和平的一方，甚至可能为美国的军事干涉提供口实。而告诉世界，你们赞成和谈，但是不要外国介入，不允许蒋介石等战犯参加，一方面没有人能够指责是中共坚持战争，另一方面国民党也因不能接受中共的条件而被世人看成是破坏和谈的罪魁祸首，"你们则可以继续胜利的解放战争"了[1]。

尽管如此，尽管毛泽东也理解了苏联方面的意图，并马上就提出了让国民党无法接受的八项条件，表示愿意和谈，事实上最后也确实是按照斯大林的办法，通过提出国民党不能接受的条件，把这次和谈失败的罪责加在了国民党人的头上，但毛泽东还是一直对这件事耿耿于怀。他特别在中共中央这时发出的关于外交问题的指示电中加写了一段话，即："最后，也是最重要的一项，不允许任何外国及联合国干涉中国内政。因为中国是独立国家，中国境内之事，应由中国人民及人民的政府自己解决。如有外国人提到外国政府调解中国内战等事，应完全拒绝之。"[2]

因为他相信，一直担心美国会武装干涉，因而一直在公开场合想尽办法撇清与中共的关系，为此一直不惜主动推动国共和谈的斯大林，其实是想让中共在长江以北停下来，在中国搞一个"南北朝"，以此来避免美国干涉的。当然，毛泽东很自豪，他后来说："我没有听他们的。我们过了长江，美国并没有出兵。"[3]

---

[1] 转见《斯大林与中国》，新华出版社2001年版，第63—64页。

[2]《中央关于外交工作的指示》，1949年1月19日，见《中共中央文件选集》，第18卷，第49页。

[3] 1957年毛泽东对这件事的说法是：直到1949年，我们眼看就要过长江的时候，还有人阻止，据说千万不能过长江，过了，就会引起美国出兵，中国就可能出现南北朝的局面。我没有听他们的。我们过了长江，美国并没有出兵，中国也没有出现南北朝。转见王方名：《要实事求是，独立思考——回忆毛主席一九五七年的一次亲切谈话》，《人民日报》1979年1月2日。

四、"一边倒"的必然

毛泽东称斯大林为"大老板",说中国革命的每一步都离不开苏联

值得注意的是,中国革命进行到这种时刻,毛泽东绝对不容他人置喙,但中共并非不再需要莫斯科的承认与支持了。

从1947年3月延安被国民党占领之后,毛泽东就一边在陕北指挥部队与国民党军周旋,一边与苏共中央进行电讯联络,想要前往莫斯科进行秘密访问。双方围绕着毛泽东何时去及如何前往的问题,反反复复协商了长达一年多的时间,从来只穿布鞋和粗布衣的他,甚至还为此准备好了皮鞋和厚呢子大衣。很显然,毛泽东依旧相信斯大林是共产党人的"大老板",鉴于中国革命即将胜利,为了创立一个能够类似苏联那样的革命政权,他必须就一系列问题向"大老板"汇报和请示[1],以便得到这位共产主义运动最高领袖的认可和指导。

毛泽东这次计划中的访苏计划,因为种种原因,一直未能成行。但是,斯大林对中国革命的进展,表现出了高度重视的态度。还在1947年开始安排毛泽东访苏计划的时候,斯大林就接连批准向中共东北根据地提供两批物资援助,包括3400辆运输用的汽车、2000台军用整流器、3200台不同用途的电话、1500多台发动机、50000米电缆、10000米棉布、1500吨航空汽油、23800吨车用汽油,以及相当数量的电台、收发报机、药品和医疗设备等。[2]

斯大林这时已经意识到自己过去严重低估了中共的能力。1948年2月,他甚至当着外国党的领导人的面坦率地承认了自己的这一错误,说:

---

[1] 毛泽东在这时的电报中明确讲:我们"必须就一系列问题当面向苏联共产党(布)和大老板亲自汇报"。见《斯大林与中国》,第57页。
[2] 转见沈志华:《求之不易的会面》,《华东师范大学学报》2009年第1期。

"在对日战争结束后,我们曾邀请中国同志们来就如何同蒋介石订立一项暂时性条约问题达成了协议。他们在口头上同意我们的意见,但实际上,他们回去后却自行其是,他们集中兵力发动进攻。事实证明他们是对的,我们不对。"[1]

由于斯大林高度重视中共革命的进展,因此,从1948年开始,苏联对中共的支持事实上已经半公开化了。这一年4月25日,苏联驻哈尔滨新任总领事马里宁代表苏联方面,明确建议中共应该立即成立全解放区的政府,以便苏联和其他民主国家可以进行外交承认和提供援助。5月,根据中共方面的请求,斯大林明确指示苏联交通部派出得力工程技术人员前往中共东北根据地,帮助修复铁路等重要交通设施。以交通部副部长科瓦廖夫为首的这批专家小组总共有50名工程师、52名技师和220名技术工人和熟练工人,带着大批重型机械和设备仪器等,帮助修复了东北1800公里的铁路线和62座大中型桥梁,并且协助中共建立了第一支技术兵种——拥有4个旅,3万人规模的铁道兵部队,帮助中共制定了1949年修复关内长江以北3000公里铁路的计划和建立交通部、铁路管理局及站段机关的机构设置与编制的方案。苏联方面随后还提供了2500节货运车厢和136台机车,并利用大连机车车辆修理厂帮助建造了1000节货运车厢。斯大林明确告诉科瓦廖夫说:"我们当然要给予新中国一切可能的援助。如果社会主义在中国胜利,我们的一些国家也将走上这一条道路,那就可以认为社会主义在全世界的胜利有了保障,我们就不会受到任何偶然事件的威胁。因此,为了援助中国共产党人,我们不能吝惜力量和金钱。"[2]

苏联人对中共东北根据地的慷慨援助和对中共革命的积极参与,自然更加强化了其对中共政策的发言权。1948年11月中共占领沈阳后,采取的没收外国领事馆电台及用断水、断电和限制行动"挤走"美、英、法领事馆的方针,就明显是在苏联方面的建议下实行的。[3] 毛泽东在得知苏联方面的考虑之后,也很明确地表示说:"关于东北以及全国的外交政策,

---

[1] 见密洛凡·德热拉斯著,司徒协译:《同斯大林的谈话》,世界知识出版社1963年版,第131页。
[2] 见沈志华:《苏联专家在中国》,第31、38—41页。
[3] 参见《高岗关于马里宁来电致毛主席电》,1948年11月16日;科瓦廖夫、冈察洛夫:《斯大林与毛泽东的对话》,《远东问题》1992年1—3期合刊。

第五章　走向新中国

我们一定和苏联协商处理，以求一致。"[1]

毛泽东之所以在必欲按照自己的方式进行革命的同时，仍旧坚持尊奉斯大林为"大老板"，积极争取苏联的承认、帮助，和站在苏联一边，除了中国革命现实利益本身的需要以外，一个极为重要的原因，就是因为他始终相信自己是共产党，始终相信自己革命的理论、观念、经验和方法，根本都是源自于苏联。

从毛泽东1946年4月22日开始读列宁的《国家与革命》的情况，就足以看出他在准备与国民党开打之前，为了支撑自己"武装夺取政权"、"战争解决问题"的观点，反对当时和平民主新阶段的思想潮流，是如何从列宁的书中来汲取理论力量的。在"阶级社会与国家"一章，他几乎在列宁的每句话旁边都画上了杠杠。对讲暴力革命的地方，他画的杠杠尤其引人注目。例如，对革命才能消灭资产阶级国家这一句，关于暴力革命的观点是"马克思恩格斯全部学说的基础"这一段，他杠杠画得最粗，圈圈画得最多。在"革命"、"消灭"、"全部学说的基础"这些词和同组的旁边，他甚至画了两条粗杠。同样的情况，1948年4月21日，鉴于胜利即将来临，各地部队在进城的问题上开始面临严重考验，为加强统一指挥和统一纪律，毛泽东再度请出他已经读了多少遍的列宁的《论共产主义运动中的"左派"幼稚病》一书，在书封上专门作了批示，称："请同志们看此书的第二章（注：即'布尔什维克成功的基本条件之一'），使同志们懂得，必须消灭现在我们工作中的某些严重的无纪律状态或无政府状态。"中宣部马上就发出指示，要求全党学习列宁此书第二章。[2]

由于从思想，到语言，到基本的认识问题和分析问题的方法，乃至于基本的思维逻辑，毛泽东与斯大林几乎没有多少差别。因为毛泽东所信奉的意识形态完全是从苏联来的，因此，他和苏联之间即使在涉及中国革命的具体问题存在再大的意见分歧，他也仍旧会把两者间的关系看成是同志加兄弟的关系，甚至看成是父亲与儿子的关系。兄弟或父子之间也难免会有这样或那样的摩擦与冲突，但"兄弟阋于墙，外御其侮"，在面对意识

---

[1]《毛泽东给高岗的电报》，1948年11月17日。
[2]《中央宣传部关于重印〈左派幼稚病〉第二章前言》，1948年6月1日，见《中共中央文件选集》，第17卷，第189—194页；龚育之、逄先知、石仲泉：《毛泽东的读书生活》，三联书店1986年版，第9—11页。

形态上或政治制度上的共同敌人的时候,他们到底还是容易捐弃前嫌,重新走到一起来。

为防止美帝与资产阶级里应外合,毛泽东力主暂时不与美、英建交

这个时候,苏联作为世界上第一个成功地成为共产党理想中的社会主义国家的建国理论和经验,对中共不可能不具有极大的吸引力。为了在中国创立一个和苏联一样的革命国家,毛泽东这时明显一直在努力学习、摸索和模仿中。而最让毛泽东难以适应的就是,无论是在列宁的著作中,还是苏联建国的实践中,都从没有出现过与资产阶级合作建国的问题。而按照自抗战以来成功地帮助了中共的统一战线政策的经验,这个新的国家需要以共产党和其他资产阶级、小资产阶级中间党派组成"民主联合政府"的形式来出现。在毛泽东手拟的《中国人民解放军宣言》中,对此也作了明白的表述。[1] 这样一种情况,就现实的策略需要不难理解,但具体到未来政权组织和政治运作上,给中共出了一道难题。这里面的原因很简单,一向坚持以阶级斗争为纲的毛泽东,按照阶级分析的观点,始终相信,资产阶级在本质上只能是共产党人的敌人。和资产阶级组成联合政府,自然必须要随时警惕资产阶级的叛变和捣乱。

因此,就在中共公开发表《中国人民解放军宣言》之后不久,中共中央就专门就与资产阶级的关系问题发出指示,明确强调在与资产阶级的关系当中,必须要牢牢掌握住领导权。指示一方面说明在反对蒋介石国民党的斗争中,必须要团结利用民族资产阶级,避免采取过"左"的反对一切资产阶级的政策;另一方面,则要注意资产阶级的阶级本性,要清楚资产阶级根本上还是敌人。因此,"今天要孤立一切对美蒋尚有幻想的阶级、党派及其领袖,到明天就连反对杜鲁门之美、亲华莱士之美、反对蒋介石之国、亲李济深之国的阶级、党派及其领袖,也要将他们孤立起来"。毛泽东还特别补充说明:这是一个不间断的斗争过程。尽管我们并不是把这些自由资产阶级分子当做地主阶级和大资产阶级一样立即打倒,成立联合政府时还将有他们的代表参加政府,但我们必须清楚地认识到,"自由

---

[1] 见《毛泽东选集》(合订本),第1237页。

资产阶级,尤其是其右翼,政治倾向是反对我们的,所以我们也必须在政治上打击他们","使群众从经验中认识他们的反动性",把他们孤立起来,然后"一步一步地抛弃他们"[1]。

恰恰就在中共中央发出上述指示的同一天,即10月27日,国民党政府内政部发言人公开宣布取缔中国最大的中间党派——民主同盟。11月6日,民盟迫于压力,宣告解散。毛泽东随即意识到,这正好是解决与民族资产阶级关系问题的一个极好的条件。

11月30日,他专门去电给苏共中央,称:"在中国革命最后胜利的时期,按苏联和南斯拉夫之例,除中国共产党之外,所有政党就都应该退出政治舞台了,这将加强中国革命的势力。"他解释说,这是因为,中国的中小资产阶级及其政党,过去几年始终试图找到一种既区别于国民党,又不同于共产党的第三条道路。他们中的许多人,与蒋介石处于对立的地位,甚至同情共产党。但是,他们中大多数人是动摇分子,并且与美国人有着密切的联系,将来很容易被美国人利用来做有利于美国和蒋介石的事情。因此,我们对他们从不抱太大的期望,更不指望利用他们来帮助中国革命。他在随后的中央会议上,对他的这一想法说得更明确。他说:民盟解散了,中间派没有了,今后国民党也没有了,新中国自然应该实行一党制。不过,他并不打算就此取消统一战线和联合政府的提法。他的意见是:一党制并不取消统一战线,也不否认联合政府,因为党与非党联盟也可以说是联合政府。[2]

但是,1948年1月5日,民盟在香港举行了一届三中全会,宣布重新恢复民盟组织。毛泽东不得不又放弃了建立一党制政府的设想,重新准备与"各民主党派"合组联合政府。中共中央一方面发出声明和邀请,宣布召集各民主党派、各人民团体、各社会贤达代表参加的政治协商会议,讨论并实现召集人民代表大会,成立民主联合政府的时机亦已成熟[3];一方面在1948年9月的政治局会议上则明确提出:"只要全国政权到手,民主革命阶段就已经结束了,与帝国主义、封建主义的矛盾即不存在,主要

---

[1]《中央关于必须将革命进行到底坚持我党领导权的指示》,1947年10月27日。
[2] 转见马贵凡:《毛泽东致斯大林电之我见》,《中共党史研究》1999年第6期。
[3]《毛泽东致李济深、沈钧儒的信》,1948年5月1日,见《毛泽东文集》,第5卷,第90—91页。

矛盾就会是无产阶级与资产阶级的矛盾了。"我们和资产阶级的斗争如果失败了,政权就会丢掉,那就还会再来一次流血革命。因此,我们从现在开始就要警惕,与资产阶级暂时合作之日起,即要注意它叛变革命的危险。毛泽东在最后的总结时,还特别强调了这一点,说:"现在点明一句话,资产阶级民主革命完成之后,中国内部的主要矛盾就是无产阶级和资产阶级之间的矛盾,外部就是同帝国主义的矛盾。"[1] 不难看出,在刚刚开始迈向全国胜利的第一步时,毛泽东和中共中央就已经开始依据阶级斗争的思维逻辑,把下一阶段的斗争任务明确规定下来了。

国共两党这时在军事上的优劣长短,已经表现得再明显不过了。

如中共能够利地就地消化国民党的俘虏兵为我所用,而国民党就不敢用共产党的俘虏兵。结果是共产党部队越打越多,国民党部队越打越少。最典型的如淮海战役中,华东野战军一个连编满才120人,最后报伤亡时却报出了220人。就是因为不断伤亡,不断补充俘虏造成的。

如中共可以不在乎一城一地的得失,蒋介石却往往做不到。1948年粟裕所部避实就虚奔袭河南省会开封得手,正在南京开国大选总统的河南国大代表痛哭流涕地哀求蒋介石。身为国家统帅的蒋介石自然丢不起那个人,不得不急调已部署好的邱清泉第5军去收复开封。开封很容易就收复了,粟裕却乘机绕到邱清泉部背后,把区寿年兵团歼灭了。

又如,国民党的高级将领往往并不听蒋的号令和主张。还在这一年年初,蒋介石就预感到东北守不住,让卫立煌把东北的精锐部队全部撤到关内,卫立煌拒不执行。眼看东北守不住后,蒋又力劝傅作义放弃北平、天津,把华北的几十万主力撤到长江以南,而傅作义也不接受。

蒋介石唯一能够实现的战略部署,就是把上海银行里的所有黄金、白银、银元和南京故宫博物院里的国宝转移到了台湾,同时还修好了舟山机场,为下一步把国民党的大批官员、难民撤到台湾作好了准备。[2]

就在中共中央九月政治局会议结束前的一天,即1948年9月12日,中共东北野战军已发起了规模宏大的辽沈战役。24日,中共华东野战军首先攻克了山东济南,拿下了关内第一个省会城市,全歼守敌10万。一个

---

[1] 见《毛泽东文集》,第5卷,第144—146页。
[2] 参见刘统:《中国的1948年——两种命运的决战》,三联书店2006年版,第135—166、292—298、532—533页,等。

多月后，即 11 月 2 日，中共东北野战军攻占沈阳，胜利结束了辽沈战役，先后夺取了锦州、长春、沈阳、营口，占领了东北全境，歼灭国民党 4 个兵团部、11 个军部、36 个整师，连同地方部队总共 47 万余人，仅俘获国民党少将以上军官就有 186 名。11 月 11 日，毛泽东电告各方面负责同志称："九月上旬（济南战役前）中央政治局会议时所作的五年左右建军五百万，歼敌五百个正规师，根本上打倒国民党的估计及任务，因为九十两月的伟大胜利，显然已经显得是落后了。这一任务的完成，大概只需要再有一年左右的时间即可达到。"[1]

全国胜利时间的迅速提前，使得中共中央对如何建立一个稳固的新政权的问题，变得更加关注和重视。11 月 21 日，中共东北局安全部门在苏方的配合下，成功破获了一个与美国驻沈阳领事馆有着密切联系的重大间谍案件。这一消息马上引起了毛泽东等人的高度警觉。

12 月 3 日，毛泽东明确提出："我们不应允许资本主义国家记者留在解放区发新闻。"[2]

12 月 4 日，中共香港新华分社报告，美国《芝加哥日报》记者雷文和声称，美国国务院目前之中心工作在于如何在中国新的联合政府中造成一有效的反对派，以抵抗中共的力量。为此，美国务院的办法是：保留所有美国在中国之经营机关及人员，而不撤退；在某种方式下，承认新的联合政府；恢复与新中国的贸易和鼓励对新中国的投资，以及支持联合政府中非共产分子等。报告称：雷在香港频繁与民盟及其他中间人士接触，多方考察各民主人士与我关系，并且着重强调组成有效反动派之重要。毛泽东阅后极为愤怒，当即批给书记处全体成员传阅。他写道："此种阴谋必须立即开始注意，不要使美帝阴谋在新政协及联合政府中得逞。"[3]

据此，中共中央很快发出了关于对待资本主义国家外交及新闻人员的态度的指示。指示称："现时帝国主义外交人员及冒险分子都在寻找机会企图钻进解放区来，进行挑拨和破坏民主阵营的工作，我应严正地注视这一发展，并在适当时机用适当方式，揭露其阴谋，打破其幻想。"故对美、英、

---

[1]《毛泽东关于再有一年左右的时间即可根本上打倒国民党的指示》，1948 年 11 月 11 日，见《中共中央文件选集》，第 17 卷，第 473—474 页。
[2]《毛泽东对外籍记者提出问题七点的批语》，1948 年 12 月 3 日。
[3]《毛泽东对雷文和谈话摘要的批语》，1948 年 12 月 4 日。

法等资本主义国家中要求进入解放区的外交人员、记者等,一概拒绝;各种问题,一律不予答复。对于坚持留在我解放区,包括今后留在平津、上海、南京、武汉等地区的外交人员,只当外国侨民看待;对于留在这些地区的美国武官(连同原美国驻延安观察组组长包瑞德在内),因美国军官正在助蒋作战,故应以武装监视;对于留下来的外国记者,因其均为反共报纸或通讯社的记者,故亦不承认其为记者,不给以任何采访和发电之权,军管期间还应监视其行动,发现其有破坏行为,即予惩办直至驱逐出境。[1]

在这种情况下,始终对新政权可能遭受到的内外夹攻忧心忡忡的中共中央,不可避免地会变得更加警觉和敌视以美国为首的资本主义世界。在1949年1月8日举行的中共中央政治局会议上,毛泽东指出:美帝国主义的对华政策,已由单纯地支持国民党武装反共,转变为两面性的政策。他们开始"派遣其走狗混入革命阵营,组织所谓反对派从内部来破坏革命。在人民解放军接近于全国胜利时,甚至不惜用承认人民共和国的方法,以求取得合法地位,实施这一'内部破坏'的政策。对于这一帝国主义的阴谋计划,我们必须提高警惕性,并坚决地将其击破"。为此,"不忙与美英帝国主义建立关系,不论是我们承认他们,还是他们承认我们"[2]。

批判民族主义,接受斯大林指导,中共与苏联越走越近

一方面是苏联大力援助中共,一方面是美国千方百计地想要在新政权内部安插反对派,不让中共在新政权内实现一党控制。中共中央的情感和利益的天平会向哪一边倾斜,显而易见。

当欧洲共产党和工人党的九国情报局宣告成立,苏联共产党通过日丹诺夫在华沙九国共产党会议上公开宣布世界已经划分成两大阵营之后,毛泽东就马上告诉苏联方面:"我们对于欧洲九国共产党成立情报局,认为〔是〕必要的,对于日丹诺夫的报告,认为是正确的。"[3]

当苏联于1948年意外地展开对南斯拉夫铁托集团的批判时,中共中

---

[1]《中央关于战争期间拒绝一切外国记者采访解放区的指示》,1948年12月23日。
[2]《毛泽东在中央政治局会议上的报告》,1949年1月8日;参见《毛泽东文集》,第5卷,第231页。
[3]《毛泽东致东北局电》,1947年11月21日。

第五章 走向新中国

央虽然一时间还弄不清楚"民族主义"的错误是怎么回事[1],照样毫不犹豫地马上公开表态,站在苏联的一边。中共中央专门通过决议,谴责以铁托为首的南斯拉夫共产党领导集团在内外政策上"犯了背叛性的""错误",高度肯定"苏联是世界反帝的和平民主阵线中的主力军和领导者"[2]。

为了表明自己坚定地拥护苏联的立场,中共中央在基本上弄清楚了南斯拉夫错误的理论说法之后,还专门以刘少奇的名义,公开发表了《论国际主义与民族主义》的长文,尖锐批判了南斯拉夫共产党的资产阶级民族主义立场,高度颂扬了无产阶级国际主义与爱国主义相结合的重大意义,着重说明了民族问题与阶级问题相联系,民族问题本质上就是阶级问题,只有根本解决了阶级压迫和阶级剥削的问题,才能最终解决民族问题,因而任何国家的无产阶级共产党,都必须积极履行国际主义义务,帮助被压迫民族革命的列宁主义的理论观点。[3]

在苏、美对抗和世界已经被划分成为两大阵营的情况下,再没有比这个占世界人口七分之一的亚洲大国转入到社会主义民主阵营更为让人振奋的了。它无疑是对美国在亚洲霸权的一个最沉重的打击。因此,斯大林也同样高度重视加强与中共的关系。为了弥补毛泽东一直未能赴苏向斯大林汇报中国革命情况的遗憾,斯大林专门派苏共中央政治局委员米高扬秘密飞到中国,辗转来到中国河北的农村,与中共最高领导人商讨建立新中国的一系列问题,同时也是为了近距离了解完全没有他们所熟悉的留苏学生的中共中央领导集体。

米高扬于1949年1月30日抵达河北平山县西柏坡村,2月8日离开,从石家庄乘飞机飞往旅顺,然后返回苏联。米高扬与毛泽东等中共中央最高领导人在中共中央所在的这个小村庄里,进行了长达一周时间的长谈。毛泽东很详细地介绍了中国革命的过去和现在。毛泽东再三再四地强调自己是斯大林同志的学生,并且奉行亲苏的方针,说他是按照斯大林同志对

---

[1] 毛泽东在1948年9月的政治局会上,特别表示了对所谓民族主义错误问题的不理解。他说:"又说民族主义,又说民族独立;又说南斯拉夫是反动的民族主义,过去我们也讲过三民主义,其中就有民族主义,这些问题怎样解释?"
[2] 《中共中央关于南斯拉夫共产党问题的决议》,1948年7月10日;《中央批转东北局关于学习南共问题决议的指示》,1948年8月4日。
[3] 见《人民日报》1948年11月7日。

中国革命的论述,和斯大林同志关于中国革命是世界革命的一部分,以及对南斯拉夫民族主义的批评,来认识和分析中国革命的问题的。他并且解释说,中国因为远远落后于俄国,因此在革命中犯了很多错误。中共用马克思主义教育干部,全部学习的都是马克思、列宁和斯大林的著作,没有一本是中共领导人的著作。这是因为他对马克思列宁主义没有任何创新,不能与马克思、恩格斯、列宁、斯大林相提并论。对此,米高扬代表苏共中央表示了不同意见。他一再强调,"作为水平不高的马克思主义者,不可能在中国领导20年的内战并取得胜利"。中国革命有中国自己的特点,把马列主义与中国具体的实际相结合,本身就丰富了马克思主义,并且对亚洲国家革命运动具有重要的理论意义。[1]

显然,毛泽东对这次与米高扬的谈话十分满意。在1949年3月5日召开的中共七届二中全会上,他很自豪地告诉与会代表:"马克思主义在中国是完全的法则,必须遵行,不能作任何修正。因为它完全适用,这是原则性;而我们所添的是枝叶,不是根本,这是灵活性。要有原则性,又要有灵活性,否则走不通。关于我们的策略、政策和办法,和某些苏联同志谈了,他们说我们做得很对。"

因此,毛泽东也进一步确定了未来新中国的对外政策。他指出:"我们的革命,主要的带反帝国主义的性质,帝国主义恨死了我们的革命。"美帝国主义在中国失掉了威信,它当然不会甘心。帝国主义是很想承认我们的,这样他们就能够钻到我们内部来同我们作斗争了。我们要防止孙行者钻进牛魔王的肚子,孙行者即美帝是也。因此,我们应当相当长的一段时间之内不给他们这种机会。我们要等到中国全部解放了,学会了管理城市,站稳了脚跟,把帝国主义在中国的影响和基础统统搞掉,"再说承认的话"。用他这时形象的说法,叫做"打扫干净房子再请客"[2]。

当然,为了避免可能会出现的美国干涉的危险,中共中央也并非就坚决拒绝和美国、英国发生关系。1949年4月,斯大林为答复中共的询问给毛泽东发来一封长电,再度提出了对美国干涉的防范问题。他明确认为,由于中国人民解放军很快将会出现在中国南部边境地区,威胁到英、法过去的殖民地,美、英、法未必不会采取从经济封锁到武力干涉的做法。为

---

[1] 见《斯大林与中国》,第69—72页。
[2] 《毛泽东在中共七届二中全会上的报告》,1949年3月8日。

了防范美、英军队在中国人民解放后方登陆的危险，解放军进军南方时务必要抽出精锐部队调往各口岸，加强沿海的守备。而为了麻痹美、英等国，若它们放弃了在军事、经济和政治方面对蒋介石国民党政府的支持的话，中国民主政府不要拒绝同这些资本主义国家，包括美国在内，建立正式外交关系，更不要拒绝和这些国家进行贸易往来。[1]

据此，中共中央很快作出决定："如果美国（及英国）能断绝和国民党的关系，我们可以考虑和他们建立外交关系的问题。"[2] 4月30日，毛泽东还亲自以中国人民解放军总部发言人的名义，公开发表声明，宣布："中国人民革命军事委员会和人民政府愿意考虑同各外国建立外交关系"，但"外国政府如果愿意考虑同我们建立外交关系，它就必须断绝同国民党残余力量的关系，并且把它在中国的武装力量撤回去"[3]。

1949年4月23日，解放军占领了南京。以美国大使司徒雷登为首，多数资本主义国家的使节都留在南京没动。为了设法了解美国对自己及对国民党的政策动向，并便利与司徒雷登的接触，中共中央专门调派原燕京大学的学生黄华前往南京担任军管会外事处处长。而司徒雷登一个多月以来，也一直在设法与中共最高层进行某种方式的联络。因此，双方很快就进行了一段时间秘密的外交接触与对话。只是，这些接触和对话，丝毫也没有拉近双方原本敌对的关系。

为了一个不存在的机会，中共代表与美国大使进行了两个月的接触

1949年5月上旬，黄华与司徒雷登的秘书开始了最初的接触。13日，黄华第一次与司徒雷登进行了会晤。双方的谈话明显南辕北辙。中共中央重视的是："美国停止援助国民党，割断和国民党残余力量的联系"，而司徒雷登强调：必须旧政府倒了，新政府成立，要求建立外交关系，才有承认的可能。中共中央要求的是：美国"永远不要干涉中国内政"，而司徒

---

[1] 科瓦廖夫、冈察洛夫：《斯大林与毛泽东的对话》，《远东问题》1992年1—3期合刊。
[2] 《毛泽东关于稳住汤恩伯及外交政策问题致总前委电》，1949年4月28日，见《毛泽东文集》，第5卷，第285页。
[3] 见《毛泽东选集》（合订本），第1464页。

雷登暗示，美国的承认要视新中国政府是否能够广泛吸收"民主分子"参加。[1]

6月6日，黄华再度受命会见了司徒雷登。司徒雷登仍旧坚持，今天在中国没有一个新政府，不存在外交承认的条件。况且如今国共各占一部分地区，按照国际法，美国在这种情况下也不能与尚有存在条件的旧政权断绝外交关系。他突出强调的仍然是，未来中国的政府里是否能够尽量吸收一切民主开明的人士参加，并说明，承认问题将视此而转移。因为要了解美国政策，一句话就够了，那就是，美国害怕共产主义，害怕世界革命可能引起第三次世界大战。因此，在美国人眼里，中国的问题不是一个简单的对华政策的问题，而是关系世界和平的大问题。如果中国能够实现民主自由，那么，美国与苏联的关系也就好解决了。[2]

事实上，这个时候中共代表黄华与美国大使司徒雷登的整个接触情况，几乎都是在斯大林的密切关注下进行的，毛泽东不断地向斯大林详细通报着这一接触的最新结果。因此，司徒雷登离间中共与苏联关系的尝试，可想而知不会发生任何效果。不仅如此，毛泽东从这一接触中，更深切地感受到美国对中国新政权严重的威胁。

即使撇开意识形态的因素不谈，中共这时对美国政策的怀疑和敌视之深，本身就是无法改变的。就历史因素而言，中共领导人多半对近百年来帝国主义军事侵略、政治干涉和经济压迫有着惨痛的记忆，他们看不出帝国主义有可能自动地放弃它们在中国的特权和利益，看不出除了根本驱逐帝国主义出中国以外，还有什么办法能够使中国人真正独立自主、扬眉吐气。就现实因素而言，他们从美国顽固地坚持武装援助国民党来消灭共产党的战争中，从美国处心积虑地利用外交官作掩护，在苏联东欧各民主国家，包括在自己的解放区，从事间谍活动，以及从雷文和与司徒雷登等人赤裸裸地扬言要在新政府中支持反对力量抵抗共产党的政治统治的谈话中，都能够切身感受到来自美国的威胁。他们显然看不出美国有自动放弃干涉中国内政，放弃反对和颠覆共产党政权的帝国主义阴谋的可能；看不出他们除了把这个世界上最强大的帝国主义国家当成是自己的头号敌人，时刻保持高度警惕，并且针锋相对地进行斗争以外，还有什么办法能够避

---

[1]《中共南京市委关于黄华访司徒雷登接谈要点致中央并报华东局电》，1949年5月17日。
[2]《中共南京市委关于黄华与司徒雷登谈话内容致中央并报华东局电》，1949年6月7日。

免它对自己的统治造成危害。

再没有任何值得犹豫和隐瞒的了,无论是对潜在的国内对手,是对骑在家门口的虎视眈眈的美国,还是对国内广大民众。事实上,还在1949年初的两次中央会议上,毛泽东就已经对党内明确宣告过:

第一,"现在应当在全中国全世界很好地宣传马、恩、列、斯关于唯物主义、关于党和国家的学说,宣传他们的政治经济学等等"。马恩列斯是先生,我们是学生。如同没有俄国的十月革命,中国革命的胜利是不可能的一样。"在帝国主义制度存在的时代,没有国际援助,任何国家的革命都不可能取得胜利。""中国革命的胜利以后的巩固也是一样,帝国主义是要消灭我们的,没有各国无产阶级,首先是苏联的援助,(中国新政权的)巩固是不可能的。自然,我们受人帮助,也要时刻准备帮助别人,这就是国际主义。中苏关系是密切的兄弟关系,我们和苏联应该站在一条战线上,是盟友。只要一有机会就要公开发表文告说明这一点。"[1]

第二,"关于帝国主义对我国的承认问题,不但现在不应急于去解决,而且就是在全国胜利以后的一个相当时期内也不必急于去解决。我们是愿意按照平等原则同一切国家建立外交关系的,但是从来敌视中国人民的帝国主义,决不能很快地就以平等的态度对待我们,只要一天它们不改变敌视的态度,我们就一天不给帝国主义在中国以合法的地位。"[2]

第三,我们是阶级斗争论者,一切政策策略都要从阶级斗争的立场出发,进城以后尤其必须坚持这一条。包括"写文章、写新闻,都要以阶级立场为主体,时刻不要忘记。凡一切写到阶级问题的文章,都是深刻的;凡没有讲清楚这个问题的,都叫做浮浅"。

第四,自抗战以来我们一直高举民主大旗,反对国民党的独裁专制。但是,我们同时也是专政论者。"国民党说我们是'赤色独裁',这是对的。因为我不能和他一道独裁。这就叫'即以其人之道,还治其人之身'。"在新政权下,"对内里民主,对敌人当然是独裁。对一切反革命分子是独裁、专政、专制,关于这点一定要说清楚。这样我们就主动了"。

---

[1]《毛泽东在七届二中全会上的总结》,1949年3月8日,见《毛泽东文集》,第5卷,第264—266页。
[2]《毛泽东在七届二中全会上的报告》,1949年3月5日,见《毛泽东选集》(合订本),第1436页。

第五,"李济深说我们不大方,这是逼我们就范。傅作义失掉了十二个师,较规矩了,也打过自己的嘴巴。给他开出六条,他安然了,但又说我们不伟大。""决不可以认为反革命力量顺从我们了,他们就成了革命党了,他们的反革命思想和反革命企图就不存在了。决不是这样。他们中的许多人将被改造,他们中的一部分将被淘汰,某些坚决反革命分子将受到镇压。"

第六,"在拿枪的敌人被消灭以后,不拿枪的敌人依然存在,他们必然地要和我们作拼死的斗争,我们决不可以轻视这些敌人。如果我们现在不是这样地提出问题和认识问题,我们就要犯极大的错误。"因此,我们应将人民对我们的感谢与资产阶级对我们的捧场,加以区别。对待民主人士是一个严重的问题。他们看不起我们,说我们"不行","文化低","怀疑我们的建设能力",认为"他们的高等文化好",对此我们不要妄自菲薄。"我们要谨慎地争取他们",要经得起他们用糖衣裹着的炮弹的攻击。对他们的高等文化,我们不希罕。现在是我们请客,不是他们,"那些写不出(对人民有用的)东西的,不能为人民服务的,我们当然不请"[1]。

其实,只要注意到上面的情况,就不难得出结论,中共与美国之间这场断断续续持续了两个月之久的秘密接触,其实多半只是一种战略试探。对双方的关系来说,丝毫不存在任何改善的可能性。

尘埃落定:毛泽东发表《论人民民主专政》,革命终结正果

1949年7月1日,即在中共召集的产生联合政府的政治协商会议筹备会正式召开后,毛泽东公开发表了题为《论人民民主专政》的文章,以胜利者的姿态公开宣告了中共革命的历史道路、基本经验和执政原则。这就是:

(一)马克思列宁主义是放之四海而皆准的普遍真理,中国人找到马列主义,是经过俄国人介绍的。"十月革命的一声炮响,给我们送来了马克思列宁主义。""走俄国人的路——这就是结论。"

---

[1]《毛泽东在中央政治局会议上的结论》,1949年1月8日;《毛泽东在中共七届二中全会上的报告和结论》,1949年3月5日、13日。注:上述引文有的不见于《毛泽东选集》(合订本)和《毛泽东文集》第5卷收入的同题报告中,而引自于同题之油印件。

(二)"一边倒,是孙中山的四十年经验和共产党的二十八年经验教给我们的,深知欲达到胜利和巩固胜利,必须一边倒。"在当今世界,任何一个民族,"或者联合苏联,或是联合帝国主义,二者必居其一。这是爱国与卖国的界限,这是革命与反革命的界限,这是世界上不论哪一个民族是走向进步或是走向倒退的界限"。"中国人不是倒向帝国主义一边,就是倒向社会主义一边,绝无例外。骑墙是不行的,第三条道路是没有的。"因为"我们在国际上是属于以苏联为首的反帝国主义战线一方面的"。

(三)"军队、警察、法庭等项国家机器,是阶级压迫阶级的工具。对于敌对的阶级,它是压迫的工具,它是暴力,并不是什么'仁慈'的东西。""我们对于反动派和反动阶级的反动行为,决不施仁政。""中国人民在几十年中积累起来的一切经验,都叫我们实行人民民主专政,或曰人民民主独裁,总之是一样,就是剥夺反动派的发言权","只许他们规规矩矩,不许他们乱说乱动。""对于反动阶级和反动派的人们,在他们的政权被推翻以后,只要他们不造反,不破坏,不捣乱,也给土地,给工作,让他们活下去,让他们在劳动中改造自己,成为新人。他们如果不愿意劳动,人民的国家就要强迫他们劳动。""这件工作做好,中国的主要的剥削阶级——地主阶级和官僚资产阶级即垄断资产阶级,就最后地消灭了。"

(四)"人民民主专政的基础是工人阶级、农民阶级和城市小资产阶级的联盟,而主要是工人和农民的联盟,因为这两个阶级占了中国人口的百分之八十到九十。""民族资产阶级在现阶段上,有其很大的重要性。"但是,作为剥削阶级之一,中国"民族资产阶级不能充当革命的领导者,也不应当在国家政权中占主要的地位"。不仅如此,对于民族资产阶级还必须实行教育和改造的政策,还要准备在将来实行社会主义的时候,剥夺他们所掌握的生产资料的所有权。"人民手里有强大的国家机器,不怕民族资产阶级造反。"

(五)"总结我们的经验,集中到一点,就是工人阶级(经过共产党)领导的以工农联盟为基础的人民民主专政。这个专政必须和国际革命力量团结一致。这就是我们的公式,这就是我们的主要经验,这就是我们的主要纲领。"[1]

自 1936 年首次提出以普选、议会和人民普遍自由权利为基础的"民主共和国"的口号以来,中共始终高擎着民主的旗帜,实行"三三制"、基层普选、官兵平等,并成功地保持着干部的勤政廉洁,因而成为中国国内反对国民党独裁专制和特务统治最有力的旗手和象征,也因此赢得了广大中间派的支持与拥护,甚至让包括司徒雷登这样虔诚的基督徒和美国外交官也对中共极具好感,且颇多幻想。现在用不着遮遮掩掩了,可以突出强调"人民民主专政"了。

毛泽东的这篇文章,无疑使许多人跌破了眼镜,以至惊讶不已。在这里,受刺激最深的,大概就是率领西方国家外交官集体拒绝跟随国民党政府南迁,坚持留在南京"迎接"中共的美国大使司徒雷登了。

一直幻想着能够使中共新政权保持在他所理解的西方民主政治范围内,进而推动美国政府承认新中国的这位美国大使,显然受到很大的刺激。他在反复研读了毛泽东的这篇文章之后,给美国国务卿写了一份详细的分析报告,其沮丧、绝望和愤怒之情溢于言表。

司徒雷登在他的报告中写道:

"我们应该对毛泽东的文章《论人民民主专政》拍手称快,因为它空前明确地表明了中共最高领导人所持的立场。文章以清楚和尖锐的措辞谈到如何将'马列主义科学'应用于中国社会,还以马克思主义观点对中国过去 28 年的历史作了精辟的论述。"与他此前的著作相比,它最主要的不过是补充了决心要与苏联团结一致的观点,并第一次表露了对"警察权力专政及其合理化的"态度。

司徒雷登写道:"文章显示了斯大林主义的政治理论对指导中共行动的巨大影响。""文章的主要基调是毫不动摇地忠诚于依靠暴力进行世界革命的教规;效忠作为革命力量中心的苏联;对所有反对力量刻骨仇恨;信仰专制主义以及与其他任何政治或社会理论不可调和的共产主义。令人恐怖的流血斗争,对毛和他的同志来说只不过是改变中国政体的外科手术。"而新政权则将会在"人民"的名义下,使共产党的权威能够"置于形成俄

---

[1] 见《毛泽东选集》(合订本),第 1475—1485 页。

国式专制的同样基础之上"。

司徒雷登宣称:"除了没有无条件承诺在任何战争中与苏联站在一起(中共的宣言迄今避而不谈)之外,文章使中共与苏联的关系变得不能再紧密了。与此相反,它对西方民主国家的敌视无以复加。""他确信与西方不可妥协。"他清楚地意识到在中国有一大批人,特别是知识分子,不相信共产主义,不愿意与西方为敌。因此,文章用了大量篇幅驳斥亲西方的中国自由主义分子信奉的一些观点,并宣布:"持这种观点的人将被认为是'外国帝国主义的走狗',要适当加以制裁。"[1]

"毛现在不会被收买"——司徒雷登半是沮丧、半是痛苦地写下的这句话,其实也正是毛泽东想要看到的和他二十余年来苦心奋争所想要得到的一种结果。它既是要证明给莫斯科看的,也是用以报答所有死去的和活着的共产党人的:中共革命达到了它最初的目标。

结 语

战后的中国政治充满了玄机。美苏冷战的出现与两个阵营的形成,既极大地推进了中共革命的迅速进展,同时也极大地干扰着毛泽东独立迈向夺取政权的脚步。毫无疑问,如果没有美国不断地刺激和挑战苏联在远东的安全感,如果没有蒋介石顽固地坚持不承认中共的地位,无视中共的实力,一而再、再而三地试图用他并不强大的军事力量来剿灭中共,中共多半也无从获得武力夺权的机会。

但是,无论存在着怎样的机会和机遇,如果没有毛泽东,几乎可以肯定地认为,中国共产党也不可能走到它的 1949 年。非常重要的是,同样是共产党人,同样备受意识形态和苏联因素的困扰,毛泽东总是能够别出心裁地为自己不一样的道路选择找到突破的逻辑支点。抗战期间,毛泽东想出一个"新民主主义"的理论观点,摆脱了抗日民族统一战线政策的束缚,成功地为中共的发展壮大在理论上找到了合法性的依据;战后的和战关头,毛泽东又提出了一个"中间地带"的理论观点,消除了中共党内对

---

[1] 见肯尼斯·雷、约翰·布鲁尔编,尤存、牛军译:《被遗忘的大使——司徒雷登驻华报告(1946—1949)》,江苏人民出版社 1990 年版,第 308—310 页。

第三次世界大战危险的担心和苏联安全战略设置的种种限制,成功地把中共引上了战争与革命的胜利之路。

严格说来,所谓"中间地带"的观点,未必具有多少理论上的意义。只要注意一下毛泽东提出这一观点的时间是在 1946 年春夏,就可以了解,当 1947 年美苏进入冷战状态,形成日益严重的全面对抗和冲突之后,就连他自己也未必相信他此前关于美苏妥协不可避免,美国不会对苏联发动战争,人民力量大过反动力量,第三次世界大战不可能爆发的判断。[1]

但是,毛泽东关于"中间地带"的观点,还是具有十分重要的政治象征意义的。这是因为,把中国放在美苏之间,强调其独立于两个大国的特殊地位和特殊作用,这其实恰恰最好地表现出毛泽东革命功利主义的认识特性。可以肯定,强调内因也好,提出"中间地带"观点也好,根本上都不过是表现出他的一种心理,即一心想要为自己所开创的事业寻找到一种自主运作、发挥和创意的空间,取得特殊的地位和发言权。然而,至少在这个时候,作为落后国家革命的领导人,他不仅无法拒绝大国政治对各国国内政治的影响与作用,而且还必须要善于纵横捭阖地利用大国之间的矛盾冲突,"以夷制夷"。尤其是革命与反革命阵线分明,非依靠苏联不能战胜得到美国支持的国民党的情况下,他的选择余地非常有限。

毛泽东的成功之处在于,他一直毫不动摇地为中共革命夺权的成功着想,对苏联的意见始终坚持有利则顺势发挥,不利则巧为应付,绝不跟着莫斯科的指挥棒转。从战后毛泽东夺权策略反复变动的经过,再清楚不过地展现出他为了实现武装夺权的目标,极力周旋于美、苏政策的缝隙间,独立自主地推进革命的过程。

1949 年,中共革命大功告成,毛泽东也转而选择了向苏联"一边倒"。表面上,"中间地带"的观点不复存在了,在中共的眼里,世界重新变成了两个截然对立的部分,"中间地带""或者联合苏联,或是联合帝国主义,二者必居其一"。中国革命的特殊地位和特殊作用似乎也不存在了。

---

[1] 1948 年九月政治局会议上,毛泽东就注意到美苏在柏林问题上的激烈冲突与对抗,并且意识到美苏爆发战争的可能性。他强调:战争不爆发,对中国革命更有利。如果万一不能避免,"我们还不是要干"。他用了"天要下雨,娘要嫁人,有什么办法?"的说法,来表示对国际上的事情无可奈何的态度。见《毛泽东选集》(合订本),第 1475—1485 页。

实际上，中共作出这一选择本身，依旧是基于革命的功利主义。因为，正如毛泽东所判断的，"帝国主义恨死了我们的革命"，它们一定会想尽办法来"同我们作斗争"。中共创立的新政权，如果想要在美苏对抗的国际政治大格局中生存下来，并继续保持其革命和专政的取向，除了向苏联"一边倒"，根本没有其他选择的可能。

但是，正因为如此，以毛泽东为代表的中共领导人，其实仍旧保持着独立自主的心态和特性。他们不仅相信自己的革命具有特殊性，而且在潜意识中其实仍旧把自己摆在一个具有特殊作用和地位的"中间地带"。

附　　录

征引书目
（按书名首字拼音排序）

一、档案馆：

British Foreign Office Confidential

Russian Center for the Preservation and Study of Documents on Modern History

U. S. Department of State Archives

Hoover research Center at Standford University

日本外务省档案馆

（台北）"国史馆"

（台北）中国国民党党史馆

二、文献史料：

The Dynamics of World Power, A Documentary History of U. S. Foreign Policy, Vol. 2, Arthur M. Schlesinger, Jr., New York, 1973

U. S. Department, Papers Relating to the Foreign Relations of the United States, U. S. Government Printing House, 1918—1949

《1919—1949 苏联〈真理报〉有关中国革命的文献资料选编》第1、2、3辑，安徽大学苏联问题研究所等编译，中国社会科学出版社1985、1986、1988年版

《八七会议》，中央档案馆编，中共党史资料出版社1986年版

《鲍罗廷在中国的有关资料》,中国社会科学院近代史研究所现代史研究室编,中国社会科学出版社1983年版

《被遗忘的大使——司徒雷登驻华报告(1946—1949)》,肯尼斯·雷、约翰·布鲁尔编,尤存、牛军译,江苏人民出版社1990年版

《陈独秀文章选编》(上、中、下),三联书店编,三联书店1984年版

《戴季陶先生文存》,(台北)中国国民党中央党史委员会1986年编印

《党史概要》第1—2册,张其昀,(台北)"中央"文物供应社1955年版

《党史研究资料》第1辑,四川人民出版社1980年版

《德黑兰、雅尔塔、波茨坦会议文件集》,萨纳柯耶夫等编,北京外国语学院1971届工农兵学员译,三联书店1978年版

《第二次国内革命战争时期土地革命文献选编(一九二七——一九三七)》,中共中央党校出版社1987年版

《第三党讨论集》,蓝玉光编,1928年版

《第四方面军战史资料选编——长征时期》,解放军出版社1992年版

《"二大"和"三大"》,人民出版社编,中国社会科学出版社1985年版

《反法西斯战争文献》,世界知识出版社1955年版

《革命文献》第九辑,(台北)中国国民党中央委员会党史史料编纂委员会1955年编印

《共产党情报局会议文件集》,人民出版社1954年版

《共产国际、联共(布)与中国革命档案资料丛书》(1—17),中共中央党史研究室第一研究部编译,北京图书馆出版社1997年版,中央文献出版社2002年版,中央党史出版社2007年版

《共产国际文件汇编》第1—3册,贝拉·库恩编,三联书店1965年版

《共产国际有关中国革命的文献资料》,中国社会科学院近代史所翻译室编译,中国社会科学出版社1981年版

《共产国际有关中国革命资料选辑》(1、2、3),中国社会科学院近代史所编译,中国社会科学出版社1981、1982、1990年版

《共产国际与中国革命教学参考资料》(上、下),中国人民大学中共

党史系 1986 年编印

《共产主义小组》（上，下），中共党史资料出版社 1987 年版

《国父全集》第一、二册，（台北）近代中国出版社 1989 年版

《国际条约集，1934—1944》，世界知识出版社 1961 年版

《广州起义》，中共中央党史资料征集委员会等编，中共党史资料出版社 1988 年版

《海陆丰革命根据地》，汕尾市革命老根据地建设委员会办公室等编，中共党史出版社 1991 年版

《韩光党史工作文集》，中共吉林省委党史研究室、吉林省东北抗日联军研究基金会编，中央文献出版社 1997 年版

《何孟雄文集》，人民出版社 1986 年版

《河南革命历史文件汇集》（甲 2），中央档案馆、河南省档案馆编，1984 年版

《湖南农民运动资料选编》，人民出版社 1988 年版

《机会主义的第三党》，中国国民党河北省党务指导委员会宣传部编，1928 年版

《季米特洛夫日记》，广西师范大学出版社 1997 年版

《季米特洛夫文集》，解放社 1953 年编印

《蒋介石言论集》一至四集，中华书局 1965 年内部印刷

《蒋中正演讲录》，编印者不详，1926 年 11 月版

《蒋总统集》，第 1 卷，（台北）"国防研究院" 1963 年版

《抗战前华北政局史料》，李云汉，（台北）正中书局 1982 年版

《列宁全集》，第 1—39 卷，人民出版社 1955—1963 年版

《列宁选集》，第 1—4 卷，人民出版社 1972 年版

《列宁斯大林论中国》，张仲实等译，解放社 1950 年版

《李大钊文集》（上，下），人民出版社 1984 年版

《罗易赴华使命》，罗伯特·诺思等著，王琪等译，中国人民大学出版社 1981 年版

《马克思恩格斯选集》，第 1—4 卷，人民出版社 1966 年版

《马林与第一次国共合作》，中国社会科学院马列所、近代史所编译，

光明日报出版社1991年版

《马林在中国的有关资料》，中国社会科学院马列所等编译，人民出版社1980年版

《毛泽东1936年同斯诺的谈话》，人民出版社1979年版

《毛泽东军事文集》，第1—6卷，中共中央文献研究室等编，军事科学出版社、中央文献出版社1993年版

《毛泽东军事文选》，人民出版社1981年版

《毛泽东年谱》（上、中、下），中共中央文献研究室编，人民出版社1993年版

《毛泽东文集》，第1—6卷，中共中央文献研究室编，人民出版社1996年版

《毛泽东选集》（合订本），人民出版社1964年版

《毛泽东选集》，第5卷，人民出版社1977年版

《毛泽东在七大的报告和讲话集》，中央文献出版社1995年版

《民主革命时期中共顺直省委与河北省委纪事》，刘道华编，天津市委党校印行

《南昌起义》，南昌八一纪念馆编，中共党史资料出版社1987年版

《彭真年谱》，中央文献出版社2003年版

《任弼时选集》，中共中央文献研究室编，人民出版社1987年版

《日本帝国主义对外侵略史料选编》，复旦大学历史系日本史组编译，上海人民出版社1975年版

《日本帝国主义侵华档案资料选编·九一八事变》，中央档案馆、第二历史档案馆和吉林省社会科学院编，中华书局1991年版

《日本军国主义侵华史料长编》（上），四川人民出版社1987年版

《日本投降与我国对日态度及对苏交涉》，（台北）"中华民国外交问题研究会"1966年编印

《日本外交年表并主要文书》下卷，日本外务省编纂，日本联合国协会1957年版

《上海工人三次武装起义》，上海市档案馆编，上海人民出版社1983年版

《邵力子文集》（下），傅学文编，中华书局 1985 年版

《史迪威日记》，史迪威著，骆伯鸿译，海光出版社 1948 年版

《世界史编年手册（现代部分）》，威廉·兰格主编，高望之等译，三联书店 1978 年版

《斯大林全集》，第 1—13 卷，人民出版社 1956 年版

《斯大林文选》，人民出版社 1962 年版

《斯大林选集》上卷，人民出版社 1979 年版

《斯大林与中国》，A. M. 列多夫斯基著，陈春华译，新华出版社 2001 年版

《四·一二反革命政变资料选编》，人民出版社 1987 年版

《苏联共产党代表大会代表会议和中央全会决议汇编》（第三分册），人民出版社 1956 年版

《苏联阴谋文证汇编》（一至四），京师警察厅编译会编，1928 年版

《孙中山集外集补编》，郝盛潮主编，上海人民出版社 1994 年版

《孙中山全集》，第 1—11 卷，中华书局 1986 年版

《皖南事变（资料选辑）》，中央档案馆编，中共中央党校出版社 1982 年版

《王稼祥选集》，徐则浩等编，人民出版社 1989 年版

《王明选集》，第 1—4 卷，日本汲古书院 1973 年版

《王一飞传略·文存》，余沈阳编，中共党史资料出版社 1988 年版

《维经斯基在中国的有关资料》，中国社会科学院近代史研究所现代史研究室编，中国社会科学出版社 1982 年版

《五卅运动和省港罢工》，中国第二历史档案馆编，江苏古籍出版社 1985 年版

《五卅运动史料》，第 1—2 卷，上海市档案馆编，上海人民出版社 1986 年版

《"一大"前后》（一、二），人民出版社编，人民出版社 1980 年版

《先总统蒋公思想言论总集》，第 1—39 卷，秦孝仪主编，（台北）中国国民党中央党史委员会 1984 年版

《现代国际关系史参考资料（1917—1932）》，高等教育出版社 1958

年版

《湘鄂赣革命根据地文献资料》第1—4册，湘鄂赣革命根据地文献资料选编组编，人民出版社1985年版

《湘赣革命根据地史料选编》（上、下），江西省档案馆编，江西人民出版社1984年版

《新民学会通信集》，中国革命博物馆等编，人民出版社1980年版

《新民学会资料》，中国革命博物馆、湖南博物馆编，人民出版社1980年版

《徐永昌日记》第三至九册，（台北）中研院近史所1991年编印

《在蒋介石身边八年——侍从室高级幕僚唐纵日记》，公安部档案馆编注，群众出版社1991年版

《中俄关系史料，甲编（1917—1919）》（俄政变与一般交涉），（台北）中研院近史所编印，1960年版

《中共党史报告选编》，中央档案馆编，中共中央党校出版社1982年版

《中共党史参考资料》第1—11册，中国人民解放军政治学院党史教研室编，国防大学出版社1987年版

《中共党史教学参考资料》第12—20册，中国人民解放军国防大学党史党建政工教研室编，国防大学出版社1989年版

《中共中央北方局——土地革命战争时期》（上），中共党史出版社2000年版

《中共中央抗日民族统一战线文件选编》（上、中、下），中央档案馆编，档案出版社1985年版

《中共中央文件选集》，第1—18卷，中央档案馆编，中共中央党校出版社1989—1991年版

《中共中央政治报告选辑（一九二七——一九三三）》，中央档案馆编，中共中央党校出版社1983年版。

《中国革命问题》，托洛茨基著，王凡西译，春燕出版社1947年版

《中国共产党的策略路线》，1937年初，张浩，无出版信息，中国人民大学图书馆藏

《中国共产党史稿》，王健民，第二编，（台北）正中书局1965年版。

《中国共产党之透视》，中国国民党中央组织部调查科编，（台北）"中央"文物供应社，1974。

《中国共产党组织史资料汇编》，王健英，红旗出版社1983年版

《中国国民党第一、二次全国代表大会会议史料》（上、下），中国第二历史档案馆编，江苏古籍出版社1985年版

《中国国民党历次代表大会暨中央全会资料》（上、下），荣孟源主编，光明日报出版社1985年版

《中国近代对外关系史资料选辑》第一、二分册（上、下卷），复旦大学历史系中国近代史教研组编，上海人民出版社1977年版

《中国之命运》，蒋介石，正中书局1943年版

《中华民国史档案资料汇编》第五辑第二编（外交），中国第二历史档案馆编，江苏古籍出版社1997年版

《中华民国外交史资料选编（1919—1931）》，程道德等编，北京大学出版社1985年版

《中华民国重要史料初编——对日抗战时期》绪编（一至三），秦孝仪主编，（台北）中国国民党中央委员会党史委员会1981年版

《中华民国重要史料初编——对日抗战时期》第五编（一至四），秦孝仪主编，（台北）中国国民党中央委员会党史委员会1985年版

《中华民国重要史料初编——对日抗战时期》第七编（一至四），秦孝仪主编，（台北）中国国民党中央委员会党史委员会1981年版

《中美关系资料汇编》第1辑，世界知识出版社1957年编印

《中央革命根据地史稿》，戴向青等，上海人民出版社1986年版

《中央革命根据地史料选编》（上、中、下），江西省档案馆等编，江西人民出版社1983年版

《周恩来军事活动纪事》，中共中央文献研究室编，中央文献出版社2000年版

《周恩来选集》（上、下），中共中央文献研究室编，人民出版社1983年版

《周恩来一九四六年谈判文选》，中央文献出版社1996年版

《遵义会议文献》，中央档案馆编，人民出版社1985年版

三、回忆口述：

《冯玉祥与国民军——一个志愿兵的札记》，维·马·普里马科夫著，曾宪权等译，中国社会科学出版社 1982 年版

《风雨中的宁静》，蒋经国，（台北）幼狮书店 1973 年版

《黄克诚自述》，人民出版社 1994 年版

《黄克诚自传》，解放军出版社 1994 年版

《何长工回忆录》，解放军出版社 1987 年版

《胡乔木回忆毛泽东》，人民出版社 1994 年版

《回忆胡乔木》，刘中海等编，当代中国出版社 1994 年版

《顾维钧回忆录》，第 1—11 卷，中华书局 1983 年版

《李宗仁回忆录》（上、下），广西人民出版社 1980 年版

《罗斯福见闻秘录》，伊里奥·罗斯福，春光新闻社 1947 年版

《聂荣臻回忆录》（上、下），解放军出版社 1982 年版

《同斯大林的谈话》，密洛凡·德热拉斯著，司徒协译，世界知识出版社 1963 年版

《我的回忆》第 2 册，张国焘，现代史料编刊社 1980 年版

《我的生平》（上），托洛茨基著，华东师范大学出版社 1980 年版

《往事回忆》，黄平，人民出版社 1981 年版

《徐向前元帅回忆录》，解放军出版社 2005 年版

《在华使命——一个军事顾问的笔记》，瓦·伊·崔可夫著，万成才译，中国社会科学出版社 1981 年版

《在历史巨人的身边》，师哲回忆，李海文整理，中央文献出版社 1991 年版

《曾克林将军自述》，辽宁人民出版社 1997 年版

《郑超麟回忆录》，现代史料编刊社 1986 年版

《中国大革命的见闻（1925—1927）》，维什尼亚科娃·阿吉莫娃著，王福曾译，中国社会科学出版社 1985 年版

《中国大革命武汉时期见闻录》，A.B. 巴库林著，郑厚安等译，中国社会科学出版社 1985 年版

《中国革命纪事（一九二五——一九二七）》，A.B. 勃拉戈达托夫著，

李辉译,三联书店 1983 年版

《中国国民革命军的北伐——一个驻华军事顾问的札记》,亚·伊·切列潘诺夫著,中国社会科学院近代史研究所翻译室译,中国社会科学出版社 1981 年版

四、著述

America's Siberian Adventure, 1918—1920, William S. Graves, New York: 1931

Sun Yat—sen: Frustated Patriot, C. Martin Wilbur, New York: Columbia University Press, 1976

《AB 团与富田事变始末》,戴向青、罗惠兰,河南人民出版社 1994 年版

《鲍罗廷与武汉政权》,蒋永敬,(台北)传记文学社 1972 年版

《从容共到清党》,李云汉,(台北)中国学术著作奖助委员会 1973 年版

《第二次世界大战史,1939—1945》(1—2),德波林编著,上海外国语学院西俄语系译,上海译文出版社 1981 年版

《庚子赔款》,王树槐,(台北)中研院近代史研究所 1974 年版

《共产国际史纲》,索伯列夫等著,吴道弘等译,人民出版社 1985 年版

《国父联俄容共政策研究》,谢信尧,(台北)帕米尔书店 1981 年版

《关东军和苏联远东军》,林三郎,吉林人民出版社 1979 年版

《广西的苏维埃运动——广西党与苏维埃红军运动简史》,雷经天,中共中央宣传部党史资料室 1954 年版

《加仑在中国》,卡尔图诺瓦,中国社会出版社 1983 年版

《蒋总统秘录》第 9、10 册,古屋奎二,(台北)"中央日报"社 1967 年版

《列宁与俄国革命》,安东尼拉·萨洛莫尼著,卡佳等译,三联书店 2006 年版

《六十年来中国与日本》,第 1—8 卷,王芸生编著,三联书店 1980

年版

《毛泽东的读书生活》，龚育之、逢先知、石仲泉，三联书店 1986 年版

《慕尼黑——和平的代价》，特尔福德·泰勒著，石益仁译，新华出版社 1984 年版

《日本侵华内幕》，重光葵，解放军出版社 1987 年版

《日本侵华七十年史》，中国社会科学院近代史研究所，中国社会科学出版社 1992 年版

《三十年代美国的"中立"政策》，王桂厚，解放军出版社 1987 年版

《省港罢工概观》，广州

《苏联的远东关系》，莫尔著，曹未风节译，商务印书馆 1950 年版

《苏联专家在中国（1948—1960）》，沈志华，中国广播电视出版社 2005 年

《外交史》，第三卷（上、下），С. Ю. 维戈兹基等编著，大连外语学院俄语系翻译组译，三联书店 1982 年版

《武汉国民政府史》，刘继增等，湖北人民出版社 1986 年版

《英雄的中国——中国共产党十五年史》，米夫，莫斯科外国工人出版社 1936 年版

《远东国际关系史》（上、下），马士·宓亨利著，姚曾廙译，商务印书馆 1975 年版

《中共五十年》，王明，现代史料编刊社 1981 年版

《中国党派史》，王觉源，（台北）正中书局 1983 年版

《中国的 1948 年——两种命运的决战》，刘统，三联书店 2006 年版

《中国国民党二十年史迹》，邓泽如，上海正中书局 1948 年版

《中国真相》，P. 埃斯顿，伦敦 1927 年版

《中国职工运动简史》，邓中夏，人民出版社 1979 年版

《中苏外交的序幕》，王聿均著，（台北）中研院近史所 1963 年版

《资本主义史（1500—1980）》，米歇尔·博德著，吴艾美等译，东方出版社 1986 年版

五、报刊资料：

《百年潮》

《布尔塞维克》

《晨报》

《大公报》（天津）

《大公报》（重庆）

《大公报》（香港）

《党的建设》

《党史博览》

《党史通讯》

《党史研究》

《党史研究丛刊》

《党史研究资料》

《东方杂志》

《斗争》

《独立评论》

《奋斗》

《湖南民报》

《黄埔季刊》

《共产党》

《共产党人》

《共产国际》

《国际新闻通讯》

《国外近代史研究》

《国闻周报》

《广东群报》

《广州评论》

《红旗》

《红旗周报》

《红旗周刊》

《红旗日报》
《红色中华》
《红色中华》报
《湖北行政学院学报》
《华东师范大学学报》
《夥友》
《解放》
《解放日报》
《近代史研究》
《近代史资料》
《江西党史资料》
《救国报》
《救国时报》
《抗日战争研究》
《劳动界》
《历史研究》
《每周评论》
《闽星》
《民国日报》（广州）
《民国日报》（上海）
《民国日报》（汉口）
《南开日刊》
《钱江评论》
《青运史资料与研究》
《清议报》
《人民日报》
《少年中国》
《商民运动周刊》
《申报》
《实话》

《时事新报》

《苏俄评论》

《文史资料选辑》

《文献和研究》

《新华日报》

《新青年》

《新中华报》

《现代亚洲研究》

《向导》

《星期评论》

《益世报》

《远东问题》

《战士》

《政治生活》

《中共党史研究》

《中国青年》

《中共党史资料》

《中国文化》

《中央档案馆丛刊》

《中央日报》

《中央通讯》

《传记文学》

《自由评论》